与信管理論

リスクモンスター株式会社 [編]

[第3版]

Credit Exposure Management

商事法務

第3版はしがき

　2017年5月26日，債権法の現代化をめざした「民法の一部を改正する法律案」法律第44号（以下「改正民法」）が参議院本会議において可決・成立し，同年6月に公布されました。この改正民法は，公布の日から起算して3年を超えない範囲内において政令で定めるとされ，同年12月20日に公布された政令309号で2020年4月1日に施行されることになりました。

　わが国で120年ぶりとなる民法改正は，企業だけでなく個人にとっても理解と対応が求められる極めて重要性が高いものです。

　改正内容は，意思表示に関する規定，消滅時効に関する規定，債権の内容に関する規定，責任財産の保全に関する規定，多数当事者の債権に関する規定，債権譲渡及び債務引受に関する規定，債権の消滅に関する規定，契約成立等に関する規定等，多数の条項にわたっており，実務に対しても相当な影響を与えることが予想されます。

　今回の民法改正に対応するため，本書第3版では，掲載された書式を含めて大幅な改訂を行いました。執筆にあたっては，改正民法の規定内容を単に解説するだけでなく，実務に与える影響を平易かつ簡潔に記すことにより，利用される皆様のテキストとして十分活用いただけるよう心掛けました。

　与信管理に携わる方々への新たな指針として，本書第3版が第2版にも増してお役に立てば幸いです。また，第3版が多くの皆様のご教示とご支援に支えられて発刊できたことを心より感謝申し上げます。

2019年10月

　　　　　　　　　　　　　松田綜合法律事務所　所長弁護士　**松田　純一**

御礼のことば

　創業以来，弊社サービスをご愛顧いただいている会員企業の皆さま，サービスを支えていただいている情報仕入先，協力会社，士業の皆さまのご協力のもと，本書は2012年4月に初版，2015年6月に第2版を発行し，大勢の方々から与信管理のバイブルとしてお褒めの言葉を頂戴いたしました。

　このたび，約120年ぶりとなる民法の大改正，そして，2000年創業である弊社の20周年に向けたこの機会に，皆さまからのご期待にお応えし，皆さまとともに築き上げてきたノウハウの集大成として，本書の第3版を刊行させて頂くことといたしました。

　本書第3版の刊行に際し，ご尽力いただいた関係各位の皆さまに改めて御礼申し上げます。本書が，与信管理に携わる皆さまに一つでも有益となるものであれば，この上ない喜びです。

2019年10月

リスクモンスター株式会社　代表取締役社長　**藤本　太一**

推薦の言葉

　本書は，与信管理に関する考え方や実務手続を網羅的に詳述したものである。
　与信取引は，わが国のみならず全世界的にも商取引と不可分的な存在となっており，あらゆる企業において，与信管理が重要な業務の1つとして取り組まれていることはいうまでもない。実際に欧米では，審査担当者はCredit Managerと称され，資格制度等によって地位が確立されているようである。
　しかしながら，わが国においては，依然として与信管理の本質が広く理解されていないがために，与信管理を行う担当者である審査担当者は，ときに事業の成長を害する存在であるがごとく扱われることすらある。
　そのような環境下に置かれている審査担当者の地位向上を図り，ひいては企業の発展のためにも，今般わが国において与信管理の資格化が進められているのである。
　その意味で，本書は，与信管理を学術として昇華させるための第一歩であるとともに，審査担当者の能力アップのために，実務手続のバイブルとして長年待ち望まれていた必読・必携の書といってよい。1人でも多くの読者が，この本に込められた与信管理という業務に対する重要性や期待に触れることを願ってやまない。

2012年3月

早稲田大学大学院法務研究科教授　　堀　　　龍兒

初版はしがき

　リスクは，企業が活き活きと営業を続ける限り避けられません。どんなに健全経営に努めても，取引先の業績が悪化すれば，個別債権が焦げ付き回収不能という事態を招いたり，連鎖をよび業界全体の再編を引き起こすことさえあります。その結果，自社の存続に関わることさえあります。

　「与信管理」は，自社の与信量や与信先の企業情報を管理・分析して，債権回収の全きを図り，業界再編の嵐をも予測しながら，そのリスクをできるだけ小さくするために必須の業務です。ここに十全な意を用いてこそ，本当の健全経営といえましょう。

　ところが，「与信管理」といっても，その外延が広いことから実際に何をすることが「与信管理」なのか明解ではなく，やる気があっても，何をどのような方法で取り組めばよいのか，手をこまねいている間に，時機を失してリスクをまともに被ってしまうことも稀ではありません。

　取引先を選定する段階の「取引先の与信調査」から始まって，契約を締結する段階の「債権保全」，その契約やその履行状況を管理する段階の「債権管理」，そして最後に債権を回収する段階の「債権回収」と，いずれもが与信管理をするうえで重要な要素であるとともに相互に連動しています。

　これらを網羅的に行うダイナミズムが「与信管理」です。その一部だけを弥縫的に導入するのでは，いわばモグラ叩きにも似て，リスクは場所と形を変えて発疹します。望むべくは，与信管理に携わる者が，正確で網羅的なチェックを施すことですが，これは，望むは易く行うは難しです。

　その理由の一端は，与信管理を大づかみに鳥瞰し，かつ体系的に網羅的に理解することが困難だったからです。担当者個人の中に知識・スキルとして蓄積されていたとしても，伝承されることも乏しく，社内のごく一部のプロに語り継がれるにとどまったからではないでしょうか。

　一冊で，網羅的に与信管理の全体が手に取るようにわかり，その内容はお互いに連動していて，そのダイナミズムにワクワクするような，それでいて書式集など直ぐに使えるような書籍が待望されていたゆえんです。

　本書は，与信管理実務の最前線にあって，最高水準の仕事を目指すプロが集

結して，与信管理の集大成というべき実務書を目指しました。リスクモンスター株式会社は，まさに与信調査を業とするプロであり，菅井会計事務所は会計の面から，松田綜合法律事務所は法律の面から，日常の与信管理の経験をすべて活かすべく，ノウハウを結集しました。

　本書をお使いいただき真のリスク・マネジメント・システムを構築する一助となれば幸いです。われわれは今後もさらに研鑽を続ける所存であり，忌憚のないご指正を賜れれば幸いです。

2012年3月

　　　　　　　　松田綜合法律事務所　所長弁護士　**松田　純一**

御礼の言葉

　本書は，リスクモンスターサービスをご愛顧いただいている会員企業の皆さま，また，本サービスを支えていただいている情報仕入先，協力会社，士業の皆さまとともに，弊社創業から10余年にわたって育てて築いたノウハウの集大成であると考えております。

　本書の刊行に際し，ご尽力いただいた関係各位の皆さまに改めて御礼申し上げます。

　本書が，与信管理に携わる皆さまに1つでも有益となるものであれば，この上ない喜びです。

2012年3月

　　　　　　　　リスクモンスター株式会社　代表取締役　**藤本　太一**

凡　例

1．法令名等の表記
一部の法令名等の表記について，以下の略記を用いた。

会更：会社更生法

会更規：会社更生法施行規則

会社：会社法

独禁：私的独占の禁止及び公正取引の確保に関する法律

借地借家：借地借家法

消費契約：消費者契約法

税特措：租税特別措置法

措通：租税特別措置法関係通達

特調法：特定債務等の調整の促進のための特定調停に関する法律

都計：都市計画法

破産：破産法

破規：破産規則

不登：不動産登記法

民再：民事再生法

民再規：民事再生規則

民執：民事執行法

民執規：民事執行規則

民訴：民事訴訟法

民訴規：民事訴訟規則

民調：民事調停法

民調規：民事調停規則

民保：民事保全法

民保規：民事保全規則

利息：利息制限法

動産・債権譲渡特例法：動産及び債権の譲渡の対抗要件に関する民法の特例等に
　　　　　　　　　　　関する法律

凡　例

税徴：国税徴収法

税通：国税通則法

所税：所得税法

所税令：所得税法施行令

所基通：所得税基本通達

法税：法人税法

法税令：法人税法施行令

法税規：法人税法施行規則

法基通：法人税基本通達

相税：相続税法

消税：消費税法

消税令：消費税法施行令

消税規：消費税法施行規則

消基通：消費税法基本通達

地税：地方税法

地税令：地方税法施行令

平成23年6月改法附：現下の厳しい経済状況及び雇用情勢に対応して税制の整備
　　　　　　　　　　を図るための所得税法等の一部を改正する法律（平成23年
　　　　　　　　　　法律第82号）の附則

平成23年12月改法附：経済社会の構造の変化に対応した税制の構築を図るための
　　　　　　　　　　所得税法等の一部を改正する法律（平成23年法律第114号）
　　　　　　　　　　の附則

2．判例集および刊行物

裁判所の判例集および定期刊行物について，以下の略記を用いた。

民集：最高裁判所民事判例集

裁判集民：最高裁判所裁判集民事

判時：判例時報（判例時報社）

判タ：判例タイムズ（判例タイムズ社）

金判：金融・商事判例（経済法令研究会）

金法：旬刊金融法務事情（金融財政事情研究会）

下民：下級裁判所民事裁判例集

集民：最高裁判所裁判集民事

viii

目　次

第3版はしがき

推薦の言葉

初版はしがき

凡　例

第1章　与信管理の基礎

1－1　倒産傾向‥‥‥‥‥‥‥‥‥‥‥‥‥‥‥‥‥‥‥‥‥‥‥ 2

　1－1－1　倒産の原因とそのプロセス／2

　　❖倒産とは・2

　　❖倒産のプロセスと危険信号・2

　　❖倒産の原因・4

　1－1－2　倒産の現状／6

1－2　貸倒れ防止と企業の成長‥‥‥‥‥‥‥‥‥‥‥‥‥‥‥ 9

　1－2－1　貸倒れの発生／9

　　❖貸倒れとは・9

　　❖貸倒れの発生プロセス・9

　1－2－2　貸倒れ発生による影響／10

　　❖損失の発生・10

　　❖資金繰りの圧迫・11

　　❖営業活動の停滞・11

　　❖対外信用の悪化・11

　　❖最悪の場合には自社が倒産・11

1－3　与信管理の目的‥‥‥‥‥‥‥‥‥‥‥‥‥‥‥‥‥‥‥ 13

　1－3－1　与信管理の基礎／13

　　❖企業を取り巻くリスク・13

　　❖リスクマネジメント・14

　　❖リスクマネジメントの手法・15

❖与信管理とは・16

❖与信管理の目的・17

❖与信管理業務の効率化・18

❖専門サービスや最新情報技術の有効活用・18

1−3−2　与信管理の手法／21

❖与信承認プロセス・21

❖与信事後管理プロセス・22

1−4　経営戦略の中での与信管理・・・・・・・・・・・・・・・・・・・・・・・・24

1−4−1　経営戦略としての与信管理／24

❖従来型与信管理の問題点・24

❖与信管理を経営戦略に活かす・28

❖戦略的与信管理とは・28

❖戦略的与信管理の実践・30

1−5　内部統制と与信管理・・・・・・・・・・・・・・・・・・・・・・・・・・・・32

1−5−1　内部統制／32

❖内部統制と与信管理の関連性・32

❖コンプライアンス経営の要請・33

❖内部統制対策としての与信管理・33

❖情報開示によるリスクに対する理解の共有・34

1−5−2　IFRS（International Financial Reporting Standards）／35

❖IFRSが与信管理に与える影響・35

❖日本基準とIFRSの会計処理の違い・35

❖IFRSへの対応・35

1−5−3　組織的な与信管理／36

❖与信管理を担う部署・36

❖営業部門における与信管理・37

❖営業担当者の重要性・37

❖管理部門における与信管理・38

❖審査・法務部門の注意点・41

❖与信管理における管理部門の責任範囲・42

❖営業部門と管理部門の連携・43

目　次

1－6　審査担当者の心得 ･････････････････････････････････ 44

1－6－1　個別案件の審議は仕事の半分／44

❖審査担当者はセールスマンシップを・44

❖事故防止につながる積極的な問題提起を・45

❖計画的で秩序があり，理論に裏づけられた分析を・45

❖専門職を目指せ・46

❖自己の経験を整理して後進に伝える・47

1－7　M＆Aにおける与信管理 ･････････････････････････ 48

1－7－1　M＆Aを成功に導く与信管理担当者の役割／48

1－7－2　M＆Aに必要な知識やスキル／48

❖専門知識・スキル・49

❖業界知識・49

❖ヒューマンスキル・50

1－7－3　M＆Aの目的／50

1－7－4　M＆Aのスキーム／51

❖M＆Aスキームの種類・51

❖スキーム検討時のポイント・51

1－7－5　M＆Aの実務プロセス／53

❖M＆Aの実務プロセス・53

1－7－6　株式譲渡／67

❖株式譲渡の目的・67

❖株式の保有割合・67

❖株式譲渡と税務・68

1－7－7　事業譲渡／68

❖事業譲渡の目的・68

❖事業譲渡による取引先との債権債務関係・69

❖事業譲渡と労務・70

❖事業譲渡に伴う取締役会決議および株主総会決議・71

❖事業譲渡における税務・71

1－7－8　会社分割／73

❖会社分割の目的・73

❖会社分割の意義・73

xi

目　次

❖会社分割の税務・74

1－7－9　合　　併／74

❖合併の意義・74

❖合併の目的・形態・75

❖合併の法務・77

❖合併と労務対策・79

❖合併比率の算定・80

第2章　与信管理制度の構築と運用

2－1　社内格付 ･････････････････････････････････ 84

2－1－1　社内格付の必要性／84

❖社内格付制度・84

❖社内格付制度の目的・85

2－1－2　社内格付のポイント／86

❖客　観　性・86

❖わかりやすさ・86

❖管理方針・87

❖モニタリング・87

2－1－3　取引先の評価／87

❖社内格付制度の考え方・87

❖定量評価・88

❖定性評価による調整・88

❖外部評価の勘案・89

❖取引内容の勘案・90

❖具体的な情報活用例・90

2－2　与信限度額 ････････････････････････････ 96

2－2－1　与信限度額の必要性／96

❖与信限度額とは・96

❖与信限度額の必要性・96

2－2－2　与信限度額の考え方／97

❖一般的な与信限度額の考え方・97

目　次

2－2－3　取引に応じた与信限度額の考え方／98

❖新規取引先のケース・98

❖下請先のケース・99

❖仕入先のケース・99

❖丸抱え先のケース・100

2－2－4　与信限度額の算出／101

❖与信限度額の算出式・101

❖回収条件の適正性・102

❖財務体力に応じた上限設定・102

❖取引シェアの勘案・103

❖取引上の必要額での設定・104

❖与信限度額の設定（決裁権限）・105

2－3　ポートフォリオ分析（取引全体分析）・・・・・・・・・・・・・・・・・・　107

2－3－1　ポートフォリオを活用した与信管理の応用／107

❖与信ポートフォリオ分析（社内格付と与信限度額による分析）・107

❖与信リスクの定量化・109

❖信用リスクの定量化指標・109

❖予測損失額・111

❖信用リスク量（Value at Risk〔VaR〕）・112

❖与信リスクの定量化指標の活用・113

2－4　社内ルールの設定（与信承認プロセス）・・・・・・・・・・・・・・・　115

2－4－1　決裁権限表／115

❖与信リスクに応じた決裁権限の設定・115

❖申請部門・118

❖審議部門・118

❖決裁者（機関）・120

2－4－2　与信限度額の設定／121

❖与信限度額申請書・121

❖与信限度額申請書の起票・121

❖必要書類の添付・124

❖与信限度額申請書の提出・124

❖与信限度額の移転・125

目　次

❖申請不要の取引・125

2－4－3　取引内容の審査ルールの設定／126

❖申請内容の審議・126

❖審議が否定的だった場合の調整・126

❖申請内容の決裁・127

❖決裁結果の通知・登録・127

2－5　社内ルールの設定（与信事後管理プロセス）・・・・・・・・・・・129

2－5－1　与信限度額見直しルールの設定／129

❖与信限度額の見直し・129

❖与信限度額継続申請の前のチェック・129

❖与信限度額超過時の対応・130

❖与信限度額の増額申請・131

❖債権額の圧縮・131

❖与信限度額運用上の注意・131

2－5－2　与信限度額の管理帳票／132

❖売掛債権回収残高一覧表・133

❖売掛債権残高推移表・133

❖与信限度額超過先一覧表・134

❖回収異常先一覧表・134

❖与信限度額管理台帳の作成・135

❖与信限度額期限到来先リストの作成・135

2－5－3　集中管理先の管理／136

2－5－4　問題先の管理／136

2－5－5　与信管理規程の作成／137

❖文書化の重要性・137

❖文書管理・138

❖与信管理規程・138

❖与信管理規程に盛り込むべき条項・140

2－6　与信管理ルールの見直し・・・・・・・・・・・・・・・・・・・・・・・・・142

2－6－1　実用化を見据えた改善／142

❖Check→Actの重要性・142

❖経営陣へのインプット・142

目　次

❖与信管理目標の設定・143

❖取引先全体の与信リスクの変化・143

❖営業部門やグループ企業の実績評価・146

❖規程の運用状況および問題点・147

❖問題先・事故先に関する報告・147

❖その他の確認項目・148

❖評価・見直しチェックリスト・149

2－7　与信管理教育 ･･････････････････････････････ 152

2－7－1　与信管理教育の必要性／152

❖営業部門における教育の重要性・152

2－7－2　与信管理教育計画／152

❖与信管理に必要な能力・152

❖営業部門に必要な能力・153

❖管理部門に求められる能力・153

❖カリキュラムの策定・155

❖与信管理教育の実施・155

❖OJT・155

❖off-JT・156

❖テキストの配布・157

❖ビジネス実務与信管理検定試験（1級～3級）の受験・157

❖教育の有効性評価・158

❖従業員の能力の評価・158

第3章　信用情報の収集

3－1　情報収集の基礎 ･･････････････････････････････ 164

3－1－1　信用調査とは／164

3－1－2　情報の種類／165

❖外部情報とは・166

❖内部情報とは・168

❖情報入手の優先順位・168

3－1－3　情報の入手方法／169

xv

❖直接調査の実施・169

3－2　取引先から直接入手可能な情報 ‥‥‥‥‥‥‥‥‥ 171

3－2－1　企業案内，パンフレット，商品カタログ／171

❖企業案内・パンフレット・171

❖商品カタログ・171

3－2－2　ホームページ／171

❖ホームページの検索・特定方法・171

❖会社概要の確認・173

❖商品・事業内容の確認・173

❖IR情報の確認・174

❖法人番号の確認・174

3－2－3　その他インターネット等を用いた情報収集／175

❖検索サイトで社名を検索する・175

❖代表者・役員・株主・住所・電話番号などを検索する・175

❖便利なサイトで情報収集・175

❖新聞・雑誌等の記事情報・177

❖電 話 帳・177

3－2－4　現場での情報収集・ヒアリング／178

❖調査ヒアリングのポイント・178

❖現場を見る・179

3－3　決 算 書 ‥‥‥‥‥‥‥‥‥‥‥‥‥‥‥‥‥‥‥‥ 181

3－3－1　決算書の内容／181

❖決算書とは・181

❖決算書の添付資料・181

3－3－2　決算書類の徴収方法／183

3－3－3　第三者から入手できる決算情報／183

❖建設業経営事項審査・183

❖決算公告・184

❖有価証券報告書・186

❖適時開示・191

3－4　商業登記簿 ‥‥‥‥‥‥‥‥‥‥‥‥‥‥‥‥‥‥‥ 193

3－4－1　商業登記簿の種類／193

❖現在事項証明書・193

❖履歴事項証明書・193

❖閉鎖事項証明書・194

3－4－2　商業登記簿の入手方法／194

❖法務局へ出頭・194

❖郵送請求・195

❖オンライン請求・195

❖登記情報提供サービス・195

❖取得代行業者・196

3－4－3　商業登記簿の項目／196

❖商　　　号・196

❖本　　　店・199

❖会社成立年月日・200

❖目　　　的・200

❖資 本 金・201

❖株　　　式・202

❖役員に関する事項・202

❖その他の項目・204

3－5　不動産登記簿······································ 208

3－5－1　不動産登記簿入手方法／208

3－5－2　不動産登記簿の種類／208

❖土地登記簿・208

❖建物登記簿・208

❖区分建物登記簿・211

3－5－3　登記簿の項目（表題部）／211

❖所在・地番・211

❖家屋番号・212

❖地目・種類・212

❖構　　　造・212

❖地積・床面積・213

3－5－4　登記簿の項目（権利部・甲区）／213

❖順位番号・213

目　次

　　　　❖登記の目的・213

　　　　❖受付年月日・受付番号・214

　　　　❖原　　因・214

　　　　❖権利者その他の事項・214

　　　　❖（仮）差押え・214

　　3－5－5　登記簿の項目（権利部・乙区）／215

　　　　❖（根）抵当権・215

　　　　❖その他（賃借権等）・216

　　　　❖登記の原因・216

　　3－5－6　簡易的な時価評価の方法／217

3－6　信用調査会社・・218

　　3－6－1　信用調査会社の利用／218

　　　　❖信用調査会社とは・218

　　　　❖信用調査会社を利用する場合とは・218

　　　　❖信用調査会社を利用するときの留意点・219

　　3－6－2　調査会社の選び方／220

　　　　❖東京商工リサーチ・220

　　　　❖帝国データバンク・220

　　　　❖信用交換所グループ・221

　　　　❖東京経済・221

　　　　❖食品速報・221

　　　　❖東京信用調査・221

　　　　❖データ・マックス・222

　　3－6－3　海外取引先の情報収集／222

3－7　信用調書・・225

　　3－7－1　信用調書とは／225

　　3－7－2　信用調書の内容／226

　　3－7－3　調査会社への依頼方法／226

　　3－7－4　信用調書の活用方法／227

　　　　❖新規取引先の信用調査に活用する場合・228

　　　　❖既存の継続取引先の信用調査に活用する場合・228

　　　　❖取引先の営業拡大に活用する場合・229

目　次

❖緊急度に応じた使い分け・229

3－7－5　企業概要データ／230

❖企業概要データの活用・230

❖業績データの見方・232

❖その他のデータの見方・235

3－8　信用不安情報 ・・・・・・・・・・・・・・・・・・・・・・・・・・・・・・・・・・・・ 238

3－8－1　信用不安情報の重要性／238

3－8－2　信用不安情報の入手方法／238

❖信用不安情報の情報源・238

❖信用不安情報の入手方法・238

❖信用不安情報入手時の注意点・239

3－8－3　信用不安情報の活用方法／239

3－9　内部情報 ・・ 240

3－9－1　内部情報の種類／240

❖営業部門における情報収集ルールの設定・240

❖過去の取引状況・241

❖企業の歴史・241

❖販売先動向，市況動向・241

3－9－2　内部情報の活用／241

❖管理部門における情報収集ルールの設定・241

第4章　定量・定性・商流分析

4－1　定量分析の必要性 ・・・・・・・・・・・・・・・・・・・・・・・・・・・・・・・・ 246

4－1－1　定量分析とは／246

4－2　決　算　書 ・・ 247

4－2－1　決算書の構成／247

❖決算書と構成・247

❖貸借対照表・248

❖損益計算書・248

❖製造原価報告書・248

❖株主資本等変動計算書・252

xix

❖個別注記表・253

❖キャッシュフロー計算書・253

❖勘定科目明細書・253

❖税務申告書・253

4−3 損益計算書 ·· 254

4−3−1 損益計算書とは／254

4−3−2 損益計算書の構成／254

❖売 上 高・254

❖売上原価・製造原価・256

❖売上総利益（粗利益）・256

❖販売費及び一般管理費・256

❖営業利益（損失）・257

❖経常利益（損失）・257

❖特別利益・257

❖特別損失・257

❖税引前当期純利益（損失）・258

❖当期純利益（損失）・258

4−4 貸借対照表 ·· 260

4−4−1 貸借対照表とは／260

4−4−2 貸借対照表の構成／260

❖資産の部・260

❖負債および純資産の部・261

4−4−3 損益計算書と貸借対照表の関係／262

4−5 損益計算書の分析 ·· 264

4−5−1 売上高の変動／264

❖売上高の増加（増収）・265

❖売上高の減少（減収）・265

4−5−2 粉 飾／266

❖売上高・収益の架空計上・267

❖費用の無計上・過少計上・268

❖子会社の悪用・269

❖現場の視点・270

4－5－3　収益構造／270

❖売上総利益（粗利益）・270

❖営業損益・271

❖経常損益・271

❖当期純損益・272

4－5－4　経費構造／273

❖役員報酬・273

❖減価償却費・273

❖支払利息割引料・274

4－5－5　損益分岐点分析／276

❖固定費・変動費・276

❖損益分岐点・277

❖損益分岐点図表・278

4－6　貸借対照表の分析 ･･････････････････････････････････ 279

4－6－1　貸借対照表の静的分析／279

❖純資産（自己資本）の蓄積度合い・279

❖資産内容に問題はないか・279

❖資金調達に不安はないか・282

❖保証債務・282

❖資金繰りに不安はないか・283

❖脚注表示に注目・283

4－6－2　貸借対照表の動的分析／283

❖資産の変動に問題はないか・283

4－6－3　経常収支／288

4－6－4　キャッシュフロー計算書／289

❖資金移動表との相違・289

❖直接法によるキャッシュフロー計算書・289

❖間接法によるキャッシュフロー計算書・290

❖営業活動によるキャッシュフロー・290

❖投資活動によるキャッシュフロー・290

❖財務活動によるキャッシュフロー・291

4－6－5　運転資金の考え方／291

目　次

4－6－6　運転資金の種類／292

- ❖所要運転資金（経常運転資金）・292
- ❖増加運転資金・292
- ❖つなぎ資金・293
- ❖季節資金・293
- ❖賞与資金・294
- ❖決算資金・294

4－7　財務指標······························295

4－7－1　財務分析とは／295

4－7－2　流動性分析／296

- ❖預 借 率・296
- ❖売掛債権回転期間・296
- ❖棚卸資産回転期間・298
- ❖流動比率・当座比率・299
- ❖買掛債務回転期間・300

4－7－3　安全性分析／301

- ❖借入依存度・301
- ❖借入月商比・302
- ❖借入返済年数・303
- ❖借入金利率・305
- ❖自己資本比率・305
- ❖固定比率・306
- ❖固定長期適合率・307
- ❖経常収支比率・308

4－7－4　付加価値分析／309

- ❖労働分配率・309
- ❖労働装備率・310

4－7－5　収益性分析／310

- ❖売上高総利益率（粗利率）・310
- ❖営業利益率・311
- ❖経常利益率・311
- ❖当期純利益率・312

目　次

❖ROA（総資本利益率）・313

❖ROE（株主資本利益率）・313

❖固定費率・314

4－8　グループ企業の分析・・・・・・・・・・・・・・・・・・・・・・・・・・・・・・・・・・・・・315

　4－8－1　企業グループの見方／315

　4－8－2　グループ企業の範囲／315

　4－8－3　グループ企業の検討ポイント／316

　　❖関係会社となった経緯，目的・316

　　❖関係の内容・316

　　❖グループ企業の顔ぶれ，グループの経営形態・317

　　❖金　　融・318

　4－8－4　合算財務諸表／318

　　❖グループ合算の業績・財務構成・資力・318

　　❖合算損益計算書・318

　　❖合算貸借対照表・319

　4－8－5　連結財務諸表／320

　　❖連結財務諸表の意義・320

　　❖連結の方法と対象範囲・321

　　❖連結財務諸表の構成・322

　　❖連結財務諸表の見方・323

4－9　重点管理先の定量分析・・・・・・・・・・・・・・・・・・・・・・・・・・・・・・・・・・・・325

　4－9－1　月次管理／325

　4－9－2　資金繰り表／325

　　❖資金繰り表の考え方・326

　　❖月次資金繰り表の作り方・327

　　❖資金繰り表の見方・328

　4－9－3　法人税申告書／329

　　❖法人税申告書とは・329

　　❖別 表 四・329

　　❖別表五（一）・330

　　❖別 表 一・330

　　❖別表十六・331

xxiii

目　次

❖別　表　二・331

4－10　定性分析の必要性 ･･････････････････････････ 333

4－10－1　定性分析とは／333

4－10－2　財務分析の限界／334

4－10－3　「ヒト」「モノ」「カネ」「情報」を総合的に分析／335

4－11　定性分析のポイント ･･････････････････････ 336

4－11－1　取引先を確認する／336

❖取引相手確認の重要性・336

❖取引相手の法人格・336

❖沿革・歴史・337

❖反社会的勢力関与の有無・338

4－11－2　販売先・販売状態／339

❖販売先が大手企業・339

❖販売先が一点集中している・340

❖販売先の入れ替わりが激しい・340

❖販売先に信用不安が発生・340

❖販　売　力・340

❖競合先の動向・341

4－11－3　仕入先・下請など／341

❖仕入・下請基盤・341

❖仕入の急増，急減・342

4－11－4　株主・資本関係会社／343

❖一族経営の企業・343

❖株主の変更・343

❖優良企業の系列企業・344

❖子会社・関連会社・345

❖投　資　家・346

4－11－5　経営者・役員／346

❖オーナー経営者・346

❖業界知識・経験・346

❖人　　格・347

❖経理知識・347

❖政治活動・宗教活動・347

❖後 継 者・348

❖役員の経歴や素性・348

❖役員クラスの退職・349

4－11－6　従 業 員／350

❖従業員の状況・350

❖従業員の対応・350

4－11－7　工場・事務所・設備／352

❖立地条件・352

❖拠点展開状況・352

❖設備投資状況・352

❖工場の稼働状況・353

❖現地の在庫状況・353

❖所有状態・353

4－11－8　商品・業界／355

❖他の債権者の動向・356

4－11－9　金融機関／356

4－11－10　資産・担保物件／357

4－12　信用不安情報の入手・・・・・・・・・・・・・・・・・・・・・・・・・・・・・・・・・ 358

4－12－1　さまざまな種類の信用不安情報／358

❖ヒトの情報・358

❖モノ（商品・生産設備）や取引に関する情報・359

❖貸倒れに関する情報──大口不良債権の発生・359

❖業績の情報・360

❖権利関係情報・361

❖手形・資金調達の情報・362

❖事件・事故情報・362

❖支払いに関する情報・363

❖金融機関の支援姿勢に関する情報・364

❖関係会社の経営悪化に関する情報・364

4－13　取引の流れ・・・ 366

4－13－1　商流の把握／366

目　次

❖取引形態の把握・366

❖取引条件の設定・369

❖決済条件の設定・369

❖商　　流・370

4－13－2　危険な取引／373

❖危険な取引の種類と注意点・373

❖介入取引・373

❖循環（環状）取引・374

❖迂回取引・375

❖在庫融資取引・376

❖備蓄取引・376

❖紹介取引・377

❖新事業取引・377

❖担保依存取引・377

❖遠隔地取引・377

❖再開取引・377

❖追従型取引・378

4－13－3　詐欺による被害／378

❖取込み詐欺・378

❖手形詐欺・379

4－14　反社会的勢力との取引管理・・・・・・・・・・・・・・・・・・・・・・・・・・・・・380

4－14－1　反社会的勢力とは／380

❖反社会的勢力・380

4－14－2　反社会的勢力と取引するリスク／384

4－14－3　反社会的勢力に関する社会の動き／384

❖法律・政府指針・384

❖暴力団排除条例・385

❖判決・387

❖金融機関・387

❖企業・企業代表者・388

4－14－4　反社会的勢力に対する各業界の動向／389

4－14－5　反社との関係遮断の実践方法／390

目　次

❖平時の対応・391

❖有事の対応・394

第 5 章　契約と担保

5－1　契約法務 ·· 398

5－1－1　契約に関する基礎知識／398

❖契約とは・398

❖契約と取引・398

❖契約の効力・398

❖契約自由の原則とその限界・398

❖民法が定める典型契約・399

❖契約内容の重要性・400

❖「契約書」の必要性・400

5－1－2　契約書式の整備／401

❖契約書式の作成・401

5－1－3　契約の流れ／402

❖契約を締結するまでの流れ・402

❖契約書の日付・402

❖署名・記名押印・403

❖署名と記名の違い，印鑑の重要性・403

❖契約締結権限者・404

5－1－4　確定日付の取得，公正証書化／408

❖確定日付・408

❖公正証書・409

5－2　基本契約 ·· 410

5－2－1　基本契約条項の理解／410

❖取引基本契約・410

5－2－2　契約条項／410

❖期限の利益の喪失条項・410

❖契約解除条項・412

❖合意管轄条項・413

xxvii

目　次

❖損害賠償条項・415

❖所有権留保条項・418

❖出荷停止条項（不安の抗弁）・418

❖担保提供義務条項・420

❖任意処分条項・420

❖連帯保証人・421

5－3　個別契約・・　428

5－4　担　　保・・　433

❖担保とは・433

5－5　人的担保・・　435

5－5－1　保　　証／435

❖保証とは・435

❖人的担保の役割・435

❖普通保証と連帯保証との違い・436

❖根 保 証・437

5－5－2　保証を取得するときの注意点／442

❖契約書の作成・442

❖保証意思の確認・442

❖保証人が会社の場合・445

❖根保証を取得する場合・446

❖担保保存義務免除特約・448

❖緊急時の保証契約の否認リスク・448

5－5－3　保証人に対する情報提供義務（改正法）／449

❖契約締結時の情報提供義務（改正民法465条の10）・449

❖期中の情報提供義務・449

5－5－4　改正民法の適用（経過措置）について／450

5－6　約定担保物権・・・　451

5－6－1　約定担保物権／451

5－6－2　抵 当 権／451

❖抵当権とは・451

❖抵当権の役割・451

❖抵当権の法的性質・453

❖抵当権の設定方法・453

❖抵当権の実行手続・453

❖特別な抵当権・453

5−6−3　根抵当権／457

❖根抵当権とは・458

❖抵当権との違い・458

❖根抵当権にかかる民法改正点・458

5−6−4　質　　権／467

❖質権とは・467

❖質権の種類と役割・467

❖質権の法的性質・468

❖質権の設定方法・468

❖質権の実行手続・469

❖質権についての民法改正事項・469

5−6−5　約定担保物権を取得するときの注意点／475

❖第三者から約定担保物権を取得するときの注意点・476

5−7　法定担保物権 ･････････････････････････････････ 477

5−7−1　留置権／477

❖留置権とは・477

❖民事留置権の要件・477

❖商事留置権の要件（民事留置権と商事留置権の違い）・477

❖留置権の法的性質・478

❖留置権の実行方法・478

5−7−2　先取特権／479

❖先取特権とは・479

❖先取特権の法的性質・480

❖動産売買先取特権の要件，実行方法・480

❖動産売買先取特権の実行時の注意点・481

5−8　非典型担保物権 ･････････････････････････････････ 483

5−8−1　譲渡担保／483

❖譲渡担保とは・483

❖譲渡担保の役割・483

目　次

❖譲渡担保の法的性質・484

❖譲渡担保の設定方法・484

❖譲渡担保の実行方法・484

❖機械等の譲渡担保・485

❖商品の譲渡担保（集合動産譲渡担保）・486

❖売掛債権の譲渡担保（集合債権譲渡担保）・491

5－8－2　所有権留保／495

❖所有権留保とは・495

❖所有権留保の法的性質・495

❖所有権留保の設定方法・495

❖所有権留保の実行方法・496

5－8－3　仮登記担保（代物弁済予約仮登記）／496

5－9　非典型担保··497

5－9－1　代理受領／497

❖代理受領とは・497

❖代理受領の役割・497

❖代理受領の設定方法・497

❖代理受領の効力・497

5－9－2　振込指定／498

5－9－3　相　殺／498

5－10　物的担保の対象······································501

5－10－1　担保対象物の調査（動産）／501

❖現 預 金・501

❖在　　庫・501

❖債　　権・502

❖有価証券・502

5－10－2　担保対象物の調査（不動産）／503

❖更　　地・503

❖自用の土地・建物・504

❖賃貸物件（貸家）・504

❖借 地 権・505

❖底地（貸地）・506

目　次

5−10−3　不動産登記簿謄本の調査ポイント／506
- ❖表題部（土地）・506
- ❖表題部（建物）・507
- ❖権利部（甲区）・508
- ❖権利部（乙区）・509
- ❖区分所有建物・511

5−10−4　不動産調査における登記簿謄本以外のポイント／511
- ❖公図・建物図面等の調査・511
- ❖家屋（補充）課税台帳の調査・513
- ❖都市計画図の調査・513
- ❖路線価の調査・516
- ❖固定資産税評価額の調査・516
- ❖公示価格，都道府県地価調査標準価格の調査・517
- ❖賃貸借契約書等の調査・517

5−10−5　現地調査／519
- ❖存在の確認・519
- ❖内容の確認・519

5−11　担保の評価・・・・・・・・・・・・・・・・・・・・・・・・・・・・・・・・・・・・ 523

5−11−1　担保評価の方法／523

5−11−2　原　価　法／525
- ❖再調達原価の算出・525
- ❖減価相当額の算出・526
- ❖減価修正の方法・527
- ❖残存耐用年数による方法の計算式・527

5−11−3　取引事例比較法／528
- ❖取引事例比較法の成立要件・528

5−11−4　収益還元法／529
- ❖収益還元法の要素・530

目　次

第 6 章　債権保全と債権回収

6－1　回収・保全の準備・・・・・・・・・・・・・・・・・・・・・・・・・・・・・・・・・・・・・・ 534

6－1－1　問題先管理の方法／534
❖支払遅延先への対応・534

6－1－2　資金繰り悪化／534
❖資金繰り悪化情報入手時の対応・534

6－1－3　手形ジャンプの要請／535
❖手形ジャンプ要請への対応・535

❖手形ジャンプ要請に対する交渉方法・535

❖手形ジャンプ応諾時の対応・536

6－1－4　債権回収の準備／536
❖支払遅延債権の把握・536

❖債務者の状況調査・536

❖債務者・保証人の資産調査・537

❖追加担保交渉・537

❖担保物件調査・537

❖回収計画を立てる・537

6－1－5　支払督促・交渉による保全／538
❖内容証明郵便とは・538

❖内容証明郵便の効果・538

❖内容証明郵便の記載方法・539

❖電子内容証明・539

❖請求・督促文の書き方・540

❖内容証明郵便の送付方法・541

❖事前交渉（債権保全のための追加保証交渉）・542

6－2　交渉による債権回収・・・・・・・・・・・・・・・・・・・・・・・・・・・・・・・・・・ 545

6－2－1　債権回収交渉／545
❖債権回収の基本事項・545

❖債権回収の心構え・545

❖電話による交渉・546

❖面談による交渉・546

xxxii

目　次

6－2－2　和　　解／547

❖和解とは・547

❖和解の手続・547

6－2－3　公正証書／548

❖公正証書とは・548

❖作成の目的・549

❖作成準備・549

❖作成手順・550

❖作成費用・550

❖閲覧・再交付・551

6－3　債務者の協力が得られる場合の回収方法‥‥‥‥‥‥‥　553

6－3－1　契約の解除／553

6－3－2　商品の引揚げによる回収／554

6－3－3　裏書譲渡手形を活用した回収／555

6－3－4　債権譲渡を活用した回収／555

❖債権譲渡とは・555

❖債権譲渡の第三者対抗要件・556

❖債権譲渡通知・556

❖債権譲渡を活用した回収方法・557

6－3－5　代理受領による回収／560

6－4　債務者の協力が得られない場合の回収方法‥‥‥‥‥‥　562

6－4－1　相殺を活用した回収／562

❖相殺とは・562

❖相殺を活用した回収方法・562

6－4－2　動産売買先取特権を活用した回収／564

❖動産売買先取特権とは・564

❖動産売買先取特権を活用した回収方法・564

6－4－3　留置権を活用した回収／565

6－4－4　法人格否認の法理／565

❖法人格否認の法理とは・565

❖法人格の形骸化・566

❖法人格の濫用・567

xxxiii

目　次

❖法人格否認の法理の適用例・568

6－4－5　詐害行為／568

❖詐害行為とは・568

❖債権回収行為の詐害行為該当性・569

❖債権回収行為等が取り消された場合の効果・572

❖詐害的な会社分割等における債権者の保護・573

6－5　法的債権回収‥‥‥‥‥‥‥‥‥‥‥‥‥‥‥‥‥‥‥576

6－5－1　債権回収の手続選択／576

❖担保権を有する場合・576

❖担保権を有しない場合・577

6－5－2　担保権の実行／578

❖担保権の実行とは・578

❖担保不動産競売手続・579

❖担保不動産収益執行・583

❖担保不動産収益執行の手続・584

❖債権担保権の実行・587

❖動産担保権の実行・587

6－6　民事保全手続‥‥‥‥‥‥‥‥‥‥‥‥‥‥‥‥‥‥‥‥589

6－6－1　民事保全手続とは／589

6－6－2　仮差押え／589

❖仮差押えの申立て・590

❖申立ての際に必要な書類・590

❖審　　理・597

❖担保の提供・598

❖決　　定・598

❖保全執行・598

6－6－3　仮処分／599

❖仮処分とは・599

❖仮処分の申立て・601

❖申立ての際に必要な書類・604

❖審　　理・604

❖担保の提供・605

目　次

❖決　　定・605

❖保全執行・606

6−6−4　支払督促／606

❖支払督促とは・606

❖支払督促申立ての手続・607

❖債務者による督促異議・611

6−6−5　訴　　訟／611

❖訴訟とは・611

❖訴訟の申立て・612

❖審　　理・614

❖訴訟の終了・616

6−6−6　少額訴訟／617

❖少額訴訟とは・617

❖少額訴訟の手続・617

❖第1回口頭弁論期日・621

❖弁論終結・621

❖判決の言渡し・622

❖不服申立て・622

6−6−7　手形訴訟／623

❖手形訴訟とは・623

❖手形訴訟申立ての手続・623

❖手形訴訟の特色・625

6−6−8　民事調停／626

❖民事調停とは・626

❖民事調停申立ての手続・627

6−6−9　特定調停／628

❖特定調停とは・628

❖特定調停申立ての手続・628

6−6−10　強制執行／629

❖強制執行とは・629

❖強制執行の要件・630

❖強制執行開始の要件・632

目　次

❖強制執行の種類等・633

❖不動産に対する強制執行・634

❖不動産強制競売・634

❖不動産強制競売の手続・634

6－6－11　強制管理／639

❖強制管理とは・639

❖強制管理の手続・639

6－6－12　債権執行／640

❖債権執行とは・640

❖債権執行の手続・641

6－6－13　動産執行／649

❖動産執行とは・649

❖動産執行の手続・649

6－7　時効管理・・654

6－7－1　時　効／654

❖時効とは・654

❖取得時効と消滅時効・654

❖時効の完成猶予および更新・655

❖時効の効力・655

❖時効の援用（時効の援用・放棄）・656

6－7－2　時効対策の実施／657

❖時効完成は損失・657

❖時効中断措置の活用・657

6－8　倒産の場合の債権回収・・・・・・・・・・・・・・・・・・・・・・・・・・・・・・659

6－8－1　倒　産／659

❖倒産とは・659

❖倒産情報に接した場合の初期対応・660

❖計画倒産の場合の対処法・660

❖回収の基本方針・664

6－8－2　倒産処理手続の種類／665

❖法的整理と私的整理・665

❖清算型倒産手続と再生型倒産手続・665

6－8－3　私的整理／666

❖私的整理とは・666

❖私的整理の一般的な進行・666

❖金融機関への支援を求める趣旨の私的整理について・667

6－8－4　法的整理／667

❖法的整理手続での回収・667

❖事件記録の閲覧・謄写・667

❖債権届出・668

❖債権調査・675

❖債権者説明会・債権者集会・関係人集会・677

❖配　　当・679

❖相 殺 権・681

❖別 除 権・683

❖否 認 権・688

6－9　破産手続··692

6－9－1　破産とは／692

6－9－2　破産手続／693

❖破産申立て・693

❖破産手続開始決定前の保全処分・693

❖破産手続開始決定・694

❖同時廃止・694

❖再生手続における各債権の取扱い・695

❖異時廃止・696

❖破産の終結・696

❖免責・復権・696

6－9－3　破産管財人／697

❖破産財団の管理，換価に関する職務・697

❖破産債権の確定に関する職務・697

❖債権者集会に関する職務・698

❖配当，廃止に関する職務・698

❖免責に関する職務・698

目　次

6－10　特別清算手続························699

6－10－1　特別清算とは／699

❖特別清算手続の特徴・699

6－10－2　特別清算手続の流れ／700

❖特別清算開始の申立てと特別清算開始の命令・700

❖手続進行中の裁判所の監督・700

❖負債額の確定・700

❖協定・和解・701

❖終結決定・701

6－10－3　特別清算人／701

6－10－4　各種権利の扱い／702

❖債　　権・702

❖相殺の禁止・702

❖担保権付債権・702

6－11　再生手続····························703

6－11－1　再生手続とは／703

6－11－2　再生手続の流れ／704

❖再生手続の申立て・704

❖再生手続開始決定前の保全処分・704

❖監督委員の選任・705

❖監督委員の業務・705

❖再生手続開始決定・707

❖再生手続が開始された場合の双務契約の取扱い・709

❖再生手続が開始された場合の継続的給付を目的とする双務契約の取扱い・709

❖再生手続における各債権の取扱い・710

❖財産評定・712

❖再生計画案の提出・712

❖再生計画の効力等・712

❖再生手続の終結・713

❖再生計画の取消し・714

❖再生手続の廃止・714

6−11−3 簡易再生／715

❖本来の再生手続との相違・715

❖簡易再生の申立て・715

❖簡易再生の決定・716

❖債権者集会・716

❖再生計画案の可決・否決・716

6−11−4 同意再生／717

❖同意再生とは・717

❖同意再生の要件・717

❖同意再生の決定・717

6−11−5 個人再生手続／718

❖個人再生とは・718

❖小規模個人再生と給与所得者等再生・719

❖住宅資金特別条項・719

6−12 更生手続······720

6−12−1 会社更生とは／720

6−12−2 更生手続の流れ／721

❖更生手続開始の申立て・721

❖更生手続開始決定前の保全処分・721

❖更生手続開始決定・721

❖更生手続における各債権の取扱い・722

❖財産評定，財産状況の報告・725

❖更生計画の作成・提出・725

❖更生計画の認可・725

❖更生計画認可決定の効力・726

❖更生計画の不認可・726

❖更生手続の終結・727

6−13 税　　務······728

6−13−1 債務免除／728

❖債務免除を受けた場合・728

6−13−2 債務免除益の計上時期／729

❖会計上の債務者における債務免除益の計上時期・729

❖会計上の債権者における貸倒損失の計上時期・729

❖会計上の債権者における貸倒引当金の計上時期・729

6−13−3　債務免除益に対する課税／730

❖法人の債務者における債務免除益に対する課税の原則・730

❖個人の債務者における債務免除益に対する課税の原則・732

❖法人および個人の債務者における債務免除益に対する所得税の源泉徴収に係る課税・734

❖法人および個人の債務者における債務免除益に対する消費税に係る課税・734

6−13−4　貸倒損失／734

❖法人の債権者における貸倒損失に関する課税・734

❖個人の債権者における貸倒損失に関する課税・738

❖法人および個人の債権者における貸倒損失に関する消費税の課税関係・739

6−13−5　貸倒引当金／740

❖法人の債権者における貸倒引当金に関する課税関係・740

❖個人の債権者における貸倒引当金に関する課税関係・743

6−13−6　債務免除益に対する税対策／745

❖法人の債務免除益に対する税対策・745

❖個人の債務免除益に対する税対策・749

6−13−7　欠損金／750

❖法人の青色欠損金の控除・750

❖買収した欠損等法人の青色欠損金の控除の制限・751

❖法人の災害損失欠損金の控除・752

❖法人の適格合併やグループ法人税制による青色欠損金または災害損失欠損金の引継ぎ・752

❖法人の債務整理による債務免除等があった場合の期限切れ欠損金（設立当初からの欠損金）の損金算入の特例・753

❖外形標準課税の法人事業税の付加価値割の欠損金の損金算入の特例・756

❖外国法人の場合の欠損金の控除の取扱い・757

❖個人の純損失の控除・757

❖非居住者の場合の青色純損失の控除の取扱い・758

6 −13− 8　欠損金の繰戻し還付／758

❖法人の欠損金の繰戻し還付・758

❖法人の災害損失欠損金の繰戻しによる還付・759

❖個人の純損失の繰戻し還付・760

6 −13− 9　留保金課税／760

❖留保金課税の概要・760

❖留保金額・761

❖留保控除額・761

参考文献‥‥‥‥‥‥‥‥‥‥‥‥‥‥‥‥‥‥‥‥‥‥‥‥‥　763

索　　引‥‥‥‥‥‥‥‥‥‥‥‥‥‥‥‥‥‥‥‥‥‥‥‥‥　768

監修者・執筆者紹介‥‥‥‥‥‥‥‥‥‥‥‥‥‥‥‥‥‥‥　782

第1章

与信管理の基礎

第1章　与信管理の基礎

1－1

倒産傾向

|1－1－1|　倒産の原因とそのプロセス

❖倒産とは

　「倒産」とは，正式な法律用語ではなく，一般的に「企業が資金繰りに窮し，事業継続が困難になる状態」を指す。すなわち，企業が弁済期にある債務を弁済することができなくなり，経済活動を継続できなくなった状態をいう。破産手続や民事再生手続，会社更生手続等の法的整理がその代表的な例である。

　そのほかにも，自ら振り出した約束手形や小切手の不渡りによる銀行取引停止処分等や，債権者に対して自らの財政状況の悪化を告げて全面的にその処理を債権者や弁護士などに委ねる私的整理といった事象も倒産とみなされる。

❖倒産のプロセスと危険信号

　企業が倒産する直接の要因は，資金不足である。企業にとって資金は人の体の血液と同じで，資金の循環が止まった時に企業は倒産する。**図表1－1**は，倒産する企業の一般的なパターンを示したものである。企業は3つの段階を経て倒産までのプロセスを進む。これらのプロセスと危険信号の意味を理解することは，倒産を回避するためにきわめて有効な手段である。

(1)　要注意段階

　景気の低迷や販売競争の激化，商品市況の大幅下落，商品価値の低下などで販売不振に陥り，売上高が減少すると，業績が悪化して赤字となる。業績不振となった企業は，苦境を乗り切るために経費や人員の削減，不動産売却などさまざまな「経営改善努力（リストラクチャリング）」を行う。

　この「リストラ」によって業績を回復させる企業もあるが，経費や人員の整理，資産売却などにより一時的には利益を押し上げる効果があっても，結局は企業自体の体力減退を招きかねないため，経過を注意深く見守る必要がある。

2

1-1 倒産傾向

図表 1-1 倒産に至るプロセス

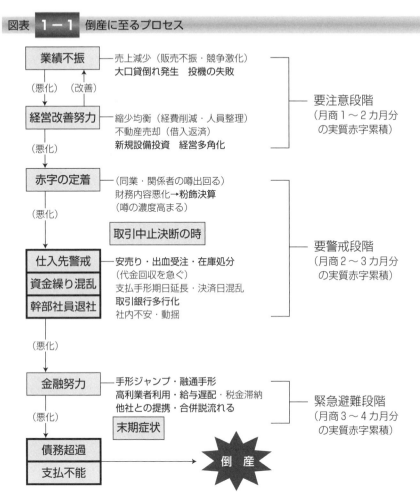

第1章　与信管理の基礎

(2)　要警戒段階

リストラに失敗すると，さらに赤字が定着して累積する結果となる。そのような企業は対外的な信用をつなぎ止めるために，勘定の付け替えなどで決算内容を体裁よく見せるいわゆる「粉飾決算」を行う場合もある。

赤字の累積は資金不足を招き，取引銀行数を増やす，商品を安売りするなどの行動へ企業を駆り立てる。また悪い噂は仕入先，販売先などの関係先へ伝播していき，その噂が拡大すればするほど警戒感が広がり，ますます信用を失っていく。世間の評判や噂などは根拠のないものも多いことは事実であるが，それが経営悪化をつかむ端緒となることも，また事実である。

(3)　緊急避難段階

信用不安が発生すると原材料や商品の仕入条件が悪化したり，販売先が発注を敬遠したりするため，さらなる業績悪化を招き，赤字はますます累積する。それにより資金繰りが悪化すると，支払先への決済の可否が最大の関心事となり，企業は末期症状を迎える。

ここまで状況が悪化してもなお，取引先に対して手形ジャンプなどで支払いを遅らせたり，従業員への給与を遅配したり，また税金を滞納したり，さらには融通手形や高利資金導入などで無理やり資金繰りをつなぐ企業もある。しかし，これらは長くは続かず，最終的に支払不能状態に陥り，倒産に至る。

以上のように，企業経営が危機に直面すると，業績と資金繰りの状況を反映して信用力は大きく揺れ動くことになる。企業が倒産するまでには，いろいろな兆候が表れるため，取引先の倒産による被害を回避するためにはその兆候を見逃さないことが必要である。

❖倒産の原因

前項では，倒産に至るメカニズムについて概観したが，企業が倒産に至る主な原因は，不況型とそれ以外のタイプに分けることができる。

(1)　不況型倒産

不況型倒産の原因には以下の3つがある。

(i)　売上不振

売上減少が経営圧迫の第一原因となるものである。販売不振につながる要因にはさまざまなものがある。たとえば，製品（商品）の陳腐化，業界全体の衰退，同業大手の進出，不況による需要減退などが挙げられる。

4

（ii）　**赤字体質**

年々赤字が積み上がっていくことによって倒産に至るものである。急激な販売不振による資金不足ではなく，長い期間にわたって積み上げられていく赤字は企業の慢性疾患といえる。

（iii）　**不良債権の発生**

販売先の経営不振による資金難や，商品・工事などに対するクレーム発生などから，売掛金が長期にわたり回収できないために，資金不足を招き，倒産に至るものである。

（2）　**不況型以外の倒産**

不況型以外の倒産の原因については，代表的なものとして以下の5つがある。

（i）　**連鎖倒産**

取引先が倒産すると，その取引先に対する売掛債権・貸付金等が回収不能となり，回収予定分が資金不足となる。資金不足について銀行借入などの資金調達で解消できない場合，企業は連鎖倒産することになる。

（ii）　**信用不安**

経営者の不祥事やコンプライアンス違反，役員間の内紛など，経営内容の悪化を理由に，それまで支援していた取引先が援助を打ち切ること等によって対外信用力が低下するケースである。

（iii）　**財務基盤の脆弱化**

資本が脆弱な企業が無理に営業規模を拡大すると，予期せぬ貸倒れや資金回収の見込み違いに対応することができず，破綻に至ることがある。

（iv）　**過大投資**

積極的な拡大経営も，見込みが甘かったり，自社の財務体力を過信したりすると，過大投資となり資金破綻を招くことがある。また，本業以外に投資を行ったことによる失敗も倒産の発生原因になりうる。

（v）　**経営者能力の欠如**

主に経営者の資質，能力に関わるものである。経営者の経験や能力不足による判断ミス，意欲の喪失などで破綻するケースである。

第1章 与信管理の基礎

1-1-2 倒産の現状

　東京商工リサーチの調べによると，倒産件数は2000年～2002年をピークとして政府の中小企業資金支援策の拡充により減少に転じていたが，2006年ごろから増加しはじめ2008年のリーマンショックによる不況で大幅に増加した。しかしその後は「景気対応緊急保証制度」や「中小企業金融円滑化法」などの政府の金融支援策の効果により減少が続き，金融円滑化法の終了後も金融機関がリスケ要請に応じるなど，実質的な金融支援の継続や，2012年以降のアベノミクスによる経済効果もあって，倒産が減少する傾向に変化はない。2018年の倒産件数は10年連続で減少して推移し，8,235件となった。今後は，米中貿易摩擦による中国景気の悪化に関して，中国向け輸出割合が高い国内企業の業績悪化が懸念される。このように企業倒産は景気動向だけでなく，主要国間における通商問題にも大きな影響を与えることがわかる。

　ただし政策効果は永続的に続くものではなく，倒産件数を押し下げるためには最終的に政府側の抜本的な景気浮揚策，企業側の業績浮上策が求められる。

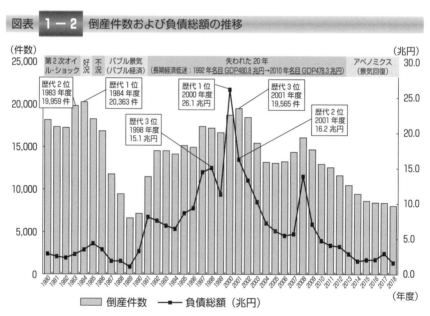

図表 1-2 倒産件数および負債総額の推移

出典：東京商工リサーチ『倒産月報』
注：倒産件数は，負債総額10百万円以上のものを集計

倒産の原因としては，売上不振，赤字体質・不良債権の発生という不況型倒産の比率が年々増加しており，倒産原因の80％以上を占める状況となっており，日本経済が長い低迷状態にあることを如実に表している。産業構造が急激に変化している今日のような状況下，景気は回復しても企業倒産は続くと考えるべきであり，与信管理のますますの徹底が求められることとなる。

業歴別でも，設立10年以下の新興企業と設立30年以上の老舗企業の倒産件数は2001年に逆転しており，老舗企業の苦戦が続いている。老舗企業はバブル期を経験したため，不良資産を抱え込んでいるケースが多いことに加え，旧態依然として経済・社会の変化に応じてビジネスモデルを柔軟に変えられないことが原因として考えられる。業歴の長い企業といっても，一概に信用できる材料とはならない状況となっている。

形態別では，2018年は，法的整理の割合が過去最高の93.1％を占め，特に法的整理に占める破産の割合が92.7％と非常に高い水準となっている。破産の増加要因としては少額管財手続の開始が挙げられる。この制度は1999年に東京地裁で始められ，少額の予納金での申請で迅速な処理を行うものであり，破産の増加につながっている。2005年からは，法的整理が私的整理を逆転しており，倒産形態の主流が変化している。私的整理に比べ，取引先が破産した場合の配当率は非常に低く，たとえ配当があっても数％程度と低水準であり，事前の予防対策の比重が高くなってきている。なお，私的整理においては，事業再生ADRや中小企業再生支援協議会の利用も目立ち，利用は増加傾向にある。

また，近年の特徴として，倒産件数は減少傾向である一方，隠れ倒産といわれる，休業・廃業が長期的に増加している。休業・廃業は，取引先に迷惑をかけずに事業を閉めるため，貸倒れは発生しないが，今後の取引機会を喪失することとなるため，業績の悪化につながるおそれもある。

休廃業のリスクも倒産リスクと同様に捉える必要がある。なお，休廃業の主な要因は，「経営者の高齢化・健康の問題」が最も多く，次いで業績不振，後継者問題などが挙げられる。

第1章　与信管理の基礎

図表 1-3　休廃業・解散件数と倒産件数の推移

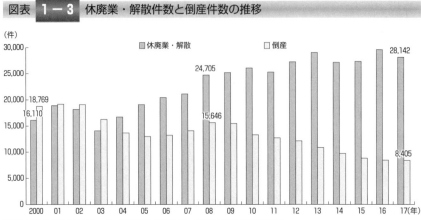

資料：㈱東京商工リサーチ「2017年「休廃業・解散企業」動向調査」
出典：中小企業白書2018年版

1-2

貸倒れ防止と企業の成長

|1-2-1| 貸倒れの発生

❖貸倒れとは

「焦付き」ともいい，商品・製品を販売して，またサービスを提供して得た売掛金や受取手形，貸付金その他の債権について，取引先の倒産などの理由で回収不能となることをいう。

売掛金や受取手形の回収が困難と予測された時点で，貸倒引当金としてあらかじめ一定の金額を見積もって計上することで，損失を認識する。

❖貸倒れの発生プロセス

1-1-1で述べたように企業倒産の原因は，さまざまな経営内容の悪化が挙げられるが，貸倒れを引き起こす原因としては，経営内容が悪い企業を取引先として選択した自社組織内の欠陥であることも多く，信用調査の不足が根本原因にある。貸倒れの発生を防止するには定量・定性両面の信用調査を継続的に十分行うことが重要である。

信用調査の不足が起こる原因としては，以下のようなものが挙げられる。

(1) 企業・経営者背景への過信

取引先が有名企業である，大企業の系列下にある，老舗企業である，代表者が地方の名士であるなどの場合に，それを過信して信用調査の手を抜いてしまう。

(2) 他社追随

大企業が取引先と大口の取引を行っているので，与信面で問題がないものとしてそれに追随して信用調査を怠ってしまう。大口取引をしている大企業はいち早く取引相手の内容を把握できるので，内容が悪化すれば担保を取得して保全をしたり，取引から撤退することが可能であるが，追随した者は無防備に取り残されることになる。

第1章　与信管理の基礎

(3)　紹介による取引

得意先や懇意にしている人物・企業から取引先を紹介され，その人物・企業を信頼したことから信用調査を手控えてしまう。損失が起きても紹介者は何の責任もとらない。たとえ道義的な責任はあっても，金銭的責任は別問題となる。

(4)　担当者の時間不足

担当者が他の業務を兼務している，長期出張や病欠のため担当者が不在であるなどの理由で信用調査を行う時間がなく，少ない情報で取引の判断をしてしまう。

(5)　仕入先事故

売掛債権に与信限度額を決めて管理していても，仕入に関する与信プロセスを定めていない企業が多く，仕入先に関する管理は疎かになりがちである。そのため，審査部門が分析せずに架空取引などに巻き込まれることがある。

(6)　営業政策

予算達成のために拡販が急務となって安易に売り込んだ，新規商品のために開拓した不慣れな業界の新規先に対して売り込んだ，など営業政策絡みで信用調査を疎かにしてしまう。

(7)　管理体制の欠陥

社内の決裁プロセスに不備がある，営業管理者や担当者が規程を守らずに取引する，などから事故に結びつくケースがある。

|1-2-2|　貸倒れ発生による影響

❖損失の発生

貸倒れの発生は，それまでの企業努力で稼いできた利益を直撃する。仮に利益率が10％の取引において1,000万円が貸し倒れたとすると，その損失を取り戻すには，

$$1{,}000万円 \div 10\% = 1億円$$

という計算になり，実に1億円もの売上を創出して代金を回収することが必要となる。その経営努力は大きな負荷となるため，いかに事故発生の回避が重要であるかがわかる。

10

貸倒損失によって短期的には自社決算へのマイナスの影響がある。しかし，影響はそれだけでなく，破産などで取引先が消滅した場合には取引自体がなくなることで，長期的にも販売機会が消失することによって売上・利益が減少していくなどの影響を及ぼすことになる。

❖資金繰りの圧迫

貸倒れが生じた場合，収入を見込んで資金繰りに充てる予定であった資金がなくなることで，別途資金調達を行う必要が生じる。調達が困難な場合，金利や返済条件が悪い資金の調達を余儀なくされることとなり，自社の資金繰りを確実に狂わせることとなる。

❖営業活動の停滞

本来前向きな営業活動，企業活動に割かれるはずであった労力が事故処理に伴う回収活動や社内報告など社内外での業務に削られることで，収益機会を逸してしまう可能性がある。

また「後ろ向き」の業務は，担当者を精神的に疲弊させることになり，社内モラルの低下にもつながることになる。

❖対外信用の悪化

「取引先の管理ができず貸倒れを頻発する企業は業績および資金繰りが安定せず，信用できない」として，管理面の甘さから対外信用も低下する。取引を敬遠する取引先が出てくることによって取引額の縮小につながる可能性もある。

❖最悪の場合には自社が倒産

上記事項のそれぞれが作用しあうことによって企業体力は確実に蝕まれ，最悪の場合は倒産してしまうことにもなりかねない。

また資金繰りの悪化から資金不足となり，倒産に至る連鎖倒産もありうる。企業倒産統計上でも倒産原因の上位に連鎖倒産が入っており，倒産企業の20社に１社以上を占めている。

近年の商取引において，与信取引は避けて通れないのが現状である。また，企業の倒産がなくなることはないため，与信取引を無防備に行えば，必ず貸倒れの憂き目に遭うといっても過言ではない。

第1章 与信管理の基礎

しかし，企業成長が，与信取引というリスクをとった後に得られる利益によって達成される点を考えれば，リスクをおそれて排除してばかりはいられない。すなわち，「市場を制するにはリスクを制さねばならない」のであり，与信管理戦略の確立がその鍵となる。

1-3 与信管理の目的

1-3-1 与信管理の基礎

❖企業を取り巻くリスク

　企業を取り巻くリスクは，企業経営に起因するリスクと外部環境に起因するリスクなどに分けられ，以下に挙げるように多岐にわたる（**図表1－4**）。また，どんな企業も，投資に対するリターンやそのリスクが顕在化したときの影響度を考慮しながら，さまざまなリスクを管理していく必要があるといえる。

図表 1－4　企業を取り巻くリスク

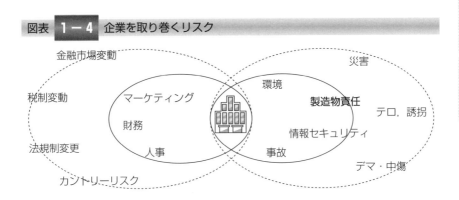

(1) **企業経営を取り巻く環境に伴うリスク**

　為替・金利などの金融市場の変動に関わるリスク，法人税などの税制変動に関わるリスク，規制緩和など法規制変更に関わるリスク，戦争や外貨送金禁止などのカントリーリスクなどが挙げられる。

(2) **企業経営上のリスク**

　消費者の市場動向などのマーケティングに関するリスク，資金調達などの財務に関わるリスク，ノウハウを持った人材の流出・不足やモチベーション低下などの人事に関するリスクなどが挙げられる。

第1章　与信管理の基礎

(3)　経営上の事故に関わるリスク

有害物質の流出などの環境汚染に関わるリスク，商品クレームなどの製造物責任に関わるリスク，ハードウエアの故障や情報漏洩などの情報セキュリティに関わるリスク，火災・爆発や労働災害などの事故に関わるリスクなどが挙げられる。

(4)　外部環境リスク

地震・水害・停電などの災害に関わるリスク，テロや経営幹部の誘拐などのリスク，デマ・中傷による評判（レピュテーション）に関わるリスクなどが挙げられる。

与信リスクは，社外である取引先の倒産に関わるリスクであることから，企業経営を取り巻く環境に伴うリスクといえる。しかし，組織体制を構築することでリスクの発生を防止することができるという意味では，企業経営上のリスクとして捉えることもできる。このため，与信管理を行うことによってそれらのリスクを軽減していくことが求められる。

❖リスクマネジメント

企業の存続や事業の継続にとって何らかの負の影響を及ぼすような経営リスクを管理すること，あるいは負の影響が発生してもその変動の幅を可能な限り減らし，企業利益の最大化を図ることを総じてリスクマネジメントという。

企業がリスクマネジメントを実施する際，その目的や対象とすべきリスクの種類や範囲によって，検討すべき事項は大きく異なる。対象とするリスクに優先順位をつけ，範囲を明確にしたうえで，具体的な対応策を策定する。

つまり，リスクが顕在化する前に企業がリスクの存在を的確に把握し，適切な対策によってリスクをコントロールするということである。

たとえリスクが発生しても，事前に想定されたシナリオに沿って対応していくことにより，企業価値の減少・損害を最小限に食い止めることができる。またそれだけでなく，その迅速・適切な対応が外部から評価されれば，さらなる企業価値向上にもつながる。そのため，企業にとっては，日常からのリスクマネジメントへの取組みが，ますます重要になっている。

❖リスクマネジメントの手法

一般的にリスクマネジメントは5つのプロセスによって実施される(**図表1－5**)。

図表 1－5　リスクマネジメントのプロセス

(1) リスクの特定

リスクの特定とは,発見されたリスクの中から企業にとって重大だと考えられるリスクを特定することである。これは,各部門の担当者や専門家などを活用して行うことが望ましいが,最終的には経営陣が責任を持つべき業務となる。

また,リスク発生確率が低い場合でも事象が発生すれば,企業自体やステークホルダーに大きな影響や損害を与えることに着目しなければならない。

(2) リスクの算定

リスク算定とは,特定したリスクについて,リスクマネジメントの対象リスクとして対策を施すか,リスクを受容するか,対策を施すならばその優先順位はどうするかを決定するために,リスクの大きさに関する情報を得るプロセスのことをいう。リスク算定においては,2つの作業プロセスがある。

まず1つが,各特定リスクの大きさを客観的かつ現実的に算定できる手法およびその表現方法を確立すること,もう1つはその算定方法,表現方法に基づき,特定したリスクについて定量的に把握することである。リスクの定量的把握とは,事象の発生確率と事象発生時の影響の大きさを数量的に把握することをいう。

(3) リスクの評価

リスクの評価とは,算定したリスクをあらかじめ決められたリスク基準と比較して,対応の要否を判定するプロセスのことをいう。

第1章　与信管理の基礎

　リスクの評価は，各部門の担当者が行うが，最終的には経営陣が責任を持つべき業務となる。リスク基準を具体的にどのようなレベルに定めるかについては，企業の事情によって大きく異なるため，自社にとって合理的なものを決定する。

　なお，リスクの評価やその基準の決定については，企業の事情を把握した専門家に評価をアウトソーシングすることも考えられる。

(4)　リスク対策の決定と実施

　リスク対策とは，リスク評価によって対応が必要と判定されたリスクについて，その対策を立てるプロセスのことをいう。リスク対策には，3つの方法がある。

(i)　リスクの回避

　リスクのある状況から撤退することで，リスクが発生する基本要素をなくすことを意味する。

(ii)　リスクの移転

　特定のリスクに関する損失の負担を他社と分担することで，具体的には保険などの契約関係を締結することによって行われる。

(iii)　リスクの低減

　特定のリスクに関する発生確率を低減する行為のことで，具体的には，使用資産や業務フローの見直し，規程やマニュアルの作成，従業員教育などで，リスクの顕在化を防ぐことによって行われる。

(5)　残存リスクの評価

　上記(1)～(4)のプロセスの監査を行い，その実施方法が意図したとおりになっているか，リスクが容認できる適正な水準となっているかを評価する。その評価が水準に達していない場合は改善策を講じ，実施する。

❖与信管理とは

　与信とは，文字どおり「信用を供与すること」である。販売代金を納品前に受領するいわゆる前金での取引や，納品と同時に代金を受け取る，いわゆるキャッシュオンデリバリーでの取引のみを行えば売掛金が発生することはなく，債権が貸し倒れることもない。

　しかし，企業間における取引は，取引が頻繁かつ継続的に発生するので，その都度現金を受け取ることは非効率である場合が多く，取引先に信用を供与す

ることで商品や製品を納品した後に代金を受領する「与信取引」が行われることになる。

しかし，与信取引においては，将来販売代金を現金で回収できるかどうかは確実でなく，回収できないかもしれないという「不確実性（リスク）」を常に抱えている。与信取引は，その不確実さゆえに継続的な管理を必要とされ，与信管理を行うために，取引先の情報を収集・分析し，取引先の信用力について現状やその動向を予測・管理するという作業が必要となる。販売代金の回収の確実性を高めていくことが企業を成長に導く利益を獲得することにつながるため，与信リスクを大きく抱える企業にとって，与信管理は企業経営における最も重要な課題の１つといえる。

与信管理は，会計・税務，法律，経営，業界慣行などの多くの知識が必要であり，専門性も要求される。さらに近年，会社経営の透明性が求められる環境の中，与信に関わる判断基準については主観的基準だけではなく，客観性が強く求められつつある。

また，国内市場の縮小と経済のグローバル化が急速に進む中，企業間競争は激化していく一方であり，企業は意思決定のスピードアップと事務処理におけるコストダウンという二つの課題を同時に求められている。そのため，刻々と変化する複雑な経済活動によって生じる与信リスクに対し，新しい分析判断方法と柔軟に対応できる与信管理の仕組み作りが重要となっている。

❖与信管理の目的

与信管理の目的は，貸倒れに関する与信リスクを最小にすることではない。取引をする，しないという○×ゲーム的アプローチではなく，自社の与信管理能力が他の市場参加者と比較して優位にある分野において，最適許容範囲まで与信リスクを調整することにある。それは，リターン（現金収益）を考慮したうえで，時には与信リスクをとることも含んでいる。

経済活動をするうえで，リスクがあるからこそ利益があり，それをおそれていたのでは企業成長の源泉がなくなってしまう。リスクを制するものが市場を制するともいえるのであって，与信管理を主軸としたリスクマネジメント戦略がより一層重要となっている。

第1章　与信管理の基礎

❖与信管理業務の効率化

　企業間の競争激化に伴い，企業経営において意思決定のスピードアップと徹底したコストダウンが求められるようになって久しいが，近年，かかる状況に加えて，少子高齢化を発端とする人手不足が将来に向けての大きな問題として挙げられている。

　与信管理業務は，従来，専門的な知識や豊富な経験を有するベテラン与信管理担当者によって支えられてきたが，与信管理担当者が1社1社の取引先に対する信用力調査や決算書分析を行って判断することに相応の時間や労力が必要となるだけでなく，一定の審査力を有する与信管理担当者を維持，育成していくことも，企業にとっては負担となっていた。与信管理業務は，その業務自体が利益を生むものではなく，自社の利益を確保するために発生するコストという性質が強いため，企業が収益力を強化するうえでは，いかに与信リスクを高めることなく，与信管理コストを低減し効率化していくかという点が課題となる。

　しかし，効率化といっても，社内ルールを簡素化し，作業コストを削減しただけでは，結果として貸倒れが増加する場合もあり，与信リスクの低減として十分とはいえない。専門的な知識や豊富な経験を有するベテラン与信管理担当者がいなくても，同様に取引先の情報を収集・分析でき，自社の与信限度額を判断できることが重要となる。

❖専門サービスや最新情報技術の有効活用

　与信管理業務の効率化を図るうえで有効な手段として，外部の専門サービスや新たな情報技術の活用が急速に進んでいる。

(1)　アウトソーシングの活用

　与信管理業務は多岐にわたっており，そのすべてのノウハウを自社内で維持・蓄積していくには，相応の労力やコストが必要となるが，作業単位に切り分けた場合には，当該業務を専門的に行う業者に依頼することで，自社で行うよりも高品質かつ低コストで行うことができるものもある。

　アウトソーシングの一例としては，企業調査専門の調査員を抱えて自社で行うよりも迅速かつ低コストで信用調査を行える信用調査会社や，膨大な企業データを保有し高度な分析を駆使して，自社よりも高精度かつ低コストで取引先の与信評価を行える審査会社，単純かつ膨大な作業に対して迅速かつ安定的

に作業を行えるBPOサービス会社などによる業務の請負いが挙げられ，アウトソーシングサービスとしては，以下のようなサービスの利用が検討対象となりうる。

(i) 「与信管理支援サービス」

与信管理業務のうち，企業調査の分野においては，信用調査会社への調査依頼という形で従来からアウトソーシングが行われており，与信管理を行う多くの企業で利用されてきた。従来の与信管理業務では，信用調査会社から入手した信用調査レポートを自社の与信管理担当者が読み取り，自社で入手した決算書情報などと合わせて分析・評価を行ったうえで与信判断を行っていた。

しかし，前述のとおり，専門的な知識や豊富な経験を有する与信管理担当者の維持・確保が困難となっていく中で，企業にとっては，与信管理に関する深い知識がなくても安全に与信管理を行えることが望まれるようになっており，調査会社や審査会社では膨大な企業データを基に，迅速かつ低コストで客観的に信用評価を行える与信判断指標を提供している。

外部の与信判断指標を活用することで，容易にリスク判定を行えるようになると同時に，意思決定の迅速化などにより，業務効率化やコストダウンにつながることとなる。少人数で最大限の効果を生み出すために有効なサービスといえる。

(ii) 「データ入力サービス」

与信管理業務に限らず，さまざまな業務において発生するデータ入力について，社内作業の省力化を目的に外部の「データ入力サービス」を活用するケースが増えている。与信管理の現場において最も手間がかかるデータ入力作業の1つとして，決算書入力が挙げられよう。

取引先の分析において，決算書の分析は非常に重要といえるが，取引先から苦労して決算書を入手してきても，取引先ごとに勘定科目などの決算書フォームが異なっているために，決算情報を自社システム等に登録することに手間がかかり，分析に十分に生かせていない企業が多い。決算書の入力を外部に委託することで，迅速かつ手間をかけずに決算情報の活用が可能となり，分析における精度向上にも寄与する。また，決算書分析についても外部委託すれば，より精度の高い分析結果に基づく意思決定が可能となる。

(iii) 「反社チェックサービス」

近年，社会的なコンプライアンス意識の向上に伴って，取引先に対して反社

第1章　与信管理の基礎

会的勢力（以下，「反社」という）への該当の有無を確認する反社チェック業務の必要性が高まっており，とくに，社会的責任の大きい上場企業やIPO準備企業においては，コンプライアンス体制強化のために，取引先に対する反社チェックは必要不可欠となっている。しかしながら，反社チェックの実施においては，企業本体のみでなく，代表者や役員，株主など調査すべき対象が広いため，確認に膨大な労力とコストが必要となる。反社との取引は，自社の信用失墜につながりうる重大なリスクであることから，反社チェック作業を専門業者にアウトソーシングすることは有効なリスク対策であり，そのニーズは急速に高まっている。

(2)　RPA（ロボティック・プロセス・オートメーション／Robotic Process Automation）の活用

少子高齢化の進行により，労働人口が減少傾向にある中，企業では労働力不足に対応するために，業務の効率化や生産性の向上が求められている。

生産性を向上させるためには，付加価値を高めつつ，業務を効率化しなければならない。そのためのツールとしてRPA利用による間接業務の自動化が注目されている。RPAに向く業務は標準化された定型業務であり，RPA化の前提として業務の標準化が必要となる。この業務の標準化の過程において，業務が「見える化」し，無駄な業務の削減につながるという副次的な効果も期待できる。

与信管理に関するRPAの一例としては，経理システムと営業支援システムから売掛残高と与信限度額をそれぞれ転記する「月次の売掛債権残高推移表の作成」などの業務が挙げられる。

(3)　AI（人工知能／Artificial Intelligence）

近年，AIの注目度は非常に高くなっており，あらゆる技術への応用が試みられている。AIの定義として厳密なものはないが，一般的にAIとは，過去に生じた事象について，AIにその事象に関連する情報を読み込ませることで，AIが事象と関連情報との因果性や傾向などを分析し，その分析結果に基づいて，また新たな情報から発生する事象をAI自身が算出できるようにするといった技術である。

財務分析のように定量化可能な分析においては，AIを使わずとも一定の評価基準をもって分析・評価することが可能であるが，定性情報に対しては，地場産業において特定地域の特定業種にだけ景況感に差が出たり，特定地域の金

融機関（地銀）の融資姿勢の変化が地元企業の資金繰りに影響が出る等，「地域」×「業種」や「地域」×「金融機関」のような情報の組合せによって評価の仕方に変化が生じたり，経験や勘による属人的な判断が介入しやすく，客観的な評価基準に落とし込みにくいため，AI特性を生かしやすい分野といえる。

1-3-2 与信管理の手法

❖与信承認プロセス

取引先と取引を開始する前の信用調査から債権管理までの一般的な流れを図示すると，**図表1-6**のようになる。与信管理は，与信承認プロセスと与信事後管理プロセスという2つのプロセスに分けることができ，与信管理規程などの社内ルールを基準にして実施される。

与信承認プロセスは，取引先について情報収集を行い，定量・定性面などの分析から企業の信用力を判定したうえで，決済条件や保全策を検討し，取引の可否またその与信限度額の決裁という意思決定を行い，それに基づいて契約条件の交渉を行い，取引を行うといったプロセスとなる。

(1) 商談開始

取引候補先が現れたり，既存取引先の見直しを行ったりする際，取引先として妥当で，商談を進めてよいかをまず営業部門で調査する。この場合の調査は，取引先を訪問する直接調査が原則である。それと並行して管理部門にも調査を依頼することとなる。

(2) 情報収集

営業部門と管理部門は，取引先について多面的に情報を収集する。取引先から直接入手できる情報と信用調査会社などの第三者から入手する情報，社内の取引履歴などの自社内部の情報を収集し，それらを持ち寄って情報交換後，管理部門が総合的に分析する。

(3) 情報分析・信用力評価

管理部門は，情報収集時に入手した決算書や定性情報などについて分析し，取引先の信用力を評価する。その分析には定量分析，定性分析，商流分析を用いる。そして，申請案件の是非についての審議を実施する。

必要があれば，営業部門に直接ヒアリングなどを行ってさらに情報を収集し，審査意見をまとめる。取引が妥当であると認められない場合は，営業部門と協

第1章　与信管理の基礎

議し調整する。

(4) 与信限度額決裁

　取引においては，社内規程にてその決裁者を決めておく。決裁者は，取引における意思決定の責任者を意味する。また，決裁者は営業部門の申請内容や管理部門の審査意見を参考にし，取引の可否について決裁する。決裁に当たっては双方の主張を十分に斟酌して，自社の方針に基づいて行う。

　決裁者は，与信限度額の決裁結果を管理部門に回付し，それに基づいて管理台帳や社内システムに与信限度額の登録を行い，通知する。この作業をもって与信判定が終了し，与信限度額が正式に適要される。

(5) 契約条件交渉

　取引開始の決裁が行われた後，営業部門は取引先と決済条件について交渉する。交渉がまとまれば契約を締結し，取引を開始する。

　なお決裁時に，取引先から担保を取得し，債権保全を図ることなどが条件として付されている場合は，その交渉も同時に行う。

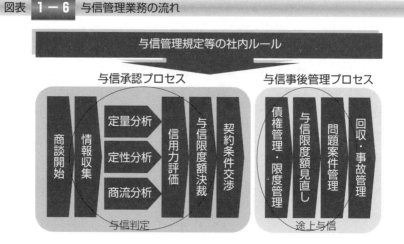

図表 1-6　与信管理業務の流れ

❖与信事後管理プロセス

　2つめのプロセスは，事後管理のプロセスである。取引開始時に綿密な分析をすれば与信管理は終わるものではない。企業は生き物であり，刻々と与信リスクは変化する。販売代金の入金と与信限度額に異常がないかをチェックする

とともに，また与信限度額を定期・不定期に見直し，経営状況に異変が生じていないかを確認する。そして問題や事故の発生時に対処する。

(1) 債権管理・限度額管理

売掛債権が期日どおりに回収できているかを管理する。与信限度額を設定している場合は，限度額未設定や限度額超過，限度額の期限切れなどの与信限度額の異常を検知し，是正を行う。

(2) 限度額の定期見直し

取引先の信用状態は常に変動している。一度取り決めた取引であっても，一定の時期を定めて見直しを実施する。与信承認プロセスに則って，与信限度額の更新を行う。

営業部門，管理部門はそれぞれ情報の収集，分析，蓄積に努め，重要な変動が起こった場合は，そのつど情報を提供し，臨時に見直しを行う。

(3) 問題先・事故先管理

回収遅延の発生や不安情報の入手で取引先の異変を察知した場合，直ちに情報収集を行い，取引条件の見直しや管理体制の強化を行う。また，取引先の信用力が低いと判断した場合は，担保の取得などの対応策を講じる。

取引先の倒産によって事故が発生した場合は，自社の債権ポジションを把握し，手続を遅滞なく実施することで少しでも被害を小さく抑える。

第1章　与信管理の基礎

1－4

経営戦略の中での与信管理

|1－4－1|　経営戦略としての与信管理

❖従来型与信管理の問題点

　与信管理規程などに，1－3－2で示した2つのプロセスを実施するよう明記している企業の場合でも，残念ながらうまく機能していない場合が多いのが現状である。

　与信管理業務でよく見られる問題点について以下に列挙する。

(1)　取引先評価基準が運用できない

　貸借対照表や損益計算書などの決算書の数値，自己資本比率や借入月商比などの財務比率，あるいは定性項目，信用調査会社の評価などを組み合わせて，自社独自の格付・点数などの評価基準を設定している企業も多くある。しかし，そもそも決算書を入手できる取引先が少ないために，評価基準が有効に機能せず，有名無実化している企業もある。

　したがって，どうしても予算達成のために売上と利益を追求することとなり，商売を優先してしまう傾向が強くなる。その結果，取引先の状況や与信リスクを十分に考えることなく商売を開始・継続してしまい，貸倒れによる損失を起こしてしまうことも多くみられる。

　また最終的な評価に関する手法が社内に周知されておらず，特定の担当者に頼りきりになっているケースもある。この場合，少数の担当者にスキルや知識が集中し，分析が属人的になってしまう。その担当者が退職してしまった場合は，社内にノウハウが蓄積されていないため，分析のレベルが非常に落ちてしまう危険性もある。

　さらに，格付や点数ごとの倒産確率などが計算できず，分析モデルの精度に関する検証ができないという課題を抱えている企業も多い。景気変動や法規制変化などで倒産する企業の傾向が変わっても，自社基準を機動的に変更できない企業は，せっかくの販売機会を逃したり，逆に危険な取引先への与信リスク

1-4 経営戦略の中での与信管理

図表 1-7 与信管理における問題点

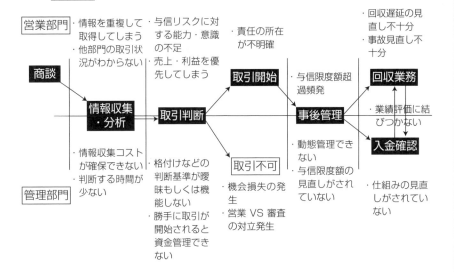

を増加させてしまう懸念がある。

(2) リスクが定量化されていない

与信リスクは基本的に与信額に倒産確率を乗じることで算出される。格付や点数ごとの倒産確率など、分析モデルの精度に関する検証ができなければ、自社全体の与信リスクを定量的に評価することができない。

与信リスクに対処するためには、情報収集コストや与信管理に関わる人員の確保が重要となる。しかし、そもそもどの程度コストをかけるのが適当なのか、今かけているコストは自社が抱えるリスクに見合った適当なものであるか、どちらの判断もできないという問題点もある。このような状態では、管理部門では必要な情報収集コストが確保されない可能性も出てくる。

また、どの部署や支店に与信リスクが集中しているのかを把握することができず、全体や部門ごとの目標や予算を設定する際に的確な指示ができない可能性もある。さらに、与信管理に努め、リスク低減に成功してもそれが適正に評価されず、現場のモチベーションが下がることも考えられる。

貸倒れ実績に基づいて自社決算に貸倒引当金を計上している企業は多いが、これまで偶然信用リスクが顕在化しなかっただけで、与信リスクを正当に反映したものとはいえない。また信用リスクを定量的に把握できなければ、計上し

第1章　与信管理の基礎

た貸倒引当金が適当かどうかを外部に対して説明することが困難となる。

(3) 全社的な与信リスクの分析がない

債権が発生する案件に対しては原則すべて審査するという規程を採用している企業では，営業部門も管理部門も書類作成と稟議手続に追われ，集中して分析ができないこともありうる。処理すべき個別案件が非常に多く，1件1件の分析がおろそかになったり，リスクの高い案件が後回しになったりすることが多く発生することとなる。

これは，自社の取引先全体を分析し，注力すべき取引先を区別する濃淡管理がされていない結果である。現場で1つ1つの業務の意味合いが理解されないまま，リスクの少ない案件に注力してしまったり，本当にリスクが高い案件に労力を割くことができずに放置されたりする危険性につながる。

(4) 与信管理規程が守られない

せっかく与信管理規程を作成・導入しても，基準が客観的でなければ目標も立てられず，業務の意味合いもみえない状況となる。そうなると，取引をめぐって営業部門と管理部門の対立が発生することとなり，その調整に余計な労力が割かれてしまう。そして，管理部門の判断に納得が得られず，規程が守られないという事態も起こりかねない。

このような状況になると，与信管理規程を守っていてもしかたがないという雰囲気が会社全体に生まれる。そして，実態に合っていない規程が守られないだけでなく，ほかの遵守すべき規程までもがおろそかになってしまう可能性もある。その結果，誰も責任をとりたがらず，取引における責任の所在が不明確になる。

また規程が守られず，十分な審査が行われないまま取引が開始されると，仕入代金の支払いと販売代金の回収の期間の差が考慮されず，結果として運転資金の調達を余儀なくされ，その金利負担によって利益率の低下を招くことになりかねない。

(5) 与信管理システムが未整備

与信管理システムと経理システムが連携されていない，または連携がうまくいっていない場合，自社全体の債権残高の推移など重要な内部情報を活用できていないことが多い。

企業全体またはグループ全体で，複数の営業部門や関係会社が同一取引先と取引を行っている場合がある。このとき取引先に関するコード体系が統一され

ていないと，取引先ごとの管理ができず，グループ全体での与信リスクの把握
ができない。

さらに情報の共有化がされていないため，外部情報を重複して取得してしま
うなど，無駄な与信管理コストがかかっている場合もある。また，同一の取引
先に対して意思決定フローが複数行われたりするなど，コスト・労力両面で効
率性が悪化している場合も少なくない。

(6) 取引先与信の見直しが進まない

新規取引先に対する決裁の業務フローはしっかり行っているものの，その後
のフォローアップがおろそかになっているケースが多々ある。

与信限度額を適切に設定，運用しておらず，実態に合わない形となっている
ために，限度額超過が頻発している一方で，ある取引においては債権が急増し
ても管理部門で気づかないという現象も多くみられる。また，それらを契機と
して取引先の見直しをしなければならないが，しっかりとしたフォロー体制が
整っていないために，取引先の異変に気づくことができないという事態も生じ
ることとなる。

取引先を定期的に調査し，経営内容の把握や与信の見直しを行わなければ，
取引先の業況悪化に気づかずに取引を続けていた，あるいは最初に決裁した取
引の条件がいつのまにか変わっていた，ということにもなりかねない。

(7) 与信管理教育が行き届かない

従業員等の与信管理に対する意識や知識が希薄な場合，現場の情報収集をお
ろそかにしてしまう傾向がある。また，与信管理の意識はあっても，営業担当
者が取引先に行った際に，チェックすべきポイントやその意味合いが理解され
ていないと，異常な動きを検知することはできない。

さらに，取引先からどのような場合にどのような資料を入手すればよいのか
という基準が明確になっておらず，リスクが高い先にもかかわらず，決算書や
そのほかの資料の入手交渉を行えていないことがよく見られる。

(8) 全体的な仕組みの見直しが行われない

数年前に作成した与信管理規程が現状に合っておらず，また与信管理教育も
行き届いていないため，従業員も内容について把握していない状況であること
も多い。

そのような企業では，貸倒れが発生した直後はリスクに敏感になり審査が厳
しくなるが，しばらくすると貸倒れのことなどすっかり忘れ去られて，審査が

第1章　与信管理の基礎

甘くなる。そして，また貸倒れが発生するといった場当たり的な対応となり，事故の教訓がその後の対策に生かされないという問題点もある。

❖与信管理を経営戦略に活かす

　与信管理は，販売管理，財務管理，人事管理といった企業の主要なマネジメント機能をつなぐ，経営上の重要なシステムといえる。

　これを有効に機能させることによって，販売金額の増加，利益率の改善などの営業戦略，資金負担や金利負担の減少，自己資本の増強などの財務戦略，さらに人材育成，リスクマインドの向上といった人事戦略が的確に行われるようになる（**図表1－8**）。

　したがって，与信管理戦略を考えるうえでは，これらの主要機能との整合性をとり，社内全体で取り組めるようにしなければならない。

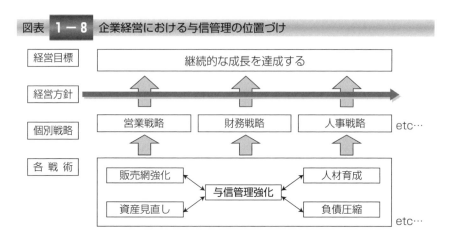

図表1－8　企業経営における与信管理の位置づけ

❖戦略的与信管理とは

　与信管理を実施する際も，与信リスクを管理していくためのリスクマネジメントシステムの構築・運用が必要不可欠である。ここでいう「システム」とは，コンピュータシステムのことではなく，管理と仕事の仕組みを指す。企業経営には品質管理，環境管理，情報セキュリティ管理，コンプライアンス管理などさまざまなマネジメントシステムがあり，与信管理についても「システム」としての対応が求められる。

1-4 経営戦略の中での与信管理

マネジメントシステムが継続的かつ有効に機能するには，**図表1-9**のようにPlan（計画）⇒Do（運用）⇒Check（見直し）⇒Act（改善）という，「PDCAサイクル」と呼ばれる仕組みで常にプロセスを管理し，継続的に改善していかなければならない。

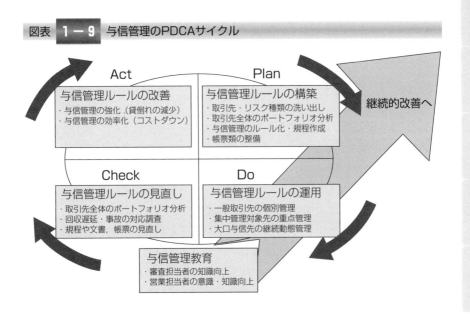

図表1-9 与信管理のPDCAサイクル

最初のPlanの段階では，与信管理ルールを構築する。まず，「リスクの特定」として管理すべき与信取引の種類を明らかにし，グループ会社を含めた全社で与信取引を行っている取引先を洗い出す。次に，「与信リスクの算定」を行ううえで重要な基準となる社内格付制度を導入し，全社的な与信ポートフォリオ分析を行う。そして全社的な「与信リスクの評価」を行い，与信管理目標を達成するための与信管理規程を定め，組織体制，文書を整備することとなる。

Doの段階では，与信管理規程に基づいて具体的な「リスク対策」を実施する。与信管理の意思決定プロセスを実施し，個々の取引先に対する与信を決裁する。また債権管理や限度管理を行い，回収遅延や与信限度額超過の案件を抽出して，理由を調べるようにする。この時，それを確実にするコンピュータシステムの導入も検討する。そして継続して取引を行う先に関しては，取引先の動態管理を行い，与信限度額の見直しを定期的に行う。また，緊急時対応となる問題案

第1章　与信管理の基礎

件対策や事故対策も必要に応じて実施する。

　Checkの段階では，それらの「リスク対策」が実施されているか，また与信管理ルールが有効に機能しているかをチェックリストに基づいて監査し，見直す。その際，監査結果を踏まえて経営陣によるレビューを行い，与信管理体制の改善指示を仰ぐようにする。

　そして，最後のActの段階では，Checkの結果から必要に応じて対策や組織体制を見直し，次の目標設定につなげていくこととなる。

　このように，PDCAサイクルを循環させることによって，与信管理のレベルを継続的に向上させていくことができる。

❖戦略的与信管理の実践

　以上，与信リスクを定量化し，「システム」としての対応を行うことについて説明してきたが，それ自体がすべてを解決してくれるというものではない。数式とデータを駆使し，実務から離れた分析結果をもとにすべての与信に関する意思決定がなされていくのは現実的ではなく，これでは実務部隊との間に大きな乖離が生じ，形だけのシステム，あるいは使えないものになってしまう。

　与信リスクを定量化する利点は，汎用性に優れ，簡便であり，属人的でないということである。過度の期待をかけるのではなく，これらの利点を理解すれば，与信管理の効率化およびスピードアップが可能になることがわかる。また，新たな尺度を取り入れることで，リスクリターンの把握，自社の財務体力や与信政策基準とリスクを比較するための基準を得ることができ，与信管理の強化が達成できる。

　そして実務との乖離を調整するのが，最終的には審査担当者の仕事になるべきである。金融機関が融資審査に用いるようになった金融工学を真似るのではなく，蓄積されたデータをもとに与信取引を行う与信管理手法を理解し，そのノウハウ，リスクマネジメントを自社全体に浸透させ，進化させなければならない。

　前述のように，与信管理を行うためには解決しなければならない問題が山積であり，習得しなければならない知識も多岐にわたる。しかし，与信管理戦略なくしては生き残っていけないという現実がある。また，すべてを解決しなくても，現実には実務で管理していかなければ致命的な貸倒れが発生する可能性があり，戦略的与信管理の実践なくしては，取引先の情報や与信管理および債

権回収のノウハウも蓄積できない。

　つまり，与信管理には完成形はなく，時代の変化に対応して常に進歩していかなくてはならない。企業成長と同じように失敗と成功を繰り返し，そのデータをフィードバックし，リスクを定量化しつつ実務に根ざした対応が求められている。

第1章　与信管理の基礎

1－5

内部統制と与信管理

|1－5－1|　内部統制

❖内部統制と与信管理の関連性

　粉飾決算，有価証券報告書への不実記載，架空取引，リコール隠し，横領，背任，偽装……と，企業による不正行為が相次いで発覚し，報道されている。企業は不正による不祥事のほか，業務上のミスやシステム障害など，業務を遂行するうえでさまざまなリスクを抱えている。

　会社法では，そのようなリスクに対処するため，大会社（資本金5億円以上または負債額200億円以上の会社）に対し，内部統制システムの確立を義務づけている。内部統制システムは，企業がそのすべての業務執行を適正かつ効果的に遂行するために，経営者の責任において構築される管理体制を意味している。また，体制を構築するだけではなく，継続的に監視・改善していくプロセスを運用し，さらにその基本方針を取締役会で決議し，公表することも求められている。

　また，金融商品取引法（いわゆる「日本版SOX法」）は，上場企業に財務報告に関する内部統制構築を求めており，2008年4月以降に始まる事業年度から適用されている。具体的には，内部統制状況の現状を文書化し，実施・運用に関する記録を残し，経営者自らがその記録に基づいて内部統制の有効性を自己評価し，それを内部統制報告書にまとめる。そのうえで監査法人から内部統制監査を受け，有価証券報告書とともに内部統制監査報告書を提出している。

　ここで重要な欠陥が指摘されたりすると，財務諸表の信頼性は低下し，信用は失墜するおそれがある。さらに虚偽記載に対しては，刑事罰が適用されることとなっている。

　不祥事などのリスクを回避し業務を健全化するために，あるいは売掛債権資産の健全性や貸倒引当金の正当性についてステークホルダー（**図表1－10**）の信頼を得るために，どのように与信管理体制を構築し信用リスクの評価，統制，

1-5 内部統制と与信管理

図表 1-10 企業を取り巻くさまざまなステークホルダー

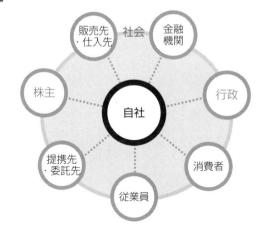

モニタリングしているのかについて説明することが求められている。

❖コンプライアンス経営の要請

内部統制においては，不正行為や違法行為を未然に防止し，深刻な事態に発展する前に発見し，損害を最小限に食い止めることが求められる。

不正行為が発覚すると，企業の評判やイメージが著しく下がるとともに，顧客離れが進み，消費者による不買運動などが起これば非常に大きな売上の減少を招き，クレーム対応や裁判費用，損害賠償など多額の費用負担で業績が悪化し，トップの辞任，社員のモラル低下，人材流出などのリスクも発生することが考えられる。このダメージは貸倒れ発生時の比ではなく，容易に回復できるものではない。

循環取引，架空取引，利益相反取引などの外部取引先が絡む不正行為は，内部からも外部からもチェックされない構造が招くものである。したがって，継続的に取引を，モニタリングする仕組みを構築できればこれらのリスクを軽減できるという意味から，与信管理は不正検知のツールとしても注目を浴びている。

❖内部統制対策としての与信管理

大会社だけでなく中小企業も，取引先や金融機関，顧客などの利害関係者が多数存在し，不祥事を起こさず法令の遵守を行い，さらに業務の効率を向上さ

第1章　与信管理の基礎

せるといった企業の健全性が強く求められている。新規に契約相手として選定される時や，取引の増額が検討される時にも，その健全性は必須の条件となる。ベンチャーといえども，投資家が投資対象として適正かどうかを判断する際，今後は内部統制の整備の程度が重要な判断材料となってくる。

したがって，社会に存在し，経済活動をしている限り，その健全性が必ず求められ，中小企業においても，大会社に準じた内部統制システムを確立していく必要がある。

たしかに会社法や金融商品取引法には，中小企業について内部統制を義務づける明文の規定はない。しかし，取締役には善管注意義務が課せられており，企業が抱えるリスクを認識し，そのリスクに応じて当然実装されるべきレベルの内部統制システムは必要となる。

最初から完全なものを整備する必要はないが，手近なところから着手し，マネジメントの仕組みを構築して従業員の意識づけを行っていくべきである。

与信管理は，内部統制システムの中で重要な位置を占めており，商権の強化と貸倒れ回避，不正検知など最も効果が出やすいものといえ，ここを起点として他のシステムに範囲を拡大していく戦略が有効であると考えられる。

❖情報開示によるリスクに対する理解の共有

不祥事などのリスクを回避して業務を健全化するために，あるいは売掛債権の資産の健全性や貸倒引当金の正当性について信頼を得るために，与信管理体制の構築はますます重要な部分を占めつつある。信用リスクの評価，統制，モニタリングの状況について従業員や金融機関，重要取引先などのステークホルダーに説明し，共有することも重要である。

そしてそこには，リスクに関する理解レベルを向上させ，リスクに対する対処法をともに考えるというプロセスが含まれる。

これにより，企業内外のステークホルダーのリスクに対する理解（リスク認知）を正確にし，誤解や理解不足のためにリスクが表面化または助長されることを防止することができ，またステークホルダーに被害を及ぼす可能性がある場合には，それを防止または低減することが可能となる。

個人情報保護の各施策により外部から入手できる企業の情報は少なくなる一方である。それゆえに情報開示を積極的に行い，取引先や社会からの信用を得ることが成長への切符となっているのである。

1-5 内部統制と与信管理

1-5-2 IFRS（International Financial Reporting Standards）

❖IFRSが与信管理に与える影響

　日本における国際財務報告基準（IFRS）への対応は，2010年3月期決算においてIFRSを任意適用した上場企業をはじめ，その後も任意適用する上場企業は増えており，2019年4月時点で，186社が適用しており，さらに26社が適用することを決定している（東京証券取引所発表）。強制適用の時期は，いまだ未定ではあるものの，今後も任意適用企業の増加が見込まれる。ここでは，IFRSで与信管理はどのような影響を受けることになるかを概観する。

❖日本基準とIFRSの会計処理の違い

　取引先がIFRSを適用した場合，日本基準からIFRSに移行することにより，財務諸表の定量分析における評価に影響が生じる。連結グループの認識の違い，売上の認識基準の違い，リベートの会計処理の相違，減価償却の会計処理の相違などは日本基準とIFRSで勘定科目の金額が大きく異なってくる可能性がある。このため，財務指標の評価基準を作成している場合は評価を算定できなかったり，適切な評価が行えない可能性がある。

　大きな影響があると考えられるものとしては，経常損益がある。IFRSでは経常損益が開示項目ではなくなるため，経常損益を組み込んだ企業評価モデルは利用できなくなる可能性が高い。

　その他，売上高，減価償却費，経常損益，支払利息などの計上基準や表示方法の相違が生じることに伴い，新しいモデルに切り替える必要性が生じる。

❖IFRSへの対応

　国際会計基準審議会（IASB）は，金融資産への減損適用に関する検討の結果，常にポートフォリオ内で債権の入れ替えが発生するオープン・ポートフォリオへ適用可能なモデルとして2011年1月31日に公開草案への補足文書を公表した。

　これによると，通常債権は「グッド・ブック（good book）」として，予想損失をポートフォリオの経過年数に応じて認識する。そして回収可能性が不確実になったものについては「バッド・ブック（bad book）」に区分し，予想損失の全額を減損引当金として認識する方法を提案している。

第1章　与信管理の基礎　3章　第4章　第5章　第6章

35

グッド・ブック内に存在する売掛債権については，資産の残存期間を見積もり，残存期間にわたる予想損失をすべての利用可能な情報を利用して見積もり，当期末までに認識すべき貸倒引当金繰入額を算出することとなる。

このため，各企業は，売掛債権のリスク評価について基準を設け，適用していく仕組みが必要となる。IFRS対応を行う与信管理部門においては，与信リスクの定量化に向けた取組みが急務となってくるものと推察される。

このように与信管理においても法規制や会計基準の変更により，大きな影響が出てくることがあり，今後もそれらに対するフォローアップが必要となる。

1-5-3 組織的な与信管理

❖与信管理を担う部署

与信管理に関係のある部門としては，取引先に販売・回収を実際に行っている営業部門，取引先管理を行う管理部門が挙げられる。それ以外には，入出金管理などをサポートする経理・財務部門，コンピュータシステムを開発・保守する情報システム部門，社員教育・訓練を司る人事部門が挙げられる。

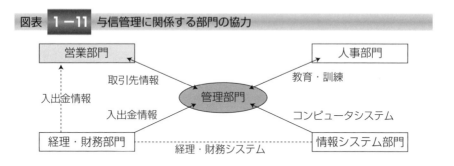

図表 1-11 与信管理に関係する部門の協力

与信管理を進めていくうえで重要なことは，セクショナリズムに走らないことである。それぞれの部門が「自分の部署は与えられた役割だけやればいい，ほかの部署のことは知らない」というようでは，うまくいかない。与信管理に関連する部門が連携・協力して行うことでしか，与信管理のレベルアップは図れない。

与信管理を行ううえで重要な情報の1つが，社内の内部情報である。情報は

1－5　内部統制と与信管理

外から集めてくるだけではなく，社内にも大きなヒントになるものが多くある。与信管理担当の管理部門がさまざまな内部情報を集約して，それに外部情報を勘案して分析が行えるようになっていなければ，小さな異変に気づくこともできない。

たとえば，経理・財務部門の担当者が，「回収した手形がいつものものと違う」と気づいて営業部門に問い合わせをし，営業部門が「そういえば最近，その取引先の経理部長と挨拶をしていない」ということを合わせて管理部門に伝えることで，取引先の信用調査を厳密に行った結果，取引先の異変に気づけたという場合もある。

与信管理の目的は，貸倒れを減らすことで商権を強くし，企業を成長に導くことである。自社の目的を各部門が共有し，協力体制を築くことが重要である。

❖営業部門における与信管理

営業部門とは，単に商品を販売すればすむものではなく，また販売代金支払いのための手形を受け取れば終わるものでもなく，商品代金を現金回収してはじめて完遂する。「販売」して予算を達成し，資産である売掛債権の管理までを行ってこそ「営業」といえる。

また営業部門は，取引先と実際に取引を行いながら，常時取引先自体の情報や業界に関する情報の収集に努める。そして，必要に応じて管理部門に報告して判断を求めることも重要な役割となる。このような現場での判断と対応が，与信管理を行ううえで非常に重要である。

したがって，与信管理の責任は営業部門にあり，債権が貸し倒れた場合に責任をとるのは担当営業部門となる。

意思決定プロセスにおいて営業部門は，取引開始または継続についての申請を行い，決裁を行う社内手続を担当することとなる。

❖営業担当者の重要性

⑴　販売から集金までの販売管理の仕組みをつくる

「代金回収ができない場合，また来月に支払ってもらえればいいです，と妥協することがある」「取引先に嫌われたくない，と気をつかって決算書などの資料提出を要求できないことがある」という声を多く聞く。しかし，「代金回収までが販売である」ことを肝に銘じていれば，変な妥協も気づかいも一切不

第1章　与信管理の基礎

要であることがわかるはずである。

　また，「お客様は神様」で，あまり強くは出られないということをよく聞く。「お金を払わない人はそもそもお客様ではない」のだから，必要な場合は事情を説明して情報開示を要求し，堂々と代金を回収して，嫌がられたらもっと良質の取引先と出会えるように努力する方がよい。

　そして，販売から代金回収までの仕組みを営業部門が責任を持って作り上げることが強い企業を作っていくことになる。

(2)　異常に気づく能力，現場の情報収集能力

　営業活動と与信管理は，切っても切れない非常に密接な位置づけにある。いわば車の両輪であり，その車軸が顧客である取引先企業となる。与信管理は管理部門に任せ，営業部門の担当者は販売活動に専念すればいいというのは大きな間違いである。

　管理部門は，取引先のことを分析できても，それは営業担当者または調査会社などの情報をもとにするしかなく，現場の状況は営業担当者にしかわからない。したがって，「与信管理の主役は営業担当者である」といっても過言ではなく，その意識や能力の向上が企業の攻めだけでなく守りも強くする。

　いつもと様子が違うな，ほかの取引先と違うな，など時系列での比較や同業他社との比較を行うことで，その企業の姿が浮き彫りになっていく。取引先の異常に気づいた時，すぐに対処していくことも営業担当者に与えられた大きな役割でもある。

❖管理部門における与信管理

　管理部門は，意思決定プロセスの事務管理の責任だけでなく，取引内容の妥当性を判断して意見を述べる牽制機能を有している。具体的には，営業部門からの申請を受け付け，申請内容が妥当かどうか分析・評価し，可否の審議意見をまとめて決裁者に具申する。取引不可の意見があった場合は，決裁者がより高位の責任者となるフローを採用している企業も多く，その審議意見は決裁を行ううえで尊重される形となる。

　また決裁者による決裁が終わった案件については，与信限度額を登録する作業を行うなど，プロセス全般がうまく機能するように業務を行う。

(1)　管理部門の配置形態

　管理部門では，担当者個々が管轄する担当業務範囲を明確に定める必要があ

る。対象とする業務範囲の分け方は，営業部門・部署別，地域別，機能別など
が一般的である。どの方法にもメリットとデメリットがあるので，企業の状況
によって組み合わせて行う。

(i) 営業部門・地域単位での配置

営業部門・地域単位に与信管理担当を配置するパターンであり，多様な業務
が行われている組織では，この形態で行われることがある。

メリットとしては，営業部門の業界知識や取引形態などが把握でき，業務が
スムーズに行えることや，営業部門がすぐに案件の相談に行けること，緊急時
の対応が早く行えることなどがある。しかし，デメリットとしては，営業部門
に偏った判断となりがちであることや，管理部門の指示が行き届かないこと，
審査ノウハウが集約されず身につきにくいなどがある。

(ii) 本社での集中配置

さまざまな事業を行う営業部門や地方に支店があるにもかかわらず，与信管
理業務は本社で集中して行うパターンである。

メリットとしては，審査機能のノウハウが集中して蓄積・レベルアップがし
やすいことや，管理部門の指示が行き届き，迅速に方針を変えることができる
などがある。一方，デメリットとしては，現場や地方の事情に疎くなり柔軟な
対応がとれないことや，緊急時の対応が遅れることなどが挙げられる。

(iii) 機能単位での配置

管理部門の機能別に，マネジメントシステム管理機能を行う担当と，審査実
務を行う担当に分けるパターンもある。

メリットとしては，審査業務の業務量の波にかかわらず，マネジメントシス
テムを回すことが可能となる一方で，デメリットとしては審査実務からかけ離
れてプロセスが進んでしまい，実状にそぐわないものとなってしまうことが挙
げられる。

(2) 管理部門の予算

与信管理を推進するための費用としては，管理部門の人件費などの事務管理
経費，取引先の信用調査や企業概要データを取得するデータ維持・分析費，与
信管理に関わるコンピュータシステムを構築・維持するシステム経費，与信管
理のレベルアップのための教育・研修費が挙げられる。

好景気で倒産件数や貸倒れ事故が少なくなると，与信管理コストを削減しよ
うとする動きが多くなる。しかし，与信管理は不景気になった時に始めても遅

第1章　与信管理の基礎

く，売掛債権などの資産管理または将来の利益獲得のための投資と捉え，長期的視野に立って考えていく必要がある。

なお，与信管理経費を削減するためには，与信ポートフォリオ分析によって自社が抱える与信リスクの定量化を行い，適正なルールを定めることがまず重要になる。リスクの低い案件については効率的に処理し，ベテラン審査担当者，優秀な人員を問題案件管理にいかに注力させることができるかがポイントとなる。またシステム・データ維持・分析費をどこまで外注（アウトソーシング）して効率化できるかも要の1つである。

(i) 事務管理経費

管理部門の人件費や物件費など，部署を維持するための経費である。マネジメントシステムを回し，審査実務を行う人員のための費用であり，担当する営業部門の数や審議案件の件数，問題案件の数によって，左右される。

一般的に，1人の担当者が一般の取引先の審議から問題先の管理まで行うとして，よく把握しながら管理できる取引先数は200〜300社程度が目安とされている。これは，1営業日に1件の審議を行う計算になる。与信ポートフォリオを分析することで，案件管理に適正な人員を把握し，配置することが望ましい。

また，弁護士や司法書士，会計士などに支払う費用も考慮する必要がある。取引における基本契約や担保契約締結時の相談にかかる費用，担保設定時の登記手続に関わる費用，問題発生時の取引先の財務状況精査に関わる費用なども含める。これらの費用は，自社が抱える問題先の多さによって変わってくる。

(ii) データ維持・分析費

取引先の信用調書や企業データを取得する際，信用調査会社などに支払う調査費用を指す。取引先の企業データを一括で購入してメンテナンスなどをしている場合は，その維持費用も含む。

取引先に対する調査費用は，与信を行ううえで当然負担すべき必要経費と捉える。しかし，取引先のリスクに応じて調査費用の配分は変えていくべきなので，与信ポートフォリオを分析し，リスクが高い領域にコストを重点的にかけられるようにすることが望ましい。

なお，信用調書や企業データの費用は，当該取引先を担当する営業部門が負担する形にしている会社も多くある。リスクの高い取引先と取引することのコスト意識を持ち，リスクの低い取引にシフトしていくことを目的とする場合に

1－5　内部統制と与信管理

有効である。

(iii)　システム経費

与信管理に関わるコンピュータシステムの維持費用（減価償却費も含む）を指す。与信管理を行ううえで，取引先に対する債権・債務やその推移の確認，代金回収の状況，売掛金の滞留状況，与信限度額違反検出などは非常に重要な事項である。経理・財務部門の会計システムの入出金情報と連動したシステムを構築することで，それらの与信管理関連の情報が即時に捉えられるようになる。

内部統制時代に入り，リスクのモニタリングと迅速な対応が求められる今，システムに対する投資は優先度の高いものとなっている。できれば，グループ企業も含めた連結ベースでの債権管理，限度管理に関する情報が瞬時に把握できるようなシステムを構築して活用すべきである。

(iv)　教育・研修費

与信管理に関する教育は，従業員の与信マインドの醸成と知識の向上という効果をもたらす。企業の与信管理のレベルは，まさに従業員の与信管理マインドと能力によって決まるといっても過言ではない。したがって，管理部門が積極的に与信管理教育を計画し，実施していくことが望ましい。

また与信管理レベルの維持・向上には，法改正情報や他社事例の吸収が不可欠である。このような情報を吸収しなければ，管理部門は孤立し，時流に乗り遅れる危険性もある。外部で行われているセミナーなどに積極的に参加し，交流を深めることでそれらの情報を収集することも必要である。

❖審査・法務部門の注意点

管理部門の中に審査部門と法務部門の両方がある企業では，与信判断は審査部，保全・回収・訴訟業務は法務部としている企業と，与信から回収まで一貫して審査部が担当し，与信リスク案件以外の法律案件を法務部が担当している企業の2パターンがある。

どちらが正しいということはなく，平時・緊急時において連携して進めることが重要である。特に審査部門は取引先に関する情報蓄積が大きく，これが債権保全・回収に大きく役立つため，普段から緊急時に備えた情報収集が肝要である。

また問題案件においては，弁護士や司法書士，会計士等の専門家による対応

41

第1章　与信管理の基礎

が必要となるが，この際，専門家起用の効果が薄れるリスクや，無駄なコストを発生させてしまうリスクを回避するため，ある程度の専門知識を有する審査・法務部門が連携して対処する必要がある。弁護士に丸投げで任せきってしまうことはあってはならない。

　また，専門家にも得意不得意の分野があり，案件の内容に合わせた専門家の選択が必要である。審査・法務部門はそれらを見極めたうえで，複数の専門家と良好な関係を日ごろから築いておくことが肝要である。

❖与信管理における管理部門の責任範囲

　与信管理担当の管理部門の業務は，与信管理プロセス全般を運営することにある。これには2種類の業務があり，1つが個別案件の審査機能と問題案件のフォローアップなどの審査実務であり，もう1つが与信管理のマネジメントシステムに関連する業務である。

(1) 審査実務機能

　管理部門は，営業部門からの取引申請を受け付け，申請内容が妥当かどうか分析・評価し，それを審議意見としてまとめて決裁者に回付する。また，決裁が終わった案件については，与信限度額を台帳に登録する作業を行う。さらに，回収遅延などの問題案件のフォローアップや，実際に事故が発生した場合の対応を行い，与信リスクの低減と債権の回収に努める。

- ・取引先の信用調査および営業部門への助言
- ・取引申請の審議
- ・与信限度額の登録
- ・取引先の動態管理，情報収集，ファイリング
- ・限度額超過，限度額期限切れ，未設定先の検知とフォローアップ
- ・回収遅延などの問題先の管理とフォローアップ
- ・取引先倒産時（事故）の緊急対応

(2) マネジメントシステム管理機能

　管理部門は，与信管理のPDCAサイクルを回し，継続的に改善を行うために以下のような業務を行う。その際は，全社的な与信リスクに関する情報を収集し，経営陣に報告して会社経営に役立てるという観点が必要である。

- ・取引先の洗い出しと与信額の調査
- ・与信ポートフォリオ分析の実施

1-5 内部統制と与信管理

・与信管理規程の作成・見直し
・与信管理実務マニュアルの作成・見直し
・与信管理体制と審査実務の有効性評価（内部監査）
・経営陣への報告と改善提案
・与信管理教育の実施

❖営業部門と管理部門の連携

与信管理における部門間の連携の中で特に重要なのが，営業部門と管理部門の連携である。営業部門は現場で取引先と付き合い，販売から回収までを行う責任があり，管理部門はそれを後方から支える形となる。信頼関係に基づく両者の連携がなければ，与信管理はうまく機能しない。

したがって管理部門は，営業部門をサポートしながら，リスクヘッジが整った形で取引を創造し，企業の業績アップにともに貢献していくことが重要となる。ただ，そのような考え方では営業部門の考えに流され，管理部門の牽制機能が利かなくなるといった意見もある。しかし，「良いサービスは良い牽制機能にもなる」といった考え方を持ち，管理部門と営業部門との間で信頼関係を醸成していく方が，結果的には良い与信管理の体制を作ることにつながる。

管理部門は，営業部門に信頼されてはじめて，良い機能を発揮する部門となることを忘れてはならない。

第1章　与信管理の基礎

```
1－6
```

審査担当者の心得

│1－6－1│　個別案件の審議は仕事の半分

　与信管理は，企業経営において重要なシステムの1つとなっている，審査担当者の業務領域は個別案件の審議だけでは終わらず，より経営者的な見地に立ち，全社の信用リスクをコントロールしていくことにも広がってきている。

　審査担当者は，これまで貸倒れが起こらなくて当たり前，起こったら減点されるといった減点主義的な評価が行われていたことも多い。「危ないと言われたから取引を中止したのに倒産しない」という営業コストのロス，「大丈夫だと言われた企業が突然倒産した」といった判断のミスに対する批判が常にあり，評価が必ずしも正当に行われてきたとは思えない。

　しかし，内部統制が重要視され与信管理が経営戦略の一つとして捉えられる時代になり，与信管理の役割は大きくなってきている。審査担当者は外部評価，アウトソースを効果的に活用しながら，自身は問題案件に積極的に関与しリスクを最小化することで，与信管理の強化と効率化が両立する仕組みを構築していくべきである。それが企業の競争力向上を促し，審査担当者の役割の重要性が認められることとなる。

❖審査担当者はセールスマンシップを

　営業部門は，常に顧客や市場と対面している。審査担当者は，机にしがみついて個別案件の書類作成に夢中になるあまり，営業部門のことを忘れてはいないだろうか。

　審査担当者の顧客とは，与信管理を必要とする営業部門やグループ会社である。セールスをする際は，市場調査と販売予測から始まる。同じように審査担当者は，取引先を分析する前に，まず自社の現状を十分に認識しておかなければならない。また，自社の社風を知り，事務システムを知り，社内の規則を知らなければならないし，決算書をよく見て自社の状況を把握しなければならな

い。

　そして，担当する各営業部門についてその実態を見て，問題点を把握しておく必要もある。つまり，債権分布の状況とその特徴について調べたうえで，事故防止の対策をどう講じるかを常に考えなければならない。

　顧客志向といっても，営業部門やグループ会社に迎合することではない。営業担当者の信頼を得て，営業担当者がリスクを軽減するための相談に押しかけてくるようでありたい。良いサービスは，良い牽制機能となる。営業部門のための問題解決と意思決定に協力する審査担当者を目指すべきである。

❖事故防止につながる積極的な問題提起を

　審査担当者の重要な職能の１つは，事故防止である。事故は，起きてから再発防止策を立てるよりも，予防したほうが何倍もコストが安いということを認識し，積極的に取り組まねばならない。

　予防の具体策は，問題を提起することである。それでは，問題提起はどうすれば可能となるのだろうか。それは事例を知ることである。特に，過去の事故事例からは多くのことが読みとれる。事故の記憶やその記録が，審査担当者にとって問題提起の資源となる。事例を分析してマスターし，それを問題提起につなげることができれば，事故防止に貢献できる。

　審査担当者が不安を恐れるあまり，営業活動に危険を許さずに厳しい条件を並べすぎると営業活動は停止するか，あるいは危険はないものとしてごまかされるか，無謀に突進するしかなくなる。問題提起は，営業部門の積極的な情報収集や，リスクヘッジなどの行動を引き起こすものでなければならない。

　また，さまざまな場合を十分想定したうえで，リスクに対応するための問題提起をしなければならない。審査担当者にとって重要なのは，予測が当たったか当たらなかったかというよりも，その状況下でどのように問題提起を行い，それが的確であったかどうかである。

❖計画的で秩序があり，理論に裏づけられた分析を

　企業は生きものであり，常に変化する。変化するものであるから種々の問題が生まれる。問題をはっきりつかむには，その主体を種々の要素に分解してみることである。

　仕入先・販売先の相互関係や，現存する問題の要因と結果を分析して追跡す

第1章　与信管理の基礎

る。それらの分析は計画的で秩序があり，理論に裏づけられたものでなければならない。思いつきや衝動的な判断ではなく，実証を積み重ねたマニュアル作りが必要である。判断に苦しんで悩むことはよいことである。

❖専門職を目指せ

審査担当者は，求められる知識や技能の幅が広く深いため，業務を習熟するにつれて専門職を目指すことになる。

これまで述べてきたように，業務を通じて経理・会計・税務などの知識，財務分析に関する技能，業界に関する知識，倒産・担保などの法制度に関する知識，マネジメントシステムや経営に関する知識や技能が身につく。

また，取引先支援の一環でM＆Aの検討があった場合，デューデリジェンス（資産の適正評価手続）などについては，取引先の財務内容等についてよく知っており，周辺分野の知識がある審査担当者にその役割が回ってくることも多くある。したがって，身につく分野は非常に広くなる。

そのためには，不断の努力によって日ごろの業務で求められる知識や能力以上のものを身につけ，業務の準備をしておかなくてはならない。以下は審査担当者に必要なスキルである（**図表1-12**）。

図表 1-12 審査担当者に必要なスキル

与信管理機能	カテゴリ	必要スキル等	関連参考アイテム
個別与信承認機能	前提	社内ルール熟知	社内与信管理規程
		社内組織熟知	社内権限規程
		営業部との連携	コミュニケーション
		自社体力熟知	自社決算書
		経済状況熟知	経済雑誌，新聞，各種統計
	業界	業界商慣習熟知	業界本，審査事典，営業担当者との会話
		業界環境熟知	業界新聞，商品相場
		業界勢力図熟知	業界本，営業との会話，統計資料
	取引分析	異常性分析	「業界」の各アイテム
		商流・仕入先分析	「業界」の各アイテム，「情報収集・分析」の各アイテム
		収益性分析	自社決算書・予算，社内基準，社内金利
		契約書チェック	基本契約書フォーマット等
	情報収集・分析	信用調書解読	参考書
		決算書分析	参考書，簿記2級程度の知識
		不動産登記簿	参考書，法務局（インターネット）
		商業登記簿	参考書，法務局（インターネット）
		業界紙	スクラップ・ブック
		実地調査	上記の総合，経験

46

1－6　審査担当者の心得

個別与信承認機能	保全策	スキームによるリスク軽減	参考書，経験
		担保取得	基本契約書フォーマット，民法，各特例法等
	判断	上記の総合	経験の有無
	営業との折衝，調整	総合的な対応 例)	社内規程・マニュアル，コミュニケーション
		決済条件の調整 保全による調整 決裁者の調整 限度額の調整 管理レベルの調整	経験の有無
事後与信管理機能	動態管理	興信所経由の情報収集	コミュニケーション，定期連絡会
		営業担当者・ヒアリング	コミュニケーション
	社内データ照合	システム	社内システム
		経理部との連携	コミュニケーション
	定期見直し	個別与信承認と同じステップ	
問題与信管理機能	限度額見直し 集中管理	個別与信承認と同じステップ ＋リストラ計画作成 　月次決算管理 　人員派遣etc	経験
	保全策	スキームによるリスク軽減	参考書，経験
		担保取得	基本契約書フォーマット，民法，各特例法等
		M＆A	会社法，倒産法
	回収	担保権実行	民法，民事執行法，民事保全法
		裁判手続	民事訴訟法，民事執行法等
		弁護士の活用	経験，センス
		交渉	経験，センス
		M＆A	会社法，倒産法
	倒産処理	債権届出等フォロー	倒産法
		配当管理	倒産法
		再建計画フォロー	倒産法
		M＆A（スポンサー）	会社法，倒産法
		担保処分	民法，民事執行法，民事保全法
		決算，税務処理	会社法，会計原則，税法

❖自己の経験を整理して後進に伝える

　昨今の経済の変化は急激であり，過去の知恵は現在の役に立たないという人もいるかもしれない。しかし，生きものには歴史があり，その歴史を踏まえなければ，実態がわからないことも多い。

　審査担当者は，日々生きている企業の分析，判断に取り組んでいる。したがって，その企業の成長や衰退の経過をよく整理して後進に伝えるのが，審査担当者の重要な使命である。それが企業の財産となり，次代の審査担当者が問題提起する際に，最も貴重な資料となる。

第1章　与信管理の基礎

1-7

M&Aにおける与信管理

1-7-1　M&Aを成功に導く与信管理担当者の役割

　M&Aは，企業の合併や買収の総称であり，英語のMergers and Acquisitionsの略である。大手企業だけでなく，中堅・中小企業においても，事業拡大に向けた重要な戦略的手段として，またリストラクチャリング・事業承継などの有力な手段として活用されており，今後も活発化していくことが予想される。

　M&Aについては，経営企画，法務，財務の各部門において業務とされているのに比べ，与信管理部門の役割としては必ずしも位置づけられていないのが現状である。しかし，自社業務を理解し会計面・法律面の分析に通じた与信管理部門は，M&A推進役としてまさに適任といえる。また多額の投資活動であるため，投資リスクを最小限にとどめ，最大の効果を得ることが必要となることからも，与信管理部門が積極的に調整役として関与することが必要である。

　さらにM&Aは，企業を整理統廃合するための手法としても利用されるが，これらは単に不採算企業を解散し清算する，または他の企業と合併し集約する手続を検討し実行すればよい，というものではない。企業の清算や合併は手法の一部に過ぎず，目的は，事業内容，資産・負債状況，債権者の状況，従業員（労働組合）の状況，自社の債権・債務（保証債務を含む），他の株主構成等を踏まえたうえで，的確な整理スキームを構築し，自社の投資リスクを最小化することにある。

　したがって，与信管理部門としては，案件が前向きであるか，後ろ向きであるかにかかわらず，状況に応じて，自社のリスクおよび資金負担を軽減させられる手法を検討する必要がある。

1-7-2　M&Aに必要な知識やスキル

　M&Aを進めるには，経営戦略，会計，ファイナンス，会社法，税務，労務

1－7 M&Aにおける与信管理

など企業経営に関する幅広い専門知識が要求される。たしかに会計は会計士，税務は税理士，法務は弁護士というように，それぞれの専門家が専門的なサービスを提供するが，すべてを専門家に頼っていたのでは迅速かつ正確な判断ができない。

そうした意味で，これらの分野に日ごろから触れており，専門家によるアドバイスの内容が理解できる程度の知識を有している与信管理担当者の役割は非常に大きい。

具体的には，分野ごとに以下のような知識・スキルが必要である。

❖専門知識・スキル

(1) **経営戦略**

経営戦略に関する基本的なセオリーや戦略立案に必要なフレームワークや分析手法が求められる。競争戦略論やSWOT分析，PPM（プロダクト・ポートフォリオ・マネジメント）などが挙げられる。

(2) **会　　計**

簿記の基礎知識に加え，原価計算や連結会計に関する知識などが挙げられる。

(3) **ファイナンス**

コーポレート・ファイナンスに関する一通りの基礎知識が求められる。投資採算性計算（NPV，IRRなど），企業価値評価手法（DCF法，類似会社比較法，時価純資産法など）が挙げられる。

(4) **会 社 法**

会社法の基礎的な知識全般である。特に，会社の機関設計，株式，事業譲渡，合併，株式交換等に関する知識は必須である。

(5) **税　　務**

法人税の基礎的な知識全般が求められる。

(6) **そ の 他**

その他独占禁止法，金融商品取引法，労働法，証券取引所規則（特に適時開示関連）など法規則に関する知識も重要である。

❖業界知識

M&A担当者として，前述の知識・スキルに増して最も重要なものは，買収対象事業を目利きできる能力である。

第1章　与信管理の基礎

　事業性の評価や自社とのシナジー効果や，経営統合に当たってのリスク評価
は，専門家ではなく自社しか行えない面があり，この評価が買収の意思決定お
よび価格に大きな影響を与える。したがって，事業の本質を評価できる知識と
経験，そして自社事業に関する深い理解が求められる。

❖ヒューマンスキル

　M&Aでは，「人間力」も重要なスキルであるといえる。具体的には高度な
コミュニケーション能力，ストレス耐性，交渉力，行動力が求められる。

　交渉相手は，買収する相手側だけとは限らず，自社内にも存在し，案件を成
立させるためには関係部署や決裁者への根回しなども重要になるなど，案件に
関与する人数も多くなる。したがって，M&Aの現場では人間力が試される場
面が多くなる。

1-7-3　M&Aの目的

　一言にM&Aといっても，その目的はさまざまである。一般的にM&Aは買
収企業（買手）にとって多くの効果をもたらすと考えられる。その1つが，統
合効果である。主な統合効果としては，M&Aを行うことによる取引先との交
渉力強化，コスト共有化による削減，規模が拡大することによる信用リスクの
低減，取引量の増加に伴うボリュームディスカウントの実現，規模拡大による
採用効率の拡大，などが挙げられる。

　その他には，時間やノウハウを得るという効果もある。企業は新たな市場に
おいて事業を行おうとする場合，自力でゼロから事業を成長させるためには，
相応の時間と経験が必要となる。しかし，M&Aによって他社が保有するノウ
ハウを活用できれば，効率的に新事業を展開できる可能性が高くなるのである。

　また，M&Aの効果としては，市場規模の拡大や規模の経済の獲得といった
ことも考えられる。同じような業態の企業同士であれば，個別に事業を行うよ
りも事業を統合することによって，仕入コストや設備投資などにおいてスケー
ルメリットを得ることができる。これにより従来よりも業界内の競争を有利に
進めることが可能になる。

　M&Aを行おうとする際，少なくとも上記のいずれかの効果を目的と捉えて
いるはずである。M&A担当者は，その目的を理解し，M&Aによって欲する

1－7　M&Aにおける与信管理

効果が十分に得られるようにすることを念頭に置いてM&Aの実務に取り組む
ことが重要である。

|1－7－4| M&Aのスキーム

❖M&Aスキームの種類

　前述のように，M&Aの目的はさまざまであることから，企業がそれらの目
的を果たすために，M&Aのスキームも**図表1－13**のように多様化している。

　M&Aのスキームとしては，資本移動の有無で大別される。広義のM&Aと
しては，合弁会社の設立や業務提携，資本提携などを含み，狭義のM&Aとし
ては，現金で相手企業の株式や営業権を取得する株式譲渡や事業譲渡，株式譲
渡の対価を買手の株式で支払う株式交換，複数の企業を1つの企業に合体させ
る合併などがある。

　M&Aの現場では，これらのスキームをM&Aの目的に応じて使い分けている。
例えば，M&Aの多くにおいて，買収企業（買手）が自社よりも小さい企業を
買収することが多いため，買収対象企業（売手）よりも買収企業の方が従業員
の給与などの待遇がよいことが多い。このような場合に，合併手続を用いて
M&Aを行うと本来得られたであろう買収対象企業における低コストオペレー
ションというメリットが得られなくなってしまうことになる。このほか，多角
的に事業を行っている企業に対してM&Aを行おうとする際に，事業譲渡を用
いずに株式譲渡によって企業全体を買収すると，自社の事業と十分なシナジー
を得られない事業まで承継してしまい，結果として非効率な経営に陥るおそれ
が生じるなど，その目的に適したスキームを選択することは重要である。

❖スキーム検討時のポイント

　M&Aのスキームを検討する際には，前述のとおり，その目的を明確にして
目的に適したスキームを選択することが重要である。スキームを検討する際に，
特に留意すべき事項として以下の点が挙げられる。

(1) 買収対象の範囲

　買収の目的が，被買収会社（売手）の経営権の取得であるか，一部事業の取
得や業務提携であるかによって，選択すべきスキームが異なる。特に経営権の
取得が目的である場合は，どの程度の議決権を取得するかという点も重要な検

51

第1章 与信管理の基礎

図表 1-13 M&Aの分類

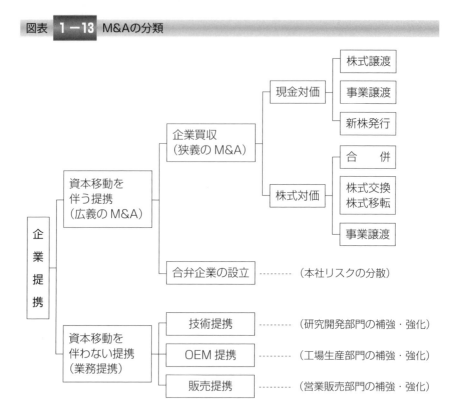

討ポイントととなる。

(2) **対価の種類**

　M&Aのスキームは，買収の対価が現金か，自社の株式かによって分類できるため，自社の資本状況等を鑑みて検討する。買収の対価を現金とする場合，買収資金を確保する必要が生じるため，特に金融機関等からの調達を予定する際には，買収によって得られると想定されるキャッシュ・フローを基に調達資金の返済計画を検討しておく必要がある。一方，自社の株式を対価とする場合には，株式の新規発行や自己株式の交付に伴って，自社の株主構成に変動が生じることとなることから，その影響について検討しておく必要がある。

(3) **買収対象企業の財務状況**

　M&Aにおいて，100％の議決権を取得しようとする場合や相手企業を合併しようとする場合には，原則として買収対象企業が保有するすべての資産・負

債のほか，当該企業に帰属するすべてのリスクが買収企業に移転することとなるため，訴訟やクレーム・税務リスクなどに起因する簿外債務なども継承することを考慮しなければならない。また，債務超過の企業を買収する場合には，リスクを軽減するために事業譲渡によって取得する項目の選定を検討するべきである。

⑷ 経営統合のペース

買収後の経営方針について，買収対象企業の経営方針をしばらく維持する場合には，できるだけ子会社としてコントロールすることが可能なように，50%超の株式譲渡や新株引受，株式交換を検討すべきである。一方で経営の統合を早急に進めたい場合には，合併や事業譲渡によって，買収対象を一体化する方法を検討することが望ましい。

1-7-5 M&Aの実務プロセス

❖M&Aの実務プロセス

M&Aにおける流れは一様ではないが，買収側（買手）からみると一般的に次のような流れとなる。

⑴ ターゲット企業の選定

基本的にM&A市場は売手市場であり，優良な「売り案件」は不足している。そのため本当にM&Aを行いたいのであれば，買収側は自ら仕掛けていく姿勢が必要である。経営戦略や事業戦略に基づいてターゲット企業を能動的に選定しなければならない。

広く情報を収集し，買収可能性の高い企業を10社以内まで絞り込んでいったうえで，優先順位をつけ，順位が高い企業から1社ずつアプローチしていく。

金融機関やM&A仲介会社などから案件が持ち込まれることもある。

⑵ 秘密保持契約

自社の経営戦略に照らし合わせて，有益な案件の可能性が高いと判断した場合は，秘密保持契約を締結して詳しい情報を入手する。

秘密保持契約は，NDA（Non-Disclosure Agreement）やCA（Confidentiality Agreement）とも呼ばれる。M&Aにおいては，双方が開示する情報が機密情報であることが多いことから，M&A以外の目的において開示されることを防ぐために締結するものである。秘密保持契約において定めるべき内容としては，

第1章 与信管理の基礎

①秘密情報の定義，②受領当事者が相手方の秘密情報を開示できるものの範囲，③受領当事者が秘密情報を使用する目的の限定，④秘密保持義務の継続期間が挙げられる。

図表 1-14 秘密保持契約（NDA）

秘密保持契約書

　○○○○株式会社(以下「甲」という。)と○○○○株式会社(以下「乙」という。)とは，○○の検討(以下「本件」という。)にあたり，甲乙間で相互に開示される情報・ノウハウ等の取り扱いにつき，以下の通り合意したので本契約を締結するものとする。

第1条（秘密情報）
1．甲及び乙は，本件にあたり相手方当事者から文書・図面・その他の書類もしくは電磁的又は光学的記録媒体等あるいは口頭により開示される経営上・営業上その他一切の情報(以下「秘密情報」という。)につき，これを秘密に保持するものとする(以下，秘密情報を開示する当事者を「開示当事者」，開示される相手方を「被開示当事者」という。)。
2．被開示当事者は，開示当事者の文書による事前の承諾なく，秘密情報をいかなる第三者へも開示，漏洩してはならず，また，本件以外の目的に使用してはならないものとする。
　但し，以下の情報は秘密情報から除かれるものとする。
　(1) 公知の情報又は被開示当事者の責によることなくその後公知となった情報
　(2) 開示されたとき，被開示当事者が既に知得していたことが証明された情報
　(3) 秘密保持義務を負うことなく第三者から適法に入手した情報
　(4) 秘密情報を使用することなく被開示当事者が独自に開発したものであることを証明できる情報
3．開示当事者が，情報を口頭で開示した場合には，開示後2週間以内に開示した情報の内容を文書により特定するとともに，当該文書上に当該情報が秘密である旨を明示した上で，被開示当事者に通知した事項に限り，本契約上の秘密情報として扱うものとする。
4．被開示当事者が，政府行政機関又は司法機関から開示当事者の秘密情報の開示を要求された場合は，第1項及び第2項の規定に関わらず，被開示当事者は以下の措置を取った上で当該行政機関又は司法機関に対して開示当事者の秘密情報を開示できるものとする。
　(1) 開示当事者に対して，当該要求があった旨を遅滞なく書面で通知すること。
　(2) 当該秘密情報のうち，適法に開示が要求されている部分についてのみ開示すること。
　(3) 開示する当該秘密情報について，秘密として取り扱いが受けられるよう行政機関又は司法機関に対し要請すること。
5．甲及び乙は，開示当事者が秘密情報の正確性・真実性又は完全性について保証するものでないことを確認し，開示当事者は，被開示当事者が秘密情報を使用することから生じるいかなる損害についても責任を負わないものとする。但し，詐欺的な不実表明の場合は，この限りでない。

第2条（複製の禁止）
　被開示当事者は，開示当事者の文書による事前の承諾なく本件を遂行する目的以外の目的のために秘密情報を複製してはならないものとする。尚，複製物も秘密情報と同様に取り扱われるものとする。

1-7 M&Aにおける与信管理

第3条（開示制限）

1．被開示当事者は，秘密情報を知り得る役員・従業員または被用者を，本件を遂行するために真に必要な者に制限し，また自己の情報に対するものと同等以上の注意をもって秘密情報を取り扱わなければならないものとする。

2．乙は，乙の子会社の役員，従業員または被用者のうち本件に従事する者に秘密情報を開示することができる。その場合，乙は本契約に基づき自己が負うのと同等の義務を当該子会社に負わせ，かつ当該子会社の義務の履行につき一切の責任を負うものとする。

3．被開示当事者は，本件の為，第三者に秘密情報を開示する必要のある場合には，開示当事者の文書による事前の承諾を得なければならず，且つ，かかる第三者に本契約において被開示当事者が負う義務と同等の義務を課さなければならないものとする。

第4条（権利の帰属）

甲及び乙は，開示当事者による被開示当事者への秘密情報の開示が，当該秘密情報にかかわる開示当事者の特許権(ビジネスモデルを含む)・実用新案権・著作権及びその他の知的財産権について，被開示当事者に対してその実施権又は使用権を許諾するものではないことを相互に確認する。

第5条（債務不履行）

1．甲及び乙は，相手方当事者が本契約に違反した場合，直ちに甲乙間で締結している他の契約の全部または一部を解除することができるものとする。

2．相手方当事者が本契約に違反したことにより甲又は乙が損失・損害を被った場合には，甲又は乙は，当該違反当事者に対して現実に発生した通常の直接損害を上限として損害賠償請求を行うことができるものとする。

3．甲及び乙が秘密情報を開示した役員，従業員，被用者若しくは第三者が本契約の義務に違反したことにより相手方当事者が損失・損害を被った場合には，当該違反者に秘密情報を開示した甲又は乙は，自己の過失の有無を問わず，相手方当事者に対し現実に発生した通常の直接損害を上限として損害賠償をしなければならない。

第6条（反社会的勢力の排除）

1．甲及び乙は，相手方に対して，互いに，本件契約時において，自ら及びその代表者，役員又は実質的に経営を支配する者が暴力団，暴力団員，暴力団関係企業，総会屋等の反社会的勢力（以下反社会的勢力という）に該当しないことを表明し，かつ将来にわたっても該当しないことを確約する。

2．甲及び乙は，相手方が反社会的勢力に属すると判明した場合，何ら催告を要せず本契約を解除することができる。なおこの場合解除した契約当事者は，解除による相手方の損害を賠償する責を負わない。

第7条（情報の返還）

秘密情報は本件の目的のためにのみ相互に開示されるものであり，本件が終了した場合又は開示当事者が要求した場合には，被開示当事者は，開示当事者の要求に従って速やかに秘密情報(その複製物を含む)を返還，又は破棄しなければならないものとする。

第8条（契約期間等）

1．本契約期間の有効期間は，本契約締結の日から○年間とする。

第1章　与信管理の基礎

2．本契約の定めは，令和○○年○○月○○日以降，甲乙間で取り交わしたすべての秘密情報に適用するものとする。

第9条（協議）
　本契約に関して両当事者間に疑義が生じた場合，又は本契約に定めの無い事象が発生した場合，甲及び乙は誠実に協議を行い，円満にその解決を図るものとする。

第10条（管轄裁判所）
　甲及び乙は，本契約に関する一切の紛争について東京地方裁判所を第一審の専属的合意管轄裁判所とすることに合意する。

　本契約締結の証として本契約書2通を作成し，甲乙記名捺印の上，各1通を保有するものとする。

　令和○○年○○月○○日

　　　　　　　　　　　　　　　　甲　東京都○○○○○○○
　　　　　　　　　　　　　　　　　　○○○○株式会社
　　　　　　　　　　　　　　　　　　　　代表取締役　○○○○　㊞
　　　　　　　　　　　　　　　　乙　東京都○○○○○○○
　　　　　　　　　　　　　　　　　　○○○○株式会社
　　　　　　　　　　　　　　　　　　　　代表取締役　○○○○　㊞

(3)　ターゲット企業へのアプローチと初期分析

　ターゲット企業へアプローチするには，直接打診する方法や金融機関を通じて打診する方法など，いくつかのルートが考えられる。ターゲット企業との関係や自社の人脈などを考慮して最も効果的なアプローチ方法を検討する。

　M&Aに対して前向きな意向を確認できた場合，ターゲット企業から基礎的な情報を提供してもらい初期分析を行う。その分析結果をもとに，買収におけ

図表 1-15　M&Aにおいて収集すべき資料

分野	検討資料
会社	定款，商業登記簿謄本，株主名簿，組織図，経営陣略歴，社内規程
事業内容	会社案内，商品カタログ，沿革，取引先一覧
財務	決算書，法人税申告書（勘定科目明細書，固定資産台帳），直近6カ月間程度の月次試算表，事業計画書
契約	土地・建物の賃貸借契約書，リース契約書，保険契約一覧表，その他の重要な契約書
その他	不動産登記簿謄本，固定資産税等課税証明書，その他の経営上重要な書類

るスタンスやデューデリジェンスの方針などを検討する。

(4) 企業価値算定

初期分析の結果を踏まえ，買収金額を決める基礎となる企業価値算定を行う。企業価値算定は，企業評価，株価評価，事業評価，バリュエーションなどともいう。

企業価値算定には，現在ある資産を評価するコスト・アプローチ（時価純資産法等）の3つのアプローチ方法，将来のキャッシュ・フローを評価するインカム・アプローチ（DCF法，収益還元法等），市場の株価を参照するマーケットアプローチ（市場株価法，類似会社比準法など）がある。一般的には，複数のアプローチを用いて評価を行うことで，妥当な価値レンジを算出する。

DCF法や類似企業比較法が採用される頻度が高いが，前提となる将来の収益性見通し（事業計画）や類似企業の選定において評価担当者の主観的な判断が入り込む余地が大きいので，高値で買収することによる失敗を回避するために十分に吟味すべきである。また，回収期間法や内部利益率法なども併用することによって，投資判断を行ううえでの有効な判断材料となり得る。

(i) 時価純資産法

時価純資産法は，貸借対照表の純資産を企業評価額とする方法である。しかし，貸借対照表においては，土地や建物などの固定資産が時価評価されていないことがほとんどであり，粉飾などの決算調整によって実態を表していないことも多いため，実務においては，時価純資産額を精査することで評価額とすることが多い。

また，時価純資産法は，貸借対照表を基にしていることから，客観的な評価が行えるというメリットがある反面で，将来キャッシュ・フローや，時間価値を一切考慮していないというデメリットも有している点も理解しておくべきである。

時価純資産法の算式は，以下のとおりである。

企業価値＝時価資産合計－営業債務

時価資産の参入においては，①企業会計ベースへの修正，②含み損益の認識，③税効果の検討等の観点から，**図表1－16**に揚げた点を中心に検討することとなる。

図表 1-16 企業価値算定における修正事項

売掛金	回収不能債権の控除
受取手形	不渡手形,ジャンプ手形分の控除
棚卸資産	陳腐化品・不良品など売却価格の下落部分の控除
貸付金	回収不能債権の控除,貸倒引当金の計上不足の有無
固定資産	減価償却不足の有無／土地,建物などの含み損益の控除
有価証券	評価基準日の終値などによる時価評価の確認
買掛金・未払金	計上漏れ(簿外債務)の有無
各種引当金	引当不足の有無
偶発債務	訴訟等のリスクの有無

(ii) DCF法

　DCF法は,時間価値を踏まえたうえで,将来のキャッシュ・フローを算出して,企業の現在価値を算出する方法である。DCF法を採用するうえで,留意しなければならない点としては,将来の価値を現在価値に変換するために行う割引計算の考え方が複雑であるために,きちんと理解して自力で算出することは容易ではない点が挙げられる。また,将来のキャッシュ・フローを算出するうえでも,M&Aによって発生する事業上のシナジー効果や事業計画について深い理解がなければ,適正な数値の算出が困難である。

　DCF法は,会社の価値を算出する方法としてはベーシックな方法であり,買収によって創出されるシナジー効果やバリューアップ効果を金額として明示することが可能である,買収後の事業計画を事前に作成することで,事業運営上の目標設定が可能となる,といったメリットがある。一方,将来損益の予測や割引率の設定において主観が入りやすい,パラメーターの設定が複雑である,価値算出に手間がかかる,といったデメリットもあることを理解したうえで活用する必要がある。

1−7 M&Aにおける与信管理

$$継続価値 = \frac{n年後のフリー・キャッシュフロー \times (1+フリー・キャッシュフローの永久成長率)}{WACC-フリー・キャッシュフローの永久成長率}$$

※WACC＝加重平均資本コスト

$$= \frac{D}{D+E} \times (rD(1-T)) + \frac{E}{D+E} \times rE$$

D ：有利子負債額
E ：株主資本時価
rD：負債資本コスト（負債利子率）
T ：実効税率
rE：株主資本コスト（株式の期待収益率）

(iii) 類似会社比準法

類似会社比準法は，対象企業と同業，同規模の会社の株価を参考にして，対象企業の価値算定を行うものである。過去の取引事例などの客観的な数値を使用する手法であり，当事者間での算出根拠に対する意識のズレが生じにくいほか，参考とする数値が公表推移値が中心となるため，取得および評価が容易であるというメリットがある反面で，業種によっては，対象企業と類似したモデル企業を探すことが困難になるおそれがあったり，算出の根拠に厳密性がないために，単独での使用には不安がある，といったデメリットが挙げられる。

(5) 基本合意

企業価値算定が終わり，買収企業（買手）における買収方針が決まると，意向証明書の発行や，基本合意契約書の締結が行われる。これらはLOI（Letter of Intent）やMOU（Memorandum of Understanding）とも呼ばれる。LOIやMOUは，基本的にはM&Aを実行する法的義務を規定するものではなく，絶対に必要なプロセスでもないため，省略されることもある。それでも基本合意を締結する意味合いとしては，基本合意により重要な条件面の合意が図られること，排他的交渉権を得られることで交渉を進めやすくなることなどが挙げられる。

(i) 意向証明書

意向表明書は，買収企業（買手）が，買収対象企業（売手）に対して，買収の意向を表明する書面のことである。意向証明書の内容はさまざまであり，価格や時期，スキーム，その他付帯条件などが記載されている。

第1章　与信管理の基礎

買収対象企業において，買手を選別するための判断基準として使用され，提出された意向表明書に対して受入れの可否を判断し決定する。通常，意向表明書には法的拘束力はないため，買収対象企業に提出したからといって取引の実施が確約されたわけではなく，当事者のどちらかの意志により，最終契約にいたらなかった場合でも，通常は相手に対して違約金や損害賠償等を請求することはできない。

(ii) 基本合意契約書

意向表明書が買収対象企業に受理され，重要な条件が決まった後に基本合意契約を締結する。基本合意契約書は，M&A手続の途中段階までに合意した条件等を文章化したものであり，一部の条項（独占交渉権，秘密保持契約，裁判所管轄等）を除いて法的拘束力を有さないのが一般的である。それでも多くの実務において基本合意契約書を締結している背景としては，契約締結後の交渉において，道義的拘束力として働き，前提条件が大きく変わったなどの特別な事情がない限りは，交渉においてそれが安易に覆されることが少なく，基本合意契約書において確認した事項は，最終契約の交渉においても再度時間をかけて交渉する必要がなくなることが挙げられる。

基本合意契約書に盛り込むべき項目としては，以下のものが挙げられる。

① 買収価格
② 重要な買収条件
③ スケジュール
④ デューデリジェンスの範囲
⑤ 費用負担
⑥ 公表
⑦ 優先交渉権
⑧ 基本合意契約書の効力
⑨ 準拠法，管轄および言語
⑩ 守秘義務条項

1－7　M&Aにおける与信管理

図表 **1－17** LOI（Letter of Intent）

基本合意書

　○○○○株式会社（以下，「甲」という。）と○○○○株式会社(以下，「乙」という。）とは，乙の保有する○○○○株式会社（以下，「丙」という。）の普通株式○○株（以下，「本件株式」という。）を甲に譲渡する件（以下，「本件取引」という。）に関し，以下のとおり基本合意書（以下，「本合意書」という。）を締結する。

第1条（目的）
　甲及び乙は，甲が，乙が保有する本件株式を取得することを目的として，本合意書締結後，甲による丙の調査及び甲と乙との間での本件取引の条件の協議等を信義誠実の原則に則って進めていくことを合意する。

第2条（独占交渉権の付与・最終契約の締結等）
　乙は甲に対し，本合意書締結日から令和○○年○○月○○日までの間（以下，「本独占交渉期間」という。），本件取引の実行の有無にかかわらず本件取引に関する独占交渉権を付与するものとする。
2．乙は，本独占交渉期間中，甲以外の第三者との間で，直接又は間接に，本件株式の譲渡その他の処分又は丙の事業，営業又は資産の全部若しくは一部の譲渡（営業譲渡，合併，会社分割，株式交換，株式移転その他方法の如何を問わない。）に関し，勧誘行為，協議，交渉等（以下，「本勧誘行為等」という。）を一切行わないものとする。
3．乙は，本独占交渉期間中，丙をして，前項に定める本勧誘行為等を行わせないものとする。
4．甲及び乙は，本独占交渉期間終了時までに，本件取引に関する最終契約（以下，「本最終契約」という。）を締結するものとする。
5．本独占交渉期間終了時までに本最終契約が締結されなかった場合には，甲の独占交渉権は当然に失われるものとする。ただし，甲及び乙は，合意のうえ，本独占交渉期間を延長することができる。

第3条（譲渡価格）
　甲は，乙の所有する本件株式を○○円（以下，「本件価格」という。）にて乙より買い取る意向を有しており，乙はこれを了承している。本件価格は，甲が丙の債務を引き継ぐ場合，債務の内容及び引き継ぐ金額によって変更の可能性があることを甲及び乙は了承している。
2．本件取引に関するその他の条件については本最終契約において定めるものとする。
3．甲は，令和○○年○○月○○日までに，本件取引における本件価格のうち，手付金として○○円を乙に支払うものとする。
4．甲乙間で，何らかの事由により，本件取引が実行できなかった場合には，乙は甲に前項で支払われた金額を速やかに返還するものとする。

第4条（表明及び保証）
　乙は，本合意書締結について，甲に対し下記の事項を表明し保証する。
(1)　乙は，本合意書締結に必要な社内手続を全て完了していること。
(2)　本合意書は，その締結により，適法，有効に拘束力を有し，その条項に従い執行可

第1章　与信管理の基礎

　　能な乙の義務を構成すること。
　(3)　乙による本合意書の締結及びその履行に関し，官公庁その他の第三者の許認可，承諾等が要求されることはなく，かつ，法令，規則，通達等若しくは乙の定款その他の社内規則，又は乙若しくは丙が拘束される第三者との契約に違反するものでないこと。ただし，本合意書で別途定める場合はこの限りではない。
　(4)　乙は，本件株式について，完全な権利者であり，丙の株主名簿に記載される株主であること。
2．甲は，本合意書締結日について，乙に対し下記の事項を表明し保証する。
　(1)　甲は，本合意書締結に必要な社内手続を全て完了していること。
　(2)　本合意書は，その締結により，適法，有効に拘束力を有し，その条項に従い執行可能な甲の義務を構成すること。
　(3)　甲による本合意書の締結及びその履行に関し，官公庁その他の第三者の許認可，承諾等が要求されることはなく，かつ，法令，規則，通達等若しくは甲の定款その他の社内規則，又は甲が拘束される第三者との契約に違反するものでないこと。ただし，本合意書で別途定める場合はこの限りではない。

第5条（重要行為の告知）

　　乙は，本独占交渉期間中，丙に関し，役員・支配人（但し，出向者は除く）の異動，資本の変更，合併・営業譲渡・会社分割・重要な資産の処分，新株の発行等，経営に重大な影響を及ぼす行為を行う場合及び対象会社をして行わせる場合には，甲に対し，事前に書面にて告知する。

第6条（最終契約）

　　甲及び乙は，以下の事項を本最終契約に規定することを合意する。
　(1)　本件株式の譲渡総数
　(2)　本件株式の譲渡方法
　(3)　本件株式の譲渡代金の支払い期日
　(4)　本件株式の譲渡代金の支払い方法
　(5)　本件株式の株券の引渡し方法
　(6)　その他，甲及び乙が別途合意する事項

第7条（調査の実施）

　　甲は，令和○○年○○月○○日までに，甲及びその選任する弁護士，公認会計士ならびにその他のアドバイザー等が，①丙の事業内容を理解すること，及び②丙の決算報告内容を検証すること，を目的とした調査（以下，「本件調査」という。）を丙に関して実行するものとし，乙は，甲による本件調査の実施に協力する。

第8条（本合意書の有効期間，終了）

　　本合意書は，本合意書締結日に効力を生じるものとし，(i)本独占交渉期間終了時（第2条第5項に基づいて延長された場合は，延長後の本独占交渉期間の終了時とする。）又は(ii)本最終契約の締結時のいずれか早い時の到来をもって，当然に終了するものとする。
2．本条の規定に従い本合意書が終了した場合，甲及び乙は爾後，本合意書に基づく義務を一切負わないものとする。但し，第9条に定める義務を除く。

第9条（機密保持）

　　甲及び乙は，法令等の定めにより必要な場合を除き，本合意書に関して知り得た機密

（文書又は口頭で機密である旨定められたものに限る。）を，本合意書の有効期間中及び本合意書の終了後といえども，本契約の遂行のために開示する必要がある者以外の第三者に漏洩してはならないものとする。

第10条（権利・義務の譲渡，承継）
　甲及び乙は，本合意書によって生じる権利または義務を第三者に譲渡しまたは承継させてはならないものとする。

第11条（協議事項）
　本合意書に記載の無い事項または本合意書の内容に疑義が生じた場合の取扱いについては，甲及び乙が誠実に協議し，その解決を図るものとする。

第12条（管轄裁判所）
　甲及び乙は本合意書に関して万一紛争が生じた場合，東京地方裁判所を第一審の専属管轄裁判所とする。

以　上

　本合意書の成立を証するため，本合意書を2通作成し，甲乙記名捺印のうえ，各1通を保持するものとする。

令和　　年　　月　　日

甲　：東京都○○○○○○○
　　　○○○○株式会社
　　　　　代表取締役　○○○○　㊞
乙　：東京都○○○○○○○
　　　○○○○株式会社
　　　　　代表取締役　○○○○　㊞

⑹　デューデリジェンス

　基本合意後に本格的なデューデリジェンス（以下，DD）を実施する。DDの主たる目的は，買収対象企業の財務実態の把握とリスク事項の抽出，および自社とのシナジー効果の詳細分析である。

　DDの対象は，財務，法務，ビジネス内容が主なものであるが，必要に応じて労務問題や環境問題に関するものも行われる。近時は暴力団排除条例の施行，課徴金制度の厳格化など企業不祥事に対する社会の見方も厳しくなっている。したがって反社会的勢力との関係やコンプライアンス違反等は厳格に調査しなければならない。またDDの対象は，相手側企業だけではなく，リスクが懸念される場合はその子会社や関係会社も対象とする。

第1章　与信管理の基礎

　DDで発見されたリスク事項について，金額換算できるものは価格のマイナス要因として織り込む。逆にDDを通じて期待されるシナジー効果が新たに発見された場合は，価格のプラス要因として織り込むことも可能である。DDにより重大な事項が検出された場合は，基本合意で合意された条件を変更するための交渉が行われることになる。

図表 **1-18** デューデリジェンスの種類

DDの種類	内容	専門家
財務	企業価値算定の基礎となる財務諸表情報の適正性などを調査	公認会計士
法務	M&A後に問題となり得る契約の有無などの調査	弁護士
ビジネス	ビジネスフローや事業計画の妥当性などの調査	コンサルタント
税務	過去の税務申告における不正等による将来の追徴課税懸念の有無などを調査	税理士，公認会計士
環境	工場の汚染問題の有無などを調査	環境コンサルタント
IT	ITシステムにおける問題点の有無などを調査	ITコンサルタント

　DDは，M&A手続の中で最も与信管理担当者の知識やスキルが生かされる作業である。とくにビジネスDDにおいては，市場の将来性，買収先と自社の事業内容の関連性や商圏，商流，技術・製造ノウハウなどについて分析することが事業のシナジー効果を測るうえで，財務DDにおいては，買収先の財務諸表や帳簿に記された情報から企業の実態を浮き彫りにすることが企業価値を適正に計るうえでそれぞれ重要となるが，それらの点は，日ごろから与信管理担当者が自社にとって適正な取引を判断するために注視している点であり，自社において最も高い知識を有しているといえるのである。

　ビジネスDDにおいて，与信管理の観点から確認すべき点としては，以下の点が挙げられる。

64

1－7 M&Aにおける与信管理

図表 1－19 ビジネスDDにおけるチェックポイント

評価項目	評価内容
市場環境	・市場の成熟度（成長期や衰退期）はどうか ・市場の参入障壁はどうか
ビジネスモデル	・買収先のビジネスモデルが先進性や特異性を有しているか ・買収先のビジネスモデルが自社ビジネスとのシナジー効果を生み出しうるものか
収益構造	・買収先の収益力はどうか
事業計画	・買収先の事業計画の妥当性はどうか ・M&Aにおける事業計画の妥当性はどうか
販売ターゲット	・販売ターゲットに共通性があるか ・M&Aによって商圏の拡大が見込めるか
商品調達	・M&Aによって調達メリットが生じるか
物流	・M&Aによって物流におけるメリットは発生するか
生産技術・製造ノウハウ	・買収先の生産技術や製造ノウハウが自社の生産能力にどのようなメリットを与えるか
商品付加価値	・M&Aによって，自社の商品やサービスにさらなる付加価値の創出が見込めるか
内部統制	・内部統制は整備されているか

　また，財務DDにおける企業価値の算定作業は，一般的には公認会計士などが中心となり行われるが，すべての公認会計士があらゆる資産の評価について精通しているわけではない。なかでも買収先が保有する債権の評価については，債務者となる取引先の支払能力を考慮し，貸倒れのおそれがある債権を引当対象とする必要があるため，当該取引先の信用評価は，斯業界の知識を豊富に有し，日常から企業の信用評価を主たる業務として行っている与信管理担当者こそが行うべき業務と考えられる。

　買収先が保有する債権の評価方法としては，社内格付を用いた方法が合理的かつ客観的といえる。債権の評価においては，まず与信管理担当者が，買収先が債権を保有するすべての取引先に対して信用力を評価し格付を付与する。この際に付与する格付は，定義が明確であり，倒産確率など客観的な指標に基づいている必要がある（2－2－1にて後述）。なぜならば，格付が倒産確率に基づいて設定されていれば，取引先ごとの保有債権に対して，格付に定義された倒産確率を乗じることで予測損失額，つまり貸倒引当額を算出することがで

65

第1章　与信管理の基礎

きるからである（**2－3－1**にて後述）。

　M&Aにおいては，買収において支払う対価の多寡によって，その投資効果が大きく異なることとなる。そのため，ビジネスDDなどによる事業の将来性を測ることの重要性もさることながら，買収先の現状の企業価値をできるだけ正確に計ることが第1に重要な要素となるのである。そのような観点から見れば，信用リスク分析を要する債権の評価などは，まさに日常から自社の取引リスク分析を行っている与信管理担当者のノウハウが必要とされる作業であり，M&Aにおける与信管理の重要な役割だといえよう。

(7)　最終契約

　交渉の結果すべての条件が合意に至ると，いわゆる最終契約書が締結される。これによって，各当事者は一定の条件のもとにM&A手続を実行しなければならない法的な義務を負うことになる。とはいえ，後述のクロージングが完了するまでは，M&A手続が完了したとはいえない。

　通常，クロージングを行う前提条件として，各当事者がクロージングまでに行わなければならない事項が契約書に規定される。この前提条件をすべてクリアしてはじめてクロージングに移行することができる。

(8)　クロージング

　クロージングの前提条件をすべてクリアすると，クロージングの実行となる。クロージングでは，株式代金の決裁，株券の授受，重要物の授受などの手続が行われる。また同時に役員変更手続が行われることも多い。クロージングの完了により法的にはM&Aが実行されたことになる。

　しかし，買収側にとっては，自社の事業に有機的に組み込む作業が始まることとなり，本当の意味ではむしろここから始まるといっても過言ではない。詳細な経緯を知らない担当者が統合作業に携わることも多いが，ここまでの経緯を知っているM&A担当者の役割は依然として重要であり，M&A後のほうが担当者の負担が増えることも多くある。

(9)　PMI

　PMI（Post Merger Integration）とは，経営統合作業のことであり，M&Aによる統合効果を確実にするために，M&A初期段階より統合阻害要因等に対し事前検証を行い，統合後にそれを反映させた組織統合マネジメントを推進することである。

　買収企業にとって，M&Aはクロージングが最終目標ではなく，M&A後の

統合が完了してはじめて成功といえる。PMIを取り組むうえで，重点的に意識すべき項目として，①シナジーの創出，②企業文化や制度の吸収，③マネジメントレベルの調整が挙げられる。これらの要素を重点的に管理し，計画的に経営統合を図っていくことが，M&Aを成功させるうえで重要なポイントとなる。

|1－7－6| 株式譲渡

❖株式譲渡の目的

株式譲渡とは，株式の全部または一部を現金を対価として取得し，会社を支配するM&Aの手法である。国内のM&Aの多くが株式譲渡スキームを活用している。また，株式の対価が現金ではなく，買収企業（買手）の株式で支払うパターンを株式交換という。

株式譲渡のメリットとしては，買収企業は買収対象企業（売手）の法人格をそのまま引き継ぐことができるため，許認可やその他の権利についても同様に引き継ぐことで，速やかに新しい分野に進出することが可能となり，人材育成，研究開発，ノウハウ形成といった面で時間の節約につながることが挙げられる。

しかし，一方で体質・文化が自社と異なる企業を買収することで，一体化に時間がかかり，その間にモチベーションが低下し，期待していた人材が流出してしまうリスクもある。また買収企業（買手）は，株式を取得する企業のことに関する情報を有しておらず，意思決定するうえで時間的な制約があることも相まって，買収後に問題点が発見されたりするリスクもあるので，注意が必要である。

❖株式の保有割合

株式譲渡を行う際に留意すべき事項として，株式の保有割合が挙げられる。企業を買収して，自社の配下として経営実権を握りたい場合には，最低過半数を保有すべきである。

株主の権利としては，過半数以上の議決権数を保有していることで，経営権の取得（会社309条1項），計算書類の承認（同法438条），役員の解任権（同法339条）などの普通決議を行うことができ，3分の2以上の保有によって，会社の重要事項に関する決議（同法309条2項），定款の変更（同法466条）などの特別決議を行うことができる。

第1章　与信管理の基礎

　また，3％以上の保有によって，帳簿の閲覧権（会社433条）や取締役等の解任請求権（同法854条・479条）が認められることから，買収時に3％以上を保有している株主が存在する場合には，注意する必要がある。

❖株式譲渡と税務

　株式の価格が利害関係の対立する第三者間での交渉の結果決まった価格であれば，それが時価と考えられるため税務上の問題が生じることは原則としてはない。しかし，株式の価格が適正な時価と認められない場合は，税務上の問題が生じるので注意が必要である。

(1)　法人から取得する場合

(i)　低額譲渡

　時価より低額で譲渡される場合，時価と売買価格との差額が当該法人の寄付金とされ，買収側では受贈益として認定されることとなる。

(ii)　高額譲渡

　時価より高額で譲渡される場合，時価と売買価格との差額は当該法人の譲渡益に含まれているが，買収側では寄付金として認定されることとなる。

(2)　個人から取得する場合

(i)　低額譲渡

　時価の2分の1未満といった著しく低い価額で譲渡される場合は，当該個人は時価による譲渡があったものとみなされ，課税される（「みなし譲渡」）。買収側では時価との差額が受贈益として認定されることとなる。

(ii)　高額譲渡

　時価より高額で譲渡される場合，時価と売買価格との差額が当該個人の原則として一時所得とされ課税され，買収側では寄付金として認定されることとなる。

1-7-7　事業譲渡

❖事業譲渡の目的

　事業譲渡は，組織的に一体となった営業財産を1個の契約によって他に移転させ，また他から取得することをいう。つまり，事業譲渡においては，1つの企業が複数の事業を運営している場合に，そのうちの1事業のみに対して譲渡

を行うことが可能なのである。これは事業譲渡における大きなメリットの1つといえる。

さらに事業譲渡における大きなメリットの1つとして，簿外債務を引き継ぐおそれがないという点も挙げられる。簿外債務とは，貸借対照表（B/S）上に計上されていない債務のことであり，保証債務などがそれに当たる。事業譲渡においては，譲渡対象となるものを契約で個別に定義していくため，契約書に定義されていない簿外債務を引き継ぐおそれがなく，デューデリジェンス（DD）の負担が非常に軽くなる。

事業譲渡の用途はさまざまであるが，企業戦略の手段として積極的に利用されている。特に企業の統廃合に際しては，上述の簿外債務リスクや，従業員の雇用承継問題を回避できる点を踏まえて，経営合理化のための子会社設立に際しても，一番多く利用されている。

事業譲渡を選択する際の目的を以下に挙げる。

(1) 分社化

各事業部門を切り離し，別会社にて運営することは，事業の特質や地域特性に基づいた投融資条件，雇用，事業形態，資産保有形態等の機能的な決定を可能とし，また責任体制の明確化にもつながる。

(2) リストラクチャリング

自社の財務状況を改善するため，収益の悪化した事業部門もしくは子会社を関連子会社に事業譲渡し，かつ譲渡対価によって財務状況を向上させる。

❖事業譲渡による取引先との債権債務関係

事業譲渡後，譲受企業が，従前の取引先と取引を継続するか否かについては，譲受企業の経営判断に任されるが，事業譲渡以前に譲渡企業に発生している債権債務については原則として譲受企業が引き継ぐことはしない。

(1) 事業譲渡と債権

事業譲渡後に譲渡企業が清算する場合には，清算手続の中で当該企業が有している債権を回収していくことになるが，支払期日がすぐに到来する債権についてはその回収を待って清算結了することになる。しかし，たとえば長期ファイナンスを供与している場合等において，債権回収を待つことで清算結了まで長期間を有してしまうようなときは，譲受企業が当該債権を譲り受けることもあり，その場合には，債権譲渡契約書，債権譲渡通知書等の整備および当該債

第1章　与信管理の基礎

権が生じた契約書中の債権譲渡禁止特約の有無の確認が必要となる。

(2) 事業譲渡と債務

事業譲渡では，合併と違い譲渡企業と譲受企業の間では法人格は引き継がれ
ないので，譲渡企業が負っている債務については原則引き継ぐことをしない。

しかし，取引先と締結している基本契約では，事業譲渡が期限の利益喪失の
事由となっている場合があり，譲渡企業または債務を引き継ぐ譲受企業が期限
の利益を喪失した結果，直ちに債務全額の支払いを請求される事態が予想され
る。譲渡企業が事業譲渡後に解散する場合には，清算手続の中で支払いを履行
していくが，債務全額の請求日から実際の支払日までの遅延損害金の負担を避
けるためには，事業譲渡／清算の決議をした後，各債権者との交渉が必要とな
る。

❖事業譲渡と労務

事業譲渡に伴って従業員も引き継がれるのか否かという問題については，学
説，判例とも統一した見解はないが，実務的には原則譲渡企業が従業員を引き
継ぐということはしない。

(1) 従業員の引継ぎ

原則として譲受企業は，譲渡企業から従業員を引き継ぐことはないが，譲渡
される事業の性質によっては一部従業員を引き継がざるを得ない場合も生じる。
その場合は，譲受企業として以下の検討をすべきである。

・引継ぎ従業員の人選，員数の確定
・当該従業員の勤続年数，給与等譲渡企業での労働条件の把握
・従業員を引き継ぐ場合，当該従業員がいったん譲渡企業を退職し，譲受企
　業が新規採用するという形をとるがその場合の人件費負担の面からの労働
　条件の検討

(2) 第二会社方式

事業譲渡後に譲渡企業を清算する場合は，従業員の解雇を伴う。第二会社方
式をとる場合，その第二会社が資本，役員，業務内容の点で譲渡企業と同一と
みなされれば，第二会社が譲渡企業の従業員の採用を拒否すると不当労働行為
とみなされるリスクが存在する。当該リスクを回避するためには譲渡企業にて
整理解雇の4条件（詳細は1－7－9にて後述）を遵守したうえで対応すること
が必要となる。

1－7　M&Aにおける与信管理

❖事業譲渡に伴う取締役会決議および株主総会決議

(1)　取締役会議事録

　事業譲渡を行うに当たっての社内手続としては，まず事業譲渡契約の締結に関し，業務執行行為として取締役会決議が必要となる。決議に当たっては，譲渡の対象，相手方，時期，主要な条件について決議を要する。また，この取締役会においては株主総会の特別決議を要するか否かの付議の判断をする必要がある。

(2)　株主総会決議

　事業譲渡は株主総会決議を要するものと要しないものとに大別することができる。詳細は**図表1－20**を参照されたいが，株主総会決議を要するものとは，事業の全部または一部の譲渡ならびに事業の全部の譲受であり，要しないものとは，事業の一部（重要な一部の譲渡を除く）および事業の一部の譲受である。つまり，重要部分の基準をどこに置くかがポイントとなるが，一般的には，譲渡によって譲渡企業が受ける影響度が総資産または売上高等の何％以上に当たるかなど，何らかの数値基準を設定して判断する例が多い。

図表　**1－20**　取締役会/株主総会決議の要否

	取締役会		株主総会	
	譲渡会社	譲受会社	譲渡会社	譲受会社
事業の一部譲渡	要	要	不要	不要
事業の一部（重要）譲渡	要	要	要	不要
事業の全部譲渡	要	要	要	要

❖事業譲渡における税務

(1)　事業譲渡における税務上の所得計算の原則

　事業譲渡法人が，事業譲渡によりその資産および負債を事業承継法人に移転した場合には，税務上，原則としてその時の時価によりその資産および負債の譲渡があったものとして所得計算をすることになる。

(2)　資産調整勘定および負債調整勘定（会計上ののれん）

　会社法施行に伴い企業結合会計上で，取得原価と被取得企業（事業）の純資

71

第1章　与信管理の基礎

産価額との差額として明確化されたのれんに関して，2006年改正後の税務上，事業譲渡は非適格合併等とされ，事業譲渡法人が営む事業およびその事業にかかる主要な資産のおおむね全部を事業承継法人に移転するものについては（複数の事業のうち1つの事業のみの移転も対象となる），次の措置が講じられた。なお，のれんは，通常用語の営業権とほぼ同義だが，現行の会計上および税務上の取扱いから，営業権という権利それ自体を購入した場合等も含むより広い概念が営業権と考えられる。

(i) 資産調整勘定の5年償却

事業譲渡により資産または負債の移転を受けた事業承継法人は，移転の対価として交付した金銭その他の資産の時価の合計額が移転を受けた資産および負債の時価純資産価額（営業権は独立した資産として取引される慣習のあるものに限る）を超える場合の超える部分のうち一定の金額を資産調整勘定として計上し，5年償却により損金算入する（強制償却）。

(ii) 負債調整勘定の益金算入

事業譲渡により資産または負債の移転を受けた事業承継法人は，移転の対価として交付した金銭その他の資産の時価の合計額が移転を受けた資産および負債の時価純資産価額に満たない場合の満たない部分の金額を負債調整勘定に計上し，5年均等で益金算入する。なお，引継ぎを受けた従業者につき退職給与債務引受けをした場合，移転事業の将来債務のうち3年以内の短期重要債務の引受けをした場合にも負債調整勘定を計上し（これらの場合の負債調整勘定は資産および負債の時価純資産価額の算定上は負債に含める），それぞれにつき一定の方法により益金算入する特例も設けられている。

(3) **事業譲渡価額が適正な時価に対し不当に低額あるいは高額の場合**

不当に低額の場合は事業譲渡法人から事業承継法人へ寄附があったものとして，不当に高額の場合は事業承継法人から事業譲渡法人へ寄附があったものとして，寄附金，受贈益，資産調整勘定または負債調整勘定の修正の問題が生じうるので注意を要する。

(4) **事業譲渡に関する欠損金の繰戻し還付の特例**

事業の全部の譲渡があった場合，事業の重要部分の譲渡でこれらの事実が生じたことにより欠損金額の繰越控除の規定の適用を受けることが困難となると認められるものがあった場合には，これらの事実が生じた日前1年以内に終了した事業年度およびその日を含む事業年度の欠損金額については，その日以後

１年内に還付請求をすることが認められるという特例がある。

　通常の欠損金の繰戻し還付と比較すると，通常は適用停止である大規模法人にも適用があり対象法人が広い点，事実が生じた日前１年以内に終了した事業年度およびその日を含む事業年度の欠損金による還付が可能であり対象年度が広い点（一般に前年だけでなく前々年の法人税も対象）等の相違があることには注意を要する。

1−7−8 会社分割

❖会社分割の目的

　会社分割は，会社法上，新設分割と吸収分割に区分される。新設分割とは，分割した事業を新設の会社として承継させるものであり，吸収分割とは，分割した事業を既存の別会社に継承させるものである。一般的なM&Aにおいては，吸収分割を用いられることが多いが，分割企業の再建手段として会社分割を行う場合は，第二会社方式のように新設分割によって，いわゆるグッドカンパニーとバッドカンパニーに分割し，バッドカンパニーを清算のうえでグッドカンパニーで再建を図るといった手法もとられている。

❖会社分割の意義

　前述の株式譲渡や事業譲渡においては，株式譲渡では会社を包括的に継承できる契約によって契約がシンプルな反面，債務継承や簿外債務などのリスクがある，事業譲渡では，簿外債務などのリスクはないが，継承する事業や資産ごとに契約内容を細かく定める必要があり，契約手続が煩雑であるといったように，一長一短が存する。これらのメリットやデメリットを中和させる方法として会社分割が用いられる。

　会社分割のメリットとしては，株式譲渡と同様に会社を包括的に継承できる契約であるため，事業譲渡に比べて契約内容がシンプルであること，また，転籍させる従業員からの同意を個別に得る必要がないことなどが挙げられる。一方，デメリットとしては，手続に時間がかかることが挙げられる。会社分割は，法的な手続が株式譲渡や事業譲渡に比べて複雑であるため，許認可の承継など，手続に漏れが生じないように弁護士に相談しながら進める必要がある。

第1章　与信管理の基礎

❖会社分割の税務

　会社分割は，会社法上，分割会社が，その事業の全部または一部を承継させるための新会社を設立して行う新設分割と，既存の会社に事業の全部または一部を承継させる吸収分割の2種類がある。さらに，税務上は，分割の日において当該分割に係る分割対価資産（分割により分割法人が交付を受ける分割承継法人の株式その他の資産）のすべてが分割法人の株主等に交付される分割型分割（会社法施行前の人的分割），分割の日において当該分割に係る分割対価資産が分割法人の株主等に交付されない分社型分割（会社法施行前の物的分割）に区分される。なお，2010年9月30日以前に行われた分割型分割では，分割法人の事業年度が分割の時点で分断されるみなし事業年度の規定の適用があったが，2010年税制改正により当該規定は廃止されている。

　また，税務上，会社分割に伴い発生する資産や負債の移転は原則として時価によって行われる（非適格分割）。非適格分割によって含み益を有する資産が移転される場合には，分割法人で資産の譲渡益課税が生じ，分割法人の株主においてもみなし配当課税や譲渡益課税が生じうることとなる。

　一方，原則として分割対価として分割承継法人株式等以外の資産が交付されず，企業グループ内の分割や共同事業を営むための分割として一定の要件を満たす，分割前後における法人間の関係に一種の連続性ないしは一貫性を認める分割を，適格分割と呼び，資産および負債が簿価により移転したとして所得計算を行うことによって課税関係が生じない仕組みがとられている。

1-7-9 合　　併

❖合併の意義

　企業の合併とは，2つ以上の企業が1つの法人になることをいう。合併により消滅企業（被合併企業）の一切の権利義務が存続企業（合併企業）に移転することになり，その効果において株式の全部取得・事業の全部譲渡（あるいは現物出資）と類似するが，これらの類似形態において，たとえば事業譲渡の際，譲渡側の企業が依然として存続し続けるのに対し，合併においては，消滅企業の法人格は消滅し，消滅企業の株主は存続企業の株主となる点で大きく異なる。

❖合併の目的・形態

(1) 合併の目的

　合併は，事業規模の拡大や新規事業への参入のためだけではなく，製造子会社，販社の統合，事業部ごとに分社化していたものの統合，あるいはグループ内で経営が行き詰まった会社の救済をするための企業内のリストラ（再構築）の一手段として利用される。

　その統廃合のための1つの手段として合併があり，事業リストラクチャリングの具体的かつ効率的な手法である。また，その他の目的としては債権保全，上場維持，買収防衛，再建促進などが挙げられる。

(2) 合併の形態

　合併の形態は，吸収合併と新設合併に大別することができる。吸収合併とは，合併当事者のうち1社が存続して他の企業が解散・消滅するものをいい，新設合併とは，合併当事者のすべてが解散し，それと同時に新会社が設立されるものをいう。実務上は，手続の簡便さや登録免許税の節約などの関係から，吸収合併のほうが圧倒的に多く利用されている。

　また吸収合併に際して，簡易合併の手続をとることができ，「①消滅会社等の株主等に対して交付する存続会社の株式の数に1株当たり純資産額を乗じて得た額，②消滅会社等の株主等に対して交付する存続会社等の社債，新株予約権または新株予約権付社債の帳簿価額の合計額，③消滅会社等の株主等に対して交付する存続会社等の株式等以外の財産の帳簿価額の合計額」の合計額が存続会社の純資産額の5分の1（これを下回る割合を存続株式会社等の定款で定めた場合にあっては，その割合）を超えない場合であれば，存続企業においては株主総会の承認決議が不要になる。

(3) 子会社の救済を目的とした合併

　実務で合併が活用される例の多くに，業績不振の子会社に対する支援，救済の手段としての活用が挙げられる。しかし，合併の行使には子会社の解散が伴うため，救済方法としては最後の選択肢といえる。そのため，まずは当該子会社に事業資産をそのまま残しながらの支援方法として以下の方法を検討すべきである。

(i) 資金的支援

　・親会社による子会社への低利子（無利子）融資の提供

　・子会社の借入金融機関への担保，保証提供

第1章　与信管理の基礎

・親会社による発行新株の引受け（増資）

・遊休資産・不良資産の買取り

(ii)　営業上支援

・子会社からの仕入価格の値上げ

・子会社への販売価格の値下げ

・コミッションの増額

・親会社から子会社への出向者にかかる出向負担金の値下げ

(4)　スキームによる救済

(3)の救済手段を実施してもまだ業績が改善されない場合には，当該子会社を救済するのか，それとも親会社のこれ以上の資金負担を避けるために救済しないのかという判断をすることになる。しかし，清算に伴い融資分や保証差入分の損失が一度に生じることになり安易に清算に踏み切れないケースも発生する。この場合，子会社を親会社が吸収合併もしくは事実上合併させてしまう方法の実行を検討することになる。

(i)　親会社への子会社営業の譲渡＋子会社の清算（事実上合併）

当該子会社が有する魅力ある商権，市場評価が高い製品の生産設備を親会社に譲渡することにより，親会社は，当該営業資産の利用により子会社に対して有している債権を回収することが可能となる。また，必要であれば保証を差し入れている金融機関に対しても，自社が子会社の債務を引き継ぐ旨交渉するか，譲渡金額の一部を自社が子会社経由で金融機関に支払うことにより保証履行請求による一時の親会社負担を回避することもできる。

(ii)　第二会社方式による救済

会社分割などで別途新会社を設立し子会社の事業を当該新会社へ譲渡させるという方法である。

当該新会社（第二会社）は子会社にてすでに発生している債権債務は原則引き継ぐことはないが，第二会社のキャッシュ・フローが評価できれば子会社の債権者である金融機関に対して，第二会社が子会社の債務を引き継ぎ，返済する旨を要請することにより，当該金融機関からの保証履行請求を回避することも可能となる。

この場合，親会社の資金負担は営業の受け皿会社設立のための資本金および費用に限定することができる。

76

❖合併の法務

(1) 基本的事項の合意

　合併についての基本的合意がなされると，それを確認すべく書面が作成されることがある。これは，一般的には合併合意書と呼ばれ，合併の法的手続上要求されるものではない。しかしながら，通常，合併の基本合意がなされてから合併契約の詳細が決定されるまでには相当の日数を要し，その間，合意事項についての何らかの書面が存在するのが好ましいことから，存続企業の決定，定款変更の主要点，新株割当比率，合併期日，合併後の役員，合併承認総会期日などを記載した合併合意書が締結することが通例である。

(2) 合併契約書

　合併後の企業が株式会社または有限会社の場合は，合併契約の締結が必要とされる。契約書には，法律によりその記載が強制されている事項（絶対的記載事項）のほかに，合併当事者間で必要となる項目を公序良俗に反しない限り自由に記載することができる。なお，締結に関しては，取締役会の決議を経たうえで行われるが，効力に関しては，株主総会の承認が停止条件となる。

(3) 書類の備置き

　合併企業は合併契約承認総会の日の2週間前（簡易合併の場合は債権者異議申述公告または株主通知の日）から合併登記の日の後6カ月を経過するまで，以下の書類を備え置き，株主および債権者の閲覧に供しなければならない。合併手続が適正に行われることを間接的に担保するとともに，合併無効の訴えを提起することができるか否かの判断材料を提供するための制度である。

(4) 合併反対株主の株式買取請求

(i) 買取請求の要件

　買取請求を行うためには，以下の3つの要件をすべて満たさなければならない。

・会社に対し，承認総会前に書面により合併反対の通知をすること
・承認総会において，合併契約書承認の決議に反対の意思表示をすること
・承認総会の日の翌日から起算して20日以内に書面により株式買取を会社に請求すること

(ii) 買取請求の効果

　上述の要件を満たせば，自動的に株主と企業間の株式売買契約が成立し，企業は「公正な価額」で買い取らなければならない。買取価格は，原則として請

第1章　与信管理の基礎

求株主と企業間で協議決定される。

(5)　債権者保護手続

(i)　債権者異議申述の公告

債権者異議申述の公告は，承認総会の日（簡易合併の場合は合併契約書作成の日）の翌日から起算して2週間以内に官報により行わなければならない。このとき，定款記載の日刊紙への公告のみでは不十分であることに注意を要する。なお，公告は当事会社連名で行うのが通常である。

(ii)　債権者異議申述の催告

債権者異議申述の催告は，承認総会の日（簡易合併の場合は，合併契約書作成の日）の翌日から起算して2週間以内に，「知れたる債権者」全員に対して行わなければならない。ただし，催告の対象について，一定基準を設けて債権者の範囲を限定することは可能である。また，債権者異議申述期間は催告書到着の日から1カ月以上設ける必要がある。

(iii)　債権者異議への対応

債権者から異議があった場合，当該債権について次のいずれかの債権者保護手続をとらなければならない。

・弁済

・担保の提供

・弁済相当の財産の信託

実務上の対応としては以下のように整理される（**図表1−21**）。

図表 **1−21** 債権者ごとの対応方法

大口債権者	合併時の事前説明を通じて，あらかじめ合併に対する承諾を取り付けておく。
小口債権者	催告を省く例も多い。債権者が異議・無効の訴えなどを起こしてきたときに弁済すれば足りるというという考えによるもの。当然，これら債権者への支払額も合併費用の中で見積もっておく。
弁済期日が合併期日前に到来する債権の債権者	弁済が，合併期日前になされる予定であっても，公告・催告時に債権者であれば，「知れたる債権者」に含まれる。
当事会社の従業員	催告が必要。労働協約等に基づき，組合からの承諾を取得する。

訴訟継続中の債権者	訴訟進行状況や訴訟資料等から明らかに不当な訴訟であると認められる場合を除いては，「知れたる債権者」に含むべきである。

❖合併と労務対策

　合併によって余剰人員が発生したり，組織が肥大化したことにより，コミュニケーションや協力体制が悪化してしまっては，合併がマイナスの効果となってしまう。このデメリットを回避すべく合併手続の中では，消滅企業の雇用を調整せざるをえないケースも生じる。合併により従業員を引き継ぐにしても消滅企業と存続企業の賃金等の労働条件を比べ，あまりにも存続企業の賃金のほうが高い場合に，いきなり消滅企業から引き継いだ従業員の賃金を存続企業の賃金と同一にしてしまっては，存続企業における人件費負担が増大し存続企業の採算を圧迫することになる。

(1) 合併による労働条件の調整

　合併によって存続企業が従業員を引き継ぐ場合には，引継ぎ従業員の処遇をいかにすべきか，つまり引き継いだ従業員に存続企業の労働条件をそのまま適用するかどうかの判断が必要になる。

　引継ぎ従業員が多数いる場合または存続企業と消滅企業の労働条件があまりにも乖離している場合には，合併と同時にいきなり労働条件を統一するという方法をとるべきではない。就業規則は，事業所単位でもその作成が可能なことから，存続企業，消滅企業双方の就業規則を当面併存させることも一案である。

　事業所単位で2つの労働条件が併存することによって，存続企業においては人件費負担増をいくらかは回避することができるが，一方存続企業と消滅企業の人事交流を断つことにもなる。人事交流によるシナジー効果は，合併の大きなメリットの1つであるが，性急な労働条件の統一にはコストもかかることから，当該コストとシナジーメリットを比較考量のうえで，労働条件の調整の期間を決定すべきである。

　調整すべき労働条件のポイントとしては，①賃金，退職金，各種手当，②勤務時間，③就業形態，休日，休暇，④定年退職，⑤昇進条件，⑥福利厚生が挙げられる。

(2) 合併とリストラ

　合併は，吸収する企業にとっても吸収される企業にとっても，転換期であり，

第1章　与信管理の基礎

非常事態であるから，従業員にも今までとは違った覚悟ができているといえる。また，リストラの大義名分も理解されやすいはずである。つまり，合併は企業リストラの最後の切り札とも考えられる。

しかし，当然ながらリストラにおいては人員配置や配置転換もしくは解雇という，従業員の死活問題を処理するわけであるから，労働組合および従業員と誠意をもち，根気強く話し合いや説得を行うことが必要であり，できるだけリストラを受け入れやすい条件作りに努めなければならない。

合併に伴う人員解雇に当たっては，労務対策が重要な要素となる。

(i)　整理解雇の4条件

合併に当たり，合併するからという理由だけで，もしくは合併後の人員コストが上昇するからという理由だけでは，法的にも道義的にも整理解雇は認められないと解すべきである。しかし，合併によるリストラが企業存続の絶対条件である場合など，どうしても整理解雇が必要なときには，解雇に当たって会社側がとるべき4条件を以下に列挙する。

①　解雇の必要性

当該解雇を行わなければ，企業の維持存続が危機に瀕する程度の差し迫った必要性があること。

②　解雇回避の努力

従業員への再就職先のあっせん，や退職金割増金の拠出を伴う希望退職者の募集等，従業員にとって解雇よりも苦痛の少ない方策によって余剰労働力を吸収される努力がなされたこと。また，解雇を踏み切る前に企業として残業抑制，資産売却，経費節減，労働時間短縮，新規採用の中止等の措置がなされていること。

③　労働組合との協議

労働組合ないし労働者（代表）に対し事態を説明して了解を求め，人員整理の時期，規模，方法等について労働者の納得が得られるよう努力したこと。

④　人選の合理性

整理基準およびそれに基づく人選の仕方が客観的・合理的なものであること。

❖合併比率の算定

企業が合併すると存続企業は消滅企業から引き継いだ財産の対価として，消滅企業の株主に対して新株を発行する。合併比率とは，存続企業が消滅企業の

旧株式1株に対して割り当てる合併企業新株の比率をいう。合併比率は，両会社の株主にとって合併の損得に関わる重要事項であるため，慎重に決定する必要がある。

　以下によく使用される評価手法を挙げるが，それぞれ長所・短所があるため，1つの方法で評価するのではなく，いくつかの方法を組み合わせて評価額を算定する折衷法が一般的である。

図表 **1－22** 合併会社新株の算定方法

基　　準	方　　法	計　算　式
純資産価額	簿価純資産法	$\dfrac{\text{簿価純資産価額}}{\text{発行済株式数}}$
	時価純資産法	$\dfrac{\text{時価純資産価額}}{\text{発行済株式数}}$
収益還元価額	収益還元法	$\dfrac{\text{平均利益額（将来の収益力を評価）}}{\text{資本還元率（一般の金利水準あるいは自己の調達金利）}}$
市場価値	株式市価基準法（上場会社のみ）	一時点あるいは一定期間の市場の終値
	類似会社比準法	$X = A \times \dfrac{\dfrac{b}{B} + \dfrac{c}{C} + \dfrac{d}{D}}{3} \times 0.7$ A … 類似会社株価 B … 類似会社1株当たりの配当 C … 類似会社1株当たりの利益 D … 類似会社1株当たりの純資産 b … 評価会社1株当たりの配当 c … 評価会社1株当たりの利益 d … 評価会社1株当たりの純資産

第2章

与信管理制度の構築と運用

第2章　与信管理制度の構築と運用

2-1

社内格付

|2-1-1| 社内格付の必要性

❖社内格付制度

　企業の信用力を評価することは，簡単なようで非常に難しい。収益力は高い
が財政面は少し弱い企業と，収益力は低調推移しているが財政面は良好な企業
とでは，どちらの信用力が高いのかを判定することは困難である。

　社内格付は，取引先の信用力を比較可能にするために，取引先を統一的な基
準で評価し，簡潔な記号・数字で表示し分類するものである。与信管理におけ
る格付の評価基準は，あくまでも企業の支払能力，つまり倒産の可能性に力点
が置かれるべきで，規模や社歴，イメージだけで判断するべきものではない。

　たとえば，信用力の高い順に「A，B，C，D，E，F」の6段階の格付を
設定し，それぞれの格付に対して，「A」＝「支払能力が非常に高い」，「B」
＝「支払能力が高い」，「C」＝「支払能力は中程度」，「D」＝「将来の支払能
力に懸念がある」，「E」＝「支払能力に懸念がある」，「F」＝「通常取引不適
格先，判断不能先」というように定義づけを行い管理するのがよい。

　与信管理における取引先分析では，取引先が利益を上げていることも大事だ
が，それ以上に倒産の可能性，つまりその企業の債務支払能力が最も重視され
るべきである。極端な話をすれば，利益が出ていなくても収集した情報の中に
資金難につながるような問題視すべき点が見当たらなければ，その企業と取引
しても特段問題はないだろうという結論にもなりうる。したがって，企業を分
析していく際には，「何か支払能力悪化を招くような問題点はないだろうか」
という目で見ていくことが必要であり，与信管理という視点で企業を見ていく
ときは減点方式をとることが正しい。

　企業情報というのは，実際には決算書のような数値化しやすい情報よりも数
値化しにくい情報のほうがはるかに多い。しかも，財務分析でその企業の良し
悪しを判断することはある程度はできるが，最終的に倒産するかどうかは別の

84

2 - 1 社内格付

図表 2 - 1 社内格付制度の例

財務内容による評価（定量評価）	+	定性要因による調整（定性評価）	+	外部評価の勘案	+	取引内容・管理内容の勘案	⇒	最終格付
自己資本額，売上規模，自己資本比率，借入月商比，経常収支比率，増収率…etc		成長性，市況，参入障壁，親会社支援，経営者能力，内部統制…etc		格付機関，TDB，TSR，リスクモンスター…etc		取引シェアが高い，月次決算取得…etc		

格　付	リスク程度	格付の定義	倒産確率
A	実質リスク無し	支払能力が非常に高い	0.05%
B	リスク少	支払能力が高い	0.25%
C	平均水準	支払能力は中程度	0.90%
D	平均水準比低位	将来の支払能力に懸念がある	1.50%
E	要注意	支払能力に懸念がある	2.50%
F	要警戒	通常取引不適格先	6.00%
X	問題先	回収遅延発生などの問題を抱えている	
J	事故先	倒産状態にある	

※取引シェアが高い先は集中管理対象先として格付の頭に「S」を付ける等

話である。最終的に倒産の引き金になるのは，むしろ数値化しにくい定性情報であることが多い。つまり財務情報を評価するだけでは，与信管理の企業評価としては不十分ということである。

　定性情報を数値化するためには，企業信用情報を点数化するが，これは一般的には減点方式によるスコアリング（点数づけ）で数値化する手法が用いられる。そして，この数値化された企業情報を「格付」によって分類し，企業評価を行うこととなる。

❖社内格付制度の目的

　社内格付制度は，与信管理ルールの根幹をなすものといえ，その目的は次の3点にある。

(1) 与信リスクの定量化

　客観的指標に基づく格付が，個々の取引先に対する売掛債権等に付与される。これを格付ごとに集計することで，売掛債権等の中に内在する与信リスクを定

85

第2章　与信管理制度の構築と運用

量化することができる。

(2) 取組方針の明確化

個社の格付によってリスクや取引の状況がわかるため，積極的に売り込み，取引シェアの向上を目指すのか，または現状維持に努めるのか，それとも撤退するのか，といった個社別に取組方針を定めることができる。

(3) 与信管理業務の効率化

格付をもとにした全体的な与信管理ルールを定めることで，リスクに応じた管理ができることとなり，業務の効率化と審査能力の向上を図ることができる。

|2-1-2| 社内格付のポイント

社内格付の基準を定める際のポイントとして，次の4点に注意する必要がある。

❖客　観　性

通常，社内格付は現存する企業群の標準的な財務指標をもとに基準を作成し，取引先の財務指標等を点数化し，定性項目によって加減することにより，信用力を判定してランク分けを行う。

ここで重要なことは，与信管理は貸倒れを回避するための仕組みなので，生存企業だけではなく，倒産企業も分析し，その標準的な財務指標をもとにランク分けする必要があるということである。自社の取引先だけの比較となると，分析対象の件数が少なすぎることもあり，客観性のある基準とはいえず，現存する企業全体を分析した場合と比較すると，厳しすぎたり甘すぎたりすることになり，リスクに対して的確な手を打てなくなる危険性がある。

株主，金融機関，重要取引先などのステークホルダーに説明するためにも，できるだけ多くの企業を分析した結果を格付に反映させた客観性のある基準とすべきである。

❖わかりやすさ

与信管理とは，意思決定のプロセスでもあり，社内格付の基準がわかりにくければ，意思決定やそれに基づく行動に移れない。社内全体が容易に社内格付を把握できるものにしておくことで，現場が自発的に，すばやく行動に移すこ

とができるようになる。

また，社内格付が信用状態を測るうえで社内の共通言語として使用されることにより，従業員の与信マインドを向上させる副次的な効果も期待できる。

❖管理方針

取引シェアが高率となる取引先，または問題が発生した先は，集中的な管理を必要とする。したがって，このような取引先は一般の取引先と異なることが明示的にわかるように格付を付与することで，管理レベルがはっきりする。また格付を見ただけで特別な取引先であることがひと目でわかり，注意が払われることになるので，営業活動のロスや与信リスクの増加を未然に防ぐことができる。

❖モニタリング

取引先に関する情報を継続的に入手し，信用力の変化を捉えることが重要である。取引先に重大な変化が生じたときは，遅滞なく格付の見直しや変更を行わなければならない。また，こうした過去からの格付の変遷を調べることで，取引先の信用力の動きが把握できるようにもなる。

経済情勢の変化によって，倒産する企業の傾向は変化するため，景気が上向いて倒産する企業数が減っているにもかかわらず厳しい基準を適用していると，販売機会を失うことにつながるなどの問題が発生する場合がある。したがって，自社の基準が想定した倒産確率とどの程度乖離しているのかについて，現存する企業全体を分析することで確認し，定期的に基準を見直し，その変化にも対応したものにしなければならない。

|2−1−3| 取引先の評価

❖社内格付制度の考え方

図表2−1のとおり，取引先の評価要素としては，定量評価，定性評価，外部評価の勘案，取引内容・管理内容の勘案が挙げられ，それぞれの要素が相互に絡み合って取引先の格付を組成することとなる。

第2章　与信管理制度の構築と運用

❖定量評価

　定量評価を行ううえでは，**第4章**で述べるとおり，貸借対照表および損益計算書を多角的な観点から評価するために，一般的に財務指標を点数化する方法が最もよく用いられる。

　与信管理面で重要な指標を抽出し，指標の高低に応じて点数づけを行い，定量評価モデルを作成するのだが，このようなモデルを活用するには，取引先における決算書上の表面的な数値を投入するのではなく，不良債権や含み損益を加味して修正した財務実態の数値を投入することが重要である。

　使用する指標としては，次のようなものがある。

①　規模分析：売上高，純資産（自己資本）額

②　安全性分析：自己資本比率，借入月商比，流動比率，借入依存度

③　収益性分析：総資本経常利益率，売上高経常利益率，増減収率，経常収支率

④　回転率分析：総資本回転数，売掛債権回転期間，棚卸資産回転期間

　ただし，取引先から決算書の入手が困難な場合は，信用調査会社の企業概要データなどで把握できる以下のような指標で定量評価モデルを構築せざるをえない。

①　規模分析：売上高，純利益額，従業員数

②　安全性分析：資本金

③　収益性分析：売上高純利益率，増減収率，増減益率

　決算書が入手できる場合も同様だが，最終的な格付の精度を上げていくためには，取引先から直接得た現場の情報や，定性要因による調整を行うことが必要である。

❖定性評価による調整

　定量評価のみでは，取引先の信用力を的確に把握できないことがあるため，計数で測れない定性評価によって格付をアップダウンする方法を用いることも必要である。

　定性評価では，まず親会社の評価を重要視する。親会社の信用力（格付），役員派遣等の状況，取引関係などから判断して，継続的な支援が期待でき，取引先の信用力の背景として評価できる場合は，格付を1～2ランクアップさせる。

次に取引先の業界評価を行い，取引先の業界順位や参入障壁などを勘案して，安定的な経営が見込める場合はプラス評価を行う。しかし，逆に信用不安情報が流れている，または定性情報の変遷に不審な点が見られる場合は，評価を下げるなどの対応が必要となる。定性分析の詳細については，**第4章**にて述べる。

① ヒトの面：経営者の能力・資産背景，親会社の支援動向

② モノの面：業界順位，業界特性

③ カネの面：取引金融機関

④ その他：信用不安情報の有無

ここで注意すべき点は，取引を判断する場合は，取引先の格付だけでなく，取引先から情報が直接入手可能かという管理面や，利益がどれくらい確保できるのかという利益率，取得担保の価値に基づいた正味リスクなどを考慮に入れたうえで行うこととなるが，長年の付き合いで取引関係が深いことや，他社と取引するよりも利益率が高いこと，担保が取得できていることなど支払能力と無関係な要因をもって格付を引き上げる要因としてはならないということである。

したがって，それらは，取引先自体の信用力の問題とは切り離して考えていく必要がある。

定性評価は重要だが，恣意的に運用され，過大評価，過小評価につながってしまう可能性があるため，プラス，マイナスを行う客観的事実を具体的に，できるだけ細かく細則に盛り込む必要がある。

❖外部評価の勘案

定量評価と定性評価によって導き出した格付に加え，さらに格付機関などの外部評価を比較検討して検証している企業も数多くあるが，取引先から財務諸表等を入手できない企業は，取引先の信用力分析には非常に困難を伴う。そこで，信用力の評価をアウトソーシングし，信用調査会社の評点や企業分析サービス会社の格付などを社内格付とする活用事例が増えている。

アウトソーシングにより，外部から新たな尺度を取り入れることで，リスクリターンの把握，すなわち自社の財務体力や与信管理ルールと，自社が抱える与信リスクを比較するための基準を得ることができ，与信管理の強化を図ることが可能となる。また汎用性に優れ，簡便で，属人的でない指標を1次スクリーンとして導入することで，リスクの小さい取引先に関する意思決定や事後管理を簡略化でき，与信管理の効率化が実現できる。

第2章 与信管理制度の構築と運用

しかし，あくまで外部評価は「1次スクリーン」であり，すべてを解決してくれるわけではなく，過度の期待はできないことを踏まえ，実務と乖離した部分は自社で最終的に調整することが必要になる。

❖取引内容の勘案

管理面を考慮すると取引シェアが高い先や支払遅延などの問題が発生している先，倒産している先は格付の区別をしておく必要がある。

取引シェアが高い先は，集中的に管理していくべき先となる。確証の持てる不安情報を入手しても，自社が撤退することで取引先の売上高（収入）が急減し，資金繰りが回らなくなり，すぐさま倒産してしまうという状況に陥る可能性が高くなる。このような状態では，撤退しようとしても，自社債権の貸倒れを回避できない可能性も高くなってしまう。また，手をこまねいていると他の債権者が撤退したり，支払いの猶予を求められたりして，自社リスクがさらに膨らむ与信集中のリスクもある。これでは，実質「逃げられない状態」となってしまい，せっかく担当者が目を光らせて管理していた意味がなくなってしまうのである。

したがって，取引先の買掛債務の30％を超えるような取引を行っている取引先は，一般先とは別に管理を行い，常時業況などを把握し，信用状態悪化の場合には直ちに対応策がとれるよう，集中管理体制を敷く必要がある。

支払遅延などが発生している問題先や，倒産して貸倒れ事故が発生した事故先への対応は，営業部門や管理部門など全社一体となり，通常の数十倍の力を入れて常時監視を行っていく必要があり，社内格付を見ればそのような取引先が瞬時にわかるようにしておくことが重要である。

具体的には，**図表2－1**のように，高シェア先はS－A，S－Bというように，一般格付の頭にS（集中）をつけるようにして区別する。また問題先はX（エックス。「バツ」の意味），事故先はJ（ジェイ。「Jiko」から）のような形で区別する手法もある。

❖具体的な情報活用例

(1) F格にすべき減点情報

取引先の倒産に直結する可能性の最も高い項目が**図表2－2**である。このような項目については単に減点対象とするだけでなく，該当した場合には特段の

要因がない限り即時に一番下のF格とするべき項目となる。

図表 2－2　F格にすべき減点情報

定量情報
① 財政状態が債務超過になっている。

定性情報
② 手形不渡りに関する信用不安情報が出ている。
③ 粉飾決算に関する信用不安情報が出ている。
④ 支払遅延など支払振りに関する情報が出ている。
⑤ 脱税，詐欺等の法令違反によって代表・役員が逮捕されている。
⑥ 夜逃げ，任意整理などで事実上の休眠状態にある。

(2)　D格以下にすべき減点情報

即時に倒産には直結しないものの，現時点で支払能力が相当に悪化している懸念が高い項目が**図表2－3**である。

図表 2－3　D格以下にすべき減点情報

定量情報
① 借入依存度が60％以上である。
② 借入返済年数が30年以上か，または当期利益が赤字である。
③ 流動比率が100％未満である。

定性情報
④ メガバンク，地銀などの銀行以外の金融業者からの担保設定がある。
⑤ 代表者・役員の中に倒産歴のある人物がいる。

(3)　2ランクダウン相当の減点情報

図表2－4は，即時に倒産や支払能力悪化に直結するわけではないが，信用状況を大きく悪化させることが明らかな情報である。どの情報も同じ傾向が続けば，財務状態や支払能力が悪化する可能性の高い情報である。このような情報は少なくとも2ランクダウン相当の減点評価をする必要があるといえる。

第2章　与信管理制度の構築と運用

図表 **2－4** 2ランクダウン相当の減点情報

定量情報
① 資本金が300万円未満である。
② 自己資本比率が7％未満である。

定性情報
③ 3年以内に2回以上の商号変更を行っている。
④ 本店所在地が3年以内に2回以上移転している。
⑤ 代表番号が3年以内に2回以上変更されている。
⑥ 設立後、5年以内の会社である。
⑦ 代表者および役員が2年以内に2回以上交代している。
⑧ 談合事件等により数カ月に及ぶ指名停止処分を受けている。
⑨ 主力販売先が急に変更されている。

(4)　1ランクダウン相当の減点情報

　図表2－5は，信用状況を悪化させる影響が中程度の情報である。企業の支払能力に大きな影響を与えないものの，信用状況を悪化させる懸念があるため注意が必要といえる。

図表 **2－5** 1ランクダウン相当の減点情報

定量情報
① 自己資本総額が3,000万円未満である。
② 借入依存度が40％以上60％未満である。
③ 自己資本比率が7％以上15％未満である。
④ 経常利益が赤字である。
⑤ 支払利息が営業利益を上回っている。

定性情報
⑥ 社有地および代表者私有地に時価総額を上回る担保設定がある。
⑦ 借入過大や財政状態に関する不安情報が出ている。
⑧ 取引先の主要販売先で最近倒産した会社がある。
⑨ 主要仕入先が取引量を減らして取引から後退している。
⑩ 役員間または労使間で社内に重大な紛争が起きている。
⑪ 官報等による決算公告を行っていない。

(5) 信用状況を悪化させる可能性の高い減点情報

図表2－6は，信用状況を悪化させる可能性の高い情報である。しかし，必ずしも信用状態の悪化を示す傾向とはいいきれない項目も含まれている。これらの項目に複数該当する場合は，実際に経営状態が悪化している可能性が高いと考えられる。少なくとも2項目該当した場合には1ランクダウン相当の減点対象とする項目である。

図表 2－6　信用状況を悪化させる可能性の高い減点情報

定量情報
① 自己資本総額が3,000万円超5,000万円未満である。
② 当期利益が不明または200万円未満である。
③ 当期利益が黒字の場合で，売上高利益率が1％未満である。
④ 売上高が20％以上減少している。
⑤ 総資産が20％以上減少している。
定性情報
⑥ 取引先の代表電話番号にかけても，先方担当者までつながらない。
⑦ 従業員数が会社の事業内容と比べて極端に少ない。
⑧ 従業員数が極端に減少している。
⑨ 3年以内に2回以上事業内容や目的を変更している。
⑩ 主力仕入先が急に変更されている。
⑪ 取引先の貸倒れに関する不安情報が出ている。
⑫ 廃棄物処理などにより周辺環境に環境汚染事件が発生している。
⑬ 所属業界が全体的に縮小傾向にある。
⑭ 所属業界が市況悪化などの景気変動の影響を受けやすい。
⑮ 所属業界が新規参入や新商品・サービスなどの出現によって競争が激化する可能性がある。

(6) 懸念事項のうち経営状態悪化の兆候となりうる減点情報

図表2－7は，評価項目を経営状態悪化の兆候として捉えた場合，前述の情報ほど影響度は大きくない情報である。しかし，複数項目に該当した場合は悪化の兆候としての度合いは高まると考え，少なくとも4項目に該当した場合は，1ランクダウン相当の減点対象とする項目である。

第2章　与信管理制度の構築と運用

図表　**2－7**　懸念事項のうち経営状態悪化の兆候となりうる減点情報

定量情報
① 借入依存度が20%以上40%未満である。
② 自己資本比率が15%以上20%未満である。
③ 自己資本総額が3,000万円以上１億円未満である。
④ 当期利益額が200万円以上1,000万円未満である。
⑤ 売上高または総資産が極端に増加している。
⑥ ５年以内に極端な増減資を行っている。

定性情報
⑦ 自社で把握している会社名とホームページの商号が一致しない。
⑧ 自社で把握している会社名と商業登記簿の商号が一致しない。
⑨ 社有地および代表所有地に担保設定がある。
⑩ 電話帳の代表番号とホームページの代表番号が一致しない。
⑪ 電話帳に代表番号は記載されているが実際の代表番号と一致しない。
⑫ 自社との取引内容がホームページの事業内容と一致しない。
⑬ 自社との取引内容が商業登記簿の目的と一致しない。
⑭ ホームページ記載の取引銀行と担保権者が一致しない。

(7)　**懸念事項とはなるが，信用状況を悪化させる可能性の小さい減点情報**

　図表2－8は，最も減点ポイントの少ない情報である。これは悪化傾向を示す情報やその兆候を示す情報というよりも会社の情報開示姿勢に着目した情報となる。しかし，インターネットが広く普及し，企業の情報開示姿勢が求められる現在において，あまりに情報開示姿勢の低い企業というのは何らかの経営問題を抱えていることも想定される。そのため，しっかりと最新情報を開示，発信している企業に比べて取引上のリスクが高いと考えざるをえない。10項目すべてに該当した場合には１ランクダウン相当の減点対象とする項目である。

(8)　**特に加点すべき評価項目**

　図表2－9は，加点評価の評価項目である。与信管理における企業評価は，債権の回収が滞ることがないかという安全性を重視した観点で分析を行うため，「どこか問題点はないか」という減点評価が基本である。しかしながら，いくつかの項目については十分加点評価すべき項目もあるため，加点評価の評価項目について数値化する。

2－1　社内格付

図表 2－8　懸念事項とはなるが，信用状況を悪化させる可能性の小さい減点情報

定量情報
① 自己資本比率が20％以上30％未満である。
② 自己資本額が１億円超10億円未満である。
③ 当期利益額が1,000万円以上3,000万円未満である。
定性情報
④ 取引先のホームページが存在しない。
⑤ 会社パンフレットが存在しない。
⑥ 不動産登記簿から社有地が確認できない。
⑦ 自社で把握している本社所在地とホームページの本社住所地が一致しない。
⑧ 自社で把握している本社所在地と商業登記簿の本社住所地が一致しない。
⑨ 電話帳に電話番号が記載されていない。
⑩ ホームページから会社概要が確認できない。

図表 2－9　特に加点すべき評価項目

定量情報
① 自己資本比率が30％を超えている。
② 自己資本総額が10億円を超えている。
③ 当期利益額が１億円を超えている。
④ 無借金経営である。
定性情報
⑤ 大手優良企業の子会社である。
⑥ 大手優良企業の関連会社で，親会社から役員等の人的派遣がある。
⑦ 大手優良企業の関連会社で，商号に親会社の「冠」が付いている。

第2章　与信管理制度の構築と運用

2-2

与信限度額

|2-2-1| 与信限度額の必要性

❖与信限度額とは

　与信限度額とは，取引先ごとに決められた債権残高の最高額（取引先ごとに許容できる取引の最高額）で，取引先が倒産した場合の損失の上限のことをいう。

　与信限度額は，絶対に超えてはならない与信の最高額と定義し，取引先ごとの与信残高が月中，月末のいかなる時点でも超えないように管理する。

　与信限度額制度とは，与信限度額を用いて行う管理であり，取引先に対する債権残の現況を常に把握し，売買契約および荷渡しの状況，債権残の推移に留意し，あらかじめ取引先ごとに定められた与信限度額を遵守するように管理することで与信リスクを抑制する効果がある。

　この制度は，収益機会・貸倒れリスクの調整弁，すなわち営業部門対管理部門の調整弁となる。たとえば，管理部門として取引不可の判断をした取引先でも，営業政策上どうしても取引を行わなければならないときには，与信限度額を絞ることで収益機会とリスクを調整する等の処置が可能となる。

　取引先に対してどれくらいの限度額が妥当であるか，安全であるかを判断するのは非常に難しい。しかし，実務で管理していくためには，与信限度額のガイドラインを決めることが得策といえる。

❖与信限度額の必要性

　企業が与信取引を行うということは，同時にリスクも抱えるということであり，100％の安心はなく，また，リスクは決してゼロにはならないものである。それならば，そのリスクをどの程度に留めておくべきかを決め，それ以上の損失を避けようという考えが必要になる。信用度の高い取引先には多くの限度額を認め，信用度が低い先ほど限度額を厳しくする与信限度額制度が効果的とい

96

える。

　新規取引の開始および既存取引先との取引を拡大するに当たり，自社のリスク負担能力を考慮し，適切な与信限度額を設定する必要がある。営業部門と管理部門が与信管理決裁権限表に従って連携することにより，効率的かつ責任と権限の明確な与信管理の実施が可能となる。

|2-2-2| 与信限度額の考え方

❖一般的な与信限度額の考え方

　与信限度額の決め方には，2つの考え方がある。

　1つ目は，取引先の格付ごとに与信限度額の上限と取引シェアの上限を設定し，安全な範囲内で取引していくというものである。2つ目は，取引するうえで必要な額を設定しようというものである。

　与信限度額の設定に当たっては，安全かつ適正で，必要な範囲内という原則を守らなければならないが，その方法（手法）は各種多くのものが考案されている。**図表2-10**は，一般的な手法である。

図表 **2-10** 一般的な与信限度額設定方法

設定方法	利 用 法	問 題 点
正味財産分割法	取引先の正味財産（純資産）を基準に決める方法	・大規模企業に対しては正味財産が大きくなる傾向から限度額無制限になるおそれあり。 ・優良企業でも小規模企業に対しては過小な限度額設定となるおそれあり。
月商1割法	取引先の月間売上高の10%を限度額とする方法	・大規模企業に対しては売上高が大きくなる傾向から限度額無制限になるおそれあり。 ・優良企業でも小規模企業に対しては過小な限度額設定となるおそれあり。 ・業種や業態の差や会計処理方の違いにより大きく変わってくる（公平な尺度といえない）。
段階的増枠法	新規取引先などに対し，初めは低く設定し，段階的に増枠する方法	・最初の限度額設定をどう決めるかが問題。 ・減額されることを念頭に，最初から過大限度額を申請してくるおそれあり。
同業企業比較法	取引先の中で標準企業を選定，限度額を決め，これと比較する方法	・取引内容や取引の歴史などの相違により比較の対象とならないおそれあり。

第2章　与信管理制度の構築と運用

| 2 − 2 − 3 |　取引に応じた与信限度額の考え方

❖新規取引先のケース

(1)　新規取引（または与信限度増額）の発生

　営業部門の担当者は，新規取引発生時および与信残高が与信限度額を超える取引を開始する場合は，営業部門長に報告のうえ，直ちに与信限度額申請の準備を行う。

　ただし，与信残高が少額取引の範囲内となる見込みの場合は，営業部門の機動性・事務の煩雑化回避を目的として申請不要とする。社内端末にて他の営業部門で取引がないかを確認しておく。

(2)　信用調査

　営業部門の担当者は，取引開始の経緯または取引増加の理由に不審な点がないかを事前に確認する。その後，相手方の実在確認，販路や最終需要者（エンドユーザー）の確認，決済条件の妥当性，関連する法規制の把握を行う。

　取引を開始・増加するのに適当な取引先かどうかを判断するために管理部門の助けも借り，信用調査会社などの評価や企業概要をもとに，格付がどのランクになるかを確認し，社内の規程に沿って案件を進めていく。

(3)　事前相談

　取引先の信用状況，取引内容，企業データの内容，取得した書類で気づいた点，懸念される事項などがある場合は，営業部門長または管理部門に事前に相談する。

　資金効率が著しく劣る取引，商品管理上特に問題がある取引などについては，関係部門と事前協議を行い，全社的な観点で政策上必要な取引を行うものとして進めていく。

　特に新規取引先は，過去に取引実績がないことから情報が不足し，また，早急に意思決定しなければならない場合も多く，時間をかけて調査する余裕がないことが多い。また，取引先との信頼関係もできていないため，相手をどの程度信用できるかもわからない。このような場合は，同業者などから業界内での評価を確認したり，調査会社から古い調査レポートを取得するなどして信用状態の目途をつける。しかし，どちらにしても不完全な調査であるため，与信限度額は控えめに設定すべきといえる。

　図表 2 −10に示した正味財産分割法や月商 1 割法を厳守して設定することも

新規取引先に対する与信限度額の設定においては，有効な方法といえる。

❖下請先のケース

⑴　下請先に対して

　仕入先など商品や原材料の供給先となることから売掛金などの通常債権は原則発生しない。しかし，以下のような場合はそれぞれ与信限度額を設定する必要がある。

(ⅰ)　下請代金を前渡金で支払う場合

　前渡金という債権が発生するのでこの「前渡金」に対して与信限度額を設定する必要がある。

(ⅱ)　下請先に材料を預ける（寄託）場合

　下請先が材料（物品）を破損させたり，資金繰り対策で横流ししたりすることも考えられるので，寄託行為＝与信行為と捉え，この「寄託」に対して与信限度額を設定する必要がある。

(ⅲ)　材料を売り渡し加工後に買い取る場合

　下請先に材料を支給し，加工終了後に加工費を払うことが普通の取引だが，下請先の資金繰りを助ける目的等で通常の売買のように材料を販売し，加工後に買い戻す形態をとる場合がある。このような売買形態の場合は下請先に対する売掛債権が発生するため，この売掛債権に対して与信限度額を設定する必要がある。

⑵　信用調査・管理

　下請先に対する与信が必要となる場合は，下請先との関係が緊密で相手先を管理できる関係にある場合が多く，また，下請先に対する資金支援の目的となることも多いため，審査部門は，通常の取引先（売掛債権）に対する与信限度額の設定とは違った観点で審査を行う必要がある。相手先の経営方針や財務内容を十分に確認する必要があり，与信限度額設定は担保設定や経営者への個人保証などをとったうえで，貸付金に準じた手続で行うのが妥当である。

❖仕入先のケース

⑴　仕入先に対する限度額とは

　通常，仕入先に対して与信は発生しないが，仕入先に前渡金を支払う必要がある場合は，この「前渡金」に与信限度額を設定する必要がある。本来，仕入

第2章　与信管理制度の構築と運用

先に対しては，仕入先が忠実に義務を果たさない（納期を守らない，低品質な品物を納品するなど）ことで自社が金銭的な損害を受けたり，信用が低下してしまうなどのリスクを回避させるために仕入限度額を設定する必要がある。

仕入れのリスクは仕入先の商品，製品の供給能力，倫理性などに関係するため，仕入限度額で管理するよりも仕入先自体を管理する「仕入先管理」の形をとるほうが合理的な場合もある。

(2)　信用調査，管理

仕入先管理においては，仕入先に対して，販売先と同様に相手先の信用状態や供給能力をもとに仕入先としての適格性を判断する必要がある。したがって，適格仕入先の指定は仕入担当部門の権限に任せるのではなく審査部門も行うべきといえる。審査部門は定期的に仕入先の適格性を見直し，販売先に準じた信用調査を行い，欠格事由に該当する場合は指定を取り消すなどの措置をとる必要がある。

❖丸抱え先のケース

丸抱えとは，販売力はあるが資金調達能力がない個人や企業に資金や費用を提供して，自社の販売戦力として利用するために抱えることをいう。

(1)　丸抱え先に対する限度額とは

丸抱え先が販売力のある企業なら，その販売力に比例して売掛債権も増加，同様に与信額も増加する。そして，丸抱え先にはより多くの販売量を期待しているため，限度額を設けないことも多い。しかし，そもそも丸抱え先は，資力がなく資金等はすべて自社が提供していることが多いため，貸倒れや取引上の損失が発生すると，結果的には自社の損失になる。したがって，丸抱え先はもちろんのこと，丸抱え先の販売先まで与信管理を行う必要があるといえる。限度額は丸抱え先の販売力の現状に合わせ，発生する債権残高を予想し，販売量と限度額のバランスをかんがみて設定していくことが重要といえる。

(2)　信用調査・管理

新規取引先と同様に丸抱え先として適当かどうかを見極めるために，信用調査会社などの評価や企業概要をもとに，格付がどのランクになるかを確認し，社内の規定に沿って案件を進める。また，丸抱えの性質上，債権残高が増加することが多く，知らないうちに巨額になることもある。このため，あらかじめ管理体制を確立しておく必要がある。管理部門から丸抱え先に対する監査役の

派遣や，定例報告会の開催，定期的な監査の実施などが必要となる。また，下請け先のケースと同様に丸抱え先の経営方針や財務内容を十分に確認し，与信限度額設定は担保設定や経営者への個人保証をとることも重要となる。

2-2-4 与信限度額の算出

与信限度額の設定に当たっては，安全かつ適正で，必要な範囲内という原則を守らなければならない。

図表2-11は，与信限度額を設定するに当たり最低限確認するポイントである。

図表 2-11 与信限度額の算出のためのチェックポイント

項　　目	チェックポイント
取引の内容	・取引先の規模や実績と比べ取引高が異常に多くないか。 ・取引先の業種や取引実態からみて不自然な取引でないか。 ・取引形態や販路，取引関係者に不自然な顔ぶれがいないか。 ・無理のない取引か。 ・取引の実行状態を自社がチェックできるか。 ・自社の販売戦略に沿った取引か。 ・取引条件が妥当か，適正な利益が確保できるか。 ・設定する与信限度額が取引内容（数量や条件）から見て妥当な金額か。
取引先の信用状態	・与信限度額が取引先の信用状態から見ても妥当か。 ・ここまでの取引の遂行状態は順調か。 ・将来の信用状態の変化予想にも注意しているか。 ・信用状態に変化が感じられた場合，減額や取引中止などが必要でないか。 ・取引先での自社のシェアにも注意しているか。 ・親会社や主力銀行などとの関係にも留意しているか。

また，安全な範囲として取引における適正で必要な範囲の与信限度額を算出するには以下の事項を考慮に入れ算出する。

❖与信限度額の算出式

『月間販売数量×単価×回収期間（月数）』が与信限度額となる。

月間販売数量に単価を掛けて月間販売額を算出し，それに回収サイトを掛けることで平均の売掛債権残高を算出し，それを与信限度額とする。与信限度額は，季節ごとのばらつきを考えて今後の債権残の推移を予想し，多少余裕をみ

第2章　与信管理制度の構築と運用

て設定するとよい。

　回収サイトは，受取手形のサイトだけではなく，売掛期間を考慮に入れる必要がある。したがって，厳密に言うと，与信限度額の算出式は次のようになる。

与信限度額＝月間販売額×売掛期間（月数）＋月間販売額×手形などによる回収割合※**×手形期間（月数）**

※「手形などによる回収割合」とは，当該売掛債権が現金および手形など（期日指定支払い・一括支払いを含む）により回収される場合において，その回収額のうち手形などにより回収する割合のことをいう。

　ただし，実需に即していない与信限度額を設定していると，与信額増加の発見が遅れる危険があり，与信限度額が通常の2倍，3倍となっても与信限度額超過とならず，管理部門で気づくことができない場合もある。与信額が増加している原因には，競合他社が撤退を開始している可能性もあり，危険な状態となっている取引先に対する債権を気づかずにさらに増加させてしまうこともありうる。

　したがって，この計算を厳密に行うことによって，債権が増加する場合は与信限度額の増額申請にて対応し，その時点で取引に異常がないか検証できるようにする必要がある。

❖回収条件の適正性

　上記の算出金額が適正かどうかを回収サイトの観点から検討する。回収サイトは，自社の納品後に取引先が必要な加工を施し，在庫期間を経て販売し，販売先から現金を回収するまでの平均的な期間を計算して設定することが求められる。それよりも長く設定すると，自社との商流以外に使用できる資金を提供したことになり，取引先が他の取引に流用したりすると，自社への決済資金が不足し回収が滞る危険性もある。

　業界の標準的なサイトはそのような期間を考えて形成されてきたものだが，盲目的に慣習に従うのではなく，個別の取引に適当な期間を設定するべきである。

❖財務体力に応じた上限設定

　取引先が倒産したことにより，貸倒れ等による損失で，自社の屋台骨が揺ら

ぐようなことがあってはならない。損失の金額が大きくなると自社まで連鎖倒産するという事態にもなりかねないのである。このようなことがないように，取引先の格付ごとに与信限度額の上限目安を設定する必要がある。

この金額は自社の財務体力（主には自己資本の金額や調達可能な資金額）をかんがみて設定する。**図表 2 −12**のように，格付ごとに上限を決めて管理を行うことが望ましい。

図表 **2 −12** 格付ごとの与信限度額上限の例

格　　付	格付ごとの与信限度額の上限	自社自己資本との比較
A	5,000万円	10%
B	3,000万円	6 ％
C	2,000万円	4 ％
D	1,000万円	2 ％
E	500万円	1 ％
F	0 円	0 ％

❖取引シェアの勘案

継続して取引を行う場合，取引先が行う全取引のうち，自社との取引が占めるシェアを考慮して取引することが重要である。具体的な方法としては取引先の格付に応じた「取引シェア」の上限を設定し管理する。

営業部門の立場においては，特定の取引先に集中的に多額に売り上げることが効率上望ましいが，与信管理上は特定の 1 社に対するシェアが高くなりすぎるのは危険である。

自社との取引が相手先で非常に大きなシェアを占めると，もしも取引先が経営の危機に瀕したときに，簡単に取引から撤退できなくなる可能性が高くなるのである。企業の信用力は永遠に同じ状態が続かないため，取引先の経営状態や信用状態が急激に悪化するような事態になった場合に，取引を縮小もしくは停止する必要があるにもかかわらず，相手先の取引に占める自社のシェアが大きいと，意思決定ができなくなる。これは取引の停止や縮小が，そのまま取引先を倒産させることにもなりかねないからである。

取引先の倒産により，債権の回収不能や貸倒れが発生する可能性が高くなるため，取引先を倒産させないよう，取引先支援のために取引を続けざるをえなくなるが，一方で，取引先からの支払いは遅延する（もしくは不能）という悪

第2章　与信管理制度の構築と運用

循環に陥ってしまう。

　もしも取引シェアが高い状態で取引を続けていくのであれば，相手先の経営が悪化しても資金援助などを続けて支えていく覚悟を持たなければならない。つまり相手先の格付と規模を考慮しながら，販売する量をコントロールしていくことが重要といえる。

　取引シェアを見るには，自社の与信限度額（債権額）が取引先の買掛金や支払手形などの買掛債務に占める割合を使うことが一般的である。**図表2－13**は，格付ごとに買掛債務に占めるシェアの上限を決めたものである。この比率については，業界や取引内容によっても異なるが，取引先の信用力，規模ならばどれだけのシェアまで許容できるかという基準を設定するだけで，異常な取引を判別することが可能となり，他の取引と何が違うのかも考えやすくなる。

　一般的には，取引先の買掛債務に格付ごとに設定した比率を掛けて算出される数値を，その取引先に供与できる最大の与信額とすることが多い。この比率は格付ごとに想定される平均自己資本比率をベースにするとよい。これは，経営に最も責任がある会社の株主よりも，一債権者が資本に対する割合を多くとる必要はないと考えられるためである。自己資本比率よりも多くの与信をしているということは，買掛債務において株主よりも大きなリスクをとることを意味する。

図表 2－13 取引シェアによる与信限度額の例

格　付	平均自己資本比率	与信限度額の上限（目安）
A	30%	取引先の買掛債務の30%
B	20%	取引先の買掛債務の20%
C	15%	取引先の買掛債務の15%
D	10%	取引先の買掛債務の10%
E	6％	取引先の買掛債務の6％
F	0％	取引先の買掛債務の0％

❖取引上の必要額での設定

　安全な与信限度額枠の設定と同時に，取引するうえで「必要な額」も設定する必要がある。たとえば，取引先が非常に信用力のある企業（＝A格）で，A格企業の与信限度額を5,000万円のルールとしている場合，自社の財務体力を考慮して5,000万円の与信限度額が設定できたとしても，実際の取引が月に100

万円程度であり，支払サイトが3カ月であれば，300万円しか与信は発生しない。この300万円が「必要な額」としての与信限度額となる。

なぜこの「必要な額」で与信限度額を設定することが重要なのか。現在100万円しか取引がない会社に，5,000万円の与信限度額を設定するならば，「まだまだ枠に余裕がある」ということになる。その後，月に100万円の取引が300万円になり，やがて500万円まで膨れ上がったとすると，取引は5倍になり，支払サイトが3カ月ならば与信額も5倍の1,500万円となる。

自社の営業担当者が努力して取引を増やしたという可能性もあるが，もしかすると，取引先の信用力が低下し，競合しているライバル企業が取引から手を引き始め，その分が自社に振り替えられてきている可能性も考えられる。つまり，望ましい変化なのか，あるいは大きなリスクを伴った変化なのかを見極める必要が生じるのである。

ところが，はじめに「格付Aの場合は，与信限度額5,000万円」と設定すると，取引額の増加に関する社内的な「見極め」の工程がなくなってしまうのである。「勝手に取引が増える」に任せていくことになるのでは，リスクをコントロールすることはできない。

したがって，はじめに300万円が必要なら300万円を与信限度額にするという「必要な枠」を設定し，そこから取引額が増えていくのであれば，どのような理由で増えていくのかを社内的に説明し，増額するという「管理」を行いながら取引を行っていくべきなのである。

基本的には，財務体力と取引シェアを考慮した「安全な限度額」と取引の実態を考慮した「必要な額」はどちらも守ることが望ましい。したがって，どちらか小さい額で与信限度額を決定することになる。

❖与信限度額の設定（決裁権限）

一般的な与信管理ルールの策定方法としては，信用力のランクごとに安全な与信限度額の上限目安を定める方法がある。この上限は自社の財務体力と資金の回転特性を見て体力測定を行い，リスクに挑戦できる体力を把握して決定する。

ただし，大企業においては，営業部門長クラスの役職者に与えられている決裁権限は5億円までであり，これを超えると取締役クラスの決裁事項となることが多い。与信限度額が5億円を超えると，貸倒れ時には億単位の運転資金を

第2章　与信管理制度の構築と運用

調達しなければならなくなるおそれが生じるからである。したがって，これより多額の与信限度額を設定してしまうと，与信限度額の範囲内であっても，営業部門の専決事項とすることが不可能となる場合が生じるため，運用が困難なものになってしまう。財務体力や決裁権限に応じて，格付ごとに上限を設定することにより（**図表2-14**），実際に営業部門長が決裁できる金額を選択する仕組みを作るほうがよい。

図表　**2-14**　格付ごとの与信限度額の上限

格　　付	上限の目安
A	5億円
B	2億円
C	7,500万円
D	5,000万円
E	2,000万円
F	0円

106

2-3

ポートフォリオ分析（取引全体分析）

|2-3-1| ポートフォリオを活用した与信管理の応用

❖与信ポートフォリオ分析（社内格付と与信限度額による分析）

　与信管理ルールを構築して運用していくためには，自社取引先全体の分析を実施することが重要である。個別案件の分析に固執していると部分的に管理をすることとなり，本当に管理が必要なリスクを見逃してしまう危険性がある。まさに「木を見て森を見ず」の状態に陥ってしまうのである。したがって取引先全体を把握したうえで，必要なところに効果的に人員や情報収集コストなどの経営資源を配分する濃淡管理により，与信管理を強化・効率化することが与信ポートフォリオ分析の目的である。

　取引先の洗い出しを行う際に，支店やグループ企業が有している企業データも同様に洗い出し，すべてをまとめて一覧にするのが望ましい。社内格付と与信限度額による分析を行うため，社内格付を設定するために必要な企業データが不足している場合は，信用調査会社などからデータを入手する必要がある。そして，**図表2-15**のように取引先ごとに社内格付を記載していく。

　取引先リストに社内格付が記載できれば，次は社内格付ごとにその件数と与信額を集計する。これにより社内格付ごとの件数と与信額の分布を把握することができる。たとえば**図表2-16**のような分布であれば，取引先数ではA，B，Cの上位3つの格付で半数以上の75.0％となり，与信額も93.8％とほとんど上位格付に集中していることがわかる。

　また，取引先分布を俯瞰的に見るために，**図表2-17**のように縦軸に社内格付，横軸に与信限度額（または与信残高）を設定して，取引先を平面図の座標にプロットする。それぞれのプロットが取引先を表す形となり，取引先がどの領域に集中しているかがわかる。

　左上のほうにプロットされる高格付・少額与信の取引先は，比較的与信リスクの小さい取引先として，通常管理の対象となる。逆に右下のほうにプロット

第2章 与信管理制度の構築と運用

図表 2−15 取引先リストに格付を記載

得意先コード	得意先名	取扱部署/支店	与信限度(千円)	格　付
S10001	(株)●●●	東京本社	1,000	A

図表 2−16 格付ごとの取引先数と与信限度額分布

(件数:社, 限度額:百万円)

格　付	想定倒産確率	件　　数		与　信　額	
A	0.05%	23	26.1%	1,265	42.0%
B	0.50%	24	27.3%	1,021	33.9%
C	1.00%	19	21.6%	541	17.9%
D	2.00%	11	12.5%	41	1.4%
E	3.00%	6	6.8%	41	1.4%
F	6.00%	5	5.7%	106	3.5%
A〜F格先合計		90	100%	3,015	100%
G 格 先		5		18	
不 特 定		5		77	
全取引先合計		100		3,110	

図表 2−17 取引先プロット図の例

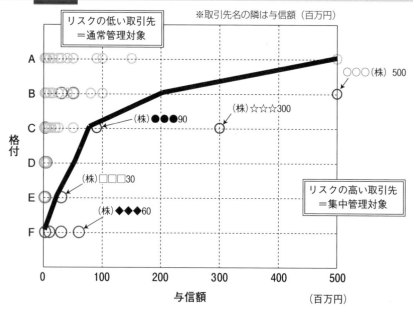

108

される低格付・高額与信の取引先は，与信リスクが大きい取引先として，管理レベルを上げることが必要な先となる。

❖与信リスクの定量化

現在行っている取引のリスクがどの程度で，また，そのリスクに見合った適正な口銭率，管理コストはいくらであるのかがわかれば，必要な引当金や，取引の可否，重点管理を要する先が明確になる。そして，それは業務の効率化にもつながるのである。

営業部門としては，利益率の上乗せ幅が重要になるが，管理部門としては損失率を上げずに，経費率を削減することが利益に対する貢献となる。管理部門の業務の効率化に伴いリスクが増加したのでは，まったく意味がないが，だからといってすべての案件に手間暇をかけると経費がかかり，また，とるべきリスクもとれなくなり，利益の出ない体質になってしまうのである。

つまり，全社またはグループ全社の与信リスクを定量的に把握し，それに対して管理コストをどの程度かけていくのかという考えが，与信管理ルールを構築する際には不可欠なのである。設定した与信管理ルールが与信リスクをどの程度カバーし，それに関する費用がどのくらいかわかれば納得が得られやすくなり，その見直しもスムーズに行えることとなる。

しかし，リスクに対するプレミアムという考え方において，理論と現実にはギャップがある。それをどのように埋めて実際に適用するかは，信用リスクの定量化における限界を認識したうえで運用しなければならない。このような理論と実務の乖離を埋めることが最終的には管理部門の役割となるのである。

リスクとリターンは表裏一体なものである。リスクをとるからこそ，そこに利益があるのであり，リスクを恐れ排除するだけでは企業の成長などありえない。しかし，リスクを理解し，そして定量的に把握し，自社の財務体力の許容範囲に収まるようコントロールすることで，リスクを受容することが可能となり，企業活動の選択肢を拡げることができる。まさにリスク管理が企業価値創造戦略となるのである。

❖信用リスクの定量化指標

与信リスクを定量化する場合，考え方が容易である点から主に次の2つの指標で算出する場合が多い。

① 予測損失額：将来発生するであろう損失の平均値
② 非予測損失額（信用リスク量。Value at Risk〔VaR〕）：将来発生するであろう損失額（予測損失額）に一定の割合で予測損失額以上に発生する可能性のある損失額（予測損失変動額）を加えたもの。一定の割合の中で発生しうる損失の最大値

与信リスクについて，発生頻度と損失額の関係をグラフ化すると，通常，正規分布に比べて右側に大きく伸びた形で表すことができる（**図表2－18**）。

一般に予測損失額は，リスクをとることに対する必要なコストとして，期間利益，つまり損益計算書（P/L）の利益の中でカバーすべきものとして考えられ，VaRはリスクをとることで潜在的に発生する可能性のある損失として，貸借対照表（B/S）の自己資本でカバーすべきものと考えられる。

図表 2－18　発生しうる損失のイメージ

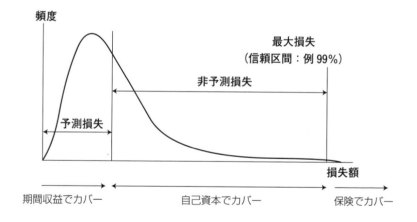

2－3　ポートフォリオ分析（取引全体分析）

❖予測損失額

予測損失額については，以下の算式で表すことができる。

> 予測損失額＝与信額×（1－想定回収率）×想定倒産確率

想定倒産確率は，**図表2－1**で社内格付の基準を設定する際に想定した格付ごとの想定倒産確率を採用する。ただし，短期の倒産確率は経済状況により大きく左右される。

金融機関の融資などは，商取引と比べて長期間の取引となるため，変動する倒産確率から想定倒産確率を決定することは難しいが，商取引は回収が短期間ごとに連続的に行われ，またその都度値決めもされることから，逆に，刻々と変わる倒産確率の変動をいかに利益に反映させるかがポイントとなる。

想定回収率は，取引先の倒産時に回収が見込める債権の割合を表す。商取引を行う場合は無担保の裸与信が通常である。取引先倒産時には所有権留保担保，先取特権等の法定担保を駆使しても回収率は非常に悪く，管理上は破産配当程度しか見込めないのが現状である。また担保をとっていても回収は確実ではなく，非常に多くの手間と時間がかかる。ここでは限りなくゼロとみなして管理したほうがよいと考えるべきである。

したがって，予測損失額は「与信額×想定倒産確率」で計算できる形になる。各取引先の与信額と格付ごとの倒産確率を計算し，それを合計することで与信ポートフォリオ全体の予測損失額を計算することができる。

なお，集中管理が必要な案件や，問題や事故が発生している案件については，個別案件において予測される損失の額を計算する必要がある。

この金額は，一般的に貸倒引当金といわれているものと同義であり，年間の予測損失額を取引に必要なコストとして見ていく，つまり，期間収益でカバーしなければならないものと認識することが重要である。そうすることで本来の損益を把握することが可能となる。

第2章　与信管理制度の構築と運用

❖信用リスク量（Value at Risk〔VaR〕）

　年間の予測損失額のみ把握してコントロールすれば，与信リスクを管理するうえで十分であろうか。

　たとえば想定倒産確率は，経済情勢の変化や業界ごとでも数倍の格差が発生するケースもあり，実際に予測損失額より多額の損失が発生する可能性がある。また，少額で分散した取引先の1社に対して損失が発生する場合より，数社に集中している場合のほうが，実際には予測損失額より多額の損失が発生する可能性がある。つまり，それらの変動する可能性を定量化して把握し，不測の事態に備えることがリスク管理をするうえで重要になってくる。

　そこで，一般的に用いられている指標が，信用リスク量（Value at Risk〔VaR〕）といわれているものである。VaRは，将来発生するであろうと予測される損失額（＝予測損失額）と予測損失金額以上に発生する可能性のある損失額（＝予測損失変動額）を加えたもので，以下で表すことができる。

VaR＝予測損失額＋予測損失変動額

　予測損失金額以上に発生する可能性のある損失額，予測損失変動額を求めるが，前述のように予測損失額にもばらつきがあり，母集団の中には平均より大きい値となっているものも存在する。したがって，そのばらつき度合いを表す標準偏差を掛け合わせる必要がある。実際に予測損失額を算出する場合，想定倒産確率から1～5％程度の水準で予想以上に大きく発生する損失額を算出し，100年に1～5回起こる不測の事態に備えるようマネジメントするのが一般的である。たとえば1％の確率で発生する予測損失変動額は，予測損失額の分布が**図表2−18**で示した正規分布に似た分布となると仮定した場合，次のような算式になる。

予測損失変動額（倒産確率の変動による上振れ額）＝与信額×2.33×標準偏差

　次に与信の集中度合いを加味する。たとえばある1社に与信額が大きく偏ったときに発生する損失と，分散されていたときの損失は明らかに異なり，リスクは分散されているほうが小さくなる。したがって，VaRの合計の算出も単純足算ではなく，分散した与信額のほうが集中したものよりも小さくなる。各ラ

ンク内での与信額を均等与信としたとすると，与信集中による上振れ額は次のようになる。

$$
\begin{aligned}
&\text{与信集中による上振れ額＝与信額×与信集中指数×2.33} \\
&\qquad\qquad\qquad\times\sqrt{\{(\text{平均倒産確率}×(1-\text{平均倒産確率})\}} \\
&\text{与信集中指数＝}\sqrt{\{\Sigma(\text{各社の与信額／格付ごとの与信額計})^2\}}
\end{aligned}
$$

ここで，倒産確率と与信集中が互いに独立していると仮定すると，2つのばらつきの加法（期待値）は $\sigma^2=\sigma1^2+\sigma2^2$ となるので，最終的に与信集中を加味した格付ごとの予測損失変動額は，次のようになる。

$$
\text{格付ごとの予想損失変動額＝}\sqrt{\{(\text{倒産確率の変動による上振れ額})^2+(\text{与信集中による上振れ額})^2\}}
$$

したがってVaRは，格付ごとの倒産確率が互いに独立していると仮定すると，次のようになる。

$$
\text{VaR＝予測損失額＋}\Sigma(\text{格付ごとの予測損失変動額})
$$

この金額は不測の事態に備えるためのものであり，引当金として積むのは非現実的といえる。しかし，何も対策をとらないということではなく自社の財務体力，つまり自己資本でカバーしなければならないものと認識すべきであり，蓄積しておくべき「必要自己資本」と言い換えることができる。

❖与信リスクの定量化指標の活用

格付ごとの取引先数，与信限度額，定量化指標から，与信リスクを定量的に把握する。**図表2－16**の格付ごとの取引先数，与信額分布表の横に，算出した与信リスクを記載する。**図表2－19**のようにすると，リスクの分布状況が非常にわかりやすくなる。

直近期の損益計算書（P/L）上の経常利益と算出した予測損失額（引当金）を比較，あるいは貸借対照表（B/S）上の自己資本とVaRを比較することで，全社またはグループ全体で収益力や財務体力と比較して与信リスクをとりすぎ

第2章　与信管理制度の構築と運用

ていないかということもチェックできるようになる（**図表 2 －20**）。

　収益力や財務体力を超えてリスクをとりすぎている場合は，早急に与信リスクを減少させる施策をとり，超えていない場合でも，そのリスクを減少させていくべく，効率的なルールを設定する必要がある。

図表 2 －19　取引先のリスク構成表

(件数：社，限度額：百万円)

格付	想定倒産確率	件　数		与信額		引当金（予測損失）		VaR（非予測損失）	
A	0.05%	23	26.1%	1,265	42.0%	0.6	3.2%	29.7	11.2%
B	0.50%	24	27.3%	1,021	33.9%	5.1	26.1%	92.3	34.9%
C	1.00%	19	21.6%	541	17.9%	5.4	27.7%	79.5	30.1%
D	2.00%	11	12.5%	41	1.4%	0.8	4.2%	5.1	1.9%
E	3.00%	6	6.8%	41	1.4%	1.2	6.3%	13.4	5.1%
F	6.00%	5	5.7%	106	3.5%	6.4	32.5%	44.3	16.8%
A～F格先合計		90	100%	3,015	100%	19.6	100%	264.4	100%
G格先		5		18		—		—	
不特定		5		77		—		—	
全取引先合計		100		3,110		—		—	

図表 2 －20　定量化したリスクと財務数字の比較

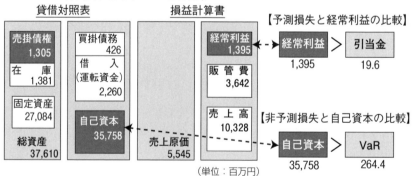

2-4 社内ルールの設定
（与信承認プロセス）

|2-4-1| 決裁権限表

❖与信リスクに応じた決裁権限の設定

　ここまで，社内格付の組成によって企業や取引に対するリスクを測り，ポートフォリオの実施によって自社が抱えるリスクの質と量の見える化について解説した。ここでは，さらにそれらの結果から自社が受容しうるリスクを把握しつつ，それぞれの取引リスクの度合いに見合った効率的な決裁ルールの設定について説明する。

　決裁ルールの設定においては，格付，取引額別に決裁ルート一覧を作成し，運用することで取引案件・リスクごとに一定の判断を行い，申請者の混乱を防ぐことが可能となる。**図表2-21**は，リスクに応じた決裁権限表の例である。

　決裁権限表の作成においては，少額取引ラインの設定を検討する。少額取引ラインとは，自社の財務体力や取引実態から判断したときに，当該取引によって貸倒れが発生した場合に自社に与える影響がきわめて小さく，自社としてリスクを度外視してもよいと判断する金額を上限としたラインである。少額取引ラインの設定により，リスクに対する検討の効率化を図ることができ，重点的に管理すべき案件の検討に対して，より労力を集中させることができるようになる。

　次に格付ごとにそれぞれの基準となる与信限度額を設定する。基準となる与信限度額は，2-2-4で述べたとおり，自社の財務体力を勘案して決定する。

　格付ごとに基準となる与信限度額を設定した後は，2-3-1で述べたとおり，取引先プロット図などを活用して，格付ごとの与信限度額や取引シェアを超過している高リスク取引先を把握し，それらの取引先を集中管理先として重点的な管理を行えるように，社内の組織体系などを考慮して，格付ごとに与信限度額を必要に応じて段階区分し，管理の重点度合いに応じた決裁ラインを設定することとなる。

第2章　与信管理制度の構築と運用

図表 **2-21** 決裁権限表の例

社内格付	定　義	取引シェアの基準	金額／区分	申請形態	決裁 申請者	決裁 調整者
A	支払能力が非常に高い先 倒産確率　0.05%	取引先の買掛債務の30%	160百万円以上	個別申請	営業部門長	―
			100百万円以上160百万円未満	個別申請	営業部門長	―
			1百万円以上100百万円未満	個別申請	営業担当者	営業課長
			1百万円未満	申請不要	―	―
B	支払能力が高い先 倒産確率　0.50%	取引先の買掛債務の20%	100百万円以上	個別申請	営業部門長	―
			1百万円以上100百万円以下	個別申請	営業担当者	営業課長
			1百万円未満	申請不要	―	―
C	支払能力は中程度の先 倒産確率　1.00%	取引先の買掛債務の15%	100百万円以上	個別申請	営業部門長	―
			40百万円以上100百万円未満	個別申請	営業担当者	営業課長 （営業部門長）
			1百万円以上40百万円未満	個別申請	営業担当者	営業課長
			1百万円未満	申請不要	―	―
D	将来の支払能力に懸念がある先 倒産確率　2.00%	取引先の買掛債務の10%	100百万円以上	個別申請	営業部門長	―
			10百万円以上100百万円未満	個別申請	営業担当者	営業課長 （営業部門長）
			1百万円以上10百万円未満	個別申請	営業担当者	営業課長
			1百万円未満	申請不要	―	―
E	支払能力に懸念がある先 倒産確率　3.00%	取引先の買掛債務の6%	100百万円以上	個別申請	営業部門長	―
			5百万円以上100百万円未満	個別申請	営業担当者	営業課長 （営業部門長）
			1百万円以上5百万円未満	個別申請	営業担当者	営業課長
			1百万円未満	申請不要	―	―
F	通常取引不適格先 倒産確率　6.00%	―	1百万円以上	個別申請	営業部門長	―
			1百万円未満	申請不要	―	―
X	問　題　先	―	0円以上	個別申請	営業部門長	―
J	事　故　先	―	0円以上	個別申請	営業部門長	―

※1：決裁権限者は，判定が困難な場合，1ランク上の決裁権限者の決裁を仰ぐものとする。取引シェアが
※2：①上場企業＝有価証券報告書。②上場企業子会社＝資本関係が確認できる資料，親会社有価証券報告
※3：担保や保証の取得を行っている場合はその担保価値を示した書類，訪問時のチェックシートや経営内

2－4　社内ルールの設定（与信承認プロセス）

ルート（※1）			必要添付資料				
審議者	決裁者	登録	与信限度額申請書	企業概要データ	信用調査	決算書（※2）	その他（※3）
管理部門長	社長	管理部門長	○	○	○	○	○
管理部門長	営業部門長（社長）	管理部門長	○	○	△	△	△
（管理部門長）	営業部門長	管理部門長	○	○	△	△	△
—	営業課長	—	×	×	×	×	×
管理部門長	社長	管理部門長	○	○	○	○	○
（管理部門長）	営業部門長	管理部門長	○	○	△	△	△
—	営業課長	—	×	×	×	×	×
管理部門長	社長	管理部門長	○	○	○	○	○
管理部門長	営業部門長（社長）	管理部門長	○	○	○	△	△
（管理部門長）	営業部門長	管理部門長	○	○	△	△	△
—	営業課長	—	×	×	×	×	×
管理部門長	社長	管理部門長	○	○	○	○	○
管理部門長	営業部門長（社長）	管理部門長	○	○	○	△	△
（管理部門長）	営業部門長	管理部門長	○	○	△	△	△
—	営業課長	—	×	×	×	×	×
管理部門長	社長	管理部門長	○	○	○	○	○
管理部門長	営業部門長（社長）	管理部門長	○	○	○	△	△
（管理部門長）	営業部門長	管理部門長	○	○	△	△	△
—	営業課長	—	×	×	×	×	×
管理部門長	社長	管理部門長	○	○	○	○	○
—	営業課長	—	×	×	×	×	×
管理部門長	社長	管理部門長	○	○	○	○	○
管理部門長	社長	管理部門長	○	○	○	○	○

基準を超える場合については（　）内の決裁ルールを適用とする。

書，③一般企業＝信用調書に添付されている決算書または先方から取得した決算書。

容ヒアリングレポート，その他与信判断するのに必要な資料を添付することを示す。

第2章　与信管理制度の構築と運用

　このとき，同額の取引であれば高格付よりも低格付のほうがリスクは大きく
なることから，同じ金額帯の決裁区分においては，低格付になればなるほど，
多くの役職者を経由して，より上位の役職者が決裁を行うことが必要となる。
また，少額取引以外の重点的な管理を行う領域に属する取引先が，自社の総与
信額に対して70～80％程度をカバーしていれば，自社全体のリスク管理として
は妥当な水準と考えられよう。

　なお，権限委譲の設定を検討する際には，企業によって各役職者の持つ権限
は異なることから，自社の権限委譲状況からそれぞれの役職者の権限水準に見
合った設定を行うことが望ましい。

❖申請部門

　申請部門は，主に営業部門のことをいう。営業部門は，単に商品を販売すれ
ば済むものではなく，また販売代金支払いのための手形を受け取れば終わるも
のでもなく，商品代金を現金回収してはじめて完遂する。「販売」することで
予算を達成し，資産である売掛債権の管理までを行ってこそ「営業」といえる。

　また営業部門は，取引先と実際に取引を行いながら，取引先自体の情報や業
界に関する情報の収集に常時努める必要がある。そして必要に応じて管理部門
に報告し判断を求めることも重要な役割となる。このような現場での判断と対
応が，与信管理を行ううえで非常に重要といえる。

　取引先と実際に取引をしているのが営業部門であることから，貸倒損失を
被ったことで自社業績が悪化するなどの影響を及ぼした場合，社内での不利な
評価を受けるのは担当営業部門であり，責任をとるのは担当営業部門となる。
それゆえに営業部門は，与信管理の第一線にいることを自覚する必要がある。

　また，与信意思決定プロセス（**図表2－22**）において，営業部門は取引開始
または継続についての申請を行い，決裁を行う社内手続を担当する。

❖審議部門

　審議部門は，主に管理部門のことをいう。管理部門は，意思決定プロセスの
事務管理の責任だけでなく，取引内容の妥当性を判断して意見を述べる牽制機
能を有する。具体的には，営業部門からの申請を受け付け，申請内容の妥当性
を分析・評価し，取引可否の審議意見を記述し決裁者に回付する。取引不可の
意見があった場合は，より高位の責任者が決裁者となるフローを採用している

2−4 社内ルールの設定（与信承認プロセス）

図表 2−22 与信意思決定プロセス

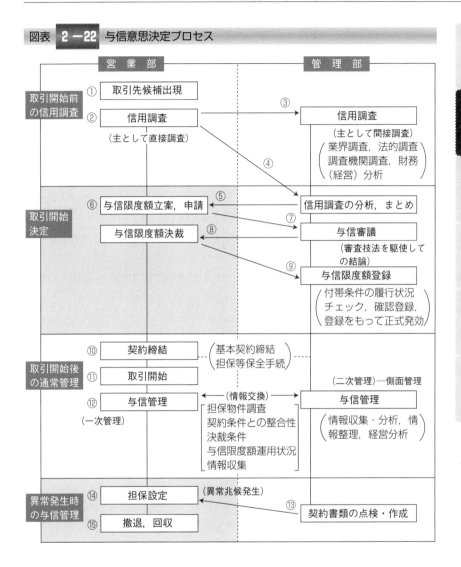

企業も多く，その審議意見は決裁を行ううえで尊重される形となる。また決裁者により決裁された案件については，与信限度額をシステムに登録する作業を行う。

　管理部門は，取引先の信用状態を調査し，自社の取引先として適格かどうかを審査する機関のため，取引実態の把握，取引業界についての知識修得，取引

第2章　与信管理制度の構築と運用

先を見る目，安全性を評価する能力などを備えていなければならない。また，営業部門とは独立した立場にあり，私情に流されることなく常に客観的に判断することが求められる。したがって，管理部門は独立の組織で専任の部門長を設置することが望ましいが，企業の規模等によっては必ずしも可能とは限らない。しかし，このような場合でも審議を行う専任のスタッフを経理部などに設置し部門長の指揮，監督を受けるようにすべきである。さらに組織が小さい場合は，財務経理の責任者や社長が直接業務を担当することも必要になる。

　また，営業部門との信頼関係を築き，日ごろより風通しをよくしておくことが望ましい。営業部門は取引先と直接取引を行っており，いわば生の情報に接していることから，重要な情報が入手できる立場にある。これらの情報は，与信管理の成果を左右する決定的な要素になりうるため，営業部門で入手された情報がすべて管理部門へ伝達される習慣や風土を醸成していくことが重要といえ，両部門間の信頼関係強化は不可欠である。そして営業部門が適切かつ利益につながる営業活動を行えるよう公平な立場で公正な評価・審査を行い，管理部門と営業部門との間で信頼関係を深めていくことが，良い与信管理体制の構築につながることとなる。管理部門は，営業部門に信頼されてはじめて，良い機能を発揮する部門となる。

❖決裁者（機関）

　決裁者（機関）は，営業部門の申請書と管理部門の審議意見を参考にして取引の可否について判断し，決裁を行う。可否のみの決裁だけでなく，審議内容に応じて条件を付けることで決裁を行うこともある。したがって，決裁者（機関）は，与信管理の意思決定における責任者となる。

　与信に関する重要度やリスクの大きさは，取引先の信用力，取引歴，与信額の大小，与信限度額の種類などにより差があるため，重要度が増すほどに，あるいは与信リスクが大きいほどに，上位者の決裁が必要となるように段階的に決裁者を決めるのが一般的である。管理部門から取引不可の意見があった場合は，通常の決裁者より上位の決裁者に決裁を委ねるという制度を設けている企業や管理部門長に一定の範囲内で決裁権限を与えることを規定している企業もある。しかし，上述のように与信管理の責任部門は，営業部門であるとの考えから，営業部門長や営業担当役員を決裁者とするのが主流である。

　なお，担保の解除，債権回収，訴訟提起・応訴などの決裁権限については，

管理部門に権限を与えるほうが専門性，リスクとの調整，スピードの観点から
もよいといえる。

また，決裁者（機関）としては，第1に取引先の安全性を判断する能力を
持っていること，第2に申請事項について営業戦略や会社業績に与える影響を
かんがみ，総合的に判断が行えること，第3に申請部門や管理部門よりも一段
高い次元で全社的な見地から判断を行えることが求められる。

2－4－2 与信限度額の設定

❖与信限度額申請書

営業部門の担当者は格付と与信限度額をもとに，与信管理決裁権限表を参照
して審議経路（審議者，決裁者など）を確認し，申請を行う。前回見直し時か
ら格付が変更されている場合は，審議経路と必要書類を変更する必要がある。

管理部門では審議の際に，決済条件や取引条件は遵守されているか，取得し
ている担保の価値が変化していないか，担保維持に必要な書類を入手できてい
るか，基本契約は締結できているか，注文書・納品書など取引を証明する書類
は作成されているかなど，取引先の状況だけでなく，取引そのものも異常な点
がないかを確認する。

決裁者は申請内容と審議意見をもとに決裁を行う。これによって与信限度額
の更新が行われることになる。

このような業務フローを機能させることで，与信リスクを軽減できるだけで
なく，不正探知などコンプライアンス面のリスクを軽減させる効果も期待でき
るのである。したがって，内部統制上も非常に有効なものになるといえる。な
お，見直しの際，取引先の経営状態が大幅に悪化していることが判明した場合
は，問題先の管理プロセスに移行する必要がある。

❖与信限度額申請書の起票

営業部門の担当者は，すでに社内格付が認定されている場合には，社内格付
と申請する与信限度額をもとに与信管理決裁権限表を参照し，審議経路（審議
者，決裁者など）を確認する。会社指定の与信限度額申請書（**図表2－23**，**図
表2－24**）に必要事項を記載して申請する。営業部門は申請書の中で，資本構
成，主要取引先など取引先の状態の説明だけでなく，営業部門でしか把握でき

第2章 与信管理制度の構築と運用

図表 **2 −23** 与信限度額申請書例

受付番号：＿＿＿＿＿＿＿＿

与信限度額申請書（案）

【 □新規 □継続 □増枠 □変更 □臨時 】

前回決済日		今回申請日	
		今回決裁日	

□ 大口領域	
□ 管理領域	
□ 営業領域	

申請部署		申 請 者		（印）

1．取引概要

取引先名		会社コード		社内格付	

取引経緯			取引開始年月	

申請限度額	現在与信限度額	債権残高	今回申請与信限度額	限度額期限

取引状況	月平均売上（千円）	年間売上高（千円）	年間粗利益（千円）	粗利益率（%）

取引品目		用 途	
仕入条件		販売条件	
資金負担	立替期間	金 額	

取引経路		⇒		⇒		⇒	

2．債権残推移予想（月末の債権残高を記載すること）

年月										
金額										

3．管理手法

訪問頻度		状況	□経営内容ヒアリングレポート □訪問チェックシート □その他
取得資料	会社パンフレット，決算書		
基本契約	□有 □無	出資・役員の派遣等	なし

4．担保・保全措置

保全内容	担保取得：□現金 □不動産 □有価証券 □個人保証 □債権譲渡担保 □その他（ ）
	保険・保証・摘要 （ ）
	回し手形・銘柄 （ ）
	買掛金・適要 （ ）
	債権保全額合計：0　　　　　　債権保全率：0%

5．申請者，調整者所見

6．審査意見

審査担当者印	
（印）	

7．決裁者意見

決裁者印	可決	条件付可決	否決	
（印）				

122

2－4　社内ルールの設定（与信承認プロセス）

図表 2－24　与信限度額申請書記入時の注意点

受付番号：＿＿＿＿＿＿＿＿

与信限度額申請書（案）

【　□新規　□継続　□増枠　□変更　□臨時　】

前回決済日		今回申請日	20X1/8/1
		今回決裁日	

□ 大口領域	営業場所担当者/営業課長⇒営業部長⇒管理部長審議⇒営業担当役員決裁
□ 管理領域	営業担当者/営業課長⇒管理部長審議⇒営業部長決裁
□ 営業領域	営業担当者→営業課長決裁

申請部署

> 本取引における開始経緯を具体的に記入。紹介者が信頼できる先なのか、金融機能にしか求められていない入出取引になっていないかなどをチェック。

> 取引開始年月をわかる範囲で記載。取引歴が長い会社かどうかがわかるようにする。

1．取引概要

取引先名	（株）■■■■食品	会社コード	XXXXXX	社内格付	
取引経緯	当部署重要顧客である(株)ABC食品からの紹介。	取引開始年月			

申請限度額	現在与信限度額	債権残高	今回申請与信限度額	限度額期限
	0	0	50	20X2年8月

> 立替期間＝販売サイト－仕入サイト
> 資金負担＝売掛債権－買掛債務で計算。立替資金が発生している期間・金額を記載。

取引状況		（千円）	年間粗利益（千円）	粗利率（%）
		00	14,400	15%

> 年間の収益額、収益率を記載し、リスクに対して収益が取れているかを判定できるようにする。

取引品目	食品	用途	製品材料
仕入条件	月末締め翌末現金	販売条件	月末締め
資金負担	立替期間	金額	

取引経路	（株）123製油	⇒	当社	⇒

> 本取引における商流を具体的に記入。債権回収を円滑に進めるため、在庫の保管場所、販売先のさらに先のエンドユーザーについても確認する。

2．債権残推移予想（月末の債権残高を記載すること）

年月	20X1年9月	20X1年10月	20X1年11月	20X1年12月	20X2年1月	20X2年2月	20X2年3月	20X2年4月	20X2年5月	20X2年6月	20X2年7月	20X2年8月
金額	8	16	24	32		40						

> 取引によって生じる債権残高の今後1年間の推移予想を記入。販売見込みとサイトを計算して記載し、与信限度額が必要以上に設定されないようにし、実績から異常を感知しやすくする。

> リスクの高い先については、往訪の回数を増やし、状況を常に把握する姿勢が重要。その際には変化をつかめるよう、チェックシートを常に記載すると、管理レベルが向上する。

3．訪問頻度

訪問頻度		□ヒアリングレポート □訪問チェックシート □その他
取得資料	会社パンフ	
基本契約	■有	

> 基本契約を締結していれば、いざというときの債権保全手段の幅が広がる。会社指定の契約書雛形で締結するよう努める。

> 取得している情報が多ければ多いほど、管理レベルは向上する。このほかにも保証をとっている代表者の自宅の不動産登記簿謄本を定期的に取得するなど、財産状況の把握に努める。

4．担保・保全措置

保全内容	担保取得：□現金 □不動産	
	保険・保証・摘要	（　　　　　　　　　　）
	廻し手形・銘柄	（　　　　　　　　　　）
	買掛金・適要	（　　　　　　　　　　）
	債権保全額合計：0	債権保全率：0%

> 取引のリスクを低減させる保全策を記入する。取得担保の価値は与信限度額申請の際に見直し、保全されている金額に変化がないか確認する。保全が与信根拠となっている場合、担保価値に変動があれば与信方針を見直さねばならない。

5．申請者，調整者所見

当地業界大手の食品メーカー。仕入先か□□□□□□□□□□□□□□□□□□□□□□□□あり、昨年度は7億円も増資している成長□□□□□□□□□□□□□□□□□□□□□□□新社長は、経営戦略の路線変更によって更なる□□□□□□□□□□□□□□□□□□□□□□□率も高く、優良案件。是非推進したいと考えてい□□□□□□□□□□□□□□□□□

> 申請者（営業担当者）、調整者（営業課長、支店長および営業所長など）の記入欄。事前に当該取引先の信用状態、取引内容・条件ならびに他営業部での取引状況、管理・保全状況などを十分に調査・検討のうえ営業方針等の所見を記入。特に増枠時は数量増加などといった理由だけでなく、その背景についてもできるだけ具体的に説明する。

6．審査意見

審査担当者印
（印）

> 審査担当である財務本部の記入・捺印欄。申請者からの申請内容を十分に審査し、必要に応じ追加資料の提出を求め、あるいは独自の調査を行ったうえ、その審査意見を記載。
> 財務内容や取引内容の分析などで営業部門で把握できていないリスクについては、詳しく記載する。

7．決裁者意見

決裁者印	可決	条件付可決	否決
（印）			

> 決裁権限者の記入・捺印欄。
> 営業担当者・調整者の意見、管理部門の審査意見を勘案して決裁者所見を記載して決裁する。申請に対して条件を付したり、あるいは申請限度額や決裁内容を修正して決裁することもできる。

123

ない取引経緯の説明，取引ルート，決済条件の妥当性なども説明しなければならない。申請書には，申請する与信限度額のほか，次のような項目を記載する。

① 商品名：具体的な商品名，単価など
② 取引経路：仕入から販売までの物の流れや納入場所など
③ 契約決済条件：現金回収か手形回収か，サイトの長さ，相殺や裏書手形回収があるかなど
④ 販売予定額：予定月商，利益率など
⑤ 取引開始の経緯：取引動機，紹介先など
⑥ 基本契約書の有無：基本契約書の有無，納品書・受領書の有無など
⑦ 取得担保：個人保証や不動産そのほか担保の有無，その担保価値
⑧ 今後の方針：営業部門の取組方針（営業強化か重点管理か取引縮小か）

取引先への与信限度額の期限は，最長1年間とするのが一般的である。与信限度額の期限が次の見直し時期となるので1年間にこだわらず，決算期の半年後など，取引先の新しい情報が入手しやすい時期を配慮して，それを目安に見直しが実施できるように設定する。

与信限度額は継続取引に対するものと，スポットまたは特定期間のみの臨時取引に対するものに分類すると管理が行いやすい（スポット取引の場合は，債権残が発生する期間のみ設定する）。

❖必要書類の添付

与信限度額申請時には審議者および決裁者が判断しやすいように，手助けとなる資料，与信管理決裁権限表を参照して与信限度額申請書に添付する。格付や与信限度額により添付する書類は異なる。営業担当者は，必要に応じて取引先の決算書，信用調書，担保・保証内容など，当該取引先の信用状態を判断するための十分な資料を添付しなければならない。

新規取引や取引増加の場合であれば，取引先に決算書などの資料提出を依頼しても，比較的承諾されやすい。時機を逃さずできるだけ多くの情報を取得する心掛けが必要である。ただし，その際は，資料を提出さえすれば取引してもらえると思わせないことも重要である。

❖与信限度額申請書の提出

権限規程に従い営業部門の担当者は，与信限度額申請書を営業部門長に提出

する。営業部門長は，与信管理決裁権限表に基づいて決裁可能な案件は決裁し，そのほかは調整意見を付して審議を行う管理部門へ回付する。

営業担当者は与信限度額申請書を提出しても，決裁が下りて与信限度額が登録されるまで取引の開始は不可とする。継続申請の場合には，更新手続に必要な期間を考慮して更新決裁が有効期限内になされるよう，余裕をもって申請する。

決裁が下りることを前提に取引を進めると，大きな事故につながる可能性が高くなるため，与信限度額は，いつ，いかなる場合でも超過してはならないものとして社内に浸透させる必要がある。

❖与信限度額の移転

同一の取引先に対して複数の営業部門が取引を行う場合，与信限度額の使用状況などを勘案し，営業部門間で相互に与信限度額の移転を行うことができるようにすると部門間の混乱を防ぐことができる。取引先に対する与信限度額の総額に変更がなければ，新たな決裁の取得は不要とすることで，手続が簡素化され，迅速に対応できる。

しかし，販売条件や利益率，決済条件などが考慮されないまま新しい取引が開始されてしまうという問題点もあるため，移転に関する手続を設けるかどうかはメリット，デメリットを考慮のうえ，決定する必要がある。

なお，同一取引先に対して複数の営業部門が与信限度額を設定する場合には，一番取引額が大きい部門が商流の把握や取引先の内容を把握しやすいため，その部門を主管部門に指定し，該当企業についての情報管理をはじめとする管理責任を任せることが一般的である。与信限度額の部門間調整も主管部門の役割としている企業もある。

❖申請不要の取引

政府との取引を始め，内容が良く，自社が取引を推奨する企業との与信リスクが極小な取引や，前金での取引，現金取引など与信が発生しない取引，全社の与信残高が財務体力に比べてリスクが少ない少額取引は申請を不要として，業務の効率を上げることが必要である。

また，倉庫への寄託や運送のための寄託は，「申請を要しない」とすることもできるが，倉庫業者や運送業者が有事の際にリスクがあるため，1年に1回

第2章　与信管理制度の構築と運用

は，時期を決めて業者の選定を行うことも検討すべきである。

|2-4-3| 取引内容の審査ルールの設定

❖申請内容の審議

　審議を行う管理部門は，与信限度額申請書を受け取った後，申請内容を十分に検討し，必要に応じ営業部門長などに追加資料の提出を求め，あるいは独自の調査を行い，その審査意見を付したうえで決裁権限者に回付する。

　管理部門は，与信意思決定プロセスの事務管理に責任を持つだけでなく，与信限度額申請書の内容を審議して意見を述べなければならない。審議するうえで考慮する主な項目は，次のとおりである。

　①　企業データ，財務内容の詳細な分析

　②　取引内容の安全性

　③　訪問回数，基本契約書の締結，先方提出の資料などの管理状況

　④　取得している担保の評価

　⑤　営業部門の取引方針

　管理部門による独自の調査が必要な場合，営業部門はその調査に全面的に協力する必要がある。審査に際し，取引先または取引条件に問題があると判断したときは，営業部門長などに対して当該申請の中止または変更を勧告する。

❖審議が否定的だった場合の調整

　営業部門の与信限度額申請に対して管理部門が否定的な意見を出すときは，営業部門と管理部門の間で攻防戦が激化することが多い。

　管理部門が反対した案件は100％否決する，といったような厳しいルールができれば問題ないが，よほど余裕のある企業以外は，やはり商売を優先させなければならないため，非常に難しい。したがって，両者の意見が対立したときは，以下の方法により調整する。

　①　与信限度額の調整（取引額の縮小，期間限定の臨時限度額の設定，段階的与信枠の変更）

　②　決済条件の調整（回収サイトの短縮）

　③　商流の変更による調整（代理店などの他社を間に挟んで取引を行う）

　④　裸与信の圧縮（担保の取得，回り手形の取得，仕入取引の創出など）

2－4　社内ルールの設定（与信承認プロセス）

⑤　管理レベルによる調整（詳細資料の入手など）

　倒産を100％言い当てることは不可能であるが，管理部門は審査結果から導き出した判断に関しては，営業部門の要求に妥協することなく主張を貫く態度が必要であり，営業部門には，その判断に沿った対応を行ってもらわなければならない。

　リスクが高いと判断したものについては，上記の調整方法を組み合わせ，営業部門と調整を図らなければならない。この調整をうまくできるかどうかで管理部門の担当者の真価が問われるのである。「ＮＯ」と言う担当者が優秀なのではなく，収益機会とリスクのバランスをうまく見出せる担当者が「優秀な審査担当者」なのである。

　営業部門と管理部門の協議による調整がつかない場合は，決裁者が間に入って調整を行う。それでも不調の場合は，より高次の決裁者または役員会などの合議体に判断を仰ぐことが必要となる。

❖申請内容の決裁

　決裁者は，営業部門からの申請内容および管理部門での審議内容を考慮し，申請を妥当と認めた場合に決裁する。決裁をするうえでは，必要に応じて営業部門や管理部門から直接意見を聴き，必要に応じさらなる調査の指示を行う。過大与信と判断される場合には，与信限度額を減額するか，有効な担保・保全手段を実行することを条件に，条件付決裁を行う。ただし，その際は事前に条件について実現の可能性を確認しておく必要がある。

　決裁者は取引における最終決定者であり，責任者である。また与信管理の意思決定における責任者でもある。双方の意見を尊重して，決裁を行う必要がある。

❖決裁結果の通知・登録

　決裁者は決裁した後，与信限度額申請書を回付する。管理部門は決裁内容を確認後，関係のある部門に決裁の通知を行い，与信限度額管理台帳（管理システム）に与信限度額や有効期限を登録する。これにより与信限度額は発効され，営業部門は取引開始または増額を行うことができる。

　営業部門は決裁された与信限度額，決済条件を常に確認し，超過しないように，また間違いがないように，取引を行う。常に担当先の内容や変化を観察し，

第2章　与信管理制度の構築と運用

取引先の異変を見逃さないように，取引先の状況に気を配らなければならない。

　なお，この登録作業を管理部門にて行うことにより，管理部門を経由せずに営業部門専決により設定された限度額についても，事後的ではあるが把握することができる。取引に大きな問題がある場合には，審議を行わない営業部門専決の案件でも問題点を指摘することが可能となる。

　またこの台帳を維持することで，複数部門で同一取引先に与信限度額を設定した場合の全社またはグループ全体の合計限度額なども一目瞭然となるため，営業部門は新たに与信限度額を設定する時に，他営業部門で設定されている与信限度額を確認することができる。

2-5

社内ルールの設定
（与信事後管理プロセス）

|2-5-1| 与信限度額見直しルールの設定

❖与信限度額の見直し

　取引先ごとに与信限度額の期限を決め，期限到来前に与信限度額の継続申請を行い，見直しを実施する。これは，取引先の信用力を定期的に診断し，与信リスクが変動していないか，取引内容にあった与信限度額となっているか，決裁された条件で取引されているかなどを点検し，リスクを軽減することを目的としている。見直し時期（限度額の期限）は，取引先ごとに決算期を勘案して決定する。決算期から6カ月以内で設定することが適当だが，リスクが高い先など集中的に管理を必要とする取引先は年2回見直すなどの対応をとり，管理レベルを上げることが重要である。

　見直しの際には取引先の信用状態だけでなく，取引条件が守られているか，取得している担保の評価が変わっていないかなどもチェックする必要がある。

❖与信限度額継続申請の前のチェック

　営業部門の担当者は，与信限度額見直し対象の取引先について，これまでの取引実態（債権残高の推移など）をもとに必要な与信限度額を算出する。

　取引が減少している場合は，それに応じて与信限度額を減額する。必要以上の与信限度額を設定すると，取引に異常が生じたときにアラームとして機能しなくなるおそれがあるため取引実態に応じた設定が必要である。与信残高が与信限度額申請の必要がない少額与信の範囲内に減っており，今後も増加する見込みがない場合は，更新の手続をとらずに限度額を消滅させる。

　また，継続して決算書などを入手している取引先については，取引先に提出を依頼する。そして必要に応じて，信用調査会社の企業概要データや信用調書などを入手し，社内基準に照らして取引先の格付評価に変更がないかを確認する。

第2章　与信管理制度の構築と運用

❖与信限度額超過時の対応

　与信管理は，取引先を常日ごろから管理し，債権回収を確実に行うことが目的であるため，債権管理・限度額管理といった事後管理のプロセスを徹底することが重要である。

　営業部門は，与信限度額の超過が社内ルール違反であることを意識し，常に債権残高に注意し，与信限度額を超過しないように営業活動を進めることが求められる。また管理部門は，与信限度額の設定状況や債権回収状況に異常がないかをチェックし，営業部門への注意喚起ができるような仕組みを構築する。これにより取引先における信用力の変化の予兆を把握する重要な契機となるのである。

　与信限度額超過を検出する作業として管理部門は集計した売掛債権残高と与信限度を突き合わせ，設定した与信限度額を超過していないかをチェックする。また，与信限度額設定を不要とする少額与信先を設定している場合は，与信限度額未設定先で債権残高が少額取引ラインを超えた取引先も抽出する。

　与信限度額超過が検出された場合，管理部門は「与信限度額超過先一覧表」で担当の営業部門に通知し，その原因調査を依頼する。月末時点のものを翌月5営業日までに営業部門に通知するなどルールを決めて実施する。

　営業部門では，管理部門からの与信限度額超過先の通知を受けたら，営業部門長の指示のもと，早急に発生の理由について確認する。

　超過の原因が取引先の業況が良くなって需要が高まっている，あるいは自社商品の競争力が高くて他社からシェアを奪っている，といった内容であればよいが，取引先の業況が悪くなり，競合他社が撤退している中で注文が自社にシフトしている，などの場合には早急に対策が必要となる。

　営業部門長は，報告を受けて債権増加および限度額超過について原因を特定し，その是正に向けた対策を決裁者および管理部門に報告する。

　与信限度額の遵守は，与信管理ルールの要諦となるため，営業部門に再発防止の是正処置報告書を提出するよう義務づけている企業もある。多少厳しくとも，最初の運用をしっかり行い，習慣づけることで次第に超過件数は減少していくと考えられる。

　限度額超過の解消策は，与信限度額の増額申請，もしくは債権額の圧縮のいずれかを実施することである。

　管理部門に取引先の信用力に関する情報・意見を求めたうえで，決裁者が決

130

2－5　社内ルールの設定（与信事後管理プロセス）

定する。通常は，債権の増加が取引経緯において不自然でなく，取引先の信用力から見ても問題がないと判断される場合は与信限度額の増額申請を選択するが，そうでなければ債権額の圧縮を選択する。

❖与信限度額の増額申請

決裁者が与信限度額の増額申請を妥当と判断した場合，営業担当者に増額申請手続の開始を指示する。

❖債権額の圧縮

決裁者が債権額の圧縮を妥当と判断した場合は，営業担当者は，債権の圧縮時期とその方法を検討し，債権圧縮計画を立案して決裁者が承認する。

管理部門は，報告された計画の妥当性を検討し，必要に応じて内容の修正を助言する。また，債権が計画どおり減少しているかについて継続的に管理を行う。毎月売掛債権の集計時に確認を行い，計画どおりに債権額が減少していない場合は，営業部門に対し理由を確認・報告させ，必要に応じて計画を修正し，決裁者の承認を得るなどの対応を行う。

債権額が減少していない場合，債権額の圧縮が進むまでは，与信限度額超過状態が続くことになるため，それを避けるために計画の承認と同時に債権が通常の与信限度額内に収まるまでの間，臨時の与信限度額を設定するなどの対応により与信限度額を超過しない対策を実施する必要がある。また，各営業部門からの与信限度額超過解消策をまとめ，経営陣に状況を報告する。

❖与信限度額運用上の注意

取引先の信用状態を勘案した限度額を設定することが重要である。信用状態を評価するためには決算書の数値に加え，取引先の将来計画，環境の変化などを考慮し，将来の信用状態を予想し，判断基準に取り入れることが望まれる。

また，取引先の信用状態は常に変化していることを認識すべきである。取引先の信用状態はできる限り頻繁に見直すことが重要である。はじめから大きな与信限度額を設定し，取引量が増えても増額する必要がないようにする，というのではなく，取引量が変更するつど，取引先の信用状態を見直し，安全性を確かめ与信限度額を決定すべきである。

第2章　与信管理制度の構築と運用

|2−5−2| 与信限度額の管理帳票

与信限度額超過の検出を実現するためには，営業部門ごとに取引先の与信限度額，売掛債権・買掛債務の残高，売掛債権残高推移などの与信管理に必要な情報がタイムリーに取り出せる状態にあることが求められる。このため，会計システムと連動した債権管理・限度額管理システムの構築を検討することが必要となる。しかしシステム構築といっても，最初から大がかりなものを作る必要はなく，取引先コードを設定すれば表計算ソフトを活用して簡単に行える場合もあるので，自社の規模や管理体制に見合った仕組みを構築することが望まれる。

また，最近は連結経営が重視されており，連結ベースでの債権管理も重要な課題となっている。取引先に対して，自社の営業部門だけでなく，連結子会社がどの程度の債権を有しているかも把握しておく必要がある。したがって，前述のシステム構築は，グループ全体の債権管理・限度額管理を一元的に行う仕組みが望ましいといえる。特に取引先に問題や事故が発生した場合には，グループ全体で連携して対処する必要もあるため，リスク管理上も非常に重要である。

なお，債権管理のシステム構築に関する留意点としては，取引先に対する債権・債務の残高，契約どおりに取引の履行・代金回収（金額・期日・回り手形での回収など）ができているか，債権の急増や売掛金の滞留がないかなどの確認項目が挙げられる。

契約上の商品を取引先に条件どおりに受け渡し，当該商品の所有権が取引先に移った時点で，取引先に対する債権が計上されるため，支払条件が「前渡金条件」ないしは「現金交換条件」であれば別だが，「受渡後何日後支払い」という与信が伴う条件の場合は，債権を回収するまでは債権の期日管理を行い，期日どおりに入金されたかを把握できるようにしなければならない。

手形回収の場合は，手形期日（手形決済日）や振出人の確認が前提だが，手形を受け取る期日にも注意しなければならない。特に要注意先において裏書譲渡手形で回収することを条件としている場合などは，債権保全に直結するため，取り決めた期日に回収することが重要となる。

また限度額管理においては，与信限度額内での取引が行われているか，与信限度額が未設定の取引先や，与信限度額を超過している取引先がないか等が確

認項目となる。

さらに与信限度額に対する債権残高の比率（使用率）を表示し，使用率が高い（90％超など）取引先には印をつけるなどの帳票を作成・運用すると，営業部門において取引の縮小や，与信限度額の増額を検討できるようになる。

具体的には以下に挙げる帳票類によって管理することが望ましい。

❖売掛債権回収残高一覧表

毎月定期的に，当月における売掛債権の発生と回収ならびに月末残高が記載された帳票を作成する（**図表2－25**）。営業部門ごとに作成することで，営業部門長や担当者が担当している取引先の債権残高や与信限度額の使用状況について確認することができる。

図表 **2－25** 売掛債権回収残高一覧表

食品流通部　　　20XX/●　　　　　　　　　　　　　　　　　　（単位：百万円）

コード	取引先名	格付	前月末残高			当月発生	当月回収	当月末残高			与信限度額	
			売掛	受手	残高			売掛	受手	残高	金額	期限
10000	ABC商会	C	8	30	38	8	10	8	28	36	50	20XX/01
20000	DEF工業	D	2	0	2	2	0	4	0	4	—	—
30000	GHI産業	A	2	0	2	1	0	3	0	3	—	—
40000	JKL商事	B	4	0	4	3	0	3	4	7		
50000	MNO物産	F	40	0	40	15	5	50	0	50	50	20XX/02
60000	PQR食品	C	30	0	30	0	30	0		0		
70000	STU興業	X	5	0	5	0	0	5	0	5	5	20XX/03
80000	VWX	B	10	0	10	0	5	5	0	5		

❖売掛債権残高推移表

取引先ごとの売掛債権の残高推移がわかるような帳票を作成する（**図表2－26**）。同一の取引先と複数の営業部門で取引をしていることが多い場合は，その営業部門ごとにも集計できるようなシステムを構築するとよい。

売掛債権の発生と回収の推移をみることで，季節変動の発生しやすい取引先かどうかの確認ができる。売掛債権が急増している場合はその理由について確認する必要がある。

第2章　与信管理制度の構築と運用

図表　**2 ─ 26**　売掛債権残高推移表

コード　10000　　　　ABC商会　　　　格付C　　　与信限度　50　　　　（単位：百万円）

年月	前月末残高	当月発生	当月回収	当月末残高			与信限度額	使用率
				売掛	受手	残高		
20XX/01	29	15	10	15	19	34	─	OVER
20XX/02	34	12	9	12	25	37	50	74
20XX/03	37	6	8	6	29	35	50	70
20XX/04	35	7	7	7	28	35	50	70
20XX/05	35	10	9	10	26	36	50	72
20XX/06	36	9	6	9	30	39	50	78
20XX/07	39	8	6	8	33	41	50	82
20XX/08	41	7	8	7	33	40	50	80

❖与信限度額超過先一覧表

　毎月与信限度額超過先を抽出して作成し，営業部門に配布する（**図表2 ─ 27**）。この帳票で抽出される取引先は以下のものとし，営業部門はこれを受けて対応策を立てるようにする。

　①　与信限度額期限切れ先：与信限度額の期限が切れている取引先

　②　与信限度額未設定先：与信限度額設定のない先

　③　与信限度額超過先：与信残高が与信限度額を超過している先

図表　**2 ─ 27**　与信限度額超過先一覧表

食品流通部　　　　20XX/●　　　　　　　　　　　　　　　　　（単位：百万円）

管理項目	コード	取引先名	格付	前月残高	当月発生	当月回収	当月末残高			与信限度額	
							売掛	受手	残高	金額	期限
限度切れ先	10000	ABC商会	C	29	15	10	15	19	34	50	20XX/01
限度未設定	20000	DEF工業		0	2	0	2	0	2	─	─
	30000	GHI産業		1	1	0	2	0	2	─	─
		合計		1	3	0	4	0	4	─	─
限度額超過	40000	JKL商事	D	30	15	5	40	0	40	35	20XX/02

❖回収異常先一覧表

　図表2 ─ 28のように，販売代金の入金がない，または手形回収がないなどの回収異常案件を毎月抽出できるようにし，営業部門はこれに対処できるようにする。

134

2－5　社内ルールの設定（与信事後管理プロセス）

図表 **2－28** 回収異常先一覧表

食品流通部　　　20XX/●　　　　　　　　　　　　　　　　　　　　　　　（単位：百万円）

管理項目	コード	取引先名	格付	前月残高	当月発生	当月回収	当月末残高			与信限度額	
							売掛	受手	残高	金額	期限
遅延0カ月	10000	ABC商会	C		8	10	8	30	38	50	20XX/01
遅延3カ月	20000	DEF工業	D	0	2	0	2	0	2	—	—
	30000	GHI産業		1	1	0	2	0	2	—	—
		合計		1	3	0	4	0	4	—	—
遅延5カ月	40000	JKL商事		30	15	5	40	0	40	35	20XX/02

❖**与信限度額管理台帳の作成**

　管理部門は，取引先の格付，決算月および取引している営業部門，設定している与信限度額とその期限，与信限度額の種類などを記載した「与信限度額管理台帳」を作成する（**図表 2 －29**）。

　台帳を確認することで，複数の営業部門で取引を行っている場合なども直ちに全体の与信限度額設定状況を把握することができる。

図表 **2 －29** 与信限度額管理台帳

コード	取引先名	格付	決算月	取引部署	限度種類	与信限度額	限度額期限	決済日
10000	ABC商会	C	09	食品流通部	売込	50	20XX/01	20XX/01/05
10001	BCD工業	D	02	木材事業部	売込	300	20XX/11	20XX/05/13
10002	EFG産業	C	12	木材事業部	売込	15	20XX/04	20XX/04/19
10003	HIJ商事	B	03	食品流通部	売込	10	20XX/08	20XX/08/31
10003	HIJ商事	B	03	木材事業部	売込	20	20XX/08	20XX/09/26
10003	HIJ商事	B	03	木材事業部	寄託	5	20XX/08	20XX/09/26
10004	KLM興業	D	03	鋼材部	売込	15	20XX/11	20XX/11/07
10004	KLM興業	D	03	鋼材部	寄託	3	20XX/11	20XX/11/07

❖**与信限度額期限到来先リストの作成**

　管理部門は，与信限度額管理台帳から与信限度額設定の見直しを実施すべき対象先について「与信限度額期限到来先リスト」を作成する。作成したリストを与信限度額期限到来の最低2カ月前までに各営業部門に通知する。営業部門は，このリストに基づいて与信限度額の更新の手続を行う。

　管理部門では，台帳を確認することで与信限度額が期限切れとなる前に期限の更新手続が完了するよう，フォローアップを行う。

135

第2章　与信管理制度の構築と運用

|2-5-3|　集中管理先の管理

集中管理先とは，取引シェアの上限を超えて与信を行う取引先のことをいい，営業政策面からもリスク管理面からも，重要な取引先となる。このような先は営業部門と管理部門が連携を密にして管理を行うことが重要である。

このような取引を行う条件としては，次の3点が挙げられる。

① 営業政策上，必要と認められる取引先で，取組方針が確立されていること

② 常時取引先の動きが把握できる状態にあること

　・月次決算書，資金繰り表の入手

　・税務申告書，勘定科目明細書の入手

　・定期的な決算説明会の開催，営業・管理合同での直接ヒアリング

③ 信用状態が悪化した場合でも，単独または他社と協調して対応策がとれること

リスクが高い先はコストと手間をかけ，腰を据えて万全の管理体制を構築していく必要がある。逆に，このような体制を作れない先は，取引シェアが高率となる与信は避けなければならない。

|2-5-4|　問題先の管理

問題発生を確認する契機としては，回収異常によって取引先の経営内容，または取引自体の内容に問題が発生していることを確認した場合，与信限度額の定期見直しの際に経営内容が悪化していることが判明した場合などが挙げられる。

また，手形ジャンプの依頼があった場合や，信用不安につながる情報を入手した場合も問題発生として捉えることができる。

問題先，事故先への対応は，営業部門と管理部門が一体となり，さらに金額によっては全社を挙げて対応する必要がある。特に倒産が見えている先への対応は，迅速な意思決定が必須であり，いつでも緊急体制がとれるような柔軟性が必要となる。

取引先の情報を確実に，正確に，より早く，より多く集めることが必要であり，異変を察知した場合には直ちに対策をとることが必須である。危険な兆候

に対しての管理体制を構築することにより，与信リスクに対応でき，回収機会を増やすことにつながる。

　「問題先」の指定に関して，営業部門と管理部門は取引先の状況調査，調査内容をもとに協議を行う。その結果，与信管理上問題があると判断した取引先を決裁者が「問題先」に指定する。管理部門は，直ちに「問題先（格付Ⅹ）」の登録を行い，関係する部門に通知を行う。その際，当該問題先に対する与信限度額は，自動的に消滅させる。

　取引先が問題先に指定された場合は，まず，全社またはグループ全体の債権・債務残高および契約残高を確認し，また，注文書・注文請書，納品書・受領書などの証憑類の確認，取得済みの担保の状況を確認する。その後，営業部門と管理部門は共同で債権保全・回収の計画を策定する。そして与信限度額の申請を行い，管理部門の審議のうえ，決裁者は債権保全・回収の計画とともに与信限度額の決裁を行い，再設定する。

|2-5-5| 与信管理規程の作成

❖文書化の重要性

　与信管理を行ううえでは，**図表2-30**のようにプロセスを文書化して規定し，そのプロセスを行った結果を記録として作成し，保存することが重要となる。

　どこまでの文書を作成するかについては，それぞれの企業が必要と認める範囲で決定する。規程のみとしている企業もあれば，ISOのマネジメントシステムを導入している企業のように，業務の手順書まで細かく作成している企業もある。その妥当性については，検証する必要がある。

(1) 文　　書

　与信管理の意思決定プロセスやマネジメントシステムに関わるすべての業務を実行し，維持していくうえで必要となる規程やマニュアルのことである。

　具体的には，与信管理規程やその細則，決裁権限表，各業務の手順書・マニュアルが挙げられ，作成された文書に従って業務が実行されることとなる。

(2) 記　　録

　与信管理のマネジメントシステムの各プロセスや与信管理の意思決定に関わる事象については，記録を取って保存しなければならない。与信管理のプロセスにおける記録も，与信管理文書の一部として管理する。

第 2 章　与信管理制度の構築と運用

図表 2 −30　与信管理文書体系の例

記録を維持することによって，実施した結果を証拠として示すことができ，さらに実施責任の所在が明確となるため，非常に重要な作業となる。

❖文書管理

与信管理文書については，**図表 2 −31**のように作成者と承認者を決めておくことが必要である。同様に改訂者と承認者も定め，必要に応じて改訂していく。改訂時の承認については，基本的な項目の改訂に対してのみ経営陣による承認を必要とする，と規程で定め，それ以外の細則や手順書などは，統括責任者が承認できるようにしておくことで，機動的かつ効率的に運用できるようにする。

与信管理に関する文書管理規程を特別に設けてもよいが，社内の文書管理規程に則して定め，管理する文書の中に与信管理文書の項目を追加するほうが効率的である。

❖与信管理規程

与信管理規程は，企業ごとの与信管理の重要度により，内容はさまざまなものとなる。

個々の取引先に対する売上高がさほど大きくなかったり，回収サイトが短かったり，与信管理の重要性が低いとされている企業では，与信管理規程として独立させずに，販売管理規程の中に与信管理に関する章を設け，4 〜 5 条で簡潔に条文化されていることが多い。

しかし，貸倒れが発生しやすい業種や，商社などのように売掛債権が多額に

2－5　社内ルールの設定（与信事後管理プロセス）

図表 **2－31**　与信管理文書体系の詳細

文書階層	文 書 名	作成(改訂)者	承認者
与信管理規程	与信管理規程	統括責任者	取締役会
与信管理規程細則，与信管理手順書	与信管理規程細則 与信管理決裁権限表 新規案件申請手順書 既存案件継続申請手順書 与信限度額管理手順書 問題案件管理手順書 担保取得維持管理手順書 事故案件管理手順書 与信管理内部監査手順書　　　　　など	管理部門長	統括責任者
計画書・記録	与信ポートフォリオ分析記録 与信限度額申請書，与信限度額審議書 信用調書取得依頼書 事故報告書 問題案件報告書 回収異常報告書 与信限度額違反報告書 与信管理会議議事録 与信管理教育訓練計画 与信管理教育訓練実施記録 与信管理内部監査計画 与信管理内部監査実施報告書 マネジメントレビュー議事録・指示書　　など	管理部門担当	管理部門長
その他文書	倒産企業白書 企業財務分析統計 与信管理テキスト 事故・回避事例集 企業要覧	─	─

なるような業種においては，与信管理の重要性が高くなるため，与信管理規程を独立させて設けることで，社内における与信管理に対する意識強化につなげている。

　規程の柱となるのは，与信限度額の設定と管理であり，これらの方法，手続，その実施者および責任者を与信管理規程の中で明らかにする。

　規程が明確になっていない中での業務は，社内に不安が広がって疑心暗鬼になり，とれる与信リスクもとれなくなってしまう可能性が生じる。与信管理規程が明確になっていてこそ，管理部門の牽制機能も有効なものとなり，また規程を作ることによって，企業が受容するリスクの範囲を経営陣に伝えることも可能となる。

第2章　与信管理制度の構築と運用

❖与信管理規程に盛り込むべき条項

与信管理規程には，以下のような内容を盛り込むことが望ましい。

(1)　目的

正確かつ効率的な与信管理を行うために，基本的な条項を盛り込む。ここでは，与信管理規程の目的や管理責任者を定める。

(2)　取引時の申請フロー

新規取引の開始時および取引拡大時の手続に関するフローを明確にする。

申請者と決裁者だけでなく，申請内容を調整・審議する役職者も合わせて定めておく。一般的には，金額や取引先の信用力ごとに決裁ルートを定め，業務の効率化を図るべきである。また，決裁ルート毎に必要な添付書類を分けて定めることも管理手法として有効である。

(3)　取引の事後管理

貸倒れのリスクを低下させるためには，継続した与信管理が重要である。与信管理規程上には，取引先の信用力に変化はないか，設定した与信限度額を超過していないか，売掛債権は遅滞なく回収できているのか等のチェックフローを定めておくべきである。

そして，実際に支払遅延が発生した場合，事務的なミスなのか，資金繰りが悪化しているのか見極め，回収に至るまでのフローを明確にしておくことで，迅速な対応が可能となる。

また，調査の結果，取引先の信用力に懸念が生じた場合，担保の取得等による債権保全を図るケースがあるならば，債権保全を行うべき取引先の基準や，取得する担保の種類を規程に盛り込んでおくことが望ましい。

(4)　事故発生への対応

万が一，取引先が倒産した場合，可能な限り自社が受ける損害を抑える必要がある。与信管理規程内に，より多額の回収が可能となるフローを明記しておき，担当者が迅速に行動できるように定めておくことが望ましい。

また，自社に損害が発生している事実を重く受け止め，社長や担当役員など，通常よりも上位の役職者を承認者とする報告フローを定めておくべきである。

(5)　与信管理体制の見直し

外部環境や企業の信用力は変化していくものであるから，定期的に与信管理体制を見直す必要があり，与信管理規程内に，管理体制の見直しフローを盛り込んでおくことが望ましい。

2-5 社内ルールの設定（与信事後管理プロセス）

　また，与信管理に関係がある業務に従事する従業員に対して，必要な知識・スキルを明確化し，知識・スキルの確保を目的とした与信管理の研修・教育方法を盛り込むことも有効である。

第2章　与信管理制度の構築と運用

2-6

与信管理ルールの見直し

2-6-1　実用化を見据えた改善

❖Check→Actの重要性

　一度で理想的な制度の構築と運用状況に到達できるケースはきわめて少なく，通常は何度も失敗と見直しを繰り返しながら，少しずつ自社に合った形へ近づけていくこととなる。また，自社の経営内容や経済情勢の変化に柔軟に対応していくことも重要である。

　与信管理体制を高いレベルに到達させるには，大きな労力をかけて構築を行った後，長期間変更しないという方法より，PDCAサイクルを最低1年に1回は実施，その評価・見直しを定期的に行い，小幅な変更でも継続的に改善を行うという手段を用いるほうがより効果的である。

　また常に見直しを行い，自社や外部環境に合ったものにしておくことで，他社では判断に時間がかかる与信リスクも，自社では迅速な判断により対応することができるようになるため，他社に対する競争優位を保つことができる。

❖経営陣へのインプット

　与信管理は，企業経営における非常に重要なシステムの1つのため，管理部門はその管理状況について，タイムリーに経営陣に報告を行うことが重要となる。

　取引先ポートフォリオの変化，事故や問題の発生状況，与信限度額の審議・登録件数，与信限度額の超過・未設定件数，与信管理教育の結果，外部環境の変化についてまとめるとともに，その変化に対応するための対策を提言する。

　経営陣は，これらの状況などをレビューし，与信管理を改善するための討議を行う。そこで，与信管理の有効性がさらに向上するよう，人材や費用などの経営資源の再配分を決定し，改善に結びつけるのである。

　経営陣による見直しは，マネジメントシステムの中では「マネジメントレ

142

ビュー」と呼ばれ，非常に重要なプロセスである。少なくとも年に1回（理想は4半期に1回）は実施すべきである。

❖与信管理目標の設定

経営陣による見直しの結果は，次期の与信管理目標となる。目標は会社全体の「全体目標」と，各部門の「部門目標」に分けて設定することが望ましい。部門目標は，より具体的かつ個別的な内容とする。

与信管理の戦略は，経営戦略を踏まえて数年間を視野に置いた中長期計画として設定するが，与信管理目標はそれをブレイクダウンした年度計画として設定されることが多い。

貸倒引当金に関する数値目標，問題先債権の削減，限度額違反の件数削減などの数値管理する目標や，システム構築や報告形式の設定・改訂など，目標の数は制限する必要はないが，部門目標については，全体目標との整合性を確保して設定する必要がある。

❖取引先全体の与信リスクの変化

全社またはグループ全体の取引先の与信ポートフォリオが，どのように変化しているかを定期的に捉えていくことが重要となる。

管理部門は，定量化した与信リスクを損益計算書（P/L）の利益や貸借対照表（B/S）の純資産と比較することで，自社の与信リスクが収益力や財務体力の範囲内に収まっているかを確認する。これにより与信ポートフォリオの悪化を早期に把握でき，格付が低くなった先への管理・保全の強化や，貸倒引当金の積増しなどの対処をとることができる。

そして，**図表2-32**のように格付別の与信残高，信用リスク量分布の状況についてグラフを作成することで，与信リスクの時系列的な変化を捉えることができる。これにより，全社またはグループ全体で与信管理に取り組んだ結果が，その変化になって表れることとなる。たとえば**図表2-32**のようにVaRが逓減していれば，全社的な取組みに一定の効果が表れたとみることができる。

また，**図表2-33**のように，期間内の取引先のうち，格下げされた企業が多いのか，格上げされた企業が多いのかなど，どのように変化したのかについて遷移を分析する。大きく格付が動いている会社は特に注目をし，与信の見直しを行うなどの対応をとる。

第2章 与信管理制度の構築と運用

さらに**図表2-34**のように，業種別や地域別に分析することで，どの事業や地域に与信リスクが集中しているかをつかむことで事業戦略や地域戦略の見直しに役立てることが可能となる。

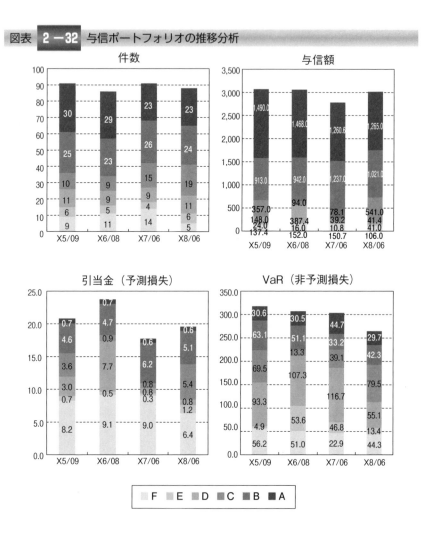

図表 2-32 与信ポートフォリオの推移分析

2－6　与信管理ルールの見直し

図表 2－33　格付遷移分析

前回格付 X7/06	今回格付X8/06								総計	前回比	
	A	B	C	D	E	F	G	データ無		良化	悪化
A	16	6							22	—	27.3%
B	4	13	3						20	20.0%	15.0%
C	1	3	6	3					13	30.8%	23.1%
D			3	5	1				9	33.3%	11.1%
E			2	2					4	100.0%	0.0%
F			3		2	4			9	55.6%	—
G		1				1	3		5	—	—
データ無	2	1	2	1	3		2		11	—	—
総計	23	24	19	11	6	5	5	0	93	21.5%	14.0%

■…前回より格上げになった件数　**20件**　　□…前回より格下げになった件数　**13件**

図表 2－34　業種や地域ごとの格付分布分析

業種		格付 A	B	C	D	E	F	G	合計	比率 (%)
5422	自動車部分品・付属品卸売業（中古品を除く）	3	4	5	2	2	2	1	19	20.4
6091	ホームセンター	7	2	2	1	0	0	0	12	12.9
5321	塗料卸売業	1	2	2	2	1	1	0	9	9.7
5699	その他の各種商品小売業（従業員が常時50人未満のもの）	3	3	0	0	0	1	0	7	7.5
5512	荒物卸売業	0	1	2	2	0	0	0	5	5.4
5419	その他の産業機械器具卸売業	1	2	0	1	0	0	0	4	4.3
5329	その他の化学製品卸売業	0	2	0	1	1	0	0	4	4.3
1699	他に分類されない化学工業製品製造業	2	1	0	0	0	0	0	3	3.2
5913	自動車部分品・付属品小売業	0	1	1	0	0	1	0	3	3.2
5492	計量器・理化学機械器具・光学機械器具等卸売業	0	0	2	1	0	0	0	3	3.2
5523	化粧品卸売業	1	1	0	0	0	0	0	2	2.2
5599	他に分類されないその他の卸売業	1	1	0	0	0	0	0	2	2.2
5611	百貨店，総合スーパー	1	0	1	0	0	0	0	2	2.2
6022	荒物小売業	0	1	1	0	0	0	0	2	2.2
9999	その他	3	3	3	1	2	0	4	16	17.2
合計		23	24	19	11	6	5	5	93	100.0

第2章　与信管理制度の構築と運用

地域 ＼ 格付	A	B	C	D	E	F	G	合計	比率(%)
北海道	2	0	0	0	0	0	0	2	2.2
東北	0	0	2	1	0	0	0	3	3.2
北関東	2	4	0	0	0	0	0	6	6.5
首都圏	5	11	5	4	3	4	3	35	37.6
甲信越・北陸	2	1	0	0	1	0	0	4	4.3
東海	6	3	2	0	0	0	0	11	11.8
近畿	5	4	6	3	2	1	1	22	23.7
中国	0	1	1	2	0	0	0	4	4.3
四国	1	0	0	1	0	0	0	2	2.2
九州・沖縄	0	0	3	0	0	0	1	4	4.3
合計	23	24	19	11	6	5	5	93	100.0

❖営業部門やグループ企業の実績評価

　営業部門やグループ企業ごとで分析，リスクを定量化することで，業績評価・予算策定に生かすことができる。

　営業部門によっては，単年度では利益が出ている部門でも，与信リスクの高い案件が多ければ，次年度以降の貸倒れ発生によって，蓄積した利益を喪失してしまうおそれがある。逆に，信用リスクが低く，安定的に利益がとれる事業もある。前者は，将来に貸倒れ損失を先送りしているとも考えられるためその評価を下げ，後者は積極的に評価をしていく必要がある。

　営業部門やグループ企業の引当金が増額した場合は，利益からマイナスし，逆に引当金が減額した場合は，利益をプラスすることで営業予算実績と与信管理を連携させていくことができる。

　たとえば**図表2－35**のような場合，B営業部はA営業部よりも利益（営業利益）を上げているが，与信リスクを加味して調整（調整後利益）すると，A営業部のほうが利益を創出していることがわかる。B営業部は与信リスクの高い取引を行い，利益を上げている。

　このように，営業部門ごと，地域ごとに信用リスクを定量化することにより，与信管理を軸とした目標設定・評価を実施することができる。

2－6　与信管理ルールの見直し

図表 **2－35** 与信リスクを加味した部門決算

	A営業部	B営業部	C関連会社	合計
営業収入	100	100	40	240
営業費用 （原価・販管費）	70	50	20	140
営業利益	30	50	20	100
引当金増加 （予測損失）	0	25	5	30
調整後利益	30	25	15	70

❖規程の運用状況および問題点

　管理部門は，全社またはグループ全体における与信限度額の審議件数と登録件数を集計し，与信限度額の決裁業務が行われた件数を経営陣に報告する。これは営業部門やグループ会社ごとの限度額申請業務の負荷，管理部門の審議業務の負荷を表す資料となる。

　また，管理部門は，営業部門ごとに与信限度額未設定，与信限度額期限切れ，または与信限度額超過の発生状況についても集計して報告を行う。

　限度額超過などが頻繁に起こる場合は，与信限度額決裁フローの業務負荷が大きすぎないかなど，その原因を追及することで改善につなげることができる。

❖問題先・事故先に関する報告

　管理部門は，営業部門やグループ会社ごとに事故先や問題先を集計し経営陣に報告を行う。問題先については，業績・財務内容の推移，問題が発生している内容と管理方針，設定している与信限度額と債権残，担保等で保全されている金額などを記載した問題先報告書を作成する。そして営業部門と管理部門が一体になって業況や資金繰りをチェックしているか，回収計画を立てフォローアップしているかについて報告を行う。

　また事故先については，当初の債権額，回収が見込める金額，回収できた金額，償却した金額等を記載した事故先処理状況報告書を作成し，事故先の状況について報告を行う。

　問題先報告書（**図表2－36**）や事故報告書をベースにして，規程や帳票類，

第2章　与信管理制度の構築と運用

図表 2－36 問題先報告書

主管営業部門	取引先名(取引先コード)	格付	業績・財務（百万円）				問題点・管理方針	与信限度額	与信残高	リスクヘッジ	正味リスク
食品流通部	○×工業 (40556)	F	決算期	X4/12期	X5/12期	X6/12期	取引歴の長い食品製造業者。バブル期に第二工場を建て新事業進出。しかしバブル崩壊で受注伸びず，膨大な借入が経営を圧迫。最近受注が拡大しており，昨年償却前黒字に転換。今後も第二工場が黒字継続するかチェックする必要あり。月次損益と資金繰りの報告を受け，管理中。不動産担保設定しており，10百万円の価値見込める。	100	85	10	75
			売上高	3,005	3,217	3,315					
			当期利益	17	48	66					
			純資本	4,025	4,111	4,105					
			総借入	2,451	2,021	1,899					
			自己資本	**−123**	**−75**	**−9**					
木材部	△▲産業 (21977)	X	決算期	X5/3期	X6/3期	X7/3期	低収益で内部留保未充実，借入過多で要注意先としてフォローしてきた先だが，昨年秋口の売上低下により資金ショートを招き，本年10，11月に合計20百万円の手形ジャンプを実行（来年9月ジャンプ分は完済予定）。在庫含み損，子会社への資金固定など多くの問題を抱えており，管理体制作りを完了させる方針。	70	65	0	65
			売上高	3,445	3,716	3,839					
			当期利益	5	3	10					
			純資本	3,305	3,641	3,439					
			総借入	2,367	2,696	2,842					
			自己資本	292	295	304					

マニュアル等に欠陥がなかったかを確認し，必要があれば改善を行う。貸倒れ事故は，必ず発生するものである。しかし，その後の再発防止策が適正に講じられたかどうかで，再度同じ失敗を繰り返す企業とそうでない企業では，将来的に大きな差となって表れるのである。

　また，報告書においても，再発防止につながるよう，原因究明に力点を置いたものとなっているかをチェックすることが重要である。

❖その他の確認項目

(1) 与信管理教育・訓練結果

　教育・訓練計画と教育・訓練報告書をベースに，教育・訓練の実施状況とその有効性を確認する。具体的には，OJTが適切に機能しているか，日常の業務運営を通じて従業員に与信管理の意識・知識が身についているかを確認し，また部門ごと，階層ごとに教育・訓練プログラムが組まれ，定期的に実施されているかも確認する。

(2) 事業内容，法規制，社会的風潮の変化

　与信管理体制の見直し時には，法制度の変化，判例なども確認する必要がある。担保実行時の法的手続などに影響が出ることもあるため，管理部門は特に常日ごろから注意しなければならない。

2－6 与信管理ルールの見直し

2000年以降でも，2004年5月の担保・執行法改正，2005年5月の新破産法施行，同年4月の包括根保証を廃止する民法改正，同年10月の動産・債権譲渡特例法改正，2006年5月施行の会社法など，与信管理に関わる法制度が多く変更されており，2020年4月には改正民法が施行される。管理部門は，法令・判例の変化を的確に捉え，自社の与信管理に与える影響についても調べ，対策をとるべきものがあれば合わせて経営陣に報告する。

法規制の変化が業界全体に影響を及ぼす場合があり，規制の強化や緩和によっても，事業環境は大きく変化する。また自社が，M&Aなどを行うことで事業環境が大きく変化することもある。それらの変化に，自社の格付基準や与信管理体制が適合しているかどうかも見直しの対象となる。

さらには，ほかに有効な評価手法，管理システム，保全手段がないかについても情報収集し，アウトソーシングや債権保証サービスの見直しなども行う必要がある。

(3) 過去の見直し結果，与信管理目標

過去の見直しの結果，改善項目として挙げられていたことや，与信管理の目標として挙げられていた項目について，達成状況を確認する。

❖評価・見直しチェックリスト

評価・見直しを行う際は，どのような手法で何をチェックするのかを記載したチェックリストが必要となる。**図表2－37**は，チェックリストの一例である。

149

第2章　与信管理制度の構築と運用

図表 2—37 チェックリスト例

経営陣の信用リスクに対する認識

チェックポイント		留意点	確認資料
与信管理の重要性に関する経営陣の理解	与信管理について経営陣が明確な方針を持ち、堅実な業務運営に努めているか	・管理部門と営業部門を実質的に分離するなど、売上・利益を優先した過度の与信を排除しているか。 ・連結ベースでの信用リスクの所在と管理体制について正確に理解しているか。 ・与信管理に対する方針・目的が明確になっているか。 ・与信ポートフォリオ分析による全体管理について、その意義を十分理解し、管理会計への的確な反映、信用リスク管理面の強化等に有効に活用することの重要性を認識しているか。 ・自己資本等財務体力に見合った与信管理の必要性を認識しているか。	与信管理規程、ヒアリング

与信ポートフォリオ分析

チェックポイント		留意点	確認資料
洗い出しのプロセス	分析に必要な取引先を洗い出せているか	・営業部門や関係会社が総与信残高の8割以上の取引先を洗い出せているか。 ・名寄せ作業が適切に行われ、取引先に対する全社与信残高が把握できているか。	与信ポートフォリオ分析記録
格付基準	社内格付の基準は適正か	・定量・定性要因の組合せによる客観的な企業判定（格付）基準が存在しているか。 ・格付基準は、倒産確率等を算出でき、リスクを定量化できるものか。 ・格付基準は定期的に見直しが行われているか。 ・格付基準は、社内の誰もが容易に理解できるものか。 ・高格付先の問題・事故案件発生が皆無ないし僅少といえる範囲か。	与信管理細則
与信ポートフォリオの評価	与信ポートフォリオを評価する体制整備が進んでいるか	・営業部門や関連会社を含め、特定の業種や、特定企業ないし企業グループ等への与信が集中しているかを定期的にチェックしているか。 ・与信ポートフォリオの取引先の分布状況や財務体力から適正な与信管理ルールが構築できているか。 ・与信リスク測定のためのシステム・サポート体制を整備しているか。 ・与信リスクの定量化へ向けた体制を整備しているかまたは定量的に把握する手法を確立しているか。	与信ポートフォリオ分析記録
適正な引当額の評価	与信リスクの定量分析をもとに適正な引当額の算定を行っているか	・引当基準は会計監査人の引当てに関する考え方と整合的か。 ・引当額は定量化したリスク量と比較して適当か。 ・定量化したリスク量は貸倒実績率と比較してどうか。	与信ポートフォリオ分析記録
報告体制の整備	明確なレビュー方針のもと、役員会等に的確な報告を行っているか	・経営陣に対し、与信ポートフォリオの分析結果を定期的に報告しているか。 ・経営陣への報告の際、状況に応じて規程の問題点等、改善につながる内容についても経営陣に適宜報告しているか。	

2－6　与信管理ルールの見直し

与信管理規程の遵守状況

チェックポイント		留　意　点	確認資料
取引先の定量・定性評価	取引先の経営実態の良否を十分把握しているか	・取引先の決算書の信頼性をチェックしているか。 ・決算書による財務内容分析，キャッシュ・フロー把握等を実施しているか。 ・取引先の実在，および現場の状況を訪問することで把握できているか。 ・各種の信用情報を収集しているか。 ・取引先の分析を行う際，業界・業種の特性を考慮に入れているか。	
取引実態の把握と管理体制の評価	取引先の評価だけでなく，取引の流れを十分検討しているか	・回収条件は適当かをチェックしているか。 ・立替資金負担は大きすぎないかをチェックしているか。 ・受領書などの債権の存在を示す書類は残る形になっているか。 ・特約の入った基本契約を締結しているか。	
審議の実施	審議は適切に行われているか	・取引先に定量・定性要因の組合せによる客観的な格付を分析して付与しているか。 ・社内格付等を勘案して与信限度額を設定しているか。 ・社内格付を踏まえ利益率等を勘案しているか。 ・申請書の様式が適当かチェックしているか。	与信管理細則
営業部門専決案件	営業部門に対する与信権限の委譲が適切か	・営業部門への権限の委譲が財務体力や，経営方針，業容に照らして適切かどうか。 ・営業部門専決案件に対して管理部門が事後チェックを行っているか。	
管理部門審議決裁案件	審議内容を反映した決裁となっているか。牽制機能が有効に働いているか	・決裁者が審議意見を踏まえて，営業部門に対し必要に応じて追加調査や取引条件付加を指示しているか。 ・大口取引先や高シェアをとる集中管理対象取引先に関して決裁者は管理方針を指示しているか。	
取引先の業況トレース	与信先について，実行後の財務分析等による業況トレースを行っているか	・与信限度額に期限を定めて見直しを行っているか。 ・必要に応じて決算期ごとの財務分析，信用調書等による分析，現場の変化のフォローアップを実施しているか。 ・必要に応じて審議・管理に必要かつ十分な業況や経営状態に関する最新データ，信用情報を常に収録しているか。 ・債権推移表を作成し，取引の状況が決済条件どおりにできているか。 ・取引先の管理状況や取得担保の価値算定を行い，リスクを把握できているか。	
与信管理システム等の整備	事前審査・中間管理等に有効に機能するシステムを整備・活用しているか	・機能的な与信管理・債権管理システムを導入し，活用しているか。 ・取引先に対する連結ベースの債権の状況，過去推移を抽出できるか。 ・回収異常，与信限度額違反をタイムリーに検知できるシステムとなっているか。	
規程違反発生の有無	規程違反発生の事実がないか	・事後決裁となっているものはないか。 ・与信限度額違反は頻発していないか。 ・回収異常，与信限度額違反に対する対処はタイムリーになされており，報告もされているか。	

151

第2章　与信管理制度の構築と運用

2−7

与信管理教育

|2−7−1|　与信管理教育の必要性

　与信管理は，その戦略を実現するHuman Capital（人的資本）で決まる。ここに教育を投下することで個々人の能力が向上し，企業の成長は実現する。

　日ごろから現場の営業担当者に教育や訓練を行い，意識，知識，力量のレベルを上げていくことが重要である。

❖営業部門における教育の重要性

　営業部門は，与信管理の最前線におり大変重要な責任を負う。なぜなら，取引先自体やその周辺から情報を収集し，現場で判断し対処するなど，取引先の一次管理を担当するからである。

　したがって，営業担当者が与信管理の要諦を理解し，現場で敏感に反応できる企業は，貸倒れの被害が少なくなる。現場の生の情報，これに勝る信用情報はない。

　当然のことながら取引先の変化を知るためには，日ごろから取引先に出向き，取引先の常態（平常時）を知っておくことが必要である。そして何か異常があったとき，「何か変だ」といった第六感が働くようにしておくこと，これこそ生きた与信管理といえる。

|2−7−2|　与信管理教育計画

❖与信管理に必要な能力

　企業の与信管理のレベルは，管理部門が必死に対策を行えば向上するものではなく，従業員1人1人の与信管理マインドと能力の高さによって決まるといっても過言ではない。したがって，管理部門が積極的に与信管理教育を計画し，実施していくことが重要となる。

152

2－7 与信管理教育

　ここでいう能力とは，「与信管理やマネジメントシステムを推進する重要性
への理解」，「会計，税務，法律など与信管理を行うための知識」と「自社のコ
ンピュータシステムでの債権推移などの調べ方や取引先からの情報収集，取引
先倒産時の対処法などを現実に実施することができる力量」を意味する。

　与信管理に携わる従業員は，その役割を果たすために必要な能力を持たなけ
ればならない。また，必要な能力については，与信管理能力明確書の中で明文
化し，規定する必要がある。

❖営業部門に必要な能力

　新人教育（1～3年目），中堅社員教育（5～10年目），管理職教育と，レベ
ル別に分けて教育を行うことが大切である（**図表2－38**）。レベルに応じた教
育テーマと必要な能力を設定し，能力を順に引き上げていくべきである。

図表 2－38 営業部門の教育テーマと必要な能力

	教育テーマ	必要な能力
新 人	①与信管理活動の必要性 ②与信管理における営業部門の役割 ③自社の与信管理の組織と仕組み ④取引限度額申請書の書き方	与信管理マインドを持つ 現場で情報収集ができる 社内での情報収集ができる 意思決定フローがわかる
中堅社員	⑤信用調書の読み方 ⑥決算書の読み方 ⑦商流の理解，契約書の理解 ⑧担保などリスク低減の方法 ⑨事故対応研究	取引先の信用力を分析できる 決算書が読める 契約書の内容を理解できる リスクヘッジ方法を知っている 緊急時に対応できる
管 理 職	⑩営業マン教育の方法 ⑪与信ポートフォリオ分析とPDCAサイクル ⑫与信管理理論の研究	部下を教育指導できる 担当取引先全体構成がわかる 与信管理理論を理解できる

❖管理部門に求められる能力

　与信管理の担当者には，非常に幅広い分野について，専門的な能力が求めら
れる（**図表2－39**）。しかし一般的には，一人前の審査担当者を育てるには5
年かかるといわれているように，そのレベルに達するためには，多くの時間が
かかる。

　管理部門の担当者は，与信管理の観点からの要請事項を経営に反映させるこ
とができる能力，いわゆる経営センスが求められる。また，一般的なマネジメ

第2章　与信管理制度の構築と運用

図表 **2−39** 管理部門の担当者に必要な能力

	ベテラン審査マン	新人審査マン
会計・税務財務分析	・会計原則や各会計制度変更について概要を理解している。 ・有価証券報告書，決算短信の内容，仕組みがわかり，読める。 ・税務申告書を読める。 ・継続企業の前提に関する注記，監査法人変更などで上場会社の危険兆候とその意味がわかる。 ・C/F，資金繰り表について作成できる。 ・簿記2級を取得している。	・決算書類の入手方法がわかる。 ・B/S，P/L，C/F，資金繰り表の各計数の意味がわかり，読める。 ・主な財務指標についてその適正水準と危険水準がわかる。 ・決算書の勘定に表れる危ない兆候がわかる。 ・簿記3級を取得している。
信用調査情報収集	・調査会社に問い合わせ，情報交換ができる。 ・取引先のグループ企業に関するデータ収集と連結での企業分析ができる。 ・信用調書を読んで企業の概要と問題点を抽出できる。 ・各調査会社のサービスライン，売上・利益を知っており，業界図が書ける。 ・調査会社の調査方法とその限界について理解できる。 ・倒産件数とその傾向についてわかりやすく説明できる。	・情報のリソースについて種類と特徴がわかる。 ・不安情報（貸倒れ，手形，支払異変など）について理解できる。 ・調査会社の種類と得意，不得意分野についてわかる。 ・調査会社の組織についてわかる。 ・格付会社とその格付の概要についてわかる。
業界知識	・主な業界（業界地図レベル）のメインプレイヤーとその銀行の系列などを知っている。 ・主な企業集団についてそこに含まれる会社を知っている。 ・業種ごとに表れる決算書の特徴についてわかる。	・業種別審査事典を読んで業界知識を収集できる。
法　律担　保	・会社法について理解している。 ・不動産登記簿謄本について取り方，記載事項がわかり，簡易な時価評価ができる。 ・債権保全の各手法について概要と問題点を理解している。 ・倒産手続の流れについて理解している。 ・倒産事故発生時の対応（現状把握，保全，回収策）について理解している。	・倒産法について概要を理解できる。 ・手形，小切手の仕組みについて概要を理解できる。 ・商業登記簿謄本について取り方，記載事項がわかる。
経　営	・企業価値の評価方法について理解できる。 ・M&Aの手法とその違いについて理解できる。	・競争戦略，マーケティング戦略について概要を理解できる。
マネジメントシステム	・PDCAサイクルの規定について理解できる。	・PDCAサイクルの概要について理解でき，部署の業務を改善できる。

ントシステムに関する基礎知識を持つことが望ましいことはいうまでもない。

さらに，与信管理マニュアルを策定する能力，与信管理の計画の有効性や実現性などを評価する能力，与信管理制度を構築・維持できる能力なども必要である。したがって，より一層必要な能力を明確にして，それをどのように身につけさせるかについて計画を立て，根気よく取り組んでいくことが重要となる。

❖カリキュラムの策定

与信管理に携わる従業員が必要な能力を身につけ，その能力を維持・向上させるためには，戦略的かつ計画的な実施が不可欠となる。人材育成，組織活性化の鍵は，「1人1人の行動様式を変えること」である。これを実現するには，取組みを継続していくことが求められる。

管理部門は，人事部門と調整して年間の与信管理教育・訓練計画を策定し，実施を確実なものとする必要がある。この場合，人事部門が作成する全社的な教育・訓練計画の中に，与信管理研修を組み込む形でもよい。なお，カリキュラムとスケジュールを策定するためには，次の事項を考慮しなければならない。

① 経営目標との整合性
② 与信管理上の課題
③ 従業員の役割や現状の能力に応じた教育項目
④ 教育結果が客観的に評価できること

❖与信管理教育の実施

各部門は，教育・訓練計画に従って教育・訓練を実施する。教育・訓練は，目的・業態・設備・予算・スケジュールなどに応じて，OJTとOff-JTを最適な形で組み合わせて実施する。

しかし，これらの教育に関しては，自社の教育体制が整っていなければ困難であることから，すべて社内で行うことに限らず，一部を第三者に委託することも検討するとよい。第三者による外部研修では，社内では得にくい知識を得ることや，客観的な研修内容により説得力が増すことが期待できる。

❖OJT

OJT（On-the-Job Training）とは，「職場内訓練」のことであり，従業員は担当する業務に就いたまま，業務を通じて訓練を受け，業務を行ううえで必要

となる能力を習得する。各従業員が身につけなければならない職務遂行上の能力は、現場の上司や先輩が実際に業務を通じて、従業員と試行錯誤を繰り返しながら伝えていく方法がとられることが一般的である。

これまで日本では、OJTが教育訓練の基本とされてきたが、終身雇用を前提としない今日では、OJTによる従業員の教育訓練はコストがかかりすぎると考えられるようになってきている。

上司や先輩が部下や後輩のOJTに充当する時間をある程度確保する必要があり、効率的に訓練を施す手法が模索されて、昨今ではこれまでOJTで行われてきた内容をOff-JTで教育していこうという試みも行われている。

❖Off-JT

Off-JT（Off-the-Job Training）とは、「職場外研修」のことで、従業員が社内外での研修によって業務遂行上の能力を習得することをいう。Off-JTの主なものとして、集合研修とeラーニングが挙げられる。Off-JTにおいては、この2つを効果的に組み合わせることによって、高い学習効果が狙える（**図表2－40**）。

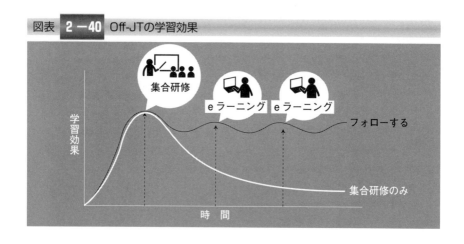

図表2－40　Off-JTの学習効果

(1) **集合研修**

専門のトレーナーと受講者が実際の教室に集まり、講義と実習（または演習）を行う。その場で受講者が疑問点を解消することができるなど、高い教育

効果が期待できる。また実習や演習を伴う研修であれば，臨場感を味わうことができる。

　管理部門は，営業担当者の教育訓練を重要な仕事の一部として位置づけ，先頭に立って債権回収することの重要性を明確に説明し，その与信管理マインドの向上と兆候を察知する能力の強化を図る。営業担当者に対する教育訓練内容としては，次の点に留意して進める必要がある。

① 通り一遍の説明でなく，事故事例など実例を用いて説明し，臨場感を持たせる（具体的な回収方法，与信管理方法も明確にする）

② 研修は一方的な講義形式ではなく，討議方式を取り入れて実施する

(2) eラーニング

　インターネットなどを利用し，パソコンの画面上で教育を行う。集合研修と比べ，遠隔地にも教育を提供できること，従業員の時間の調整が必要ないことが特徴。近年は，企業の社内研修に広く用いられている。

❖テキストの配布

　与信管理の一般知識をまとめた与信管理テキストを用意しておき，各部署に備え付けるか，従業員に配布する。テキストはできるだけ自社の業務に即したものにしたり，図や表を用いて視覚的に理解しやすくすることでより高い効果が期待できる。

❖ビジネス実務与信管理検定試験（1級〜3級）の受験

　リスク管理情報研究所が主催する，与信管理実務における実践的な知識と能力を確認することができる検定試験である。

　出題範囲は，①与信管理の基礎，②信用情報の収集，③財務分析・定性分析，④与信管理制度の構築と運用，⑤契約法，⑥債権保全と回収となっており，業務上理解しておくべき基礎的な与信管理知識，与信リスクの発見とその評価，一般的な債権保全・回収手法についての理解度を測ることができる。1級・2級は全国の指定会場におけるCBT方式（コンピュータ・ベース・テスト）での受験であり，3級はインターネット接続が可能であるパソコンがあれば，受験日時や申込締切の制限なく常時受験することができ，受験後即時に合否を知ることができる。

　1級は3〜5年程度の業務経験を有する審査部門のスタッフおよび営業およ

第2章　与信管理制度の構築と運用

びその他の部門における管理職，2級は1～3年程度の業務経験を有する審査部門のスタッフおよび営業およびその他の部門において3～5年程度の業務経験を有する社会人全般，3級は部門を問わず1～3年程度の業務経験を有する社会人全般を想定した試験となっている。

❖教育の有効性評価

教育を実施した後は，テストの実施やレポートの提出などにより知識の習得状況を確認し，教育の有効性を評価する。期待したレベルに達しなかった場合は，再度教育を実施し，求める能力を従業員が身につけられるようにするとともに，教育カリキュラムの見直しを実施する。

また，得られた知識を現場で実施できるかということも教育の評価対象とすることで，教育の成果をより高めることができる。

❖従業員の能力の評価

教育の実施結果に基づき，従業員能力をあらかじめ定めた基準に従って評価する。能力の評価が人事考課に組み込まれることで，従業員の能力開発に対するインセンティブが働くようになり，教育の効果が一層高くなるのである。

図表 **2 −41** 与信管理教育マニュアル例

与信管理教育マニュアル
1．目的
　この手順書は，○○株式会社（以下，当社という）の与信管理規程の教育・訓練に関する規程を推進するため，与信管理に関係がある業務に従事する従業員に必要な知識・力量の明確化，その知識・力量を確保するための教育・訓練計画，実施およびその有効性の評価についての実施手順などを明確にすることを目的とする。
2．適用範囲
　この手順書は，当社の与信管理に関係がある業務に従事する全部署に適用する。
3．実施方法
　当社の人的資源の確保に必要な管理手順を下記のとおり明確にする。このプロセスの実施概要は，付表「教育・訓練プロセス業務フロー図」にも示す。
　(1)　必要とする知識・力量の明確化
　　　総務部は，与信管理に関係がある業務に必要な知識・力量を評価する基準は，以下の「業務能力（力量）評価基準」（図表2−42）のとおりとする。
　　　それぞれの基準に必要な業務能力（力量）は，付表「業務能力（力量）明確書」で明確にし，総務部が立案し，役員会にて決裁する。
　(2)　教育・訓練の計画および実施

（i）総務部は，従業員の与信管理に関する知識・力量向上を目指して，「年間教育・訓練計画書」を作成する（図表 2 －43）。本計画書では，教育・訓練の課題を明確にし，実施内容，実施時期，対象の従業員を明確にする。

（ii）各部は，総務部が作成した「年間教育・訓練計画書」に基づき，部署内で教育・訓練計画を立て，従業員の教育・訓練を行う。

　なお，従業員の入社時には，その受入部署が，与信管理に関する基礎教育をリスクモンスターのeラーニング講座「与信管理講座入門編」と，与信管理業務マニュアルに基づき行う。また受入部署は部署業務に対応した実務教育を行う。

（iii）各部は，各教育・訓練プログラムを実施した後，「教育・訓練実施報告書」を作成し（図表 2 －44），実施の記録を作成する。

(3) 教育・訓練の有効性の評価と登録

（i）各部長は，(2)の(i)～(iii)項を実施したのち，これらの実務上の有効性評価を「業務能力（力量）明確書」に基づき，「教育・訓練実施報告書」で行う。

（ii）各部長は，過去に有効性を評価された者についても，改めて業務能力（力量）の評価を行い，その頻度は 1 回／年（ 5 月を目途）とし，必要な場合には臨時で実施する。

（iii）有効性評価を得た該当者を「業務能力（力量）評価基準」に基づき，「業務能力（力量）評価表」に登録する。

（iv）各部長は，これらの業務能力（力量）評価については，人事考課の項目として組み込む。

(4) 従業員の与信管理目標達成に向けた認識の育成活動

　各部長は，与信管理目標について，従業員が"自らの活動が与信管理に関して持つ意味とその重要性を認識しながら，どのように会社業績に貢献するか"を具体的に認識してもらうため，以下の活動を実施する。

（i）各部長は部員とともに，部署の与信管理目標を決定する。決定後は，適宜確認するため部内ミーティングなどでお互いに発表しあうこととする。

（ii）各担当者の取引先について，情報取得，担保取得，債権保全などをともに取り組み，具体的な手法，交渉方法をOJTで習得させる。

（iii）日常に発生する与信管理に関する問題発生に視点を置き，「なぜ発生したか，考えられる原因は何か？」をテーマとして，部内ミーティングにおいて討論を実施する。

（iv）規程解説書，与信管理業務マニュアル，与信管理マニュアルなどの資料に基づき，部内で勉強会を実施し，認識・知識を向上させる。

4．記録

　次の記録を保管し，維持する。

「年間教育・訓練計画書」

「教育・訓練受講報告書」

「業務能力（力量）評価表」

以 上

第 2 章　与信管理制度の構築と運用

図表　**2 －42**　業務能力（力量）評価基準例

	知　識	力　量
S：優　秀	法律的・財務的な知識に基づき，得意先について，十分な判断ができる。	担当している得意先の与信管理状況が十分である。
A：普　通	得意先について，「標準」，「優良」，「標準以下」の判断ができる。	担当している得意先の管理が，ほぼ十分である。
B：教育終了	教育を終了している。	実践的な与信管理は行っていない。

図表　**2 －43**　年間教育・訓練計画書例

管理番号：

20XX年度与信管理年間教育・訓練計画書

課題						
教育・訓練内容	目的・目標	対　象　者	方法（講師）	実施時期	実施確認	
計画作成	計画承認	コメント				

160

2−7 与信管理教育

図表 2−44 教育・訓練実施報告書例

管理番号：

与信管理教育・訓練記録

内　　容		期　　間	
主　　催		講　　師	
受 講 者			

内容詳細	内　容		
	配布物		
	評　価・所　感		
	今後の課　題		報告者

最終記入	有効性評　価		部　長	確　認
	再指導	□必要あり　　□必要なし		

161

第3章

信用情報の収集

第3章　信用情報の収集

3-1

情報収集の基礎

|3-1-1| 信用調査とは

　ある企業と新規，もしくは継続して取引をするときに，その企業が信用を与えるに足るか，自社の営業戦略上重要な取引先で，優良な販売基盤を形成できるかなどについて判断しなければならない。この与信判断にかかわる意思決定をサポートするための調査を「信用調査」という。

　信用調査の第一歩は，「情報を入手すること」である。情報収集は，「入手→分析・評価→伝達→対応策の決定→整理・保存」の流れで実施する。

　入手の段階では，情報は受動的に入ってくるのを待つのではなく，能動的に入手・収集しなければならない。また，情報に対する強い関心と理解を持ち，ニーズを明確にしておかなければ的確かつ良質な情報は入手できない。

　情報とはジグソーパズルのようなものであり，1つ1つの情報（ピース）だけでは取るに足らないものであっても，それらを組み合わせていくことで徐々に全体像が見えてくることがある。

　情報自体の①鮮度（いつの情報か），②信頼性（信頼できるところからの情報か），③稀少性（一部の者にしか知られていないかどうか）の評価を行い，次に他の情報と照合し，正確性を高めたうえで分析・評価する必要がある。

　情報は，その機密性を認識できる人と共有されるべきであり，さらに速やかにしかるべき組織（管理部門など）や人物（上司など）に伝達されなければ意味がない。それは，その情報の内容次第では，「取引を中止する」などの対応策が必要とされることもあるからである。

　また，過去の情報にも価値がある。それは，時系列で情報を整理すれば，状況の変化を明らかにすることができるからである。そのためには，取引先ごとにファイルを作成し，情報を蓄積していくことが大切といえる。この場合，項目別に整理しておいた方がよいが，時系列的に情報を整理しておくだけでも利用価値は高くなる。

164

3−1 情報収集の基礎

この取引先ファイルは、社内で情報を知る必要のある人がいつでも利用でき、判断資料として活用できるようになっていなければならない。担当者が、自分が知る、理解することに満足し、また、機密保持を口実に情報ファイルを隠してしまい私物化してしまっては、せっかく入手し、分析した情報が生かされず死蔵されてしまう。

取引先情報は常に最新に保つように管理すべきである。管理部門においては、与信限度額申請書や提出された書類などを取引先ファイルを利用して時系列に管理し、いつでも参照できる状態にしておく必要がある。管理部門が取引先の信用力や経営状況に関する資料を集中管理することを定めておくことで、営業部門からの取引先に関する重要情報をすべて管理部門に集約させ、全社およびグループ全体の与信リスクを経営者に対して報告することが可能となる。

取引先ファイルの中には、次の書類を分類し、時系列的にファイル保管することも必要である（**図表3−1**）。過去の取引履歴がわかり、審議の際だけでなく、担当者変更の際にも非常に役立つものとなる。

・与信限度額申請書・審議書（永久）
・取引先パンフレット、商業登記簿謄本、企業概要データ（永久）
・決算書、税務申告書、有価証券報告書など（5期分）
・信用調書（信用調査会社別に最新のものを保管）
・売掛債権残高推移表（5年分）
・貸倒れ、事件などの信用不安情報、新聞記事のスクラップ（5年分）
・担保評価書類（5年分）
・基本契約書、担保契約書のコピー（永久）

これらの書類を目的以外に使用されることがないように、情報セキュリティ面での対策を行うことが、コンプライアンス上も内部統制上も必要となる。

|3−1−2| 情報の種類

情報収集において、一面的な偏った情報ばかりを集めていては、企業実態を正しく把握することはできない。したがって多面的かつ複合的・効果的な情報収集に努める必要がある。また、一般的に取引先から直接入手する情報（直接情報）は、第三者から入手する情報（間接情報）よりも信頼性が高く裏づけもとりやすいため、的確な与信判断を下すには直接情報のルートを持つことが不

165

第3章　信用情報の収集

図表 **3－1**　ファイリングする書類

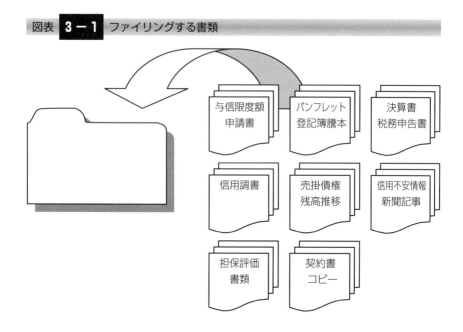

可欠である。

　「情報」には具体的にどのようなものがあるのだろうか。情報というと外部情報ばかりを思い浮かべがちであるが，内部情報も大切な情報である。特に営業担当者が顧客と接してつかむ定性情報は，他のどこからも入手できない貴重な情報として認識する必要がある。

　図表3－2は，入手方法によって「外部情報」と「内部情報」に分類し，それぞれどのような情報があるのかをまとめた表である。

❖外部情報とは

　外部情報とは，社外から入手する情報である。量的には内部情報よりも多いものの，質的には信頼性を欠くものも少なくないため，これらを「鵜呑み」にして判断することは危険である。したがって，外部から入手した情報は，それが信頼できるかどうかを見極めることが大切といえる。

　(1)　**直接情報**

　取引先から直接入手するものとして企業パンフレット，商品カタログ，販路に関する情報，事業所や工場の写真，代表者・役員経歴書，会社組織図，決算

3-1 情報収集の基礎

図表 3-2 入手方法による情報の分類

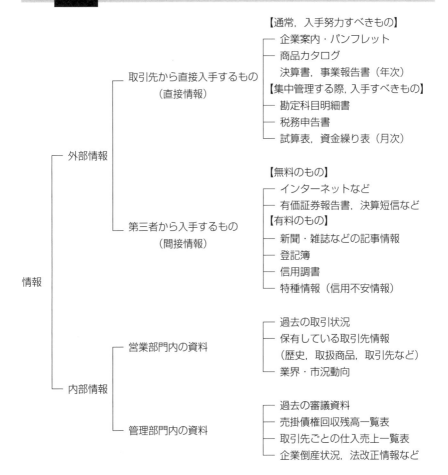

書，勘定科目明細書，税務申告書，資金繰り表，各種経営管理資料などがある。

(2) 間接情報

第三者から入手する情報は，取引先に依頼せずに入手できることが長所として挙げられる。インターネットから無料で入手できる情報としては，有価証券報告書や決算短信などが挙げられ，有料の情報としては，新聞や雑誌等からの記事情報や登記簿，信用調書などが挙げられる。

第3章　信用情報の収集

❖内部情報とは

取引実績表や取引状況表など自社で作成するもので，確実性の高いものであることから，これらはおおいに活用したいものである。

(1)　営業部門内の情報

営業部門では，新規取引の場合では社内に顧客情報はないが，既存取引先については，過去の取引状況，経営内容，事務所の雰囲気，営業状況，経営者の状況，同業者の評価，風評などの情報を保有しており，それらは社内全体で利用できるよう整理すれば，有益な情報となる。

(2)　管理部門内の情報

管理部門では，既存取引先について取引開始年月，取引年数，取引商品，取引金額，決済状況，決済条件などの情報を保有しており，それらもまた有益な情報となる。またそのほかに，各部署の担当者が個人的に保有している情報もあり，社内全体で利用できるよう整理すれば，有益な情報となる。

❖情報入手の優先順位

(1)　上場企業の情報入手方法

取引先が上場企業もしくは上場企業の子会社である場合，有価証券報告書（以下，有報）や適時開示情報から多くの情報を得ることができる。有報や適時開示情報に関する詳細は，3－3－3にて述べることとする。

入手方法としては，有報は，提出会社のホームページ上でIR情報として掲載されているほか，金融庁がインターネット上で運営する電子開示システム「EDINET」でも無料で閲覧することができる。適時開示情報は，東京証券取引所のホームページ内の「適時開示情報閲覧サービス」で閲覧することができるほか，ホームページ上でIR情報として掲載している企業も多い。

(2)　非上場企業の情報入手方法

取引先が非上場企業の場合，上場企業と比較して開示されている情報は圧倒的に少なく，企業によっては十分な情報を入手できないこともある。

非上場企業の情報としては，企業パンフレット類や決算書など取引先から直接入手可能な情報のほかに，電話帳やインターネット検索での情報，官報等における決算公告や建設業経営事項審査の審査結果，商業登記簿謄本や不動産登記簿謄本等の第三者からの入手が考えられる。

各情報の詳細や特性については，後述することとする。

3 - 1 　情報収集の基礎

　上記の情報に基づいて，企業を分析した結果，企業の内容に不安ありと判断
した場合には，信用調査会社を活用して信用調書を取得したり，新聞記事を検
索したりすることによって，さらなる詳細情報の入手を図ることとなる。

3-1-3 情報の入手方法

❖直接調査の実施

　自社による直接調査は，主として営業担当者が行うこととなり，営業担当者
が見るもの，聞くもののすべてが信用情報となりうる。営業担当者は，取引を
通じて取引先と接触する機会が多いため，調査の時にのみ訪問して質問する審
査担当者と比べて，取引先の情報を入手する機会が多いという利点がある。で
きるだけ頻繁に取引先を訪問することが肝心であり，取引先を常時訪問するこ
とで，職場内の雰囲気の微妙な変化や，経営者の動きなどを捉えることができ
るほか，取引先の担当者から企業の実情を聞き出せる機会が広がり，「取引が
急減した」，「支払いが滞りがちである」といった信用情報の入手につながるこ
とになる。

　営業担当者による調査では，特定の分野の調査に偏り，審査担当者のような
網羅的な調査ができない可能性もあるが，与信マインドを高く持つことが重要
な信用情報の入手につながるので，営業担当者においても常に与信マインドを
持って相手先を観察する態度が必要といえる。

　また，企業の概要をより詳しく把握するために，取引先から直接入手してお
きたいものとしては次のものが挙げられる。

　　・決算書　　　　　　：企業の財政状態や経営成績を把握できる。
　　・企業パンフレット　：企業の概要・沿革を把握できる。
　　・商品カタログ　　　：商品ラインナップや商品説明から競争力の有無を判
　　　　　　　　　　　　　断する材料となる。
　　・販路　　　　　　　：主要販売先の一覧。売掛金の内容がわかり，万一の
　　　　　　　　　　　　　際の回収にも役立つ。
　　・事業所や工場の写真：企業の雰囲気や，建物・設備の消耗度を把握できる。
　　・代表者・役員経歴書：経営陣の経歴を把握できる。
　　・会社組織図　　　　：決裁権限の所在，取引先の意思決定プロセスを推測
　　　　　　　　　　　　　できる。

169

第3章　信用情報の収集

　また，取引シェアが高い先や信用力が低下している先など，集中管理を要する先について特に入手すべき情報としては，次の3点が挙げられる。

・勘定科目明細書：勘定ごとの詳細がわかり，決算書の実数分析につながる。

・税務申告書　　：作成に裁量の余地が少ないため，企業の実力を把握できる。

・資金繰り予定表：資金計画の詳細を把握できる。

　しかし，これらの資料は企業の実態を鮮明に示すものであるため，取引先との関係が親密でなければ，なかなか入手できないものでもある。

3-2

取引先から直接入手可能な情報

3-2-1 企業案内，パンフレット，商品カタログ

❖企業案内・パンフレット

　取引先から直接取得できる情報の1つである。企業案内やパンフレットからは，その企業の商号・所在地などの会社概要や今までの歴史である沿革などを把握することができる。比較的容易に入手できるため，取引先訪問等の際は入手するよう心がけたい。

❖商品カタログ

　取引先が展開している商品のラインナップや各商品の説明が載っており，競争力の有無を判断する際の材料となる。

3-2-2 ホームページ

　インターネットが普及した現代社会では，最も簡単に，しかも無料で情報を取得できるリソースとして，取引先のホームページがある。ホームページに載っている情報は企業によってさまざまだが，商号や所在地，代表者氏名などの会社概要とともに，企業の沿革や株主構成，さらに売上高，営業種目などの事業内容の詳細についても記載されていることが多い。上場企業をはじめ，企業によってはIR情報とともに決算概要を掲載している場合もあるので，企業のホームページを確認することを情報収集の第1歩と位置づけてもよいだろう。

❖ホームページの検索・特定方法

　企業のホームページを閲覧する際は，企業のパンフレットや社員の名刺に記載されているURLから確認するほか，Yahoo!（https://www.yahoo.co.jp/）やGoogle（https://www.google.co.jp/）などの検索エンジンの検索キーワード欄に

171

第3章　信用情報の収集

調査対象となる企業の商号を入力し，検索すればよい。

ただし，日本には470万社もの企業があるといわれており，検索エンジンで商号を検索した場合は，同商号のホームページが何件も検出されることがある。その場合は，住所や代表者氏名，業種など商号以外の企業情報をキーワードに追加することで検索したい企業を正確に特定するように努める必要がある。

現在，主に日本国内で作成されている「.jp」をドメインに含むホームページは，約139万件存在し，そのうち「co.jp」が約37万件，「ne.jp」が約1万5,000件，「その他（xxx.jp）」が約155万件存在している（2019年1月現在。㈱日本レジストリサービスホームページ）。また，全世界共通で使用されている「.com」が約1億1,800万件，「.net」が約1,600万件，「.org」が約1,000万件，「.info」が約550万件存在している（2019年3月現在。一般社団法人日本ネットワークインフォメーションセンターホームページ）ことからも，現在のホームページにおける情報量の豊富さや，企業におけるホームページでの情報発信の重要性がうかがえる。

「会社概要」ページでは，商号・所在地・代表者氏名・電話番号など，その企業の基本的な企業情報を確認する。

商号においては，商号の一致だけでなく，法人格の種類（株式会社や有限会社など）や法人格の位置が一致しているかという点も確認する。明らかに商号が違う場合は，後述の沿革欄で過去の商号変更の有無を確認する。

所在地においては，商号が完全に一致している場合，都道府県とその後の市区町村までが一致していれば，探している企業ホームページと断定できることが多い。ただし，東京都千代田区など企業が密集する地域では，同商号の企業が複数存在する可能性があることから，さらにほかの情報を確認する必要がある。

また，手元情報の所在地が，企業ホームページの本店所在地と一致しない場合でも，工場や支社，支店の所在地と一致すれば，同一企業と特定できるため，本店以外の拠点も確認する。

続いて，代表者氏名を確認する。中堅・中小企業では，一族経営の場合が多い。手元情報とホームページの代表者氏名が完全一致しなくても，同姓であれば，代表者が親族に交代したことが考えられる。ただし，代表者氏名が世間一般によくある姓（佐藤や鈴木など）の場合は，苗字が一致していても「親族間での代表交代」とは言い切れないため，安易に企業を特定しないように注意が必要である。

172

❖会社概要の確認

　ここまでの調査結果で企業ホームページを特定できれば，他の企業情報も確認する。

　「会社概要」ページには，今までに説明した情報以外の情報も記載されている。どれだけの情報量を載せるかは，企業によって異なり，前述の企業特定の際に確認した商号・所在地・代表者氏名といった非常に限られた情報のみを記載している企業もあれば，創業・設立年月日や資本金，株主，主要取引銀行，主な仕入先・販売先，従業員数，認証取得など多くの情報を記載している企業もある。

　工場や事業所を持つ企業では，工場や事業所ごとの住所・電話番号，地図等を掲載している場合もある。複数の企業でグループを形成している場合は，関連会社の企業情報を公開し，関連会社の企業ホームページにリンクしていることもある。工場や事業所の数や場所を把握することで，調査対象先の事業規模や事業エリアをつかむことができ，各所在地の不動産登記簿謄本を確認することで，調査対象先の資産状況を把握することが可能となる。

　また多くの場合，「会社概要」には沿革欄がある。沿革とは，その企業の歴史である。いつ創業・設立し，どのような事業を行ってきたのか，ほかの企業との合併事業や商号変更した経緯などを把握できる。沿革欄も企業によって情報量に差があり，詳しく記載している企業ホームページでは，工場や設備の設置時期，他企業との業務連携を開始した時期なども記載されている。工場や設備の設置時期を把握することは，その企業の設備投資状況を大まかに把握することにつながるので，重要な情報の1つであるといえる。

❖商品・事業内容の確認

　会社概要ページで収集すべき情報を確認した後は，商品紹介や事業案内のページを確認する。

　「商品紹介」「事業案内」などのページでは，その企業が提供している商品・サービスの内容や特徴，事業内容，実績などを記載している。取引先の核となる商品・サービスや事業を把握することは，とても重要である。商品展開や事業展開はどの程度の規模で行っているのか，あるいは特定の分野に特化した事業展開をしているのか，といったことから，所属業界は成長業界か，それとも成熟業界か，商品のライフサイクルの速度はどうか，他社との差別化は図れて

いるか，ということまで商品や事業に関してより深い分析を行えるように情報の収集を図る必要がある。

本来，企業ホームページは企業のPRをする場であり，自社の得意分野や強み，他社との相違点をアピールしているものである。しかし，なかには過度に誇張した表現をしている場合もあることから，ホームページに書かれたことをすべて鵜呑みにせず，あくまで判断材料の1つとして捉えることが大切である。

❖IR情報の確認

上場企業のホームページなどには，「IR（Investor Relationsの略）」や「株主・投資家情報」のページがある。ここでは，株主や投資家に対して，投資判断に必要な情報を提供している。

投資判断に必要な情報とは，業績動向，財務状況，株式状況，プレスリリースなどを指す。具体的には，決算短信・事業報告書・有価証券報告書・内部統制報告書などが掲載されており，これらの資料から企業の業績や財務状況などを知ることができる。

有価証券報告書の詳細については後述するが，株式状況では，上場している証券取引所や証券コード，発行する株式数などを確認できる。また，適時開示情報を，自社のホームページ上のプレスリリースに掲載している企業も多い。適時開示情報の詳細については3－3－3にて後述する。

❖法人番号の確認

非上場企業は上場企業のように豊富な情報が開示されていないことが多いものの，国税庁の「法人番号公表サイト（https://www.houjin-bangou.nta.go.jp/）」を活用することで，企業の概要について確認することができる。

法人番号とは，国税庁が次の法人，①国の機関，②地方公共団体，③設立登記法人等に対し，「1法人に対し1番号のみ」指定した番号である。

法人番号公表サイトにおける検索方法は2通りある。1つ目は法人番号を入力して，法人の商号および所在地を調べる方法であり，2つ目は法人の商号および所在地などから法人番号を調べる方法である。商号変更などの変更情報がある場合には，変更履歴情報に変更内容が表示され，合併や統合などで法人格が消滅した場合には，「閉鎖登記」として表示されるようになっているため，取引先が登記されている法人か否か，あるいはホームページに掲載されている

企業情報が国税庁の情報と合致しているかどうかを確認することに役立つ。

また，法人番号を取引先コードとして利用することで，取引先の管理を効率的に実施することにも有用である。

3-2-3 その他インターネット等を用いた情報収集

Yahoo!やGoogleなど検索エンジンでのキーワード検索は，無料かつスピーディーに情報収集できる方法の１つである。特に信用不安情報について調べる際には有効な方法である。最近ではインターネットを通じてステークホルダーが倒産につながるような信用不安情報をブログや掲示板に書き込んでいるケースもみられ，情報の有用度は一層高まっているが，一方で出所不明の情報は信憑性を欠くことを十分に理解したうえで，情報収集を行うことが重要である。

❖検索サイトで社名を検索する

ポータルサイトで取引先の企業名を検索すると，周辺情報やニュースが検索されることがある。また，インターネット上の掲示板や告発サイトなどで悪評が書き込まれている企業もある。もちろん100％鵜呑みにはできないが，「火のない所に煙は立たない」ともいえる。悪評がある場合などは事実関係を確認しておく必要があるだろう。

❖代表者・役員・株主・住所・電話番号などを検索する

ポータルサイトで取引先の代表者・役員・株主を検索すると，それらの人物がほかの企業の代表者や役員・株主であることが判明する場合がある。その企業と取引先との関係を調べていくことで，グループ企業の存在や，資本背景など，取引先の信用力に影響する情報をつかめることもある。また住所や電話番号がほかの企業と同一であり，さらにその企業が実態不明の場合は相当の警戒が必要となる。

しかし，代表者・役員・株主がよくある名前の場合，他人である可能性もあるので，企業の所在地や業種等から同一人物か見極める必要がある。

❖便利なサイトで情報収集

その他，情報収集に役立つホームページを以下に列挙するのでぜひ活用して

いただきたい。

(1) **Yahoo!ファイナンス**（https://finance.yahoo.co.jp/）（無料）

　上場企業の場合，インターネットで公開している決算情報などによって直近の経営状態を知ることができる。代表的なものとしてポータルサイトYahoo!のファイナンス欄にある基本情報を利用することをお勧めする。また，取引先が上場企業の連結子会社である場合には，グループ全体の経営状況を中心に調査し，グループの信用力を取引先の信用背景として見込めるかを検討する必要がある。

(2) **全国地価マップ**（https://www.chikamap.jp/）（無料）

　一般財団法人資産評価システム研究センターが提供しているサイトであり，路線価や地価公示価格，都道府県地価調査価格など，国や自治体がそれぞれ公開している不動産価格を手軽に調べることができる。対象企業の所有不動産の簡易的な価値評価に役立つサイトである。

(3) **商事法務**（https://www.shojihomu.co.jp/）（無料）

　株式会社商事法務が運営している，民商事分野を中心とする法律専門出版社のサイトである。メールマガジンで企業法務に関するトピックスを提供している。

(4) **インターネット登記情報提供サービス**（https://www1.touki.or.jp/gateway.html）（有料）

　一般財団法人民事法務協会が運営しており，所定の手続を行えば，自宅や会社のパソコンから登記情報が閲覧できる有料サービスである。利用時間は平日午前8時30分から午後9時までとなり，利用料金は145円からの設定となっている。実際に法務局に赴く手間を省くことができ，さらに値段も割安というメリットもあり，情報収集では利便性が高い。

　しかし，登記官の認証文や登記官印が付されないため登記事項証明書のような証明力はないので，注意が必要である。

(5) **口コミサイトやSNSによる情報収集**

　信憑性という観点ではやや乏しい情報ではあるものの，口コミ情報やFacebook，TwitterなどのSNS情報も取引先の信用判断の材料として役に立つこともある。

　例えば，飲食店の口コミに関する「食べログ（https://tabelog.com/）」等から，当該飲食店の人気や評価を確認することができる。あまりにも評価が低い

飲食店の場合には，客離れによる業績悪化の可能性も考慮すべきである。また，TwitterやFacebookなどのSNSにおいて，経営者の名前を検索することで経営者の私生活に関する情報が得られることがある。あまりにも派手な私生活を披露する経営者の場合には，本業を疎かにしている可能性があるため，取引のマイナス材料として取り扱ってもよいのであろう。

リクルート系の口コミサイトでは，当該企業内部の労働環境に関する情報を得ることができる。

❖新聞・雑誌等の記事情報

さらに情報を収集したい時には，新聞や雑誌の記事を利用することも有効な方法である。企業にコンプライアンスの徹底が求められるようになる中で，不祥事などが信用状況を一変させることは，現在ではそれほど珍しくない。特に中小企業の場合，大企業と比べて財務体力面で劣っていることが多く，入札の指名停止や代表者の逮捕，追徴課税，業界不況などがダイレクトに経営に影響する可能性が高く，重要な信用不安情報になる。

全国紙だけでなく，業界紙や地方紙も含めてチェックすることが望ましい。ただし，最新の新聞記事は，新聞社のサイトなどを無料で利用できるが，過去の新聞記事も網羅的に検索するには，「日経テレコン21」（https://t21.nikkei.co.jp）や「G-Search」（https://db.g-search.or.jp/）などの有料の会員制サイトに入会するとよい。

企業名と特定のキーワードを組み合わせて検索することで，反社会的勢力に対するチェックを行うこともできる。

❖電 話 帳

NTTが発行する電話帳も，ホームページと同様にほぼ無料で利用できるリソースである。電話帳から取得できる情報は，電話番号，商号，所在地のみと少ないが，取引先がホームページを保有していない場合は，電話帳での検索が有効となる。また，電話帳には，本社だけでなく，支社・支店の電話番号や所在地が掲載されている場合もあり，おおまかな拠点数や営業エリアを把握することができる。電話帳もすべての企業が掲載されているわけではないが，どの企業も自社の知名度を高めたいという観点から考えれば，掲載を拒否する企業

第3章　信用情報の収集

は少ないと考えられることから，掲載がない企業は，その存在を改めて確認すべき先といえる。

　なおNTT番号情報株式会社が運営する「ｉタウンページ」（https://itp.ne.jp/）は，電話帳に掲載されている企業や店舗が検索でき，インターネットで気軽に検索できる情報ツールである。

3-2-4　現場での情報収集・ヒアリング

❖調査ヒアリングのポイント

　日常の取引を介して取引先と直接接触している営業部門は，取引先の生の情報に最も接しており，取引先の動向をいちはやくキャッチできる立場にある。生の情報は，なによりも鮮度が高く，かつ信頼性と稀少性においても貴重といえる。

　ベテランの営業担当者になると，さりげない雑談の中から不動産や株式投資の状況をうまく聞き出すこともある。代表者や幹部社員と商談の際は，社長などの人柄，能力，意欲，経営姿勢を知ることができるため，取引先の状況をつかむチャンスである。経営者は，信頼できる相手にしか自社の経営内容は見せないことが多いため，日ごろから信頼関係を醸成することが重要となる。

　ヒアリングの際は以下の項目に留意して慎重に行う。

①　取引先の良い点を褒める

　　誰でも褒められて悪い気はしない。人は褒められると自分から喋り出すものである。まして経営者の立場で自ら経営している会社を褒められるのは経営者冥利に尽きるものである。

②　メモは取らない

　　メモを取ると相手は用心し，話す内容も変わってしまい，本音を聞き出せないこともある。できる限り表情を見ながら話をすることが重要となる。

③　本当に知りたいことは雑談の中でさりげなく聞き出す

　　都合の悪いことは，隠したがるものである。訪問直後の取引先は，気が張っていて，なかなか本音は出さないが，帰り際の雑談になると気が緩むものなので，そこですかさず，さりげなく聞き出すようなテクニックを持つことが重要である。

④　秘密を厳守する

取引先から聞いた情報は，他社に絶対に漏れないように取扱いには十分に注意する。

交友関係，プライベート関係に問題がある経営者，公私混同が激しい経営者，役員間で内紛がある企業などは要注意企業として認識する必要がある。また，資金繰りの関係で，経営者自らが不在がちの企業も，非常に悪い状況といえるため，経営者が不在がちの場合には，その理由を確認することが肝要である。

❖現場を見る

取引先の状況は，最前線の営業担当者しかつかめないものである。訪問の際は，チェックリスト（**図表3－3**）を作って，異変がないか確かめることが重要といえる。

(1) 社員の対応

企業が伸びているかどうかは，数字で測るだけでなく企業の雰囲気からも知ることができる。信用のおける企業は，訪問時の第一印象や社長の人柄，社員の対応などがそれなりにしっかりしているものである。

(2) 社内の雰囲気

社内の雰囲気や一般の社員の様子にも目を向ける。チェックポイントとしては，社員が生き生きとしていて，てきぱきと仕事をこなしているか，接客態度は明るくきちんとしているか，社員の年齢構成がある年代だけに偏っていないか，社内の整理・整頓はきちんとされているか，などが挙げられる。

またトイレが清掃されているかなどを確認することも有効である。清掃が行き届かない企業は経営内容や管理体制などに懸念があることが多い。

(3) 工場や倉庫の状態

生産現場や倉庫に行く機会があれば，出荷する予定がなさそうな埃をかぶっている在庫がないか，稼動していない設備がないかをチェックする。

第3章　信用情報の収集

図表　3－3　チェックリストの例

取引先定性チェックシート

分類			チェック項目	配点	得点	備考
ヒト	経営者	1	ワンマン経営者である。	(Yes)2pt　(No)4pt		
		2	業歴が10年未満である。	(Yes)2pt　(No)4pt		
		3	経営陣と社員との関係が芳しくない。	(Yes)0pt　(No)5pt		
		4	経理部長などの幹部社員が急に退職した。	(Yes)0pt　(No)5pt		
		5	主要株主が変わった。	(Yes)2pt　(No)4pt		
		6	社内が整理整頓されていない。	(Yes)0pt　(No)3pt		
		7	社員の離職率が高い，または退職者が急増している。	(Yes)0pt　(No)5pt		
モノ	取引先	8	主要販売先が変わった。	(Yes)0pt　(No)7pt		
		9	主要販売先が倒産した，または経営が悪化している。	(Yes)0pt　(No)5pt		
		10	主要仕入先が変わった。	(Yes)0pt　(No)5pt		
		11	主要仕入先が倒産した，または経営が悪化している。	(Yes)0pt　(No)5pt		
		12	取引先とトラブルなどの不評がある。	(Yes)0pt　(No)7pt		
	商品	13	取扱商品が単一（限定的）である。	(Yes)0pt　(No)5pt		
		14	デッドストックと思われる在庫が置かれている。	(Yes)0pt　(No)5pt		
カネ・その他		15	短期間で商号や本社所在地の変更を繰り返している。	(Yes)0pt　(No)5pt		
		16	メイン銀行が変更になった，または不明。	(Yes)0pt　(No)7pt		
		17	老朽化している設備が多い。	(Yes)0pt　(No)5pt		
		18	工場の稼働状態が悪い。	(Yes)0pt　(No)5pt		
		19	主要資産を売却した。	(Yes)0pt　(No)4pt		
		20	リストラを行っている。	(Yes)2pt　(No)5pt		
小計（pt）						
不安情報		21	反社会的勢力と関与している疑いがある。	(Yes)▲40pt　(No)0pt		
		22	行政処分を受けている。	(Yes)▲40pt　(No)0pt		
		23	貸倒れが発生している。	(Yes)▲40pt　(No)0pt		
		24	代表者が所在不明になった。	(Yes)▲60pt　(No)0pt		
		25	代表者や役員が逮捕された。	(Yes)▲60pt　(No)0pt		
		26	融通手形の要請（噂）があった。	(Yes)▲60pt　(No)0pt		
		27	支払延期の要請（噂）があった。	(Yes)▲60pt　(No)0pt		
		28	支払遅延・給与遅配の情報を入手した。	(Yes)▲60pt　(No)0pt		
		29	税金を滞納している。	(Yes)▲60pt　(No)0pt		
		30	手形ジャンプの要請（噂）があった。	(Yes)▲60pt　(No)0pt		
合計（pt）						

81点以上	正常の範囲。概ね問題ない。
61～80点	多少の調査が必要。
41～60点	十分な調査が必要。
40点以下	取引を見送るべき。

3-3

決 算 書

|3-3-1| 決算書の内容

❖決算書とは

　企業の経営内容を判断する資料としては，決算書が基本となる。会社法では，貸借対照表と損益計算書，株主資本等変動計算書，個別注記表の4つを計算書類として規定しており，すべての会社が少なくとも年1回は決算書の作成を義務づけられている。

❖決算書の添付資料

　決算書の添付資料としては，勘定科目明細書や法人税申告書が挙げられる。

　取引シェアが高い先や信用力が低下している先で，集中管理を要する先については上記の資料に加え，資金繰り予定表を徴求すべきである。しかし，これらの資料は企業の実態を鮮明に示すものであるため，取引先との関係が親密であったり，取引の力関係で優位に立っていなければ，入手しにくいものである。

(1) 勘定科目明細書

　決算書の内訳を知るために，勘定科目明細書は非常に重要な書類である。

　たとえば，借入金が取引銀行もしくは役員からの調達であれば問題はないが，調達先の銘柄から高金利の借入金があると判断される場合には，警戒すべきである。このような企業は，業績悪化により取引金融機関から融資を断られ，運転資金調達のために高金利での融資に頼らざるをえない状態で資金繰りが苦しい企業と考えられる。

　また，貸借対照表の中で，「前渡金」「立替金」「前払費用」「貸付金」「未収入金」「仮払金」といった，いわゆる雑勘定といわれる勘定科目をチェックした結果，それらの金額が多額である場合には，勘定科目明細書で内訳を1つ1つ確認する必要がある。経営者に対して多額の貸付金や仮払金等が発生している場合や，実態不明な企業に対して多額の出資金や貸付金等がある場合には，

181

第3章　信用情報の収集

それらの資産の固定性や不良性について吟味する必要がある。そして資産価値として乏しいと判断されたものに関しては，純資産から差し引いて考える必要がある。

その他にも勘定科目明細書は，役員報酬の内訳から収益力の弾力性の有無を測ったり，雑損益の内訳から他勘定（特別損益等）性質のものの有無を確認したりすることにも有効に活用できる。

(2)　法人税申告書

法人税申告書は，企業審査を行うに当たって，さまざまな企業活動の情報が得られ，決算操作の発見に役立つ等，有用性の高い資料であり，一から十六までの別表で構成されている。

その中で特に注目すべき書類を以下に挙げる。

別表一では，本社所在地，法人名，代表者名，代表者住所，事業種目，資本金等，企業の概要や所得（または欠損）金額や法人税額が記載されている。また別表一には，税務署の受付印と税理士の署名押印欄があるので，これらが空欄になっている場合は，その理由を確認する必要がある。取引先が何通りかの決算書を作成しており，自社が実態と違った決算書を入手した可能性も考えられる。

別表二では，株主構成が記載されている。株主の構成から取引相手として不安な点がないかを確認する。

別表四では，法人税上の所得金額が記載されている。ここに記入されている当期利益または欠損の金額が，損益計算書の当期純利益または純損失の金額と合致しているかどうかを確認する。

別表十六(一)では，定額法の減価償却について，十六(二)では定率法の減価償却についてそれぞれ当期分の償却限度額と償却額，当期分の償却不足額と償却超過額を確認できる。償却不足額がある場合，減価償却を少なくすることで費用を少なく計上し，利益を過大に見せる決算操作を行っていることが疑われる。逆に償却超過額がある場合には，自社に厳しい基準で将来の設備投資に備えて減価償却を計上していることが考えられ，健全な経営を行っている可能性が高いといえる。法人税申告書の詳細については**4－9－3**にて後述する。

(3)　資金繰り予定表

資金繰り予定表は決算書の添付書類ではないが，取引先の資金計画の詳細がわかる資料であるため集中管理を要する先に関しては，ぜひとも入手したい資

料の1つである。しかし，取引先の実態を詳細に示すものであるため，取引先との関係が親密であったり，取引上の力関係で優位に立っていなければ，入手困難な資料でもある。そのため，資金繰り予定表入手のためには，日ごろからの関係づくりが重要となる。

　資金繰り予定表から売掛金の回収状況や借入金の調達・返済状況等が明確になり，今までの資金の流れと今後の流れが把握できるため，資金不足になる可能性を判断することができる。

3-3-2　決算書類の徴収方法

　本来であれば，決算書類は，取引先から直接入手するのが望ましい。費用がかからないうえに，なにより決算書の内容に不明な点があった場合，直接照会することができるからである。

　決算書を取引先から直接入手できるかどうかは，取引上の力関係の優劣もあるが，取引先との親密度も大きく左右する。決算書を入手するのが難しい取引先もあるが，あきらめずに信頼関係を構築する努力を続けることが重要であり，そして徐々に情報の開示の範囲を広げてもらうという心構えを持って取引先と接することが大切である。

　しかし，直接入手できない場合でも，信用調査会社や，業種によっては公的機関などで入手できることもある。

3-3-3　第三者から入手できる決算情報

　取引先以外から入手できる財務情報としては，以下のものが挙げられる。

❖建設業経営事項審査

　建設業経営事項審査（以下，経審）とは，官公庁の行う公共事業の入札に参加を希望する建設業者の経営規模や経営状況等を一定の基準に基づいて評価する審査のことである。取引先が建設業者や，公共事業に関連する業者である場合，経審から財務情報の一部を入手できる可能性がある。

　経審の結果については，一般財団法人建設業情報管理センターのホームページ（https://www.ciic.or.jp/）で誰でも無料で見ることができる。

第3章 信用情報の収集

　経審の財務情報には，簡易的な貸借対照表および損益計算書の情報のほか，受注工事実績などさまざまな情報が記載されており，参考欄では自己資本比率や売上高，経常利益などの数値を確認することができる（**図表3－4**）。

　経審は，決算公告と異なり，公共事業の入札にかかわる企業しか審査を受けていない。そのため，決算公告と比べると入手できる企業の業種は限定されるが，売上高や経常利益など決算公告では把握できない，より詳細な情報を把握することができる。

❖決算公告

　会社法上，すべての会社は次の3つの方法のいずれかを定款に定め，定時株主総会の終結後に貸借対照表（会社法の大会社は損益計算書も）を公告する義務がある。

①　官報への掲載
②　日刊新聞紙への掲載
③　インターネットでの掲載（電子公告）

　取引先が個人事業主でなく企業であれば，公告資料から少なくとも財務情報の要旨を把握できる可能性がある。

　法律上では公告義務を怠った場合は法律違反となるが，掲載には費用がかかることからも違反者への過料（罰金）等が科されたことがなく，また，実際には公告していない会社も少なくない。そのような中でも官報には比較的多くの会社が公告を掲載しており，情報入手の有力な手段といえる（**図表3－5**）。

　官報（冊子）は，月額1,641円（税込）（2019年3月現在）と有料であるが，「インターネット版官報」では，過去30日間分を無料閲覧することができる。また，国立印刷局でデータベース化されている分については，申込みを行い，IDとパスワードを取得すると，1947年5月3日以降分をインターネット上で有料にて検索・閲覧することができる（「官報情報検索サービス」月額2,160円（税込）（2019年3月現在）https://kanpou.npb.go.jp/search/introduce.html）。

　決算公告では，大会社以外は簡易的な貸借対照表の開示しか求められていないが，当期純利益や自己資本比率などの貴重な情報が読みとれるため，決算公告を継続して確認し，それらの情報の推移を把握していくことが望ましい。なお，公告している企業については，財務情報を入手できるだけでなく，法律を遵守する姿勢のある企業であることを評価することもできる。

3－3 決算書

図表 3－4 建設業経営事項審査結果

経営規模等評価結果通知書
総合評定値通知書

〒○○○－○○○○
○○○○○○
○○○○○
○○○○ 殿

国土交通大臣　　　　　　許可○○○○号
審査基準日　　　令和○○年○○月○○日
電話番号　　　　　○○－○○○○－○○○○
市区町村コード　　　　　　　　　○○○○○
資本金額　　　　　　　　○○○,○○○,○○○
完成工事高／売上高(%)
行政庁記入欄

[金額単位:千円]

許可区分	建設工事の種類	総合評定値(P)	完成工事高		元請完成工事高及び技術職員数						
			2年平均	評点(X1)	元請完成工事高		技術職員数				評点(Z)
					2年平均	一級	(講習受講)	基幹	二級	その他	
特	010 土 木 一 式	1923	319,779,500	2309	319,610,500	1,950	(1,554)	0	28	29	2379
	011 プレストレストコンクリート	1727	19,879,500	1675	19,879,500						2229
特	020 建 築 一 式	1938	763,393,500	2309	754,703,500	2,754	(1,641)	0	6	100	2441
特	030 大 工	1204	26,500	592	18,500	40	(8)	0	34	0	1220
特	040 左 官	1230	430,500	894	429,500	12	(6)	0	0	0	1023
特	050 とび・土工・コンクリート	1811	47,192,000	1981	29,894,000	1,954	(1,416)	0	8	0	2259
	051 法 面 処 理	1476	417,500	889	417,500						2014
特	060 石	1093	500	403	500	20	(12)	0	0	0	965
特	070 屋 根	1329	735,000	959	605,000	47	(6)	0	47	0	1356
特	080 電 気	1566	7,876,500	1407	5,957,000	431	(280)	0	30	0	1854
特	090 管	1600	12,613,500	1590	11,205,500	342	(212)	0	5	0	1847
特	100 タイル・れんが・ブロック	1292	317,000	849	265,000	49	(17)	0	27	0	1315
特	110 鋼 構 造 物	1534	3,683,000	1243	1,574,000	859	(121)	0	0	0	1890
	111 鋼 橋 上 部	1445	561,500	933	549,500						1845
特	120 鉄 筋	1096	0	397	0	23	(11)	0	0	0	985
特	130 ほ 装	1452	2,027,500	1121	1,945,500	238	(224)	0	4	0	1684
特	140 し ゅ ん せ つ	1358	96,000	706	50,500	605	(419)	0	2	0	1725
特	150 板 金	1133	7,000	488	4,500	26	(13)	0	0	0	1042
特	160 ガ ラ ス	1163	31,000	604	24,000	20	(11)	0	0	0	1044
特	170 塗 装	1291	1,088,500	1023	1,070,500	19	(11)	0	0	0	1140
特	180 防 水	1316	1,674,500	1095	1,521,500	19	(11)	0	0	0	1166
特	190 内 装 仕 上	1434	4,971,500	1308	3,376,500	48	(6)	0	35	0	1425
特	200 機械器具設置	1225	1,037,000	1013	1,037,000	5	(1)	0	0	0	885
特	210 熱 絶 縁	1092	0	397	0	21	(1)	0	0	0	969
特	220 電 気 通 信	1040	0	397	0	8	(1)	0	0	0	761
特	230 造 園	1224	0	397	0	314	(209)	0	0	0	1497
	240 さ く 井										
特	250 建 具	1229	273,000	829	107,000	21	(10)	0	0	0	1086
特	260 水 道 施 設	1630	11,522,000	1522	11,447,500	699	(680)	0	3	0	1996
般	270 消 防 施 設	1171	35,000	614	34,000	0	(0)	0	60	0	1067
特	280 清 掃 施 設	1014	0	397	0	4	(0)	0	0	0	656
	そ の 他										
	合 計		1,178,819,000		1,144,897,000	5,321	(3,480)	0	165	129	

自 己 資 本 額 及 び 利 益 額	数 値	点 数
自 己 資 本 額	254,723,000	2056
利 益 額	20,246,000	2169
評 点 (X2)		2112

その他の審査項目（社会性等）	数値等	点数
雇 用 保 険 加 入 の 有 無	有	
健康保険及び厚生年金保険加入の有無	有	
建設業退職金共済制度加入の有無	有	
退職一時金制度若しくは企業年金制度導入の有無	有	
法定外労働災害補償加入の有無	有	
労 働 福 祉 の 状 況		45
営 業 年 数	60年	
民事再生法又は会社更生法の適用の有無	無	
建 設 業 の 営 業 継 続 の 状 況		60
防 災 協 定 の 締 結 の 有 無	有	
防 災 活 動 へ の 貢 献 の 状 況		15
営 業 停 止 処 分 の 有 無	有	
指 示 処 分 の 有 無	無	
法 令 遵 守 の 状 況		-30
監 査 の 受 審 状 況	会計監査人	
公 認 会 計 士 等 の 数	149	
二 級 登 録 経 理 試 験 合 格 者 の 数	527	
建 設 業 の 経 理 の 状 況		30
研 究 開 発 費	8,680,000	
研 究 開 発 の 状 況		24
建 設 機 械 の 所 有 及 び リ ー ス 台 数	0台	
建 設 機 械 の 保 有 状 況		0
ISO9001の登録の有無	有	
ISO14001の登録の有無	有	
国際標準化機構が定めた規格による登録の状況		10
評 点 (W)		1463

(参考)

経営状況	連結決算	経営状況	連結決算
純支払利息比率	0.416	自己資本対固定資産比率	48.565
負債回転期間	10.021	自 己 資 本 比 率	19.034
総資本売上総利益率	7.778	営業キャッシュフロー	15.000
売上高経常利益率	1.924	利 益 剰 余 金	100.000
		評 点 (Y)	1072

科 目	連結決算	科 目	連結決算	科 目	連結決算	科 目	連結決算
固 定 資 産	588,395,000	自 己 資 本	285,754,000	売 上 総 利 益	123,382,000	経 常 利 益	27,739,000
流 動 負 債	894,025,000	総 資 本 (当 期)	1,501,290,000	受 取 配 当 金	3,437,000	営業キャッシュフロー(当期)	16,002,000
固 定 負 債	310,085,000	総 資 本 (前 期)	1,671,482,000	支 払 利 息	9,434,000	営業キャッシュフロー(前期)	7,189,000
利 益 剰 余 金	78,604,000	売 上 高	1,441,975,000				

●「自己資本額」の欄に「*」がある場合には，自己資本額数値の算出において2年平均を採用した場合の評点または数値。
●「行政庁記入欄」については，当該建設業者の営業に関する事項，経営状況に関する事項で，特記すべきことがあれば適宜記載するものとする。

第3章　信用情報の収集

図表 **3-5** 決算公告

貸借対照表の要旨（令和XX年3月31日現在）

科　　　　目		金　額（百万円）
資産の部	流　動　資　産	600
	固　定　資　産	60
	合　　　　計	**660**
負債および純資産の部	流　動　負　債	400
	固　定　負　債	200
	株　主　資　本	60
	資　本　金	30
	資　本　剰　余　金	10
	資本準備金	10
	利　益　剰　余　金	20
	利益準備金	5
	その他利益剰余金	15
	（うち当期純利益）	(3)
	合　　　　計	**660**

❖有価証券報告書

　有価証券報告書（以下，有報）は，金融商品取引法において，証券取引所に株式を公開している企業や有価証券（株券や債権）を使って1億円以上の資金調達をする企業などに対して提出を義務づけている資料である。企業は，基本的にある一定期間ごとにその期間の業績や事業の状況，企業の概要などの情報を外部へ開示する必要がある。有報は，提出企業のホームページ上で見ることもできるが，金融商品取引法に基づく有報等の開示資料に関する電子開示システムである「EDINET」（https://disclosure.edinet-fsa.go.jp/）でも無料で閲覧することができる。

　有報には，企業の詳細情報が記載されており，頁数が100頁を超えることもあるため，すべてを読み，理解することは非常に時間と労力を要する。

　ここでは，有報から効率的に必要な情報を得るために，見るべき項目を絞って説明する。

　まず，有報には企業情報が「企業の概況」，「事業の状況」，「設備の状況」，「提出会社の状況」，「経理の状況」，「提出会社の株式事務の概要」，「提出会社の参考情報」の7つの節に分けて記載されており，各節はさらに複数の項に分かれている（**図表3-6**）。

3−3 決算書

図表 **3−6** 有価証券報告書（目次）

目次

頁

表紙
第一部　企業情報………………………………………………………………………
　第1　企業の概況……………………………………………………………………
　　1．主要な経営指標等の推移……………………………………………………
　　2．沿革……………………………………………………………………………
　　3．事業の内容……………………………………………………………………
　　4．関係会社の状況………………………………………………………………
　　5．従業員の状況…………………………………………………………………
　第2　事業の状況……………………………………………………………………
　　1．業績等の概要…………………………………………………………………
　　2．生産，受注及び販売の状況…………………………………………………
　　3．対処すべき課題………………………………………………………………
　　4．事業等のリスク………………………………………………………………
　　5．経営上の重要な契約等………………………………………………………
　　6．研究開発活動…………………………………………………………………
　　7．財政状態，経営成績の分析…………………………………………………
　第3　設備の状況……………………………………………………………………
　　1．設備投資等の概要……………………………………………………………
　　2．主要な設備の状況……………………………………………………………
　　3．設備の新設，除却等の計画…………………………………………………
　第4　提出会社の状況………………………………………………………………
　　1．株式等の状況…………………………………………………………………
　　2．自己株式の取得等の状況……………………………………………………
　　3．配当政策………………………………………………………………………
　　4．株価の推移……………………………………………………………………
　　5．役員の状況……………………………………………………………………
　　6．コーポレート・ガバナンスの状況…………………………………………
　第5　経理の状況……………………………………………………………………
　　1．連結財務諸表等………………………………………………………………
　　2．財務諸表等……………………………………………………………………
　第6　提出会社の株式事務の概要…………………………………………………
　第7　提出会社の参考情報…………………………………………………………
　　1．提出会社の親会社等の情報…………………………………………………
　　2．その他の参考情報……………………………………………………………
第二部　提出会社の保証会社等の情報………………………………………………

［監査報告書］

　「企業の概況」には，直近5期分の売上高や経常利益等の経営指標の推移や
企業の沿革，事業内容等が掲載されている。経営指標の推移や沿革からは企業
の過去の事業活動の実績や，売上高や利益の推移などを知ることができる（**図
表3−7**）。また，事業内容や関係会社の状況からはグループ全体でどのよう

187

第3章　信用情報の収集

な事業を行っているのか，また，グループの各企業は，どの事業に対してどのようにかかわっているのかがわかり，グループの全体像を把握することができる。

「事業の状況」では，事業ごとの生産状況や受注状況，また，事業を行っていくうえでリスクとなりうる事柄などが説明されている。事業単位の業績や状況を見ることで企業の業績をさらに詳細につかむことができる。また，自社と行う取引が取引先の本業に属する内容なのかを確認することもできる。

設備投資状況については，「企業の概況」の沿革でもある程度把握することが可能だが，「設備の状況」を確認することで当該期間中に行った設備投資の内容や金額，現在の設備保有状況をより詳しく把握することができる。

「提出会社の状況」で特に注目したいのは，役員の状況である。役員の略歴を確認することで，当該人物が，企業の設立者や親会社からの派遣者であるということ等を知ることができる。

「経理の状況」には，連結および単体の財務諸表が掲載されている。損益計算書からは当該事業年度の売上高や利益等の業績を把握できる。また，貸借対照表では，当該事業年度の最終日における企業の保有資産などの財政状況を知ることができる。貸借対照表および損益計算書には，前年度の数値も掲載されているので，比較しながら見ることができる。

「提出会社の株式事務の概要」には，1事業年度の期間設定や公告の掲載方法など，株式にかかわる概要が記載されている。

「提出会社の参考情報」では，提出会社に親会社がいる場合は親会社の情報が掲載されており，親会社の有無についても把握することができる。

たとえ取引先が有報提出会社に該当していなくても，親会社と思われる企業や関連会社が有報提出会社に該当していれば，それらの企業の有報を確認すべきである。有報の「企業の概況」における「関係会社の状況」という項目に取引先が記載されていれば，親子関係が確認できるほか，親会社の議決権所有割合や役員の兼任状況等の関係内容を把握することができる。「企業の概況」の中の「事業の内容」では，グループが営んでいる事業内容が記載されており，各グループ企業がどのように事業にかかわっているかが事業系統図で示されているため，取引先のグループ内での位置づけを把握できる（**図表3－8**）。また，「経理の状況」には連結財務諸表が掲載されており，グループ全体の財務状況を確認することができる。

3－3 決算書

図表 **3－7** 有価証券報告書（沿革）

2 【沿革】

年　月	事　項
2000年9月	東京都港区赤坂において，インターネットを利用した与信管理サービス業を目的として，資本金325百万円でリスクモンスター株式会社を設立
2000年12月	取引先の与信判断ツール「e－与信ナビ」サービスを開始
2001年1月	取引先の信用力の変化を把握するツール「e－管理ファイル」サービスを開始
2001年5月	本社を東京都千代田区神田司町二丁目8番地に移転
2001年7月	マーケティングリスト作成ツール「攻めモンスター」サービスを開始
2001年9月	大阪支社開設
2001年10月	取引先全体のリスク構成を分析する「ポートフォリオサービス」を開始
2001年12月	株式会社ジー・サーチと提携し，nifty顧客向けに情報配信
2002年3月	新事業創出促進法に基づく認定取得
2002年10月	名古屋営業所開設
2004年1月	「ISMS適合性評価制度」認証取得
2004年3月	本社を東京都千代田区大手町一丁目2番3号に移転
2004年8月	信用保証サービス「Secured Monster」をスタート
2005年2月	「BS15000（ITサービスマネジメントシステム）」認証取得
2005年3月	大阪証券取引所ヘラクレス（現 東京証券取引所JASDAQ）に株式を上場
2005年5月	与信管理ASPサービスに関する設備の全面リニューアルを開始
2005年11月	法人データ付アウトバウンドサービス「テレアペンドサービス」を開始
2005年12月	リスモン・マッスル・データ株式会社（現 連結子会社）を設立
2005年12月	新株予約権（第三者割当て）の発行
2006年2月	営業支援サービス「マーケティングモンスター」を開始
2006年3月	「ISO/IEC20000」認証取得
2006年6月	eラーニングサービス「ラーニングモンスター」サービス開始
2007年3月	「ISO/IEC27001」認証取得
2007年11月	株式会社ジェービーピー（現 リスモン・ビジネス・ポータル株式会社，現 連結子会社）の株式取得
2009年2月	国内最大級のビジネスデータベース「日経テレコン21」に与信判断サービス「リスクモンスター企業信用格付」を提供開始
2009年7月	本社を東京都千代田区大手町二丁目2番1号に移転
2010年4月	連結子会社リスモン・ビジネス・ポータル株式会社が通信デバイス，ネットワーク技術を利用した新サービス開発を行うことを目的として株式会社クレメンテックに資本参加
2010年5月	eラーニングシステム及び学習コースの開発・販売等の教育関連事業を主業とするサイバックス株式会社（現 連結子会社）の株式取得
2010年12月	与信管理サービスの倒産格付ロジック改訂により「RM格付」を6段階から9段階にバージョンアップ

189

第3章　信用情報の収集

2011年1月	株式会社エフアンドエムが運営する「エフアンドエムクラブ」の会員企業向けに「リスモン企業信用格付」提供開始
2011年1月	連結子会社リスモン・マッスル・データ株式会社が，高い精度のデータエントリーノウハウを有し大手金融機関との取引実績を誇る日本アウトソース株式会社（現 連結子会社）の全株式を取得
2012年3月	当社と連結子会社2社が「ISO9001」認証取得
2012年7月	当社と連結子会社2社が「プライバシーマーク」認証取得
2012年9月	連結子会社リスモン・ビジネス・ポータル株式会社が工場網信息咨詢（上海）有限公司との合弁により利墨（上海）商務信息咨詢有限公司（現 連結子会社）を設立
2013年4月	与信管理クラウドサービス「プレミアムパック」サービス開始
2013年7月	独自評価指標算出システム「社内格付システム」サービス開始
2014年5月	中国企業の信用調書に「RM格付」を付与した「JSBIZ信用調書サービス」を提供開始
2015年5月	本社を東京都中央区日本橋二丁目16番5号に移転
2015年6月	中国企業与信管理システムの提供開始
2015年6月	監査等委員会設置会社へ移行
2015年12月	「コーポレートガバナンス・ガイドライン」制定
2016年1月	与信管理ASP・クラウドサービスでの「法人マイナンバー」提供開始
2016年2月	「RM中国企業簡易情報ナビ」及び「中国企業攻めモン」を提供開始
2016年9月	東京証券取引所（市場第二部）への市場変更
2017年5月	譲渡制限付株式報酬制度の導入
2017年10月	商談管理・日報管理システム「ハッスルモンスター」サービスを提供開始
2018年7月	クラウド型「決算書分析システム」提供開始
2018年10月	e-与信ナビ「反社ワード記事検索」提供開始
2018年11月	「中国企業版ポートフォリオ分析サービス」提供開始

3－3 決算書

図表 3－8　有価証券報告書（事業系統図）

〈事業系統図〉

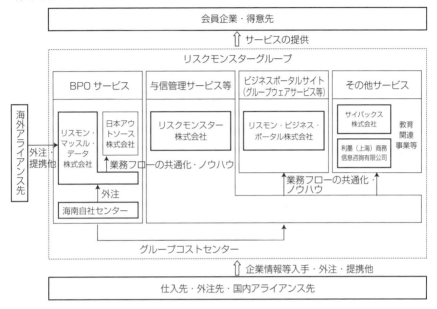

❖適時開示

　適時開示とは，上場企業に義務づけられている，株主や投資家等市場の参加者の判断に重大な影響を及ぼす企業情報についての適時・適切な情報開示のことである。

　具体的には，資本金の減少や合併，業績予想の修正などがあり，証券取引所の「適時開示規則」に定められている。適時開示は「適時開示情報閲覧サービス」（https://www.release.tdnet.info/inbs/I_main_00.html）や「NIKKEINET」（https://www.nikkei.com/markets/kigyo/disclose/index.aspx）などで閲覧することができる。また，適時開示の内容を自社ホームページ上のプレスリリースなどに掲載する企業もある。

　開示される情報の内容は，M&Aや合併などの子会社や関連会社に関わる情報や，継続企業の前提に関する注記（ゴーイングコンサーン注記。以下GC注記）の付与や管理ポスト入りなどの上場廃止につながる危険性のある情報，業績に関わる情報などさまざまである。GC注記とは，債務超過や売上高の著し

191

第3章　信用情報の収集

い減少，継続的な営業損失の発生などの継続企業の前提に重要な疑義を生じさせるような事象や状況が存在している場合に，決算短信や有価証券報告書に記載される注記である。GC注記が記載された企業がすべて倒産するわけではないが，信用力の大幅な低下が懸念されるので，取引先にGC注記がついた場合には，GC注記の内容や今後の方針を確認し，取引継続の可否を含め自社の対応を検討する必要がある。業績に関わる情報として，特別損失の発生や純資産の部の各勘定科目の額の減少，業績（予想）の上方・下方修正などがある。業績の修正は，直近の開示された業績予想に対して売上高で10％以上，経常利益および純利益で30％以上の上方・下方修正をした場合に開示される。

　適時開示は鮮度の高い情報であるため，企業の最新の動向を把握する手段としては非常に有効である。また，取引先が上場していなくても，親会社が上場している場合は，子会社に関する情報も重要な企業情報として開示されることがあるため，上場企業本体の動向把握だけでなく，子会社の情報収集としても適時開示を利用することが可能である。

3－4

商業登記簿

|3－4－1| 商業登記簿の種類

　商業登記簿は会社法，商法の規定により会社，商人に関する一定の事項を記載した帳簿のことであり，法務局で管理されている。いわば企業の戸籍のようなもので，１個の会社，商人ごとに作成される。商業登記に関する手続は，商業登記法に基づき行われる。なお，外国会社の場合，外国会社登記簿に登記される。

　商業登記簿のアウトプットには内容によって以下の３種類があり，それぞれの証明書には，全部の事項を記載した全部事項証明書と一部の事項のみを記載した一部事項証明書がある。

❖現在事項証明書

　登記事項証明書を申請した時点において商号・本店・役員等の現に効力を有している登記事項を記載した証明書である。

❖履歴事項証明書

　現在有効な登記事項だけでなく，その企業の今までの登記履歴も記載した証明書である。商号変更や本店の移転などの履歴が記載されており，抹消された項目は下線が引かれて表示される。

　与信管理で情報収集を行う場合は，過去の情報も確認しながら企業の姿を浮き彫りにしていくため，現在事項証明書でなく，履歴事項証明書を取得すべきである。取引先からのヒアリング内容やホームページ，パンフレットに掲載されている沿革と比較することで，虚偽を見抜くことができ，また不自然な動きを検知できる可能性もある。

　ただし，履歴事項証明書は，法務局のコンピュータ化以後の情報しか記録されていないので，コンピュータ化以前の情報を入手したい場合は，後述の閉鎖

193

第3章　信用情報の収集

登記簿謄本を取得する必要がある。

❖閉鎖事項証明書

　閉鎖された登記記録を記載した証明書である。登記が閉鎖されるのは，会社が清算結了し消滅した場合や本店移転により管轄法務局が変更した場合等がある。管轄法務局が変更した場合は元の管轄法務局では登記が閉鎖され，新しい管轄法務局では登記がなされる。

　新規取引の際は，過去の変遷を確認することも重要であるため，閉鎖事項証明書やコンピュータ化前の閉鎖登記簿謄本を取得して確認することは有用である。

|3－4－2| 商業登記簿の入手方法

　かつて，登記は紙に記録され帳簿形式で登記所（法務局）に備えられていた。
　しかし，現在はコンピュータによって登記簿が管理されるようになっている。紙の登記簿とコンピュータ管理された登記簿の内容は同じであり，登記簿謄本と全部事項証明書の内容は同じである。厳密には登記簿謄本と登記事項証明書は別物であるが，実務的には同じものを指して使われている。

　従来，登記簿を調べる方法は大きく，登記簿の原本を見せてもらう方法（「閲覧」という）と，登記簿謄本や登記簿抄本を取得する方法とがあったが，登記簿がコンピュータ化されたことにより直接原本を閲覧することはできなくなっている。

❖法務局へ出頭

　法務局に出向き入手するのが，最もオーソドックスな入手方法である。必要な登記簿について，正確な所在地などが不明でも，実際に出向いて調べればわかることもある。備え付けられている申請用紙に必要事項を書き込み，必要な額の収入印紙を貼り，窓口に提出し，書類の交付を受ける。

　登記事項証明書，登記簿謄本・抄本の交付手数料は，書面請求の場合，1通につき600円である。ただし，1通の枚数が50枚を超えるときには，50枚を超えるごとに100円が加算される（2019年10月現在）。

194

❖郵送請求

郵送によっても請求することができる。

郵送請求は，申請書に必要事項を記入し，手数料分の収入印紙を貼ったうえ
で，返信用の封筒（切手貼付）とともに管轄法務局へ郵送する。郵送してから
手元に届くまでに普通郵便だと1週間程度かかるため，早急に登記内容を確認
したい場合などは後述の「登記情報提供サービス」の方が適しているが，法務
局に出向けない状況下で，登記官による認証文が付されている登記事項証明書
が必要な場合には，郵送請求を利用することになる。

❖オンライン請求

インターネットを利用してオンラインによっても請求することができる。

オンライン請求は，登記事項証明書の交付の請求をオンラインで行えるもの
であり，電子的な登記事項証明書がオンラインにより交付されるのではなく，
法務局へ出頭または郵送請求した場合と同じものが交付される。

オンライン請求した登記事項証明書は，請求者が指定した法務局で受け取る
か，請求者が指定した住所に送付して受け取るかのいずれかの方法による。

オンライン請求の場合，法務局へ出頭または郵送請求に比べて，安価に取得
することができる（受け取る方法により手数料は異なる）。

オンライン請求をする場合の手続等については，「登記・供託オンライン申
請システム」（https://www.touki-kyoutaku-online.moj.go.jp/）を参照されたい。

❖登記情報提供サービス

登記情報提供サービスとは，一般財団法人民事法務協会が運営するサイトで
あり，インターネットを通して登記情報を確認できる有料サービスである。法
務局に出向くことなく登記情報を確認でき，1件当たりの単価も安価のため，
時間とコストの節約となる。

商業登記簿情報は1件334円，動産譲渡登記事項概要ファイル情報（詳細は
3－4－3にて後述）および債権譲渡登記事項概要ファイルは1件144円で確認
できる（2019年10月現在）。動産譲渡登記事項概要ファイル情報と債権譲渡登記
事項概要ファイル情報は，請求した事項の記録がない場合にも，その旨の情報
が表示され，課金される。なお，インターネットで閲覧した登記簿情報をプリ
ントアウトした場合には，登記官による認証文はなく，登記事項証明書のよう

第 3 章　信用情報の収集

な法的な証明力はない。

❖取得代行業者

　取得代行業者に依頼して法務局で取得してきてもらう方法もある。自分で出向く手間は省けるが，実費に加え，別途業者への手数料が必要になる。

|3－4－3| 商業登記簿の項目

　商業登記簿には，商号，本店所在地，資本金の額，役員等の記載があり，取引先の多くの情報を入手することができる（**図表3－9**）。

❖商　　号

　商号の項目には，企業の正式な商号が記載される（**図表3－10**）。登記簿上の商号と自社が把握している商号に相違がないかを確認し，相違がある場合にはその原因を追及する必要がある。また，履歴事項証明書では商号変更の変遷を確認できる。頻繁に商号変更を行っている企業は，一度倒産した経歴のある企業が倒産した事実をわかりにくくするために商号変更を繰り返している可能性や，売主から商品をだまし取ることを目的（取込み詐欺）として，すでに営業活動の実態のない休眠会社を買い取り，その企業を利用して自社に近づいてきた可能性もある。また，継続的に取引がある企業にもかかわらず商号変更の連絡がない場合には取込み詐欺と同様に筋の悪い乗っ取りにあっている可能性があるため，実態の調査が必要となる。

196

3－4　商業登記簿

図表 3－9 商業登記簿

履歴事項全部証明書

東京都中央区○○一丁目1番1号
■■■■株式会社

会社法人等番号	ＸＸＸＸ－ＸＸ－ＸＸＸＸＸＸ	
商　　　号	■■■■製作所株式会社	
	■■■■株式会社	平成○年11月　1日変更
		平成○年11月　1日登記
本店	東京都千代田区▼▼▼2丁目2番2号	
	東京都中央区○○一丁目1番1号	昭和○年10月22日移転
公告をする方法	官報に掲載する	
会社成立の年月日	昭和55年11月1日	
目的	1．木工家具の製造及び販売 2．家庭用什器類製造及び販売 3．前記各号に附帯する一切の事業 　　　　　　平成○年　9月14日変更　平成○年　9月19日登記 1．木工家具の製造及び販売 2．家庭用什器類製造及び販売 3．住宅リフォーム業 4．福祉介護用品及び福祉介護機器の販売及びリース 5．損害保険代理店業 6．前記各号に附帯する一切の事業 　　　　　　平成○年　9月5日変更　　平成○年　9月　6日登記	
発行可能株式総数	4000株	
発行済株式の総数	発行済株式の総数 1000株	
株券を発行する旨	当会社の株式については，株券を発行する	
		平成17年法律第87号第13 6条の規定により平成18年 5月　1日登記
	平成○年　1月　5日廃止　　平成○年　1月15日登記	
資本金の額	金6000万円	平成○年　5月23日変更
		平成○年　5月23日登記
株式の譲渡制限に関する規定	当会社の株式を譲渡するには，取締役会の承認を受けなければならない。	
役員に関する事項	取締役　　　　□　□　□　□	平成○年12月29日重任
		平成○年　1月11日登記
		平成○年　3月31日辞任
		平成○年　4月　4日登記

第3章　信用情報の収集

東京都中央区○○一丁目1番1号
■■■■株式会社
会社法人等番号　××××－××－××××××

	取締役　　　　　□　□　　△　△		平成○年12月29日重任
			平成○年　1月11日登記
	取締役　　　　　□　□　　△　△		平成○年12月25日重任
			平成○年　2月　1日登記
	取締役　　　　　◆　◆　□　□		平成○年12月29日重任
			平成○年　1月11日登記
	取締役　　　　　◆　◆　□　□		平成○年12月25日重任
			平成○年　2月　1日登記
	取締役　　　　　◇　◇　○　○		平成○年12月29日重任
			平成○年　1月11日登記
	取締役　　　　　◇　◇　○　○		平成○年12月25日重任
			平成○年　2月　1日登記
	取締役　　　　　●　●　□　□		平成○年12月25日重任
			平成○年　1月29日登記
			平成○年10月31日辞任
			平成○年11月　1日登記
	東京都大田区○○2丁目17番6号 代表取締役　　　□□　□□		平成○年12月25日重任
			平成○年　1月29日登記
			平成○年10月31日辞任
			平成○年　1月11日登記
	東京都大田区○○2丁目3番1号 代表取締役　　　□□　△△		平成○年11月　1日就任
			平成○年11月　1日登記
	東京都大田区○○2丁目3番1号 代表取締役　　　□□　△△		平成○年12月29日重任
			平成○年　1月11日登記
	東京都大田区○○2丁目3番1号 代表取締役　　　□□　△△		平成○年12月25日重任
			平成○年　2月　1日登記
	監査役　　　　　○○　□□		平成○年12月25日重任
			平成○年　1月11日登記
支　店	1		平成○年　1月26日設置
	大阪府大阪市中央区○○2丁目8番14号		平成○年　1月29日登記
取締役会設置会社 に関する事項	取締役会設置会社		
			平成17年法律第87号第136条の規定により平成18年5月　1日登記
監査役設置会社に 関する事項	監査役設置会社		
			平成17年法律第87号第136条の規定により平成18年5月　1日登記
登記登録に関する 事項	平成元年法務省令第15号附則第3項の規定により		
			平成10年　2月19日移記

　これは登記簿に記録されている閉鎖されていない事項の全部であることを証明した書面である。

平成○年12月25日

　東京法務局
　登記官　　　　　　　　◎　◎　◎　◎　印

3－4　商業登記簿

図表 3－10　商業登記簿（商号）

履歴事項全部証明書		
東京都中央区○○一丁目1番1号 ■■■■株式会社		
会社法人等番号	×××× ー ×× ー ××××××	
商　　　号	■■■■製作所株式会社	
	■■■■株式会社	平成○年11月　1日変更
		平成○年11月　1日登記
本店	東京都千代田区▼▼▼2丁目2番2号	
	東京都中央区○○一丁目1番1号	昭和○年10月22日移転

❖本　　店

　本店の項目には，本店の所在が記載される（**図表3－11**）。実際の本社の住所と相違がないかを確認し，相違がある場合は取引先に確認する。業歴の長い大企業の中には実態はもはやないが，創業の地をいまだに登記上の本店所在地としている場合もあるので，実際の住所と相違があることが必ずしも問題となるわけではない。

　商号と同様に本店所在場所に関しても頻繁に変更している場合は，倒産歴を隠そうとしている場合や休眠会社を買い取って取込み詐欺を企てている場合が考えられるため注意を要する。

　本店所在場所の不動産登記事項証明書（詳細は3－5にて後述）を取得することで，本社不動産の所有者を知ることができ，企業の資産状況の把握に役立つ。

図表 3－11　商業登記簿（本店）

履歴事項全部証明書		
東京都中央区○○一丁目1番1号 ■■■■株式会社		
会社法人等番号	×××× ー ×× ー ××××××	
商　　　号	■■■■製作所株式会社	
	■■■■株式会社	平成○年11月　1日変更
		平成○年11月　1日登記
本店	東京都千代田区▼▼▼2丁目2番2号	
	東京都中央区○○一丁目1番1号	昭和○年10月22日移転
公告をする方法	官報に掲載する	

第3章　信用情報の収集

❖会社成立年月日

　設立登記を申請した日が記載される（**図表3－12**）。登記後は変更できない項目である。一般的には成立年月日が古い企業には信用があると考えられる。しかし，休眠会社を買い取った場合等，成立年月日が古くても信用のある企業といえない。本当に創業が古い企業なのか，休眠会社を買い取ったのかを見極めるには商号や本店，役員等の項目も合わせて確認する必要がある。役員が一度に全員変わっている場合や複数の項目が同時に変更されている場合は，休眠会社を買い取った可能性があるため，注意が必要となる。

図表 **3－12** 商業登記簿（会社成立年月日）

		平成○年11月　1日変更
		平成○年11月　1日登記
本店	東京都千代田区▼▼▼2丁目2番2号	
	東京都中央区○○一丁目1番1号	昭和○年10月22日移転
公告をする方法	官報に掲載する	
会社成立の年月日	昭和55年11月1日	
目的	1．木工家具の製造及び販売 2．家庭用什器類製造及び販売 3．前記各号に附帯する一切の事業	
	平成○年　9月14日変更　平成○年　9月19日登記	

❖目　的

　事業の目的が記載される（**図表3－13**）。企業はこの目的の範囲内で事業を行っているので，自社と行う取引内容が目的に含まれているかを確認する。目的と一致しない取引は，場合によっては取引が無効となることもある。また，事業目的が頻繁に変更されていたり，事業目的が多岐にわたり本業が判別しにくい場合は，取込み詐欺の可能性もあり，注意が必要となる。

　従来，目的の記載には「具体性」が求められていたが，会社法の施行に伴い規制は緩和されている。しかし，目的の内容があいまいで何を行っているのかよくわからない企業には注意が必要である。

3－4　商業登記簿

図表 **3－13** 商業登記簿（目的）

本店	東京都千代田区▼▼▼2丁目2番2号	平成○年１１月　１日登記
	東京都中央区○○一丁目1番1号	昭和○年１０月２２日移転
公告をする方法	官報に掲載する	
会社成立の年月日	昭和５５年１１月１日	
目的	1．木工家具の製造及び販売 2．家庭用什器類製造及び販売 3．前記各号に附帯する一切の事業 　　　　　　平成○年　　9月14日変更　平成○年　　9月19日登記	
	1．木工家具の製造及び販売 2．家庭用什器類製造及び販売 3．住宅リフォーム業 4．福祉介護用品及び福祉介護機器の販売及びリース 5．損害保険代理店業 6．前記各号に附帯する一切の事業 　　　　　　平成○年　　9月5日変更　　平成○年　　9月　　6日登記	
発行可能株式総数	４０００株	

❖資 本 金

　資本金については，まず現在の金額を確認する。会社法施行前までは原則として有限会社の最低資本金額が300万円，株式会社の最低資本金額は1,000万円とされていたが，会社法施行後には最低資本金額の規制が廃止となり，資本金がたとえ1円でも株式会社が設立できるようになった。しかし，資本金1円で株式会社が設立できる現在では，かえって資本金の大きさは1つのステータスになる。

　資本金が極端に少ない会社の場合，設立当初から資金的な余力がなかったと判断せざるをえず，資金を最初から用意できた会社に比べて，与信管理上のリスクは大きいと評価することになる。

　資本金の推移も確認する。たびたび増資をしている場合，事業が順調に拡大していることを株主が評価して追加出資に応じている可能性が高いと考えられる。しかし，500万円以下の少額での増資を頻繁に実施している場合，現物出資による増資の可能性に注意する。通常，増資は現金で行うが，現金の代わりに不動産や自動車等の動産，会社に対する債権などで出資することもでき，これを現物出資という。500万円超の現物出資を行うには原則として裁判所の選任した検査役による調査を受けなければならないことになっている。この調査を免れるために，500万円以下の現物出資を繰り返す場合がある。なお，500万

第3章　信用情報の収集

円を超える現物出資でも，弁護士，公認会計士や税理士の証明をもって検査役の調査に代えることができる。

　一方，減資を行う主な理由としては，資本の欠損補填が考えられる。繰越欠損金を抱えている会社が減らした資本金で繰越欠損金を穴埋めするというパターンである。この場合，繰越欠損金を抱えていることから赤字計上した決算期があり，儲かっていない時期があった，もしくはその時期が現在も続いている可能性が考えられる。しかし，減資は，他に株主へ払い戻す場合や自己株式を消却する場合にも実施されるので必ずしも減資＝マイナス情報とはいえない。減資を行っている場合にはその理由を確認することが重要である。

　商業登記簿からは資本金の推移や発行株式数は把握することができるが，増資や減資を行った理由まではわからない。増資や減資の目的は，ヒアリングや会社のホームページ等の他の情報源から探ることになる。

❖株　　式

　発行可能株式総数，株主名簿管理人，株式譲渡制限の有無等株式に関する事項が記載されている（**図表 3 −14**）。株式会社は，株式を自由に譲渡できるのが原則だが，定款に株式を譲渡するには取締役会等の承認が必要である旨を定めることができる。実際に中小企業の多くは株式譲渡制限があり，これによって株主としてふさわしくない者が株主になることを排除し，安全に経営を進めることができる。

　会社法施行により，株式譲渡制限会社は取締役会を非設置としたり，取締役等の任期を最長10年とすることが可能になった。株式譲渡制限の有無は会社の機関設計等を見ていくうえで非常に重要である。

❖役員に関する事項

　商業登記簿には，取締役および監査役の氏名と代表取締役の住所・氏名が記載されており，役員を知ることができる（**図表 3 −15**）。また，履歴事項証明書を取得すれば，今までの役員の変遷も読みとることができる。代表取締役は社長のみとは限らず，専務取締役でも代表権を持っていれば代表取締役として登記される。

　役員が変更している場合は，その原因を確認する。たとえば，会社法や定款に定められた任期の満了で辞める場合は「退任」，自ら申し出て辞める場合は

3 - 4　商業登記簿

図表 3-14　商業登記簿（資本金・株式）

目的	1．木工家具の製造及び販売 2．家庭用什器類製造及び販売 3．前記各号に附帯する一切の事業 　　　　　　　　平成○年　9月14日変更　平成○年　9月19日登記
	1．木工家具の製造及び販売 2．家庭用什器類製造及び販売 3．住宅リフォーム業 4．福祉介護用品及び福祉介護機器の販売及びリース 5．損害保険代理店業 6．前記各号に附帯する一切の事業 　　　　　　　　平成○年　9月5日変更　　平成○年　9月　6日登記
発行可能株式総数	4000株
発行済株式の総数	発行済株式の総数 1000株
株券を発行する旨	当会社の株式については，株券を発行する 　　　　　　　　　　　　　　平成17年法律第87号第13 　　　　　　　　　　　　　　6条の規定により平成18年 　　　　　　　　　　　　　　5月　1日登記 　　　　　　　平成○年　1月　5日廃止　　平成○年　1月15日登記
資本金の額	金6000万円　　　　　　　　　　　　平成○年　5月23日変更

「辞任」，株主総会（代表取締役の場合は取締役会）の決議により解任された場合は「解任」と記載される。解任の場合は，本人の意思にかかわりなく辞めさせられたことになり，内部で重大な争いが発生している可能性が考えられる。登記上は「辞任」となっていても実質的には解任である場合もある。

　複数の取締役が同時期に辞任した場合や頻繁に役員の交代がある場合などは，役員間でなんらかの対立が発生していたり，会社が乗っ取りにあっていたりする可能性も考えられる。

　特に親族で経営している同族会社で取締役が頻繁に変わっている場合は，遺産相続で揉めていたり，後継者間での争いが生じている可能性がある。このように，役員が頻繁に変わり会社の経営状態が不安定な可能性がある場合は，会社が行う契約等の法律行為が無効・取り消されるおそれもあるので，関係者等から情報を収集し，事実関係を確認する必要がある。

　他にも，役員の任期が過ぎているにもかかわらず役員の変更登記がなされていない場合には，理由を確認する。たとえ，同じ人物が続けて役員になる場合でも，任期の満了でいったん退任し，再任するという形になるので登記は必要である。役員変更の登記等を怠ると100万円以下の過料に処せられる場合がある。罰則があるにもかかわらず，登記を怠っている会社は，遵法意識の低い会

203

第3章　信用情報の収集

図表 3－15 商業登記簿（役員）

東京都中央区○○一丁目1番1号			
■■■■株式会社			
会社法人等番号　×××× ― ×× ― ××××××			
	取締役　　　□□　△△		平成○年12月29日重任
			平成○年　1月11日登記
	取締役　　　□□　△△		平成○年12月25日重任
			平成○年　2月　1日登記
	取締役　　　◆◆　□□		平成○年12月29日重任
			平成○年　1月11日登記
	取締役　　　◆◆　□□		平成○年12月25日重任
			平成○年　2月　1日登記
	取締役　　　◇◇　○○		平成○年12月29日重任
			平成○年　1月11日登記
	取締役　　　◇◇　○○		平成○年12月25日重任
			平成○年　2月　1日登記
	取締役　　　●●　□□		平成○年12月25日重任
			平成○年　1月29日登記
			平成○年10月31日辞任
			平成○年11月　1日登記
	東京都大田区○○2丁目17番6号		平成○年12月25日重任
	代表取締役　　□□　□□		平成○年　1月29日登記
			平成○年10月31日辞任
			平成○年　1月11日登記
	東京都大田区○○2丁目3番1号		平成○年11月　1日就任
	代表取締役　　□□　△△		平成○年11月　1日登記
	東京都大田区○○2丁目3番1号		平成○年12月29日重任
	代表取締役　　□□　△△		平成○年　1月11日登記
	東京都大田区○○2丁目3番1号		平成○年12月25日重任
	代表取締役　　□□　△△		平成○年　2月　1日登記
	監査役　　　○○　□□		平成○年12月25日重任
			平成○年　1月11日登記
支　店	1		平成○年　1月26日設置
	大阪府大阪市中央区○○2丁目8番14号		平成○年　1月29日登記
取締役会設置会社	取締役会設置会社		

社と評価せざるをえない。実体のないペーパーカンパニーである可能性も考えられる。

　また，商業登記簿から代表者の住所を知ることができるので，本店所在地同様に代表者住所の不動産登記簿で確認し，土地・建物が代表者の所有か賃貸かを確認することで，代表者の資産状況の把握に役立てることができる。

❖その他の項目

(1)　機関設計

　会社を代表して業務を執行する「代表取締役」，会社を運営等する「取締役」，会社の運営が適切かを監査する「監査役」などの「役員」や「株主総会」，「取

締役会」などのことを「機関」と呼び，会社がどのような機関を設けるかを決めることを機関設計という。会社法では，株式会社の機関設計について最低限のルールを定め，それ以外の部分については，各企業の個性や実情に応じて柔軟に対応できるようにしている。それゆえに，どのような機関設計を選択しているかによって会社の経営戦略を知ることができる。

機関設計のポイントは，取締役会設置の有無である。会社法以前の商法では，企業規模にかかわらず，すべての株式会社に取締役会，3名以上の取締役と1名以上の監査役の設置を義務として一律に要求していた。

会社法では，取締役会を設置しない場合，取締役は1名でもよく，監査役や会計参与も設置する必要がないが，反対に，取締役会を設置した場合は監査役または会計参与を設置しなければならず，3名以上の取締役が必要となる。

一般的には，取締役会設置会社のほうが，監査役の監査が入り，経営にチェックが利くので社内統制がとれているということができる。また，会計参与や会計監査人を設置している会社は，開示された決算書の信頼性が高いといえる。

(2) 支　　店

支店登記がされている場合，支店の住所が記載される（**図表3－16**）。以前は，支店の登記簿は本店の登記簿と同等のものが記載されていた。しかし，会社法の施行に伴い，支店の登記簿は商号，本店および当該支店所在地の支店のみの記載となり，簡素化された。したがって，支店の登記簿を見てもほとんど信用調査の目的としては意味がなくなっているので注意が必要である。

しかし，本店の所在地同様に支店の住所についても不動産登記簿を確認し，土地・建物の所有の有無を確認することで，その企業の資産状況の把握を補うことができる。

(3) 債権・動産譲渡登記

債権（売掛金債権や貸付金債権など）や動産を担保として債権者に譲渡し，それを登記している場合には債権譲渡登記事項概要ファイルや動産譲渡登記事項概要ファイルに記載される（**図表3－17**）。1998年10月の債権譲渡特例法の施行によって，法人が行う債権譲渡について，法務局で債権譲渡登記をすることで第三者対抗要件を具備できるようになった。また，2005年10月には動産登記制度がスタートしている。両登記は債権譲渡登記事項概要ファイル，動産譲渡登記事項概要ファイルに登記され，商業法人登記とリンクしつつも，独立分

第3章　信用情報の収集

図表 3－16　商業登記簿（機関設計，支店）

	東京都大田区〇〇2丁目3番1号	平成〇年12月29日重任
	代表取締役　　□□　△△	平成〇年　1月11日登記
	東京都大田区〇〇2丁目3番1号	平成〇年12月25日重任
	代表取締役　　□□　△△	平成〇年　2月　1日登記
	監査役　　　　〇〇　□□	平成〇年12月25日重任
		平成〇年　1月11日登記
支　店	1	平成〇年　1月26日設置
	大阪府大阪市中央区〇〇2丁目8番14号	平成〇年　1月29日登記
取締役会設置会社に関する事項	取締役会設置会社	
		平成17年法律第87号第136条の規定により平成18年5月　1日登記
監査役設置会社に関する事項	監査役設置会社	
		平成17年法律第87号第136条の規定により平成18年5月　1日登記
登記登録に関する事項	平成元年法務省令第15号附則第3項の規定により	
		平成10年　2月19日移記

これは登記簿に記録されている閉鎖されていない事項の全部であることを証明した書面である。

平成〇年12月25日

東京法務局
登記官　　　　　　　　　　　〇　〇　〇　〇　印

離した公示制度である。

　両登記の情報のアウトプットには，3種類の証明書がある。登記事項概要証明書には，登記されている事項のうち，債務者名等個々の債権や動産を特定する事項を除いた事項が記載されており，誰でも交付を請求することができる。一方，登記事項証明書は個々の債権や動産を特定する事項も含めてすべての登記事項を記載したもので，当事者や利害関係を有する者しか請求できない。概要記録事項証明書には，譲渡人をベースに，登記がなされたことと譲受人が記載されており，誰でもが商業・法人登記の管轄法務局で請求することができ，「登記情報提供サービス」で情報を取得することもできる。なお，登記事項概要証明書は1通300円，登記事項証明書は1通500円，概要記録事項証明書は1通300円で取得することができる（2019年10月現在）。特に不安な取引先については，両登記の確認をしておくべきである。

3 — 4　商業登記簿

図表 3 — 17　動産譲渡登記　登記事項証明書

登 記 事 項 証 明 書

【登記の目的】：動産譲渡登記 【譲渡人】 　【本店等】：東京都中野区○○一丁目○○番○号 　【商号等】：動産商事株式会社 　【会社法人等番号】：○○○○01○○○○○○ 　【取扱店】：中野本店 　【日本における営業所等】：－ 　【譲受人】 　【本店等】：東京都千代田区○○一丁目○番○○号 　【商号等】：東京法務株式会社 　【会社法人等番号】：○○○○01○○○○○○ 　【取扱店】：九段支店 　【日本における営業所等】：－ 【登記原因日付】：平成○年4月11日 【登記原因（契約の名称）】：譲渡担保 【登記の存続期間の満了年月日】：平成○年4月10日 【備考】：－ 【申請区分】：出頭 【登記番号】：第2011－2000号 【登記年月日時】：平成○年4月13日　　13時5分	概 要 事 項
【動産通番】：0001 【種類】：油圧式プレス機 【特質・所在】：製造番号：2005ABC0001 【動産区分】：個別動産 【備考】 　動産の名称：スーパープレスター、型式：TW－25、製造社名：動産精機株式会社、保管場所の所在地：東京都中野区○○一丁目○○番○号、保管場所の名称：動産商事株式会社本社工場	動産個別事項
【登記番号】：－ 【登記年月日時】：－ 【登記原因日付】：－ 【登記原因（契約の名称）】：－	一部抹消事項

【検索の対象となった記録】：平成○年4月18日現在
上記のとおり動産譲渡登記ファイル（除く閉鎖分）に記録されていることを証明する。

　　　　平成○年4月19日

　　　　　東京法務局　登記官　　　　　　○　○　　○　○　　印

注1　この証明書は，動産の存否を証明するものではありません。
　2　動産の所在によって特定する場合には，保管場所にある同種類の動産のすべて（備考でさらに特定されている場合には，その動産のすべて）が譲渡の対象であることを示しています。
　3　【特質・所在】の項目には，個別動産の場合は動産の特質が，集合動産の場合は動産の所在が記載されます。

207

第3章　信用情報の収集

3-5

不動産登記簿

|3-5-1| 不動産登記簿入手方法

　不動産登記簿とは，不動産という権利の客体，対象に関する一定事項や変動を記載する，いわば不動産の経歴書である。不動産登記簿は表題部，権利部の甲区・乙区から構成される。

　不動産の表示に関する登記は，不動産自体の物理的状況や同一性を公示するためのもので，所在や面積，土地の用途や建物の構造などが「表題部」に記載される。

　一方，不動産の権利に関する登記は，不動産の権利関係を示すためのものである。その不動産の所有権が誰に帰属するかについては「甲区」に，また，抵当権等の担保設定内容や借地権など所有権以外の権利が設定されているかについては「乙区」に記載される。

　不動産登記簿（情報）も法務局に出頭，郵送請求，オンライン請求や「登記情報提供サービス」など商業登記簿と同様の方法で入手することができる。

|3-5-2| 不動産登記簿の種類

❖土地登記簿
　1筆の土地ごとに地番・面積・所有者等を記載した登記簿のことをいう（**図表3-18**）。

❖建物登記簿
　1個の建物ごとに番地・構造・面積・所有者等を記載した登記簿のことをいう（**図表3-19**）。

3-5 不動産登記簿

図表 3-18 不動産登記簿（土地）

表　題　部	（土地の表示）	調製	余白		不動産番号	000000000000
地図番号	余白		筆界特定	余白		
所　在	特別区南都町一丁目				余白	

①地番	②地目	③地積 ㎡	原因及びその日付〔登記の日付〕
101番	宅地	300：00	不詳 〔平成○年10月14日〕

所　有　者	特別区南都町一丁目1番1号　甲野太郎

権　利　部（甲　区）　（所　有　権　に　関　す　る　事　項）			
順位番号	登　記　の　目　的	受付年月日・受付番号	権　利　者　そ　の　他　の　事　項
1	所有権保存	平成○年10月15日 第637号	所有者　特別区南都町一丁目1番1号 　　　　甲野太郎
2	所有権移転	平成○年10月27日 第718号	原因　平成○年10月26日売買 所有者　特別区南都町一丁目5番5号 　　　　法務五郎

権　利　部（乙　区）　（所　有　権　以　外　の　権　利　に　関　す　る　事　項）			
順位番号	登　記　の　目　的	受付年月日・受付番号	権　利　者　そ　の　他　の　事　項
1	抵当権設定	平成○年11月12日 第807号	原因　平成○年11月4日金銭消費貸借同日 設定 債権額　金4,000万円 利息　年2・60％（年365日日割計算） 損害金　年14・5％（年365日日割計算） 債務者　特別区南都町一丁目5番5号 　　　　法務五郎 抵当権者　特別区北都町三丁目3番3号 　　　　株式会社南北銀行 　　　　（取扱店　南都支店） 共同担保　目録(あ)第2340号

共　同　担　保　目　録			
記号及び番号	(あ)第2340号		調製　平成○年11月12日
番　号	担保の目的である権利の表示	順位番号	予　備
1	特別区南都町一丁目　101番の土地	1	余白
2	特別区南都町一丁目　101番地　家屋番号1 01番の建物	1	余白

これは登記記録に記録されている事項の全部を証明した書面である。

平成○○年3月27日
関東法務局特別出張所　　　　　　登記官　　　　　法　務　八　郎

＊　下線のあるものは抹消事項であることを示す。　　　整理番号　D23992　（1/1）　1/1

第3章　信用情報の収集

図表 3 −19　不動産登記簿（建物）

様式例・2

表 題 部 （主である建物の表示）	調製	余白		不動産番号	0000000000000

所在図番号	余白

所　　在	特別区南都町一丁目　101番地	余白

家屋番号	101番	余白

① 種　類	② 構　造	③ 床 面 積　　㎡	原因及びその日付〔登記の日付〕
居宅	木造かわらぶき2階建	1階　80：00 2階　70：00	平成 ○ 年11月1日新築 〔平成 ○ 年11月12日〕

表 題 部 （附属建物の表示）				
符　号	①種　類	② 構　造	③ 床 面 積　　㎡	原因及びその日付〔登記の日付〕
1	物置	木造かわらぶき平家建	30：00	〔平成 ○ 年11月12日〕

所 有 者	特別区南都町一丁目5番5号　法 務 五 郎

権 利 部 （甲 区） （所 有 権 に 関 す る 事 項）			
順位番号	登 記 の 目 的	受付年月日・受付番号	権 利 者 そ の 他 の 事 項
1	所有権保存	平成 ○ 年11月12日 第806号	所有者　特別区南都町一丁目5番5号 　　法 務 五 郎

権 利 部 （乙 区） （所 有 権 以 外 の 権 利 に 関 す る 事 項）			
順位番号	登 記 の 目 的	受付年月日・受付番号	権 利 者 そ の 他 の 事 項
1	抵当権設定	平成 ○ 年11月12日 第807号	原因　平成 ○ 年11月4日金銭消費貸借同日設定 債権額　金4，000万円 利息　年2・60％（年365日日割計算） 損害金　年14・5％（年365日日割計算） 債務者　特別区南都町一丁目5番5号 　　法 務 五 郎 抵当権者　特別区北都町三丁目3番3号 　　株 式 会 社 南 北 銀 行 　　（取扱店　南都支店） 共同担保　目録㈹第2340号

共 同 担 保 目 録				
記号及び番号	㈹第2340号		調製	平成 ○ 年11月12日
番　号	担保の目的である権利の表示	順位番号	予　備	
1	特別区南都町一丁目　101番の土地	1	余白	
2	特別区南都町一丁目　101番地　家屋番号 1 01番の建物	1	余白	

これは登記記録に記録されている事項の全部を証明した書面である。

平成○○年3月27日
関東法務局特別出張所　　　　　　　登記官　　　　　　　　　法 務 八 郎

＊　下線のあるものは抹消事項であることを示す。　　　　　整理番号 D23990 （1／1）　　1／1

❖区分建物登記簿

区分建物とは，区分所有権の目的となる建物のことをいい，分譲マンションの各戸のように，マンション全体ではなく，各戸それぞれが独立し，各戸が所有権の目的となる建物が該当する。

区分建物の登記簿は，①1棟の建物全体の表示（敷地権付の場合はその目的である土地の表示）からなる1棟の建物の表題部，②専有部分の建物の表示（敷地権付の場合は対応する割合等）表示からなる専有部分の表題部，③専有部分の甲区，乙区から構成される。

3-5-3 登記簿の項目（表題部）

図表 3-20 不動産登記簿（表題部）

表　題　部　　（土地の表示）	調製	余白		不動産番号	0000000000000
地図番号	余白	筆界特定	余白		
所　在	特別区南都町一丁目			余白	
①　地　番	②地　目	③　　地　　積　　㎡		原因及びその日付〔登記の日付〕	
101番	宅地	300：00	不詳〔平成 ○ 年10月14日〕		
所　有　者	特別区南都町一丁目1番1号　甲　野　太　郎				

❖所在・地番

所在とは「表題部」の最初に記載されている項目である。土地登記簿の場合は，対象の土地が存在する場所を郡・市・区・町・村・字等（例：千代田区丸の内一丁目）で記載される。地番は，1筆の土地ごとに登記所が付す番号のこと（例：2番3）であり，住居表示が実施された地域においては，地番と住所は必ずしも一致しない。土地登記簿を取得する際は地番が必要となるため，地番がわからない場合は，法務局に備え付けられている対照表等で地番を調べる必要がある。ただし，地番を特定できないこともあるので，その場合は法務局に備え付けられている公図を閲覧し，住宅地図と照らし合わせて地番を特定することとなる。なお，建物登記簿の場合や区分建物登記簿の「表題部」（1棟の建物の表示）の所在にはその建物が建っている土地の所在と地番が記載される。

第3章　信用情報の収集

❖家屋番号

　建物1つ1つを識別するために法務局が付す番号のことであり，建物登記簿や区分建物登記簿に記載される項目の1つである。原則として，建物の敷地の地番と同じ番号が付けられる（例：千代田区丸の内一丁目2番地3の土地に建つ建物の家屋番号は2番3）。家屋番号には町名は表示されないため，家屋番号は同じ町名の中での固有の建物を識別する番号となる。また，1筆の土地に独立した複数の建物があるときは，2つ目以降の建物にのみ敷地の地番と同じ番号に支番が付く（例：1番目の建物は2番3，2番目の建物は2番3の2）。また，分譲マンションのような区分建物の場合，専有部分ごとに家屋番号を付すことになっている。たとえば，100部屋の分譲マンションの場合，外見上は1個の建物でも，登記上は「2番3の1」から「2番3の100」までの100個の家屋番号が付されることになる。

❖地目・種類

　地目は，土地登記簿の「表題部」および区分建物登記簿の「表題部」（敷地権の目的たる土地の表示）の項目の1つであり，土地の用途による分類を示すものである。用途に応じて，宅地，田，畑等全23種類で表示される。地目は，土地の用途を表しているが，実際に使用されている用途と一致しない場合もある。土地を売買する場合，地目によっては，許可や届出が必要となることもあるので注意が必要となる。

　建物登記簿では，種類という項目が土地登記簿の地目に相当し，建物の用途が表示される。不動産登記規則には居宅，店舗，寄宿舎，共同住宅，事務所，旅館，料理店，工場，倉庫，車庫，発電所および変電所の12種類が定義されるが，これらに該当しない建物についてはこれらに準じて定めることとされている。

❖構　　造

　建物登記簿の構造の項目には，建物の構成材料，屋根の種類と階数が表記され，それぞれの区分については，不動産登記規則に定められている。構成材料は，木造，鉄筋造など8種類，屋根の種類は5種類で表示され，階数は平家建のほか，地階を含めて階層に応じた表示がなされる。

❖地積・床面積

　地積は，土地登記簿に表示される項目の１つである。水平投影面積により，単位は平方メートル（㎡）が使われる。建物登記簿には床面積が記載される。各階ごとに外壁の厚みの中心線で囲まれた部分の面積が記載され，単位は，地積同様平方メートル（㎡）が使われる。

｜3－5－4｜　登記簿の項目（権利部・甲区）

図表　**3－21**　不動産登記簿「権利部」（甲区）

権　利　部　（　甲　区　）　　（所　有　権　に　関　す　る　事　項）			
順位番号	登　記　の　目　的	受付年月日・受付番号	権　利　者　そ　の　他　の　事　項
1	所有権保存	平成 ○ 年１０月１５日 第６３７号	所有者　特別区南都町一丁目１番１号 　　甲　野　太　郎
2	所有権移転	平成 ○ 年１０月２７日 第７１８号	原因　平成 ○ 年１０月２６日売買 所有者　特別区南都町一丁目５番５号 　　法　務　五　郎

❖順位番号

　登記された順番を示し，権利関係の優劣を決める。「権利部」（乙区）（詳細は３－５－５にて後述）の場合は，特に重要な意味を持っている。１つの不動産に対し複数の抵当権が設定されている場合，誰がその不動産に対し優先的な権利を持っているかが，この順位番号によって決まる。

❖登記の目的

　どんな目的で登記されたかが記載される。「権利部」（甲区）では，建物を新築等した場合の「所有権保存」，売買契約や相続などによる「所有権移転」など，所有権に関する登記の目的が記載される。「権利部」（乙区）では，「抵当権設定」など所有権以外の権利についての登記の目的が記載される。

（1）　所有権保存

　所有権の登記がない不動産にはじめてなされる所有権の登記を所有権保存登記という。建物を新築した場合，建物の所有者は１カ月以内に建物表題登記を行わなければならない。この登記が建物登記簿の「表題部」になり，その後所有権保存登記を行う。所有者は所有権保存登記を行うことで第三者に対し対抗

第 3 章　信用情報の収集

要件を備えることができ，不動産の売買による所有権移転や抵当権設定などの不動産に関する権利の登記を行うことができるようになる。

(2) 所有権移転

　不動産の売買等により不動産の所有者が変わった場合になされる登記が所有権移転登記である。所有権移転登記は，原則として登記権利者と登記義務者が共同で行わなければならない。登記権利者とはその登記が実行されたときに，登記上利益を受ける者のことをいい，登記義務者とは登記を行うことによって登記上不利益を受ける者のことをいう。不動産売買においては登記によって所有者となる買主が登記権利者であり，登記によって所有者でなくなる売主（現所有権登記名義人）が登記義務者となる。なお，相続による所有権移転登記は相続人単独で申請することとされている。

❖受付年月日・受付番号

　受付年月日は，法務局が登記を受け付けた日付である。受付番号は，受け付けた登記に付与される番号のことである。受付年月日は登記の優劣を判定する際に重要となる。

❖原　　因

　所有権に関する権利を得た原因が記載される。「所有権保存」の場合，原則として原因はない。「所有権移転」の場合，「平成〇〇年〇月〇日売買」のように日付と「売買」「相続」「贈与」などの所有権の移転原因が記載される。

❖権利者その他の事項

　所有権を得た人の名前と住所が記載される。共有で所有権を取得している場合には，共有者全員の名前と住所に加えてそれぞれの持分が記載される。

❖（仮）差押え

　（仮）差押登記とは，不動産に十分な担保余力が見込まれるときに債権者が債権保全のために（仮）差押えの申立てを行った場合や，不動産に抵当権が設定されている状態で債権者が抵当権を実行し，裁判所が競売の申立てを認めた場合になされる登記のことである。裁判所は不動産を差し押える旨を決定すると法務局に差押登記を嘱託し，法務局がそれを受けて差押登記を行う。そのう

えで，債務者に差押開始決定が通知される。

　仮差押えとは，金銭の支払いを目的とする債権を保全するために，債務者が財産を処分することを禁止し，将来の強制執行を確実なものにするために，仮に差し押える手続のことである。

　（仮）差押登記のある不動産を購入したり，担保にとったりして登記を行っても，（仮）差押え債権者に対抗できず，競売によりその登記は抹消される。不動産を購入したり，担保を取ったりする場合には，（仮）差押登記の有無を確認しなければならない。

|3-5-5| 登記簿の項目（権利部・乙区）

図表 **3-22** 不動産登記簿「権利部」（乙区）

権　利　部　（　乙　区　）	（所　有　権　以　外　の　権　利　に　関　す　る　事　項）		
順位番号	登　記　の　目　的	受付年月日・受付番号	権　利　者　そ　の　他　の　事　項
1	抵当権設定	平成 ○ 年１１月１２日 第８０７号	原因　平成 ○ 年１１月４日金銭消費貸借同日 　　　設定 債権額　金４，０００万円 利息　年２・６０％（年３６５日日割計算） 損害金　年１４・５％（年３６５日日割計算） 債務者　特別区南都町一丁目５番５号 　　　　法　務　五　郎 抵当権者　特別区北都町三丁目３番３号 　　　　株　式　会　社　南　北　銀　行 　　　　（取扱店　南都支店） 共同担保　目録㈹第２３４０号

❖（根）抵当権

　抵当権とは，特定の債権を担保するために不動産に設定する担保物権の１つである。また，根抵当権とは，ある企業との継続的な取引の場合に極度額を決めて設定される担保物権のことであり，抵当権とは異なり，取引ごとに設定する必要がない。抵当権設定の登記の場合，登記簿の権利者その他の事項欄に抵当権者，債権額および利息等が記載される。一般的に，銀行は企業に融資するときにその企業が不動産を所有していれば，不動産に担保設定をするので，「権利部」（乙区）の記載を見ることによって取引先や代表者の借入れの有無，取引銀行や借入金額等を把握することができる。

　根抵当権設定の登記の場合，ここには極度額，債務者，根抵当権者が記載される。極度額とは，融資したときに当該不動産をいくらまで担保として利用で

きるかを表す金額で，極度額はおおむね借入可能金額＋αと考えられる。また，極度額は元本確定することで，被担保債権が，その時点での債権額に確定されるため，元本確定後は当該根抵当権を利用して新たな債権を担保することはできなくなる。

抵当権者や根抵当権者を確認することで取引銀行を知ることができる。一般的に，都市銀行，第一地方銀行，その他金融機関の順で融資基準が厳しく，都市銀行から貸出しがあることは，相応の信用力があると考えることができる。一方，市中街金業者が担保を設定している場合，すでに都市銀行等の金融機関からは借入ができないほど財務状態が悪化している可能性がある。また，正常な取引を継続している限り，銀行は元本確定の登記をすることはない。そのため，根抵当権に「元本確定」の登記があれば銀行が回収に入った可能性があり，債務者の信用状態が悪化していることが考えられる。さらに，短期間に多数の（根）抵当権設定がなされている場合も，債務者の信用状態がきわめて悪化している可能性が高いので注意が必要となる。

❖その他（賃借権等）

「権利部」（乙区）には，（根）抵当権などの担保権以外にも他人の不動産を使用できる権利である用益権が登記され，代表的なものとして賃借権がある。賃借権は，賃貸借契約に基づいて，賃借人が目的物の不動産を使用できる権利のことである。賃借権が登記されていれば，売買等により対象不動産の所有者となっても，賃借人に不動産を使用させ続けなければならない。

❖登記の原因

「権利部」（甲区）の原因同様，その権利を得た原因が記載される。抵当権であれば，金銭を借りる契約をしたことが原因となるので，「平成○○年○月○日金銭消費貸借同日設定」というように記載される。

3－5－6 簡易的な時価評価の方法

　取引先の本社所在地の所有者や代表者の自宅の所有者を「権利部」（甲区）で確認し，取引先や代表者が所有者の場合，簡易的に土地の時価評価を行うことができる。

　土地の時価は，不動産登記簿の「表題部」に記載されている地積に路線価を掛け合わせることによって簡易的に算出することができる。路線価とは国税庁が相続税などを課税するための基準としているものである。各公道に沿って価格が示されているため，調査の対象となる企業の本社所在地や代表者の自宅所在地のおおよその時価を算出することができる。路線価についてはウェブサイト（https://www.rosenka.nta.go.jp/）からも確認することができる。

　たとえば，取引先に社有の本社ビルがあり，その土地が200㎡，路線価は20万円だったとする。この場合の土地の時価は200㎡×20万円＝4,000万円となる。その企業は4,000万円程度の価値がある土地を保有していることになり，この土地に抵当権などを設定することによって，銀行から時価相当額を借り入れることができる。ただし，当該不動産に先順位の抵当権などが設定されている場合には，「権利者その他の事項」の項目で担保設定金額を確認し，簡易算定した価格から先順位担保設定金額を差し引いて，当該土地の担保余力を評価する必要がある。

第3章　信用情報の収集

3-6

信用調査会社

|3-6-1| 信用調査会社の利用

❖信用調査会社とは

　信用調査会社とは，端的にいえば他人の信用状態を調査報告することを事業とする会社である。信用調査会社の中には，企業に特化して調査を行う会社から，個人情報の入手を中心に行う探偵のような会社（興信所）まで，規模や内容はさまざまである。

　以下は，企業調査を行う信用調査会社の主な業務内容である。

　・企業信用調査：信用調書や企業概要データの提供
　・信用不安情報の収集と提供
　・倒産情報の収集と提供：日刊情報誌の発行
　・企業倒産統計の集計と提供：倒産件数やその傾向の発表
　・市場調査：業界調査，マーケット調査，産地調査など
　・出版事業：会社年鑑，全国企業財務分析統計などの出版
　・データバンク事業：蓄積した企業データをコンピュータ処理し，情報や資
　　料として販売

　このような信用調査会社の業務のうち，取引先の内容を調べる際に最もよく利用されるのが企業信用調査であり，信用調書や企業概要データを購入することにより，取引先の情報を入手することができる。

❖信用調査会社を利用する場合とは

　各信用調査会社が発行する情報誌は非常に価値のあるものである。自社での調査が不可能な，広範囲の企業についての信用情報をタイムリーに入手することができる。また，業界の傾向を分析する際にも活用できる。

　特定の取引先を追跡して調査・管理する際に収集する情報は，その企業が現在どのような状態であるかをタイムリーに反映していること，客観的に分析し

218

た情報を提供していること、わかりやすい内容で意思決定の材料として適切であることが求められる。その点で信用調査会社を利用するメリットは大きいといえる。

信用調査会社利用のメリットをまとめると、以下のとおりとなる。

(1) 手間と時間の節約

信用調査は、取引先をいろいろな角度から調べる必要があるので、多大な労力と費用がかかる。また、はじめての取引先について詳しく調べることは困難であるが、信用調査会社を利用することで効率的に調査を行うことができる。

(2) 割安な費用

自社ですべての調査を行うより割安な場合がある。特に、企業概要データや過去に実施された調査に基づく信用調書（既調）などは安価かつ即座に取得でき、可否判断のスピードを速めることができる。

(3) 主観の排除と調査漏れの防止

第三者による調査は、しがらみや思い込みを排除することができる。また、自社で調査できない部分を補完してくれる。

(4) 要注意・警戒企業の情報入手

信用調査会社に入るさまざまな情報の中から、要注意企業や警戒企業の情報を入手することができる。

❖信用調査会社を利用するときの留意点

(1) 信頼して利用できる信用調査会社は少ない

信用調査会社と名の付く調査会社は数多くあるが、企業調査を行ううえで信頼できる情報を提供してくれる調査会社は限られている。あらかじめ調査会社の規模や能力を評価したうえで利用することが重要である。

(2) 能動的に利用

信用調査会社から入手する情報を機械的に伝達処理するだけではなく、調査会社に調査のヒントになる取引先の状況を伝達する、あるいは自社からも積極的に情報を提供するなど情報を能動的に収集する姿勢を持つことで、より有用な情報の入手につながる。

(3) 調査範囲の限界

どの信用調査会社にも、地域、業界など調査範囲には必ず限界があるので、それらを念頭に置いて利用すべきである。

第3章　信用情報の収集

(4)　画一的な調査が行われやすい

　一部の信用調査会社では，調査員に調査ノルマを課している。その結果，項目を埋めるのに専念しがちになり，情報の取り方が少ない場合もある。不明な部分については，調査会社に問い合わせるなど積極的に行動し，より多くの情報を入手する姿勢が必要である。

│3－6－2│　調査会社の選び方

　企業情報を取り扱う主な信用調査会社には，次のようなものがある。

❖東京商工リサーチ　(https://www.tsr-net.co.jp/)

　1892年「商工社」として創業。1974年に現商号に変更。国内80カ所に事業所を持ち，1952年3月発刊の「TSR情報」は倒産情報誌の草分けといわれている。

　信用調査報告書の作成のほか，調査データのデータベース（「tsr van2」は国内480万社のデータを保有）販売，『東商信用録』（8ブロック・10巻・27万社・23項目）や倒産情報誌の出版などを主業務としている。

　また，アメリカの大手調査会社Dun&Bradstreet社と業務提携しており，海外企業の信用調書に当たる「D&Bレポート」の国内独占販売権を有し，世界240カ国超3億件以上の企業情報を提供している。

❖帝国データバンク　(https://www.tdb.co.jp/index.html)

　1900年創業。1981年に帝国興信所より現商号に変更。国内83カ所に事業所を持つ国内最大の信用調査会社で，アメリカ・韓国にも関連会社を有している。

　いちはやく信用調査報告書のデータベース化に着手し，急速にデータ量を拡大。現在，年間の信用調査件数（延べ件数）は145万件，信用調査報告書データベース（CCR）は160万社，企業概要データベース「COSMOS2」は143万社のデータを格納，顧客管理や取引先新規開拓のためのデータベースとして広く浸透している。このほか『帝国データバンク企業年鑑』（14万社掲載）の刊行，倒産情報誌「帝国ニュース」の出版事業，また市場調査や各種リストアップなどのマーケティングサービス，電子認証事業を含む電子商取引サポートサービスへも事業領域を拡大している。

220

❖信用交換所グループ （https://www.sinyo.co.jp/）

信用交換所大阪本社，東京本社，名古屋本社，京都本社の4社にてグループを構成し，繊維関連業界に特化した信用調査会社である。大都市および繊維産地に支店網を張り巡らせており，業界に精通した調査員・情報部員を擁し，業界内の情報ネットワーク，中身の濃い信用調書，的確な情報には定評がある。

倒産情報誌である「日刊　信用情報」，と会社年鑑である『全国繊維企業要覧』（約2万社掲載）を刊行しており，さらに，インターネットを利用したデータベースサービスも展開している。

❖東京経済 （https://www.tokyo-keizai.co.jp/）

九州全域に基盤を築き，東京にも進出。現在，沖縄から仙台まで全国に30の事業所を有している。

情報誌「特別情報」の発行を基軸に「情報の東経」として急成長している調査会社である。また企業紹介・倒産情報誌「東経情報」，企業年鑑「会社要覧（九州版）」などの出版や，最近はインターネット事業におけるM&A情報，設備投資情報，倒産速報のEメール配信も手がけている。

手形割引業者など市中金融業者との情報ネットワークに定評があり，中小企業のネガティブ情報に強みを持っている。

❖食品速報 （https://news.syokuhinsokuho.jp/）

水産業界を主力とした食品業界専門の調査会社である。東京を本社とし，全国に5カ所の拠点を有している。業界情報誌「日刊食品速報」の発行のほか，企業年鑑『セフティー』の発行も手がけており，業界のマーケティングリサーチ情報を得手としている。

❖東京信用調査 （https://www.tokyobusiness.jp/）

オーダーメイドのような丁寧な調査に定評がある。関東に5カ所の拠点を有し，地方調査ネットワークを全国主要都市45カ所に構築している。

調査のタイプを豊富に有し，「規模は小さくとも的確な情報を迅速に提供する」と高い評価を得ている。

第3章　信用情報の収集

❖**データ・マックス**（https://www.data-max.co.jp/）

　福岡を本拠地として九州を中心に東京や上海にも拠点を有する，九州地場の調査会社である。企業情報誌「Ｉ・Ｂ企業特報」を週2回発行。企業の最新動向から地域経済や行政の動きまで，正確かつ深い情報を提供している。

|3−6−3| 海外取引先の情報収集

　ヒト・モノ・カネのグローバル化に伴って，外国企業との取引の機会が近年急速に増え，外国企業に対する情報収集の必要性が高まっている。海外の商慣習は，日本と異なっていることに加え，信用情報や市場の変動に関する情報をタイムリーに把握できないことがあるため，現地企業の信用情報や海外市場に関する変動等タイムリーに把握できないことがあるため，外国企業の信用力を見極めることは，難易度が高い。

　一般的に，海外企業に対して調査を行う場合，現地にネットワークをもつ調査会社に海外調書を依頼することが多いが，国によって企業の決算情報の公開度合いが異なっていたり，取引先の所属国によって自主的に決算資料等を取得できる場合もある。

　図表3−23は海外の主要な国，地域における非上場企業情報の入手方法となっている。

　自ら海外取引先を調査することには，多大な労力およびコストが伴う。したがって，国内企業の信用調査を依頼するのと同じように，海外調書を取り扱っている調査会社に依頼することによって，手間と時間の節約が図れ，より多くの情報を入手することが可能になる。

3－6 信用調査会社

図表 **3－23** 非上場企業決算書入手方法一覧

国，地域	入手可能な情報	公開サイト	決算書入手可能性
アジア			
中国	決算書，登記内容	工商行政管理局 ※（決算書大半非開示）	低
韓国	決算書，登記内容	金融監督院，電子公示サイト，大法院 ※（当局サイトにて主要決算項目が入手可能）	高
香港	登記内容		低
東南アジア			
タイ	決算書，登記内容	商務省事業開発局（DBD）	高
マレーシア	決算書，登記内容	マレーシア企業委員会（SSM）	高
シンガポール	決算書，登記内容	会計企業規制庁（ACRA）	高
フィリピン	決算書，登記内容	証券取引委員会（SEC）	高
ベトナム	登記内容	National Business Registration	無
インドネシア	登記内容（有料）	法務人権省（DITJEN AHU）	無
ヨーロッパ			
イギリス	決算書	登記局　Companies House	高
フランス	決算書	電子連邦官報	高
ドイツ	決算書（有料）	官報 ※（零細企業開示義務なし）	高
オランダ	決算書（有料）	商工会議所	高
イタリア	決算書（有料）	登記局	
ロシア	決算書	連邦統計局（信用調査会社経由）	困難
米州（決算書は当局サイトからの入手が困難，その代わりに信用調査申込が一般的。）			
アメリカ	登記内容のみ	各州登記局	無
カナダ	登記内容のみ	各州政府サイト	無

第3章　信用情報の収集

　現在，日本国内で海外調書を取り扱っている情報提供会社の一部を**図表3 ー24**に記載している。海外調書サンプルを公開している会社が多いため，自社のニーズに合致する海外調書を取得するために，事前にサンプルを取得して，新規調査の日数や，和訳の追加料金等について確認することが重要である。

図表 **3 ー24** 主要海外調書およびその調査機関

海外調書	情報提供会社	調査対象国	特徴
エクスペリアン調書	エクスペリアン	200カ国以上	欧州系信用調査，情報量豊富，分析付いている。
ACP調書	ASIAN COMPANY PROFILES LTD. (ACP社)	230カ国以上	台湾を本社拠点とし，低コストかつ均一料金な海外調書を提供する。
Dun Report	東京商工リサーチ	約100カ国	米国信用調査会社D&Bとの提携，支払振り評価を提供する。
RM中国企業情報ナビ	リスクモンスター	中国企業に特化	現地の信用調査会社と提携し，独自で格付を付与している。

3-7

信用調書

3-7-1 信用調書とは

　信用調書とは，ある企業の経営内容について，調査員が直接現地に出向き経営者ヒアリングなどの実地調査を行うほか，登記簿や決算書などの書類により総合的に調査した結果を，10〜15頁程度でまとめたものであり，与信判断の材料として非常に適しているといえる。

　自社での信用調査には，人員も費用も時間も多くかかり限界がある。また，客観的に調査することも難しい。一方，信用調査会社を利用すると，コストが割安であるうえに客観的な調査結果を漏れなく入手することができる。直接利害が絡む取引先の営業担当者には話さなかったことも，第三者である調査員には話すといったケースも多いため，自社での調査を補完し，裏づけるには非常に有効である。

　なお，東京商工リサーチや帝国データバンクなどの総合信用調査会社は，全国に支店を有しているため，広範囲な地域で全業種に対応でき，コストは比較的安価である。調査員による内容のばらつきや調査項目の漏れは少ないが，内容は一般的なものになりがちである。

　一方，個別業界に特化している専門信用調査会社は，コストは多少割高になるが，詳細な内容を入手することができる。

　本来なら自社の取引先のすべてを自社内の人員（社員）で調査するのが理想的だが，現実的には困難であることから，手間や時間を節約するために信用調査会社に依頼するのである。非上場企業が取引先の場合，決算書を直接入手することが難しい場合もあるので，信用調査会社に信用調書を依頼するメリットは大きいといえる。

第3章　信用情報の収集

|3－7－2| 信用調書の内容

　信用調書は，信用調査会社によって多少異なるが，おおむね次のような項目が記載されている。

① 企業概要，登記事項

商号（屋号），所在地，電話番号，創業，設立年月日，資本金，出資額（元入金），大株主，役員と担当業務，沿革，関連会社，特記事項，信用評定

② 代表者，労務状況

生年月日，出生地，現住所，略歴，関係事業，家族状況，趣味，人物，世評。従業員数とその各種区分内訳，労務状況，福利関係

③ 営業状況

営業品目，営業方式，構成比，主要仕入先，外注先，支払方法と良否，主要得意先，回収方法と良否，担保提供と取得の有無，不良債権と処理状況

④ 業績，資金，財務状況

既往の売上，利益，配当とその概評，最近の業績，取引銀行名と各割引，借入状況，銀行の見解，融手・高利利用の有無，資金繰り状況と利益状況，財務諸表の添付（未入手の場合は推定資産）

⑤ 規模，設備概要，手持ち工事

支店，出張所，工場などの所在地，面積，機械設備，生産能力，手持ち工事内訳（建設業）

⑥ 不動産調査

法務局における閲覧による不動産表貼付（物件と取得状況明細），希望により登記簿謄本または要約書添付

|3－7－3| 調査会社への依頼方法

　信用調書にかかる費用は，調査会社によりさまざまであるが，一般的には調査会社の会員になり，通称「調査チケット」という調査依頼票を前払いで購入する形が多い。ここで注意しなければならないことは，調査チケットの有効期限が1年間であることである。当然枚数が多いほど1枚当たりの単価は安くなるが，1年間で使い切れない時は無駄なコストが発生し，かえってコスト増に

226

3－7　信用調書

なってしまう。このため，1年間で調査する取引先数を予想し，それに近い枚数の調査チケットを購入すべきである。

　一般的に新規調査1件当たりのコストは，付帯費用（速度料，交通費，公簿閲覧料など）を入れて約3万円前後である。速度料とは，調査を急ぐ場合の付帯料金を指す。「超特急」や「超々特急」といった場合は，プラスされた料金となる。通常の新規調査は1カ月，超特急では2週間程度の日数を要する。既調（以前作成された調書）のコピーは2日ほどで入手可能である（インターネットサービスでは即時に入手可能）。

　取引が少額であったり，改めて新規調査を依頼するほどの危険性や緊急性がなく，なおかつ調査会社が過去に調査を行っている場合は，既調で依頼するとよい。信用調査会社により差があるが，一般的に調査日から一定期間を超えた既調のコピーであれば調査チケットは割安となり，しかも調査実費も速度料金もかからないことが多い。

　このように，新規調査か既調購入かで費用に違いが出てくるので，事前に調査したい先の過去の調査結果の有無を確認のうえで，調書の必要性に応じて使い分けることが望ましい。なお，会員向けの割引料金などを設定している信用調査会社では，上記金額の半額程度ですむ場合もある。

3－7－4　信用調書の活用方法

　信用調書の形式は，調査会社ごとに異なり，それぞれに特徴があるが，重要なポイントはどこの調査会社の様式にも含まれており，各社とも100点満点の総合評価で評価しているという点は共通している。ただし，採点の基準に違いがあるため，画一的に取り扱うこともできない。

　信用調書には，重要な調査項目が網羅されているが，内容の多くは調査先から入手した資料をそのまま掲載するか，面談相手から聞きだした項目がそのまま報告されている。そのため決算書が粉飾されていたり，面談相手が本当のことを話していないケースも考えられるが，取引先の大まかな長所，短所等の特徴をつかむには便利である。

　また，信用調書の情報を自社で行った調査結果と統合したり，また過去の信用調書と時系列的に比較することで，粉飾を見抜くための材料などを得られることもある。

第3章　信用情報の収集

　信用調書は，取引先の信用調査を行う際に有効なツールであるが，読む時には次の点に注意する必要がある。

① 　信用調書からは事実を読みとるにとどめ，あくまでも自分の判断材料の1つと考えるようにする。ベテランの調査員による調査結果といえども，時には主観が入ってしまう場合がある。また，調査員によって評価が異なる場合もある。

② 　取引先の信用力に対する結論は信用調書に依存せず，自社で収集した情報を全体的に考慮したうえで最終判断を行うべきである。取引の可否判断については，最終的に自社の責任となるので信用調書に責任を転嫁しない。

　信用調書の内容でよくわからない点については，信用調査会社に問い合わせて確かめることも大切である。そのためにも，日ごろから信用調査会社との良好な関係を構築しておくことが非常に大切である。

　また，信用調書をもとに信用調査会社と対話することで，人脈が広がるだけでなく，信用調査に役立つさまざまな知識や情報も取り込むことができる。

❖新規取引先の信用調査に活用する場合

　新規取引の場合，取引先の資料がまったくなく，代表者の人物像や，企業の内容がまったくわからないというケースがしばしば生じる。

　このような場合に，信用調書で取引先の概要をつかむことは大変有効である。また，取引先に直接会う，取引先を訪ねて実際に見る，という実地調査が重要なことはいうまでもないが，初対面で，実態不明な相手の場合は，先方の話をどこまで信用すべきかが問題となる。このような場合に信用調書を活用することで，入手情報の裏づけ，補完が可能となる。

　このように新規取引の検討時においては，信用調書の利用価値は非常に大きいため，できるだけ取得すべきといえる。

❖既存の継続取引先の信用調査に活用する場合

　既存の継続取引先の場合，不安材料などの早期発見のために，定期的に（少なくとも年に1回）取引先の状況を調べる必要がある。ただ，取引を続けていくうちに日々の営業活動を通じての情報入手も行いやすくなってくる。決算書などの資料の入手や，訪問した時の相手先の変化などをしっかりフォローしていれば，必ずしも信用調書を入手しなければならないとはいえない。

3－7　信用調書

しかし，次のような場合は信用調書を入手し，取引先の状況を確認すべきである。

・取引が増加した時
・決算書内容に大きな変化や不明な点が生じた時
・信用不安情報が出た時
・多額な設備投資など，重要な変化が生じた時
・決算書などの資料を十分に入手ができない時

❖取引先の営業拡大に活用する場合

　信用調書というと，取引の安全を図って危ない取引先を避けるためだけに活用することをイメージしてしまいがちだが，営業活動の拡大を図る目的としても有効に活用することができる。なぜなら商談成功の鍵は，取引先のことをよく知ることだからである。

　取引先の歴史，背景を踏まえて商談すれば，「よく勉強してきている」との評価を得られ，社長の経歴から営業畑か経理畑，技術畑かなどの人物像を把握できれば，得意分野の話をもちかけることもできる。さらに設備投資計画などがわかれば，他社に先んじてさまざまな提案を行うことができるのである。

❖緊急度に応じた使い分け

　先に述べたように，信用調査会社にはそれぞれ得意な調査内容・業種がある。よって信用調査会社を選ぶ際には，どのような業種の企業か，どのような情報を入手したいのか，またいつまでに必要なのか，といった点を明確にしたうえで最適な信用調査会社に調査を依頼することが重要である。

　また，新規取引先の検討時のように概要のみ知りたい場合や客観的な取引先評価を知りたい場合は，通常の信用調査で十分対応できる。一方，既存取引先の変化を確認する時には，かなり詳細な情報を緊急に入手する必要があるため，特定の情報および調査速度を別途注文することになる。

　営業部門から企業調査の依頼を受けた時，管理部門はこれらを明確に把握し，目的に応じて調査の必要事項を信用調査会社に伝えることが重要である。

第3章　信用情報の収集

|3−7−5| 企業概要データ

❖企業概要データの活用

　商談の前には，少なくとも取引先の概況ぐらいは知りたいものである。しかし商談が発展するかどうかわからず，信用調書ほどのコストはかけたくない場合は，信用調査会社が提供する企業概要データを利用すると便利である（**図表3−25**）。

　内容は，商号・所在地・資本金・設立・業種・代表者・役員・従業員数などの概要から，過去数期の売上・利益・配当などの決算情報などが掲載されているものであり，主な企業情報がその場で手軽に入手でき，上場企業をはじめ非上場企業に関しても，信用調査会社や企業情報提供サービスの会員であれば，1社につき1,200円〜1,600円ほどで情報の取得が可能である。

　企業概要データが収録されていない企業は，過去に信用調査を必要とする状況がなかった企業や，これまで大きな与信を必要とする取引がなかった企業と考えられる。また，業績，取引内容，財務状態などを外部に出せないため，調査会社の取材にまったく応じてこなかった企業であり，外部への情報開示に消極的であるということも考えられる。一般的に業績好調な会社は，積極的に情報を開示して信用力を高めようとするものである。したがって，情報非開示企業は，事業基盤が不透明であり，業績悪化の可能性も考えられ，データがないこと自体が有力な情報ともいえるのである。

　通常，企業概要データは現時点での情報が提供される。よって，過去からの変遷をたどるには，自社で入手したデータの保管が必要である。取引先1社ごとに顧客ファイルを作成し，契約書などの書類とともに調査結果などの書類を蓄積していくと，与信限度額の見直しなどの際に役立つ。

　企業概要データから読みとれる事象はさまざまであるが，それはあくまで取材によって得られたものであり，事実でない可能性もあることに留意しなければならない。企業概要データの多くは，電話やファックスなどによる調査で収集された情報であるため，内容は提供する会社の対応，開示姿勢に依存している。

　しかし逆に，その開示姿勢が積極的か消極的かによって，会社の内情が推察できるともいえる。都合の悪い事実は隠したくなるものであることを踏まえたうえで着眼点を変えてデータを見ることで，有効な分析ができるのである。

230

3－7　信用調書

図表 3－25　企業概要データの例（リスクモンスター「e-与信ナビ」企業データ詳細画面）

■企業概要

TSRコード	XXXXXXXX		本社地図
漢字商号 🔍	××××商事(株)		
商号カナ	XXXXXXXX		
旧商号			
URL	http://www.riskmonster.co.jp/ http://www.riskmonster.co.jp/corporate/		
所在地 🔍	〒XXX-XXXX　東京都渋谷区XXX-X-X-X		
TEL(使用状況)	XX-XXXX-XXXX (INS回線有効)	FAX	XX-XXXX-XXXX
資本金 🔍	409,000千円		
設立(年数)	1964年07月 (47年)	創業(年数)	1964年 (47年)
株式 🔍	非上場	証券コード	EDINETコード
事業所 🔍 📊	34	工場	0　従業員　789名
支店・営業所	東北支店、フィールドサービス本部、電子デバイス本部、千葉支店、市原営業所、横浜支店、 関東支店営業部、関東支店FS部、名古屋支店、三重営業所、尾張地区部、大阪営業部、 大阪FS部、広島支店、九州支店FS部、九州支店営業部、久留米営業所、沖縄支店 他		

■業種・取扱品に関わる情報

中分類業種 🔍	54: 機械器具卸売業 ， 39:情報サービス業 ， 92: その他の事業サービス業
細分類業種	5432:電気機械器具卸売業(家庭用電気機械器具を除く)， 3911:受託開発ソフトウェア業， 9299:他に分類されないその他の事業サービス業
取扱品 🔍	電子計算機、同附属装置，ソフトウェア業(受託開発)，システムエンジニアリング
営業種目 🔍	パソコンおよびソフトウェアの販売、ソフトウェアの開発およびシステム構築，半導体・電子部品の販売および保守
シェア上位品目	

■取引先に関わる情報

仕入先 🔍	×××××××，×××××情報，×××××××，インターナショナル×××××××××，×××××××××
	業界平均支払期間: 3.33ヶ月
仕入先 スパイラル	5件　インターナショナル××××××(株)，(株)×××××××，(株)×××××トレイディング，(株)×××××サービス，(株)××××社，
販売先 🔍	×××××××損害保険，×××××システムサービス，×××××××市，×××××××
	業界平均回収期間: 3.33ヶ月
販売先 スパイラル	11件　(株)××××，(株)××××プランニング，(株)×××××サービス，(株)日本×××，×××××コンピューティング(株)，(株)××××企画，(株)×××××製作所，(株)×××ジャパン，(株)××××，(株)×××システムズ，×××××情報企画(株)
取引銀行 🔍	×××××× (赤坂)×，××××××× (渋谷中央)，××××××× (渋谷駅前)

RMスパイラル検索は企業名や代表者名による文字検索機能です。
したがって、同一企業名の他社や同性同名の他の人物が検索されたり、登録内容によっては検索されない場合がございます。

■業績、財務に関わる情報
※増減および資本の表記について、1,000%以上または-1,000%以下の場合は「*」を表示します。

決算期 🔍 📊	月数	売上高(千円)	増減	利益(千円)	増減	配当	TSR財務	資本	ソース
20X9年03月	12	46,115,968	▲3%	221,591	▲65%	有	有	－	－
20X8年03月	12	47,458,997	+10%	630,604	▲29%	有	有	17.5%	経審
20X7年03月	12	43,342,130	+12%	884,637	+9%	有	有	16.7%	経審

さらに過去の情報を表示

■人に関わる情報

代表者氏名 🔍	×× ××		役員
生年月日(年齢)	1949年10月21日 (61歳)	性別　男性	(会)××××(常)××××，×××× (相)××××(取)××××，××××， ×××，××××(監)××××
住所	〒XXX-XXXX　東京都港区×××-X-X-X		
TEL		趣味　ゴルフ	
大株主 🔍	××××(33.1%)，××××(24.6%)，××××(12.2%)，××××××××××(8.2%)		
関連企業 スパイラル	9件　(株)××××，×××××トレード，(株)×××××システムズ，××ジュエリー(株) (株)×××××××テクノ，(株)××××××××エンジニアリング，(株)×××××工業 ×××××コミュニケーション(株)，(株)オフィス×××××××		
代表者 スパイラル	0件		

231

第3章　信用情報の収集

　また，データが欠けているところがあったり，内容が事実と異なるのではないかと疑念を持ったりした場合には，後に詳しい調査をして事実関係の裏づけをとる，といった方法で活用するとよい。

❖業績データの見方

　売上高は，企業のキャッシュフローを把握するために非常に重要なデータである。月商を知ることで，毎月企業に入ってくる現金の量を類推することができる。企業は事業活動で得た現金から，仕入，給料などの経費の支払いや借入返済を行い，不足した分をまた新たに借入で補うというサイクルで資金繰りを行っている。

　売上高が急激に，または継続的に減少している場合は注意が必要である（**図表3－26**）。売上高が減少傾向にあることは，すなわち現金収入が減少することである。現金収入が急激に減少すると，仕入代金の決済に充てる資金を調達しなくてはならなくなり，資金繰りが悪化する可能性が考えられる。

　継続して減収すると，収益力の低下とともに，徐々に固定費が賄えなくなり，最終的に赤字に転落する可能性が高くなる。

図表 **3－26** 売上高が減少

決算期	決算月数	売上高（千円）	利益（千円）	配当	財務情報
20X9年03月	12	600,000		無	無
20X8年03月	12	1,800,000	大幅に減収している，または継続的に減収している		無
20X7年03月	12	2,500,000			無

　また，利益の欄については，赤字の場合はもちろん注意するべきであるが，黒字計上していたとしても，好調な企業とはいえない場合がある（**図表3－27**）。売上高に比して利益水準が低い場合は収益力の乏しい先として注意すべきであり，利益額が小さい（100万円以下が続いている）場合も粉飾によって黒字を捻出している可能性があるため，実質赤字状態になっていることを疑う必要がある。

3－7　信用調書

図表　**3－27**　利益水準が低い

決 算 期	決　算 月　数	売 上 高 （千円）	利　益 （千円）	配　当	財務情報
20X9年03月	12	333,763	80	無	無
20X8年03月	12	302,754	23	無	無
20X7年03月	12	361,451	200	無	無

少額黒字の計上となっており，
実質赤字状態の可能性あり

　売上高，利益の数字に変化がない場合も注意すべきである（**図表3－28**）。
商売は浮き沈みがあって当然であるため，その動きがないのは不自然であり，
意図的に操作している可能性があるものとしてみる必要がある。

　切りのよい数字で表示されている場合も信憑性が薄い（**図表3－29**）。これ
は，業績を電話で聞き取り調査をする際などに，細かい金額まで開示されな
かったことを示す。

　数字が非開示となっている場合も注意が必要である。赤字決算であることを
隠すために，開示しないことも多いからである。

　また，従来は詳細な情報開示が行われていたにもかかわらず，切りのよい数
字や非開示に変わった企業についても情報開示姿勢が悪化した先として注意が
必要といえる。

図表　**3－28**　数字に変化がない

決 算 期	決　算 月　数	売 上 高 （千円）	利　益 （千円）	配　当	財務情報
20X9年03月	12	4,005,301	40,202	有	無
20X8年03月	12	3,845,471	41,500	有	無
20X7年03月	12	3,982,545	40,363	有	無

売上高は動いているのに利益数字があ
まりにも金額がそろっていて不自然

233

第3章　信用情報の収集

図表 **3−29** 切りのよい数字がある

決算期	決算月数	売上高（千円）	利益（千円）	配当	財務情報
20X9年03月	12	250,000		無	無
20X8年03月	12	246,364	−476	無	無
20X7年03月	12	248,559	2,748	有	無

売上高は切りのよい数字に変化しており、利益数字も非開示。赤字の可能性が大きいことに加え、開示姿勢が悪化しており、数字以上に弱体化している懸念がある

　株主への配当を行っている企業は、利益が出ていて資金的にも余裕があるとみなせるため、信用力を分析するうえでプラス評価をすることができる。しかし、赤字で配当を行っているような場合はその理由を調べる必要がある。

　財務情報欄が「有」になっている（**図表3−30**）場合は、信用調査会社に決算書を開示していることを意味する。取引先から決算書を取得できない場合は調査会社から購入し、詳しい財務分析することができる。なお、財務情報も売上高や利益と同様、急に開示がなくなった場合は注意が必要である。

図表 **3−30** 財務情報の開示はどうか

決算期	決算月数	売上高（千円）	利益（千円）	配当	財務情報
20X9年03月	12	5,558,423	30,968	有	無
20X8年03月	12	5,392,545	56,759	有	有
20X7年03月	12	4,754,267	27,570	有	有

　また、企業概要データで表示されている3〜5期のデータには異常がない場合でも、さらに過去からの推移を見ると、業績が極端に落ち込んでいる場合もある（**図表3−31**）。時系列的に管理ができるよう、過去に取得したデータをストックしておき、変化を確かめていくことが重要である。

3－7　信用調書

図表 **3－31**　過去の業績も確認

> 通常 3 期分の場合は囲みの部分しか見えないが，過去にさかのぼると売上高が急激に減少しており，多額の赤字が出ていたことがわかる

決 算 期	決　算月　数	売 上 高（千円）	利　　益（千円）	配　　当	財務情報
20X9年03月	12	357,551	3,117	無	無
20X8年03月	12	367,444	2,051	無	無
20X7年03月	12	356,649	3,247	無	無
20X6年03月	12	539,935	5,451	無	無
20X5年03月	12	779,465	－20,546	無	無
20X4年03月	12	1,104,893	－193,500	無	無
20X3年03月	12	1,520,852	－50,062	無	無
20X2年03月	12	2,140,511	－	無	無
20X1年03月	12	2,531,694	27,570	無	無

　なお，企業概要データの決算数字は，その多くが取材によるものであるが必ずしも正確な情報だという確証はない。多くは企業の自己申告なので，事実とは異なる金額の可能性もある。数字を鵜呑みにせず，その裏にあるネガティブな事象の可能性を考えることが重要である。

❖その他のデータの見方

　資本金，株主，役員の変化は，会社の経営権，支配権を持っている主体の変化を示す（**図表 3－32，3－33**）。よってこの 3 点はセットで変遷をたどるとよい。

　増資が行われた場合には，増資を引き受けた会社が大株主に加わっていないか，そしてその会社から役員が派遣されていないかを調べる。

　減資を行っている場合は，役員の顔ぶれが変化していないかを調べる。

　役員の変化があった場合には，経営悪化を予見して幹部が退職していたり，取引銀行から役員が派遣されて銀行の管理下に置かれていたりする場合もある。

第3章　信用情報の収集

図表 **3-32** 役員の異動も要注意

データ履歴	役　　員
20X9年06月	(取)△△光秀，□□利三，(監)■■秀満
20X8年08月	(取)○○秀吉，○△勝家，○■長秀，(監)■○貞勝
20X7年07月	(取)○○秀吉，○△勝家，○■長秀，△■×信盛，(監)■○貞勝

役員が変化している場合は，その理由を確かめる必要がある。資本金，株主のデータと並行して見ることで，経営権，支配権の変化を読みとることができる

図表 **3-33** 資本金の急増は背後の動きを確認

データ履歴	資　本　金
20X9年06月	100,000
20X8年08月	50,000
20X7年07月	50,000

　従業員数の変遷を見ることによって，会社の成長性や逆にリストラの進捗状況を捉えることができる（**図表3-34**）。成長している企業は従業員数の伸びが会社の成長性をみる指標となる。売上高の伸びと関係なく従業員数が伸びていくケースもみられるため，注目すべき指標といえる。逆に業績不振の企業であれば，業績と従業員数の変化を比較することで，リストラの進捗状況を把握することができる。

図表 **3-34** 従業員数の変化から状況は見える

データ履歴	従業員数
20X9年06月	1,340
20X8年08月	2,431
20X7年07月	2,587
20X6年06月	2,720
20X5年07月	2,926

このような急激な変化があれば，通常のリストラの結果とは考えられない。分社化などを行っている可能性大

ジリジリと従業員を減らしているが，これに比べて業績数値が悪化していれば，リストラの進捗が遅れているといえる

主要仕入先の社数が減っている場合は，仕入先が危険な情報を入手し取引を撤退している可能性がある。通常，与信に不安が生じた場合には，撤退に向けて少しずつ与信枠を絞っていくため，日ごろからほかの納入先の動向に気をつけておくことが大切である。

また，主要販売先の履歴の中に倒産企業が含まれている場合には，貸倒れが発生している可能性を探る。主要販売先の倒産時期に取引先の利益額が少なくなっている場合は貸倒償却を行っている可能性があるが，逆にその兆候がみられない場合には，不良債権を内包している可能性がある。

主要販売先が信用力の低い企業中心へとシフトしている場合は，売上高を確保することに必死になるあまり，しっかりとした与信管理を行っていない可能性もあり，注意が必要である。

第3章　信用情報の収集

3－8

信用不安情報

3－8－1　信用不安情報の重要性

　信用不安情報とは，信用調査会社や業界内，あるいは取引先内部や競合他社などから伝わってくる会社の信用力に関する情報である。「不渡りを出したらしい」「融通手形を切り合っているらしい」「決算を粉飾しているらしい」「有能な営業部長が辞めたらしい」「手形が街金に出回って割止めになったらしい」など，さまざまな形となって入ってくる。

　信用不安情報には，さまざまな種類のものがあり，それらが何を意味しているのかを正確に知ることが適切な対応につながるといえる。

3－8－2　信用不安情報の入手方法

❖信用不安情報の情報源

　信用調査会社のほかに，その企業の社員および関係者など，その企業に危険な兆候があるかどうかを判断できる情報を持っている者や，その企業の社員との接触が可能な者が情報源となる。

❖信用不安情報の入手方法

　信用調査会社や取引先への直接調査からの入手のほかに，新聞からの情報入手も有効である。不祥事や事件・事故情報は与信判断上重要であり，取引先の違法行為や不正，反社会的な活動の有無を注意して見ていく必要がある。そういった意味で新聞は，事件・事故情報を収集するために非常に有効と考えられる。また，新聞からの情報収集は，インターネットなどで入手した情報の裏づけを取る場合や，正確な数字が知りたい場合にも役立つ。

238

❖信用不安情報入手時の注意点

　重要なことは入手した信用不安情報をどう判断するかである。情報の出所・背景の確認を行うとともに裏づけを取り，それによって取引方針を見直す，または取引から撤退する，などの対応をとることとなるが，取引撤退などにより禍根が残ることもあるので，慎重に事態を見極める必要がある。ただし，信用不安情報が出回る企業は，それなりの理由があることが多く，危険な状況である可能性が高い。よって，これらの情報が入ってくるルート，または情報を交換するルートを常に確保しておくことが事故の防止につながるのである。

│3－8－3│　信用不安情報の活用方法

　調査会社に頼らなくても，自社の社員である程度の信用不安情報の収集は可能である。自社内で取引先に関する不安情報を発見するためには，社員に取引先の情報を自社データベースに些細な情報も含め登録させて，全社で情報を共有することが望ましい。また，取引先から手形ジャンプ依頼や，債務の支払猶予，分割弁済の要請を受けることは，取引先に資金繰りで深刻な問題が生じていることを示しているため即座に対策を打つ必要がある。

第3章　信用情報の収集

3-9

内部情報

|3-9-1| 内部情報の種類

❖営業部門における情報収集ルールの設定

　営業部門内では，取引に関する情報を保持しておくことが必須である。過去の取引状況やトラブルの有無を確認できるようにし，企業の歴史，取扱商品，内部組織，経営者の経歴・性格などについても，取引の見直し時などの資料にするために，記録を残すことが必要である。また，他部署や自社の関係会社が取引している企業であれば，自分の知らない情報を保有している場合もあるので，日ごろからの情報交換を行うことが重要である。

　信用不安情報の入手においては，営業部門の担当者は，業界の動向や風評，取引先の在庫状況，社員の動向を日常的に注視し，現場での情報収集に積極的に努めることが必要である。

　取引先の信用状態について懸念を生じさせる情報を得た場合や，取引先の経営状況に疑いを持った場合には懸念の大小にかかわらず営業部門長に報告することを義務づける。営業部門長は，内容を確認し，管理部門に報告を行う。そして，営業部門は管理部門と協力して，発生した兆候の重大性を確認するために，より詳細な調査方法を検討し，調査を実施する。調査方法は取引先や周辺先へのヒアリング，調査会社へのヒアリングなどが一般的である。ヒアリング時には，調査段階であるため取引先に真意を悟られないようにするとともに，必要に応じて上席者と同行するなどの対応をとる。取引先へのヒアリングが難しいと判断される場合や，ヒアリングの結果，より多くの情報を収集することが必要と判断される場合は，管理部門を通じて信用調書などを取得する。

　営業部門長はヒアリングした内容，管理部門が入手した情報，信用調書の記載内容，これまでの取引経緯や業界の環境に分析を加え，調査結果を管理部門に報告する。

3－9 内部情報

❖過去の取引状況

　過去に自社とどのような取引を行っていたかの記録を蓄積しておく。特に入金が遅れ，商品に欠陥があった等のトラブルの有無については確認できるようにしておく。また，過去に取引があったが，取引がなくなった企業についても一定期間は記録を残しておき，再び取引を行うことになった際に，過去の取引履歴や取引途絶理由がわかるようにする。

❖企業の歴史

　取引先の設立経緯や沿革を知ることにより，経営基盤を理解することができるので，取引先の歴史を把握できるようにしておく。企業ホームページに掲載されている場合も多いので確認する。歴史以外にも取扱商品，内部組織，経営者の経歴や性格なども合わせて確認できるように情報を蓄積する。

❖販売先動向，市況動向

　取引先の販売先についても調べ，情報を蓄積しておく。取引先の販売先に大手企業が多く，受注基盤が安定している場合は，貸倒れのリスクが少なく与信面ではプラス材料になると考えられる。また，大手企業が代理店として販売している場合も，基盤が安定しているといえる。ただし，大手企業は経営にシビアな面もあり，赤字事業からはすぐに撤退する可能性がある。コストダウンのために仕入先を集約する傾向などもあるため，販売先が優良な企業でも油断はできない。

　また，取引先が属する業界の動向にも注意を要する。成長業界か，成熟業界かを見極めることで，今後業容拡大する余地があるのか，現状維持が続くのか等の先行きを見通す判断材料となる。

│3－9－2│　内部情報の活用

❖管理部門における情報収集ルールの設定

　リスク管理のために管理部門で揃えておくべき資料には次のものがある。

　すでに取引先と取引を実施しており，売掛債権の履歴に関するデータ（売掛債権回収残高一覧表）や取引先ごとの取引高に関するデータ（取引先仕入売上一覧表）等を有している場合，過去の取引実績から取引先の信用力を測ること

241

第3章　信用情報の収集

ができるため，重要な判断材料の１つとして活用する。

(1) 売掛債権回収残高一覧表

売掛金の年齢調査を行い，売買代金が約束どおりの条件で回収されているか，滞留はなかったかを確認するもので，経理データから作成する与信管理に必要不可欠な資料となる。

(2) 取引先仕入売上高一覧表

取引先ごとに仕入高と売上高が表示され，どれくらいの取引があるのかを確認できるもので，個別に取引状況が管理できる資料となる。

(3) 企業倒産状況など

信用調査会社から月１回発行されており，全国の企業倒産の概況，主な倒産例などが記載されている。東京商工リサーチなどのホームページからも見ることができ，この資料により業界の動きを把握することができる。

(4) 法改正情報

そのほかにも，信用調査会社や出版社などが主催する各種セミナーに出席することで，法改正による担保設定手続や倒産手続などの変更状況を知ることができる。

企業を取り巻く法律・法令は無数に存在している。企業は自らに関係する法律・法令に改正が生じた場合には，速やかに対応する必要がある。特に許認可業種と呼ばれる業種においては，法改正への未対応によって，許認可の取消しにつながることもあるため，自社はもちろんのこと，取引先についても法改正の内容や法改正への対応状況を確認できるようにしておき，取引に支障が生じないようにすることが重要である。

3－9　内部情報

図表 3－35　信用調査依頼

商号・所在地・代表者名などは正確に

信用調査依頼書

年　　月　　日

申込部署＿＿＿＿＿＿＿

部長	担当者

調査会社コード＿＿＿＿＿＿＿＿＿＿＿＿
調査先社名＿＿＿＿＿＿＿＿＿＿＿＿　　　フリガナ＿＿＿＿＿＿＿＿＿
所在地＿＿＿＿＿＿＿＿＿＿＿＿　　　郵便番号＿＿＿＿＿＿＿＿＿
代表者＿＿＿＿＿＿＿＿＿＿＿＿　　　業種＿＿＿＿＿＿＿＿＿
電話番号＿＿＿＿＿＿＿＿＿＿＿＿　　　取引銀行＿＿＿＿＿＿＿＿＿
調査目的＿＿＿＿＿＿＿＿＿＿＿＿

目的に応じて既調の可・不可を決定

入手期日を明示

調査入手希望日＿＿＿＿＿＿＿＿＿＿　　　費用負担部署＿＿＿＿＿＿＿

調書指定事項　□　新規調査のみ　　　　　□　既調可

既調指定事項　□　２カ月以内の調査なら可
　　　　　　　□　２カ月〜半年以内の調査なら可
　　　　　　　□　２年以内の調査なら可

既調における情報の鮮度を指定

新規指定事項　□　新規調査超特急
　　　　　　　□　新規調査特急
　　　　　　　□　新規調査普通

調査の深度が違う。できる限り可で

調査スピードを必ず指定する

特に重点的に調査してほしい点を明記

直接面談　　□　可　　　　　　　　□　不可

重点調査項目　□　金融機関と借入・返済状況　　□　不動産と担保
　　　　　　　□　資金繰り状況　　　　　　　　□　決算書添付（過去　　期分）
　　　　　　　□　関連会社情報　　　　　　　　□　その他（　　　　　　）

調査目的を明確にし，知りたい情報を絞って入手

特記事項

上記以外の特記事項を記入

不動産調査依頼時所在地記入

審査部は調書の発注結果を記入

管理欄
依頼調査会社名＿＿＿＿＿＿＿＿＿＿　　　依頼日＿＿＿＿＿＿＿
　　　新規調査　□（速度　　　　　）　　　調書入手日＿＿＿＿＿＿＿
　　　既調コピー　□（　　年　　月調査）　　　料金＿＿＿＿＿＿＿
　　　　　　　　　　　　　　　　　　　　　　　　　担当者＿＿＿＿＿

コメントを残し次回調査時参考にする

管理部門は，信用調査依頼書をもとに信用調書を発注する。

243

第4章

定量・定性・商流分析

第4章　定量・定性・商流分析

4 - 1

定量分析の必要性

|4 - 1 - 1| 定量分析とは

　定量分析とは，具体的，客観的な定量データである数字に基づき，ある事象を評価分析することである。ある事象の実体を把握するためや計画を作成する際の仮説の検証のためなどに行うものであり，意思決定の際の客観的な判断材料となる。また定量分析は，財務分析とも呼ばれている。財務分析は財務諸表をもとに，企業をさまざまな角度から分析することで，企業の収益力や財政状態を把握することができる。財務分析より導かれた結果を時系列比較したり，同業他社との比較，あるいは業界の標準値と比較することで，企業の強みや弱み，改善すべき課題などを把握することができる。

4-2

決 算 書

4-2-1 決算書の構成

　決算書とは，経営者が企業の財政状態や経営成績の結果をまとめた書類のことである。株主や銀行・取引先などの利害関係者に報告することを目的としており，企業の成績通知書ともいえる。

　決算書分析は，企業内容を把握し取引先が信用に値するか判断する一材料となりうるが，基本構造を理解していないと誤った分析結果を導いたり，粉飾を見落とす可能性がある。

❖決算書と構成

　会社法における計算書類は，一般的に以下の4つを指す（会社法435条2項，会社計算規則91条1項）。

- ・貸借対照表
- ・損益計算書（製造原価報告書を含む）
- ・株主資本等変動計算書
- ・個別注記表

さらに上記に加え，

- ・計算書類の附属明細書
- ・事業報告
- ・事業報告の附属明細書
- ・臨時計算書類
- ・監査報告
- ・会計監査報告

以上を含めたものを計算書類等と呼ぶ。

　また，上場企業を中心とした有価証券報告書提出会社ではキャッシュフロー計算書を財務諸表の1つとして作成し，開示することが義務づけられている。

第4章　定量・定性・商流分析

❖貸借対照表

貸借対照表（Balance Sheet；B／S）とは，ある一定時点現在の財政状態を明らかにしたものである（**図表4－1**）。企業に投下された資金のすべてを調達の源泉別に表示し，投下資金の運用形態を資産の種類ごとに分類して記載している。

❖損益計算書

損益計算書（Profit and Loss Statement；P／L）とは，一会計期間の経営成績，つまり事業活動の成果がまとめられたものである（**図表4－2**）。「企業会計原則」により「損益計算書は，企業の経営成績を明らかにするため，一会計期間に属するすべての収益とこれに対応するすべての費用を記載して経常利益を表示し，これに特別損益に属する項目を加減して当期純利益を表示しなければならない」とされている。

❖製造原価報告書

製造原価報告書は，製造業において，一定期間に製造した製品の製造原価を示す報告書で，その期間の仕掛品勘定の内容が反映されている（**図表4－3**）。

材料費，労務費，経費の3つの当期製造費用を求め，そこに，期首仕掛品棚卸高を加算し，期末仕掛品棚卸高を減算したものが，当期製品製造原価となる。

また，製造業における損益計算書の売上原価は，商品ではなく製品となる。期首製品棚卸高に，当期製品製造原価を加算し，期末製品棚卸高を減算したものが，売上原価として計上される。

4-2 決算書

図表 4-1 貸借対照表

貸 借 対 照 表
(○○年○○月○○日 現在)

（単位：円）

科　　目	金　額	科　　目	金　額
（ 資 産 の 部 ）	円	（ 負 債 の 部 ）	円
流　　動　　資　　産	XXX	流　　動　　負　　債	XXX
現 金 及 び 預 金	XXX	買　　　掛　　　金	XXX
受　 取　 手　 形	XXX	短 期 借 入 金	XXX
売　　　掛　　　金	XXX	未　　　払　　　金	XXX
商　　　　　　　品	XXX	未　 払　 費　 用	XXX
部　　　　　　　品	XXX	未 払 法 人 税 等	XXX
前　 払　 費　 用	XXX	預　　　り　　　金	XXX
繰 延 税 金 資 産	XXX	賞 与 引 当 金	XXX
短 期 貸 付 金	XXX	製 品 保 証 引 当 金	XXX
未　 収　 入　 金	XXX	そ　 の　 他	XXX
そ　　　の　　　他	XXX		
貸 倒 引 当 金	△ XXX	固　　定　　負　　債	XXX
		長 期 借 入 金	XXX
固　　定　　資　　産	XXX	退 職 給 付 引 当 金	XXX
有 形 固 定 資 産	XXX	繰 延 税 金 負 債	XXX
建　　　　　　　物	XXX	そ　　　の　　　他	XXX
構　　　築　　　物	XXX		
機 械 及 び 装 置	XXX	負　 債　 合　 計	XXX
車 両 及 び 運 搬 具	XXX		
工 具, 器 具 及 び 備 品	XXX	（ 純 資 産 の 部 ）	
土　　　　　　　地	XXX		
建 設 仮 勘 定	XXX	株　 主　 資　 本	XXX
		資　　　本　　　金	XXX
無 形 固 定 資 産	XXX	資　 本　 剰　 余　 金	XXX
施 設 利 用 権	XXX	資 本 準 備 金	XXX
ソ フ ト ウ ェ ア 他	XXX	そ の 他 資 本 剰 余 金	XXX
そ　　　の　　　他	XXX		
		利　 益　 剰　 余　 金	XXX
投 資 そ の 他 の 資 産	XXX	利 益 準 備 金	XXX
投 資 有 価 証 券	XXX	そ の 他 利 益 剰 余 金	XXX
関 係 会 社 株 式	XXX	繰 越 利 益 剰 余 金	XXX
関 係 会 社 出 資 金	XXX		
長 期 貸 付 金	XXX	自　 己　 株　 式	△ XXX
長 期 前 払 費 用	XXX		
そ　　　の　　　他	XXX	評 価・換 算 差 額 等	XXX
貸 倒 引 当 金	△ XXX	その他有価証券評価差額金	XXX
		純　 資　 産　 合　 計	XXX
資　 産　 合　 計	XXX	負 債・純 資 産 合 計	XXX

第4章　定量・定性・商流分析

図表 4－2 損益計算書

損 益 計 算 書
(自 ○○年○○月○○日 至 ○○年○○月○○日)

(単位：円)

科　　　　目	金	額
売　　　　上　　　　高		XXX
売　　　上　　　原　　　価		XXX
売　上　総　利　益		XXX
販　売　費　及　び　一　般　管　理　費		XXX
営　　業　　利　　益		XXX
営　　業　　外　　収　　益		
受　　取　　利　　息	XXX	
受　　取　　配　　当　　金	XXX	
為　　替　　差　　益	XXX	
そ　　の　　他	XXX	XXX
営　　業　　外　　費　　用		
支　　払　　利　　息	XXX	
棚　卸　資　産　評　価　損	XXX	
為　　替　　差　　損	XXX	
そ　　の　　他	XXX	XXX
経　　常　　利　　益		XXX
特　　別　　利　　益		
固　定　資　産　売　却　益	XXX	
前　期　損　益　修　正　益	XXX	
賞　与　引　当　金　戻　入　額	XXX	
製　品　保　証　引　当　金　戻　入　額	XXX	
そ　　の　　他	XXX	XXX
特　　別　　損　　失		
前　期　損　益　修　正　損	XXX	
固　定　資　産　除　売　却　損	XXX	
貸　倒　引　当　金　繰　入　額	XXX	
そ　　の　　他	XXX	XXX
税　引　前　当　期　純　利　益		XXX
法人税，住民税及び事業税	XXX	
法　人　税　等　調　整　額	XXX	XXX
当　　期　　純　　利　　益		XXX

250

4-2 決算書

図表 4-3 製造原価報告書

製造原価報告書

(自 ○○年○○月○○日　至 ○○年○○月○○日)

(単位：円)

【材料費】		
材料仕入	xxx	
材料仕入値引	xxx	xxx
期首原材料棚卸高	xxx	
期末原材料棚卸高	xxx	xxx
小　　計		xxx
【労務費】		
役員報酬	xxx	
給与手当	xxx	
賞　与	xxx	
退職金	xxx	
雑　給	xxx	
法定福利費	xxx	
福利厚生費	xxx	
賞与引当金繰入額	xxx	
退職引当金繰入額	xxx	
小　　計		xxx
【製造経費】		
外注加工費	xxx	
荷造発送費	xxx	
修繕費	xxx	
電力費	xxx	
水道光熱費	xxx	
支払報酬	xxx	
研究開発費	xxx	
教育研修費	xxx	
地代家賃	xxx	
賃借料	xxx	
リース料	xxx	
租税公課	xxx	
雑　費	xxx	
小　　計		xxx
《《当期総製造費用》》		xxx
【仕掛品】		
期首仕掛品棚卸高	xxx	
期末仕掛品棚卸高	xxx	
他勘定振替	xxx	xxx
《《当期製品製造原価》》		xxx

第1章　第2章　第3章　第4章　定量・定性・商流分析

第4章　定量・定性・商流分析

❖株主資本等変動計算書

　株主資本等変動計算書とは，貸借対照表の純資産の部の変動状況を示す財務諸表のことで，株主に帰属する部分となる純資産が1年間にどれだけ変動したかを示す報告書である（**図表4－4**）。純資産を株主資本，評価・換算差額等，新株予約権の3つに区分し，それぞれの内訳および増減額を記載する。

　従来は，利益処分計算書または損失処理計算書が基本財務諸表の1つとされていたが，会社法の施行に伴い，株主資本等変動計算書に名称が変更された。損益計算書の前期繰越利益の次に記載されていた中間配当，自己株式償却額，土地再評価差額金取崩額などは，すべて株主資本等変動計算書に記載されることとなっている。

図表 4－4　株主資本等変動計算書

自 ○○年○○月○○日
至 ○○年○○月○○日

		株主資本										評価・換算差額等	新株予約権	純資産合計
		資本金	資本準備金	その他資本剰余金	資本剰余金合計	利益準備金	任意積立金	繰越利益剰余金	利益剰余金合計	自己株式	株主資本合計	その他有価証券差額等		
前期末残高		×××	×××	×××	×××	×××	×××	×××	×××	×××	×××	×××	×××	×××
当期変動額	新株発行	×××	×××		×××						×××			×××
	特別償却準備金積立													
	特別償却準備金取崩													
	任意積立金の積立													
	剰余金の配当													
	当期純利益								×××		×××			×××
	自己株式の取得													
	株主資本以外（純額）											×××		
	当期変動額合計	×××	×××		×××	×××		×××	×××	×××	×××	×××	×××	×××
当期末残高		×××	×××	×××	×××	×××	×××	×××	×××	×××	×××	×××	×××	×××

4－2 決算書

❖個別注記表

　個別注記表とは，会社法の施行により新たに設定された計算書類の1つで，重要な会計方針に関する注記，貸借対照表（B/S）に関する注記，損益計算書（P/L）に関する注記など，今まで各計算書類に記載されていた注記を一覧表示したものである。個別注記表は，必ず1つの計算書として作成しなければならないというものではなく，従来どおり貸借対照表（B/S）などの計算書に注記事項として記載することも認められている。具体的な注記項目としては，重要な会計方針に係る事項に関する注記（資産の評価基準など），株主資本等変動計算書に関する注記（事業年度末日の発行済株式数など）がある。

❖キャッシュフロー計算書

　キャッシュフロー計算書とは，企業会計について報告する財務諸表の1つで，会計期間における資金（現金および現金同等物）の増減，つまり収入と支出（キャッシュ・フロー）を営業活動・投資活動・財務活動ごとに区分して表示する，「お金の流れ」を見るための財務諸表である。

　キャッシュフロー計算書に関する詳細については，4－6－4にて後述する。

❖勘定科目明細書

　勘定科目明細書とは，貸借対照表（B/S）や損益計算書（P/L）などとならび，法人税の確定申告書（＝法人税申告書）に添付しなければならないとされている決算書類の1つで，決算書の主要な勘定科目ごとの詳細を記載したものである。

　勘定科目明細書の詳細については，3－3－1にて前述している。

❖税務申告書

　税務申告書とは，決算書をもとに作成し，納税額を計算するための書類である。会社の場合，決算時に作成する税務申告書は，法人税申告書，消費税申告書（一定の基準を満たした場合のみ），都民税・事業税申告書の3つである。決算書は経営者が作るものであり，正確性は第三者に保証されるものではないが，決算書と税務申告書の数値の整合性を確認することで，非上場企業であってもある程度の信頼性をもって分析することができる。

　法人税申告書の詳細については，4－9－3にて後述する。

253

第4章 定量・定性・商流分析

4-3

損益計算書

|4-3-1| 損益計算書とは

損益計算書（以下，P/L）とは，企業の一会計期間の事業活動の成果がまとめられた表である。

企業が一会計期間に行った事業活動によって得た事業収益，事業活動のために必要とした費用，事業活動の結果として得た利益を表す。

一般的にP/Lでは，企業の収益構造を把握しやすいように企業の事業活動の成果を表す利益を以下の5つの段階に分けて表示している（**図表4-5**）。

① 売上総利益（粗利益）

② 営業利益

③ 経常利益

④ 税引前当期純利益

⑤ 当期純利益

|4-3-2| 損益計算書の構成

❖売上高

企業の主たる営業活動によって獲得した収益，つまり企業の本業での総収益を表す。ただし，割賦販売による売上高が売上高総額の20％を超える場合には，売上高勘定とは別の勘定科目（割賦売上）を用いて計上しなければならない。また，関係会社に対する売上高が売上高総額の20％超える場合には，その金額を注記しなければならない。

一般的に売上高が大きい企業のほうが，経営の安定性は高いと考えられている。しかし，売上高規模は，業種や取扱商品によって大小の差が出やすく，まったくの他業種で売上高規模が小さくなりやすい事業内容の企業と比較しても正しい評価にはつながらない。したがって，売上高を比較する場合には，業

254

4 - 3 損益計算書

図表 4 - 5 損益計算書のイメージ

5つの利益

売上総利益
売上高から売上原価を引いた最も基本的な利益で「粗利益」ともいう。

営業利益
粗利益から「販売費及び一般管理費」に区分される経費を引いて算出。本業の収益力を示す。

経常利益
本業以外の損益も含めた日常的な経営活動による儲け。

税引前当期純利益
営業とは直接関係なく臨時に発生した特別利益や特別損失も合わせて算出。

当期純利益
法人税などを支払った残りの利益。企業がその期に生み出した利益。純利益ともいう。

損益計算書
○○株式会社
自　○○年○○月○○日
至　○○年○○月○○日

(単位千円)

Ⅰ 売上高		10,200,000
Ⅱ 売上原価		
1．期首商品棚卸し高	480,000	
2．当期商品仕入高	8,305,000	
3．期末商品棚卸し高	500,000	8,2850,00
売上総利益		1,915,000
Ⅲ 販売費及び一般管理費		1,415,000
営業利益		500,000
Ⅳ 営業外収益		
1．受取利息	25,000	
2．受取配当金	1,600	
3．雑収入	2,000	28,600
Ⅴ 営業外損失		
1．支払利息	30,000	
2．雑損失	12,000	42,000
経常利益		486,600
Ⅵ 特別利益		
1．土地売却益	150,000	
2．投資有価証券売却益	35,000	185,000
Ⅶ 特別損失		
1．固定資産売却損	30,000	
2．過年度損益修正	25,000	55,000
税引前当期純利益		616,600
法人税，住民税及び事業税		482,256
当期純利益		134,344

界平均や同業他社と比較することが重要となる。

　なお，売上高規模が倒産に与える影響について，リスクモンスターが過去の倒産企業の傾向をもとに調査したところ，**図表4 - 6**のとおり，全業種を対象とした売上高規模別にみた倒産確率との相関関係では，規模が大きい企業のほうが倒産しにくく，売上高規模が1億円未満と小規模になると高い倒産確率を示していることが判明した。この結果に業種や取扱商品ごとの特性を加味することで，さらに精度の高い分析を行うことが可能と考えられる。

第4章 定量・定性・商流分析

図表 **4 — 6** 売上高規模と倒産確率の相関

売上高規模	1000万円未満	1000万円以上1億円未満	1億円以上10億円未満	10億円以上50億円未満	50億円以上	全体
倒産確率	1.88%	0.81%	0.44%	0.20%	0.10%	0.76%

2019年 リスクモンスター調べ（2018年4月～2019年3月実績）

❖売上原価・製造原価

　売上高に対応した費用のことで，財やサービスを生み出すために直接必要とした経費の総称を指す。業種によって計上される科目が異なり，小売・卸売業では，販売した商品の仕入高，製造業であれば，製品を製造するために必要な原材料・部品の調達費用・外注費および製造部門の人件費・物件費，サービス業であればサービス提供を行う人員の人件費が，それぞれ主な売上原価として計上される。

$$売上原価（製造原価）＝A＋B－C$$

A…商品または製品の期首棚卸高
B…当期商品仕入高または当期製品製造原価
C…商品または製品の期末棚卸高

❖売上総利益（粗利益）

　売上高から売上原価を差し引いたものが売上総利益（粗利益）である。商品やサービスの商品力，顧客からみた付加価値を示す，企業にとってのすべての利益の源泉となる。

$$売上総利益（粗利益）＝売上高－売上原価$$

❖販売費および一般管理費

　製造部門以外の部門，すなわち販売・管理部門の人件費やその他経費（運送費，広告費等）を販売費および一般管理費という。販売をするための費用と，財やサービスを生み出すために直接要した費用ではないものの，企業を運営するために必要な費用を指し，一般に売上高に関係なく固定的にかかる費用であ

4 － 3　損益計算書

る。金利や配当など財務活動に基づく費用は含まれない。

❖営業利益（損失）

　売上総利益（粗利益）から運送費や広告費といった，販売費および一般管理費を差し引いたものが営業利益（損失）である。この営業利益が，企業の本来の事業活動によってもたらされた利益であり，企業の本業における収益力を示すものといえる。

> 営業利益（損失）＝売上総利益（粗利益）－販売費および一般管理費

❖経常利益（損失）

　営業利益に金融上の収益やその他の収益である受取配当金や受取利息，有価証券売却益などの営業外収益を加算し，借入などによって生じた支払利息や為替損益，金融上の損失である有価証券売却損，社債発行費償却等の営業外費用を減算したものが経常利益（損益）である。当期純利益に比べて税金や特別損益を差し引く前段階であることから，企業の事業活動における総合的な実力を表しているといえる。

> 経常利益＝営業利益＋（営業外収益－営業外費用）

❖特別利益

　会社の本来の営業活動によって得た利益が営業利益であり，財務活動等によって得られた利益が営業外収益である。これら利益が経常的なものであるのに対し，特別利益は固定資産を売却した固定資産売却益や，前期損益修正益などの非経常的，臨時的な利益である。

❖特別損失

　特別利益と同様，非経常的，臨時的な損失であり，貸倒損失や前期損益修正損，固定資産売却損，災害による損失等が該当する。

　貸倒れの発生情報を入手した場合や，不動産の売却が判明した場合には，正

257

第4章　定量・定性・商流分析

常な会計処理としては，当該期末時点での決算に貸倒損失，固定資産売却損等の特別損失として計上されることとなるため，損失未計上で赤字隠しを行っていないか，という点について注意を払う必要がある。

❖税引前当期純利益（損失）

　経常利益に特別利益を加算し，特別損失を減算すると，税引前当期純利益となり，企業の期間的な処分可能利益を示す。

> 税引前当期純利益（損失）＝経常利益＋（特別利益－特別損失）

❖当期純利益（損失）

　税引前当期純利益から法人税などを差し引いて最終的に得られる利益が当期純利益（損失）である。したがって，当期純利益（損失）は，法人税という社会的なコストを支払ったうえでの，一期間における純粋な企業の事業活動の成果といえる。当期純利益（損失）は，利益処分を経て貸借対照表（B／S）の純資産に加算されることで，内部留保として資金調達の源泉となるため，当然のことながら，企業が健全に事業を継続していくためには，当期純利益が黒字であることが重要となる。

> 当期純利益（損失）＝税引前当期純利益－法人税等＋法人税等調整額

258

4－3 損益計算書

図表 4－7 損益計算書の仕組み

項　目	数値の意味
売上高	1年間の販売額。
▲売上原価	商品の仕入などにかかった費用。
売上総利益（粗利益）	売上高から売上原価を引いた利益。
▲販売費及び一般管理費	本業に関わる販売業務および管理業務に関してかかった費用。
営業利益	会社の本業によって得た利益。
営業外収益	本業以外の収益。主に財務活動による収益。 受取利息・配当金，有価証券売却益など。
▲営業外費用	本業以外から生じる費用。主に財務活動による費用。 支払利息，手形売却損（支払割引料）など。
経常利益	本業以外の利益も含めた日常的な経営活動による利益。
特別利益	その期だけ臨時的に発生した利益。固定資産売却益など。
▲特別損失	その期だけ臨時的に発生した損失。貸倒損失，固定資産売却損など。
税引前当期純利益	営業とは直接関係ない臨時的に発生した損益を加味した利益。
▲法人税等	税務調整後の所得に対して支払うべき税額。 法人税，住民税，事業税が含まれる。
当期純利益	その期における会社の最終的な利益。

第4章　定量・定性・商流分析

4－4

貸借対照表

|4－4－1| 貸借対照表とは

　貸借対照表（以下，B/S）とは，企業のある一定時点現在の財政状態を示した表である。（**図表4－8**）。

　財政状態とは，現金，預金，建物などの資産，現金の借入などの負債および出資金等の資本の有り高を指す。つまり，企業の事業活動に必要な資金の調達方法，調達した資金の運用方法を明らかにしている。調達と運用は表裏一体であり，資金を調達すれば運用が生じるため，両者の合計金額は当然一致する。これが「バランスシート（Balance Sheet）」と呼ばれるゆえんである。

|4－4－2| 貸借対照表の構成

❖資産の部

　B/Sの左側，すなわち資産の部は，事業活動を行うために調達した資金をどんな形で運用したかを示しており，原材料や商品を購入したのか，工場や機械設備，事務所となったのか，または現金や売掛金になったのかなどを表している。資産の部は，流動資産，固定資産，繰延資産の3つの資産に区分される。

(1)　流動資産の部

　流動資産には，現金・預金，受取手形，売掛金，棚卸資産（在庫）等が該当する。資産は，会計上で当該企業における保有が1年を超えるか否か（ワンイヤールール）によって，短期保有と長期保有とに区分され，そのうち短期保有と区分されたものが流動資産として計上される。流動資産は，短期的に現金化されることが前提であることから，一般的に資金繰りに充てられる資産とみることができ，それゆえに流動資産が一定水準よりも減少すると，企業の支払能力に懸念が生じるものと考えられるのである。

260

4－4　貸借対照表

図表 4－8　貸借対照表／お金の流れ

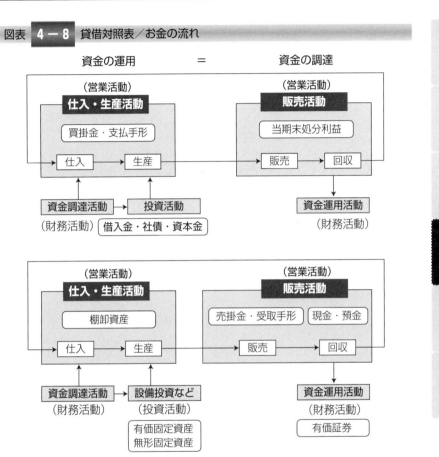

(2) **固定資産の部**

　固定資産は，資産のうち，長期保有（1年超保有）と区分された資産を示す。固定資産は，土地，建物，機械設備などの有形固定資産，特許権や商標権およびソフトウェアなどの無形固定資産，投資有価証券や出資金などの投資等その他の資産，株式発行費や試験研究費などのように発生した費用が大きく，その効果が次期以降に及ぶ繰延資産に区分される。

❖**負債および純資産の部**

　B／Sの右側，すなわち負債および純資産の部は，事業活動を行うための資金をどのように調達してきたかを示しており，返済の必要がない純資産（自己

第4章　定量・定性・商流分析

資本）と返済が必要な負債（他人資本）の2つに区分される。負債は，他人資本と呼ばれ，いずれ返済しなくてはならない資本のことを指し，さらに資産と同様にワンイヤールールに基づいて，流動負債と固定負債の2つに区分される。

(1)　流動負債の部

流動負債には，支払手形や買掛金などの買掛債務，短期借入金や1年以内に返済すべき長期借入金や社債，賞与引当金をはじめとする引当金などが計上される。1年以内に返済する必要のある短期の資金調達を示していることから，流動資産と比較することで，企業の資金繰り分析を行う際の材料となる。

(2)　固定負債の部

固定負債は，長期借入金や社債，退職給付引当金などが該当し，返済まで1年以上の期間がある資金調達を示している。したがって，返済期間の長さを考慮すれば，流動負債に比べて固定負債のほうが資金繰りの観点から安定した資金調達方法といえる。

(3)　純資産の部

純資産は，自己資本といい，原則として返済しなくてよい資金の額を示す。したがって，純資産が大きい企業は，負債への依存が低い状態で事業を展開できるという観点から，経営が安定しやすいといえる。純資産は，資本金，資本剰余金，利益剰余金などの株主資本，評価・換算差額等，新株予約権（連結決算の場合はこれに加え，少数株主持分）等に区分されている。

|4－4－3|　損益計算書と貸借対照表の関係

決算書の中心は，P/LとB/Sであるため，まずはこの両者の関係を整理することが大事である。

株主は，自分の財産を増加させることを目的に，出資して会社を作り，必要に応じて会社の経営を専門経営者に任せている。

経営者は，株主から最初に預かった財産をどれだけ増やせるかが最大の課題となり，その結果を表すために決算書が存在している。B/Sでは，期首と期末でどれほど会社の資産が増減しているのかを示しているが，報告を受ける株主としては，資産の増減結果の報告だけでは不十分であったため，一期間における増減の課程を報告するためにP/Lが作成されることとなった。

P/Lは，事業成績の結果であり，一期間における利益の算出を目的として

4－4 貸借対照表

図表 4－9 損益計算書と貸借対照表の関係

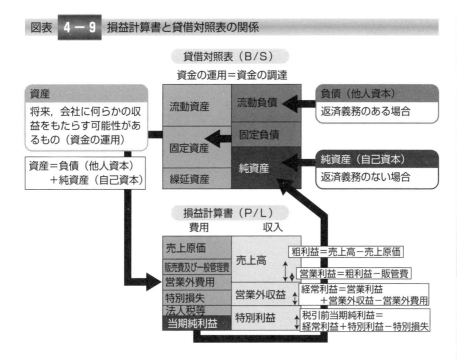

いる。原則的にP/Lの最終の経営成績である当期純利益分だけB/Sの純資産が増加することとなるため，当期のP/Lは，前期末時点のB/Sと当期末時点のB/Sをつなぐ役割を果たしているものといえる。

第4章　定量・定性・商流分析

4－5

損益計算書の分析

　企業に対する財務分析は，1期分の決算のみでも，売上高規模や利益水準，資本規模，借入水準など，得られる情報は少なからずあるが，複数決算を比較することで，収益性や資産性，資金繰りの動向など，より多くの情報を得ることができ，深く分析することが可能となる。

　ここでは，1期分の決算から読みとれる情報の分析を静的分析，数期にわたって決算数値の動向から読みとれる情報の分析を動的分析として説明していく。

4－5－1　売上高の変動

　売上高について分析を行う際に，企業の販売力をみるために売上高の規模を確認することは重要となるが，ある一期間の売上高規模のみで企業の収益力を判断するのは，分析としては不十分といえる。

　複数期の売上高を比較することで，企業の利益の源泉となる販売収入がどのように推移しているのかをつかむことが可能となる。直近決算期の売上高が前期に比してどのように推移しているのか，さらには前々期からの推移をみた場合には，どのような傾向が見られるのか，という観点で分析を行うことで，企業が今どのような環境に置かれているのかを読みとる材料となり，他の要素と組み合わせることで，分析精度を高めることが可能となる。

　業況悪化によって売上高が減少した場合，人件費の削減や原材料費の圧縮，業務の効率化などの経費削減策のみによって大幅に業況を回復させることは，非常に困難である。特に中小企業においては，売上高の減少が資金繰りの悪化に直結する傾向があるため，売上高推移は，企業評価を行ううえで非常に重要な情報となる。

264

4-5 損益計算書の分析

❖売上高の増加（増収）

何もせずに売上高が伸びるような都合のよい話はまずない。売上高の増加は，販売単価または販売量の増加が主因となるが，その要素には新商品の開発，サービスの品質向上，業界内の勢力関係の変化，営業活動の強化，価格戦略による優位など，何らかの要因があるはずである。増収が一時的なものか，それとも今後も伸張が期待できるものかを見極めることが必要である。

売上高が増加していても，業界動向と比べて異常な推移をみせている場合は，注意すべきである。また，実際に売上が急増している場合は，仕入や在庫のバランスを確認し，売上代金の回収と仕入の支払いのタイミングを踏まえた資金計画などにも注意を払う必要がある。売上代金の回収に先行して仕入代金を支払うために資金需要が発生し，資金不足に陥るケースがあるからである。一方で，売上高が順調に増加しているにもかかわらず，利益が伴っていないケースについても，販路拡大に伴う販売管理費の増加や，販売戦略を薄利多売に変更したことによる利益率の低下，原材料費の高騰など，さまざまな理由が考えられることから，原因の詳細を把握したうえで，状況に応じて厳しく評価すべきである。

❖売上高の減少（減収）

売上高が減少している場合，何が原因で減少しているのかを追求し，そしてそれに対してどのような対策を講じているかを確認することが重要となる。

減収の原因としては，まず減収が一時的なものか，今後も継続するものかを判断する必要がある。一時的な減収の原因としては，一定期間後の法規制の改正を前提とした買い控えによる需要低下や，原材料相場の一時的な高騰に伴う買い控えによる需要低下などが挙げられる。

通常，固定費が大きい製造業などにおいては，売上高の変動による利益の弾力性が乏しいため，少しの減収で企業が赤字に転落する危険性が高い。また減収は，現金収入が減るため，仕入決済や借入返済に支障が生じることにもつながりやすい。このように資金繰り悪化に直結する傾向が見られることもあるため，特に大幅な減収となっている場合には注意が必要である。

なお，売上高の推移が倒産に与える影響について，リスクモンスターが過去の倒産企業の傾向を基に調査したところ，**図表4-10**のとおり，全業種を対象とした売上高推移別にみた倒産確率との相関関係では，増収企業の方が倒産し

第4章　定量・定性・商流分析

図表 **4－10**　売上高推移と倒産確率の相関

売上高推移	30%以上の減収	20%以上30%未満の減収	5%以上20%未満の減収	5%未満の増収または減収	5%以上の増収	全体
倒産確率	1.83%	1.11%	0.93%	0.74%	0.43%	0.77%

2019年　リスクモンスター調べ（2018年4月～2019年3月実績）

　にくく，20％以上の減収になると倒産確率が1％を超える高い水準になることが判明した。この結果に業界動向や取扱商品ごとの特性を加味することで，さらに精度の高い分析を行うことが可能と考えられる。

|4－5－2|　粉　　飾

　財務分析を行ううえで常に注意しなければならない事項として，粉飾が挙げられる。粉飾とは，決算書の作成時に実態と異なる内容に決算内容を操作し，社外に虚偽の報告を行うことである。

　粉飾を行う理由は，取引先や取引金融機関に対して，業況報告として決算書提出を行う際に，売上高が大幅に減少していたり，利益が赤字に転落しているといった事実を報告した場合，取引先から警戒されて取引の縮小や撤退につながったり，取引金融機関からも同様に警戒され，追加融資等の資金支援が得られなくなったりと，自社の事業継続に支障をきたすおそれが生じるためである。

　粉飾の代表的な例としては，業績が悪化している状況下において，業況悪化という実態を悟られたくないために，売上高の架空計上や費用の過少計上によって実態よりも良い内容の決算に変えるケースが挙げられる。過去，実際に上場企業においても売上高の架空計上によって100億円以上の粉飾決算を公表していたという例も存在する。

　粉飾は，業績悪化企業が思うような立て直しができず，苦肉の策として行うことが多い。しかし，その多くの企業が粉飾による決算の傷跡を修正することもできないまま破綻に至っていくことから，粉飾決算を行わざるをえない企業の危険度は相応に高いということがわかる。

　粉飾によく使われる手口としては，以下のようなものが挙げられる。

4 - 5 損益計算書の分析

❖売上高・収益の架空計上

決算書の粉飾において最も多く見受けられるのが，売上高や収益の架空計上である。

前述のとおり，企業としては，業況が悪化している状態をありのままに社外へ報告することに抵抗を感じることが多い。業況悪化の主要因が売上高や利益の低下であることは明らかなので，減収基調にある売上高を架空計上により水増ししたり，他の収益勘定を用いて架空計上したりすることで売上高や利益を維持または成長させているように見せかけることが，業況悪化を隠蔽するのに最も効果的な策となる。

売上高の架空計上を行う際の手法としては，売上高の相手勘定として売掛金などの資産勘定を水増しさせる方法が最も頻繁に用いられる。

複式簿記において，物品販売の掛取引を計上するときには，**図表 4 −11**のとおり，最初に借方に仕入，貸方に買掛金を計上し，次に借方に売掛金，貸方に売上が計上されることとなるが，売上の架空計上のときには，実際に物品の授受が行われていないために，**図表 4 −12**のとおり仕入時の仕訳が発生せずに，売上時の取引のみが計上されることとなる。これにより，当該取引においては，仕入という費用が発生していないために売上高全額が利益となり，収益力が減退している状況下においても，容易に利益の水増しを行うことができるのである。また，売上架空計上時の仕訳における売上高の相手勘定は，必ずしも売掛金である必要性はないため，棚卸資産や未収入金，仮払金など外部から内容の精査を行いにくい勘定を相手勘定とすることも多い。

前述の売上高の変動に対する確認においても，粉飾に注意を払う必要がある。売上高が大幅に増加している状態であっても，それが企業の成長性を見せかけるための売上の架空計上であるとすれば，額面どおりのプラス評価を行うことは，自社にとってリスクを招くこととなる。また売上高が減少または維持している状態であったとしても，実質的な売上高の大幅減少や利益の赤字転落等の業況悪化を隠しているものであるとすれば，実態を捉えた評価を行わなければ，同様に自社にリスクを招くこととなる。後述する粉飾を見抜く手がかりとなる情報を見落とさないことが重要となる。

267

第4章　定量・定性・商流分析

図表 **4 ―11**　売買取引時の正常な仕訳

借方		貸方	
仕　入	90	買掛金	90
売掛金	100	売　上	100

図表 **4 ―12**　売上架空計上時の仕訳

借方		貸方	
売掛金	100	売　上	100

❖費用の無計上・過少計上

　売上高の架空計上に次いで用いられるのが，費用の無計上や過少計上である。

　本来費用に計上すべきものを計上しなかったり，実際の金額よりも少なく計上したりすることで利益を創出する手法である（**図表 4 ―13**）。

　たとえば売上原価は，期首棚卸資産と当期仕入高の合計から期末棚卸資産を差し引いて計算することから，期末棚卸資産の金額が大きければ大きいほど，売上原価が小さくなる。そのため，期末の棚卸資産の金額を水増しすれば，その分だけ売上原価が減少し利益を過大に計上できる。

　在庫の水増しには，上記のように架空の棚卸資産を計上し，売上原価を圧縮させて利益を創出する方法のほかに，不良性の高くなった棚卸資産を放置して，本来行うべき評価減を見送ることで特別損失の発生を抑えて利益の創出を行う方法もある。

　棚卸資産以外に，費用の無計上や過少計上に用いられる方法としては，実際には仕入が発生しているにもかかわらず，買掛金とともに仕入を無計上として利益を創出する方法や，減価償却を過小に行い，固定資産を実態よりも過大な状態で維持することで利益を創出する方法，計上すべき引当金（貸倒引当金，退職給付引当金，賞与引当金など）や未払金，未払費用を計上しないことで費用を低減させて利益を創出する方法，仮払金や前払費用といった勘定を用いて費用を資産として計上し，費用計上を次期以降へ繰り延べる方法などがある。

　費用の無計上や過少計上による粉飾の場合も，売上高の架空計上の場合と同様に，粉飾操作によって生じた異常値を，粉飾を見抜く手がかりとして見落とさないことが重要となる。粉飾検知の考え方については，**4 ― 7** にて後述する。

4 － 5 　損益計算書の分析

図表 **4 －13**　在庫操作による利益の粉飾例

実際のB/S			
現金	50	支払手形	100
		利益	▲50
計	50	計	50

実際のP/L			
売上原価	100	売上高	50
利益	▲50		
計	50	計	50

粉飾したB/S			
現金	50	支払手形	100
在庫	60	利益	10
計	110	計	110

粉飾したP/L			
売上原価	40	売上高	50
（仕入高	100）		
（在庫	▲60）		
利益	10		
計	50	計	50

❖子会社の悪用

　単独企業での主な粉飾手法については，上述のとおりであるが，調査対象企業に関連会社が存在する場合は，子会社などの関連会社を用いた粉飾の手法にも注意を払わなければならない。

　具体的な粉飾内容としては，決算期末に親会社が子会社に対して押込み販売をすることで，商品自体はグループ内に留まっているにもかかわらず，親会社に見せかけの売上高や未実現利益が計上される手法や，親会社所有の含み益を有する固定資産を子会社に売却すること（簿価が時価どおりでも，不正に高値で売却することもありうる）で，固定資産売却益を計上し利益を稔出する手法などが挙げられる。

　多くの場合，親会社の業況が芳しくないために，その損失を子会社に転嫁して親会社の業績を良く見せることを目的としていることから，基本的には，損失を転嫁された子会社側の決算書にその結果が表れていることとなる。親会社の業績が良くても，子会社で大幅な赤字が計上されていたり，目的が不透明な固定資産の増加が見受けられる場合には，親子会社間での粉飾に注意する必要がある。

　また，親子会社間における粉飾については，連結財務諸表の作成段階において，内部取引として控除されるものがほとんどであるため，グループで連結財務諸表を作成している場合は，連結財務諸表を確認し，評価の材料とすることが望ましい。

第4章 定量・定性・商流分析

❖現場の視点

　財務分析は，企業の善し悪しを判断するうえで有効な手段であるが，実態を示していない決算書を分析しても正しい判断を行うことはできない。

　取引先の決算書を入手できたことに満足せずに，取引先に関する事実関係を加味することで，決算書が示す取引先の状態と，取引先に実際に発生している事象の矛盾点を見逃さないことが，粉飾決算を見破るための重要なきっかけとなるのである。

　粉飾決算を見破るための，取引先における具体的な「危険な兆候」の例を以下に挙げる。

　①　これまで決算書を出していたのに，突然拒むようになった。

　②　決算書は提供してくれるが，内容の説明や追加資料の提出には一切応じない。

　③　決算書の数値は良好なのに，信用調査会社の点数は悪い。

　④　決算書の数値は良好なのに，業界内での悪評や悪いうわさがある。

　これらの兆候のほとんどは，営業担当者が取引先の「現場」に通うことで得られる定性情報である。定性情報の詳細については4－11で後述するが，定性情報の多くは，営業担当者が現場から直接入手しうる内容であることから，常に情報収集のアンテナを高く張り，取引先に異常が発生していないかを感じとれるように努めることが営業担当者としての心得として必要となってくる。

　現場における取引先の実状と決算内容を合わせて検討した結果，粉飾の疑いありと判断した場合は，取引先に訪問し，詳細な調査を実施する必要がある。一般的には，取引先の経営者にヒアリングをしながら，話の矛盾点を探っていくこととなるが，取引上の力関係で優位にあれば，取引先に総勘定元帳等を提出させることで，直接帳簿を調査し粉飾の根源を確認することも可能となる。

| 4－5－3 | 収益構造

❖売上総利益（粗利益）

　売上総利益は，単独の金額水準のみでは，判断の材料としては乏しい。売上高に対する売上総利益の割合（以下，粗利率）を算出し，過去の決算における粗利率（詳細は4－7－5を参照）と比較することで，製品に対する製造コストを差し引いた利益の割合の変化を捉えることができる。

270

4－5　損益計算書の分析

　一般的に原価率を故意に大きく変動させることは困難であることから，粗利率を大きく改善することは難しい。粗利率に大きな変動が生じている場合には，業界全体に原材料費等の高騰による影響がある場合はともかく，一企業のみが影響を受けることは考えにくいため，仕入先や外注加工先の変更，新規設備投資による減価償却費の増加などを確認することが重要となる。

　また，売上原価のうち労務費（製造にかかる人件費）に関しては，稼動人員を調整できるパートやアルバイトを多用していない限り固定費となるため，売上高の大幅減少によっても粗利率の低下を招く要因となりうる。製造経費における工場地代家賃等の固定費勘定も同様のことがいえる。

❖営業損益

　営業損益は本業での収益力を示していることから，黒字であることが，企業が主業としている事業を本業として継続していく前提となる。営業利益が僅少な状態であったり，営業損失を計上している企業は，原因として売上総利益が低く，製・商品の付加価値が低いために販売コストを賄えていないことや，人件費や広告宣伝費などのコストが多くかかりすぎていることが考えられる。まずは，上記のとおり，粗利率で収益性の低下がないかを確認し，問題が見当たらなければ，過大なコストとなっている勘定を洗い出し，早期の是正可能性を検討する。また，減価償却費については，4－5－4にて後述しているとおり，現金が流出しない費用であり削減の必要がないことから，最近の設備投資の影響で減価償却費が嵩んでいると判断した場合等には，減価償却費計上前段階での営業利益（償却前営業利益）で実態の利益（現金創出力）を判断することも有効である。

　営業損益の多寡を測る基準としては，営業利益率（詳細は4－7－5を参照）が挙げられ，業種によっても異なるが，営業利益率で3～5％を有していれば，営業損益段階では妥当な水準であると考えられる。

❖経常損益

　経常損益は，営業損益に本業以外の日常取引で生じた営業外損益を加えたものであることから，企業の実力を示しているといえ，経常損益を作り出す過程によって多くのことを読みとることができる。

　経常利益が僅少な状態であったり，経常損失を計上している企業は，原因と

271

第4章　定量・定性・商流分析

して支払金利等の財務的な負担が営業利益を上回っていることが多く，一般に借入過多とみなされることが多い。売上高の増加，コスト削減による営業利益率の改善，遊休資産の売却等による借入金の圧縮を図り，財務状況が改善されなければ懸念すべき状況に陥る。

　一方で，経常損益が黒字である企業においても黒字が営業損益段階から創出されたものなのか，営業外収益により創出されたものなのかを確認する必要がある。黒字企業のうち多くの場合は，前者であり大きな問題はみられないが，後者の場合には，副業として不動産賃貸収入や投資による為替差益を収益源としていることがあるため，本業の動向や見通しを確認することが必要となる。

　経常損益の多寡を測る基準としては，経常利益率（詳細は4－7－5を参照）が挙げられ，業種によっても異なるが，経常利益率で2～3％を有していれば，経常損益段階では妥当な水準であると考えられる。

❖当期純損益

　当期純損益は，経常損益に会計期間中に生じた特殊な要因による損益（特別損益）を加味した企業の最終的な損益である。経常損益までは黒字だが，突発的な損失の発生によって当期純損益のみ赤字となっている企業もあるため，当期純損益のみを確認するのではなく，上述の段階を追って企業の状態を把握することが望ましい。その結果をもって，原因や将来の見通しなども含めて評価する。当期純損益は，直接自己資本の変動に結びつくことから，赤字を計上している企業は，金融機関による評価が変化し資金の調達余力が低下する可能性があるため，注意が必要となる。

　当期純損益の多寡を測る基準としては，当期純利益率（詳細は4－7－5参照）が挙げられ，業種によっても異なるが，当期純利益率で1～2％を有していれば，当期純損益段階では妥当な水準であると考えられる。

4-5 損益計算書の分析

4-5-4 経費構造

❖役員報酬

役員報酬とは，株主総会で決議された支給基準によって，取締役に対して，一定期間を単位として定期的に支払われる報酬のことである。定期的に報酬が支払われない非常勤取締役に対しても，継続して毎年1回または2回，一定の時期に定額を支給する規定に基づいて支給されるものは役員報酬に含まれる。一方，類似した勘定として役員賞与があるが，これは取締役に対する臨時的な給与のうち，非常勤取締役に対して一定の時期に支給する給与および退職金以外のものをいう。

役員報酬については，主に中小企業を中心に利益と課税の調整弁として利用されることが多く，企業としての利益が少額でも役員報酬を多額に計上している場合などは，最低限の役員報酬以外は利益に回すことが可能とも考えられる。それにより，収益力に弾力性を有しているという見方も可能となるため，仮に表見上の営業利益等が少額であったとしても，表面の利益額のみで判断するのではなく，費用勘定の性質や内容を確認のうえで判断することが重要である。

なお，役員報酬は単純に決算上の額のみで判断できるものではなく，役員の人数や企業の規模等によっても適正な金額は異なることから，勘定科目明細書等で役員報酬の内訳を確認したうえで判断することが望ましい。

❖減価償却費

減価償却とは，収益を獲得するために貢献した資産について，費用収益対応の原則により，取得原価を収益の獲得のために利用した期間にわたって費用配分することで，資産を費用化するという会計上の考え方である。

建物や機械設備などの多くの有形固定資産については，機能的・物理的な減価を容易に把握することができないために，定額法や定率法といった算定方法を用いて，可能な限り合理的となるように費用化している。

会計上は，減価償却費の算定方法として，以下の4つを掲げている。

① 定額法：固定資産の耐用期間中，毎期均等額の減価償却費を計上する方法

② 定率法：固定資産の耐用期間中，毎期期首未償却残高に一定率を乗じた減価償却費を計上する方法

第4章　定量・定性・商流分析

③　級数法：固定資産の耐用期間中，毎期一定の額を算術級数的に逓減した
　　　　　減価償却費を計上する方法
④　生産高比例法：固定資産の耐用期間中，毎期当該資産による生産または
　　　　　用役の提供の度合いに比例した減価償却費を計上する方
　　　　　法

　減価償却費は，ある時点で購入し支払いが完了している資産を，費用収益対応の原則に基づいて，現金流出とは異なるタイミングで費用計上するものであり，他の費用勘定とは異なり，費用計上される期間に現金の流出が発生しない点が大きな特徴といえる。したがって，キャッシュフローの算出上では，期間収益に加算する項目となり，期中に創出されたキャッシュとみなされる。

　なお，現在日本国内の会計基準においては，資産の性質によって減価償却費の算定方法を自由に選択できることとなっている（ただし，1998年4月1日以後に取得した建物は定額法に限定されている）が，1－5－2で前述しているとおり，今後は国際財務報告基準（IFRS）の導入によって新たな形式での減価償却費算定となる可能性があるため，動向に注意を要する。

　減価償却費が倒産に与える影響について，リスクモンスターが過去の倒産企業の傾向をもとに調査したところ，**図表4－14**のとおり，全業種を対象とした減価償却額別にみた倒産確率との相関関係では，減価償却費を多額に計上している企業のほうが倒産しにくく，減価償却額が300万円未満になると倒産確率が上昇してくることが判明した。この結果に業種特性や事業規模を加味することで，さらに精度の高い分析を行うことが可能と考えられる。

図表　**4－14**　減価償却費と倒産確率の相関

減価償却費	減価償却未実施	0万円以上300万円未満	300万円以上1000万円未満	1000万円以上1億円未満	1億円以上	全体
倒産確率	0.32%	0.42%	0.19%	0.18%	0.14%	0.31%

2019年　リスクモンスター調べ（2018年4月～2019年3月実績）

❖支払利息割引料

　銀行などからお金を借りた場合に支払うべき利息を支払利息といい，手形割引料や社債利息，支払保証料などの費用と合わせて支払利息割引料という。

　支払利息割引料は，売上高との比較によってその多寡を測ることができる。

4－5　損益計算書の分析

　支払利息割引料を売上高で除することで，売上に対する費用としての支払利息の割合（支払利息率）を算出することができる。支払利息率は低ければ低いほど優良であり，逆に高い場合には，収益規模に対して資金調達コストが大きいことを意味する。

　借入金が増加すれば，自然に支払利息割引料も増加するが，支払利息割引料の負担によって経常損失に陥っている場合には，借入によって調達した資金から十分な投資効果（利益）を得られていないということになるため，収益力の改善または借入の圧縮等を図り，利益創出における借入の負担を軽減する必要がある。

　また，支払利息割引料を短期借入金，長期借入金，社債，割引手形を合計した有利子負債で除することで，現状の有利子負債に対する金利（借入金利率，詳細は4－7－3にて後述）を算出することができる。借入金額がさほど多くないにもかかわらず，支払利息割引料が嵩んでいる場合には，金融機関からの融資を受けられず，高利貸しから資金調達をしている等の懸念がある。したがって，借入金利率を公定歩合や金融機関の貸出金利と比較し，高いと判断した場合には，借入金の内容を勘定科目明細書等で確認することが望ましい。

　支払利息が倒産に与える影響について，リスクモンスターが過去の倒産企業の傾向をもとに調査したところ，**図表 4 －15**のとおり，全業種を対象とした支払利息率別にみた倒産確率との相関関係では，支払利息率が低い企業のほうが倒産しにくく，支払利息率が1％を超えると倒産確率が上昇してくることが判明した。この結果に業種特性等を加味することで，さらに精度の高い分析を行うことが可能と考えられる。

図表 4 －15　支払利息率と倒産確率の相関

支払利息率	0％以上 0.5%未満	0.5%以上 1％未満	1％以上 2％未満	2％以上 3％未満	3％以上	全体
倒産確率	0.22%	0.32%	0.56%	1.01%	1.19%	0.31%

2019年　リスクモンスター調べ（2018年4月～2019年3月実績）

第4章　定量・定性・商流分析

図表 **4 ー 16** 損益計算書のチェックポイント

項　　目	チェックポイント
売上高	売上の減少
	①営業力弱体，②競争激化・過当競争，③商品力弱体，④赤字受注（単価下落），⑤商品の叩き売り，⑥大口取引先の喪失
▲売上原価	原価の上昇
	①原価の高騰，②設備償却負担，③経費率上昇
売上総利益(粗利益)	
▲販売費及び一般管理費	原価の上昇
	①過剰人員，②設備償却負担，③経費率上昇
営業利益	⇒営業減益・営業赤字
	事業の継続性に問題
営業外利益	
▲営業外費用	過大投資，借入過多
経常利益	⇒経常減益・経常赤字
	借入過多・金利負担大の可能性
特別利益	
▲特別損失	①大口の焦付き，②財テクの失敗，③不良資産の償却，④減損損失の発生，⑤火災・災害による損失，⑥訴訟等による費用・損失
税引前当期利益	⇒減益・赤字
▲法人税等	
当期純利益	⇒減益・赤字
	自己資本減少

|4 ー 5 ー 5| 損益分岐点分析

　売上高から費用を差し引いたものが利益となる。この売上高と費用の関係を分析し，どの程度の売上高を有し，どの程度の費用であれば利益を創出できるかを表すものが損益分岐点分析である。この分析は，費用を変動費と固定費に分解し，企業の収益構造を把握することで，収支改善につなげることを目的としている。

　これら一連の，売上高―固定費―変動費に関する分析を，損益分岐点分析もしくはコスト（Cost），販売量（Volume）と利益（Profit）の頭文字をとってCVP分析といい，企業の管理会計において重要なテーマとなっている。

❖固定費・変動費

　売上高に関係なく，一定額発生する費用を固定費といい，売上高に比例して増減する費用を変動費という。一般に固定費には，人件費や地代家賃，減価償

276

却費等が該当し，変動費には，原材料費や外注加工費，荷造運搬費等が該当するが，業種や業態によっては，人件費を変動費に変更するなどの調整が必要となるため，企業の実態を十分に把握したうえで，その性質にあった形に振り分ける必要がある。

なお，売上高から変動費を差し引いたものを限界利益といい，限界利益が固定費を上回ることで，利益を創出できるものと考えることができる。

売上高＝利益＋経費　　⇒　　売上高＝利益＋固定費＋変動費

限界利益＝売上高－変動費

❖損益分岐点

損益分岐点（Break Even point；BEP）とは，売上高と費用の額がちょうど等しくなる売上高または販売数量を示す。前者を損益分岐点売上高といい，後者を損益分岐点販売数量という（**図表4−17**）。

図表 4−17 売上と費用の関係

『売上高＜費用』⇒赤字状態

『売上高＝費用』⇒収支トントン　＝　損益分岐点

『売上高＞費用』⇒利益を計上（黒字）

現状の事業収益が損益分岐点を下回っている場合，その収益額で利益を創出するためには，限界利益率を上げる，つまり変動費を削減するか，固定費を削減する必要がある。

変動費の削減には，材料費や物流費の削減などが該当する。固定費の削減には，正社員を削減し，アルバイトや派遣社員などのより弾力的な雇用への切替え，アウトソーシング化などが該当する。このように固定費の削減には，事業構造の見直し（リストラクチャリング）が不可欠となる。

第4章 定量・定性・商流分析

$$損益分岐点 = \frac{固定費}{1-変動費率} \quad ※変動費率：\frac{変動費}{売上高}$$

$$損益分岐点比率 = \frac{損益分岐点売上高}{売上高}$$

上述のとおり，損益分岐点の高さは，固定費と変動費率によって決まるが，この組合せは，以下の4パターンとなる。

① 高固定費・高変動費率：最も利益の出にくいタイプ
② 低固定費・高変動費率：損益分岐点が低く，不況に強いタイプ
③ 高固定費・低変動費率：売上増減による利益幅の変動が大きく，増産に強く減産に弱いタイプ
④ 低固定費・低変動費率：最も利益の出やすい，理想的なタイプ

❖損益分岐点図表

損益分岐点と売上高，固定費，変動費，総費用の関係を図示したものが，損益分岐点図表である。損益分岐点は，公式を使って算出することも可能だが，損益分岐点図表を利用して求めることもできる。売上高や各費用との関係は，**図表4－18**のように表される。

図表 4－18 損益分岐点図表

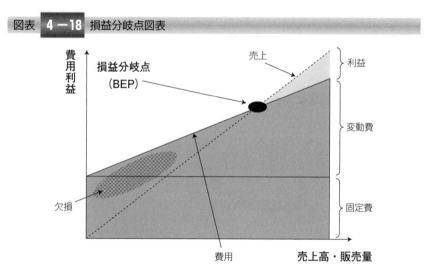

4-6

貸借対照表の分析

　4-5では，損益計算書（以下，P/L）の分析について説明してきたが，本項では，4-4-3で既述しているとおり，P/Lの活動結果を反映し企業の財政状態を表している貸借対照表（以下，B/S）の分析について，静態的分析，動態的分析の観点から説明したい。また，分析時に異常を検知するために重要と考えられるB/Sの主な勘定科目とそのチェックポイントを**図表4-19**にまとめている。

|4-6-1| 貸借対照表の静的分析

❖純資産（自己資本）の蓄積度合い

　純資産（自己資本）は，既述のとおり原則として資本金に企業が事業活動によって創出してきた利益を蓄積した結果であり，自己資本比率（詳細は4-7-3にて後述）を計算することで企業の長期的な安定性を測ることができる。

　ただし，自己資本比率が高くても，資本金や資本剰余金の構成比がほとんどで利益剰余金が少ない，またはマイナス（累積損失）という状態の企業は，過去からの利益の蓄積がなく，安定的に利益を出せている企業とはいいがたい。したがって，十分な利益剰余金を有している企業と比較すると安定性は低く評価する必要がある。

　また，土地や有価証券の簿価が時価と乖離し，含み損を内包している場合や売掛債権や出資金，貸付金等に不良性資産を内包している場合は，本来損失計上によって利益から控除されるべきであると考えれば，純資産（自己資本）に蓄積された利益からも控除することで，実態を表すことができると考えられる。

❖資産内容に問題はないか

　以下の勘定については，簿価が実態と乖離する可能性が高い勘定であることから，簿価が実態を反映しているのか，回収できる可能性がどれほどあるのかを調査し，純資産（自己資本）・収益力などと比較して分析する必要がある。

279

(1) 土地，建物

決算書上に計上されている土地・建物の金額は，取得時の価格であることが多いため，含み損益をどの程度抱えているのかを確かめる必要がある。古くから所有している土地で含み益を抱えている可能性が高い場合は，資産余力として捉えても問題ないが，バブル期に取得した土地などは価格が下落している可能性を考慮しなければならない。勘定科目明細書や資産台帳等から所有資産を洗い出し，所有資産に対する簡易評価（詳細は3-5-6にて前述）を行うことで，簿価と時価との乖離を大まかに把握することが可能となり，乖離による損失分を評価損相当とみなして純資産（自己資本）から控除することで，実態の資産価値に近づけることが可能となる。

(2) 売掛金・受取手形

売掛金および受取手形のうち，すでに回収期日を経過しており，今後の回収可能性に懸念が生じている債権が存在している場合は，本来当該債権を不良債権として扱い，貸倒損失または貸倒引当金として費用計上の対象となることを考慮すれば，不良債権の金額を純資産（自己資本）から控除することで実態の資産価値に近づけることができる。

売掛債権が回収期日を経過しているか否かは，勘定科目明細書等の売掛金および受取手形の残高明細から債権の発生時期および回収時期を確認することで判明するため，決算書類を受領した際には，債権の内容まで確認することが望ましい。

また，業種によって異なるものの，売掛債権の回収サイトとしては，おおむね1～3カ月程度が一般的であることから，売掛債権回転期間（詳細は4-7-2にて後述）が4カ月以上の高い水準を示しているときには，不良債権の内包や売上高の架空計上による粉飾に注意を払う必要がある。

(3) 棚卸資産

棚卸資産において，長期間在庫として保有しており今後も販売の見込みが低い在庫，すなわち不良在庫（デッドストック）や，トレンドの移り変わり等によって仕入時点よりも商品価値が明らかに低下している在庫については，簿価での回収が困難であり，時価評価に修正する必要がある。これらは，本来棚卸評価損として利益から控除されることとなるため，売掛債権等の処理と同様に，減算すべき金額を純資産（自己資本）から控除することで，実態の資産価値に近づけることができる。

しかし，棚卸資産の場合，帳簿上で在庫の商品価値を推し測ることは困難であるため，これらの状態を検知するためには，3－1－3にて前述しているとおり，営業担当者による訪問時の確認を日常的に行うことが必要不可欠となる。

また，業種によって異なるものの，棚卸資産の回転期間としては，おおむね1～2カ月程度が一般的であることから，棚卸資産回転期間（詳細は4－7－2にて後述）が3カ月以上の高い水準を示しているときには，不良在庫の内包や売上高の架空計上による粉飾に注意を払う必要がある。

(4) 有価証券，出資金，投資勘定

有価証券に関しては，他の資産に比べて価値の変動が激しく，たった数カ月で時価が大きく変動する可能性があり，出資金に関しては，出資先の企業が上場を果たし，キャピタルゲインが生じている状態であれば含み益として考えられるが，逆に業績不振で破綻寸前であったり，ペーパーカンパニー化や休眠状態に至っている場合には，株式の価値は著しく下落しているものと考えられるため，資産価値が大きく毀損している可能性がある。勘定科目明細書等から投資時期を確認し，その投資先の内容を確認することが重要となる。

(5) 仮払金，貸付金，その他資産

資産勘定のうち，仮払金や貸付金，未収入金等の勘定に使途不明金や長期の回収不能金が含まれている可能性があるとき，特に複数期にわたって継続して多額の金額が計上されている場合には注意が必要である。

代表者に関わる支出で，内容の不透明なものをまとめて計上している可能性や，子会社や関連会社への貸付が返済されることなく凍結状態になっている可能性が考えられるため，内容の調査を行う必要がある。調査の結果，それらの事実が判明した場合には，資産に実質的な価値は乏しく，本来は貸倒れ損失や評価損等で損失計上される必要があることを考慮すれば，損失額を自己資本から控除することで実態の資産価値に近づけることができる。

(6) 受取手形裏書譲渡高，受取手形割引高

自社の販売活動によって入手した受取手形は，支払期日の到来まで保有し支払期日に代金回収する場合と，自社の仕入代金等の決済のために受取手形を他社に裏書譲渡する場合（裏書譲渡手形），受取手形を担保に金融機関から現金を調達する場合（割引手形）に大別される。

脚注表示に裏書譲渡手形や割引手形の残高が記載されているときは，両者ともに受取手形を支払いや借入担保に充てたものなので，売掛債権回転期間等を

考慮する場合は，両者の残高を受取手形に加えて計算する必要がある。

　裏書譲渡手形と割引手形は，ともに受取手形を運転資金の一部として流用している状態であることから，受取手形の大半を裏書譲渡または割引している場合には，資金繰り状況に注意が必要となる。

　また，裏書譲渡手形において，一部取引先から指定の優良銘柄手形での決済を条件とされている場合は，自社の信用力が乏しく，自社振り出しの支払手形では取引不能状態にあるという可能性が考えられる。

　割引手形においては，簡易的な手続で資金調達できることから，優先的に割引手形による資金調達を図る企業がある。その反面，業況悪化などを理由に金融機関から安定した長期資金を調達できず，やむをえず割引手形による資金調達に頼っている可能性もあることから，取引先の資金繰り状況について十分に調査したうえで，分析を行うことが重要となる。

❖資金調達に不安はないか

　金融機関からの借入は，多くの企業の資金調達の生命線といえる。したがって，借入金の規模は適正か，収益力やキャッシュフローに見合ったものかを分析することは重要である。財務指標としては，借入月商比や借入依存度（ともに詳細は4－7－3にて後述）などを活用することが有効といえる。

　しかし，借入が減少しているときでも単純に圧縮が進み改善している場合ばかりではなく，金融機関からの融資が受けられず，借入以外での調達を余儀なくされている場合も考えられる。また，金融機関にとっては，長期貸付よりも短期貸付のほうが貸付リスクが低いと考えられていることから，長期借入金から短期借入金に移行している，あるいは受取手形に占める割引手形の割合が増えているなどの場合は，銀行の融資姿勢が消極的となっている可能性が考えられる。そのため，借入の中身についても確認すべきである。

❖保証債務

　企業が他者の債務を保証している場合は，関連会社や支援している取引先などのための保証と考えてよい。これは，期日までに債務を履行すれば消滅するが，履行しなかった場合には現実の債務となってしまう（偶発債務）ので，被保証企業の内容や債務の内容，保証額など，保証内容を確認する必要がある。いずれにしても，被保証企業は第三者による保証がなければ取引不能な状態に

あることを考慮すれば，決してリスクが低いとはいえないことから，直接的債務である借入と同等の注意を払う必要がある。

❖資金繰りに不安はないか

現金・預金，売掛債権，棚卸資産等の当座資産と，買掛債務，割引手形残高，短期借入金（および1年以内返済の長期借入金）を比較し，資金繰りに不安がないか確認する。流動比率や当座比率（ともに詳細は4－7－2にて後述）を計算して分析することが有効であるが，詳細な分析をするには各勘定を確かめる必要がある。

❖脚注表示に注目

割引手形や裏書譲渡手形については，多くの場合，受取手形と相殺することで，簿外計上されている。そのためB/Sでは，割引手形，裏書譲渡手形の残高，保証債務の残高，有形固定資産減価償却累計額，子会社に対する金銭債権・債務残高などについては，欄外に注記表記されることが多い。

いずれも分析上重要な情報だが，記載が漏れている場合もある。決算書を取引先から入手した際に，記載がない場合はヒアリングして確認することが必要であり，信用調査会社などから決算書を入手した場合も，記載漏れの可能性を考慮して分析することが重要である。

|4－6－2| 貸借対照表の動的分析

❖資産の変動に問題はないか

P/Lの分析と同様に，取引先のB/Sを複数期分入手可能なときには，前期から当期にかけて，それぞれの勘定科目がどのように推移しているのかを分析することが重要となる。

以下の勘定については，2期間で数値に大きな変動があった場合に，取引内容や経営状態に異常が発生している可能性が高いと考えられることから，その内容について調査し，純資産（自己資本）・収益力などと比較して分析する必要がある。

(1) 受取手形・売掛金

前期から当期にかけて売掛金および受取手形（以下，売掛債権）が大幅に増

第4章　定量・定性・商流分析

減しているときには，取引条件の変更や不良債権の滞留，売上高の架空計上等に注意を払う必要がある。

売掛債権の増減については，売掛債権回転期間（詳細は4－7－2にて後述）を算出し，前期と当期の値を比較することで，分析材料とすることができる。

売掛債権が大幅に減少したときには，一般に取引先が販売先との交渉によって回収サイトの短縮化に成功したことや，回収サイトが有利な販売先の開拓に成功したことが考えられ，回収の早期化から資金繰りに余裕が生じることが予想されるが，一方で販売先に信用不安が生じ，信用力の低下から回収サイトの短縮化を図らざるをえなかったことも考えられる。この場合，最終的に販売先が破綻することで，売掛債権の貸倒れや取引先の取引規模縮小につながることとなり，結果として業績悪化を招くことが考えられる。そのため，売掛債権回転期間が1期間で1カ月以上短縮化している場合は，単純に良化しているという検討だけでなく，悪化している可能性についても検討する必要がある。

売掛債権が大幅に増加しているときは，一般に取引先に対してその販売先から業績悪化を原因とする回収条件の長期化要請があったことや不良債権が発生し債権が滞留していること，売上高の架空計上によりもともと回収見込みのない架空債権が計上されたこと等が考えられるため，売掛債権回転期間が1期間で1カ月以上長期化している場合は，業況悪化に関して実態を調査する必要がある。

調査の結果，不良債権の発生や売上高の架空計上が判明した場合には，実質的な損失として増加額を純資産（自己資本）から控除して分析を行うとともに，資金繰りにおいても深刻な状態に陥っている可能性も考えられることから，訪問等による調査を実施し，債権の保全や取引の見直しについて検討する必要がある。また，取引先においてその販売先からの回収条件の長期化要請があった場合は，取引先は，債権を即時に損失処理する必要はないものの，その販売先の業況悪化が深刻であれば，近い将来に貸倒損失となる可能性があるため，注意が必要となる。

ただし，これらの変動については，取引先とその販売先の間で継続取引を行っていることを前提としていることから，スポット取引など，継続的な取引でない場合においては，この限りではない。

(2)　棚卸資産

前期から当期にかけて棚卸資産が大幅に増加しているときには，不良在庫の

発生，売上高の架空計上等に注意を払う必要がある。

棚卸資産の増加については，棚卸資産回転期間（詳細は4－7－2にて後述）を算出し，前期と当期の値を比較することで，分析材料とすることができる。

棚卸資産が大幅に増加しているときは，一般に大量の受注見込みに基づいて仕入れたが見込み違いにより，大量の在庫として滞留していることや，製品に欠陥等が生じ，販売不能状態となった在庫が大量に滞留していること，売上高の架空計上により売上高の相手勘定として，存在しない架空在庫が計上されたこと等が考えられるため，棚卸資産回転期間が1期間で1カ月以上長期化している場合は，業況悪化に関して実態を調査する必要がある。

調査の結果，上記の事由が確認された場合には，実質的な損失として増加額を純資産（自己資本）から控除して分析を行うとともに，資金繰りにおいても深刻な状態に陥っている可能性があることから，訪問等による調査を実施し，債権の保全や取引の見直しについて検討する必要がある。

なお，建設業等の業種においては，仕掛工事が棚卸資産として計上されるが，工事が偶発的に期末集中することで高水準となったり，逆に期末にほとんどの受注工事が終了したことで低水準となることもあるため，変動内容については，業種特性を踏まえて調査することが必要となる。

(3) 支払手形・買掛金

前期から当期にかけて支払手形および買掛金が大幅に減少しているときは，取引条件の変更や，売上高の架空計上等に注意を払う必要がある。

買掛債務の減少については，買掛債務回転期間（詳細は4－7－2にて後述）を算出し，前期と当期の値を比較することで，分析材料とすることができる。

買掛債務が大幅に減少しているときは，一般に取引先に対して仕入先から信用力低下に基づく支払条件の短縮化要請があったことや，信用不安によって新規取引が現金取引に限定されていること，利益操作のために仕入費用が計上されなかったこと等が考えられるため，買掛債務回転期間が1期間で1カ月以上短縮化している場合は，仕入先の撤退等に関して調査する必要がある。

調査の結果，上記の事由が確認された場合には，業績悪化に基づく信用力低下状態にあるものと判断されることから，取引先への訪問や仕入先への取引方針等のヒアリングによる調査を実施し，債権の保全や取引の見直しについて検討する必要がある。

第4章　定量・定性・商流分析

図表 4-19 貸借対照表チェックポイント

分析区分			勘定科目	チェックポイント	備　考
流動資産	当座資産	受取勘定	現金・預金	①流動的なものと固定的なものを分ける ②流動的なものは日常的にどの程度残高に残るか ③固定的なものと借入金との対応（預貸率）はどうか	金融機関との取引状況をチェック
			売掛金	①回転期間はどうか（前年比・業界比・自社での取引状況との対比）	異常があれば，不良債権の有無チェック
			受取手形	①回転期間はどうか ②手持手形はいくらか（受取手形－割引－裏書手形）	
	棚卸資産		商品製品 原材料 仕掛品	①在庫の評価方法はどうか，変更の有無はないか ②回転期間はどうか	異常があれば，デッドストックの有無チェック
	その他の流動資産		未収入金 前渡金	①前期と比較して増加していないか， ②相手先への実質貸付金になっていないか	
			短期貸付金	相手先はどこか，債権の保全は講じているか	
			仮払金	相手先はどこか，金額が大きくないか	
			前払金 前払費用	異常な増加・減少はないか	
			貸倒引当金	引当が適正かどうか	
			債権償却 特別勘定	①貸倒れ発生の相手先はどこか， ②債権の回収見込や保全状態はどうか	
固定資産	有形固定資産		建物 構築物 機械装置 車輌運搬具 工具・備品	①老朽化していないか ②適正な減価償却ができているか ③遊休資産の有無 ④新規の設備投資はないか（具体的に） ⑤処分した資産とその売却損益・相手先はどうか	大型設備投資の資金導入方法の確認→自己資金か，借入金か，で財務内容は大きく変わる
			土地	①含み損益の有無 ②担保設定状況の把握	
			建物仮勘定	①具体的な設備投資の内容把握 ②投資後の売上・収益に与えるインパクトはどうか	
	無形固定資産		営業権 借地権 電話加入権 ソフトウェア	実質的な価値はどうか	
			投資有価証券	①含み損益の有無 ②保有銘柄は何か ③社長個人での株式投資実施の有無	損失の発生・不良債権の発生が適正に処理され損失と

286

4－6　貸借対照表の分析

投資等	出資金	①相手先と出資した意図は何か	して計上されていなければ，損益で黒字でも資金的には行きづまるケースが多い
	長期貸付金	①相手先と資金使途はどうか ②債権の保全は講じられているか ③貸付利息は計上・入金されているか	
繰延資産			

(借方) 資産の投資・運用状況を示す

分析区分			勘定科目	チェックポイント	備　考
他人資本	流動負債	支払勘定	支払手形	①回転期間はどうか（前年比・業界比・自社での取引振りとの照合） ②動きがある場合，具体的にどの仕入先と決済条件を変更したか	仕入先との取引状況をチェック
		その他流動負債	未払金 （未払費用）	①相手先はどこか ②リース未払金があれば具体的にどういう設備のリースで返済期限はいつか	
			前受金	①相手先はどこか，前受金の意図は何か ②売上に与えるインパクトはどの程度か	
			預り金 税金充当金 仮受金	異常な増加・減少はないか	
	固定負債		短期借入金	①金融機関別の借入状況や銀行以外から借りていないかどうか	金融機関から借入状況をチェック
			長期借入金 社債	②借入金と支払利息が見合っているか ③メインバンクの変更はないか	
			その他		
自己資本			資本金 資本準備金 利益準備金 任意積立金 その他	①社歴と経営規模に比べて自己資金の厚みはあるか ②内部留保の蓄積は進展しているかどうか	固定負債＋自己資本の合計は，固定資産と比べてどうか
			前期繰越利益	前期の損益状況	

(貸方) 資金の調達状況を示す

	勘定科目	チェックポイント
脚注表示	保証債務	①相手先 ②売上に占める割合 ③保証履行請求をめぐるトラブルの有無
	受取手形割引高	①総借入額に占める割合 (手形割引依存度は) ②割り引いている手形の銘柄・質は高いか
	受取手形裏書譲渡高	①大幅な増減の有無 ②裏書支払いしている仕入先はどこか

第4章　定量・定性・商流分析

|4-6-3| 経常収支

　経常収支は，毎月経常的に発生する資金収支であり，臨時的に発生する経常外収支と区分される。経常外収支のうち，金融機関からの借入や返済にかかる収支を財務収支といい，固定資産などの設備の購入や売却にかかる収支を設備収支という。

　経常収支は，経常収入から経常支出を差し引いたものである。

　経常収入の内容としては，現金売上や売掛債権の回収，現金による営業外収益や営業外収益の未収分の回収，そして営業活動の取引により，商品や製品などの販売前に，代金の一部または全部を手付金や内金として現金を受け取った前受金などで構成される。

　経常支出の内容としては，現金仕入や買掛債務の支払い，現金による営業外費用の未払分の支払い，そして営業活動の取引により，商品や原材料等の仕入前に，代金の一部または全部を手付金や内金として現金を支払った前払金（前渡金）などで構成される。

　経常収支比率（詳細は4-7-3にて後述）が100％を超えていれば，経常収入と経常支出の差額の現金は，税金や配当の支払い，借入金の返済に充てる財源となる。このような企業で資金繰りが破綻する可能性は低い。逆に，経常収支比率が100％を下回っているということは，営業活動によって流入した現金が流出した現金を下回っていることを意味し，事業継続には資金調達が必要となることを示している。このような状態が数年続けば，資金ショートの可能性が高くなり，利益が多額に計上されていても，黒字倒産の可能性すら生じることとなる。

　経常収入を増加させるには，売掛債権や棚卸資産の圧縮を行うことで対応できるが，売掛債権や棚卸資産の圧縮が販売管理や在庫管理の改善によるものでなく，販売先との関係を悪化させるような強行回収や換金処分のための在庫の投売りによるものであっては，経常収入を増加させてもまったく意味がない。また経常支出を減少させることは，買掛債務の増加により可能だが，それが営業規模の拡大に伴うものでなく，仕入先との関係を悪化させるような支払いの引き延ばしによって生じるものであれば，同様に無意味である。よって，経常収支分析においては，営業状態を良好に保ちつつ，資金繰りを良化させることを最大の目的として捉えなければならない。

288

4－6　貸借対照表の分析

> 経常収支＝経常収入－経常支出

> 経常収入＝売上高＋営業外収入－売掛債権（割引手形を含む）増加分－未収入
> 金増加分－未収収益増加分＋前受金増加分＋前受収益増加分

> 経常支出＝売上原価＋販売費及び一般管理費＋営業外費用－買掛債務増加分
> －未払金増加分－未払費用増加分－貸倒引当金増加分－流動負債お
> よび固定負債の引当金増加分－減価償却費＋棚卸資産増加分＋前渡
> 金増加分＋前払費用増加分

4－6－4　キャッシュフロー計算書

❖資金移動表との相違

　キャッシュフロー計算書は，資金移動表と同様に企業全体の資金の動きを把握するためのものである。資金移動表が「経常収支」「設備その他収支」「財務収支」の3つに区分し，現預金の増減を導いているのに対して，キャッシュフロー計算書は，「営業活動によるキャッシュフロー」「投資活動によるキャッシュフロー」「財務活動によるキャッシュフロー」の3つに区分し，現金および現金同等物の増減を導いている。

　また，資金移動表は，B/SやP/Lをもとに外部（取引先等）の人間が作成するのに対して，キャッシュフロー計算書は，B/SやP/Lに並ぶ財務諸表として，自社で作成する（ただし，外部の人間でも作成は可能）という点で異なっている。

　キャッシュフロー計算書において，資金とは，現金及び現金同等物をいい，現金（Cash）とは，手許現金および要求払預金（普通預金や当座預金など）をいう。また，現金同等物（Cash equivalents）とは，容易に換金可能であり，かつ価値の変動について僅少なリスクしか負わない短期投資を指している。

❖直接法によるキャッシュフロー計算書

　直接法によるキャッシュフロー計算書は，営業収入，原材料または商品仕入による支出等，主要取引ごとに一会計期間の収入と支出を会計データから直接

289

把握し，総収入と総支出を表示する方法である。収支の全貌を把握しやすく，将来的なキャッシュフローの予測が行いやすいという利点がある。

❖間接法によるキャッシュフロー計算書

　間接法によるキャッシュフロー計算書は，P/Lの税引前当期純利益に，非資金損益項目，営業活動にかかる資産および負債の増減ならびに「投資活動におけるキャッシュフロー」および「財務活動におけるキャッシュフロー」の区分に含まれるキャッシュフローに関連して発生した損益項目を加減算して「営業活動によるキャッシュフロー」を算出する方法である。作成が容易で低コストで済むことや，P/Lの利益とキャッシュフローとの関連を示すためP/Lの当期純利益がどれほどのキャッシュの裏づけを持つのかという，資金の裏づけのある収益力を示すことが可能になるという利点があるため，日本においては圧倒的に間接法によるキャッシュフロー計算書が好まれ，多くの上場企業が間接法を採用している。

❖営業活動によるキャッシュフロー

　「営業活動によるキャッシュフロー」の区分には，売上高，売上原価，販売費及び一般管理費に含まれる取引（営業損益計算の対象となった取引）にかかるキャッシュフロー，売掛金，買掛金等のほか，商品および役務の販売により取得した手形の割引による収入や営業債権のファクタリング等による収入（営業活動にかかる債権・債務から生じるキャッシュフロー），災害による保険金収入や，損害賠償金の支払い，巨額の特別退職金の支給など（投資活動および財務活動以外の取引）によるキャッシュフローが記載される。

　「営業活動によるキャッシュフロー」の金額は，企業が外部からの資金調達に頼ることなく，営業能力を維持し，新規投資を行い，借入金を返済し，配当を支払うために，どの程度の資金を主たる営業活動から獲得したかを示す主要な情報となる。

❖投資活動によるキャッシュフロー

　「投資活動によるキャッシュフロー」には，有形固定資産および無形固定資産の取得および売却，資金の貸付および回収，現金同等物に含まれない有価証券および投資有価証券の取得および売却等の取引にかかるキャッシュフローを

記載する。

「投資活動によるキャッシュフロー」の金額は，将来の利益獲得および資金運用のために，どの程度の資金を支出し，回収したかを示す。

❖財務活動によるキャッシュフロー

「財務活動によるキャッシュフロー」には，借入および株式または社債の発行による資金の調達や，借入金の返済および社債の償還等の取引にかかるキャッシュフローを記載する。

「財務活動によるキャッシュフロー」の金額は，営業活動および投資活動を維持するためにどの程度の資金が調達または返済されたかを示す。

| 4 - 6 - 5 |　運転資金の考え方

企業が経営活動を支障なく継続するためには，仕入・生産・販売において資金が円滑に循環する必要がある。売上代金を仕入代金よりも先に回収し，仕入代金の決済に充当できれば理想的といえるが，実際には売上代金が現金回収される前に，仕入代金の決済期日が到来することがある。しかも常に一定量の原材料・仕掛品・製品を在庫として保有しておかなければならない，ということも業態によっては十分にありうるため，事業活動を継続するうえで資金不足が生じるということは一般的である。これらの不足を埋め合わせるための継続的な資金需要を運転資金という。

したがって，運転資金は以下の式により算出される。

運転資金＝売掛債権（受取手形＋売掛金）＋棚卸資産－買掛債務（支払手形＋
　　　　　買掛金）

この式は，販売済みだが代金未回収である売掛債権の金額相当額と販売前段階にある棚卸資産の金額相当額は資金が必要となり，一方で買掛債務相当額は一定期限まで代金支払いを猶予されているため，その分を差し引いた金額が企業の事業活動を行うために調達を要する資金であるということを示している。

また，運転資金の算出においては，上記以外にも業種によって，前渡金や前受金など，売掛債権，買掛債務に準ずる勘定科目が経常的に発生する場合など

第4章　定量・定性・商流分析

もあるため，これらも勘案する必要がある。

たとえば，建設業の場合，工事代金の回収が着工，棟上，完工時等の分割となることが多いため，労務費，材料費や下請け先に対する前払金負担などの支払いが一時的に先行し，工事立替金需要が発生することとなる。

上述の取引条件を踏まえると，建設業における工事立替金は以下の式により算出される。

> 工事立替金＝受取手形＋完成工事未収入金＋未成工事支出金－（支払手形＋工事未払金＋未成工事受入金）

なお，サービス業において，サービスの提供に先立ち，顧客より授業料，会費，旅行前受金といった形で前受金を享受することが経常的に行われている場合などは，運転資金は軽微となりやすい。

4-6-6 　運転資金の種類

❖所要運転資金（経常運転資金）

前述の一般的な運転資金を所要運転資金（または経常運転資金）という。所要運転資金は，企業が事業を継続していくうえで，経常的に発生する運転資金の需要を示すものであるため，取引先から「来月の仕入代金として××百万円の運転資金を融資してほしい」という資金支援の打診を受け，融資の検討が必要となった場合などでは，単に使途目的を確認して納得するのではなく，事業継続のために，いくらの運転資金が必要となるのかを理解して判断することが重要となる。

❖増加運転資金

既述の所要運転資金に関しては，企業が日々同じ周期で販売や仕入・製造を同じ金額だけ行っていることを前提としていた。しかし，実際の企業活動では，年度や季節，月によって売上高が増減することや，回収条件や支払条件が変化することがありうる。

所要運転資金の算出式において，売上が増加したり，回収条件が長期化して売掛債権額が増加したりすると，必要な運転資金が増加する。同様に棚卸資産

4－6　貸借対照表の分析

が増加したり，支払条件の短縮化によって買掛債務が減少することによっても，運転資金は増加する。

このような売上の増加や回収・支払条件の変化によって増加する運転資金のことを増加運転資金という。

増加運転資金の需要について検討する際には，その発生原因を確認することが重要となる。売上の増加に伴い運転資金が増加する場合であれば，前向きな資金需要と捉えることも可能であるが，売上債権の中に不良債権が発生して資金が必要になった場合や，棚卸資産の中に不良在庫（デッドストック）が発生して資金が必要になる場合，信用力の低下等によって仕入先から早期の支払いを求められている場合などは，資金繰りの悪化に伴う資金需要となるため，注意が必要となる。

増加運転資金の発生について検討する際は，検討資料となる決算書の決算期が現在から乖離していると正しい資金需要を測りにくくなることから，直近の試算表を徴求し，試算表と前期末の決算書内容を比較することで，需要の検証を行うことが重要となる。

❖つなぎ資金

支払いが先行するものの，売上代金や資産の売却代金の入金，他の金融機関からの借入が近い将来に確定している場合，先行する支払いのために必要となる資金のことをつなぎ資金という。

つなぎ資金について検討する際には，つなぎ資金の発生原因と返済原資の確実性をよく検証することが必要となる。返済原資の確実性を検証するに当たっては，返済日や返済金額を確認するだけでなく，返済原資として見込んできた資金を別の支払いに充てられることのないように，実行日から返済予定日までの全体の資金繰りを検証したうえで，判断することが肝要となる。

❖季節資金

納涼関連商品のように夏のみに需要が高まる商品や，暖房関連商品のように冬のみに需要が高まる商品など，いわゆる季節性のある製・商品を取り扱っている企業の場合，毎年特定の時期に運転資金の需要が発生することがある。これを季節資金という。

季節資金の検討においては，業界の特徴や製・商品の需給動向などの市場動

293

第4章　定量・定性・商流分析

向を把握することが重要となる。また，取引歴が長い企業の場合は，内部資料から取引先の過去の売上傾向を把握することができるため，従来の傾向と比較し異常がないか，チェックすることも有効である。

❖賞与資金

賞与資金は，夏（6月ごろ）と冬（12月ごろ），あるいは決算月等の賞与支払月に需要が発生するものである。賞与は，給与のように毎月均等に支払うことができないため，資金繰り上，年に数回支払いが膨らみ，資金需要が生じる場合がある。

企業業績や世間相場，過去の実績等から，需要額の妥当性を検討しなければならない。また，賞与資金の返済は，次回の賞与支給時期までに完了することが望ましいため，原則として短期資金での調達となる。

❖決算資金

決算資金には，納税資金と配当金支払いのための資金，役員賞与支払いのための資金があり，所要額の検討には，決算数値の見込額を検証する必要がある。

納税資金は決算期（決算日から2〜3カ月後），中間納税時期（決算日から8カ月後）の年2回必要となる。また，配当金と役員賞与は決算日から2〜3カ月後の株主総会終了後に必要となる。決算資金は賞与資金と同様，特定月の支払いが増加するために，資金繰り上借入需要が生じる場合がある。決算資金の返済も次回決算資金の需要時までに完了していることが望ましいため，原則として短期資金での調達となる。

4-7 財務指標

4-7-1 財務分析とは

決算書は，ただ眺めるだけでは単なる数字の羅列にすぎないが，財務指標を使用した分析を行うことで，企業の収益構造や強みや問題点，粉飾の有無，不良要素等を把握できるようになる。

しかしながら，単に数値のみを見て，それらを判断することは困難である。企業の現在までの推移や業界特性などを加味する必要があり，そのために決算書は直近1期分のみでなく，複数期分を入手し，その推移をみて，比較することが望ましい。また，同業他社の財務内容との比較や業界標準値との比較，過去の経験などから，多面的に分析をすることが重要である。

図表 4-20 財務分析

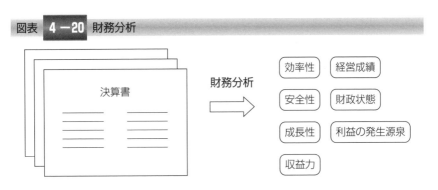

財務分析としては，一般的に次の分析方法が挙げられる。
① 流動性分析
② 安全性分析
③ 付加価値分析
④ 収益性分析

財務分析は，決算書の中から決められた項目を抜き出して財務比率を計算し，

第4章　定量・定性・商流分析

少なくとも3期分の推移をみることで経営状態や財務状態の健全性を分析するものである。

4－7－2　流動性分析

❖預借率

　預借率は，金融機関に対する預金を中心とした現預金が借入金に対してどの程度確保されているかを測る指標である。

　一般的に預借率が低ければ，手持ちの現預金で借入金を完済できない状態であるため，手元流動性は高いとはいえない，と判断される。この指標は，借入金を簿外計上（粉飾）していると高くなるため，支払金利率（支払利息／借入金総額）を合わせて確認することが必要である。

$$預借率（\%）＝\frac{現預金}{借入金総額}×100$$

　なお，預借率が倒産に与える影響について，リスクモンスターが過去の倒産企業の傾向をもとに調査したところ，**図表4－21**のとおり，全業種を対象とした預借率別にみた倒産確率との相関関係では，預借率が高い企業のほうが倒産しにくく，預借率が20％未満になると高い倒産確率を示していることが判明した。この結果に業種特性等を加味することで，さらに精度の高い分析を行うことが可能と考えられる。

図表 **4－21** 預借率と倒産確率の相関

預借率	10%未満	10%以上 20%未満	20%以上 40%未満	40%以上 60%未満	60%以上	全体
倒産確率	1.01%	0.38%	0.29%	0.15%	0.14%	0.34%

2019年　リスクモンスター調べ（2018年4月〜2019年3月実績）

❖売掛債権回転期間

　売掛債権回転期間は，商品を納入してから代金回収までに，平均何カ月要し

296

4－7　財務指標

ているかという回収サイトを表す。売掛債権の回収に時間がかかるということ
は，その分資金負担も大きくなるため回転期間はできるだけ短いほうがよいが，
業種特有の商慣習も勘案しながら分析することが重要である。

　売掛債権回転期間が短期化した場合は，回収努力や販売条件改善を行ってい
るなどプラス材料とみるのが一般的であるが，逆に長期化した場合は，押込販
売，回収条件の悪化，不良債権発生，融通手形の発生，粉飾などのマイナス要
因が発生している可能性があるため，注意が必要となる。

売掛債権回転期間（カ月）　＝　$\dfrac{売掛債権}{月商}$

注：売掛債権＝受取手形＋売掛金＋工事未収入金＋裏書譲渡手形＋割引手形

　なお，売掛債権が倒産に与える影響について，リスクモンスターが過去の倒
産企業の傾向を基に調査したところ，**図表4－22**のとおり，全業種を対象とし
た売掛債権回転期間別にみた倒産確率との相関関係では，売掛債権回転期間が
2カ月未満の企業は倒産しにくく，4カ月以上になると高い倒産確率を示して
いることが判明した。

　また，**図表4－23**のとおり，同様に全業種を対象とした売掛債権回転期間の
推移別にみた倒産確率との相関関係では，一期間中の売掛債権回転期間の変動
が小さい場合は倒産しにくく，1カ月以上の変動になると変動の幅に応じて高
い倒産確率を示していることが判明した。この結果に業界動向や取扱商品ごと
の特性を加味することで，さらに精度の高い分析を行うことが可能と考えられ
る。

図表 **4－22** 売掛債権回転期間と倒産確率の相関

売掛債権回転期間	0以上2カ月未満	2カ月以上3カ月未満	3カ月以上4カ月未満	4カ月以上6カ月未満	6カ月以上	全体
倒産確率	0.30%	0.31%	0.32%	0.44%	0.80%	0.31%

2019年　リスクモンスター調べ（2018年4月〜2019年3月実績）

297

第4章　定量・定性・商流分析

図表 **4 −23** 売掛債権回転期間推移と倒産確率の相関

売掛債権回転期間推移	3カ月以上減少	1カ月以上3カ月未満の減少	1カ月未満の増加または減少	1カ月以上3カ月未満の増加	3カ月以上増加	全体
倒産確率	0.90%	0.47%	0.38%	0.47%	0.88%	0.40%

2019年　リスクモンスター調べ（2018年4月〜2019年3月実績）

❖棚卸資産回転期間

　棚卸資産回転期間は，棚卸資産が仕入から販売まで在庫として何カ月間保有されているかを表す。短期間で販売できるほうが好ましいのはいうまでもないが，短期間で販売するために在庫量を減らしすぎると品切れを起こし売上機会の損失が生じることも考えられるため，業態にあった適正な在庫期間であることが重要である。

　また棚卸資産回転期間が短く業績が順調な場合は，販売促進に伴う在庫の圧縮や在庫管理の徹底といった経営努力を評価できる。逆に，長期化している場合は過剰在庫の存在，不良在庫（デッドストック）の発生，架空在庫や水増し在庫の計上等の粉飾に注意する必要がある。

$$棚卸資産回転期間（カ月）＝ \frac{棚卸資産}{月商}$$

　なお，棚卸資産が倒産に与える影響について，リスクモンスターが過去の倒産企業の傾向を基に調査したところ，**図表4−24**のとおり，全業種を対象とした棚卸資産回転期間別にみた倒産確率との相関関係では，5カ月を超えると高い倒産確率を示していることが判明した。

　また，**図表4−25**のとおり，同様に全業種を対象とした棚卸資産回転期間の推移別にみた倒産確率との相関関係では，一期間中の棚卸資産回転期間の変動が小さい場合は倒産しにくく，1カ月以上の変動になると変動の幅に応じて高い倒産確率を示していることが判明した。

　この結果に業界動向や取扱商品ごとの特性を加味することで，さらに精度の高い分析を行うことが可能と考えられる。

4－7 財務指標

図表 **4－24** 棚卸資産回転期間と倒産確率の相関

棚卸資産 回転期間	0以上 1カ月未満	1カ月以上 2カ月未満	2カ月以上 3カ月未満	3カ月以上 5カ月未満	5カ月以上	全体
倒産確率	0.16%	0.09%	0.07%	0.07%	0.21%	0.15%

2019年　リスクモンスター調べ（2018年4月～2019年3月実績）

図表 **4－25** 棚卸資産回転期間推移と倒産確率の相関

棚卸資産 回転期間 推移	3カ月以上 減少	1カ月以上 3カ月未満の 減少	1カ月未満の 増加または 減少	1カ月以上 3カ月未満の 増加	3カ月以上 増加	全体
倒産確率	0.71%	0.51%	0.38%	0.55%	0.60%	0.40%

2019年　リスクモンスター調べ（2018年4月～2019年3月実績）

❖流動比率・当座比率

　流動比率および当座比率は，企業の短期的な支払能力の有無を表す指標であり，1年以内に現金化できる資産である流動資産または当座資産と，1年以内に支払わなくてはならない負債である流動負債とのバランスを示す。流動比率は，短期的に支払いが生じる負債に対して速やかに現金化できる資産をどれだけ有しているかを示していることから，少なくとも100％を超えていることが必要と考えられる。一方，当座比率では，当座資産を現金と同等の価値を有している資産と捉えれば，流動負債と同等の当座資産を有していることで，当面の決済に不安はないといえることから，100％以上の場合には，高い支払能力を有しているとみることができる。

$$流動比率（\%）= \frac{流動資産}{流動負債} \times 100$$

$$当座比率（\%）= \frac{当座資産}{流動負債} \times 100$$

　なお，流動比率が倒産に与える影響について，リスクモンスターが過去の倒産企業の傾向を基に調査したところ，**図表4－26**のとおり，全業種を対象とし

第4章　定量・定性・商流分析

た流動比率別にみた倒産確率との相関関係では，流動比率が高い企業のほうが倒産しにくく，70％未満になると高い倒産確率を示していることが判明した。この結果に業界ごとの平均回収サイトや流動比率に占める現預金の割合等を加味することで，さらに精度の高い分析を行うことが可能と考えられる。

図表　4-26　流動比率と倒産確率の相関

流動比率	50％未満	50％以上 70％未満	70％以上 90％未満	90％以上 120％未満	120％以上	全体
倒産確率	0.82％	0.70％	0.42％	0.33％	0.22％	0.30％

2019年　リスクモンスター調べ（2018年4月～2019年3月実績）

❖買掛債務回転期間

買掛債務回転期間は，材料や商品の仕入から支払いまでに何カ月の猶予があるのかを表す指標であり，仕入代金の決済が円滑に行われているか否かを確認する材料にもなる。

買掛債務回転期間が長期化している場合は，支払条件が緩和されたことで運転資金の創出につながり，運転資金に余裕が生じることが考えられる反面，資金繰り難によって，支払期間の延長要請を余儀なくされていることも考えられる。

一方で短縮化した場合は，手元資金に余力があり，負債圧縮のために現金決済の比率を高めている可能性が考えられるものの，逆に信用力低下による与信枠減少から現金決済でなければ仕入ができない状態に陥っている可能性も考慮する必要がある。

買掛債務回転期間の適正水準は，商習慣の相違により業種ごとに大きく異なっていることから，業界平均や企業の業況等を加味し，当該企業の支払サイトの設定背景を把握したうえで判断することが重要となる。

$$買掛債務回転期間（カ月）　=　\frac{買掛債務}{1カ月当たりの仕入高および外注加工費}$$

注：買掛債務＝支払手形＋買掛金＋工事未払金＋裏書譲渡手形

4－7　財務指標

　なお，買掛債務が倒産に与える影響について，リスクモンスターが過去の倒産企業の傾向をもとに調査したところ，**図表4－27**のとおり，全業種を対象とした買掛債務回転期間別にみた倒産確率との相関関係では，買掛債務回転期間が短期のほうが倒産しにくく，4カ月以上になると高い倒産確率を示していることが判明した。この結果に業界や取扱商品ごとの特性を加味することで，さらに精度の高い分析を行うことが可能と考えられる。

図表　**4－27**　買掛債務回転期間と倒産確率の相関

買掛債務回転期間	0以上2カ月未満	2カ月以上3カ月未満	3カ月以上4カ月未満	4カ月以上	全体
倒産確率	0.29%	0.42%	0.49%	0.68%	0.31%

2019年　リスクモンスター調べ（2018年4月～2019年3月実績）

4－7－3　安全性分析

❖借入依存度

　借入依存度は，総資産に占める借入金の割合のことで，事業に使用している資産のうち，借入金による調達にどの程度依存しているかを表す指標である。

　借入依存度が高い企業は，投資や固定資産の購入等による資産の膨張に伴って，借入金が増加しているパターンと，純資産（自己資本）が乏しいがために，相対的に借入の割合が大きくなっているパターンがある。前者の場合には，投資活動によって借入調達コストを上回るリターンを得られていれば，大きな問題とはならないが，投資活動の結果，借入金の金利負担や返済負担が重く伸し掛かっているようであれば，早急に財政状態の改善を図るべき先として評価する必要がある。一方，後者の場合には，借入金の圧縮によっても借入依存度の低減は図れるものの，根本的な原因は，収益力の脆弱性にあると考えられるため，純資産（自己資本）の蓄積のための対策を中心に講じるべき先と判断することとなる。

301

第4章　定量・定性・商流分析

$$借入依存度（\%） = \frac{総借入}{総資産} \times 100$$

注：総借入＝短期借入金＋1年以内返済長期借入金＋1年以内返済社債＋長期
　　借入金＋社債＋転換社債（CB）＋コマーシャルペーパー
　　（CP）＋割引手形

　なお，借入金が倒産に与える影響について，リスクモンスターが過去の倒産企業の傾向をもとに調査したところ，**図表4−28**のとおり，全業種を対象とした借入依存度別にみた倒産確率との相関関係では，借入依存度が低いほうが倒産しにくく，60％以上になると高い倒産確率を示していることが判明した。この結果に前述の財務構成等を加味することで，さらに精度の高い分析を行うことが可能と考えられる。

図表　**4−28**　借入依存度と倒産確率の相関

借入依存度	10%未満	10%以上 30%未満	30%以上 60%未満	60%以上 80%未満	80%以上	全体
倒産確率	0.22%	0.15%	0.22%	0.38%	0.77%	0.31%

2019年　リスクモンスター調べ（2018年4月〜2019年3月実績）

❖借入月商比

　借入月商比は，借入金が月商の何倍の規模であるかを表す指標である。

　借入金の多寡を表す指標としては，前述の借入依存度や後述の借入返済年数など複数の指標が存在しており，それぞれが借入金を多角的な観点から分析するために用いられている。それらの中で借入月商比は，借入金と売上高を比較することで，借入金の規模が当該企業の事業規模と見合ったものかを測るための材料として活用することができる。

　借入月商比の水準としては，一般に月商の5カ月分程度の借入金を有していると，借入過多と判断されることが多いが，製造業等のような装置産業においては，事業を行ううえで最初に設備投資をすることが前提となり，設備投資のための借入金が嵩むために借入月商比は大きくなる傾向がある。逆に商社（卸売業）などでは，売上高の規模が大きく設備投資も比較的少ないことから，借

入月商比は小さくなりやすい。

$$借入月商比（カ月）= \frac{総借入}{月商}$$

　なお，借入金が倒産に与える影響について，リスクモンスターが過去の倒産企業の傾向をもとに調査したところ，**図表4−29**のとおり，全業種を対象とした借入月商比別にみた倒産確率との相関関係では，借入月商比が低い企業のほうが倒産しにくく，6カ月以上になると高い倒産確率を示していることが判明した。

　また，**図表4−30**のとおり，同様に全業種を対象とした借入月商比の推移別にみた倒産確率との相関関係では，一期間中の借入月商比の変動が小さい場合や減少している場合は倒産しにくく，1カ月以上の増加，または3カ月以上の減少になると徐々に倒産確率が高い水準になることが判明した。この結果に業界特性や設備投資状況を加味することで，さらに精度の高い分析を行うことが可能と考えられる。

図表 4−29 借入月商比と倒産確率の相関

借入月商比	0以上 2カ月未満	2カ月以上 4カ月未満	4カ月以上 6カ月未満	6カ月以上 8カ月未満	8カ月以上	全体
倒産確率	0.21%	0.23%	0.32%	0.42%	0.68%	0.31%

2019年　リスクモンスター調べ（2018年4月〜2019年3月実績）

図表 4−30 借入月商比推移と倒産確率の相関

借入月商比推移	3カ月以上減少	1カ月以上3カ月未満の減少	1カ月未満の増加または減少	1カ月以上3カ月未満の増加	3カ月以上増加	全体
倒産確率	0.64%	0.37%	0.31%	0.64%	0.95%	0.40%

2019年　リスクモンスター調べ（2018年4月〜2019年3月実績）

❖**借入返済年数**

　借入返済年数は，前述の借入依存度や借入月商比と同様に借入金の多寡を表

第4章　定量・定性・商流分析

す指標である。借入返済年数の特徴としては，借入金を現在の収益力で償還した場合に何年で償還が完了するのかという返済能力の観点からアプローチしている点にある。

　金融機関などでは，主に長期貸付の審査時に長期借入金に対する返済年数を算出して，判断の材料としている。償還原資の算式としては，主に損益計算書上の利益に減価償却費を加算するが，使用する利益に関しては，営業利益や経常利益を使用するもの，当期純利益を使用するもの，税引後経常利益を使用するものなど，考え方によってさまざまである。使用する利益によって，償還原資は異なるため，良否を判断する基準については，それぞれの企業において，考え方に適した算式を選択し，その算式に見合った基準を設けることが必要となる。

借入返済年数（年）　＝　$\dfrac{\text{有利子負債}}{\text{償還原資}}$

償還原資＝「経常利益＋減価償却費」，「営業利益＋減価償却費」，
　　　　　「当期純利益＋減価償却費」，「経常利益／2＋減価償却費」，
　　　　　「税引後当期純利益＋減価償却費」　など

　なお，借入金が倒産に与える影響について，リスクモンスターが過去の倒産企業の傾向をもとに調査したところ，**図表4－31**のとおり，全業種を対象とした借入返済年数別[※]にみた倒産確率との相関関係では，借入返済年数が短期である企業のほうが倒産しにくく，30年を超えると徐々に倒産確率が高い水準になることが判明した。この結果に業界動向や取扱商品ごとの特性を加味することで，さらに精度の高い分析を行うことが可能と考えられる。

（※借入返済年数の償還原資を「経常利益＋減価償却費」として算出している）

図表　**4－31**　借入返済年数と倒産確率の相関

借入返済年数	0年以上 5年未満	5年以上 10年未満	10年以上 30年未満	30年以上 70年未満	70年以上	全体
倒産確率	0.19%	0.15%	0.27%	0.39%	0.80%	0.31%

2019年　リスクモンスター調べ（2018年4月〜2019年3月実績）

4－7　財務指標

❖借入金利率

　借入金利率とは，その企業が有している借入金が，どのくらいの金利で調達されているものなのかを推測する指標である。また，この指標では，借入金のコストを推し測るだけでなく，借入金利を算出した結果，公定歩合や金融機関の貸出金利に比べて高いと判断した場合には，高利貸しからの調達はないか，簿外の債務はないか等，異常事態に気づくきっかけにもなる。つまり，借入金利は，一般的な銀行から借入をすれば，おおむね2％～5％程度の間に収まる。しかし，借入過多などにより財務内容が悪く，銀行からの借入ができない企業においては，資金繰りのために高利の融資を受けざるをえなかったり，借入金の一部を計上せずに財務状態をよく見せかけて，資金調達を図らなければならないために，借入金利率が一般的な水準を大幅に上回ることになる。

$$
借入金利率（\%）= \frac{支払利息}{（期首借入金残高＋期末借入金残高）/2} \times 100
$$

　なお，借入金利が倒産に与える影響について，リスクモンスターが過去の倒産企業の傾向をもとに調査したところ，**図表4－32**のとおり，全業種を対象とした借入金利率別にみた倒産確率との相関関係では，借入金利が小さい企業のほうが倒産しにくく，2％以上になると高い倒産確率を示していることが判明した。この結果に景気動向や取引金融機関の特性を加味することで，さらに精度の高い分析を行うことが可能と考えられる。

図表　**4－32**　借入金利率と倒産確率の相関

借入金利率	0％以上 1％未満	1％以上 2％未満	2％以上 3％未満	3％以上	全体
倒産確率	0.25%	0.23%	0.53%	0.67%	0.34%

2019年　リスクモンスター調べ（2018年4月～2019年3月実績）

❖自己資本比率

　自己資本比率は，総資本に占める純資産（自己資本）の割合を表す指標であり，企業の安全度・健全度を測る代表的な指標である。4－4－2で既述のと

第4章　定量・定性・商流分析

おり，純資産は，返済の必要のない自前の資金であり，純資産の割合が大きければ大きいほど，借入などの他人資本への依存度が低くなり，経営は安定しているといえる。自己資本比率の水準としては，業種によっても異なるものの，一般に30％を超えていれば問題は小さいといえる。逆に10％を下回ると注意が必要であり，マイナスの場合（債務超過）は，警戒が必要な状態である。

　貸借対照表に含み損が含まれていたり，粉飾のための架空計上が存在している場合は，当該金額を損失として控除する必要があることから，単純に表見上の純資産の多寡で判断するのではなく，資産状況や業績動向等も確認したうえで，安全性の判断を行うことが重要といえる。

$$自己資本比率（\%）\ =\ \frac{純資産}{総資本}\ \times\ 100$$

　なお，純資産が倒産に与える影響について，リスクモンスターが過去の倒産企業の傾向をもとに調査したところ，**図表4−33**のとおり，全業種を対象とした自己資本比率別にみた倒産確率との相関関係では，自己資本比率が10％を超える企業では倒産しにくく，自己資本比率が低下するにつれて倒産確率が高まり，債務超過となると高い倒産確率を示していることが判明した。この結果に資産の状況や業種ごとの特性を加味することで，さらに精度の高い分析を行うことが可能と考えられる。

図表　4−33　自己資本比率と倒産確率の相関

自己資本比率	債務超過	0％以上 5％未満	5％以上 10％未満	10％以上 30％未満	30％以上	全体
倒産確率	0.77％	0.51％	0.33％	0.20％	0.18％	0.31％

2019年　リスクモンスター調べ（2018年4月〜2019年3月実績）

❖固定比率
　固定比率は，固定資産に関する資金調達の安定度を測る指標である。商品などの在庫は，短期間で売却して資金を回収するが，土地・建物や機械を購入したり工場を建設するために資金を投下する場合，返済資金は土地や建物，機械

を売却して創出するわけではないので資金回収までに時間を要する。そのため，できるだけ返済期間の長い資金で調達しておかなければならない。

　固定比率は，純資産と固定資産との割合を表し，固定比率が小さいほど固定資産に比べて純資産が大きいということになり，資金の安全性は高くなる。固定比率が100％以下であれば，固定資産のすべてを純資産でまかなえていることになり，理想的であるといえる。

$$
固定比率（\%） = \frac{固定資産}{純資産} \times 100
$$

❖固定長期適合率

　固定比率の考え方のように，純資産の範囲内だけで固定資産への投資を行うのは資金返済の面からみると健全であるが，企業拡大という観点からみると保守的である。特に資本蓄積が十分ではない成長企業では，投資機会を逃すことにもなる。そこで資金調達の範囲を広げ，自己資本と長期借入金を中心とした固定負債で固定資産をどれだけ賄えているかを表す指標が固定長期適合率である。

　固定長期適合率の水準としては，100％以下であれば安全であるといえる。逆に100％を超えていれば資金調達が流動負債にまで及んでおり，流動比率が100％に満たないことになる。こうした場合は，財務的にも資金的にも不安定な状態であるため，短期借入金から長期借入金へのシフト等で財務の安定化を図る必要が生じているといえる。

$$
固定長期適合率（\%） = \frac{固定資産}{純資産＋固定負債} \times 100
$$

　なお，固定長期適合率が倒産に与える影響について，リスクモンスターが過去の倒産企業の傾向をもとに調査したところ，**図表4−34**のとおり，全業種を対象とした固定長期適合率別にみた倒産確率との相関関係では，固定長期適合率が100％未満の企業では倒産しにくく，100％を超過し，数値が高くなるにつれて倒産確率が高まることが判明した。この結果に資産の状況や業種ごとの特

第4章　定量・定性・商流分析

性を加味することで，さらに精度の高い分析を行うことが可能と考えられる。

図表 **4 −34** 固定長期適合率と倒産確率の相関

固定長期適合率	80%未満	80%以上100%未満	100%以上150%未満	150%以上200%未満	200%以上	全体
倒産確率	0.43%	0.44%	0.62%	0.76%	1.00%	0.51%

2019年　リスクモンスター調べ（2018年4月～2019年3月実績）

❖経常収支比率

　経常収支比率とは，企業の資金繰りの状態を示す重要な財務指標の1つで，経常収入に対する経常支出の割合を指す。経常収支比率が100%のとき，現金収入と現金支出が均衡している状態となる。

　経常収支比率が3期以上にわたって100%を下回る状態が続き，直近の経常収支比率が80%を下回るような場合は，著しい資金繰り悪化の可能性があり，十分な利益が計上されている場合であっても資金ショートの可能性が高まる。

$$経常収支比率（\%）= \frac{経常収入}{経常支出} \times 100$$

　なお，経常収支比率が倒産に与える影響について，リスクモンスターが過去の倒産企業の傾向をもとに調査したところ，**図表4 −35**のとおり，全業種を対象とした経常収支比率別にみた倒産確率との相関関係では，経常収支比率が100%を超える企業では倒産しにくく，経常収支比率が低下するにつれて倒産確率が高まることが判明した。また，**図表4 −36**のとおり，同様に全業種を対象とした経常収支の推移別にみた倒産確率との相関関係では，2期連続で経常収支が赤字となると高い倒産確率を示していることが判明した。この結果に資産の状況や業種ごとの特性を加味することで，さらに精度の高い分析を行うことが可能と考えられる。

4 － 7 　 財務指標

| 図表 4－35 経常収支比率と倒産確率の相関 |

経常収支比率	60%未満	60%以上 80%未満	80%以上 90%未満	90%以上 100%未満	100%以上	全体
倒産確率	0.87%	0.76%	0.52%	0.39%	0.24%	0.30%

2019年　リスクモンスター調べ（2018年4月〜2019年3月実績）

| 図表 4－36 経常収支の推移と倒産確率の相関 |

経常収支 推移	2期連続 経常収支赤字	当期経常収支赤字 前期経常収支黒字	当期経常収支黒字 前期経常収支赤字	2期連続 経常収支黒字	全体
倒産確率	0.59%	0.35%	0.33%	0.20%	0.29%

2019年　リスクモンスター調べ（2018年4月〜2019年3月実績）

4－7－4 付加価値分析

❖労働分配率

　労働分配率は，付加価値に対する人件費の割合を示す指標である。企業が新たに生み出した価値のうちどれだけ人件費に分配されたかを示す指標であり，総資本利益率（ROA），自己資本比率，流動比率，総資本回転率と並んで，企業経営における財務分析の5大指標といわれている。主に，生産性の分析や人件費の適正水準・維持するために用いられる。

$$労働分配率（\%） = \frac{人件費}{付加価値^{※}} \times 100$$

※付加価値……付加価値を算出するには中小企業方式（控除式）と日銀法（加算式）がある。

中小企業方式：付加価値＝売上高－外部購入価値

日銀法：付加価値＝経常利益＋人件費＋賃借料＋金融費用＋減価償却費＋租税公課

第4章　定量・定性・商流分析

❖労働装備率

労働装備率とは，有形固定資産を平均従業員数で除して求める指標で，土地・建物・機械などの固定資産が，従業員1人当たりどれくらい使われているかを示す。

これは，機械などの新鋭設備をどれだけ積極的に導入しているか，従業員数が適正水準にあるか，などを表している。労働装備率が高ければ，資本集約型（重化学工業など），低ければ労働集約型（商業，サービス業など）といえる。

$$労働装備率（\%）＝\frac{有形固定資産}{平均従業員数}×100$$

|4-7-5| 収益性分析

❖売上高総利益率（粗利率）

売上高総利益率は，利益の源泉である売上総利益（粗利益）を売上高で除した比率で，粗利益率（粗利率）ともいう。

売上原価に対してどれだけの利益を上乗せして販売できているかを示す指標であり，企業の収益力を分析する際に，推移の分析や他社との比較を行うことは非常に有効である。

$$売上高総利益率（\%）＝\frac{売上総利益}{売上高}×100$$

なお，売上高総利益率が倒産に与える影響について，リスクモンスターが過去の倒産企業の傾向を調査したところ，**図表4-37**のとおり，全業種を対象とした売上高総利益率別にみた倒産確率との相関関係では，売上高総利益率が高い企業のほうが倒産しにくく，20％未満の企業になると高い倒産確率を示していることが判明した。この結果に業界内での原材料費相場の動向や業種ごとの特性を加味することで，さらに精度の高い分析を行うことが可能と考えられる。

4－7　財務指標

図表 4－37 売上高総利益率と倒産確率の相関

売上高総利益率	10%未満	10%以上20%未満	20%以上30%未満	30%以上	全体
倒産確率	0.37%	0.36%	0.28%	0.29%	0.31%

2019年　リスクモンスター調べ（2018年4月〜2019年3月実績）

❖営業利益率

　営業利益率は，本業の収益力を示す営業利益を売上高で除した比率である。

　本業での生産活動および販売活動で，どれだけの利益を創出しているかを示す指標であり，企業の収益力を分析する際に，他の利益と同様に推移の分析や同業他社との比較を行うことは非常に有効である。

$$営業利益率（\%）＝ \frac{営業利益}{売上高} \times 100$$

　営業利益率が倒産に与える影響について，リスクモンスターが過去の倒産企業の傾向を調査したところ，**図表4－38**のとおり，全業種を対象とした営業利益率別にみた倒産確率との相関関係では，営業利益率で2％以上を確保していると倒産しにくく，営業利益が赤字の企業では高い倒産確率を示していることが判明した。この結果に業界の動向や業種ごとの特性を加味することで，さらに精度の高い分析を行うことが可能と考えられる。

図表 4－38 営業利益率と倒産確率の相関

営業利益率	赤字	0%以上2%未満	2%以上4%未満	4%以上6%未満	6%以上	全体
倒産確率	0.49%	0.30%	0.23%	0.20%	0.22%	0.31%

2015年　リスクモンスター調べ（2013年4月〜2014年3月実績）

❖経常利益率

　経常利益率は，事業活動における総合的な実力を示す経常利益を売上高で除した比率である。

311

第4章　定量・定性・商流分析

　本業の収益力に，投資活動等における収益力を加え，借入金利等のコストを差し引いた企業全体の事業収益力を示す指標であり，他の利益と同様に利益率の推移分析や同業他社との比較を行うことは，収益力分析を行ううえで非常に有効である。

$$経常利益率（\%） ＝ \frac{経常利益}{売上高} × 100$$

　経常利益率が倒産に与える影響について，リスクモンスターが過去の倒産企業の傾向を調査したところ，**図表4－39**のとおり，全業種を対象とした経常利益率別にみた倒産確率との相関関係では，経常利益率で0.5％以上を確保していると倒産しにくく，経常利益が赤字の企業では高い倒産確率を示していることが判明した。この結果に業界の動向や業種ごとの特性を加味することで，さらに精度の高い分析を行うことが可能と考えられる。

図表　4－39　経常利益率と倒産確率の相関

経常利益率	赤字	0%以上 0.5%未満	0.5%以上 1.5%未満	1.5%以上 3%未満	3%以上	全体
倒産確率	0.61%	0.44%	0.26%	0.20%	0.19%	0.31%

2019年　リスクモンスター調べ（2018年4月～2019年3月実績）

❖**当期純利益率**

　当期純利益率は，一期間における純粋な企業の事業活動の成果といえる当期純利益を売上高で除した比率である。

　一期間における事業活動によって，企業がどれだけの利益を創出して，純資産の蓄積につなげているかを示す指標であり，他の利益と同様に推移の分析や同業他社との比較を行うことは非常に有効である。

$$当期純利益率（\%） ＝ \frac{当期純利益}{売上高} × 100$$

4 － 7　財務指標

　当期純利益率が倒産に与える影響について，リスクモンスターが過去の倒産企業の傾向を調査したところ，**図表4 －40**のとおり，全業種を対象とした当期純利益率別にみた倒産確率との相関関係では，当期純利益率が1 ％以上を確保していると倒産しにくく，当期純利益が赤字の企業では高い倒産確率を示していることが判明した。この結果に業界の動向や業種ごとの特性を加味することで，さらに精度の高い分析を行うことが可能と考えられる。

図表 **4 －40** 当期純利益率と倒産確率の相関

当期純利益率	赤字	0 ％以上 1 ％未満	1 ％以上 3 ％未満	3 ％以上 7 ％未満	7 ％以上	全体
倒産確率	0.79%	0.48%	0.36%	0.30%	0.43%	0.48%

2019年　リスクモンスター調べ（2018年 4 月～2019年 3 月実績）

❖ROA（総資本利益率）

　ROAは，企業の収益力を測る指標であり，総資本利益率ともいう。

　企業の総資本（総資産）が，事業活動を通して利益獲得のためにどれだけ有効活用されているかを表す。分子の利益は，営業利益，経常利益，当期純利益などが使われ，総資本（総資産）営業利益率，総資本（総資産）経常利益率，総資本（総資産）純利益率，とそれぞれ定義される。

　ROAの向上は，利益率の改善（費用・コストの削減）または回転率の上昇（売上高の増加）によって実現される。

$$\text{ROA（\%）} = \frac{\text{利益}}{\text{総資本（総資産）}} \times 100$$

❖ROE（株主資本利益率）

　ROEは，株主資本利益率ともいい，株主資本を使ってどれだけ利益を創出したのかを表す。

　株主資本には，純資産（自己資本）を，利益は税引後利益（＝当期純利益）を用いる。投資家目線の分析指標であり，利回りをみる指標ともいえる。

313

第4章　定量・定性・商流分析

$$\text{ROE (\%)} = \frac{\text{税引後利益}}{\text{株主資本（純資産）}} \times 100$$

❖固定費率

　固定費率とは，生産活動や営業活動に関係なく一定額発生する固定費と売上高の割合をみる指標で固定費率が高いと損益分岐点は高くなる（詳細は４－５－５参照）。固定費率が高い業種は製造業などで，固定費率が低い業種には卸売業や小売業が多い傾向にある。

　固定費率を下げるためには固定費を削減することになるが，これは設備や人件費を削減することになり，会社の規模を縮小することにもつながるため，安易に行うのではなく，固定費の内容を分析したうえで削減手段を選択することが重要である。

$$\text{固定費率 (\%)} = \frac{\text{固定費}}{\text{売上高}} \times 100$$

4－8

グループ企業の分析

4－8－1 企業グループの見方

　取引先の企業分析をする際に，その企業が傘下に実質的に一体とみられる関係会社を有し，これらの企業と出資関係，営業上の取引関係，債権債務関係があるなど，密接な関係を有している場合も少なくない。

　近年では，別会社を使って事業の多角化を行ったり，既存事業を別会社に分離独立させたりすることも少なくない。そして，これらの別会社で設備投資が嵩んだり，事業採算の悪化から赤字となることもあり，極端な例では，別会社を使って利益操作を行う場合もある。

　また，親会社の内容が良くても，関係会社が赤字に陥っていたり，あるいは多額の不良資産や借入を抱えていたりする場合もあり，その負担度合いによっては，当該企業グループの基盤を揺るがす事態になりかねない場合もある。

　したがって，これらの関係会社に関して個々の内容を把握するとともに，中核会社および関係会社相互間の取引実態や資金貸借関係等を把握することにより，関係会社を含めた企業グループ全体の姿を正しく把握することが必要となる。

4－8－2 グループ企業の範囲

　グループを構成する企業は，一般には財務諸表等規則に定められた議決権等の基準により，「親会社」，「子会社（親会社が議決権の過半を所有する会社）」，「関連会社（同20％以上50％以下を所有する会社）」に分類され，これらを合わせて「関係会社」と呼ぶ。

　しかし，一方で表面上の持株比率では関係会社となっていなくても，代表者や代表者一族および一族の資産管理会社が主要株主となっており，企業を支配している場合や，人的関係，出資のつながりが深く，当該企業に多大な影響が

315

第4章 定量・定性・商流分析

生じると判断される場合などには，実質的に関係会社としてみなされることもある。

また，上場企業を中心とする連結財務諸表（4－8－5参照）提出企業においては，上記の分類に基づいて「連結子会社（子会社のうち支配が一時的であると認められる企業を除く）」，「持分法適用会社（非連結子会社および関連会社）」という分類によって，連結財務諸表への関連性をさらに区分している。

非上場企業においては，連結財務諸表を作成している企業はきわめて少なく，関係会社に対する定義づけも曖昧なことが多い。たとえば，一族でグループを形成しており，取引関係や資金関係では深いつながりがあるものの，資本関係をみると一族の各個人がそれぞれ個別に出資しているといった場合には，資本関係からはグループ企業とみなされなくとも，商流や収益源の観点から実質的には同一であるとして，グループ企業と捉えるケースもある。

そのため，非上場企業においては，資本関係のみでグループか否かを判断するのではなく，企業間の人的関係や取引上の関係，資金調達等の金融上の関係，資産の貸与関係等を踏まえたうえで，実質一体としてみるべきかという観点で判断し，実態的に支配関係にある企業もしくは実質的に経営責任を負うべき企業を見逃すことのないように注意する必要がある。

┃4－8－3┃ グループ企業の検討ポイント

グループに属する企業との取引を検討する場合には，個別企業の状況に加え，当該グループの沿革，結束状況等を知るうえで，事業内容，業績，財務内容に加えて，以下の諸点を検討する必要がある。

❖関係会社となった経緯，目的

関係会社となった経緯として，新規設立，親会社からの分社化，買収，合併等が考えられるが，その背景や時期，目的等について事実を正確に把握する必要がある。

❖関係の内容

グループ中核企業との関係については，以下に挙げる点を検討し，関係の深さがどの程度であるか，経営全般にわたり重要な影響力を持つか，また，その

316

責任を負う関係にあるのか，といった点を見極める必要がある。

(1) 資本関係

株主構成については，表面上の持株比率に捉われることなく，名義株を含め，グループ全体の持株状況を把握する必要がある。また，他社との共同事業の場合には，持株比率，役員構成等から，力関係や責任関係を把握する。

(2) 人的関係

親会社が派遣している役員・管理職の顔ぶれ，親会社での職歴・地位・分掌・発言力に加え，転籍の有無等についても把握する。

(3) 営業上の関係

親会社のどの部門（生産・仕入・販売・研究開発・物流等）と関連を有しているか，当該関係会社はどんな役割を担っているのか，親会社ならびに関係会社間の取引量はどの程度あるのか，全取引量中の関係会社間の取引の比重はどのくらいか，取扱品が親会社にとって重要な製品であるか，単なる加工・組立等の下請けではないか，などをそれぞれ把握する。

またグループ間の取引において，親会社が関係会社の利益を吸い上げていないか等についても検討する必要がある。

(4) 金融上の関係

営業上の債権債務のほかに，貸付金等の資金援助や債務保証を親会社が行っていないかを確認する。特に援助額が大きい場合には，その原因，担保提供状況，返済状況等について把握する必要がある。さらに決済条件や貸付金利等で優遇を受けていないか，金利等の未収が発生していないか等についても検証する必要がある。

(5) 設備の賃貸借

主要設備の賃貸借関係がある場合には，賃借料の支払状況や賃料水準の妥当性も合わせて検討する。

❖グループ企業の顔ぶれ，グループの経営形態

グループ企業の把握については，企業規模や収益への貢献度のみならず，グループの設立経緯や当該企業グループの中核企業を把握したうえで，グループに属する企業の数，各社の事業内容，設立・保有の経緯や目的を確認する。特に新規設立，清算や買収，売却を頻繁に行っている場合は，その経緯を把握する必要がある。

第4章　定量・定性・商流分析

経営面では，グループの経営を掌握している人物を把握し，特に複数の人物がグループ各社の代表者になっている場合は，その力関係や，グループ間の協力体勢についても把握する必要がある。

❖金　　融

親会社が貸付金や売掛債権を通じてグループ企業の金融面を支援していることも多いが，場合によっては，これが親会社の負担となっている場合もあるので，グループ企業間での資金の移動が多い場合には，その実態を把握する必要がある。

グループのための資金負担は，売掛債権に貸付金やその他の債権，投資等を加え債務を差し引いた額（いずれもグループ企業宛）で求められる。これを相手別に計算することで，親会社への資金依存が強い先はないか，親会社が資金負担に耐えられるかなどを検討する。また，貸付金や売掛債権等については，その成因や回収条件，長期滞留の有無などを確認する。

また親会社の借入負担が少なくても，グループ全体では借入過多となっている場合や，親会社とグループ全体のメインバンクが異なる場合，グループとしてのメインバンクを有していない場合などには注意を要する。

|4-8-4| 合算財務諸表

❖グループ合算の業績・財務構成・資力

グループ全体の業績，財務内容を検討するには，グループ各社の損益計算書（P/L），貸借対照表（B/S）を合算した財務諸表が必要である。上場企業では，連結財務諸表の作成が義務づけられており，決算短信や有価証券報告書で確認することができるので，これらを利用することで，グループ全体の業績，財務構成を検討することができるが，非上場の企業グループでは連結財務諸表を作成していることはほとんどないため，企業ごとに決算書を徴求し，合算損益計算書，合算貸借対照表を作成する必要がある。

❖合算損益計算書

「合算損益計算書」を作成する際には，「内部取引」といわれるグループ企業間での売上・仕入等の取引を相殺消去し，可能な限り「未実現利益の控除」

318

を織り込んで作成する必要がある。

(1) グループ企業間取引の相殺消去

企業ごとに取引先別の売上・仕入一覧表等を徴求することにより，グループ企業間の取引を可能な限り把握し，当該取引については，取引関係にある両社から取引高を相殺消去したうえで，各社の取引高を合計し，グループ企業以外との取引高を算定する。

その際，グループ企業の相互の取引高が一致するかどうかを確認することが重要であり，仮に食い違いがあれば原因を調査のうえで，実態に合わせて修正する必要がある。

また，グループ企業間の取引を通して，売上や損益の操作が行われていないかを確認する。具体的には販売・仕入価格の推移に異常はないか，市況と著しく乖離していないか，押し込み販売を行っていないか，経費・手数料・金利等の調整を行っていないか，などについても確認する必要がある。

(2) 未実現利益の控除

企業グループにとっての利益は，グループ外の企業と取引することによって得られるものと考えられる。

その観点から考えると，期中にグループ内取引を行ったものの，期末時点でいまだグループ内に留まっている資産が存在する場合，その資産に関するグループ内取引を行った売手側の企業に，実際に得られていない利益が計上されていることとなる。これを未実現利益という。

特にグループ企業間での取引が多い場合には，期末在庫の中にグループ企業からの仕入品が多額に計上されていないかを注意する必要がある。多額の仕入品計上がある場合には，各社が個別に算出している利益とグループ全体としての利益との間に大きな乖離が生じるおそれがあるため注意を要する。

ただし，グループ間の未実現利益に関しては，取引ごとの利益部分を特定する必要があり，相手先の協力なしには困難であるため，実務上では，未実現利益を度外視または一定の利幅を仮設定する，といった方法で対応せざるをえないことが多い。

❖合算貸借対照表

グループの財務内容，資力を検討するためには「合算貸借対照表」，「合算損益計算書」を作成する必要がある。「合算貸借対照表」の作成の際には，グ

第4章 定量・定性・商流分析

ループ企業間の債権と債務の相殺に加え，資本勘定見合いの投融資を全額控除し，期末の未実現利益を資本勘定から控除する必要がある。

(1) 債権債務の突合と相殺消去

決算書付属の勘定科目明細書等を用いて，できる限りグループ間の債権債務を突合する。

関係会社間の株主・出資金勘定は，別途それぞれの関係会社の資本勘定によって織り込むことになるため，正味資力算定上はゼロ査定とする。

(2) 未実現利益の控除

期末在庫にグループ企業から仕入れた多額の在庫がないか確認する。未実現利益がある場合には，合算貸借対照表，合算資力の中から差し引く必要がある。

┃4-8-5┃ 連結財務諸表

上場企業の場合には，金融商品取引法によって，連結財務諸表を作成することが義務づけられているため，これを利用することによって，企業グループ全体の業績や財務内容を詳細に把握することが可能となる。

❖連結財務諸表の意義

連結財務諸表は，前述の「合算損益計算書」，「合算貸借対照表」と基本的には同じ手続により作成されるが，合算の対象にやや異なる点があるため注意を要する。

合算財務諸表は，与信取引上グループ全体の収益や財務内容をみて返済能力や資金調達力を検討することを目的とするため，親会社の出資比率にかかわらず，グループ企業とみなすべき全企業の財務諸表を合算して作成される。

一方，連結財務諸表は，親会社の株主宛の情報開示を目的としたものであり，親会社の株主が，グループ企業の収益，資本勘定のうち，親会社への帰属分はどの程度かといった点を重視することから，親会社持分以外の収益部分が除外されたり（少数株主損益），親会社持分以外の資本勘定部分を分離表示されたり（少数株主持分）するほか，実態的にはグループ企業であっても業績，財務内容が反映されない場合が生じるのである。

したがって，連結財務諸表には，①連結対象以外のグループ会社については，合算されておらず，必ずしもグループ全体の財務諸表を網羅しているわけでは

320

ない，②連結対象ではないグループ企業を利用した決算操作や，業況不振なグ
ループ企業の持株比率を下げ，連結対象からはずして連結財務諸表を良くみせ
ることが可能である，等のような限界があることを十分認識しておく必要があ
る。

❖連結の方法と対象範囲

連結財務諸表は，親会社の財務諸表にグループ企業の財務諸表を反映させて
作成されるが，その反映方法には，「連結」と「持分法」の2種類がある。前
者は貸借対照表，損益計算書をすべて合算する方法であり，後者はグループ企
業の資本勘定，損益のうちの連結親会社の持分の変動分だけを親会社の投資勘
定，損益に加減する方法である。

連結財務諸表の対象となる企業の範囲は，子会社と関連会社である。原則と
して，子会社は連結対象とし，関連会社は持分法適用会社とするが，継続企業
と認められない先であったり，議決権所有が一時的と認められたりする先など
の場合には，例外が認められている。

「連結」と「持分法」では，個別財務諸表の連結財務諸表への反映の仕方が
異なることから，いずれを適用するかによって連結ベースの財務構成や損益に
相違が生じるため，注意を要する。

たとえば，個別財務諸表上では多額の貸付金や借入金等を有している関係会
社を「持分法適用会社」とした場合には，これらが連結財務諸表に直接反映さ
れないため，「連結子会社」とした場合よりも財務内容が良くみえる場合があ
る。また，損益面でも，赤字の関係会社を「持分法適用会社」とした場合では，
同社の赤字は，連結損益計算書には合算されず，親会社の持分に相当する部分
のみが，「税金等調整前当期利益（個別企業の損益計算書の税引前当期利益に
相当する）」の後に計上されるにとどまることから，連結子会社とした場合よ
りも売上総利益，営業損益，経常損益等の段階では，利益が多額に表示される
ことになる。

したがって，決算期によって連結子会社，持分法適用会社の顔ぶれに大きな
変化はないか，連結子会社から持分法適用会社に変わった先に業績不振な会社
はないか，などにも注意する必要がある。

第4章　定量・定性・商流分析

❖連結財務諸表の構成

連結財務諸表は、「連結損益計算書」および「連結貸借対照表」からなる。また、これらの補足説明をするために、連結の範囲や会計処理基準を示した「連結財務諸表作成のための基本となる事項」等がある。

連結財務諸表では、複数の企業の財務諸表を合算し、見合いの勘定を相殺するが、為替換算や会計手続上の理由から貸借が合わない場合にこれらを調整する勘定や「持分法」による連結に関する勘定等、連結財務諸表特有の勘定や会計処理が存在する。

(1) 連結調整勘定、連結調整勘定当期償却額

連結に際しては、親会社の子会社に対する「投融資勘定」と連結子会社の「資本勘定」を相殺消去するが、親会社が子会社の株式を子会社の資本勘定と異なる価額で取得した場合には、この差額を連結貸借対照表上「連結調整勘定」として計上することとなる。連結調整勘定は、毎期均等額以上を償却する必要があるため、この当期償却分が「連結調整勘定当期償却額」となる。

発生要因としては、子会社ののれん、資産の含み損益、株式の高値買いや安値買い等があるが、計上額が巨額の場合には、その発生要因等を確認する必要がある。

(2) 為替換算調整勘定

外貨建財務諸表の子会社を連結する場合には、円貨に換算する必要があるが、通常、勘定科目や期によって適用レートが異なるため、換算後の貸借が一致しないこともある。この差異を調整するのが「為替換算調整勘定」である。

(3) 少数株主持分、少数株主損益

連結子会社に出資している親会社以外の株主を総称して「少数株主」という。

連結子会社の資本勘定のうち、親会社の持分（出資比率に応じ比例配分した額）以外の部分を「少数株主持分」といい、連結貸借対照表では、負債として表記される。

一方、連結子会社の当期損益のうち、少数株主の持分を「少数株主持分損益」といい、連結損益計算書上は、グループ外に帰属する利益として控除される。

(4) 自己株式

連結子会社が保有する親会社の株式は、自己株式として資本勘定の最後部にマイナス表示される。

4－8　グループ企業の分析

(5)　持分法による投資損益

持分法適用会社の当期利益のうち，親会社の持分を「持分法による投資損益」といい，グループに帰属する損益として連結損益計算書上，当期純利益の直前段階で加算される。

❖連結財務諸表の見方

連結財務諸表を分析する際には，親会社単体や連結対象会社の個別の財務諸表を分析するだけでなく，連結と単体を比較し，項目ごとに連単倍率（連結の単体に対する倍率）の算出や平均月商比との比較等により，異常な数値がないか確認することが重要である。

連結財務諸表の分析の際には，以下のポイントを注意すべきである。

(1)　連結損益計算書と親会社単体損益計算書の比較

①　連結の損益（売上総利益，営業利益，経常利益）が単体の損益を下回っている。または，連結の利益率が著しく低水準となっている。

⇒子会社で赤字を計上している，または子会社から利益を吸い上げている等が懸念される。

②　単体で計上されている固定資産売却益，有価証券売却益等の資産処分益や，賃貸料収入等が連結で大きく減少している。

⇒子会社を使った利益の捻出を行っている等が懸念される。

③　販売費及び一般管理費等で連結と単体に大きな乖離がある。

⇒経費項目ごとに比較し，要因を解明する必要がある。

また，連結決算特有の諸勘定についても注意する必要がある。

(2)　連結貸借対照表と親会社単体貸借対照表の比較

①　資産・負債の項目（特に売掛債権・在庫・買掛債務等）において，連結の回転率が単体と比較して大きく乖離している。

⇒子会社での貸倒債権の発生，押込み売り，支払手形決済の延長（ジャンプ）などが懸念される。

②　連結の貸付金，投融資等が単体に比べ，著しく大きい。

⇒相手先，成因，回収条件等をチェックする必要がある。

③　連結調整勘定が連結の資本勘定を上回っている。

⇒資産性が乏しい場合が多いため，特に注意を要し，要因，償却方法の妥当性等を解明する必要がある。

第4章 定量・定性・商流分析

④ 資本勘定が単体を下回っている。

⇒連結子会社に債務超過先があるか，子会社宛に資産売却等を行い，単体
業績を糊塗している可能性が高いため，注意する必要がある。

4−9

重点管理先の定量分析

|4−9−1| 月次管理

　年次の決算書だけに頼って分析していると，急激に業況が悪化し，決算書により異変に気がついた時には手遅れになっていることがしばしばある。

　与信残高や自社の取引シェアが大きく，そのうえ与信リスクが大きい重点管理先については，決算書に加えて税務申告書を入手し，さらに月次でも決算書（試算表）と資金繰り表を入手することで，月次ベースで管理していくことが望ましい。取引先が月次決算を実施していない場合でも，毎月の売上高や売掛債権の残高などについては，請求のために月次の記録を残していることも多いため，可能な限り，月次資料を入手すべきである。

　自社の取引シェアが高い取引先については，仕入高や買掛債務などは自社の経理資料でおおよその動きが把握できるため，月次の売上動向が把握できれば，財務状態の大部分がわかることになる。

|4−9−2| 資金繰り表

　資金繰り表は，会社の資金計画をまとめた資料であり，非常に重要なものといえる。資金繰り表を作成する目的としては，過去の現金収支の動きから将来における資金（現金）の運用と調達を明らかにしていくことにあり，通常は月次資金繰り表を作成するのが一般的である。

　資金繰り表は，企業が持つ資産を使い，利益を創出する過程における現金収支を示したものであり，貸借対照表（以下，B/S），損益計算書（以下，P/L）と密接な関係を持っているため，資金繰り表作成に当たっては必ずB/SとP/Lを利用・検証する必要がある。

　図表4−41に，一般的な資金繰り表を例示する。

325

第4章　定量・定性・商流分析

図表 4-41　資金繰り表の例

（単位：千円）

		4月	5月	6月	7月
	売　上　高	577,535	512,562	472,024	649,727
	仕　入　高	472,978	420,425	398,528	529,911
a）	前月繰越金	886,824	379,968	83,414	186,562
経常収入	当月現金回収	391,835	315,867	415,825	369,045
	（手形回収）	152,380	122,837	161,710	143,517
	受取手形期日落ち	166,063	186,588	152,380	122,837
	受取利息	1,885	2,285	2,639	2,450
	他	13,473	99,704	79,942	81,739
	合　　計	573,257	604,444	650,786	576,071
経常支出	買掛金現金支払い	316,414	402,032	357,361	338,749
	（支払手形発行）	46,531	59,122	53,374	54,743
	支払手形決済	63,501	54,195	46,531	59,122
	人件費	59,438	58,401	57,754	60,590
	賃借料	9,507	9,507	9,507	9,507
	運賃	27,567	22,805	22,053	28,318
	支払利息割引料他	3,686	4,059	4,431	4,224
	合　　計	480,112	550,998	497,638	500,511
b）	経常収支過不足	93,144	53,446	153,148	75,560
金融収入	借入金調達	0	0	450,000	0
	手形割引	0	0	0	0
	他	0	0	0	0
	合　　計	0	0	450,000	0
金融支出	短期借入金返済	600,000	350,000	0	200,000
	長期借入金返済	0	0	500,000	0
	他	0	0	0	0
	合　　計	600,000	350,000	500,000	200,000
c）	金融収支過不足	−600,000	−350,000	−50,000	−200,000
d）=b）+c）	当月収支	−506,856	−296,554	103,148	−124,440
e）=a）+d）	翌月繰越金	379,968	83,414	186,562	62,122

❖資金繰り表の考え方

　資金繰り表は，過去および未来のある一定期間の現金収支について示したものである。しかし，現金収入といっても，通常の営業活動で取得する場合と銀行から借入する場合では性格が異なるため，流入経路別に現金の収支を考えるべきである。

　経常収支とは通常の営業活動における現金の収支のことをいう。資金繰りを考えるに当たっては，この経常収支がプラスで推移しているのかマイナスで推移しているのかに注目する。健全な企業では，これが必ずプラスとなる。以下

4 - 9 重点管理先の定量分析

に主な経常収支の項目を挙げる。

主な経常収入の項目　＝　売上による現金回収
　　　　　　　　　　　　受取手形の期日決済（現金化）
　　　　　　　　　　　　定期預金等による受取利息入金　ほか

主な経常支出の項目　＝　仕入による買掛金の現金払い
　　　　　　　　　　　　支払手形の決済
　　　　　　　　　　　　給料などの経費の現金支払い
　　　　　　　　　　　　借入金に対する支払利息　ほか

---

(1) 金融収支

　金融収支は財務収支とも呼ばれ，経常収支がマイナスとなった際などには資金繰りの調整役となる。主に金融機関からの借入金調達，返済などにおける現金収支を表す。

　たとえば，ある期間の営業活動における経常収支で不足がある場合は，金融機関から手形割引や，新規借入などによって資金を調達することとなる。以下に主な金融収支の項目を挙げる。

主な金融収入の項目　＝　長期・短期借入金による現金調達
　　　　　　　　　　　　受取手形割引による現金調達
　　　　　　　　　　　　定期預金解約などによる現金調達　ほか

主な金融支出の項目　＝　長期・短期借入金の元本返済
　　　　　　　　　　　　定期預金預入　ほか

---

(2) その他収支

　資金繰りを考えるうえでは，前述の経常収支や金融収支に加え，たとえば土地購入代金を現金で支払うような通常の営業活動外での現金収支も含めて考える必要があり，その他収支として分類する。

❖月次資金繰り表の作り方

　月次資金繰り表は，現金収支を月ごとに考えるものであるから，B／S上では資産のうち売掛金など短期に資産が現金化するものと，負債のうち借入金，

第4章　定量・定性・商流分析

支払手形など現金として返済（支出）していくものを将来にわたり月ごとに展開する。なお，純資産は返済する必要のない自己資本であるから，資金繰りには影響しない。

　一方，P/Lでは，収益計上したものがいつ現金化するのか，また特に発生した費用のうち現金で支出するものが，いつ，どれくらいあるのかを月ごとに展開する。

　月次資金繰り表を作成する際は，まず次の①～④の4つの区分に大別し，さらに②と③を経常収支，金融収支などに分解して考えるのが一般的である。

① 前月末の繰越金

② 当月中の現金収入 ⎫
　　　　　　　　　　 ⎬ 経常収支，金融収支などに分解して考える
③ 当月末の現金支出 ⎭

④ 当月末の繰越金　←これがマイナスになれば支払不能，すなわち倒産

❖資金繰り表の見方

　資金繰り表の作成方法は，実際は企業ごとにさまざまであり，取引先から資金繰り表を入手した場合には，内容について説明を受けるべきである。

　資金繰り表をみる際には以下のポイントに注意する必要がある。

① 資金繰り表の作成方法，考え方を理解する

⇒ 資金繰り表は作成側も不慣れであることが多いため，理解できないところがあればヒアリングで確認する

② 資金不足になる時期の有無を確認する

③ 売上予想額の妥当性を確認する

⇒ 資金繰りを考える際の売上予想額は予算とは違い，できる限り現実的でなければならない。特に資金繰りが厳しくなっている企業では，売上予想を甘くみる傾向にあるため注意を要する。

④ 現金収入，支出を問わず，金額については内容を聞く

⑤ 金融収支については，取引銀行別に把握する

⇒ 金融機関別の借入残高・預金残高・差入担保をヒアリングし，各行の対応振りから追加借入の可能性を把握する。特に借入予定については，資金繰り上重要なポイントになるので，どこから，いつ，どのような条件で借りるのかなどを把握する。

328

4 - 9 - 3 法人税申告書

❖法人税申告書とは

法人税の申告時には，①法人税申告書別表一～十六，②決算書，③勘定科目明細書，④事業概況説明書を提出する。

法人税申告書は，企業のさまざまな思惑によって作成された決算書を税法という統一された基準で組み替えたものであり，この統一された基準によって洗い出された項目をチェックすることで，企業の実態を把握する手がかりとなる。

法人税申告書は，別表一～十六によって構成されており，以下に説明するとおり，各資料をもとに決算書の内容を確認することで，入手した決算書の真贋や，企業の実態を把握する有力な材料となる。

ここでは，法人税申告書を読み解く手順に沿って別表の解説を行う。

❖別 表 四

別表四は，法人税申告書を作成するうえで，最初に作成される表である。

企業会計上の利益が，企業の経営成績や財政状態を適正に表すべきものであるのに対して，税務上の所得は，課税の公平や政策適用性を加味して計算されるようになっている。そのため，法人税申告を行う際には，会計法に基づいて得られた決算書の「利益」を，税法に基づいて算出される「所得」に置き換える必要がある。しかし，税法独自で課税所得を計算するのは手間がかかるため，会計上の利益または損失をもととして，これに税法の規定による加算・減算を考慮して課税所得を算出する仕組みを採用している。

会計上の「利益」を税法上の「所得」に置き換えるための調整方法には，企業が自らの決算書上で税法の適用も受けられるように調整する「決算調整」と，完成した決算書に対して法人税申告時に申告書上で調整する「申告調整」の2段階がある。別表四「所得の金額の計算に関する明細書」は，これらの調整方法のうち，申告調整を行うための資料であり，申告調整の過程が表示される。

> 所得金額＝当期純利益＋（益金算入額＋損金不算入額）－（益金不算入額＋損金算入額）

上記の式に基づいて算出された「所得金額」は，別表一に転記され，これを

第4章　定量・定性・商流分析

もとに法人税額が計算される。

❖別表五（一）

　別表五（一）は，「利益積立金額の計算に関する計算書」である。

　利益積立金は，法人の内部留保金額を意味することから，この明細書はいわば税務上の貸借対照表といえる。

　利益積立金の計算においては，別表四の申告調整項目である「留保」と「社外流出」のうち，「留保」を別表五（一）に転記して求める。別表四と別表五には共通した数値が多いため，法人税申告書が正しく作成されているかをチェックする際には，比較確認することが有効である。

　なお，利益積立金は，「所得」の考え方と同様に，税法の規定に基づいて計算されるものであるため，法人の貸借対照表の純資産の部に表示されている内部留保額と必ずしも一致するものではない点に注意しなければならない。

❖別　表　一

　別表一は，税務申告時の申告書そのものとして使用されるものであり，税務申告書の表紙といえるものである。

　別表一には，法人の納税地，法人名，代表者住所，氏名，経理責任者氏名などが記入されており，代表者および経理責任者には，申告内容を確認させるためと，責任の所在を明確にするために，自署押印が義務づけられている。

　別表一において最初に確認すべき事項として，青色申告か，白色申告かという点が挙げられる。青色申告とは，もともと青色の申告用紙を使用して申告することから，名づけられたものであり，現在でも法人税の申告書は青色（OCR用紙を除く）であることから，税務申告書の原本を見ることで容易に確認ができる。

　青色申告を行うためには，複式簿記の手法に基づいて，仕訳帳や総勘定元帳，固定資産台帳，現金出納帳などを作成しており，その記帳から正しい所得や納税額を計算して申告することが必要となるが，一般に事業の結果を記帳している企業であれば，特段の問題なく適用可能な内容であり，青色申告によって少額減価償却資産特例や純損失の繰越控除，欠損金の繰越控除などさまざまな特典が得られることから，ほとんどの企業が青色申告を行っている。そのため，青色申告が不適合とされる企業は，ずさんな経理を行っているなど，信用力に

330

4 − 9 重点管理先の定量分析

問題がある企業として判断することができる。

また，別表一では，別表四で算出された課税所得に基づき法人税額が算出されているため，別表四の内容を確認し，別表一と突合することで，申告書の内容が修正されていないかを確認することができる。

❖別表十六

別表十六は，減価償却対象資産とその償却状況について記載されている。

別表十六は，さらにその対象物に応じて（一）〜（八）に分類されているが，ここでは，主要な項目についてのみ説明することとする。

別表十六（一）は，「旧定額法又は定額法による減価償却資産の償却額の計算に関する明細書」として，1998年4月1日以降に取得した建物など定額法による減価償却を適用している資産について記載している。

別表十六（二）は，「旧定率法又は定率法による減価償却資産の償却額の計算に関する明細書」としており，機械設備を中心とする定率法による減価償却を適用している資産について記載している。

別表十六（六）は，「繰延資産の償却額の計算に関する明細書」としており，繰延資産を均等償却や一括償却で償却するための償却限度額の計算について記載している。

別表十六（七）は，「少額減価償却資産の取得価額の損金算入の特例に関する明細書」として，取得価額が30万円未満の資産の取得価額の金額を税金算入することについて，記載している。

別表十六においては，減価償却不足が発生していないかを確認する必要がある。法人税法では法人が損金経理した減価償却費のうち，一定の限度額までを損金として扱っており，必ず減価償却しなければならないとはされていない。そのため，利益の状況によっては，減価償却費を調整することが可能となり，本来計上すべき減価償却額よりも少額に計上すること（償却不足）によって，利益を過大計上することも考えられることから，別表十六の内容を十分に確認し，企業の実態把握に努めることが重要である。

❖別 表 二

別表二には，株主に関する事項が記載されている。

株主に関する情報は，商業登記簿謄本にも記載されておらず，上場企業やそ

331

第4章 定量・定性・商流分析

の子会社などのように有価証券報告書にて確認ができる情報以外は，有料である信用調査会社の信用調書や企業概要データを取得して確認するしかなく，比較的把握が困難な情報である。

4－11－4で後述しているとおり，株主の情報を得ることができれば，親会社の信用背景に基づいた評価を行うことができるほか，同族会社の判定が可能となり経営陣の資産背景の調査や経営方針の推測につなげることができる。

また，株主を知ることで経営者がオーナー社長か雇われ社長かを把握することができるため，その後の定性分析の材料として有効に活用できる。

4－10

定性分析の必要性

|4－10－1| 定性分析とは

　企業の情報は，数値で読みとれる情報と，単純に数値で表すことができない情報に分けられる。前者は，前述での財務分析などの定量分析に使用される決算書数値や財務指標に代表されるもので，後者は，経営者の資質や大株主，企業の技術力，販売体制，金融支援などがそれに当たる。これらの情報を企業の「定性情報」といい，定性情報を使用した分析を「定性分析」という。定量分析に加え，定性分析を活用していくことで，より詳細な分析が可能となる。

　過去の信用リスク分析においては，労働生産性，流動性，安全性を一定の数式に当てはめて企業の優劣を判断することが一般的であった。それは，定量情報の収集や財務指標による分析が相対的に容易であり，判断においても客観性が高く，逆に定性情報による分析には，主観的判断が大きく介在してしまうことなどが主な理由である。

　定量分析は，企業を分析するうえで必要不可欠なものだが，定量分析だけでは企業に対する判断材料としては，十分とはいえない。財務分析を中心とした定量分析に加え，さまざまな視点から，数値化できない部分を調査・分析する定性分析を行うことで，はじめて企業の重要なリスクや事業の総合力がみえてくるのである。

　定性分析は，企業間での商取引のみならず，金融機関や格付機関における信用分析においても，その重要性は認識されており，多くの場面で利用されている。業績が好転（または悪化）したという情報や，生産性が向上（または低下）したという情報を定量分析によりつかんだ場合，その事実をさらに分析するためには，経営者の手腕や組織の変革，業界環境の変化，制度や規制の改正，研究開発者の質的変化など，数字では表しがたい部分の定性的な分析アプローチを経る必要がある。

333

第4章　定量・定性・商流分析

|4 −10− 2|　財務分析の限界

　資金繰りに窮し，事業継続が困難になる状態に陥りつつある，または将来陥る可能性が高い企業は，決算書の財務分析により，ある程度の見極めが可能である。

　しかし，定量分析だけで企業の分析を行うことには限界がある。なぜなら，定量分析で売上高が下がったことがわかったとしても，その原因を数字のみから読みとることはできないからである。売上高が下がったという定量情報に加えて，「ライバル会社からの攻勢を受けて値段を下げざるをえなかった」，「天候が悪くて需要が伸びなかった」，「工場の稼動が悪かった」などの情報がわかれば，それらと合わせて分析していくことで定量分析の深みが増すこととなる。

　また，定量情報の入手に関しても，取引関係において弱い立場にある場合は，決算書を直接相手から入手することは困難であり，中小企業の場合は調査会社に対して非公開の会社も多いため，間接的にも決算書を手に入れられないケースが多く存在する。たとえ決算書を入手できたとしても，決算を粉飾している場合もあり，必ずしもその企業の実態を正しく分析できるとは限らない。

　さらに，決算書の作成は，基本的に1年に1度（上場企業の場合は，中間決算等も公開される）であり，決算期末後2〜3カ月が経過し，税務申告や株主総会が終了しなければ入手できない情報であるため，決算情報を入手した時点では，すでにその情報は過去の情報になっており，現在の業況をリアルタイムで把握できるものではないことを十分に理解しておく必要がある。

　一方で，定性面の分析を行うことによって，「在庫が実際よりも過大に計上されている実態不明の子会社がある」，「貸付や売掛債権が不良化している可能性がある」など，決算書上の異常値に気づくきっかけにもなりうるのである。

　このように企業の分析は，定量分析を基本としながら，定性分析で裏づけを取り，補完していくことで，企業の重要なリスクや総合力を分析し，取引について正確な判断を行っていくことが重要といえるため，定量分析と同等に定性分析の重要性を認識する必要がある。

図表 4-42 定量情報と定性情報

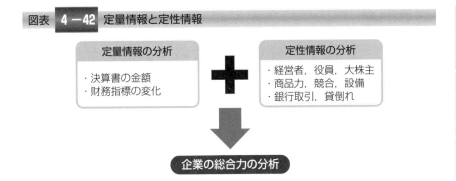

4-10-3 「ヒト」「モノ」「カネ」「情報」を総合的に分析

　企業の経営資源は，「ヒト」「モノ」「カネ」の３大要素に，近年では「情報」を加えた４つの要素で成り立っているといわれており，企業は，これらの要素が密接に絡みあって運営されている。

　したがって，企業が資金繰りに窮するような状況である時，つまり「カネ」の定量面に問題がある場合は，必ず「ヒト」「モノ」「情報」などの定性面においても問題点が現れているので，そこから発せられる兆候を見逃さずにいれば，仮に決算書が粉飾されている場合でも，あるいは決算書を入手できていない場合でも，倒産の予兆に気づくことが可能となる。

　不正を行うような企業かどうかについて，決算書の内容のみでの判断はきわめて困難であるが，「経営者や従業員に誠実さがあるか」，「コンプライアンスに対する意識は高いか」など，「ヒト」の面を見極めることで定量情報の信憑性を補完することができるのである。

　こういったことから，「危ない企業」を見分けるためには，決算書による定量分析だけでなく，定性分析によるアナログ的な観点での分析も非常に重要であるといえる。

　① 「ヒト」の情報…経営者の資質，大株主，役員
　② 「モノ」の情報…商品力や技術力，ライバル企業との競合状況，設備の
　　　　　　　　　　概要，土地の所有状況
　③ 「カネ」の情報…貸倒れの状況，銀行取引の状況

第4章 定量・定性・商流分析

4 −11

定性分析のポイント

|4 −11− 1| 取引先を確認する

❖取引相手確認の重要性

　新規の取引を検討する際には，まず，「取引を行う相手が，自分たちが取引相手だと認識している先と一致しているのか」ということに気をつけなければならない。この点をないがしろにしていると，知らないうちに望んでいない相手と契約してしまい，自社が不利な立場に追い込まれることにもなりかねない。ブローカーが絡んでいるケースなどは，特に注意が必要である。

　また，商談相手の契約締結権限の有無についても注意が必要である。通常，契約締結の権限を有しているのは代表者か，代表者から代理権限を与えられた者である。営業部長，支店長などの名義で契約される場合，たとえ代理権限がなくとも表見代理として契約は有効に成立するが，トラブルに巻き込まれないように，役職者であっても代理権限を有する人物であるかどうかは，業界や企業規模を考慮して見極めなければならない。

　これらについては，商業登記簿によって代表者を確認することが有効である。

❖取引相手の法人格

　法人といっても，いろいろな法人があるため，それぞれの企業に対して，どのような法令に基づいて設立された法人なのか，法人登記はあるのか，代表者は誰なのかを把握しておく必要がある。

　法人登記はないが，組織を持った団体で，「権利能力なき社団」と呼ばれる組織の場合は，内部的には権利も義務も社団に帰属するが，対外的には社団を代表する個人が権利・義務を持つことになる。このような組織と取引をする場合は，代表者個人と取引することになるため，注意が必要となる。

　2005年8月施行の「有限責任事業組合契約に関する法律」により，LLP（有限責任事業組合）が設立できるようになった。

336

LLPとは，事業を目的とする組合契約を基礎に形成された企業体であり，ベンチャー企業や中小企業，大学などが技術力やノウハウを生かして大企業と対等の立場で連携できる新しい組織形態である。ただし，LLPには法人格がなく，厳密に言えば法律上の権利義務主体とはなりえないため，取引をする場合は，組合員である法人または個人が相手先となる。すべての組合員について，その責任が限定されているのが特徴といえる。

また，2006年5月の会社法の施行により，有限会社は廃止され，これまでの有限会社は「特例有限会社」として，会社法上の株式会社の一種として存続する形となっている。ただし，特例により，従前どおり有限会社と同様の運営をすることが可能であり，会社名にも従来どおり「有限会社」という文字が入ったままで問題ないなど，従来の有限会社とほとんど変わりがない。

❖沿革・歴史

設立経緯や沿革を知ることにより，経営基盤を理解することができる。

設立事情・動機，事業目的，経営体制・事業体制，事業体制の変遷，資本系統の変遷，創業の新旧などを確認し，これらから企業のルーツや，系列，合併の履歴，社名の由来など，企業の基本属性を把握することができる。

業歴が浅い企業は，経営基盤が確立されていないことがあるため，注意が必要となるが，激動・変革の時代を迎えている今，老舗といっても安泰とはいえず，業歴のある企業でも採算の厳しい状況が続き，耐えきれずに倒産する企業が増えている。

また，商号を頻繁に変更している企業，設立経緯があいまいな企業は，取り込み詐欺の可能性を疑う必要があり，トラブルに巻き込まれないためにも，よほどの理由がない限り取引は避けるべきである。取り込み詐欺業者（パクリ屋）とは，詐欺目的で商品を仕入れ，代金を支払わずに商品を換金して姿を消す企業や人のことである。これらの業者は，取引先管理の甘い企業の隙を狙ってくるため，注意が必要である。

設立経緯や沿革は，商業登記簿を確認することである程度つかむことができる。コンピュータ化以前のものは閉鎖謄本で調べられるので，初めての取引の際にはすべて確認すべきである。

また，信用調書を取得した場合，過去の出来事を年代別に記載した年代記に記載されることがある。組織の変更，オーナーや代表者交替の歴史，事業の展

第4章　定量・定性・商流分析

開状況，過去の大きな貸倒れ事故など，過去の主な出来事をまとめて知ることができるため，必ず確認すべきである。

なお，所在地が倒産に与える影響について，リスクモンスターが過去の倒産企業の傾向をもとに調査したところ，**図表4－43**のとおり，全業種を対象とした地域別にみた倒産確率との相関関係では，東海，近畿の倒産確率がやや低い一方で，三大都市圏以外の倒産確率はやや高くなっていることから，三大都市圏に比し，地方の経済環境は厳しい状態にあることが推測される。この結果に業種特性等を加味することで，さらに精度の高い分析を行うことが可能と考えられる。

図表 **4－43** 地域と倒産確率の相関

地域	北海道	東北	北関東	首都圏	甲信越・北陸	東海
倒産確率	0.72%	0.63%	0.61%	0.36%	0.72%	0.43%

地域	近畿	中国	四国	九州・沖縄	全体
倒産確率	0.48%	0.55%	0.67%	0.52%	0.48%

2019年　リスクモンスター調べ（2018年4月～2019年3月実績）

❖反社会的勢力関与の有無

近年，反社会的勢力排除に向けた動きが活発になっている。反社会的勢力との取引には，以下のようなリスクがあり注意が必要である。

(1)　不当要求のリスク

反社会的勢力が，企業で働く従業員を標的として不当要求を行ったり，企業そのものを乗っ取ろうとしたりするなど，最終的には，従業員や株主を含めた企業自身に多大な被害が生じる。

(2)　条例違反リスク

現在，すべての都道府県において暴力団排除条例が制定されており，暴力団員等の反社会的勢力に対する利益供与については禁止されている。条例違反の場合には，勧告や企業名公表の対象となる。

(3)　契約解除リスク

取引の相手方が暴力団員等の反社会的勢力に該当する場合には，契約を解除すること等が可能となる暴力団排除条項を契約書に導入する企業が増加している。

金融機関の預金規定や，融資契約書等には，暴力団排除条項が導入されているので，反社会的勢力との関わりがあると判断された場合には，預金解約や融資契約における期限の利益を喪失するリスクが発生する。

金融機関以外においても，取引先から反社会的勢力と関わりがあると判断されると，暴力団排除条項が契約書に導入されていれば契約解除のリスクがある。また，導入されていない場合においても，今後の新規取引が拒絶されるリスクが発生し，経営に重大な影響を与える可能性がある。

(4) レピュテーションリスク

反社会的勢力との関係性が明らかになると，企業イメージが大きく損なわれ，取引先や役職員の離脱等，経営に重大な影響を与える可能性がある。

しかしながら，現実的には反社会的勢力であると断定することは難しいため，与信管理の実務上は，現状を把握したうえで，可能性，予測をもとにリスク管理を行っていく必要がある。

以下，反社会的勢力と判断する要素の一例である。

① 個体的：年齢，年齢幅，容姿，性別
② 社会的：業種，職種，地位，学歴，資格，人的関係
③ 地理的：住所，生活圏，勤務地，営業エリア

また，不芳属性先（半グレ・準暴力団）のような組織性がない属性が増加している。政府指針上は，反社会的勢力に該当しないが，世間的には，当然，不芳属性先に関しても反社会的勢力として捉えているため，噂程度の情報でも，積極的に原因究明を行うなど対応し，自社との取引に望ましくない先を見極めなければならない。

4-11-2 販売先・販売状態

受注基盤が確立されていることが，安定した売上と今後の成長につながることとなるため，取引先の販売先について調べておくことは，非常に重要である。

❖販売先が大手企業

取引先に大企業が多く安定していると，貸倒れリスクなどが少なく与信面ではプラスとなる。また，大手企業が代理店として販売している場合も，基盤が安定しているといえる。

第4章　定量・定性・商流分析

　ただし，最近の大手企業は経営にシビアとなっており，赤字の事業からはすぐに撤退する可能性もあるため，注意が必要である。また，利益率アップのために仕入先を集約する傾向にもあるため，販売先が優良な企業であっても油断は大敵である。

❖販売先が一点集中している

　販売先や代理店を集中させて依存しているような状態であると，その企業が取引から撤退したときに大きな打撃を受けることとなるため，そのような取引先に関しては，販路が集中している理由や相手先との取引関係，相手先から見た取引先の重要度などを調べることも重要となる。

❖販売先の入れ替わりが激しい

　販売先が頻繁に変わるのは，長期的な営業政策を持たず，場当たり的な営業活動を行っている場合が多い。なかでも社長が交代してから販売先が大幅に変わったという場合は，目先の利益を追求していかがわしい販路に切り替えたり，新社長が独自色を出すために奇抜な営業展開に出ていたりするおそれがあるため危ない兆候として注意することが必要である。

　販売状態の変化は，取引先から回収した受取手形で察知することができる。裏書手形で回収している場合は，その振出人と金額の推移を毎月チェックすることで，販売ルートとその状態を類推することができる。

❖販売先に信用不安が発生

　販売先に信用不安が流れている場合は，その販売先が倒産した場合，取引先に連鎖倒産の危険性も生じるので業績・資金繰りにどの程度の影響が出るかをチェックしておく必要がある。また，過去の貸倒れ歴を調べておくことも重要である。同時期の決算書に貸倒損失が計上されていない場合は，不良債権を内包している危険性があるといえる。

❖販　売　力

　取引先の販売力（営業力）を測るために，以下の点を把握し，事業の安定性を評価する。

　　・業界内において，どの程度のシェアを有しており，どの程度の主導力を有

しているのか
・販売ネットワークは，地域的，全国的，世界的等どの程度に当たるのか
・販売ルートにどのような強みを有しているのか
・企業名のブランド力としてどの程度の知名度を有しているのか
・どのような販売組織を形成し，どこに拠点を有しているのか
・アフターサービスやクレームに対する体制はどうなっているのか，など

❖競合先の動向

取引先の地域・業界における競合状況，新規参入障壁について把握し，そのうえで取引先が，その競合相手と比べてどの程度の競争力を有しているか調べることが重要である。

近年は，同業同士で争うだけでなく，異業種も競合相手になりうる時代となっている。たとえば，レストランなどの外食産業は，同業間の競争だけでなく，コンビニやスーパーの惣菜部門，持ち帰りができる弁当屋やファストフード店，コーヒーショップなどとの競争にも勝ち抜かなければならないため，広い目で競合先をみていく必要がある。

図表 4−44 競合先のチェックポイント

4−11−3 仕入先・下請など

❖仕入・下請基盤

取引先に高品質の製・商品を安定的に供給するためには，安定した仕入先の存在は不可欠である。仕入調達力を有する企業は，たとえば，品質が優れている仕入先との独占的取引契約を締結している，仕入先との長い付き合いによっ

第4章　定量・定性・商流分析

て信頼関係が構築されており，他社よりも優先的に仕入ができる，など仕入の面で他社よりも優位な立場に立っていることも少なくないため，企業分析においては，仕入先の調査・分析も重要となる。

　原材料や部品などの調達の基盤が弱いと，安定した販売・生産活動はできない。もし販売先から仕入先を起因としたクレームなどを受けた場合，仕入先の体力が脆弱でクレームに対応する力がないと損失を被る原因にもなりうる。この場合の損害賠償額は事前に予測できず，貸倒れよりも恐ろしい結果を招くことにもなりかねないのである。

　経営が苦しくなると，まず力関係の弱い企業にしわ寄せがいくこととなるため，現場においては，下請先からの評判を参考とすべきである。下請先に対して，支払サイト延期要請や支払遅延が起こるようになったら，資金繰り悪化の顕著な兆候である。そのような企業は，下請先などから悪評が聞かれることが多いため，それとなく尋ねてみるのも手である。

❖仕入の急増，急減

　季節商品でもないのに仕入の急増，急減がある取引先は要注意である。資金繰りに困り，ダンピング（不当廉売）による大量販売で資金を手に入れようとするための大量受注であったり，仕入先が他社に替わったための受注の急減であったりするかもしれないためである。また従来取引が途絶えていた取引先からの注文もチェックが必要である。

　急に注文が増えた場合などは営業部門でも察知することができるが，管理部門でも経理データから以下のような表を作成してチェックを行うことができる。

　・取引先仕入売上高一覧表
　　取引先ごとの仕入・売上の実績，債権・債務の残高の推移が月次で把握ができる表。
　・売掛債権回収残高一覧表
　　売掛金の年齢調査を行い，売買代金が取引条件どおりに回収されているかを確認する表。

　これらの表を経理システムと連動して，タイムリーに帳票として出力できるようにしておけば，取引の異常を早期に発見することができるであろう。

　異常を発見した場合は，その理由を取引先に確認し，納得がいくまで分析する必要がある。

4-11-4 株主・資本関係会社

❖一族経営の企業

　株主構成により，その企業の特質がある程度決まるといえる。大株主は誰で，何株（％）保有しているのかを調べることで経営母体を確かめることができ，そして株主の変遷をみることで，その企業の経営事情をある程度把握することができる。

　一族経営の企業であれば，その一族が保有している資産やほかのグループ企業についても調べるべきである。ある企業が自分の損失をほかのグループ企業に押しつけて決算を良く見せたり，子会社の債務を保証したりするケースもあるからである。「会社は違えど財布は1つ」と考え，グループ全体の取引と資金の流れを把握するように心がける。もしもグループ企業の決算書がいくつか手に入れば，連結決算を仮定で作成してみるのも有効である。

図表 4-45　一族経営チェックポイント

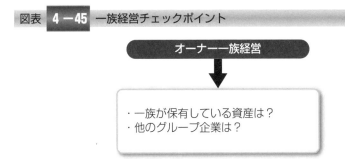

❖株主の変更

　従来一族経営であった企業に，突然まったく異なる株主が入ってきた場合は，業績不振から元の株主が経営権を手放し，新しい株主が経営のテコ入れを行っていることが多い。したがって，その目的や支援体制を確認する必要がある。また，大株主が代わって正体の知れない企業や個人が登場した場合は，信用面では大きなマイナス材料となる。

　このように，株主の変遷を確認することが重要であり，商業登記簿で代表者や役員が代わった履歴がある場合は注意が必要である。

図表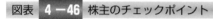

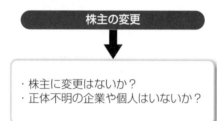

❖優良企業の系列企業

　一般的に優良企業の系列下にある場合は，信用面では大きなプラス材料と考えることができる。ただし，株式の保有の割合や取引関係などによって，グループ企業といってもどの程度信用背景として認められるかは異なってくるため，見極めが必要となる。

　上場企業の場合は，有価証券報告書の「企業概況」に子会社，関連会社のリストと株式の保有割合や役員の兼任，取引関係などが記載される。

　子会社とは，親会社により財務および営業または事業方針の意思決定を実質的に支配されている企業であり，具体的には，以下のような場合を指す。

① 親会社およびほかの子会社が合計で50％超の議決権を保有する場合
② 親会社およびほかの子会社が合計で40％以上50％以下の議決権を保有し，かつ財務や営業・事業の方針を決める契約を締結していたり，役員派遣や資金調達の50％超を融資（保証・担保提供を含む）したりするなど，実質的に意思決定を支配していることが推測される事実がある場合

　子会社は通常，連結の対象となり，親会社が子会社の経営の責任を負っているといえるため，親会社が信用力のある企業の場合は，まず不安は少ないと考えてよいだろう。

　関連会社は，親会社および子会社が合計で20％以上50％以下の議決権を保有している場合，15％以上20％未満でも役員派遣や重要な取引が存在している場合などをいう。子会社と違い，意思決定を支配するまではないため，経営の責任までは追及されない。したがって，取引関係の密接性をよく調べ，支援の程度を見極める必要がある。

　親会社の信用力が認められ，保有比率が過半数を超えている場合は，不安は

4-11 定性分析のポイント

図表 4-47 系列企業のチェックポイント

図表 4-48 上場区分と倒産確率の相関

上場区分	上場企業	非上場	全体
倒産確率	0.05%	0.48%	0.48%

2019年 リスクモンスター調べ（2018年4月～2019年3月実績）

少ないと考えてよいであろう。

なお，株式の上場が倒産に与える影響について，リスクモンスターが過去の倒産企業の傾向をもとに調査したところ，**図表4-48**のとおり，全業種を対象とした上場区分別にみた倒産確率との相関関係では，非上場企業に比し，上場企業のほうが圧倒的に倒産確率が低いことが判明した。

❖子会社・関連会社

親会社と同様に子会社や関連会社を有している企業についても，その関連性や資本のつながりを把握しておく必要がある。親会社の経営状態をよく見せるために，粉飾により意図的に子会社や関連会社に損失計上をさせる場合があることから，グループ全体の事業実態の把握としては，持株会社や資産管理会社などのように主要事業とは異なっていても，子会社や関連会社の関係性を確認すべきである。

ただ，子会社の財務内容が極端に悪い場合や，親会社の損失隠しに利用されている場合などは，調査を行っても詳細情報が得られないことも多い。

上場企業などは，有価証券報告書などにより連結情報の公開義務があるが，それ以外の企業では，子会社情報が閉ざされていることが多く，子会社に親会社の悪い要素を隠したりすると，親会社の決算書からは本当の姿が読みとれな

第4章　定量・定性・商流分析

くなるため，信用調査の泣きどころの１つとなっている。

❖投 資 家

　株主にベンチャーキャピタルや投資ファンドが入っている場合，成長性の高い企業として期待されているとみることもできるが，過去に上場を目指していたとしても現在の経営状況がよいとは限らないため，一概に信用力が高まるとはいえない。

　昨今では，事業再生に投資ファンドが介入しているケースもあるため，投資ファンドが介入している場合には，どのような種類のファンドがどのような目的で介入しているのかを見極めたうえで，企業の信用力を測る必要がある。

| 4 −11− 5 |　経営者・役員

　経営者の能力・資質は，企業の盛衰を決定づける要因として重要である。経営者の経歴・能力・経験だけでなく，人柄も押さえておく必要がある。

❖オーナー経営者

　中小企業においては，経営者が株主と同一，つまりオーナー経営者であり，すべてを取り仕切っているワンマン経営となっていることも多く，その手腕や理念が企業の業績に大きな影響を与えることとなる。経営者がワンマンで他人の意見に耳を貸さないことから，経済環境の変化に柔軟に対応することができずに，経営悪化を招くような場合もあり，このような企業では経営者による企業の私物化が行われやすく，資金流出などの不正が横行していても社内のチェック機能がきかないおそれもある。したがって，代表者がオーナー経営者なのか雇われ社長なのか，株主と同じでない場合は，合理的な理由があるかなどをよく調査すべきである。

❖業界知識・経験

　経営者の業界や商品に対する知識や，経営に対する経験も重要な要素として挙げられる。経営者が創業者であり，業歴も相応に有している企業であれば，さほど懸念はないといえる。しかし，創業者であるが業歴が短い場合は，業界や経営の経験が乏しく，不意に経営状態が危機に見舞われるおそれも否めない。

4 −11　定性分析のポイント

また，二代目以降の経営者で，特に一族経営をしている企業については，先代の息子が経営者となっているケースも多く，役員や代表者に就任するまでに，同業界にて下積みを経験していればよいが，金融機関出身などまったく別の業種から経営者になるケースも少なくないため，そのような場合には，経営者の業界や経営に関する知識や経験について，慎重に測る必要がある。

❖人　　格

経営者の資質として，性格や嗜好といった人格も非常に重要な要素となってくる。経営の意思決定力を有しているか，企業のリーダーとしてのリーダーシップを有しているか，感情に流されず冷静な経営判断を行えるか，社会的責任を有する法人の代表者としてのモラルを有しているか，経営に支障が生じるような趣味や嗜好を有していないかなど，経営者の性格や嗜好を把握し，経営者として適する人物であるか十分に確認する必要がある。

❖経理知識

また経営者の経理知識の度合いも確認する必要がある。経理知識が乏しい経営者の場合は，販売には熱心でも回収には無関心であったり，商品開発に熱心なあまり利益を度外視して赤字経営を続けていたり，甘い計画をもとに過剰な投資を行い資金難に陥ったりするなどといったことがあるため，補佐をする有能なスタッフの有無が重要なポイントとなる。

❖政治活動・宗教活動

経営者が政治や宗教，まったく別分野の事業など，本業以外のことに熱心な場合も注意が必要である。企業の本業がおろそかになり，販売や管理が甘くなったり，資金が流出したりする危険性もある。

なお，経営者情報が倒産に与える影響について，リスクモンスターが過去の倒産企業の傾向をもとに調査したところ，**図表 4 −50**のとおり，全業種を対象とした代表者年齢別にみた倒産確率との相関関係では，一見すると代表者年齢が高くなると倒産確率は上がるものの，一方で，資金繰り破綻による倒産と廃業休眠のそれぞれの分布についてみると，資金繰り破綻による倒産件数に関しては，50〜70歳が最も割合が多く，70歳以上に関しては，資金繰り破綻による倒産よりも廃業休眠の割合のほうが圧倒的に高いことが判明した。事業承継問

347

第4章 定量・定性・商流分析

題が大きく影響していることが推測される。

図表 4－49 経営者のチェックポイント

図表 4－50 代表者年齢と倒産確率の相関

代表者年齢	40歳未満	40歳以上 50歳未満	50歳以上 60歳未満	60歳以上 70歳未満	70歳以上	全体
倒産確率	0.49%	0.44%	0.52%	0.70%	0.45%	0.48%
倒産分布	1.44%	6.76%	12.49%	14.46%	64.84%	100.00%
廃業休眠分布	0.67%	3.15%	6.35%	15.10%	74.72%	100.00%

2019年　リスクモンスター調べ（2018年4月～2019年3月実績）

❖後 継 者

　経営者が高齢もしくはワンマンの場合に，継続的に取引を行うならば，後継者やその候補者が育っているかという点も調査対象となる。後継者教育が行き届いた状態での交替であればスムーズに進むと思われるが，急に社長が亡くなったりした場合は経営が混乱し，資金繰りなどに大きな影響が生じる可能性がある。また，近年，倒産件数が減少する一方で，休廃業が増加しており，その要因の1つに，後継者不足の増加が挙げられる。販売先が休廃業する場合，破産などの法的整理とは異なり貸倒れが生じる可能性は低いものの，将来の収益機会が失われる。また，仕入先が休廃業する場合は，別の仕入ルートを模索する必要が生じる。

❖役員の経歴や素性

　代表者だけでなく，役員の経歴や素性についても同じように重要である。出

4-11 定性分析のポイント

向している役員がいる場合は，悪化した経営を立て直すために，その出向元の
取引先や金融機関などが実質的に経営を支配していることも多い。したがって，
その出向役員が引き揚げた場合などは要注意といえる。業績がよくなったこと
が理由であればよいが，再建が進まず見放されたということも考えなければな
らない。

また，素性がよくわからない役員が名前を連ねている場合は，警戒が必要で
ある。倒産歴がないかなどを調べておく必要があるといえる。

図表 **4-51** 役員のチェックポイント

役員の経歴

・他社からの出向か？
・素性は明らかになっているか？

❖役員クラスの退職

幹部社員や役員クラスが突然退職した場合には，注意が必要である。社内に
長年にわたる対立があり，それが表面化した可能性もあれば，退職者が優秀な
部下を引き連れて独立した可能性もあり，状況次第でその企業は多大な損失を
被ることとなる。また，財務や経理の部長や担当役員が退職した場合などは，
その企業の行きづまりを事前に察知して避難している可能性もあるため，特に
注意が必要といえる。

それ以外にも，現場サイドの統括責任者の退職でも，進行中の事業や契約に
支障をきたすケースが多いため，注意が必要となる。

なお，代表者や役員の交代は，商業登記簿で確認することができる。資本金
などの変遷と合わせて調べることで，株主や経営母体の変化を類推することが
できる。

第4章　定量・定性・商流分析

|4 −11− 6|　従 業 員

　従業員については，総従業員数，男女別の従業員数，アルバイト・パートの人員数，出向の有無，採用計画，賃金水準，教育訓練，労働組合の有無，労使関係，リストラの実施経験等について調べ，人員の増減推移，採用・教育方針の変化，労働組合との関係等を把握することで，取引先の労働力の源を把握することができる。

　また，平均年齢，賃金水準，定着率，また職場の雰囲気や従業員の様子を観察して，規律・モラルの低下はないか，勤務態度はどうか，士気は高いかなどをチェックする。定着率が低い場合や，一度に多くの社員が退職している場合は，内部に何らかのマイナス要素を抱えていることが考えられる。

❖従業員の状況

　リストラが行われている場合は，従業員の規律・モラルが下がり，ミスが多くなって製品トラブルなどが引き起こされやすくなるだけでなく，多額の使い込み，横領などが発生する可能性も高くなるため，要注意である。また，核となる社員が退職したり独立したりすることで，さらに経営が弱体化するおそれもある。

　また，労働組合があり，従業員側と経営者側の折り合いが常に悪く，頻繁にストライキをしている取引先は，経営状態も悪いことが多い。倒産懸念もさることながら，ストライキのために商品の入出荷や生産に大きな影響が出るおそれがある。

　逆に人員過剰が目にみえてわかるような企業も，固定費の割合が非常に大きくなり，採算の悪化を招きやすいため，注意が必要である。

　企業の経営が順調かつ健全であれば，従業員も仕事に熱が入り，不平・不満も少ないものである。日ごろから窓口の担当者とコミュニケーションを取って，意識的に雰囲気を確かめることが重要といえる。

❖従業員の対応

　取引先の従業員のやる気や質は，取引先への訪問または電話により以下の点を確認することで容易につかむことができる。

　・来客に対して，きちんと挨拶ができるか

- 動作が緩慢でないか
- 容姿や服装が乱れていないか
- 受電に対して速やかに対応するか
- 言葉遣いはビジネスにふさわしいか
- 取次ぎの際にもたつかず，速やかな対応ができるか，など

図表 4-52 従業員のチェックポイント

なお，従業員規模が倒産に与える影響について，リスクモンスターが過去の倒産企業の傾向をもとに調査したところ，**図表4-53**のとおり，全業種を対象とした従業員数別にみた倒産確率との相関関係では，従業員が多く規模の大きい企業のほうが倒産しにくく，従業員が5人未満の小規模になると高い倒産確率を示していることが判明した。この結果に業種特性等を加味することで，さらに精度の高い分析を行うことが可能と考えられる。

図表 4-53 従業員数と倒産確率の相関

従業員数	5人未満	5人以上 10人未満	10人以上 20人未満	20人以上 50人未満	50人以上	全体
倒産確率	1.06%	0.58%	0.46%	0.36%	0.13%	0.48%

2019年 リスクモンスター調べ（2018年4月〜2019年3月実績）

第4章　定量・定性・商流分析

|4 -11- 7|　工場・事務所・設備

❖立地条件

　店舗や事務所の立地条件が悪いと，それだけ輸送コストや販売コストがかさみ，同業他社との競争上，ハンディキャップを背負うこととなる。たとえば，人通りの悪いところに店舗を設けても，なかなか販売は伸びず，販売先から遠い場所に工場がある場合は，輸送コストが余計にかかり，負担が大きくなる。このように立地条件は大きなポイントになる。

❖拠点展開状況

　取引先の事務所や工場が，どこに何箇所あるのか，把握しておくことが必要である。拠点の数や位置を把握することで，取引先の事業規模や商圏を知ることができる。

　また，多品種の製品を取り扱っている製造業などでは，工場ごとに生産している製品が異なることも多く，災害等による生産や物流の停滞が生じた際に，自社の取扱商品がどの工場で生産されているのかを把握していなければ，代替品の手配などが遅れ，自社の損失につながることもあるため，注意が必要である。

　広い商圏を有している企業においては，商品のアフターサポートを行っている拠点を多く有している企業のほうが，商品に対する信頼度も高くなりやすいことから，そのような観点からの拠点把握も必要といえる。

❖設備投資状況

　工場設備の更新状況や稼働状況などもチェックが必要である。設備が陳腐化していると，設備投資のために資金調達余力がないということを考える必要がある。この場合，生産の効率化が遅れ，1単位当たりの生産コストが高くついて収益力の低下の原因になる。古い設備で生産していると，他社の新しい設備で効率的に生産された製品に勝てなくなることにもつながる。

　設備が新しくても，不相応に立派な自社ビルや需要見込みが不安定な中での新工場などの建設は，資金を固定化させてしまうため，経営の悪化を招きやすく，建設後の稼動状況が悪ければ，設備投資のための借入に対する返済や金利の負担が大きくなる。

352

4 −11　定性分析のポイント

❖工場の稼働状況

　取引先の工場を訪問する際には，工場の稼働状況を確認することが重要である。休止しているラインや機械が多い，恒常的に稼働率が低下している，という場合は，受注の減少や設備投資の失敗が疑われるため要注意である。

　また，工程順に案内してもらうことで，工場レイアウトの効率性についても確認することができる。工場内の整理整頓の状態と合わせて，製造工程が非効率であれば，コスト競争力が弱くなる要因となる。

　工員の様子についてもチェックを要する。安全管理面を含め服装は適正であるか，作業の動作に無駄はないか，という点を確認する。工員1人1人の積み重ねが工場の仕事となっていることを意識し，工員の仕事がルーズな企業に対しては，注意する必要がある。

❖現地の在庫状況

　工場内の在庫管理状態を確認する。特に商品に消費期限や鮮度が関係している場合には，商品の仕入出荷管理が重要となる。

　また，工場や倉庫内に出荷できそうにない在庫（デッドストック）が多く存在していないか，についてもチェックする。販売不振によって在庫の山になっているとすれば，要注意である。金利負担，管理コストの発生などの問題以外に，生産工程や販売体制，品質など，何らかの問題を抱えている危険性がある。

❖所有状態

　取引先が使用している事務所や工場・設備が社有であるか，という点も確認すべきである。社有の資産であれば，それを担保にして資金を調達することができる。しかし，使用するすべての物件を所有するということは，資産効率性を下げる要因にもなることから，収益貢献度の低い不動産については，あえて賃貸とすることで，資産効率の向上を図ることも重要となる。不動産登記簿謄本を調べれば，当該不動産の所有状況のほかに，金融機関への担保差入状況も確認することができる。不動産登記簿については，3−5で詳述している。

第4章　定量・定性・商流分析

図表 4−54　工場・設備のチェックポイント

工場・設備

・店舗や工場の立地条件は？
・工場設備の更新状況や稼働状況は？
・工場や設備は社有資産か？

　なお，事業拠点数が倒産に与える影響について，リスクモンスターが過去の倒産企業の傾向をもとに調査したところ，**図表4−55**および**図表4−56**のとおり，事業所数別および工場別にみた倒産確率との相関関係では，事業所数または工場数が多く規模が大きい企業のほうが倒産しにくく，1拠点のみで行っている規模の小さい企業は高い倒産確率を示していることが判明した。この結果に業種特性や地域特性等を加味することで，さらに精度の高い分析を行うことが可能と考えられる。

図表 4−55　事業所数と倒産確率の相関

事業所数	0カ所	1〜4カ所	5〜9カ所	10カ所以上	全体
倒産確率	0.89%	0.66%	0.32%	0.25%	0.50%

2019年　リスクモンスター調べ（2018年4月〜2019年3月実績）

図表 4−56　工場数と倒産確率の相関

工場数	0カ所	1〜2カ所	3〜5カ所	6〜9カ所	10カ所以上	全体
倒産確率	0.80%	0.72%	0.22%	0.17%	0.38%	0.48%

2019年　リスクモンスター調べ（2018年4月〜2019年3月実績）

4-11 定性分析のポイント

|4-11-8| 商品・業界

取扱商品・製品・サービスに対するニーズは大きいか，競合他社は多いか，取引先は競合他社と比べて競争力があるかなど，業界の需給状態や業界内での競合状況を調べる。

最近は，製・商品のライフサイクルが短くなっているため，製・商品が成長期で伸びていく傾向にあるか，あるいは衰退期で需要が減退していく傾向にあるのかを見極める必要がある。単一商品しか扱っていない取引先では，新商品や競合商品の登場によって致命傷を負いかねないこととなる。

しかし，多角的経営が行きすぎている場合でも注意が必要である。どの事業も利益が出ていればよいが，利益の出ていない事業に本業で得た資金が回ってしまう危険性もある。多角的経営に乗り出すということは，本業がうまくいっていない可能性もあり，ただでさえ厳しいうえに，新規事業に足を引っ張られて立ち行かなくなるという場合も多くある。

また景気変動や産業構造の変化，円安や円高など為替変動の影響，その業界が大きく影響を受ける法制度の変更，市況の変化や同業他社の増減など業界動向についても確認する。

たとえば，もし海外に仕入・生産拠点を移す傾向にある製品を生産する業界であれば，その原材料を供給してきた企業は先行きに不安のある先として，注意する必要がある。また，材料の高騰が続き，そのコストを販売価格に転換できない場合は，採算悪化が進んで信用力が低下する可能性が強まる。

図表 **4-57** 商品・業界のチェックポイント

商品・業界

・商品は伸びるのか，衰退するのか？
・業界の法制度に変更はあるか？
・業界動向はどうなのか？

第4章　定量・定性・商流分析

❖他の債権者の動向

　仕入先は別の観点では，取引先に対する自社以外の債権者という位置づけになるため，その動向は与信をしていくうえで大いに参考となる。

　仕入先が変更されている場合は，危険を察知して撤退をしていることも考えられる。他社が与信を絞っている間に，その分が自社にシフトして債権が膨らんだりすることがないように，注意しておく必要がある。

|4 −11− 9|　金融機関

　主力銀行（メインバンク）の有無を調べ，ある場合は取引歴やその変遷を調べる。近年は，金融機関への国際的規制強化の流れもあり，貸出姿勢は概して厳しくなる傾向にある。

　したがって，主力銀行の変化には注意が必要といえる。主力銀行が交替するということは，業績悪化などで資金繰りが悪化したために返済能力が低下し，銀行の与信・支援態勢に重大な変化があった場合が多いからである。特に上位行から下位行への変更については要注意といえる。一概には判断できないが，上位行の融資基準を満たせなくなって，下位行へ取引を移行するケースも多いためである。

　主力銀行の変化は，相手先が使用している小切手や手形の支払先銀行をチェックすることで知ることができる。リスクが高い取引先の手形については，営業担当者，経理担当者が銀行に変化がないかなどを注意してみておく必要がある。

　また，企業規模に比べて取引銀行が多い「多行取引」という状態も要注意である。経営状態に問題がなければ，多少の資金はメインバンクとなる銀行が融資をしてくれるものであるが，取引している銀行が分散しているということは，どの銀行も大きな与信リスクを取りたくないと考えている状況であると推察できるためである。

　なお，金融機関が倒産に与える影響について，リスクモンスターが過去の倒産企業の傾向をもとに調査したところ，**図表4−58**のとおり，全業種を対象としたメインバンク別にみた倒産確率との相関関係では，信託・外資，政府系，4メガバンク等の大手金融機関をメインバンクとしている企業は倒産しにくく，金融機関の規模が小さくなるにつれて高い倒産確率を示していることが判明し

356

4−11　定性分析のポイント

た。この結果に借入状況や資産保有状況等を加味することで，さらに精度の高い分析を行うことが可能と考えられる。

図表　4−58　メインバンクと倒産確率の相関

メインバンク	信託・外資	政府系	4メガバンク	地銀・第二地銀	信金・信組・労金・農協	全体
倒産確率	0.50%	0.54%	0.63%	0.82%	0.91%	0.79%

2019年　リスクモンスター調べ（2018年4月〜2019年3月実績）

4−11−10　資産・担保物件

不動産の明細（物件と価値）と担保設定状況を調べる。不動産については，金融機関から資金調達する際に担保提供していることが多いため，社有の不動産を調査することで資金調達余力を推測することができる。不動産登記簿謄本にて土地の所有者・面積・用途等を確認し，土地の面積に路線価や公示価格など付近の地価を乗じることにより，不動産の時価を推定することができる（詳細は3−5−6にて前述）。

新しく担保が設定されている場合は，新たな資金需要があった可能性を意味している。また，従来存在しなかった債権者が記載されている場合や，金融機関以外の金融業者が担保権者として登場しているような場合は，金融機関からの調達が困難となり，高利の資金を導入したことが懸念される。このような場合は，高い金利を負担することとなり，販売状況が劇的に好転しない限り，最終的には資金ショートへ至る可能性が高くなる。

一族経営の中小企業については，代表者やその家族，主な役員など一族が所有する不動産の担保設定状況についても調べることで，当該企業の真の資産力を把握することができる。

357

第4章 定量・定性・商流分析

4-12

信用不安情報の入手

4-12-1 さまざまな種類の信用不安情報

　信用不安情報とは，信用調査会社や業界内，あるいは取引先内部や競合他社などから伝わってくる企業の信用力に関する不安情報のことであり，「不渡りを出したらしい」，「融通手形を切り合っているらしい」，「決算を粉飾しているらしい」，「有能な営業部長が辞めたらしい」，「手形が街金に出回って割止めになったらしい」など，さまざまな形で入ってくる。

　重要なことは，それらの情報の出所・背景の確認を行うとともに裏づけを取り，それによって取引方針を見直す，または取引から撤退する，などの判断につなげることである。場合によっては，取引撤退などにより禍根が残ることもあるため，慎重に事態を見極める必要がある。ただし，このような噂が立つ先は，それなりの理由があることが多く，危険な状況である可能性が高いのが実際のところでもある。これらの情報が入ってくるルート，または情報を交換するルートを常に確保しておくことが事故の防止につながるといえる。

　信用不安情報には，さまざまな種類のものがあり，それらが何を意味しているのかを正確に知ることが適切な対応を行うもととなる。

❖ヒトの情報

　①カリスマ的存在だった経営者の急な死亡，②役員，経営幹部，経理幹部の退社，③内紛，④社員大量退社，企業批判・経営陣批判の増加，⑤役員・代表者が反社会的勢力と関係があるなどである。

　ヒトは，企業の重要な構成要素である。ヒトの面で何かしらの問題があると，経営にも影響が表れるものであり，経営に問題がある時は，ヒトの面にもその兆候は表れる。

　したがって，株主構成の変化や筋の悪い人に企業が乗っ取られている兆候，経営戦略の迷走へと陥りかねない人事面の混乱に関する情報があったら，注意

358

すべきである。

また，放漫経営など，経営の実権を持つ人間の問題に関する噂や資金面の公私混同，派手な出費なども経営や資金繰り面へ甚大な影響が出ることが考えられるので，慎重に調べたほうがよい。特に，経営陣と反社会的勢力との関係に関する情報は，企業の信用力を大きく毀損する情報である。情報を入手した際は，情報の真偽を十分に確認し，反社会的勢力との関係が明らかになった場合には，取引先との契約の解除も含めた対応を検討する必要がある。

❖モノ（商品・生産設備）や取引に関する情報

①クレーム，納期遅れ，大量返品の発生，②大口取引先の撤退，契約打ち切り，③ダンピング（不当廉売）の実施，④提携解消，予定されていた提携の中止，⑤重要な会社財産の売却，⑥多重リース契約などである。

大幅な販売不振は，資金繰りに影響する。主要商品に関するクレームや不信が広範囲に拡大した場合や大口取引先の撤退・倒産など，販売の大幅減につながる事象があったら注意すべきである。また販売不振を表す兆候としては，在庫過大，大量返品，見込み違いの過剰生産などが挙げられる。

取引面の兆候では，採算を省みないような安価で販売しているという情報が入ることがある。とにかくつなぎ資金を得るためだけに販売するという末期的な状況である可能性があり，価格の根拠について確認する必要がある。

条件の悪い仕入を行っている場合も信用力が低下し，他社から平均的な取引条件では売ってもらえなくなっている可能性がある。

取引条件において信用力低下の兆候がみられる企業は，採算がとれるような水準の価格で取引ができないので，早急に信用力を回復させないと資金繰りは苦しくなる一方となる。

❖貸倒れに関する情報——大口不良債権の発生

取引先の販売先が倒産した場合，売掛金や手形からの現金回収ができないことで資金繰りに支障をきたす可能性がある。取引先の余裕資金および担保となる資産などから資金調達余力を類推し，影響度合いを推測することが必要となる。また，貸倒れが多発している場合は，業績悪化のために信用力が低い先とも取引をせずにいられなくなっている可能性や，管理体制が甘くなってきている可能性も考えられる。貸倒れが頻発すると，「貸倒れにより業績や資金繰り

第4章　定量・定性・商流分析

が安定せず，信用できない」として，取引先の対外信用が低下し，取引が敬遠されることで，取引先の業績や資金繰りに更なる影響が生じるおそれがある。

　取引先の販売先が破産した場合，短期的には業績・資金繰りに影響が出ることに加え，長期的にはその販売先を失うことによって収益力も弱体化することにつながるので，厳しく評価する必要がある。

　資金繰りへの影響を考慮し，貸倒れ金額が取引先の月商の3割以上の場合は，注意を要する。また月商以上の貸倒れが発生した場合は，緊急度が高い状態であると認識して，すぐに調査を実施する必要がある。

　民事再生手続や会社更生手続などの再生型の倒産手続の場合，販売先の事業は継続するので，取引が打ち切りにならない場合，販売には影響が少ないことが考えられる。倒産後の取引については，回収サイトが短縮されたり，利益率が上がったりすることも多く，取引の利益で貸倒れの損失を回収することもできる。倒産した販売先の再建計画を確認し，取引先への影響について詳しく調べて対処するべきといえる。

　貸倒れの発生は，他の取引先からの業界情報のほか，法的整理時に公開される債権者リストで確認することができる。特に債権者リストでは，貸倒れ金額も確認できるので，取引先の財務体力と比較することで，具体的な与信判断につなげることができる。

❖業績の情報

　①売上激減，②債務超過，③借入過多，④粉飾の噂，⑤継続企業の前提に関する注記，⑥監査法人の変更（特に期中の変更），⑦財務制限条項への抵触などである。

　主要商品の需要減などによる売上不振や何らかの大幅な損失計上，連続赤字決算などによって，債務超過または債務超過に近い状態にまで自己資本が減少することがある。

　ベンチャー企業などは，取引基盤が安定していないことから，収益が悪化した時の振れ幅が大きく，資本の余裕も小さいため，このような事態に陥る確率が高いといえる。もし債務超過やそれに近い状況になった場合は，銀行に対する信用力が低下し，融資を受けることが困難になり，資金繰りはさらに行きづまることになる。どのような理由によるものかにより，銀行の姿勢は多少変わることも考えられるが，おおむね厳しい状況にあるものと考えられる。

また，主に上場企業や大企業が対象となる情報としては，監査法人の期中変更や継続企業の前提に関する注記，財務制限条項への抵触などがあり，いずれも信用力の低下につながるおそれがあるため注意を要する。

監査法人の期中変更は，監査法人と企業との間で監査意見の対立が起こっており，不適正な会計処理や開示が行われている可能性が考えられる。また，財務制限条項とは，金融機関が貸付を行う際に，契約にて債務者が一定水準以下の財政状況になった場合，債務者は期限の利益を喪失し，金融機関に対して即座に貸付金を返済することを定めた条項である。そのため，財務制限条項への抵触は，財政状況が契約で定めた水準以下になったということであり，財政状況の悪化とともに，借入金の返済や金融機関の支援体制の変化による資金繰りの悪化に注意が必要となる。

❖権利関係情報

①不動産に担保設定増，②差押え，競売開始決定，③動産譲渡登記，債権譲渡登記，④根抵当権極度額の確定，⑤訴訟などをいう。

商業登記簿謄本や不動産登記簿謄本，官報などから権利関係に関する情報を得ることができる。差押えや競売の開始は，決済遅延や税金の滞納などが原因であることが多く，資金繰りに窮しているということである。これは，非常に危険な状態といえる。

不動産や売掛債権，在庫などへの担保設定については，不動産登記簿謄本や商業登記簿謄本を取得することで確認できる。担保の設定に関しては，保有資産を担保にして事業拡大のための資金を調達するなど前向きな動きならよいが，借金が返せず最後の担保手段として実行される場合もあるので，気をつけるべきである。

担保設定などの登記を行ってすぐに倒産した場合，ほかの債権者から詐害行為として訴えられる可能性があるため，金融機関が登記後即座に倒産させることは考えにくいが，半年以上経過している場合は，支援を打ち切って倒産させる可能性があるため注意が必要である。

また，債権譲渡登記や動産譲渡登記が設定されている場合には，誰がどんな目的で設定しているのかが重要となるため，可能な限り確認する必要がある。債権譲渡に伴う抵当権移転登記がなされている場合には，新たな債権者が誰なのか，支援方針はどうかを確認しつつ，金融機関が債権譲渡を行っている場合

第4章　定量・定性・商流分析

には，金融機関が取引から撤退していることを示すことから，強い警戒感を持つ必要がある。

　このほか，金融機関が根抵当権の極度額を確定した場合には，金融機関の姿勢が債権の回収に移行している可能性が高いため，金融機関の支援姿勢や取引先の資金繰り，信用力に変化がないか，確認する必要がある。

❖手形・資金調達の情報

　①手形割止め，②市中手形出回り，③白地手形の振出し，④高利資金導入などをいう。

　手形割止めとは，市中金融業者が持ち込まれた手形の割引を拒否していることを指す。「融通手形の疑い」や「振出人の信用不安」，「金額が大きい」，「持ち込んだ人の筋が悪い」，「ほかの街金業者からの照会が多い」，「振出人の企業内容が不明」，「手形裏書人が不明」など，さまざまな理由から手形の割引を拒否されることがある。

　振出人の信用不安が原因とは必ずしもいえないが，いずれにしても，高利ながら大抵の手形を割り引く街金業者が，割り引かないと判断した手形なので，該当企業には少なからず信用不安情報の噂が飛び交うようになる。

　街金業者は，定期的に自社で割止めの振出人，金額，その理由などを持ち寄って情報を交換しており，それが割止めリストとして出回るのである。

　取引先の割止め情報を入手した場合には，まず噂の出所・背景を確認し，裏づけを行い，真偽を確かめて対応策を決めていくことが重要である。

　白地手形とは，金額欄が空白の状態で振り出された手形のことである。受取人が自由に金額を記入できるため，きわめてリスクが高く，通常の取引では発行しないものである。白地手形の振出し情報を入手した場合は，発行理由や受取人，受取人との関係などを確認し，取引先の資金繰りや信用力への影響を検討する必要がある。

❖事件・事故情報

　①役員，経営幹部，経理幹部の逮捕，②行政処分（営業停止，課徴金，許可取消），③商品，製品の欠陥・偽装，④架空取引など違法性のある取引などをいう。

　企業が起こした不祥事・事件・事故は，その情報がマスコミ報道などで広が

4－12　信用不安情報の入手

りやすいことから，関係者や一般利用者の間で，ともすればその不祥事・事件・事故による実害の程度以上の信用低下に発展することもある。その不祥事・事件が倒産に結びつくかどうかは，業績や余裕資金の量と，その事件の影響がどの程度の範囲に及ぶのか，どれぐらいの規模で報道されているのかを総合的にみて判定しなければならない。

　架空取引や融通手形取引などは，一度始めてしまうと，そこから手を引くことはとても困難なものとなる。なかでも融通手形取引は，資金繰りがつかなくなった企業にとって，最もてっとり早く資金調達できる方法である。一般的に融通手形には，取引先を支援する目的で振り出される「支援手形」「貸し手形」と呼ばれるものと，資金繰りに詰まった企業同士が互いに振り出し合うものとの2つのパターンがある。前者で支援する場合であっても，相手先に対する温情から深みにはまり，不良債権を膨張させて自らも破綻してしまうケースが少なくないため，支援目的で振り出される融通手形も，資金繰りに困ったもの同士で行う融通手形と同様に非常に危険なものといえる。

　また参加企業の1社が倒れたら，そこから連鎖倒産が引き起こされる危険性もきわめて高いため，疑わしい場合は早急な対応が必要となる。

　行政処分情報とは，許認可業種において，重大な違反事項等が生じた時に，担当省庁や自治体から命じられる処分情報である。飲食業等における営業停止命令や，建設業における官公庁からの指名停止処分，産廃処理業における許可取消し等が該当し，業績へのインパクトが大きいものも少なくないため，取引先に許認可業が多い場合などは，定期的に確認することが望ましい。

❖支払いに関する情報

　①給与遅配，②支払遅延，③手形ジャンプ要請，④銀行借入返済の延滞，⑤家賃滞納などをいう。

　支払いに関する情報は，資金不足が生じているという倒産に直結する情報であり，緊急度が最も高い情報の1つである。

　仕入先，外注先に対して，決済システムの変更など明確な理由がなく，支払条件の変更を要請してきた場合は，要注意と捉える必要がある。さらにすべての取引先に対してではなく，支払期日が迫ってきた先にだけ，または特定の取引先にだけ支払期日の延長などの要請をしてきた場合であっても，まず経営状態が悪化しているものと考えてよい。こうした情報は，あっというまに業界内

第4章　定量・定性・商流分析

に広まることが多く，それによりますます厳しい経営を強いられることとなる。

不渡手形情報とは，支払手形の期日に決済が不能状態となったことを指す。

1回のみであれば，直接倒産には結びつかないが，6カ月以内に2回不渡りを発生させると，手形交換所取引停止処分（銀行取引停止処分）となり，以後，銀行を介した決済が一切不能となるため，実質的に倒産扱いとなる。1回目の不渡り発生から約2週間〜1カ月程度が最も倒産しやすいといわれており，最も倒産に近い不安情報といえる。

手形ジャンプ情報とは，支払手形の期日に決済不能であるため，取引先に相談して，再度手形を振り出し直すことで，決済期日を延長してもらうことを指す。

現金払いの際の支払遅延と同義であり，資金繰りに直結する内容であることから，不渡手形情報と同様に，倒産に近い不安情報といえる。

❖金融機関の支援姿勢に関する情報

①融資停止，②銀行借入の返済方法変更，③銀行借入の返済猶予対応（リスケ対応）などをいう。

企業の資金繰りが悪化して，借入金を返済することが難しくなる場合に，金融機関に借入金返済を猶予してもらうことをリスケという。リスケによって，返済を一時的に猶予してもらうことができるため，資金繰りが楽になるが，リスケ中には新規融資を行ってもらえないため，追加の資金需要が発生する場合には，資金調達が困難になる可能性がある。

また，リスケの期間中に経営改善計画が予定通りに進まず，計画が頓挫した場合，金融機関がリスケ支援を打ち切ることがある。金融機関が支援を打ち切る場合にはサービサーに債権を売却することが多く，サービサーは金融機関とは異なり法的手段を選択する可能性が高いため，倒産に直結することもある。したがって，金融機関の支援姿勢と当該企業の経営改善計画の履行状況をモニタリングすることが必要である。

❖関係会社の経営悪化に関する情報

①関係会社の倒産，経営悪化，②関係会社に対する多額の融資，保証などをいう。

グループ企業は，結局，財布が1つとなっていることが多く，いずれかの企

業で資金繰りが破綻する時は，グループ企業全体が同時に破綻することや，1つが破綻した影響が甚大に響くことが少なくない。関係会社に危険な兆候があった時は，その企業自体についても危険な可能性が高いといえるため注意が必要となる。

第4章　定量・定性・商流分析

4-13

取引の流れ

4-13-1　商流の把握

　取引の安全を図るには，取引先自体の定量分析と定性分析だけでは足りず，当該取引の全体像を把握する必要がある。

　自社商品を販売先に販売できさえすればよいというのでは与信管理を行っているとはいえない。自社商品が販売先にどのように納入され，販売先からどのように販売されていくのか，その先の販売先も把握し，さらにどのように債権を回収しているのかも把握しておきたい。このような確認・分析を行うことで，危険な取引に巻き込まれることを未然に回避することができる。

　また，全容を知ることはできないまでも，少なくとも自社が販売先から売掛債権を回収する期間と，仕入先に買掛債務を支払う期間は把握しておく必要がある。なぜなら，仕入先への支払いよりも販売先からの回収の方が長期の場合には，回収するまでの間に発生する支払金額を立て替える形となり，自社で資金を調達しておくことが必要となるからである。

　取引をする場合は，販売先の企業だけを分析していたのでは十分とはいえず，仕入先から販売先の販売先（販売先が売掛金を回収してくる企業）なども並行して調べていく必要がある。そして，仕入先への支払条件と販売先からの回収条件がうまく整合性がとれているかなど，商売全体の流れを理解したうえで分析を行い，商売の全体像（商流）を把握していくことが大切である。

❖取引形態の把握

　与信管理の対象となる取引としては，以下のようなものが挙げられる。取引先との取引形態とそこに内在するリスクを理解しておく必要がある。以下に，主な取引形態と取引上注意するポイントを列挙する。

(1)　売買取引

　売買取引とは，品物や土地の所有権を取引先に移転したり，取引先にサービ

366

スを提供したりすることでその代金を受け取る取引をいう。

　与信金額は，売掛金，受取手形（裏書譲渡手形を含む），未収入金など現金での回収ができていない販売代金全額となる。継続取引の場合は一般的に「月間販売数量×商品単価×回収サイト（月数）」で，1回限りのスポット取引の場合は「販売数量×商品単価」で算出される。

(2) 寄託取引

　寄託取引とは，取引先に自社在庫などの所有物を保管させる取引である（**図表4－59**）。与信金額は寄託物の帳簿価額となる。

　取引先が倒産した際は，他の債権者による商品引揚げなどで寄託物が散逸する危険性もあり，自社所有物といっても十分な管理が必要な取引となる。一方，債権と違って自社所有物であるという油断から，管理が不行き届きになる傾向があるため在庫が膨張してしまう危険性もあり，注意が必要である。

　寄託取引のうち取引先が寄託物を消費する取引を「消費寄託取引」という。この場合，取引先が消費した分について売上が発生することになるため，与信金額は，寄託物の帳簿価額に加え，取引先が消費した寄託物代金のうちで未払いになっている販売代金の合計金額となる点に留意が必要である。

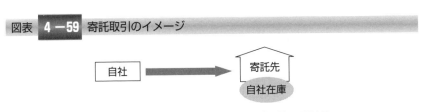

図表　4－59　寄託取引のイメージ

自社資産を寄託先に預ける

(3) 委託加工取引

　委託加工取引とは，取引先に原材料などを供給して加工させる取引（**図表4－60**）で，与信金額は供給した原材料の現在価値となる。委託取引と同様に，取引先倒産時には原材料が散逸する危険性があり，管理不足による在庫膨張のリスクもあるため，注意が必要である。

　また，加工途中のものなど（仕掛品）で汎用性が低い場合は，特に商品価値がなくなってしまう場合もある。さらに，加工製品の販売先への供給責任を加味すると，リスクが与信金額だけに収まらない場合もあり，集中的に管理しな

ければならない取引形態の1つとなる。

図表 4－60 委託加工取引のイメージ

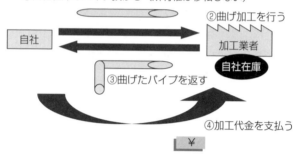

(4) 前渡取引

前渡取引とは，役務の提供に関わる代金，商品や原材料などを購入する代金を，取引先に対して前払いする取引形態のことをいう。取引先倒産時は，役務提供や商品納入がされずに前払金は回収不能となる場合があり，注意が必要である。

与信金額は前払いした金額全額となるが，第三者への役務の提供への影響，販売先への自社の供給責任を加味すると，リスクは与信金額だけに収まらない場合もあり，管理しなければならない取引の1つとなる。

(5) 仕入取引

仕入取引は，前払いが発生しなければ一般的に与信リスクはないと考えられているが，商品に瑕疵（クレーム）があった場合には，直ちに代替品を納入することを要求しなければならなくなる。また損害賠償請求債権や代金返還請求債権の回収リスクが発生することもありうる。さらに，仕入先の倒産などにより商品提供を受けられなくなった場合，販売先への自社の供給責任の問題も生じる。そのため，仕入取引も広義において与信行為を行っているといえる。

したがって，仕入先が継続的な商品の供給能力があるか，クレームが発生した場合に対応する能力があるか，損害賠償を請求することになった場合に対応できる財務体力があるかといった観点で評価・管理していくことが必要となる。

❖取引条件の設定

取引条件を決めるポイントとしては，「商品」「取引量と単価」「決済（支払い・回収）条件」「担保条件」「納入場所と方法」が挙げられる。これらは，業界慣行や相手方との力関係により，必ずしも思いどおりにならないことも多くある。

特に，決済条件は自社の資金繰りの良否に影響するものであり，しかも一度設定するとその変更は困難であるため，契約におけるきわめて重要な要素といえる。取引先の信用力や取引の流れに注意して設定する必要がある。

(1) 取扱商品

取引を行う商品を決定する。商品に色やデザインなどのバリエーションがある場合は，第三者にも疑義のないよう特定することが重要である。

(2) 取引数量と単価

契約の対象となる取引数量とその単価を決定する。商品ごとに特性があり，単価が増減することもあるので注意が必要である。

(3) 決済条件

代金を決済（支払い・回収）する際の条件を決定する。

(4) 納入場所と方法

商品の納品される場所と納品方法を決定する。どこで所有権が移転するのかを決めておく必要がある。また現物確認をするうえでも非常に重要である。

(5) リベート（割り戻し）

販売を促進するために，売上に応じて販売業者に支払う報奨金（リベート）の金額や率を決定する。

(6) 担保条件

販売代金の決済を確実に履行させるため，担保を取得する条件を決定する。

❖決済条件の設定

(1) 締 め 日

締め日とは，販売代金をとりまとめて請求金額を確定する日である。月中に何度も取引している場合，個別の取引ごとに代金を決済しないで，相手方と取り決めた日で締め，前回の締め日から今回の締め日までの間の代金を計算し，後日一括して決済するようにする。

第4章　定量・定性・商流分析

(2)　支払（回収）日
代金を実際に決済する日である。締め日の何日後に決済を行うかを決める（月末締翌月末払いなど）。

(3)　支払方法
現金・小切手で決済するか，手形で決済するかなどを決める。

❖商　　流

(1)　回収サイトと支払サイト
取引サイクルは，仕入代金の支払いと売上代金の回収の2系統に大きく分かれる。

たとえば，自社の仕入先Aへの支払条件を「月末締翌月末現金払い」とすれば，仕入れてからその代金を支払うまでの期間（支払サイト）は最長で2カ月となる。一方，販売先Bからの回収条件を「月末締翌月末振出60日手形」とすれば，商品を販売し，その代金が入金されるまでの期間（回収サイト）は最長で4カ月を要する（**図表4－61**）。

取引サイクルの中で支払いまでの猶予期間は2カ月，一方，回収までに必要な期間は4カ月である。したがって，「回収サイト（4カ月）－支払サイト（2カ月）＝2カ月」で2カ月分は支払いのほうが入金よりも先行し，資金を立て替える形になる。この立替えに必要な資金を運転資金という。立替期間が長いほど運転資金を調達する負担が増える。さらに，自社で在庫を持つ場合はその在庫代金分も運転資金が必要になる。自己資金でまかなえれば問題ないが，借入で運転資金をまかなう場合は，金利負担も加味した利益を確保できないと取引自体の利益率が悪くなり，損をしてしまう可能性がある。

また，回収条件を決定する際には，販売先Bと最終需要家である販売先Cとの決済条件も考慮に入れなければならない。たとえば，販売先Bの自社に対する支払いより，販売先Cからの現金回収の方が先行する場合，その分だけ販売先Bに対して，金融を行ったこととなり，その資金が流用された場合，回収に支障が出るおそれもあるからである。最低でも，販売した商品が現金化されるタイミングで回収できるようにしておく必要がある。

決済条件を決める際のポイントは，「入金は早く，支払いは遅く」である。業界慣行や相手方との力関係の制約もあるが，これが決済条件の大原則である。資金繰りをうまく回すには，売上代金の入金がまず先にあり，それを支払いに

370

4-13 取引の流れ

図表 4-61 商流の把握

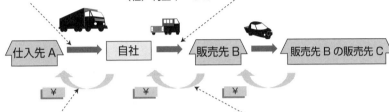

- 月間取引額＝商品単価 × 月間取引数量
  …毎月取引をする金額。仕入と販売の差額が月間の（粗）利益額となる。
- 与信金額＝月間取引額 × 回収サイト
  …販売先への売掛債権の総額。販売先が倒産すると貸倒れが発生する。
- 運転資金＝売掛金額＋在庫－買掛金額
  …取引を行うのに必要な資金。立替資金ともいう。

回せるように決済条件を工夫する。たとえば，入金が「月末締翌月末払い」の場合，支払いは「月末締翌々月10日払い」といった形にすれば資金負担は生じず，取引の利益率も上昇する。

(2) 回収方法——手形か現金か

取引先から代金を約束手形で回収すると，保管管理にコスト負担が発生し，また取立てにかかる銀行手数料も安くない。したがって，近年は取引先との決済条件を変更し，手形での回収を中止し，現金振込や期日現金決済に移行する傾向がある。

手形回収はたしかに面倒な点は多いかもしれないが，債権保全・回収の観点からは非常に有益となる。現金決済の場合，取引先が資金繰りに余裕がある時は問題ないが，資金繰りが逼迫してくると，支払期日より遅れて支払われるこ

とがある。また，取引先が購入した商品にクレームをつけて支払いを拒否することもありうる。

このような事態を回避し，債権回収をスムーズに行うためには，取引先からあらかじめ支払期日に合わせた約束手形を取得しておくことが良策である。取引先が自社に対して約束手形を振り出すと，その支払期日に必ず決済しなければならず，資金繰りが悪いことや購入商品にクレームがあることなどを理由に，その支払いを拒絶することはできない。なぜなら，もしその期日に支払いができなければ，振り出した手形が不渡りとなって信用不安が広がり，ひいては手形交換所取引停止（実質的な倒産）という状態を招いてしまうからである。

したがって，手形の支払期日までに何とかして現金を調達し，支払い（決済）をしなければならないというプレッシャーを債務者に与えることになるので，回収の促進につながることになる。また，債権の存在を立証することが簡単であり，さらには他者に裏書譲渡することや，支払期日を待つことなく割り引いて換金することもできる。

このように手形での回収は，債権保全・回収上で大きな効果を発揮することから，信用力の低い取引先からは手形で回収することが望ましい。

(3) 物流の確認

商品売買において問題になるのは，商品が売主から買主に確実に引き渡されたかどうかである。単純な二者間の売買では，商品引渡しについて問題になることは少ないと思われる。しかし取引上は，自社が仕入先から仕入れて販売先に売る形であっても，商品は仕入先から販売先に直送される取引も多くある。さらには，多数の契約当事者が間に入る売買取引も多くみられ，そのような場合には，仕入先から販売先に商品が確かに引き渡されたことを書面で確認してから仕入先に商品代金を支払う形になる。

ところが，常に商品が仕入先から販売先に直接引き渡されるということが続いて行われている継続的な売買取引の場合，自社がそのつど販売先に対して，たしかに販売先が商品を受領したのかを確認することが困難であり，仮にできたとしても販売先の商品受領書が自社に交付されることが遅れる可能性もある。

そのような時は，自社が仕入先の納品書などに基づいて，仕入先に商品代金を支払うことになりがちであるが，仕入先から販売先に商品の引渡しがされていないのにもかかわらず，自社はそれを知らずに仕入先の納品書を信じて支払いを行い，後日仕入先が倒産してしまった時には，自社がすでに仕入先に支

払った商品代金を取り戻すことが難しくなってしまう。また，商品が存在しない（架空）ということになると，販売先は商品代金の支払いを拒み，支払請求ができないことにもなる。

　販売先の信用力の分析は当然必要であるが，商流（仕入先からエンドユーザーまでのモノの流れ），物流（モノの存在・受領確認）の確認を怠ると，商品が存在しない架空取引に陥ったり，商品は存在してもエンドユーザーがおらず，当事者間で商品がぐるぐる回る循環取引に巻き込まれたりするおそれがある。

　売買取引で，商品受渡しについてこのようなトラブルを避けるためには，まず商品の受領書や在庫の現物を定期的に確認し，最終需要家が商品をどこで何に使うのかなどをしっかり把握しておくことが必要である。

|4-13-2| 危険な取引

❖危険な取引の種類と注意点

　通常，企業が行っている取引にはさまざまな種類があり，かつ複合している取引も多々ある。

　以下に述べる種類の取引は事故につながりやすいものが多く，極力排除していくことが望ましいことはいうまでもない。しかし，実際のビジネスを考えた時，そのすべてが排除できるものではないことも事実である。このような取引が事故につながりやすい背景には，既存の銀行借入や企業間与信だけでは資金調達に限界があり，あたかも正常な取引と見せかけて資金調達を図ろうとすることが多いためでもある。

　ここでは危険度の高い取引を，事故防止の観点も含めて説明する。

❖介入取引

　介入取引とは，仕入先と販売先（仕入先と親子関係あるいは企業グループ関係の場合もある）との間で必要な商品・金額・決済条件などがあらかじめ決定されており，債権の回収リスク（与信リスク）の回避や資金事情などの理由により，自社が介入する形で成立するものである（**図表4-62**）。

　具体的には，仕入先と販売先との間ですでに実質的に取引条件が決まっており，自社としては営業努力をしなくても売上や利益の確保ができることから，

話に乗りやすい取引形態でもある。

　介入取引のほとんどが，仕入先が販売先への回収リスク（与信リスク）の回避および仕入先自体の資金負担の軽減などを目的としている。また一部には，仕入先（あるいは仲介者も共謀）が企業の盲点（書面取引のみで，商品の現物確認や受渡立会が行われないケースがある）を突いて，資金を引き出そうとする意図で話が持ち込まれることがある。

　このような取引は非常に危険であり，中止すべきものである。どうしても取引を行う必要がある場合には，販売先のみならず仕入先の経営状態，財務状態も事前に十分調査してから取り組むことが必要となる。

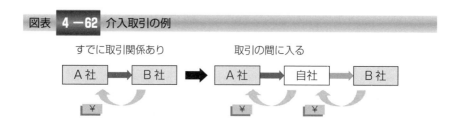

図表 4－62　介入取引の例

❖循環（環状）取引

　循環（環状）取引とは，介入取引の一形態で，何も知らない企業から資金を引き出すことを目的に，取引に介入させた後，いずれかの時点で商品が元の持主（自社の仕入先）に戻る取引である（**図表4－63**）。

　自社の仕入先と販売先が結託して，自社にはあたかも正常な取引と見せかけているものの，その実態は，仕入先と販売先とが直接あるいは間接的に裏でつながっている。循環取引の事実関係が判明するのは事故直前あるいは事故発生後がほとんどで，商品が伴わない場合（いわゆる架空取引）も多く，事故発生時には自社が多額の損失を被ることが少なくないため，行ってはならない取引の1つである。

　循環取引においては，複数の企業が融通手形を切り合っている場合が多く，いずれかの企業で，資金繰りが破綻すれば同様に連鎖して破綻するため，十分な事前調査と商品の価値・受渡しの確認などが非常に重要である。

図表 4-63 循環取引の例

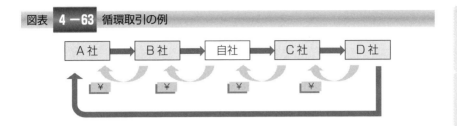

❖迂回取引

通常，企業は与信管理のために与信限度額制度を設け，脆弱あるいは危険な取引先には与信を行わないようにしている。しかし，自社が販売先に与信ができない，または与信の増額が不可能であるとの理由で直接の取引が思うようにできないため，与信力のある第三者を介して取引の一部もしくは全部を迂回して売り上げ，表面上はその第三者と与信限度額内で取引しているように繕っているケースを迂回取引という（**図表4-64**）。

販売先が倒産に至った時，その第三者の経営陣があらかじめ自社の与信事情などを十分承知で，かつ自己のリスクにて介入していることを確認できている場合はリスクが少ないが，そうでない場合は，第三者向け債権も回収できなくなるリスクを背負う可能性があるため，十分に注意をする必要がある。

図表 4-64 迂回取引の例

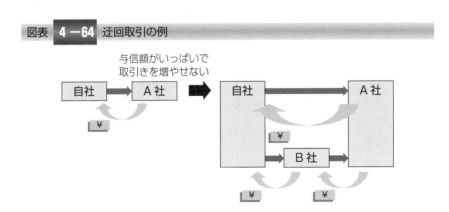

❖在庫融資取引

在庫融資取引は，自社と取引先との通常取引があって，取引先が一時的に資金不足をきたしたことにより資金援助策の1つとして行うケースが多く，在庫（商品）を媒体とした変則的な取引である。

この在庫融資取引には，主に以下のようなものがある。いずれについても，取引先が返済不能となった場合，商品の換価処分によって債権の回収を図ることとなる。しかし，在庫商品が取引先の管理下にある場合，回収時には商品の価値が予想外に減少するケースや，最悪の場合は転売され皆無となるケースもあり，債権の回収が難しいのが実情である。したがって，あらかじめ商品の価値を確認のうえ，できる限り商品を自社の管理下，たとえば自社営業倉庫に置くことなどが望まれる。

(1) 商品譲渡担保付融資取引

取引先へ融資するに際して，取引先から担保となる財産（商品）の所有権を譲渡担保権者（自社）に移転させて，占有権および利用は従前どおり取引先に委ねて債権保全を行う融資取引である。

(2) 売戻し条件付在庫買上取引

自社が，取引先の商品をいったん買いあげてその代金を支払い，同時あるいは比較的短期間の後にその在庫を取引先へ売り戻し，その代金を回収する変則的な取引形態をとる融資取引である。

(3) 取引先の資金事情に合わせた取引

仕入先の資金繰り事情に合わせて，自社が必要としない在庫を媒体に仕入先から前倒しして仕入れを行うことで，実質的な融資とする取引である。あるいは取引先の資金繰りのために，作為的に売上を後ろ倒しして，自社が在庫資金を負担したままの状態にすることで，取引先の資金需要を表面化させない取引もある。

このような取引は，取引先が資金的にタイトであることがわかっていながら，社内管理上の甘さを突いた取引で事故にもつながりやすく，絶対に避けなければならない。

❖備蓄取引

主に季節的要因を受ける農産物・水産物類のように，供給が一時期に集中して需要が徐々に進むケースと，逆に繊維類のように，需要が一時期に集中して

4 −13 取引の流れ

供給がこれに対応できないケースがある。この供給と需要とのタイムラグを仕入先あるいは販売先に代わり自社が在庫（資金）負担により行う取引である。

これらの取引には，相手先を厳選するのはもちろん，急激な取引拡大は避けるべきで，かつ，在庫の鮮度・流行の劣化，相場の下落などの商品リスクの発生をあらかじめ考慮した対応が必要である。

❖紹介取引

紹介者に対する義理，人情および紹介者への信頼がよりどころとなっているため事故が発生することがある。紹介者が誰であろうと通常の新規取引と同様に情報収集に努め，取引先の信用力を見極めたうえで，自社が許容できる範囲で取引を行わなければならない。

❖新事業取引

他社との協業で新事業を開始する場合，自社に販売ノウハウ，事業知識がないために，当該事業を自社に持ち込んだ相手先に事業運営を依存する形態になりやすく，また相手先に資金力がないことも多いため挫折することが多い取引である。

❖担保依存取引

担保を設定していることによる安心感が取引への感度を鈍らせ，事故につながるケースがある。

❖遠隔地取引

取引先が遠隔地にある場合，信用調査が行き届かず取引先の内容の変化，地元における評判，担保取得時の価値把握等の面で的確性を欠くことがある。十分な情報収集に努めることが肝要である。

❖再開取引

企業も人と同じく，性格はなかなか変わらない。1度何らかの理由で揉めた取引はまた同じ理由で事故が発生する可能性がある。

377

第4章　定量・定性・商流分析

❖追従型取引

　明確な与信根拠を示さず，大手商社・大手メーカー等との取引に追従する取引をいう。他社に追従せず，主体性を持った調査と取引対応を行う必要がある。

│4-13-3│　詐欺による被害

❖取込み詐欺

　長引く不況の中，取込み詐欺の被害が後を絶たない。取込み詐欺とは商品だけを受け取り，商品代金を支払わない詐欺のことで，いわゆる「パクリ行為」のことをいう。なかには，それを専門にした「パクリ屋」と呼ばれる業者もいる。

　近年，手口も巧妙化しており，インターネットの普及などにより被害はこれからも増加の傾向にあると予想される。

　取込み詐欺の一般的な手口として，最初は少額の取引を行い，商品代金も約束の日にきちんと支払う。少しずつ取引金額を上げていき，注文回数を増やし業者からの信用を得る。そして多額の取引を行ったところで支払いをしなくなるという手口である。

　自社が代金を支払うように請求しても，はじめは何かといいわけをするようになる。徐々に，これまでの態度から手のひらを返したかのように変貌し，脅かしたり怒りだしたりする。そして，最後には連絡がつかなくなり，痕跡を残さず行方をくらませる。

　また，はじめから一気に多額の仕入れを行い，計画倒産を目的として取引を行う手口もある。その場合，いきなり連絡がとれなくなるので，商品や代金を取り戻すことは困難である。

　裁判で訴えると訴訟を起こしたときの裁判費用と，損害額が同じくらいになるように考えており，被害者が泣き寝入りすると読んでいる悪質な業者もいる。

　対策としては，以下のことが挙げられる。

・企業が設立してまもない場合や，社名や住所が変更している場合は，実際に相手の事務所を訪れて実体の存在等を確認する。

・被害を察知した場合は，早いうちに手を打たないと逃げていなくなる可能性があるため，取り返すためには自ら相手先に出向いて請求をする。

・裁判を起こす場合は，書類や電話でのやりとりをできるだけ詳しく記録し，

378

情報を揃える。

・新規の取引業者が，短期間で大きな取引を持ちかけてくる時などは，計画倒産のおそれがあるので信用調査を行うなどの処置をとる。大きい取引の方が一気に利益が得られるが，その分リスクも大きいので，少量の取引から始める。

・最初は前払いで取引をしていたが，理由をつけて後払いに変更するように要求してくる場合は，相手の要求を鵜呑みにせず，用心する。

❖手形詐欺

また代表的な詐欺の1つに手形詐欺がある。これは相手を騙して手形を換金したり，支払口座に預金残高がないことを知りながら手形を切らせたり，わざと不渡手形を発行してお金を騙しとることをいう。

経営状況が不安定になり信用状態が悪化した企業の中には，取引している企業を騙して取込み詐欺を図る場合がある。そこで詐欺的な手形や支払いのできない手形を発行するのである。

このような詐欺の被害に遭わないために，相手によっては手形を受け取る際に疑わしい点がないかを十分確認することが必要である。

対策としては，以下のことが挙げられる。

・疑わしい手形の1つに手形の振出日から支払期日までの期間が長いものがある。期間は業界によって異なるが，慣例と比較して著しく期間が長い場合は注意が必要である。

・有害的記載事項のある手形も気をつけなければいけない。有害的記載事項とは，その記載があれば場合によっては手形が無効になるというものである。

・手形の「裏面の不連続」にも注意が必要である。手形のはじめの受取人から最終所持者まで途切れることなく続いていれば問題ないが，これが続いていない場合には支払いが受けられなくなるおそれがある。

第4章　定量・定性・商流分析

4-14

反社会的勢力との取引管理

| 4-14-1 | 反社会的勢力とは

❖反社会的勢力

　近年，コンプライアンス意識の高まりにより，反社会的勢力への対応を強化する流れが加速している。しかし，反社会的勢力として取引排除する対象先は法律上，明確に定義づけされているわけではない。一般的には，政府指針や組織犯罪対策要綱等により，反社会的勢力は以下のように定義されている。

(1) 2007年政府指針による「反社会的勢力」

　2007年6月19日に，政府の犯罪対策閣僚会議幹事会が申合せという形で「企業が反社会的勢力による被害を防止するための指針について」（以下，「2007年政府指針」という）を定めた。この2007年政府指針では，「暴力，威力と詐欺的手法を駆使して経済的利益を追求する集団又は個人」とし，さらに，「反社会的勢力」を判断するためには「暴力団，暴力団関係企業，総会屋，社会運動標ぼうゴロ，政治活動標ぼうゴロ，特殊知能暴力集団等といった属性要件」に着目するとともに，「暴力的な要求行為，法的な責任を超えた不当な要求といった行為要件」にも着目することが重要であるとして，属性だけではなく，行為が不当であれば，反社会的勢力と判断して，関係遮断を考えるべき対象としている。2007年政府指針における反社会的勢力として，以下の属性がある。

(i) 暴力団

　暴力団とは，その団体の構成員（その団体の構成団体の構成員を含む）が集団的にまたは常習的に暴力的不法行為等を行うことを助長するおそれがある団体をいう。

① 指定暴力団

　都道府県公安委員会は，暴力団のうち，暴力団対策法の定める3要件（「組織の威力を使って資金を獲得している」，「一定の構成員に特有の前科がある」，「階層的に組織を構成している」）のすべてに該当する暴力団を「指定暴力団」

380

4 − 14　反社会的勢力との取引管理

と指定しており，2018年末時点において24団体が指定されている（**図表4−66**）。

　(ii)　暴力団関係企業

　　暴力団関係企業とは，暴力団員が実質的にその経営に関与している企業，準

図表　4 −66　指定暴力団一覧表（24団体）

番号	名　　　称	主たる事務所の所在地	代表する者	勢力範囲	構成員数
1	六代目山口組	兵庫県神戸市灘区篠原本町4-3-1	篠田　建市	1都1道2府39県	約4,400人
2	稲　川　会	東京都港区六本木7-8-4	辛　炳圭	1都1道16県	約2,200人
3	住　吉　会	東京都港区赤坂6-4-21	関　　功	1都1道1府15県	約2,800人
4	五代目工藤會	福岡県北九州市小倉北区神岳1-1-12	野村　悟	3県	約330人
5	旭　琉　會	沖縄県沖縄市上地2-14-17	富永　清	1県	約320人
6	六代目会津小鉄会	京都府京都市下京区東高瀬川筋上ノ口上る岩滝町176-1	馬場　美次	1道1府	約70人
7	五代目共政会	広島県広島市南区南大河町18-10	守屋　輯	1県	約140人
8	七代目合田一家	山口県下関市竹崎町3-13-6	金　教煥	3県	約70人
9	四代目小桜一家	鹿児島県鹿児島市甲突町9-24	平岡　喜榮	1県	約60人
10	五代目浅野組	岡山県笠岡市笠岡615-11	中岡　豊	2県	約70人
11	道　仁　会	福岡県久留米市京町247-6	小林　哲治	4県	約480人
12	二代目親和会	香川県高松市塩上町2-14-4	吉良　博文	1県	約40人
13	双　愛　会	千葉県市原市潤井戸1343-8	椎塚　宣	2県	約140人
14	三代目俠道会	広島県尾道市山波町3025-1	渡邊　望	5県	約80人
15	太　州　会	福岡県田川市大字弓削田1314-1	日高　博	1県	約90人
16	九代目酒梅組	大阪府大阪市西成区太子1-3-17	吉村　三男	1府	約30人
17	極　東　会	東京都豊島区西池袋1-29-5	曺　圭化	1都12県	約520人
18	二代目東組	大阪府大阪市西成区山王1-11-8	滝本　博司	1府	約130人
19	松　葉　会	東京都台東区西浅草2-9-8	荻野　義朗	1都7県	約420人
20	三代目福博会	福岡県福岡市博多区千代5-18-15	金　寅純	3県	約110人
21	浪　川　会	福岡県大牟田市上官町2-4-2	朴　政浩	1都5県	約210人
22	神戸山口組	兵庫県神戸市中央区二宮町3-10-7	井上　邦雄	1都1道2府28県	約1,700人
23	任俠山口組	兵庫県尼崎市戸ノ内町3-32-6	金　禎紀	1都1道1府11県	約400人
24	関東関根組	茨城県土浦市桜町4-10-13	大塚　逸男	1都1道3県	約130人

注１：本表の「名称」，「主たる事務所の所在地」，「代表する者」，「勢力範囲」，「構成員数」は，平成30年末現在のものを示している。

＊出典：警察庁組織犯罪対策部組織犯罪対策企画課「平成30年における組織犯罪の情勢〔確定値版〕」（平成31年3月）34頁。

381

構成員もしくは元暴力団員が実質的に経営する企業であって，暴力団に資金提供を行うなど暴力団の維持もしくは運営に積極的に協力し，もしくは関与するものまたは業務の遂行等において積極的に暴力団を利用し暴力団の維持もしくは運営に協力している企業をいう。

(iii) 総会屋

総会屋とは，株主として株主総会への出席資格を有することを利用し，株主総会の議事進行への協力の見返りとして，株主配当金以外に金銭等の要求を行う者をいい，特殊株主，プロ株主などとも呼ばれる。企業が総会屋からの金銭等の要求に応じない場合には，総会屋は株主総会において大声で異議を唱えるなど，議事進行を妨害する。1982年の改正商法の施行によって総会屋の活動を抑制したことで，近年は以前に比べて総会屋の活動は活発ではないが，依然として類似した活動を行う者は存在しているため，企業としては株主総会時におけるリスクの1つとして，引き続き対応の準備が必要とされる。

(iv) 社会運動標ぼうゴロ，政治活動標ぼうゴロ

社会運動標ぼうゴロおよび政治活動標ぼうゴロとは，社会運動もしくは政治活動を仮装し，または標ぼうして，不正な利益を求めて暴力的不法行為等を行うおそれがあり，市民生活の安全に脅威を与える者をいう。

(v) 特殊知能暴力集団等

特殊知能暴力集団等とは，暴力団との関係を背景に，その威力を用い，または暴力団と資金的なつながりを有し，構造的な不正の中核となっている集団または個人をいう。

(2) その他の「反社会的勢力」

その他，排除の対象とされる反社会的勢力には以下の属性がある。

(i) 暴力団準構成員

暴力団または暴力団員の一定の統制の下にあって，暴力団の威力を背景に暴力的不法行為等を行うおそれがある者または暴力団もしくは暴力団員に対し資金，武器等の供給を行うなど暴力団の維持もしくは運営に協力する者のうち暴力団員以外の者をいう。

(ii) 共生者

暴力団に利益を供与することにより，暴力団の威力，情報力，資金力等を利用し自らの利益拡大を図る者をいう。

(ⅲ) 密接交際者

暴力団員または暴力団もしくは暴力団員と密接な関係を有する者をいう。この密接交際者の対象として，「暴力団又は暴力団員が実質的に経営を支配する法人等に所属する者」や「暴力団員を雇用している者」，「暴力団又は暴力団員を不当に利用していると認められる者」，「暴力団の維持，運営に協力し，又は関与していると認められる者」，「暴力団又は暴力団員と社会的に非難されるべき関係を有していると認められる者」が挙げられる。警視庁は，社会的に非難されるべき関係の例として，「相手が暴力団員であることを分かっていながら，その主催するゴルフ・コンペに参加している場合」，「相手が暴力団員であることを分かっていながら，頻繁に飲食を共にしている場合」，「誕生会，結婚式，還暦祝いなどの名目で多数の暴力団員が集まる行事に出席している場合」，「暴力団員が関与する賭博等に参加している場合」を警視庁ホームページで挙げている。

(ⅳ) 元暴力団員

過去5年間以内において暴力団員であった者を排除対象にすることが多い。偽装脱退などの実態があるからである。ただし，真に脱退し更生しようとする者については排除対象とすべきではない。

(ⅴ) 準暴力団

近年，繁華街・歓楽街等において，暴走族の元構成員等を中心とする集団による暴行，傷害等の犯罪が続発している。この種の集団は，暴力団と同程度の明確な組織性は有しないものの，これに属する者が集団的にまたは常習的に暴力的不法行為等を行っている。こうした暴力団に準ずる集団（以下，「準暴力団」という）に属する者の中には，暴力団等の犯罪組織との密接な関係がうかがわれる者も存在している。

2014年末時点で，警察は8集団を準暴力団と位置付けた。さらに，2018年4月には，大阪の半グレを準暴力団と認定したと報道されている（2018年4月14日付け産経新聞）。現在，8集団のうち，公表されているのは，首都圏を中心に活動している「関東連合OBグループ」と「チャイニーズドラゴン」，東京都八王子市周辺で活動している「打越スペクターOBグループ」，東京都大田区周辺で活動している「大田連合OBグループ」の4集団がある。

以上のように，反社会的勢力の定義はあるが，白黒つけるのは簡単ではなく，黒に近いグレーに対して，いかに注意して対応していくかが課題となる。

第4章　定量・定性・商流分析

|4-14-2| 反社会的勢力と取引するリスク

　取引を継続するリスクとして，法令リスクや契約違反リスク，金融機関との取引停止リスク，入札参加資格を失うリスク，監督官庁による処分を受けるリスク，証券取引所による処分を受けるリスク等がある。法令リスクには，暴排条例違反等により，勧告や公表，防止命令，罰則等の制裁を受ける可能性がある。また，契約違反リスクには，契約書に暴排条項を導入している企業から契約違反として取引を解除される可能性がある。金融機関との取引停止リスクには，金融機関から必要な融資を受けられずに資金繰りが行き詰まり，最悪の場合には倒産に至る可能性がある。入札参加資格を失うリスクには，とくに公共事業に従事している企業が入札停止等により業績悪化に陥る可能性がある。監督官庁による処分を受けるリスクとしては，例えば金融庁から金融機関が業務改善命令等の行政処分を受けて，業界内の信用が失墜，低下する可能性がある。証券取引所による処分を受けるリスクとしては，上場企業が上場廃止に陥る可能性がある。

　また，企業にとってマイナスの評価や評判が広がることによって経営ダメージにつながるリスクとして，レピュテーションリスクが存在している。このレピュテーションリスクとしては，取締役の責任が生じるリスクや，企業恐喝を受けるリスクがあり，代表者や役員が辞任，処分されたり，企業の信用低下や業績悪化につながる可能性がある。

　一方，取引を遮断する場合におけるリスクとして，危害を加えられるリスクや不当要求を受けるリスク，訴訟を提起されるリスク，訴訟で敗訴するリスク等がある。これらのリスクは，リスクの度合いに応じて適切にコントロールすることが重要であり，弁護士を活用しながら，警察等の外部機関と連携して対応することが必要となる。

|4-14-3| 反社会的勢力に関する社会の動き

　反社会的勢力に関する代表的な出来事として，以下が挙げられる。

❖法律・政府方針

　1992年3月1日に，「暴力団員による不当な行為の防止等に関する法律（以下，

「暴力団対策法」という）」を施行して，一定の要件に該当する暴力団を指定し，一定行為を規制の対象とし，違反行為には中止命令を下した。2000年2月には，「組織的な犯罪の処罰及び犯罪収益の規制等に関する法律」を施行して，組織的な犯罪行為に対する加重処罰，没収追徴を拡大した。2017年6月には同法を改正し共謀罪を導入して対応を強化した。

2007年6月19日には2007年政府指針を発表した。2007年政府指針では，反社会的勢力による被害を防止するために，「組織としての対応」，「外部専門機関との連携」，「取引を含めた一切の関係遮断」，「有事における民事と刑事の法的対応」，「裏取引や資金提供の禁止」の5つの基本原則を挙げて，社会から反社会的勢力を排除していくことが企業の社会的責任の観点から重要であり，また反社会的勢力に対して資金提供を行わないことがコンプライアンスそのものであることを明言した。この政府指針以降，反社会的勢力を社会から排除する動きが加速することとなった。

2011年12月22日，警察庁が「暴力団排除等のための部外への情報提供について」を発表して，暴力団情報の部外への提供についての要件を緩和した。さらに2013年12月に改正した。2017年11月には「準暴力団に関する実態解明，情報共有及び取締りの強化について」や，「準暴力団等による特殊詐欺等に対する取締りの強化について」を全国に通達して，昨今多発している準暴力団（いわゆる半グレ）による特殊詐欺等の犯罪に対する摘発を強化する姿勢を明確にした。2018年11月には，法人設立時の定款認証において，実質的支配者となるべき者の申告書の提出が必要となり，法人設立において反社会的勢力排除の仕組みが導入された。

❖暴力団排除条例

前述の2007年政府指針を踏まえて，2009年から2011年にかけて，全国の都道府県においても一斉に暴力団排除条例が施行された。

まず，2009年7月1日に，佐賀県が都道府県として初の暴力団排除条例を施行し，不動産に特化した条例として注目された。2010年4月1日には，福岡県が初めての総合的な暴力団排除条例を施行し，翌2011年4月1日に大阪府と愛知県においても暴力団排除条例が施行した。2011年10月1日，東京都が沖縄県とともに最後に施行したことで，全国の都道府県において暴力団排除条例の整備が完了した。

東京都暴力団排除条例の概要

東京都暴力団排除条例では，「契約時の暴力団関係者の有無の確認」と「契約書への暴力団排除条項の設置」，「暴力団関係者への利益供与禁止」を掲げている。

(i) 契約時の暴力団関係者の有無の確認

東京都暴力団排除条例18条1項において，事業者の契約時における措置として，次のように定めている。「契約が暴力団の活動を助長し，又は暴力団の運営に資することとなる疑いがあると認める場合には，当該事業に係る契約の相手方，代理又は媒介をする者その他の関係者が暴力団関係者でないことを確認するよう努める」とし，契約時に反社チェックを実施することで，暴力団関係者であるか否かを確認することを定めている。

(ii) 契約書への暴力団排除条項の設置

東京都暴力団排除条例18条2項において，事業者の契約時における措置として，次のように定めている。「契約を書面により締結する場合には，次に掲げる内容の特約を契約書その他の書面に定めるよう努めるものとする」，「契約の相手方又は代理若しくは媒介をする者が暴力団関係者であることが判明した場合には，当該事業者は催告することなく当該事業に係る契約を解除することができること」，「工事における事業に係る契約の相手方と下請負人との契約等当該事業に係る契約に関連する契約（以下この条において「関連契約」という。）の当事者又は代理若しくは媒介をする者が暴力団関係者であることが判明した場合には，当該事業者は当該事業に係る契約の相手方に対し，当該関連契約の解除その他の必要な措置を講ずるよう求めることができること」，「必要な措置を講ずるよう求めたにもかかわらず，当該事業に係る契約の相手方が正当な理由なくこれを拒否した場合には，当該事業者は当該事業に係る契約を解除することができること」，つまり，契約書に解除権を備えた暴力団排除条項を特約として追加することを努力義務として定めている。反社チェックの実施と暴力団排除条項の追加は努力義務とはいえ，怠った場合には，2007年政府指針と同様に取締役の善管注意義務違反が問われる可能性があることに留意する必要がある。

(iii) 暴力団関係者への利益供与禁止

東京都暴力団排除条例24条1項において，暴力団の威力を利用することの対価として，規制対象者に対し金員その他の財産上の利益を与えることを禁止し

ている。本条に違反した場合には，勧告，公表，中止命令の制裁が科され，さらに中止命令に反した場合には，罰則として1年以下の懲役または50万円以下の罰金に科される。さらに，同条例24条3項において，暴力団の活動を助長し，または暴力団の運営に資する利益供与を禁止している。本条に違反した場合には，勧告，公表の制裁が科される。

❖判決

反社会的勢力に関する判決として，代表的なものとして，「蛇の目ミシン事件」最高裁判決がある。

「蛇の目ミシン事件」は，当時の取締役らが仕手筋からの恐喝を受け，仕手筋に300億円を交付した事件であり，第1審（東京地判平成13年3月29日判時1750号40頁）および控訴審（東京高判平成15年3月27日判タ1133号271頁）では取締役らに過失がないとして，取締役らの責任は否定された。しかし，上告審（最判平成18年4月10日民集60巻4号1273頁）では原審破棄差戻しされ，最高裁は取締役らの忠実義務・善管注意義務違反および利益供与禁止規定違反（商法）を認めた。この最高裁判決によって，反社会的勢力への対応は取締役の責務の1つであり，その責務を怠った場合には忠実義務および善管注意義務違反に問われる可能性があるとの共通認識が広がるきっかけとなった。

❖金融機関

金融機関では，反社会的勢力に対して不適切な対応を行った場合には，金融庁からの処分や代表者の引責辞任につながるケースが発生した。

金融庁は，みずほ銀行が関連会社のオリエントコーポレーションと行っていた提携ローン（キャプティブローン）に関して，反社会的勢力向けのローンがありながら適切な対応を怠っていたとして，2013年9月にみずほ銀行に対して業務改善命令を下した。業務改善命令の内容は，反社会的勢力との取引排除に向けた法令遵守，経営管理体制の見直し，充実，強化であったが，その後のみずほ銀行の対応は杜撰であったことから社会的に大きな批判を受けた。金融庁の調査結果を受けて，みずほ銀行は2013年12月に2度目の業務改善命令を受けた。

また，スルガ銀行（東証一部）は，反社会的勢力への融資や預金口座の新規開設を行っていたり，取引先を反社会的勢力と認定しても取引解消に向けた取

第4章　定量・定性・商流分析

組みを十分に行っていなかったことから，2018年10月に反社会的勢力の排除に係る管理体制の不備等により，金融庁から業務改善命令を受けることとなった。

西武信用金庫（東証一部）では，一部の支店で反社会的勢力のメンバーとみられる人物の親族に融資していたことが発覚。反社会的勢力等との取引排除に向けた管理体制が不十分として，2019年5月に金融庁から業務改善命令を受け，代表理事2名と常勤理事1名が引責辞任するに至った。

❖企業・企業代表者

日本の企業経済団体の代表格である経団連は，1996年12月17日に企業行動憲章に「市民社会の秩序や安全に脅威を与える反社会的勢力および団体とは断固として対決する」と明記して，反社会的勢力との対決を初めて定めた。その後2010年に改正により「関係遮断を徹底する」と追記して，反社会的勢力との対決姿勢を強調した。経団連の企業行動憲章に反して，一部の企業においては反社会的勢力との不適切な関係により，問題となった企業があった。

スルガコーポレーション（東証二部）では，反社会的勢力との関係が取り沙汰された会社に立ち退き業務を委託していたことが判明し，その後，社会的な信用失墜により，金融機関等からの資金調達が困難となり，2008年6月24日に民事再生申立てに至った。スルガコーポレーションは，反社会勢力との不適切な関係により，倒産に陥ったケースとしてメディアにおいても注目を集めた。

富士通（東証一部）では，代表取締役が好ましくない風評がある人物との関係を問われて，2009年9月に辞任した。後に，この元代表取締役は，辞任を強要されたとして富士通らに対して損害賠償請求訴訟等を提起したが，東京地裁および東京高裁で棄却，さらに最高裁上告でも棄却されて，元代表取締役の訴えは認められなかった。

オプトロム（セントレックス上場）が，第三者割当増資の割当先について反社チェックで問題ありと指摘されていたにもかかわらず，「反社情報はない」と公表し，名古屋証券取引所に対しても「反社情報はない」と虚偽報告をしたため，上場契約違反として，2015年10月1日に上場廃止に至った。

三陽商会（東証一部）の代表取締役は，反社会的勢力との関係が取り沙汰される人物と親交があり，多額の不動産取引を進めようとした結果，他の取締役の反対により，取引拒絶のうえ，第三者委員会の調査の結果，2017年3月に代表取締役らを訓戒処分とした。

4 −14　反社会的勢力との取引管理

このように，上場企業およびその代表者においても，反社会的勢力との関わりによって，企業が倒産や上場廃止に陥ったり，代表者が引責辞任や処分される事案が発生したことで，上場企業では反社会的勢力への対応強化が急務となった。

|4 −14− 4| 反社会的勢力に対する各業界の動向

反社会的勢力との取引について，とくに注意を要する業界として，銀行業界，証券業界，保険業界，建設業界，不動産業界があり，各業界の動向として，以下が挙げられる。

まず，銀行業界においては，2005年11月に全国銀行協会（以下，「全銀協」という）が倫理憲章に「市民社会の秩序や安全に脅威を与える反社会的勢力とは断固として対決する」と明記し，その後，暴排条項のモデル例を作成して協会各行に通知した。2008年11月には銀行取引約定を，2009年9月には普通預金規定・当座勘定規定等を作成し，2011年には規定を改正して対象範囲を拡大した。翌2012年には，全国信用金庫協会および全国信用組合中央協会において，会員や組合員から反社会的勢力を排除するための定款例を改正した。全銀協は2015年2月に暴力団情報照会システムへの接続実施の決定を発表し，2017年3月には「反社会的勢力との関係遮断に向けた対応の強化について」を公表した。具体的には，反社会的勢力に対して預金取引の口座を開設させないこと，口座開設後に反社会的勢力と判明した場合には預金契約を解除すること，融資取引について反社会的勢力には融資しないこと，融資後に反社会的勢力と判明した場合には融資を回収すること，反社会的勢力から回収が困難な場合には預金保険機構による「特定回収困難債権の買取り」を実施することなどが行われている。

証券業界では，2010年5月に日本証券業協会（以下，「日証協」という）が「反社会的勢力との関係遮断に関する規則」を制定した。規則では，協会各社は新規顧客から口座開設前に反社会的勢力でない旨の確約を得ること，契約書または取引約款等に暴排条項を盛り込むことなどを義務付けた。2013年2月には，日証協が反社情報照会システムの稼働を開始して，警察庁等が保有する暴力団員情報等との照会を行うことで，反社会的勢力の口座開設を拒否した。また，口座開設後に反社会的勢力と判明した場合には，口座解約の処理を行うこ

389

第4章 定量・定性・商流分析

とを努力義務とした。

　保険業界では，2011年6月に生命保険協会が「生命保険業界における反社会的勢力への対応指針」を制定して，生命保険約款における暴排条項のモデル例と解説を策定した。これを受けて，協会各社は，2012年4月以降に順次，新規生命保険契約に暴排条項の導入を開始した。続いて，2013年6月に日本損害保険協会が「損害保険業界における反社会的勢力への対応に関する基本方針」および「反社会的勢力への対応に関する保険約款の規定例」を策定して，協会各社は，順次，新規損害保険契約に暴排条項を導入したことで，反社会的勢力との契約を拒否することとなった。契約後に反社会的勢力と判明した場合には，「重大事由」によって契約を解除する方針をとったが，自動車保険においては被害者救済の観点から暴排条項の導入は行わなかった。

　建設業界では，1972年の建設業法改正により，暴力団等が経営する建設業者を許可しないと規定し，建設業の主体から反社会的勢力を排除した。1986年12月には当時の建設省（現国土交通省）が「建設業からの暴力団排除の徹底について」を通達し，その後，2009年12月4日には犯罪対策閣僚会議の下に設置された暴力団取締り等総合対策ワーキングチームから「公共事業等からの暴力団排除の取り組みについて」を策定することで，公共工事から暴力団関係企業を排除することを徹底した。日本建設業団体連合会は2010年4月に「暴力団排除条項の参考例（ひな形）」を策定して，民間（旧四会）連合協定工事請負契約約款委員会も2011年5月に標準請負契約約款を改正して暴排条項を導入した。さらに全国建設業協会も2011年7月に標準的な工事下請基本契約書等を改正して暴排条項を導入した。

　不動産業界では，2011年6月に不動産流通4団体（全国宅地建物取引業協会連合会，全日本不動産協会，不動産流通経営協会，日本住宅建設産業協会）が各種契約書の暴排条項のモデル例を，2011年9月に不動産協会が暴排条項のモデル例をそれぞれ発表した。

4-14-5 反社との関係遮断の実践方法

　反社との関係遮断に向けた基本的な考え方として，2007年政府指針と東京都暴力団排除条例，金融庁の監督指針が参考となるが，平時の対応として，以下が挙げられる。

4-14 反社会的勢力との取引管理

❖平時の対応

(1) 事実確認, 調査, データベース化

(i) 反社会的勢力との関係顕在化

反社会的勢力との関係が顕在化するきっかけとしては, 社内と社外の2通りがある。社内からの情報提供としては内部通報等があり, 社外からの情報提供には, マスメディアやインターネット, 取引先, 警察, 行政庁の公表等が挙げられる。内部通報制度を有効に機能させるためには, 従業員のコンプライアンス意識を高めることが重要であり, 定期的にコンプライアンス教育を行うことで反社との取引リスクを社内に周知しつつ, 反社管理をリスク管理の重要事項の1つと捉えることが必要となる。

(ii) 調査対象

法人の場合には, 「商号」の他に「代表者」を含む「役員」, 「主要株主」が調査の対象となる。調査対象者を特定するためには, 対象者個人の「氏名」や「生年月日」, 「住所」等の情報が必要であり, 「本籍地」や「電話番号」があるとさらに特定しやすくなる。

(iii) 調査方法

反社会的勢力か否かを確認するための調査方法は, 自社調査や業界団体等による公知情報の提供, 公的団体による情報提供がある。

自社調査には, 新聞記事データベースサービスや公知情報, 調査会社等を活用した調査, いわゆる「反社チェック」が挙げられる。公知情報には, 情報掲載時と調査時にタイムラグがある可能性に注意する必要がある。また, プライバシーや個人情報保護法の観点から, 反社情報の取扱いには十分に留意したい。自社調査において重要なのは, 調査結果を自社データベースの構築に活用することであるが, 自社データベースはメンテナンスが困難であったり, 情報が陳腐化しやすい点があることに注意する必要がある。したがって, いかに効率的に調査を実施して, 自社データベースを定期的に更新していくかが課題となる。

自社調査による反社チェックの具体的な方法としては, インターネット検索エンジンや, 新聞記事データベースサービスを利用して公知情報をキーワード検索する方法がある。

「Yahoo！JAPAN」や「Google」等のインターネット検索エンジンにおいて, 取引先の「商号」や「代表者」, 「役員」, 「主要株主」等をキーワード検索することで, 無料でインターネット上の記事を検索できる点がメリットである。た

第4章　定量・定性・商流分析

だし，ヒットした記事件数が多い場合には，確認作業に多大な時間と手間がかかるというデメリットがある。とくに，「代表者」や「役員」，「大株主」などの人名検索の場合には，同姓同名の他人がヒットすることも多く特定が困難であるという点に留意が必要である。

また，「Gサーチ」や「日経テレコン」等の新聞記事データベースサービスでは，取引先の「商号」や「代表者」，「役員」，「主要株主」等と，「不祥事」や「事故」，「逮捕」等の反社関連のネガティブキーワードを一緒にキーワード検索することにより，全国紙から地方紙まで幅広い新聞記事を手軽に一括検索できる点が大きなメリットとなる。ただし，取引先数が多い場合には，記事見出しや記事内容の確認作業に多大な時間や手間，費用がかかるというデメリットがあることに留意したい。最近は，この新聞記事データベースサービスでの検索，確認に要する手間を省くために，「反社ワード一括記事検索代行サービス」を利用する企業が増加している。「商号」と「所在地」，「代表者」，「役員」を基礎情報とし，これに反社関連キーワード（暴力団，総会屋，詐欺，迷惑防止条例，逮捕，起訴，実刑など）約120語を組み合わせて一括記事検索を行うものであり，企業において反社関連のキーワードをつど設定する必要がないため，定期的に反社チェックを行い，自社データベースを更新することに役立つサービスとして注目されている。

また，定期的な反社チェックとは別に，日次で取引先の審査を行う際に，与信管理指標（格付）とともに，反社ワード記事検索で該当した記事件数も同時に表示するサービスが注目されている。このサービスでは，該当した記事件数を表示させるだけでなく，有料オプションを利用することによって，記事見出しから記事内容を表示させて，記事内容を確認することができる。与信管理として格付を把握できるのと同時に，反社ワード記事件数で取引先の信用力を評価することができるため，企業における与信管理の効率化が図れる。取引先に対する反社チェックの一次スクリーニングとして活用できる。

業界団体等による公知情報の提供としては，日証協や全銀協，生保協会等の各業界団体による情報提供が挙げられる。

公的団体による情報提供には，警察や都道府県暴力追放運動推進センター（以下，「暴追センター」という），警視庁管内特殊暴力防止対策連合会等の情報提供が挙げられる。情報においては，対象者が反社会的勢力であるとの懸念情報がないと回答を得られないことが多いことに留意する必要がある。

392

(2) リスクの洗い出しと評価

事実確認と調査結果から，取引に関わるリスクを評価する。取引を継続した場合に自社に生じるリスクと，取引を遮断した場合に自社に生じるリスクを洗い出して，その重要度を評価する。前述の通り，取引に関わるリスクとして，法令リスク，契約違反リスク，金融機関との取引停止リスク，入札参加資格を失うリスク，監督官庁による処分を受けるリスク，証券取引所による処分を受けるリスク，レピュテーションリスク等がある。

(3) 対応方針の決定

基本的な対応方針については，各種のリスクを考慮したうえで決定することが必要であるため，基本的には取締役会等の重要機関で決定する。決定に際しては，「経営判断の原則」により，取締役の責任を免れることができるかを検討することになる。具体的には，経営判断の前提となる情報収集とその分析・検討の事実認識過程において不注意な誤りに起因する不合理さの有無，事実認識に基づく意思決定の推論過程および内容の著しい不合理さの有無を確認する。取締役会等の重要機関で決定において，事前に弁護士によるサポート（調査，意見書等）を受けることによって適切な決定を行うことにつながる。また，決定の結果として，取引を遮断する場合には，その具体的な方法も決定しておくことが必要である。もし，取引を遮断しない（できない）場合においても，モニタリング方法などの対応方法を決定しておくことが重要となる。

(4) 社内の意識改革

反社会的勢力との取引は，会社にとって大きなリスクであるということを会社全体の共通認識としてもつことが重要である。そのためには役職員に対して，定期的にリスクを認識させて自覚を促すための教育，研修等が必要となる。反社会的勢力と取引に至らなかったとしても，役職員が反社会的勢力と密接な交際をするだけでも，会社にとっては大きなリスクとなる。それを予防するためには，企業内部において暴力団員等を役職員から排除し，役職員に密接交際をさせない，もしくは密接交際者を是正ないし排除等を行う取組みである「企業内暴排」の取組みが重要でなる。

(5) 契約書への「暴排条項」の追加

契約書を確認して暴排条項の記載ない場合には，暴排条項を追記する必要がある。暴排条項を導入するときには，まず自社が属する業界の業界標準の暴排条項の有無を確認し，業界標準があればそれを利用する。なければ全銀協の暴

第4章　定量・定性・商流分析

排条項を参考にして導入する。また業種によっては，暴排条項だけでなく誓約書の提出も併せて検討することで，後のち詐欺罪等で立件できる可能性が広がるケースもある。

(6)　入口での取引排除

反社会的勢力との関係において，いったん取引を開始した後に，取引を解除することは，現実としてハードルが高いため取引の入口において怪しい企業との取引を排除していくことが一番重要なこととなる。取引においては「契約自由の原則」により，理由のいかんを問わず契約を拒絶できるため，取引先の事前審査を行うことで取引の可否判断を行うことが重要となる。

❖有事の対応
取引遮断の実行
(i)　外部機関との連携

1度取引関係をもった反社会的勢力との取引遮断を自社だけで行うことは困難であるため，外部の専門機関との連携は欠かせない。具体的には，弁護士や警察，暴追センター等との連携が中心になり，とくに，警察とは情報交換や保護対策の観点から連携が必須となる。

(ii)　取引解除の方法

有事の際に取引を遮断，排除する方法として合意解除と強制解除がある。

合意解除は，合意さえできれば解除事由は不要であり，将来の紛争防止にも役立つというメリットがある。一方，強制解除は相手の合意は不要であり，交渉する必要がないないため，基本的には強制解除を行うべきであるが，事案によっては合意解除を検討することも必要である。

強制解除を選択した場合には，書面で解除通知を送付し，内容証明郵便と普通郵便の両方で行うことが望ましい。また事前に，対応窓口や対応方法を事前に統一して，警察等の外部機関との連携を図りながら，弁護士を活用して対応することが必要である。

合意解除時選択した場合には，通常の取引先と同様の礼節を保って相手と接触し，交渉時には相手より多い人数で交渉することが前提となる。もし，相手の指定した場所で交渉する場合には，事前に警察に交渉場所を連絡しておき，交渉時には弁護士に同席してもらい，交渉相手と合意書を締結する。交渉内容を必ず録音しておく。

394

4−14 反社会的勢力との取引管理

　取引が解除できず，やむをえず取引を継続する場合には，検討過程の記録と保存を行い，説明責任に備える。取引継続に際しては，継続的に相手を監視しつつ，取引縮小を図っていく。契約期間が定められている取引は，契約期間の満了を理由に，取引を終了する。契約書に暴排条項の記載がなければ追加する。取引遮断の機会があれば，いつでも取引遮断に向けて動けるように，内部体制を整備しつつ，警察等の外部機関との連携を図ることが必要となる。

第5章

契約と担保

第 5 章　契約と担保

5－1

契約法務

|5－1－1| 契約に関する基礎知識

❖契約とは

　「契約」とは，講学上は，二者以上の法的人格による 2 個以上の相対立する
意思表示の合致（合意）であって，その効力として債権を発生させるものと解
されている。平たく言えば，相対立する当事者間において一定の事項について
合意することである。

❖契約と取引

　経済活動においては，相対立する当事者間で物・サービス・金銭等のやりと
りが行われるものであり，その 1 つ 1 つのやりとりにおいて，当事者間で何ら
かの合意すなわち契約がなされている。

❖契約の効力

　ひとたび契約を締結すれば，契約当事者はその契約内容に拘束される。仮に
契約を守らないときには，最終的に裁判所および執行機関により，契約の履行
や損害賠償の支払い等を強制されることになる。

❖契約自由の原則とその限界

　近代私法の三大原則の 1 つに「契約自由の原則（私的自治の原則）」がある
（他の 2 つは，「私有財産権絶対の原則」と，「過失責任の原則」）。これは，①
契約を締結するかしないか（契約締結の自由），②どのような内容の契約を締
結するか（契約の内容決定の自由），③どのような方式で契約をするか（契約
の方式の自由）についていずれも自由とされるものである。

　この契約自由の原則により，社会は活発な自由競争の支配するところとなり，
経済活動の自由，ひいては資本主義文明の進歩を促したといわれる。

398

5－1　契約法務

　しかし，資本主義の発展は富の不平等を招き，行きすぎた自由が問題となり，契約自由の原則も次第に公共の福祉により制限されるようになる。

　現在のわが国においても，基本的には契約自由の原則が維持されているが，公共の福祉の観点から，強行法規や判例理論によって制限が加えられる場合もあることに留意しなければならない。

　たとえば，契約の内容決定の自由の制限としては，①独禁法により，「私的独占又は不当な取引制限」が禁止されていること（同法3条），②消費者契約においては，「消費者の利益を一方的に害するものは，無効」とされること（消費契約10条），③借地借家法に定める条件よりも借地人や借家人に不利益なものは無効とされること（借地借家9条・16条・30条），④公序良俗違反のものは無効とされること（民法90条）などである。

❖民法が定める典型契約

　わが国の民法では，社会に存在する典型的な契約を13種類選別し，規定している（これらの契約は「典型契約」といわれる）。

① 贈与

② 売買

③ 交換

④ 消費貸借

⑤ 使用貸借

⑥ 賃貸借

⑦ 雇用

⑧ 請負

⑨ 委任

⑩ 寄託

⑪ 組合

⑫ 終身定期金

⑬ 和解

　われわれが日常接する契約についても，まずは典型契約のいずれに該当するかを検討し，その契約類型に沿った民法の条文を適用し解釈することが基本となる。ただ，現在では，契約類型に応じたさまざまな特別法が制定されており，契約によってはそれらの特別法を視野に入れて検討することになる。たとえば

399

第5章　契約と担保

売買契約に関する割賦販売法，賃貸借契約に関する借地借家法，雇用に関する労働関係法などである。

また，13種類の典型契約は今から100年以上も前に選別された契約類型にすぎず，その間の社会や経済活動の変化に伴い，典型契約のいずれにも該当しない契約（「非典型契約」ともいわれる）や，1個の契約の中に2つ以上の型の混合したような契約（「混合契約」ともいわれる）などが現れるようになった。もちろんこれらの契約も，契約自由の原則により有効である。これらの非典型契約や混合契約は法律で明確に規定されていないため，典型契約の一部の規定を参照したり，法律行為解釈の一般的標準に従って，その不完全・不明瞭な点を補充し，解釈していく必要がある。

❖契約内容の重要性

上記の契約自由の原則から，基本的に契約内容は当事者間の意思により自由に決められるが，ひとたび合意し契約が成立すれば，当事者はその契約内容に強制されることになる。したがって，いかに自己に有利な内容（もしくは自己に不利益がない内容）の契約を締結するかは，きわめて重要である。

❖「契約書」の必要性

契約自由の原則の1つである契約の方式の自由により，原則として「契約書」という書面は契約の成立要件ではない。

しかし，例外的に保証契約は書面が必要とされており（民法446条2項），また，定期借地契約（借地借家22条）や定期借家契約（同法38条1項）は公正証書などの書面を作成することが要求されている。これらの場合，契約書を作成しなければ契約は成立しないため，契約書の作成は法的に必要不可欠である。

さらに，各種行政法規により，業者が契約書等の一定の書面の作成を義務づけられている場合がある。たとえば不動産売買契約（宅建業法37条），建設工事請負契約（建設業法19条），下請負契約（下請法3条・5条），金銭消費貸借契約（貸金業法17条），金融商品取引契約（金融商品取引法37条の4）などである。これらの場合，契約書を作成しないことは業法違反となってしまうため，契約書の作成は必須である。

また，契約の履行の場面，契約紛争の解決場面において，契約内容を容易に認識し確定しうるためには，契約内容をあらかじめ書面により明確化，固定化

5－1　契約法務

させておくことが，当事者双方にとって有用である。特に訴訟等において，裁判所は，契約の成立およびその契約内容を認定するために，契約書の存在およびその記載内容をきわめて重視する。

したがって，契約が成立した際に契約書を作成することは，円滑な取引と紛争の予防および解決のために必要不可欠である。

|5－1－2| 契約書式の整備

❖契約書式の作成

契約自由の原則により，契約内容は当事者間で自由に決定することができる。

しかし，実務においては日常的に大量の取引を行っており，その1つ1つの取引において契約書を1から作成することは，円滑な商取引を阻害するおそれがある。

したがって，自社の取引の実体を踏まえ，自社に適した典型的な契約書の書式（たとえば物の販売を主たる事業とする会社であれば売買契約書）を事前に準備しておくことが望ましい。

契約書の書式を作成するに当たっては，巷に流通している契約書式集を利用することも一考だが，そのような書式集は一般的な取引を想定しており，自社の取引実体にそぐわなかったり，自社の利益に反するような条項が含まれていたり，必要な条項が含まれていなかったりすることも多々見受けられるため，必ず自社の視点で見直し，適宜修正を加えなければならない。

また，契約書の書式を作成する際には，営業部門と法務審査部門との協同が望まれる。営業部門は取引の実体に通じており，何を契約条項に定めておけば取引が円滑に進むか，また取引においてトラブルのもととなることは何かを，その実務経験から把握していることが多く，その情報は契約書を作成するうえで欠かせないものである。法務審査部門としては，営業部門からのヒアリングを通じ，取引におけるリスクの所在・程度を正確に把握し，それを適切にコントロールすべく契約書の条項を検討し，自社独自の契約書式を作成しなければならない。

むろん，事前に自社の契約書式を整えたとしても，実際の取引においては，相手方との交渉で契約条項が修正されることも多く，また，相手方が用意した契約書を使用することもあるだろう。しかし，事前に自社で契約書式を作成し

401

第5章　契約と担保

ていれば，その過程において営業部門および法務審査部門が自社の取引におけるリスクの所在・程度などを適切に把握し，契約書の重要な条項については十分に検討を済ませているのであるから，その後の相手方との契約交渉においても，その検討において培った知識が必ず役立つはずである。

5－1－3　契約の流れ

❖契約を締結するまでの流れ

契約を締結するまでの一般的な流れは，以下のとおりである。

① 営業部門等（相手方との交渉窓口）から法務審査部門に対し契約書の作成依頼，もしくは相手方から提示された契約書案の持込み

② 法務審査部門において一般的なリスクや問題点を抽出

③ 法務審査部門が営業部門等からヒアリングし，さらに当該取引における具体的なリスクや問題点の調査・検討

④ 法務審査部門から営業部門等に回答（契約書案の提示，修正等）

⑤ 営業部門等が相手方と契約交渉

⑥ 営業部門等から法務審査部門へ，相手方との交渉結果を報告

⑦ 法務審査部門において再度検討。修正が必要であれば再交渉を営業部門等へ要請

⑧ 営業部門等から法務審査部門へ最終案を持込み

⑨ 法務審査部門において最終案を検討し，回答

⑩ 社内決裁手続

⑪ 契約書の調印・締結

⑫ 契約書の保管・管理

❖契約書の日付

いつの時点で契約が成立していたかは，訴訟において重要な意味を持つ場合もあることから，契約書には契約書の作成年月日を必ず記載しておくべきである。具体的には，契約当事者が一堂に会して調印を行う場合にはその日を，持回りの場合には最後の契約当事者が調印した日を，契約書作成日として記載することが多い。

なお，実務上，契約書の作成日付を遡って記載（いわゆるバックデイト）し

たいという要望が出されることがある。しかし実体にそぐわない契約書を作成することは契約の有効性に疑念を生じさせるだけでなく，一度これを許せば，同様のことが何度も繰り返される可能性もあることから，作成日付を遡って記載することは望ましくない。契約書に記載された内容を調印日以前の取引にも適用させたい場合には，契約書の作成日付を遡らせるのではなく，調印日以前の取引についても当該契約の内容を適用する旨の条項を付加すれば足りる。

❖署名・記名押印

契約書は，当事者間において意思の合致があったことを証するものであるから，契約当事者（または正当な契約締結権限者）が契約書に署名または記名押印する必要がある。誰が契約書に署名・記名押印するかは，契約の成立・有効性を左右するきわめて重要な事項であり，特に契約の相手方の誰が調印者となるのかについて，以下の点に注意し，慎重に確認・対応すべきである。

❖署名と記名の違い，印鑑の重要性

「署名」とは，署名者が自分を表彰する文字によって氏名その他の呼称を自署によって表記したものをいう。一方，「記名」とは，他人による筆記，タイプ，ワープロ・パソコン，ゴム印，印刷等で表記したものをいう。契約当事者が会社の場合には，実務上は，契約書への署名はあまり見られず，会社名と代表者名を記名したうえで代表者印を押印することが多い。

訴訟において，企業間の契約書は私文書に当たり，「私文書は，本人又はその代理人の署名又は押印があるときは，真正に成立したものと推定」される（民訴228条4項）。

また，押印は本人の意思に基づいてなされる必要があるが，印影が本人または代理人の印章（印鑑）と同一であれば，本人または代理人の意思に基づいて押印されたものと推定される（最判昭和39年5月12日民集18巻4号597頁）。したがって，本人または代理人の印章と文書の印影が一致すれば，本人または代理人の意思に基づいて押印されたものと推定され，さらにその結果，文書全体が本人または代理人の意思に基づいて作成されたものと推定されることになるため（「二段の推定」といわれる），訴訟において，「文書を知らない」「第三者や無権限者が勝手に文書に押印した」などという反論は困難になる。

よって，訴訟における立証という観点からいえば，契約書への押印は実印

第5章　契約と担保

（会社の場合は会社の代表者が本店所在地の法務局に登録した印鑑）で行い，印鑑証明書を添付するのがベストである。契約書に押印された印影（実印）と，印鑑証明書の印影が一致すれば，それは会社代表者の意思に基づいて押印されたものと推定され，その結果，契約書全体が会社代表者の意思に基づいて作成されたものと推定されることになるからである（「二段の推定」）。特に新規の取引を行う際には，できる限り上記の取扱いを行うことが望ましい。

　なお，実印以外の認印による押印であっても，印章と印影の同一性さえ確認できれば「二段の推定」は働くため，すでに他の文書にも同じ認印による押印がなされており印影の同一性を確認できる場合には，実印以外の認印による押印も許容される。また，押印時に立ち会っていた者の証言等により本人または代理人の意思に基づいて押印されたと容易に立証しうる場合にも，実印以外の認印による押印も許容されよう。

❖契約締結権限者

　法人が契約を締結する場合，契約締結権限を持つ法人の代表者または代理人により契約が締結されなければならない。したがって，契約書にも，契約締結権限を有する法人の代表者または代理人による署名または記名押印がなされる必要がある。以下，株式会社を例にとって，署名または記名押印する者ごとに注意点を述べる。

(1)　代表取締役

　取締役会を設置している会社であれば，取締役会が取締役の中から代表取締役を選定しなければならず（会社362条3項），代表取締役が会社を代表する（同法349条1項ただし書・4項）。また，取締役会が設置されていない会社でも，取締役の中から代表取締役を定めることができる（同条3項）。

　したがって，取締役会の設置の有無にかかわらず，代表取締役が定められている場合には，基本的には当該代表取締役による署名または記名押印を求めることとなる。

　なお，代表取締役が複数いる場合には各自が会社を代表するから，代表取締役のうち1名が署名または記名押印すれば足りる。

(2)　取締役

　取締役会を設置している会社，または取締役会を設置していない会社で代表者の定めがある会社においては，代表取締役以外の取締役は代表権を有しない。

5－1　契約法務

　したがって，このような会社を相手とする場合，基本的には代表権を有しない取締役による契約書への署名または記名押印は避けるべきである。

　ただし，代表権を有しない取締役に，社長，副社長その他会社を代表する権限を有するものと認められる名称を付した場合には，当該取締役がした行為について，善意の第三者に対して会社は責任を負うとされている（会社354条。表見代表取締役といわれる）。

　したがって，「取締役社長」「取締役副社長」「専務取締役」「常務取締役」といった名称を付されている者が契約書に署名または記名押印する場合には，通常は当該会社に対して有効な契約となろう。

　また，代表権を有しない取締役であり，かつ上記の名称すら付されていない取締役であっても，委任状や従前の取引等から，当該取締役の契約締結権限を容易に立証できる場合には，当該取締役による署名または記名押印も許容されよう。これに関連し，代表権限のない取締役について，実際の業務態様から，会社法14条（旧商法43条）所定の特定の事項の委任を受けた使用人に当たるとして代理権が認められた裁判例がある（東京地判昭和30年6月9日下民6巻6号1079頁。名古屋高判昭和29年1月11日下民5巻1号1頁）。

　一方，取締役会を設置していない会社においては，取締役が会社を代表する（会社349条1項本文）。ただし，他に会社を代表する者を定めた場合は，当該代表者が会社を代表し，その他の取締役の代表権はない（同項ただし書）。

　したがって，取締役会を設置していない会社で代表取締役も定められていない場合には，取締役による署名または記名押印を求めることになる。

　なお，取締役が複数いる場合には各自が会社を代表するから，取締役のうち1名の署名または記名押印を求めれば足りる。

(3)　代表執行役・執行役（指名委員会等設置会社）

　指名委員会等設置会社（会社2条12号）では，取締役会の決議により執行役（同法402条）の中から代表執行役を選定し（同法420条1項），代表執行役が会社を代表する（同条3項・349条4項）。

　したがって，指名委員会等設置会社である場合には，基本的には代表執行役による署名または記名押印を求めることとなる。

　代表執行役以外の執行役は，代表権を有しない。

　したがって，基本的には平執行役による契約書への署名または記名押印は避けるべきである。

405

第5章　契約と担保

　ただし，上記(2)記載の取締役と同様に，代表権を有しない執行役に，社長，副社長その他会社を代表する権限を有するものと認められる名称を付した場合には，当該執行役がした行為について，善意の第三者に対して会社は責任を負うとされている（会社法421条。表見代表執行役といわれる）。

　したがって，「執行役社長」「執行役副社長」「専務執行役」「常務執行役」といった名称を付されている者が契約書に署名または記名押印する場合には，通常は当該会社に対して有効な契約となろう 。

　また，代表権を有しない執行役であり，かつ上記の名称すら付されていない執行役であっても，委任状や従前の取引等から，当該執行役の契約締結権限を容易に立証できる場合には，当該執行役による署名または記名押印も許容されよう。

　なお，最近，執行役員制度を採用する会社が増加し，契約締結者として執行役員が署名または記名押印する場合もあるが，執行役員は，上記の執行役と名前は似ているが，会社法上はまったく性質が異なることに注意しなければならない。すなわち，執行役員は会社法上の「役員」ではなく，あくまでも従業員（使用人）であり，代表取締役以下の取締役の監督と指揮命令下に置かれるものである。

　したがって，執行役員が契約締結者となる場合には，下記(5)記載の使用人と同様の注意が必要である。

(4)　支配人，または支店長・本店営業部長・支社長等の表見支配人

　支配人とは，会社に代わり，その事業に関する一切の裁判上または裁判外の行為をなす権限を有する商業使用人であり（会社11条1項），名称は問わないとされている。また，支配人は登記事項とされている（同法918条）。

　したがって，契約書に署名または記名押印する者が支配人である場合には，包括的代理権を有しているので特に問題はない。

　また，会社の本店または支店の事業の主任者であることを示す名称を付した使用人は，当該本店または支店の事業に関し，一切の裁判外の行為をする権限を有するものとみなすとされている（会社13条）。

　これは，仮に支配人と名乗る者が実は支配人でなかった（代理権がなかった）としても，「事業の主任者であることを示す名称」が付されていた場合には，支配人と同じ包括的な権限があるとみなすことで，名称を信頼した者の取引安全を確保するための制度である（表見支配人といわれる）。ただし，表見

406

支配人には裁判上の権限がない点で，支配人とは異なる。

いかなる名称が「事業の主任者であることを示す名称」といえるかは，取引社会の通念によるしかないが，支店長，本店営業部長，支社長は通常肯定される。出張所長，営業所長という名称も，その場所が営業所としての実態を有する場合には，肯定されよう。この点に関連し，支店次長，支店長代理，支店庶務係長，営業所長代理の名称は，それ自体上司たる支店長・営業所長がいることを示すため，主任者の名称に当たらないとする判例がある（最判昭和29年6月22日民集8巻6号1170頁，最判昭和30年7月15日民集9巻9号1069頁，最判昭和59年3月29日判時1135号125頁）。

したがって，支店長，本店営業部長，支社長等の「主任者であることを示す名称」を付した者により契約書に署名または記名押印がなされるのであれば，当該人物には表見支配人として包括的代理権があるとみなされるので，許容されよう。

(5) その他の使用人

上記以外の場合，原則として使用人は会社の代表権も包括的な代理権も有するわけではないため，上記以外の使用人が契約書に署名または記名押印する場合には，当該使用人に契約締結権限があるかどうかを，委任状等で確認する必要がある。

ただし，事業に関するある種類または特定の事項の委任を受けた使用人であれば，当該事項に関する一切の裁判外の行為をする権限を有するとされている（会社14条1項）。

これは，会社からある種類または特定の事項（たとえば，販売，購入，貸付，出納等）を処理するため選任された者について，取引の都度その代理権限の有無および範囲を調査確認しなければならないとすると，取引の円滑確実と安全が害されるおそれがあることから，その者の受任事項の範囲内で包括的な代理権を付与したものと解されている（最判平成2年2月22日裁判集民159号169頁）。

したがって，たとえば，相手会社の営業部長Aが販売活動について広く権限を有する場合には，当該営業部長Aに売買契約書に署名または記名押印させれば，相手会社に対して契約の有効性を主張できる。

ただ，ここで注意しなければならないのは，Aの「営業部長」という役職によって当然にAの契約締結権限（代理権）が認められるわけではなく，あくまで販売活動についてAに広範な権限が付与されていることが前提であり，訴訟

第5章　契約と担保

になった場合には，Aに販売活動に関して広範な権限が付与されていることを
立証しなければならない。そして，営業部長という役職にはあったが，実はA
には何ら権限がなかったという場合には，自社がAには契約締結権限があると
信じていたとしても，会社法14条では保護されないのである。

　なお，Aに契約締結権限があると信じたことについて無過失であれば，民法
109条等の表見法理によって保護される場合もありうるが，表見法理が適用さ
れるか否かは明確ではなくリスクが残る（表見法理による保護を認めた裁判例
としては，東京地判昭和53年9月21日判タ375号99頁，東京高判昭和42年6月30日判
時491号67頁）。

　したがって，使用人が契約書に署名または記名押印する場合（上記(4)の場合
を除く）には，委任状や過去の取引等により，当該使用人がある種類または特
定の事項について権限（代理権）を有しているか否か（会社14条1項），また
は当該契約の締結行為について具体的権限（代理権）を有しているか否かを確
認したうえで，契約書の締結を行う必要があろう。

|5-1-4| 確定日付の取得，公正証書化

❖確定日付

　確定日付とは，文字どおり，変更のできない確定した日付のことであり，そ
の日にその文書が存在していたことを証明するものである。

　契約書に確定日付を取得したい場合には，契約書を公証役場に持ち込み，公
証人に契約書に日付のある印章（確定日付印）を押捺してもらうのが簡便であ
る。確定日付の付与の請求は作成者自身でする必要はなく，代理人または使者
によってすることも可能であり，委任状等や印鑑証明書等の提出は不要で，運
転免許証等の提示も必要ない。費用は1件700円である（2019年4月末日現在）。
詳細は日本公証人連合会のホームページを参照されたい(https://www.koshonin.
gr.jp/business/b08)。

　ただし，確定日付は，あくまで当該押捺日において当該文書が存在していた
ことを証明するにとどまり，文書の成立や内容の真実性については何ら証明す
るものではない点に留意する必要がある。

408

❖公正証書

　契約書の証明力を高めたい場合には，契約書を公正証書にすることを検討すべきである。

　公正証書は公務員が職務上作成したものであるから，訴訟において，文書の成立について真正である（その文書が作成名義人の意思に基づいて作成されたものである）と推定される（民訴228条2項）。

　契約書を公正証書にすれば，上記のとおり訴訟において契約書の成立について真正であると推定され，また公証人が契約書の内容を確認し適宜修正をしてくれるため，契約書の条項がより法的に明確にかつ有効な内容に洗練されることになる。

　さらに，金銭債務，すなわち金銭の支払いを目的とする債務についての公正証書は，債務者が直ちに強制執行に服する旨の陳述が記載されている場合は執行力を有する。すなわち，債権者は，訴訟をして判決を得ずとも，公正証書のみで強制執行が可能となり，迅速な債権回収が可能となる。

　したがって，債権回収の視点からも，契約書を公正証書にしておくことは有用である。

　ただし，公正証書を作成するには，原則として公証役場に赴く必要があり，また手数料もかかるため，実際に公正証書を作成するか否かは，上記の利点と比較したうえでケースバイケースで判断する必要がある。

　その他公正証書の詳細については，**6－2－3**にて後述する。

第5章 契約と担保

5－2

基本契約

|5－2－1| 基本契約条項の理解

❖取引基本契約

　取引基本契約は，企業間で反復継続して行われる商取引，特に動産売買契約や製作物供給契約について共通的に適用される事項をまとめてあらかじめ定めたものである（**図表5－12**，**図表5－13**）。

　取引基本契約には，契約関係の画一的処理，取引関係の予測可能性，その迅速で正確な処理，特に流通系列化のための営業組織化の法的手段，債権保全・債権担保といった機能が規定されているとされる。

　この取引基本契約を前提として，品名，数量，単価，納期などの詳細については個別取引の都度当事者間で合意して，個々の取引が行われる。その際，個別取引契約書を取引ごとに締結する場合もあるが，注文書や注文請書のやりとりのみの場合や，オンラインによる受発注手続が行われる場合もある。

|5－2－2| 契約条項

　取引基本契約にどのような内容を定めるかは，契約当事者の自由であるが，与信管理・債権管理上は以下のような条項が重要である。

❖期限の利益の喪失条項

　ここでいう「期限の利益」とは，債務者にとって利益となる期限のことをいう。たとえば，売買代金について翌月末までに支払うと合意した場合には，債務者（買主）は翌月末の期限までは支払わなくてもよいことになる。これが「期限の利益」である。

　原則として，期限の利益は，債務者の承諾なく失われることはない。その例外として，民法上，当然に期限の利益が失われる場合が，3つだけ定められて

410

いる。すなわち①「債務者が破産手続開始の決定を受けたとき」，②「債務者が担保を減失させ，損傷させ，又は減少させたとき」，③「債務者が担保を供する義務を負う場合において，これを供しないとき」，である（民法137条）。

　逆にいえば，上記3つ以外，法は特に期限の利益が喪失する事項を定めていないのである。

　したがって，たとえば債務者の振り出した手形が不渡りになっても，債務者が他の債権者から差押えを受けても，さらには債務者が民事再生手続開始決定や会社更生手続開始決定を受けたとしても，債務者は期限の利益を失わず，債権者は期限が到来するまで当該債権の回収行為ができないこととなり，緊急かつ迅速な行動が必要な場面において，完全に出遅れることとなる。

　そこで，あらかじめ当事者間で，ある特定の事項が生じた場合に，当然に期限の利益を喪失させる旨を合意しておくことが必要である。それが期限の利益の喪失条項である（**図表5-1**）。

　期限の利益の喪失条項は債権回収において必須の条項である。特に相殺による回収を予定している場合に，期限の利益の喪失条項を定めていないと，法的に相殺が許されずに，予定していた回収ができなくなるおそれがある。たとえば民事再生法では，再生債権を相殺するには債権届出期間中に行う必要があり，当該期間をすぎた相殺は許されないが，期限の利益の喪失条項がない場合には，債権届出期間中に再生債権の支払期限が到来せず，相殺が法的にできなくなることがある。

　なお，期限の利益の喪失条項には，所定の事実が発生すれば，当然に期限が喪失するという当然喪失条項と，所定の事実が発生した場合に，債権者による期限の利益の喪失請求によって期限の利益が喪失するという請求喪失条項がある。

　基本的には当然喪失条項で足りるが，所定の事実が軽微である等，当然に期限の利益を喪失させるのが酷である場合において，請求喪失条項にするか否かを検討することになろう。

第5章　契約と担保

| 図表 5-1 | 条項例　期限の利益の喪失（当然喪失） |

（期限の利益の喪失）
第○条　次の各号の場合，甲からの何らの通知催告がなくても，乙は期限の利益を喪失し直ちに債務の全額を一時に弁済しなければならない。
　一　乙が甲に対する第○条の売買代金支払債務その他一切の債務，または本契約以外の契約上の債務につき支払義務を怠ったとき。
　二　乙が，差押えまたは仮差押えを受けたとき，仮処分，租税滞納処分等の処分を受けたとき，または，民事再生手続，会社更生手続の開始，破産もしくは競売を申し立てられ，または自ら，民事再生手続，会社更生手続の開始もしくは破産申立てをしたとき。
　三　乙が監督官庁より営業停止または営業免許もしくは営業登録の取消し，その他の行政処分を受けたとき。
　四　乙が資本減少，事業の全部もしくは重要な一部の譲渡，事業の重要な一部の分割，廃止もしくは変更，または合併によらずに解散したとき。
　五　乙が自ら振り出しもしくは引き受けた手形または小切手につき不渡り処分を受ける等支払停止または支払不能状態に至ったとき。
　六　乙の財産状態が悪化し，またはそのおそれがあると認められる相当の事由があるとき。

❖契約解除条項

　相手方に履行遅滞などの債務不履行がある場合には，催告による解除権が存する（改正民法541条）。また，履行不能，定期債務の履行遅滞などの一定の場合には，催告によらない解除権が存する（同法542条）。これらは，法定解除権と呼ばれる。ほかに法定解除権としては，注文者の解除権（同法636条・541条），賃貸人の解除権（同法610条ないし612条）などがある。また，割賦販売法や特定商取引法により認められているいわゆるクーリング・オフの権利は，消費者保護のために認められる無条件解除権である。

　したがって，契約書において，「債務不履行があったときに催告のうえ解除できる」などと法定解除権を定めるだけでは，法律上当然のことを記したにすぎず，特に意味がない。

　法定解除権以外に，あえて契約書で契約解除条項を定める意味は，以下の点にある。

　①　合意により，債務不履行以外の事由が生じたときにも，契約解除を可能とする。

　②　履行遅滞の場合，法定解除では相当の期間を定めて履行の催告をし，そ

412

の期間内に履行がないときにはじめて契約解除ができるが，合意により上記の相当期間の催告を不要にする（**図表5－2**）。

図表 5－2　条項例　契約の解除

（契約の解除）
第○条　甲または乙は，相手方が次の各号のいずれかに該当したときは，催告その他の手続を要しないで，直ちに本契約および個別契約の全部または一部を解除することができる。
　一　甲乙間の契約（本件契約以外の契約を含む）上の義務に違反したとき。
　二　差押えまたは仮差押えを受けたとき，仮処分，租税滞納処分等の処分を受けたとき。(注)
　三　監督官庁より営業停止または営業免許もしくは営業登録の取消し，その他の行政処分を受けたとき。
　四　資本減少，事業の全部もしくは重要な一部の譲渡，事業の重要な一部の分割，廃止もしくは変更，または合併によらずに解散したとき。
　五　自ら振り出しもしくは引き受けた手形または小切手につき不渡り処分を受ける等支払停止または支払不能状態に至ったとき。
　六　財産状態が悪化し，またはそのおそれがあると認められる相当の事由があるとき。

(注)　なお，解除事由の中に，「民事再生手続，会社更生手続の開始，破産もしくは競売を申し立てられ，または自ら，民事再生手続，会社更生手続の開始もしくは破産申立てをしたとき」というような内容を記載した契約書も多い。しかし，破産，民事再生および会社更生の手続開始申立てを解除事由とすることは，再建の物的基礎を構成すべき財産を，特定の債権者と債務者との合意で事前に奪取することを目的とするものとして無効と解するのが一般である（期限の利益喪失事由にすぎない場合には許容される）。倒産解除条項を無効とした判決としては，最判昭和57年3月30日民集36巻3号484頁，最判平成20年12月16日民集62巻10号2561頁。

❖合意管轄条項

　訴訟を提起する場合，民事訴訟法で定められた裁判管轄を有する管轄裁判所に訴えを提起しなければならない。

　民事訴訟法によれば，「訴えは，被告の普通裁判籍の所在地を管轄する裁判所の管轄に属する」とされ（民訴4条1項），被告が個人の場合の普通裁判籍は住所や居所であり（同条2項），被告が法人等の場合の普通裁判籍は，その主たる事務所または営業所による等とされている（同条4項）。他方で，財産上の訴えは義務履行地を管轄する裁判所に提起することができるとされ（同法5条1号），弁済すべき場所は，特に合意がない限り，債権者の現在の住所においてなすべきとされている（改正民法484条1項）。したがって，金銭の支払

いを求める訴えは，多くの場合，債権者の現在の住所が義務履行地となるため，債権者の現在の住所を管轄する裁判所に提起することができる。

ただ，上記の法定管轄にかかわらず，一定の法律関係に基づく訴えについて，第一審に限り，書面によって合意で管轄裁判所を定めることができる（民訴11条）。これが「合意管轄」といわれるものである。合意は書面でする必要があるので，通常契約書の中に合意管轄条項が明記される。

合意管轄は，土地管轄の問題（たとえば東京，大阪，札幌，福岡等のどの地方裁判所にするか）と，事物管轄の問題（同一地域を管轄する簡易裁判所か地方裁判所か）について，合意することができる。なお，合意管轄は，第一審裁判所に関する定めに限られるので，上級審（控訴審や上告審）の管轄を合意することはできない。また，裁判所の支部（たとえば東京地裁立川支部，大阪地裁堺支部等）を合意で指定することもできないし，裁判所の部や裁判官を合意で指定することもできない。

そこで，契約書において合意管轄を定めるときには，上記土地管轄と事物管轄をどこにするかを検討しなければならない。

土地管轄については，多くの場合訴訟費用の観点から，自社にできるだけ近い裁判所にしたほうが得である。しかし，その場合，契約当事者の住所が離れているときに，どちらに近い裁判所で合意するかでお互いに譲らないことが考えられる。そのため，双方に公平になるように「当事者のそれぞれの本社住所地を管轄する地方裁判所」を合意管轄とすることもある。

また，事物管轄については，企業間の紛争の場合には事件や事件の背景が複雑になりやすいため，訴訟の目的物の価額が140万円未満で，普通なら簡易裁判所の管轄となる場合（裁判所法33条1項1号）であっても，地方裁判所を選択することが多い。

ところで，合意管轄を定める場合には，それが付加的（選択的）な合意なのか，専属的な合意なのかを意識して定めなければならない。付加的な合意とは，法定管轄外の裁判所に，合意により追加で管轄を認めるという意味になるが，専属的な合意の場合には，法定管轄の有無を問わず，合意した特定の裁判所だけに管轄を認めるということになる。この付加的合意と専属的合意は，法的には大きな違いであるので，十分に注意しなければならない（**図表5－3**）。

5－2　基本契約

| 図表 **5－3**　条項例　合意管轄 |

> （合意管轄）
> 第○条　本契約に関し訴訟の必要が生じたときには，○○地方裁判所を第一審の専属的合意管轄裁判所とする。【注　専属的合意管轄の場合】
> 第○条　本契約に関し訴訟の必要が生じたときには，○○地方裁判所を第一審の付加的合意管轄裁判所とする。【注　付加的合意管轄の場合】

❖損害賠償条項

　民法上，債務者が債務不履行をした場合には，債権者は損害賠償請求をすることができ（改正民法415条），損害賠償の範囲については，通常生ずべき損害を基本としつつ，当事者が予見すべき特別な事情によって生じた損害まで請求することができるとされている（同法416条）。また，金銭債権の場合，その損害賠償の額（遅延損害金）は当面年３％と定められている（同法419条１項・404条１項）。なお，民法改正により，従前５％（民事取引の場合）または６％（商事取引の場合）とされていた法定利率が３％に引き下げられるとともに，３年に一度，金利の一般的動向に合わせて緩やかに上下させる緩やかな変動制が採用され，商事利率は廃止された（改正民法404条，整備法３条）。遅延損害金の算定等にあたっては，債務者が遅滞の責任を負った最初の時点における法定利率を用いることになる（同法404条１項・419条１項）。

　したがって，契約書において特に損害賠償の条項を設けなくても，上記民法の範囲で損害賠償請求が可能である。

　しかし，債権管理および回収の観点から，損害賠償の要件や範囲について，上記民法の規定とは異なる合意をすることがある。それが損害賠償条項である。

　損害賠償条項にはいくつか種類が存するので，以下それぞれ説明を加える。

(1)　遅延損害金

　遅延損害金の利率を定める条項である（**図表5－4**）。法定利息は上記のとおり当面３％であるから，利率としては低く，あまり債務者に対するプレッシャーにならないと思われる。そこで，当事者間の合意により，遅延損害金の利率を高く設定しておくのである（民法419条１項ただし書）。遅延損害金の利率が高ければ高いほど，債務者としては債務不履行を起こしたときの負担が重くなるため，期日どおりの履行をする強い動機になる。

　ただし，遅延損害金の利率については，以下のとおり法令の制限があるので

415

第5章　契約と担保

図表　**5－4**　条項例　遅延損害金

（遅延損害金）
第○条　乙が代金の支払いを怠ったときは，支払期日の翌日から完済に至るまで年14.6%
　　の割合による遅延損害金を甲に現金で支払うものとする。

留意されたい。

　まず，異常に利率が高い場合には，暴利行為として公序良俗違反（民法90
条）により無効とされる場合がある。また，消費者契約法では，事業者と消費
者間の契約において，遅延損害金として年14.6%を超えるものは，その超える
部分を無効としている（消費契約9条2号）。金銭消費貸借契約の場合には，利
息制限法1条に規定する率の1.46倍を超える部分は，その超過部分が無効とさ
れ（利息4条1項），さらに営業的金銭消費貸借（債権者が業として行う金銭
を目的とする消費貸借（同法5条1号））の場合には，元本に対する割合が年
2割を超えるときは，その超過部分について無効とされる（同法7条1項）。な
お，下請法の適用がある場合には，親事業者が下請業者に対して支払う遅延損
害金の利率は年14.6%と定められている（下請法4条の2，昭和45年5月8日公
正取引委員会規則第1号）。

(2)　債務不履行の具体化

　債務不履行による損害賠償請求をするためには，債権者の側で債務不履行の
事実を証明しなければならないが，何をもって債務不履行かが必ずしも判然と
しないことがある。たとえば，売買契約の目的物の品質が悪いと主張したいと
きに，当該契約において必要とされる品質について契約時に詳細に定めていな
い場合には，何をもって品質が悪いのかが不明確であり，立証に苦労すること
が予想される。

　したがって，損害賠償請求を実効性のあるものとするためには，契約書にお
いて債務不履行の事実をできるだけ明確化しておくと役立つ。

(3)　損害賠償額の予定

　債務不履行による損害賠償請求をするためには，債権者の側で損害を具体的
に立証しなければならない。この点，実際に支出した損害であれば領収証等で
立証することが容易であるが，債務者の債務不履行により本来債権者が得られ
るはずの利益が得られなかった（逸失利益と呼ばれる）というような損害の場

合,「将来得られるはずの利益」という予測が入るため,立証に苦労することが多い。

そこで,損害賠償額をあらかじめ予定しておくこと(民法420条1項本文)が有用である。たとえば債務不履行の場合の損害賠償額を○○円と契約書で定めておけば,損害の具体的な立証をせずに,損害賠償額が決まることになる。なお,債務者の側からすれば,損害賠償額の予定があれば,賠償額の上限を画することができる(**図表5−5**)。

ただし,あまりに高額な損害賠償額を予定した場合には,公序良俗違反により無効(民法90条)となる可能性もあるため,合理的な範囲にとどめるべきである。

図表 **5−5** 条項例 損害賠償の予定

（損害賠償の予定）
第○条　乙の債務不履行に基づき本契約が解除された場合には,甲は乙に対し,金○○円の損害賠償請求ができる。

(4) 損害項目

債務不履行による損害賠償の対象となるのは,債務不履行と相当な因果関係のある損害に限られる。ただ,因果関係の範囲内かどうかが常に明確であるわけではなく,実際の訴訟では立証に苦労することが多い。

そこで,あらかじめ当事者間で,損害賠償請求の対象となる損害の項目を合意しておくと,因果関係の範囲内かどうかの立証の際に役に立つ場合がある。たとえば**図表5−6**の条項例のような定めである。ただし,契約書に損害項目を定めたからといって,当該損害項目の全額が訴訟において必ず賠償の対象と

図表 **5−6** 条項例 損害項目

（損害）
第○条　甲または顧客が商品の欠陥による第三者の損害を賠償することを余儀なくされた場合,乙は,甲または顧客の支払った損害賠償金および当該紛争の対応のための費用(訴訟費用,弁護士費用,その他専門家にかかわる費用を含む)を賠償する責を負うものとする。
2　乙の商品の欠陥により,商品の回収または交換等を甲が行った場合には,これにかかる出荷,返品処理の費用については,乙が負担するものとする。

第5章　契約と担保

なる，というわけではない。

❖所有権留保条項

　売主が現に所有する特定物をもって目的とする売買契約の場合，目的物の所有権は，原則として売買契約と同時に買主に移転すると解されている。

　ただし，当事者の合意により，所有権の移転時期は自由に決定することができる。売買契約であれば，所有権の移転時期を，引渡時や検収時と定めることが多い。

　さらに，所有権の移転時期を代金完済時に遅らせることがある。そのように定めることにより，買主に代金不払等があった場合，売主は留保されている所有権に基づき商品の取戻しを請求できることになる。これが所有権留保といわれるもので，担保の一種である（**図表5-7**）（詳細は**5-8-2**にて後述）。

　所有権留保が主に役立つのは，買主の手元に置かれ使用収益される機械，器具，什器などである。第三者への転売が予定されている商品の場合には，買主の倉庫等に保管されている間は有効であるが，第三者へ商品が引き渡されてしまうと，通常は第三者に即時取得（民法192条）が成立して第三者が保護されてしまうので，売主は第三者から商品の返還を受けられなくなり，担保としての機能は失われる。

図表 **5-7** 条項例　所有権留保

（所有権留保）
第○条　目的物の所有権は，当該目的物の代金が完済されたとき（支払手形の場合は手形が決済されたとき）に，売主から買主に移転する。

❖出荷停止条項（不安の抗弁）

　多くの売買契約（特に継続的売買契約）では，一般的に目的物の引渡しが先履行とされ，代金の支払いは後に行われる。

　したがって，仮に売買契約締結後で目的物の引渡前に買主に信用不安が生じた場合であっても，売主は先履行の義務があるから，目的物の引渡しを先履行で行わなければならないことになりそうである。

　しかし，売買代金の回収が困難になることが明らかであるにもかかわらず，

418

売主に商品の引渡義務を負わせることは，売主に商品を捨てろというに等しく，あまりに酷である。そこで，このような場合には，売主が先履行である商品の引渡しを拒絶できるという「不安の抗弁権」という法理がある。不安の抗弁権はドイツ法等の外国法制上認められているが，日本では明文の規定はない。

しかし，下級審の裁判例では，以下のように述べて不安の抗弁権を認めたものがある。すなわち，「既に成約した本件契約に基づき更に商品を供給したのではその代金の回収が実現できないことを懸念するに足りる合理的な理由があり，かつ，後履行の被告の代金支払いを確保するために担保の供与を求めるなど信用の不安を払拭するための措置をとるべきことを求めたにもかかわらず，被告においてこれに応じなかったことによるものであることが明らかであって，このような場合においては，取引上の信義則と公平の原則に照らして，原告は，その代金回収の不安が解消すべき事由のない限り，先履行すべき商品の供給を拒絶することができると解するのが相当であり，」（東京地判平成 2 年12月20日判時1389号79頁）。ほかに東京地判昭和58年 3 月 3 日（判時1087号101頁），仙台高判昭和47年 8 月30日（判時689号79頁）などの裁判例でも，不安の抗弁権が認められている。

したがって，これらの裁判例を踏まえ，一定の条件のもとで売主が先履行義務を免れるという条項を，基本契約書にも定めておくべきである（**図表 5 － 8**）。

ただし，買主の事業にとって重要な商品が出荷停止になれば，買主に甚大な損害を与える可能性もあり，わずかな信用不安だけで売主が安易に出荷を停止すれば，逆に売主が買主から債務不履行に基づく損害賠償請求等を受ける可能性もある。

そこで，売掛金の回収リスクと買主からの損害賠償請求リスクを最小化するために，出荷停止を行う前に，買主に対し支払能力や契約履行能力について説明を求め，不安が残るようであれば担保提供を求めるなど，買主との折衝をで

図表 **5 － 8** 条項例　出荷停止

（出荷の停止）
第○条　甲は乙から注文を受けた場合においても，市場の景況，販売成績，乙の個別契約における代金の不払い，遅延または延期の申入れ等，甲の乙に対する信用に不安を感じる状況の発生により，出荷の制限または停止等の措置をとることができ，乙はこれに異議を述べない。

第5章　契約と担保

きる限り行い，やむをえない場合に出荷を停止するなど，慎重な運用が必要である。

❖担保提供義務条項

　債務者に担保を提供する義務を負わせる条項である。当該条項があったとしても当然に新たな担保が設定されるわけではないが，債務者が担保提供に応じない場合には期限の利益の喪失事由や契約解除事由に該当しうるため，債務者は事実上追加担保設定を検討せざるをえない（**図表5－9**）。

　ただし，債権者が債務者に担保提供義務条項に基づき担保提供を求める場面は，債務者に信用不安が生じたときであるが，そのときにはすでに債務者に担保余力もないことが通常であり，また倒産直前の担保設定は否認権（破産法162条，民再127条の3，会更86条の3等）の対象となり無効となるリスクも高まるため，信用不安が生じた後にあわてて担保提供義務条項を根拠に債務者に担保を求めても功を奏しない場合が多いことに留意しなければならない。

　なお，金銭消費貸借契約上の増担保条項の効力について争われた裁判例として，東京地判平成21年6月17日（判タ1324号165頁）がある。この裁判例では，債権者である金融機関が増担保条項に基づき，特定の不動産に対する抵当権の設定を債務者に請求したものの，裁判所は増担保条項に抵当権を設定させる効力までは認めず，債権者の請求を棄却した。

図表 **5－9** 条項例　担保提供義務

（担保の提供）
第○条　乙は，甲が請求したときは直ちに，甲の要求する担保を提供しなければならない。

❖任意処分条項

　担保権を実行するためには，裁判所への差押申立等法定の手続が必要になるが，手間や費用がかかり，しかも処分価格も任意の売却価格よりも低くなることが多い。もし法定の手続をせずに担保を任意で売却できれば，時間も費用もかからず回収額も増加させることができる。

　そこで，債権者が単独で，債務者（担保提供者）の協力を得ず担保物権を処分することを可能にするために，あらかじめその旨を当事者間で合意しておく

ことが有用である。これが任意処分条項といわれるものである（**図表5−10**）。

ただし，任意処分条項を定めたとしても，たとえば抵当権付不動産は，所有者である担保提供者の協力がなければ所有権移転登記と引渡しができず，また債務者が保管する動産類を担保にとっていた場合にも，債務者の協力がなければ当該担保動産を第三者に引き渡すことができない。

したがって，この任意処分条項が役立つのは，債権者が債務者の動産，有価証券，債権などを担保（質権，譲渡担保）として所持し，直接の支配下にある場合である。

図表 **5−10** 条項例　任意処分

（任意処分）
第○条　乙が第○条により期限の利益を失った場合，甲は，担保を必ずしも法定の手続によらないで一般に適当と認められる方法，時期，価格等により[注]甲において取立てまたは処分のうえ，その取得金から諸費用を差し引いた残額を法定の順序にかかわらず債務の弁済に充当できるものとし，なお残債務がある場合は，乙は直ちに弁済するものとする。

[注]　「一般に適当と認められる価格」とは，取引通念上妥当と認められ，信義則に従った方法により処分された結果の価格である必要があると解されている。

❖連帯保証人

保証人とは，主たる債務者が債務を支払わないときに，代わって支払う責任を負うものである（改正民法446条1項）。保証契約は書面でしなければ効力を生じない（同条2項）。

保証の場合には，債権者が保証人に支払請求しても，保証人はまず主たる債務者に請求するように抗弁できる（催告の抗弁権。同法452条）。また，保証人が，主たる債務者には財産があり，容易に強制執行できることを証明できれば，債権者としてはまずその主たる債務者の財産について執行しなければならないとされる（検索の抗弁権。同法453条）。

ところが，単なる保証ではなく，連帯保証になると，上記の催告の抗弁や検索の抗弁がなくなるため，債権者にとっては連帯保証人の責任追及が容易となる。

その他連帯保証に関する詳細は，**5−5−1**にて後述する。

第5章 契約と担保

図表 **5−11** 条項例 連帯保証人

（連帯保証人）
第○条 丙は，乙が甲に対し本契約に基づき負担する一切の債務につき連帯保証し，乙と
　　ともに次項に定める極度額の範囲においてその支払いの責めを負う。
2　前項に基づく丙の連帯保証債務は，○○円を限度額とする。
3　本契約当事者は，乙による主債務の範囲に乙の営む事業のために借り入れた貸金等債
　　務が含まれないことを確認する。
4　乙は，甲に対し，本契約締結までに，丙に対し，民法第465条1項所定の事項について
　　の情報の提供を行ったこと，及び，提供した情報が真実であることを表明し保証する。
　　また，丙は，乙からかかる情報の提供を受けたことを確認する。
5　甲の丙に対する履行請求は，民法458条及び同法第411条の規定にかかわらず，乙に対
　　しても効力を有するものとする。

図表 **5−12** 取引基本契約書

取引基本契約書

　○○株式会社（以下，「甲」という）と○○株式会社（以下，「乙」という）とは，甲乙
間の○○に関する取引の基本的な事項について，次のとおり取引基本契約を締結する。

第1条　（基本契約および個別契約）
　この基本契約（以下，「本契約」という）の各条項に定める内容は，甲乙間で別途特約
しない限り，甲乙間の個々の取引（以下「個別契約」という）について適用される。
第2条　（個別契約の成立）
1　個別契約には，発注年月日，品名，仕様，数量，納入場所，納入期日，検査その他の
　　受渡条件，決済日，決済方法等を定めなければならない。
2　個別契約は，甲が乙宛に発行する注文書に対して，乙が甲宛に注文請書を提出するこ
　　とにより成立する。
第3条　（価格）
　甲乙は，見積書等により協議のうえ，目的物の価格を定めるものとする。
第4条　（納期）
　甲は，個別契約で定めた納入期日（以下，「納期」という）に従って，目的物を乙の指
定する場所に納入する。
第5条　（検査）
1　乙は，甲から目的物の納入を受けたときは，速やかに目的物の検査（以下，「所定検
　　査」という）を行い，合格したもののみ受け入れる（以下，「検収」という）ものとする。
2　乙が，所定検査により目的物に不合格品または数量に異同があることを発見した場合
　　には，その旨を速やかに甲に通知する。
3　前項の通知に基づき，甲は，代品を納入するか，または，甲の乙への納入価格で買い
　　戻し処理を行うものとする。
第6条　（所有権の移転および危険負担）

422

5－2　基本契約

目的物の所有権および危険負担は，前条1項の検収時をもって，甲から乙に移転する。ただし，代金の支払いが完済されるまで目的物の所有権が移転しない旨の特約がある場合にはそれによるものとする。

第7条　（代金支払方法）

乙は，甲に対して，目的物の代金を，毎月○日締め，翌月○日限り，甲の指定する銀行預金口座に振込送金して支払う。振込手数料は乙の負担とする。

第8条　（保証金）

1　乙は，本契約および個別契約に基づき，乙が甲に対して現在および将来にわたって負担する一切の債務の履行を担保するため，別途甲乙協議して定める方法により，毎月，保証金として下記記載の金額を甲に差し入れる。

記

前月○日より当月○日までの間に，甲が乙に納品した目的物の代金合計額に対する○％相当額

2　甲は，保証金に対して，甲が別途定める金利（社内金利）を付し，当該利息金を保証金として充当するものとする。

3　甲は，乙に対して，いつでも保証金の補充および増額を請求することができる。甲が保証金の補充および増額を請求したときは，乙は，直ちに，甲の請求にかかる保証金を甲に差し入れるものとする。

4　乙に第11条に定める事由が生じたとき，または期間満了，解約等により本契約が終了したときは，甲は第1項に定める債務と保証金を対当額で相殺することができる。

第9条　（契約不適合責任）

1　乙は，甲から目的物の引き渡しがあった後，当該目的物が種類又は品質に関して本契約の内容に適合しないものであるとき（以下「契約不適合」という。）は，甲に対し直ちにその旨書面をもって通知しなければならない。

2　乙は，前項の通知を行った場合，目的物の引渡しを受けた日から○ヶ月以内に限り，目的物の補修，代替物の引渡し又は不足分の引渡しによる履行の追完を請求することができる。ただし，甲は，乙に不相当な負担を課するものでないときは，乙が請求した方法と異なる方法による履行の追完をすることができる。

3　乙は，第1項の通知を行った場合，前項にかかわらず，目的物の引渡を受けた日から○ヶ月以内に限り，前項に定める履行の追完の請求の催告なしに，契約不適合の不適合の程度に応じ代金の減額を請求することができる。

4　前2項の規定は，乙の甲に対する損害賠償の請求及び解除権の行使を妨げない。

第10条　（秘密保持）

甲および乙は，本契約または個別契約の履行の過程で開示を受け，または知り得た相手方の業務上の秘密事項を，本契約の有効期間中はもちろんその終了後といえども，相手方の書面による承諾なしに，第三者に開示または漏洩してはならない。ただし，当該事項が開示され，または当該事項を知り得た時点ですでに適法に知得していたか，もしくは公知・公用であるもの，またはその後第三者から適法に入手可能となり公知・公用となったものについては，この限りではない。

第11条　（期限の利益の喪失）

次の各号の場合，甲からの何らの通知催告がなくても，乙は期限の利益を喪失し直ちに債務の全額を一時に弁済しなければならない。

①　乙が甲に対する代金支払債務その他一切の債務，または本契約以外の契約上の債務につき支払義務を怠ったとき。

②　乙が，差押えまたは仮差押えを受けたとき，仮処分，租税滞納処分等の処分を受けたとき，または，民事再生手続，会社更生手続の開始，破産もしくは競売を申し立て

423

第 5 章　契約と担保

られ，または自ら，民事再生手続，会社更生手続の開始もしくは破産申立てをしたとき。

③　乙が監督官庁より営業停止または営業免許もしくは営業登録の取消し，その他の行政処分を受けたとき。

④　乙が資本減少，事業の全部もしくは重要な一部の譲渡，事業の重要な一部の分割，廃止もしくは変更，または合併によらずに解散したとき。

⑤　乙が自ら振り出しもしくは引き受けた手形または小切手につき不渡処分を受ける等支払停止または支払不能状態に至ったとき。

⑥　乙の財産状態が悪化し，またはそのおそれがあると認められる相当の事由があるとき

第12条　（遅延損害金）

乙が期限の利益を喪失したときは，本契約または個別契約上の債務全額に対し，期限の利益喪失の翌日から支払済みに至るまで年○％の割合による遅延損害金を支払う。

第13条　（契約の解除）

甲および乙は，相手方が次の各号のいずれかに該当したときは，催告その他の手続を要しないで，直ちに本契約および個別契約の全部または一部を解除することができる。

①　甲乙間の契約（本件契約以外の契約を含む）上の義務に違反したとき。

②　差押えまたは仮差押えを受けたとき，仮処分，租税滞納処分等の処分を受けたとき。

③　監督官庁より営業停止または営業免許もしくは営業登録の取消し，その他の行政処分を受けたとき。

④　資本減少，事業の全部もしくは重要な一部の譲渡，事業の重要な一部の分割，廃止もしくは変更，または合併によらずに解散したとき。

⑤　自ら振り出しもしくは引き受けた手形または小切手につき不渡処分を受ける等支払停止または支払不能状態に至ったとき。

⑥　財産状態が悪化し，またはそのおそれがあると認められる相当の事由があるとき。

第14条　（損害賠償）

甲および乙は，相手方が本契約または個別契約の各条項に違反した場合，これによって被った損害の賠償を相手方に対して請求することができる。なお，本契約または個別契約の各条項において，個別に損害賠償の定めがあるときはこれに従うものとする。

第15条　（有効期間）

本契約の有効期間は，令和○○年○○月○○日から令和○○年○○月○○日までとする。ただし，有効期間満了日の○カ月前までに，甲乙いずれからも書面による別段の意思表示がないときは，本契約は自動的に１年延長されるものとし，以後も同様とする。

第16条　（管轄裁判所）

本契約および個別契約に関して，甲と乙との間に紛争を生じたときは，○○地方裁判所を第一審の専属的合意管轄裁判所とする。

第17条　（協議事項）

本契約および個別契約に定めのない事項もしくはこれらの解釈上の疑義については，そのつど甲乙間で誠意をもって協議のうえ解決する。

この基本契約の成立を証するため，本書２通を作成し，甲乙それぞれ記名押印のうえ各自その１通を保有する。

令和○○年○○月○○日

　　　　　　　　　　　　　甲（債権者）　　東京都○○○○○○○
　　　　　　　　　　　　　　　　　　　　　○○○○株式会社

代表取締役　○○○○　㊞

乙（債務者）　　東京都○○○○○○○
○○○○株式会社
代表取締役　○○○○　㊞

図表 **5−13** 継続的商品売買取引基本契約書

継続的商品売買取引基本契約書

　○○株式会社（以下，「甲」という）と○○株式会社（以下，「乙」という）とは，甲乙間の継続的な商品売買取引に関する基本的な事項について，次のとおり取引基本契約を締結する。

第1条　（基本契約および個別契約）
　この基本契約（以下，「本契約」という）の各条項に定める内容は，甲乙間で別途特約しない限り，甲乙間の個々の取引（以下，「個別契約」という）について適用される。

第2条　（個別契約の成立）
1　個別契約には，発注年月日，品名，仕様，数量，納入場所，納入期日，検査その他の受渡条件，決済日，決済方法等を定めなければならない。
2　個別契約は，甲が乙宛に発行する注文書に対して，乙が甲宛に注文請書を提出することにより成立する。

第3条　（価格）
　甲乙は，仕様，品質，納期，納入方法，支払方法，材料費，労務費，諸経費，検査方法，市場の動向等の諸要素を考慮した合理的な算定方法に基づき，見積書等により協議のうえ，目的物の価格を定めるものとする。

第4条　（納期）
1　甲は，個別契約で定めた納入期日（以下，「納期」という）に従って，目的物を乙の指定する場所に納入する。
2　甲は乙から注文を受けた場合においても，市場の景況，販売成績，乙の個別契約における代金の不払い，遅延または延期の申入れ等，甲の乙に対する信用に不安を感じる状況の発生により，出荷の制限または停止等の措置をとることができ，乙はこれに異議を述べない。

第5条　（検査）
1　乙は，甲から目的物の納入を受けたときは，速やかに目的物の検査（以下，「所定検査」という）を行い，合格したもののみ受け入れる（以下，「検収」という）ものとする。
2　乙が，所定検査により目的物に不合格品または数量に異同があることを発見した場合には，その旨を速やかに甲に通知する。
3　前項の通知に基づき，甲は，代品を納入するか，または，甲の乙への納入価格で買い戻し処理を行うものとする。

第6条　（所有権の移転および危険負担）
　目的物の所有権および危険負担は，前条第1項の検収時をもって，甲から乙に移転する。ただし，代金の支払いが完済されるまで目的物の所有権が移転しない旨の特約がある場合にはそれによるものとする。

第7条　（代金支払方法）

第5章　契約と担保

　乙は，甲に対して，目的物の代金を，毎月○日締め，翌月○日限り，甲の指定する銀行預金口座に振込送金して支払う。振込手数料は乙の負担とする。

第8条　（与信限度枠）

　甲の乙に対する与信限度枠は金○○万円とする。

第9条　（担保の提供）

　乙は，甲が請求したときは直ちに，甲の要求する担保を提供しなければならない。

第10条　（任意処分）

　乙が第13条により期限の利益を失った場合，甲は，担保を必ずしも法定の手続によらないで一般に適当と認められる方法，時期，価格等により甲において取立てまたは処分のうえ，その取得金から諸費用を差し引いた残額を法定の順序にかかわらず債務の弁済に充当できるものとし，なお残債務がある場合は，乙はただちに弁済するものとする。

第11条　（契約不適合責任）

1　乙は，甲から目的物の引き渡しがあった後，当該目的物が種類又は品質に関して本契約の内容に適合しないものであるとき（以下「契約不適合」という。）は，甲に対し直ちにその旨書面をもって通知しなければならない。

2　乙は，前項の通知を行った場合，目的物の引渡しを受けた日から○ヶ月以内に限り，目的物の補修，代替物の引渡し又は不足分の引渡しによる履行の追完を請求することができる。ただし，甲は，乙に不相当な負担を課するものでないときは，乙が請求した方法と異なる方法による履行の追完をすることができる。

3　乙は，第1項の通知を行った場合，前項にかかわらず，目的物の引渡を受けた日から○ヶ月以内に限り，前項に定める履行の追完の請求の催告なしに，契約不適合の不適合の程度に応じ代金の減額を請求することができる。

4　前2項の規定は，乙の甲に対する損害賠償の請求及び解除権の行使を妨げない。

第12条　（秘密保持）

　甲および乙は，本契約または個別契約の履行の過程で開示を受け，または知り得た相手方の業務上の秘密事項を，本契約の有効期間中はもちろんその終了後といえども，相手方の書面による承諾なしに，第三者に開示または漏洩してはならない。ただし，当該事項が開示され，または当該事項を知り得た時点ですでに適法に知得していたか，もしくは公知・公用であるもの，またはその後第三者から適法に入手可能となり公知・公用となったものについては，この限りではない。

第13条　（期限の利益の喪失）

　次の各号の場合，甲からの何らの通知催告がなくても，乙は期限の利益を喪失し直ちに債務の全額を一時に弁済しなければならない。

① 乙が甲に対する代金支払債務その他一切の債務，または本契約以外の契約上の債務につき支払義務を怠ったとき。

② 乙が，差押えまたは仮差押えを受けたとき，仮処分，租税滞納処分等の処分を受けたとき，または，民事再生手続，会社更生手続の開始，破産もしくは競売を申し立てられ，または自ら，民事再生手続，会社更生手続の開始もしくは破産申立てをしたとき。

③ 乙が監督官庁より営業停止または営業免許もしくは営業登録の取消し，その他の行政処分を受けたとき。

④ 乙が資本減少，事業の全部もしくは重要な一部の譲渡，事業の重要な一部の分割，廃止もしくは変更，または合併によらずに解散したとき。

⑤ 乙が自ら振り出しもしくは引き受けた手形または小切手につき不渡処分を受ける等支払停止または支払不能状態に至ったとき。

5－2　基本契約

⑥　乙の財産状態が悪化し，またはそのおそれがあると認められる相当の事由があるとき。

第14条　（遅延損害金）

乙が期限の利益を喪失したときは，本契約または個別契約上の債務全額に対し，期限の利益喪失の翌日から支払済みに至るまで年○％の割合による遅延損害金を支払う。

第15条　（契約の解除）

甲および乙は，相手方が次の各号のいずれかに該当したときは，催告その他の手続を要しないで，直ちに本契約および個別契約の全部または一部を解除することができる。

①　甲乙間の契約（本件契約以外の契約を含む）上の義務に違反したとき。

②　差押えまたは仮差押えを受けたとき，仮処分，租税滞納処分等の処分を受けたとき。

③　監督官庁より営業停止または営業免許もしくは営業登録の取消し，その他の行政処分を受けたとき。

④　資本減少，事業の全部もしくは重要な一部の譲渡，事業の重要な一部の分割，廃止もしくは変更，または合併によらずに解散したとき。

⑤　自ら振り出しもしくは引き受けた手形または小切手につき不渡処分を受ける等支払停止または支払不能状態に至ったとき。

⑥　財産状態が悪化し，またはそのおそれがあると認められる相当の事由があるとき。

第16条　（損害賠償）

甲および乙は，相手方が本契約または個別契約の各条項に違反した場合，これによって被った損害の賠償を相手方に対して請求することができる。なお，本契約または個別契約の各条項において，個別に損害賠償の定めがあるときはこれに従うものとする。

第17条　（有効期間）

本契約の有効期間は，令和○○年○○月○○日から令和○○年○○月○○日までとする。ただし，有効期間満了日の３カ月前までに，甲乙いずれからも書面による別段の意思表示がないときは，本契約は自動的に１年延長されるものとし，以後も同様とする。

第18条　（管轄裁判所）

本契約および個別契約に関して，甲と乙との間に紛争を生じたときは，○○地方裁判所を第一審の専属的合意管轄裁判所とする。

第19条　（協議事項）

本契約および個別契約に定めのない事項もしくはこれらの解釈上の疑義については，そのつど甲乙間で誠意をもって協議のうえ解決する。

　

この基本契約の成立を証するため，本書２通を作成し，甲乙それぞれ記名押印のうえ各自その１通を保有する。

　

令和○○年○○月○○日

　　　　　　　　　　　甲（債権者）　　東京都○○○○○○○
　　　　　　　　　　　　　　　　　　　○○○○株式会社
　　　　　　　　　　　　　　　　　　　　代表取締役　○○○○　㊞

　　　　　　　　　　　乙（債務者）　　東京都○○○○○○○
　　　　　　　　　　　　　　　　　　　○○○○株式会社
　　　　　　　　　　　　　　　　　　　　代表取締役　○○○○　㊞

第5章　契約と担保

5-3

個別契約

　前述5-2-1記載のとおり動産売買契約や製作物供給契約など，一定期間に反復継続して取引が行われる場合には，共通的に適用される事項をあらかじめ取引基本契約で定めておき，具体的な目的物や取引数量，代金（単価）などについては個々の取引が生じるたびに改めて合意することが多い。このような個々の取引ごとの合意は，個別契約と呼ばれる。個別契約は，毎回個別契約書を締結することもあれば，注文書と注文請書のやりとりだけで済ます場合もある。

　基本契約と個別契約で異なる内容の合意をした場合には，基本契約は一般規定にすぎず，個別契約は個々の取引に応じた特別な合意であるから，個別契約の規定が優先される。ただし，当事者間において基本契約が優先される旨の合意が別途行われている場合には，この限りでない。

　個別契約では，目的物，取引数量，代金（単価），決済条件，納入場所・方法，リベートなど，個々の取引の詳細が決定される。

　個別取引は大量反復的に行われることも多く，営業担当者は得てしてできるだけ手続を省力化，簡略化する（時には口頭契約で済ます）傾向にある。しかし，ひとたび問題が生じたときには，裁判所において取引の存否や目的物の特定等を立証しなければならないため，個別取引において合意した内容は必ず書面に残しておくべきである。特に5-7-2にて後述する動産売買先取特権を行使するときには，裁判所に対し，個別契約書等の書面によって個々の売買を立証しなければならず，契約書等の内容に不備があれば動産売買先取特権の実行ができないことになりかねない。

　個別契約に関してどの程度まで証拠化しておくのか，営業部門と法務審査部門で十分に協議し，個々の企業の取引の実情に応じた仕組みを整えておくことが必要といえる。たとえば，双方が押印した個別契約書を毎回締結することが理想だが，それが困難である場合には，注文書・注文請書で代替するか，記載内容はどうするか，押印は誰が行うか，送付方法はメール，ＦＡＸ，郵送のいずれか，などを詳細に取り決めておく必要がある。

5－3　個別契約

図表 **5－14** 動産売買契約書

動産売買契約書

　○○○○株式会社（以下，「甲」という）と○○○○株式会社（以下，「乙」という）とは，次のとおり売買契約を締結する。

第1条　（売買）
　甲は，乙に対して，下記の商品（以下，「本商品」という）を下記の約定にて乙に売り渡し，乙はこれを買い受ける。

記

```
1  品　　　名    ○○○○
2  数　　　量    ○○
3  単　　　価    ○○○○円
4  引渡期日      令和○○年○○月○○日
5  引渡場所      ○○○○
6  代金総額      ○○○○円
7  支払期限      令和○○年○○月○○日
8  支払方法      ○○○○
```

第2条　（所有権の移転および危険負担）
1　本商品の所有権は，本商品の引渡時をもって，甲から乙に移転する。
2　本商品の引渡前に生じた本商品の滅失，毀損，減量，変質その他一切の損害は，乙の責に帰すべき事由による場合を除き甲の負担とし，本商品の引渡後に生じた本商品の滅失，毀損，減量，変質その他一切の損害は，甲の責に帰すべき事由による場合を除き乙の負担とする。

第3条　（検査および受渡）
1　乙は，甲から本商品の納入を受けたときは，速やかに，乙所定の検査要領，その他検査に関する諸規則に従って本商品の検査（以下，「所定検査」という）を行う。
2　本商品が所定検査に合格したときは，乙はその旨を証明する書面を甲に交付し，この時点で商品の引渡しがあったものとする。
3　本商品が所定検査に不合格となった場合は，甲の責任と費用負担により，乙の指示に従い速やかに代品を提供しなければならない。この場合，代品についても第1項と同様の検査を受け，これに合格しなければならない。

第4条　（代金支払方法）
　乙は，甲に対して，令和○○年○○月○○日限り，本商品の代金を，甲の指定する銀行預金口座に振込送金して支払う。振込手数料は乙の負担とする。

第5条　（遅延損害金）
　乙が本商品の代金債務の支払いを怠ったときは，甲に対して支払期日の翌日から完済に至るまで年○％の割合による遅延損害金を支払うものとする。

第6条　（期限の利益の喪失）
　次の各号の場合，甲からの何らの通知催告がなくても，乙は期限の利益を喪失し直ちに債務の全額を一時に弁済しなければならない。
①　乙が甲に対する代金支払債務その他一切の債務，または本契約以外の契約上の債務につき支払義務を怠ったとき。
②　乙が，差押えまたは仮差押えを受けたとき，仮処分，租税滞納処分等の処分を受け

第5章　契約と担保

たとき，または，民事再生手続，会社更生手続の開始，破産もしくは競売を申し立てられ，または自ら，民事再生手続，会社更生手続の開始もしくは破産申立てをしたとき。

③　乙が監督官庁より営業停止または営業免許もしくは営業登録の取消し，その他の行政処分を受けたとき。

④　乙が資本減少，事業の全部もしくは重要な一部の譲渡，事業の重要な一部の分割，廃止もしくは変更，または合併によらずに解散したとき。

⑤　乙が自ら振り出しもしくは引き受けた手形または小切手につき不渡処分を受ける等支払停止または支払不能状態に至ったとき。

⑥　乙の財産状態が悪化し，またはそのおそれがあると認められる相当の事由があるとき。

第7条　（契約不適合責任）

1　乙は，甲から目的物の引き渡しがあった後，当該目的物が種類又は品質に関して本契約の内容に適合しないものであるとき（以下「契約不適合」という。）は，甲に対し直ちにその旨書面をもって通知しなければならない。

2　乙は，前項の通知を行った場合，目的物の引渡しを受けた日から〇ヶ月以内に限り，目的物の補修，代替物の引渡し又は不足分の引渡しによる履行の追完を請求することができる。ただし，甲は，乙に不相当な負担を課するものでないときは，乙が請求した方法と異なる方法による履行の追完をすることができる。

3　乙は，第1項の通知を行った場合，前項にかかわらず，目的物の引渡を受けた日から〇ヶ月以内に限り，前項に定める履行の追完の請求の催告なしに，契約不適合の不適合の程度に応じ代金の減額を請求することができる。

4　前2項の規定は，乙の甲に対する損害賠償の請求及び解除権の行使を妨げない。

第8条　（契約の解除）

甲および乙は，相手方が次の各号のいずれかに該当したときは，催告その他の手続を要しないで，直ちに本契約を解除することができる。

①　甲乙間の契約（本件契約以外の契約を含む）上の義務に違反したとき。

②　差押えまたは仮差押えを受けたとき，仮処分，租税滞納処分等の処分を受けたとき。

③　監督官庁より営業停止または営業免許もしくは営業登録の取消し，その他の行政処分を受けたとき。

④　資本減少，事業の全部もしくは重要な一部の譲渡，事業の重要な一部の分割，廃止もしくは変更，または合併によらずに解散したとき。

⑤　自ら振り出しもしくは引き受けた手形または小切手につき不渡処分を受ける等支払停止または支払不能状態に至ったとき。

⑥　財産状態が悪化し，またはそのおそれがあると認められる相当の事由があるとき。

第9条　（管轄裁判所）

本契約および個別契約に関して，甲と乙との間に紛争を生じたときは，〇〇地方裁判所を第一審の専属的合意管轄裁判所とする。

第10条　（協議事項）

本契約および個別契約に定めのない事項もしくはこれらの解釈上の疑義については，そのつど甲乙間で誠意をもって協議のうえ解決する。

この基本契約の成立を証するため，本書2通を作成し，甲乙それぞれ記名押印のうえ各自その1通を保有する。

5－3　個別契約

令和〇〇年〇〇月〇〇日

　　　　　　　　　甲（債権者）　　東京都〇〇〇〇〇〇〇
　　　　　　　　　　　　　　　　　〇〇〇〇株式会社
　　　　　　　　　　　　　　　　　　　代表取締役　〇〇〇〇　㊞

　　　　　　　　　乙（債務者）　　東京都〇〇〇〇〇〇〇
　　　　　　　　　　　　　　　　　〇〇〇〇株式会社
　　　　　　　　　　　　　　　　　　　代表取締役　〇〇〇〇　㊞

図表 **5－15** 金銭消費貸借契約書

金銭消費貸借契約書

　貸主〇〇〇〇株式会社（以下，「甲」という），借主〇〇〇〇株式会社（以下，「乙」という）および連帯保証人〇〇〇〇は，以下のとおり金銭消費貸借契約を締結した。

第1条　（貸借）
　本日，甲は，乙に対し，金〇〇〇〇円を，次条以下の約定で貸し渡し，乙はこれを受領し借り受けた。
第2条　（利息）
　本件消費貸借の利息は，元金に対し年〇割〇分の割合とする。
第3条　（弁済期）
　乙は，甲に対し，元金については令和〇〇年〇〇月〇〇日限り，利息については毎月〇〇日限り，いずれも甲の住所に持参し，または送付して支払う。
第4条　（遅延損害金）
　乙が元金を期限に弁済しないときは，元金に対し年〇割〇分の割合による遅延損害金を支払う。
第5条　（期限の利益喪失）
　乙は，以下の事由の1つに該当したときは，甲の催告を要せず，当然に期限の利益を失い，直ちに債務全額を弁済するものとする。
　①　1回でも本件利息の支払いを怠ったとき。
　②　乙が，第三者から差押え・仮差押え・仮処分または強制執行を受けたとき。
　③　競売，破産，民事再生，会社更生，特別清算の申立てがあったとき。
　④　乙の振出し，裏書，保証にかかる手形・小切手が不渡りとなったとき。
第6条　（連帯保証）
　1　丙は，乙が甲に対し本契約に基づき負担する一切の債務につき連帯保証し，乙とともに次項に定める極度額の範囲においてその支払いの責めを負う。
　2　前項に基づく丙の連帯保証債務は，〇〇円を限度額とする。
　3　本契約当事者は，乙による主債務の資金使途が〇〇であり，乙の営む事業のために借り入れたものではないことを確認する（注）。
　4　乙は，甲に対し，本契約締結までに，丙に対し，民法第465条1項所定の事項についての情報の提供を行ったこと，及び，提供した情報が真実であることを表明し保証する。また，丙は，乙からかかる情報の提供を受けたことを確認する。

431

第5章 契約と担保

5 甲の丙に対する履行請求は，民法458条及び同法第411条の規定にかかわらず，乙に対しても効力を有するものとする。

第7条 （合意管轄）

本件消費貸借契約に関し，万が一紛争が生じた場合は，○○簡易裁判所または○○地方裁判所を第一審の専属的合意管轄裁判所とすることに合意する。

以上のとおり契約が成立したので，本書面3通を作成し，甲乙丙各1通を保管する。

令和○○年○○月○○日

甲（債権者）　東京都○○○○○○○
　　　　　　　○○○○株式会社
　　　　　　　　代表取締役　○○○○　㊞

乙（債務者）　東京都○○○○○○○
　　　　　　　○○○○株式会社
　　　　　　　　代表取締役　○○○○　㊞

丙（連帯保証人）東京都○○○○○○○
　　　　　　　　　　　　　○○○○　㊞

注：第6条の連帯保証が，事業用融資の第三者保証に該当する場合には，第5条第3項の「乙の営む事業のために借り入れたものではないことを」の部分を削除の上，公正証書による保証人の意思確認が必要となる。

5－4

担　　保

❖担保とは

　「担保」とは，債権に認められる一般的効力だけでは債権者が満足しない場合に，その債権の実現をより確実にするために認められる特別の効力をいう。たとえば，金銭債権の債権者は，通常債務者から支払いを受ければ満足するが，債務者が支払不能の場合に，他の手段で確実に債権を回収できるようにするものが「担保」である。

　担保は大別すると，人的担保と物的担保の2種類に分類できる。

　人的担保とは，債務者の一般財産だけではなく，他の人の財産をも債権実現の引当てにするものである。具体的には，①保証，②連帯保証などである。

　物的担保とは，一定の財産に対して特別の優先的効力を保持するものである。具体的には①抵当権，②根抵当権，③質権，④留置権，⑤先取特権，⑥仮登記担保権，⑦譲渡担保，⑧所有権留保などがある。

　また，厳密には人的担保とも物的担保ともいえないが，①代理受領，②振込指定，③相殺なども担保の一種として用いられる。

　物的担保のうち，民法により定められた担保権のことを典型担保物権，明文の定めがなく解釈によって認められている担保権のことを非典型担保物権と呼ぶ。典型担保物権の中には，さらに当事者の合意で成立する約定担保物権と，法律上当然に発生する法定担保物権がある（**図表5－16**）。

433

第5章　契約と担保

図表 5-16 担保一覧表

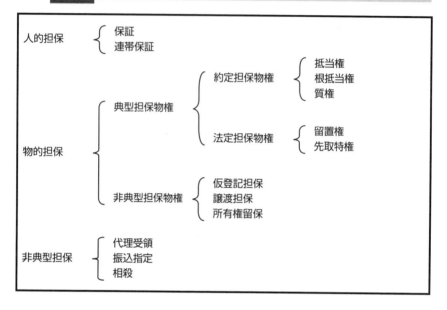

5－5

人的担保

|5－5－1| 保　　証

❖保証とは

　人的担保として代表的なものは①保証と②連帯保証である。ほかに連帯債務（民法432条）や不可分債務（同法430条）も人的担保の一種と挙げられることもあるが，上記①②を理解すれば十分であろう。

　保証とは，債務者（主たる債務者といわれる）が債務の履行をしない場合に，債務者に代わって履行する責任を負うことであり，債権者との契約によってその責任が発生する。

　保証は主たる債務のための担保であるから，主たる債務と運命を共にする。すなわち，主たる債務がなければ成立せず，主たる債務より責任が重くなることもない（民法448条）。また，主たる債務が消滅すれば保証債務も消滅する。上記のような性質を，保証債務の附従性という。

　また，保証人は，あくまで主たる債務者のために保証債務を負っているにすぎず，保証人に生じた負担は，最終的には主たる債務者に対して求償することができる（求償権。民法459条・460条・462条）。

　さらに，保証人が保証債務を弁済したときには，法律上当然に債権者に代位し，債権者が主たる債務者に対して有していた債権や担保権が保証人に移転し，担保権を行使できる（法定代位。民法500条・501条）。

❖人的担保の役割

　人的担保は，債務者の一般財産だけではなく，第三者の財産をも債権実現の引当てにするものである。手続としても，抵当権のように登記等は不要であるから簡易であり，比較的担保としては徴求しやすい。

　一方で，保証人に信用力（主に資力）がなければ，担保としての有効性は低くなる。会社との取引において，その代表者に（連帯）保証をさせる例は多い

435

第5章　契約と担保

が，会社に信用不安が生じた場合には，その代表者の財務状態も悪化していることが多く（当該会社がオーナー会社である場合には特にそうである），実際に保証人である代表者から十分な回収ができることはさほど多くないことに留意しなければならない。

また，保証債務履行請求権を実行するときには，原則として裁判で判決をもらわない限り強制執行ができず，また，優先的効力もないため，他の債権者がいるときには債権者平等の原則により按分比例等で公平に配分されてしまい，十分な回収ができない。

したがって，人的担保は取得しやすい反面，効力としては物的担保に劣ることから，基本的には人的担保の取得だけで満足すべきではなく，さらに物的担保も取得するように努力すべきである。

❖普通保証と連帯保証との違い

保証（民法446条。普通保証または単純保証といわれる）の場合と，連帯保証とでは，その法的効果が異なることに注意しなければならない。結論としては連帯保証のほうが債権者にとって有利であるため，極力普通保証ではなく連帯保証を取得すべきである。なお，商取引では，保証契約に連帯である旨を記載しなくても，商法により当然に連帯保証として扱われる（商法511条2項）。しかし，実務上は，疑義が生じないように必ず連帯保証である旨を明記しておくべきである。

普通保証と連帯保証の違いは以下のとおりである。

普通保証の場合，債権者が保証人に支払請求をしても，保証人は，まず主たる債務者に請求するように抗弁できる（催告の抗弁権。民法452条）。また，債権者が保証人に請求してきたとき，保証人は，主たる債務者には財産があり，容易に強制執行できることを証明すれば，債権者はまず主たる債務者の財産に強制執行した後でなければ，保証人に請求できない（検索の抗弁権。同法453条）。

ところが，連帯保証の場合には，上記の催告の抗弁も検索の抗弁も認められない（民法454条）。

さらに，保証人が複数人いる場合，普通保証であれば，各保証人の責任額は頭割りとなる（分別の利益。民法456条・427条）が，連帯保証の場合には保証人全員が全額について責任を負う。

また，普通保証の保証人に債権者が請求しても，主たる債務の時効は中断せ

5−5　人的担保

ず，債権者は別途主たる債務者にも請求等をして時効を中断させなければならないが，連帯保証の場合には，連帯保証人に請求すれば主たる債務も時効が中断する（民法458条・434条）。

　なお，改正民法における新しい時効の制度についての詳細はここでは割愛するが，改正民法の下では，連帯保証人に対する履行請求をしても，主債務者に対する債権について時効の完成猶予・更新はなされない（相対的効力）ことに注意が必要である（同法458条・441条）。そのため，債権者としては，債権者と主債務者との間で連帯保証人への履行の請求が絶対効を有する旨の合意をする対応が考えられる（ただし，常に有効とはいえないことも考えられ，消費者との間での契約などでは注意が必要である）。また，改正民法の下では，上記の履行の請求以外にも，連帯保証人に対して生じた免除および時効の完成についても，相対的な効力とされる（同法458条・441条）。

❖根 保 証

　保証契約の被担保債権（保証でカバーされる債権）が個別の債権である場合を「個別保証」といい，被担保債権が将来生ずる不特定の債権である場合を「根保証」という。また，根保証のうち，極度や期限を定めないで一切の債権を保証させるものを「包括根保証」，一定の極度ないし期限を定めて保証させるものを「限定根保証」という。

　継続的な取引において保証をとる場合には，通常は個別保証ではなく根保証を取得する。

図表　5−17　連帯保証契約書

連帯保証契約書

　債権者○○○○株式会社（以下，「甲」という）と，連帯保証人○○○○（以下「乙」という）および債務者○○○○株式会社（以下，「丙」という）は，以下のとおり連帯保証契約を締結する。

第1条　（連帯保証）
　1　乙は，甲に対し，丙の甲に対する下記債務について，丙と連帯してその債務の履行の責に任ずることを約する。
記
　債務の種類：甲丙間の令和○○年○○月○○日付売買基本取引契約（以下「基本契約」

437

第5章　契約と担保

という）に基づき，丙が甲に対して負担する売買代金，遅延損害金その他一切の債務

債務の内容：① 丙が令和○○年○○月○○日現在甲に対して負担する債務
② 丙が令和○○年○○月○○日から令和○○年○○月○○日までの間に甲に対して負担することのあるべき債務

2　甲および乙は，丙による主債務の範囲に丙の営む事業のために借り入れた貸金等債務が含まれないことを確認する。

第2条（極度額）

前条に基づく乙の連帯保証債務は，主債務の元本，利息，違約金，損害賠償その他その債務に従たるすべてのものおよび連帯保証債務について約定された違約金または損害賠償債務について，○○円を限度額とする。

第3条　（異議申立ての禁止）

乙は，甲において丙が提供している担保の変更・解除，または乙以外に丙の連帯保証人・物上保証人となっている第三者の保証・担保の変更・解除をした場合であっても，本契約における連帯保証債務の存続について，何らの異議を述べないものとする。

第4条　（求償権行使の制限）

乙は，本契約に基づき丙の甲に対する債務の一部を弁済した場合であっても，甲丙間における基本契約が存続し，または丙（乙以外の保証人がいる場合にはその保証人も含む。以下同じ）が甲に対する債務の全部を弁済するまでは，甲の書面による同意なくして，丙に対して求償権の行使はできないものとする。

第5条（情報提供についての表明及び保証）

1　乙は，甲に対し，本契約締結までに，丙から，次に掲げる事項についての情報の提供を受けたこと，および，事実と異なる情報の提供を受けていないことを表明し，かつ保証する。

(1) 丙の財産および収支の状況
(2) 主債務以外に負担している丙の債務の有無ならびにその額および履行状況
(3) 主債務の担保として他に提供し，または提供しようとするものがあるときは，その旨およびその内容

2　丙は，甲に対し，乙への保証委託を行うに際し，書面をもって前項第1号ないし3号に掲げる事項についての情報を乙に提供したこと，およびそれらの情報が真実かつ正確であることを表明し，かつ保証する。

第6条　（協議）

本契約に定めのない事項については，甲丙間の基本契約の規定に従い，基本契約にも定めのない事項については，甲乙協議して決定する。

以上のとおり合意したので，本契約書3通を作成し，甲，乙および丙はそれぞれ署名（記名）押印のうえ，各1通ずつ保有する。

令和○○年○○月○○日

　　　　　　　　　　甲（債　権　者）　　　東京都○○○○○○○
　　　　　　　　　　　　　　　　　　　　　○○○○株式会社
　　　　　　　　　　　　　　　　　　　　　代表取締役　○○○○　㊞

　　　　　　　　　　乙（連帯保証人）　　　東京都○○○○○○○
　　　　　　　　　　　　　　　　　　　　　　　　○○○○　㊞

5－5 人的担保

　　　　　　丙（債　務　者）　　東京都○○○○○○○
　　　　　　　　　　　　　　　　○○○○株式会社
　　　　　　　　　　　　　　　　代表取締役　○○○○　㊞

※1条2項について，本件の主債務の使途についても併せて記載することも考えられる。ま
　た，事業用融資の第三者保証に該当するおそれがあると思われる場合には，公正証書によ
　る保証人の意思確認を行うべきである。5条は，保証人が法人である場合には不要である。

図表　5－18　連帯根保証契約書

連帯根保証契約書

　債権者○○○○株式会社（以下，「甲」という）と連帯保証人○○○○（以下，「乙」と
いう）とは，○○○○株式会社（代表取締役○○○○，東京都○○区○○所在。以下
「丙」という）の甲に対する債務につき，次のとおり連帯根保証契約を締結する。

第1条　（連帯保証）
　1　乙は甲に対して，丙の甲に対する下記債務（以下「本件債務」という）について，
丙と連帯してその債務の履行の責に任ずることを約する。
　　　　　　　　　　　　　　　記
　債務の種類　甲丙間の令和○○年○○月○○日付取引基本契約に基づき丙が甲に負担す
　　　　　　　る代金支払債務
　債務の内容　丙が令和○○年○○月○○日から令和○○年○○月○○日までの間に甲に
　　　　　　　対して負担することのあるべき債務
　2　甲および乙は，丙による主債務の範囲に丙の営む事業のために借り入れた貸金等債
務が含まれないことを確認する。
第2条　（保証限度額）
　前条に基づき乙が甲に対して負担するべき保証債務の限度額は金○○円とする。
第3条　（異議申立ての禁止）
　乙は，本件債務の履行を担保するために丙または丙の他の連帯保証人・物上保証人が甲
に提供している担保・保証等を甲の都合により変更・解除されても，何らの異議を述べな
いものとする。
第4条　（求償権行使の制限）
　乙は，本件債務の一部を弁済しても，甲丙間の令和○○年○○月○○日付取引基本契約
が存続し，または，本件債務の全部の弁済がされるまでは，甲の書面による同意なくして
丙に対して求償権の行使はできないものとする。
第5条（情報提供についての表明および保証）
　乙は，甲に対し，本契約締結までに，丙から，次に掲げる事項についての情報の提供を
受けたこと，および，事実と異なる情報の提供を受けていないことを表明し，かつ保証す
る。
　(1)　丙の財産および収支の状況
　(2)　主債務以外に負担している丙の債務の有無ならびにその額および履行状況
　(3)　主債務の担保として他に提供し，または提供しようとするものがあるときは，その
旨およびその内容

第5章　契約と担保

　2　丙は，甲に対し，乙への保証委託を行うに際し，書面をもって前項第1号ないし3号に掲げる事項についての情報を乙に提供したこと，およびそれらの情報が真実かつ正確であることを表明し，かつ保証する。

第6条　（存続期間）
　本契約の存続期間は，令和○○年○○月○○日から令和○○年○○月○○日までの○年間とし，乙は，この期間内に発生した丙の債務について履行の責任を負う。

第7条　（管轄裁判所）
　本契約に関して，甲乙間に紛争を生じたときは，○○地方裁判所を第一審の専属的合意管轄裁判所とする。

第8条　（協議事項）
　本契約に定めのない事項もしくはこれらの解釈上の疑義については，そのつど甲乙間で誠意をもって協議のうえ解決する。

　この基本契約の成立を証するため，本書2通を作成し，甲乙それぞれ記名押印のうえ各自その1通を保有する。

令和○○年○○月○○日

甲（債　権　者）	東京都○○○○○○○	
	○○○○株式会社	
	代表取締役　○○○○	㊞
乙（連帯保証人）	東京都○○○○○○○	
	○○○○	㊞

※1条2項について，本件の主債務の使途についても併せて記載することも考えられる。また，事業用融資の第三者保証に該当するおそれがあると思われる場合には，公正証書による保証人の意思確認を行うべきである。5条は，保証人が法人である場合には不要である。

図表　5－19　保証人加入契約書

保証人加入契約書

令和○○年○○月○○日

株式会社○○○○　　御中

保証人	東京都○○○○○○○	
	○○○○	㊞
債務者	東京都○○○○○○○	
	○○○○株式会社	
	代表取締役　○○○○	㊞

　保証人は，貴社と債務者との間で締結した令和○○年○○月○○日付取引基本契約に基づいて貴社に対して現在および将来負担する一切の債務について，債務者と連帯して新たに保証債務を負い，その履行については上記の取引基本契約書の各条項のほか，次の条項

に従います。

第1条 保証人は，貴社がその都合によって担保もしくは他の保証を変更，解除しても，免責を主張しません。

第2条 保証人がこの保証債務を履行した場合，代位によって貴社から取得した権利は，債務者と貴社との取引が継続する間は，貴社の同意がなければこれを行使しません。

第3条 債権者および保証人は，債務者による主債務の範囲に債務者の営む事業のために借り入れた貸金等債務が含まれないことを確認する。

第4条（極度額）

この契約に基づく保証人の連帯保証債務は，主債務の元本，利息，違約金，損害賠償その他その債務に従たるすべてのものおよび連帯保証債務について約定された違約金または損害賠償債務について，○○円を限度額とする。

第5条（情報提供についての表明および保証）

保証人は，債権者に対し，本契約締結までに，債務者から，次に掲げる事項についての情報の提供を受けたこと，および，事実と異なる情報の提供を受けていないことを表明し，かつ保証する。

　(1)　債務者の財産および収支の状況

　(2)　主債務以外に負担している債務者の債務の有無ならびにその額および履行状況

　(3)　主債務の担保として他に提供し，または提供しようとするものがあるときは，その旨およびその内容

　2　債務者は，債権者に対し，保証人への保証委託を行うに際し，書面をもって前項第1号ないし3号に掲げる事項についての情報を保証人に提供したこと，およびそれらの情報が真実かつ正確であることを表明し，かつ保証する。

　　もし貴社の請求があれば，その権利または順位を貴社に無償で譲渡します。

以上

※事業用融資の第三者保証に該当するおそれがあると思われる場合には，公正証書による保証人の意思確認を行うべきである。新第5条は，保証人が法人である場合には不要である。

図表 5-20　保証人脱退契約書

保証人脱退契約書

　私は，貴社との間で締結した令和○○年○○月○○日付連帯保証契約書に基づいて貴社に対して負担する一切の債務について保証人となっておりますが，今般，貴社のご承諾を得て，保証人としての地位を脱退し，現在発生している債務も含めて上記保証債務を免除されるものとします。

　ついては，関係者全員においては，本件保証人の脱退，保証債務の免除についてはなんら異議なく，引き続き貴社に対し，従来どおりの責任を負担することはもちろん，これによる免責を主張したりしません。

令和○○年○○月○○日

第5章　契約と担保

脱退する保証人	東京都○○○○○○○	
		○○○○ ㊞
連帯保証人	東京都○○○○○○○	
		○○○○ ㊞
債務者	東京都○○○○○○○	
	株式会社○○○○	
	代表取締役	○○○○ ㊞

株式会社○○○○　御中

|5-5-2| 保証を取得するときの注意点

❖契約書の作成

　保証契約は書面等でしなければ効力を生じない（民法446条2項）。債権者と保証人の双方が捺印する形式か，保証人からの差入式かなどの形式は問わないものの，必ず書面等にしなければならない。保証契約がその内容を記録した電磁的記録によってなされたときは，その保証契約は，書面によってされたものとみなされる（民法446条3項）。なお，「電磁的記録」とは，電子的方式，磁気的方式その他人の知覚によっては認識することができない方式で作られる記録であって，電子計算機による情報処理の用に供されるものをいう（同項括弧書，改正民法151条4項括弧書）。

❖保証意思の確認

(1)　総論

　保証契約を締結する場合には，保証人に確実に契約書に署名（記名）捺印させなければならない。

　なぜならば，後日，保証人から保証契約をした覚えはないなどという主張がなされ，訴訟になる事例がままあるからである。保証契約は，もっぱら主たる債務者の利益のためになされるものであり，資金繰りが逼迫した主たる債務者が，保証人に無断で保証人名義の保証契約を締結してしまうことが少なくない。なかには，主たる債務者が保証人の実印や印鑑登録証明書を冒用するような悪質な事例も存在する。

　むろん，表見法理等によって善意無過失の債権者が保護される余地もあるが，

442

5－5　人的担保

まずは保証契約が後に無効とされるリスクを可能な限り排除しておくべきである。

そのためには，なによりもまず，保証人に債権者の面前で署名捺印させることが重要である。また，その際には債権者側が複数人立ち会ったほうが望ましく，さらに運転免許証等で保証人の本人確認を行い，保証人の印鑑証明証も取得すべきである。

仮に保証人による面前での署名捺印がどうしても難しい場合には，保証意思確認書を保証人の住所宛に配達証明付郵便で送付し，記録化しておくことも一案である。ただし，保証意思確認書を保証人本人が受け取らない可能性があり，見ていないという言いわけもありうるため，保証契約を否認されるリスクを完全に排除はできない。

したがって，保証人の面前での保証意思確認を徹底すべきである。

(2)　民法改正による事業用融資の第三者保証の場合（公正証書）

事業用融資の第三者保証について，新たに，公証人による保証人の意思確認（公正証書）が要件とされることとなった。すなわち，保証契約の締結に先立ち，その締結の日前1か月以内に作成された公正証書で保証人になろうとする者が保証債務を履行する意思を表示していなければ，保証契約は無効となる。

(i)　対象となる保証契約

対象となる保証契約は，事業のために負担した貸金等債務を主たる債務とする保証契約又は主たる債務の範囲に事業のために負担する貸金等債務が含まれる根保証契約である。

(ii)　公正証書の作成が不要とされる保証人予定者

保証人になろうとする者が以下の場合に該当する場合には公正証書による意思確認は不要とされる。

①　法人

②　主債務者が法人である場合のその理事，取締役，執行役またはこれらに準ずる者

③　主債務者が法人である場合の総株主の議決権（株主総会において決議をすることができる事項の全部につき議決権を行使することができない株式についての議決権を除く）の過半数を有する者

④　主債務者が法人である場合の主債務者の総株主の議決権の過半数を他の株式会社が有する場合における当該他の株式会社の総株主の議決権の過半数を

443

第5章　契約と担保

有する者

⑤　主債務者が法人である場合の主債務者の総株主の議決権の過半数を他の株式会社および当該他の株式会社の総株主の議決権の過半数を有する者が有する場合における当該他の株式会社の総株主の議決権の過半数を有する者

⑥　主債務者（法人であるものを除く）と共同して事業を行う者または主債務者（法人であるものを除く）が行う事業に現に従事している債務者の配偶者

(iii)　**実務上の対応**

上記のとおり，公正証書において保証意思を示させなければ保証契約が無効となる。

そこで，上記(ii)の例外要件に該当するか不明確な場合には，公正証書を作成しておくべきであると考えられる。たしかに，保証人に対し，例外要件に該当することの表明保証をさせることも考えられるが，例外要件に該当しなかった場合の損害賠償請求では十分な回収ができない可能性が否定できず，公正証書を作成すべきである。

図表　**5－21**　保証意思確認書

令和○○年○○月○○日

保証意思確認書

○○○○株式会社
代表取締役　○○○○　殿

株式会社○○○○
管理部　○○○○

拝啓　益々ご清祥のこととお慶び申し上げます。
　この度は，○○○○株式会社殿と弊社間の令和○○年○○月○○日付売買取引契約について下記連帯保証契約を締結していただきまして有難うございました。
　念のため，本書をもってご確認いたしたくご案内申し上げます。

　万一，ご不審の点がございましたら本書面到達後○○日以内に弊社管理部○○○○までご連絡いただけますようお願い申し上げます。

敬具

記
令和○○年○○月○○日付連帯保証契約書

5－5　人的担保

	保証限度額	○○○○○○円
	保証期間	令和○○年○○月○○日まで

以上

※一部の保証契約の場合には，この書式例によることなく，公正証書により公証人による保
　証意思確認の手続をしなければ効力は認められない。

❖保証人が会社の場合

　保証人が会社である場合で，主たる債務者である会社の代表取締役が，保証
人会社の取締役を兼任している場合には，利益相反取引に該当し，保証人会社
の取締役会等の承認が必要となる（会社法356条1項・365条1項等）。

　たとえば主たる債務者A社の代表取締役Bが，保証人C社の代表取締役また
は平取締役である場合，債権者がC社を保証人とする場合には，C社の取締役
会等での承認が必要となる（なお，A社の取締役会の承認は不要である）。

　したがって，C社との保証契約締結時には，C社の取締役会の議事録等を添
付させて，承認が得られているかどうかを確認しなければならない（**図表5－
22**）。

図表　**5－22**　取締役会議事録

取締役会議事録

1　**開催日時**　　令和○○年○○月○○日
　　　　　　　　午前○○時○○分～午前○○時○○分
2　**開催場所**　　本社役員会議室
3　**出席取締役**

以上　　名

4　**議事の経過の要領およびその結果**

　定刻午前○○時○○分，代表取締役社長○○○○が議長となって開会を宣し，議案の審
議に入った。議長は，代表取締役社長○○○○が代表取締役社長を兼務する○○○○株式
会社が別紙記載内容の借入をなすにつき，当社が同社のために，債権者である○○銀行に
対して保証すること，およびこれが会社法第356条に定める取締役の利益相反行為に該当
するので承認を得たい旨を述べ，その必要性および事情を詳細に説明したうえで，議場に
諮ったところ，全員異議なく承認された。

　なお，本議案について利害関係を有する代表取締役社長○○○○は，決議に加わらな
かった。

　以上で議事を終わり，午前○○時○○分，議長は閉会を宣した。
　　令和○○年○○月○○日

株式会社○○○○
（議長）代表取締役社長　　○○○○　　㊞

445

第5章　契約と担保

	専務取締役	○○○○	印
	常務取締役	○○○○	印
	取　締　役	○○○○	印
	取　締　役	○○○○	印

［別紙］　省略
　　　　（債権者名，借入額，条件，使途，担保等を記載する）

❖根保証を取得する場合

　5－5－1で前述したとおり，継続的な取引において保証を取得する場合であれば，通常は個別保証ではなく根保証を取得することになる。

　根保証の場合には，極度額と保証期間の2つをどうするかが大きな問題であり，以下の点に注意しなければならない。

(1)　貸金等根保証契約の場合の規制

　保証人が個人であり，かつ，被担保債権の中に「金銭の貸渡しまたは手形の割引を受けることによって負担する債務」が含まれる場合には，民法上「貸金等根保証契約」に該当し（民法465条の2第1項），一定の制限を受ける。

　商品の売買代金等が被担保債権になる場合には，「貸金等根保証契約」に該当しないが，一般的な根保証契約の契約書では，被担保債権の範囲をできる限り広げようとして数多く列挙するのが通例であり，「金銭の貸渡しまたは手形の割引を受けることによって負担する債務」も被担保債権の範囲に記載されていることが多い。

　貸金等根保証契約の場合には，以下のような制限を受ける。

　まず，極度額を書面で定めなければ無効になる（民法465条の2第2項・3項）。

　また，被担保債権の元本確定期日を契約締結の日から5年以内として書面で定めなければならない（民法465条の3第1項・4項）。元本確定期日は，契約締結の日から5年を経過する日より後の日と定めた場合，またははじめから契約書に定めなかった場合は，契約を締結した日から3年を経過した日となる（同条2項）。元本確定期日を変更する場合に，変更後の元本確定期日がその変更した日から5年を経過する日より後の日となるときは，原則としてその変更は無効となる（同条3項）。

　元本確定期日の前でも，債権者が，主たる債務者または保証人の財産について強制執行等の申立てをしたり，主たる債務者または保証人が破産，死亡した

446

ときには，被担保債権の元本が確定する（民法465条の４）。

(2) 貸金等根保証契約に該当しない場合

貸金等根保証契約に該当しない場合には，民法の条文上は，包括根保証（極度額も保証期間も定めない根保証）も許されそうである。

しかし，裁判所は，包括根保証は保証人にとって過大な負担を負わせる危険が高いことにかんがみ，その効力を制限する方向の判決を積み重ねている。たとえば以下のような判例がある。

  (i) 保証責任を「取引通念上相当な範囲」に限定する（大判大正15年12月2日民集５巻769頁）。

  (ii) 期間の定めのない根保証契約において，相当の期間が経過したときは，保証人は保証契約を解約できる（大判昭和７年12月17日民集11巻2334頁）。

  (iii) 期間の定めの有無にかかわらず，資産状態の急激な悪化や保証人の主債務者に対する信頼が害されるに至ったなど保証人として解約申入れをするにつき相当の理由がある場合には解約できる（大判昭和９年２月27日民集13巻215頁）。

  (iv) 相続性を否定（最判昭和37年11月９日民集16巻11号2270頁）。

したがって，包括根保証の効力は不安定であるから，根保証を取得する場合には，できる限り極度額と保証期間を定めた限定根保証にすべきである。

(3) 個人根保証契約（個人貸金等根保証契約を除く）（改正法）

新法においては，上記(1)の個人が保証人となる貸金等根保証契約から，個人根保証契約一般へと保証人の保護の範囲が広げられることとなった（改正民法465条の２以下）。すなわち，個人が保証人となる根保証契約一般について，極度額を書面等で定めなければ無効とされ，また，元本確定事由も規定されることとなった。

(i) 極度額を書面等で定めければ個人根保証契約は無効となること

一定の範囲に属する不特定の債務を主たる債務とする保証契約（以下，「根保証契約」という）であって保証人が法人でないもの（以下，「個人根保証契約」という）の保証契約については，極度額を定めなければその効力が生じないこととされる（包括根保証の禁止）。

具体的には，継続的な売買契約における代金債務の個人根保証契約，不動産賃貸借契約における賃借人の債務の個人根保証契約，従業員等に対する身元保証等については，極度額を書面等で定めなければ，無効になると考えられる。

第5章　契約と担保

(ii)　元本確定期日および元本確定事由

個人根保証契約については，個人貸金等根保証契約とは異なり，元本確定期日による制限は設けられていない（改正民法465条の3参照）。これは，個人貸金等根保証契約における元本確定期日についての既存のルールをそのまま適用すると，賃貸借契約について最長でも5年で保証人が存在しなくなることが想定され，不都合だからである。

元本確定事由としては，①債権者による保証人の財産に対する強制執行・担保権の実行の申立て（ただし，実行の開始があったときに限る）（1号），②保証人についての破産手続開始の決定を受けたとき（2号），③主債務者の死亡又は保証人の死亡（3号）となっている。

なお，個人根保証契約の対象となる契約については，その継続的性質から，主債務者がその財産について強制執行・担保権の実行を受け，また，破産手続開始の決定を受けたとしても，これらの契約を継続させることが不当ではなく，保証人にその後の賃料債務等を保証させることが不合理とはいえないことから，かかる事由は元本確定事由から除外されている。

❖担保保存義務免除特約

保証人のほかに担保を取得している場合に，債権者が当該担保を勝手に放棄などすると，保証人は当該放棄された担保価値分の責任を免れることができる（民法504条）。これは担保保存義務と呼ばれ，保証人の，主たる債務者に対する求償権を保護するための規定である。

しかし，債権者にとっては，うかつに担保の一部を放棄すれば保証人に対する請求が制限されることになってしまい，思わぬ不利益を被るおそれがある。

そこで，あらかじめ保証契約締結時に，債権者の担保保存義務を免除する条項をいれておくべきである（判例も当該条項を有効とする。最判昭和48年3月1日金法679号34頁）。ただし，あまりに不合理な担保の放棄等が行われた場合には，担保保存義務免除特約の効力を主張することが信義則違反，権利濫用とされることもあるので注意を要する（最判平成2年4月12日金法1255号6頁，最判平成7年6月23日民集49巻6号1737頁）。

❖緊急時の保証契約の否認リスク

会社が信用不安を起こしたときに，その代表者による保証を急遽追加で取得

5－5　人的担保

することがある。

　しかし，その後，会社が破綻し，代表者個人も破産・民事再生といった法的手続を申し立てた場合，保証契約を締結したのが，代表者個人の支払いの停止等の前6カ月以内であるときは，無償行為として否認の対象となる可能性が高い（破産法160条3項，民再127条3項。最判昭和62年7月3日民集41巻5号1068頁）。

　したがって，代表者による保証は，できる限り取引開始時点で取得しておくべきである。

5－5－3　保証人に対する情報提供義務（改正法）

　保証人の保護の拡充のため，新法では，主たる債務者または債権者の保証人に対する情報提供義務が定められている。

❖契約締結時の情報提供義務（改正民法465条の10）

　主債務者は，主債務者から委託を受けた保証人（個人保証のみ）に対し，事業のため負担する債務を主たる債務とする保証または主債務の範囲に事業のために負担する債務が含まれる根保証の委託をするとき，①主債務者の財産および収支の状況，②主たる債務以外に負担している債務の有無ならびにその額および履行状況，③主たる債務の担保として他に提供し，または提供しようとするものがあるときはその旨（例えば土地に抵当権を設定すること等）およびその内容について，情報を提供しなければならない。

　主たる債務者が，上記の情報を提供せず，または事実と異なる情報を提供したことについて，債権者に悪意または有過失があれば，保証人は，保証契約の取消しをすることができる（改正民法465条の10第2項）。

　このように，債務者が，情報不提供や事実と異なる情報が提供された場合，保証契約が取り消されるリスクがある。そのため，債権者としては，主債務者に対し，保証人への正確な情報を提供する旨を契約書等で明示的に義務付け，また，保証人に対し，情報の提供を受けたことおよび事実と異なる情報提供を受けていないことを保証書等で確認する必要があると考えられる。

❖期中の情報提供義務

⑴　主債務の履行状況に関する情報の提供義務（改正民法458条の2）

　債権者は，主債務者の委託を受けた保証人（個人・法人保証双方）に対し，

449

第5章　契約と担保

委託を受けた保証人から請求があったときは，①主債務の元本および主債務に関する利息，違約金，損害賠償その他その債務に従たるすべてのものについての不履行の有無，②これらの残額およびそのうち弁済期が到来しているものの額に関する情報について，提供をしなければならない。

債権者が，上記の義務に違反した場合については特段規定はなされていないが，債務不履行の一般原則に従い，保証人から保証契約の解除や損害賠償請求等をされる可能性が考えられる。

(2) 主債務者が期限の利益を喪失した場合の情報提供義務（改正民法458条3）

債権者は，保証人（個人保証のみが対象であって，委託を受けた保証人に限定されない）に対し，主債務者が期限の利益を喪失した時（債権者が期限の利益の喪失を知った時から2カ月以内）に，主債務者が期限の利益を喪失したことの情報を提供しなければならない。

債権者が上記の義務に違反し，2カ月以内に期限の利益喪失について保証人に対して通知をしなかった場合，債権者は，保証人に対し，主たる債務者が期限の利益喪失時から通知を現にするまでに生じた遅延損害金（期限の利益を喪失しなかったとしても生ずべきものを除く）に係る保証債務の履行を請求することができなくなる。

(3) 情報提供に関する注意点

上記のとおり，保証人に対し，履行状況や期限の利益喪失について情報を提供しなければ，損害賠償等のリスクがある。他方で，主債務者からは，かかる債権者による情報提供についてクレーム等がなされる可能性があるため，保証人への情報提供を主債務者が許容する旨の文言を契約書に盛り込み，あらかじめ明確に同意をさせておくことが考えられる。

5-5-4 改正民法の適用（経過措置）について

改正法施行日前に締結された保証契約に係る保証債務については，現行民法が適用される（附則21条1項）。施行日前においても，保証意思確認の公正証書の作成を嘱託することができ，公証人はこれを作成することができる（附則21条2項・3項）。

5−6

約定担保物権

5−6−1 約定担保物権

典型担保権のうち,約定担保物権と呼ばれるものは,①抵当権,②根抵当権,③質権である。

担保対象物の観点からいえば,実務的には,抵当権・根抵当権は土地建物に,質権は定期預金・火災保険金などに主に使用される。

5−6−2 抵 当 権

❖抵当権とは

抵当権とは,債務者または第三者(物上保証人)が,担保として提供した不動産を,従来どおり債務者または物上保証人に使用させながら,仮に債務が履行されない場合に,当該担保対象不動産を競売し,その代金から抵当権が設定登記された順番に従って,優先的に弁済を受ける権利である。

❖抵当権の役割

物的担保の中で最も多用されるのが(根)抵当権である。なぜなら不動産という価値が変動しにくい物を対象とし,権利の設定方法や実行方法が法定され,最も安定的かつ実効性のある担保権と考えられているからである。

それゆえ,金融機関以外の会社が担保を取得しようとしたときには,すでにめぼしい不動産には金融機関による(根)抵当権が設定されていることが多く,実際には継続的取引の保全のために(根)抵当権を取得できる例は多くない。

しかし,担保を取得しようとするときに,まず最初に目指すべきは(根)抵当権であることに変わりはなく,相手の資産調査をするときには不動産の調査を決して怠ってはならない。

451

第5章　契約と担保

❖抵当権の法的性質

抵当権には，以下の法的性質が存する。

① 優先弁済的効力：担保物から，他の債権者よりも優先的に債権を回収することができる。

② 附従性：被担保債権が無効であったり，取り消されたりして消滅すると，抵当権も消滅する。

③ 随伴性：被担保債権が譲渡されたときは抵当権も移転する。

④ 不可分性：被担保債権の全部の弁済を受けるまで担保物の全部について抵当権を主張できる。

⑤ 物上代位性：担保物の価値代替物についても抵当権の効力が及ぶ。たとえば担保物が火災によって焼失した場合，抵当権は消滅するが，担保物の代わりに所有者が取得した火災保険請求権は，いわば担保物の価値代替物なので抵当権の効力が及ぶ（民法372条・304条）。

❖抵当権の設定方法

抵当権者（債権者）と抵当権設定者（債務者または物上保証人）との間で，抵当権設定契約を締結したうえで，第三者に対抗できるように抵当権設定登記を行う。

❖抵当権の実行手続

抵当権の実行は，民事執行法に定められた不動産競売手続によるが，競売価格は不動産の実勢価格より低いのが一般である（実勢価格の6割〜7割程度といわれることが多い。ただし，最近は実勢価格と遜色ない事例もあり，以前ほど乖離はないともいわれる）。

また，競売手続は相当な期間を要するため，競売手続よりも，債権者が不動産所有者と話し合い，任意に売却することも多い（任意売却といわれる）。最近の東京地裁では競売手続の短縮化を図っているが，最短でも6カ月〜8カ月程度はかかるとされている。

❖特別な抵当権

抵当権は不動産を目的として設定される担保権であるが，不動産以外の機械や設備などを抵当権の対象とできるように，特別法により特殊な抵当権の設定

5－6　約定担保物権

も認められている。

　たとえば立木抵当権，動産抵当権（船舶，農業用動産，自動車，航空機，建築機械），証券抵当権，財団抵当権（工場財団抵当，鉱業財団抵当，漁業財団抵当等），企業担保権といったものがある。

　ただし，実務上，特別な抵当権は手続が煩雑であるためその利用は低調であり，簡易な譲渡担保等が利用されることが多い。

図表 5－23　抵当権設定契約証書

抵当権設定契約証書

　○○○○株式会社（以下，「甲」という）と　○○○○株式会社（以下，「乙」という）は，乙の所有する後記物件目録記載の不動産（以下，「本件不動産」という）に関し，次のとおり抵当権設定契約を締結した。

第1条（抵当権設定）　乙は，甲に対する下記債務の履行を担保するために，本件不動産に，順位○番の抵当権を設定する。
　（債権の表示）
　　　金額　　元本金○○○○円
　　　借入日　令和○○年○○月○○日
　　　弁済期　令和○○年○○月○○日
　　　利息　　年○○パーセントの割合
　　　遅延損害金　年○○パーセントの割合
第2条（登記義務）　乙は甲に対して，本契約締結後直ちに，前条の抵当権設定の登記申請手続を行わなければならない。
第3条（抵当物件の処分・変更の禁止）　乙は，甲の事前の書面による承諾を得ない限り，本件不動産の現状を変更し，譲渡し，または第三者のための権利を設定してはならない。
第4条（増担保）　乙は甲に対して，本件不動産が滅失・毀損もしくは本件不動産の評価額が相当期間下落した状態が続くおそれがある場合には，通知しなければならない。
　2．前項の場合には，乙は，甲の指示に従い，増担保もしくは代わり担保の差入れ，または第1条の借入金債務の全部もしくは一部を弁済する。
　3．本件不動産について譲渡，土地明渡し，収用その他の原因により譲渡代金・立退料・補償金・清算金などの債権が生じたときは，甲はその債権に質権を設定し，甲がこれらの金銭を受領したときは債務の弁済期前でも法定の順序にかかわらず，甲はその弁済に充当することができる。
第5条（任意処分）　甲は，債務の履行がなされない場合には，競売手続によることなく甲の任意の方法により本件不動産を処分し，その取得金から処分にかかる費用を差し引いた残額を乙の借入金債務の弁済に充当することができる。
　2．乙は甲に対して，前項の任意処分による充当後なお残債務がある場合には，直ちに残債務の全部を弁済する。
　3．乙は甲に対して，甲からの任意処分に必要な書類の請求があった場合には，直ちに提出する。

453

第5章　契約と担保

第6条（抵当物件の調査） 乙は甲に対して，本件不動産の状況・価格について甲から請求があった場合には，十分に調査し，書面で報告する。その他甲の調査に必要な便益を提供する。

第7条（火災保険） 乙は，本件不動産の建物に対して，その被担保債務金額以上の火災保険を締結し，借入金債務を完済するまで火災保険契約を継続しなければならない。

2．乙は甲に対して，前項の火災保険契約の保険金請求権に質権を設定し，保険会社の承諾のある火災保険契約の保険証券を差し入れる。

3．乙は，前項の火災保険契約以外に抵当物件に対し火災保険契約を締結したときは，直ちに甲に通知し，前項と同様の手続をとらなければならない。

4．甲が債権保全のため，必要な火災保険契約を締結しもしくは乙に代わって火災保険契約を締結または継続し，その保険料を支払ったときは，乙は甲の支払った保険料その他の費用に，その支払日から年○％の割合の損害金をつけて支払わなければならない。

5．前4項による火災保険契約に基づく保険金を甲が受領したときは，債務の弁済期前でも法定の順序にかかわらず，甲はその弁済に充当することができる。

第8条（借地権） 乙は，本件不動産の建物の敷地につきその借地期間が満了したときは借地借家法第22条・第23条・第24条の定期借地権を除き直ちに借地契約継続の手続をとらなければならない。また，土地の所有者に変更があったときは直ちに甲に通知し，借地権の種類・内容に変更を生ずるときはあらかじめ甲に通知する。

2．乙は，解約，賃料不払い，借地権の種類・内容の変更その他借地権の消滅または変更をきたすようなおそれのある行為をしてはならない。またこのようなおそれのあるときは借地権保全に必要な手続をとることはもちろん，本件不動産の建物が滅失した場合にも甲の同意がなければ借地権の転貸その他任意の処分をしてはならない。

3．本件不動産の建物が火災その他により滅失し，建物を建築する場合には，乙は直ちに借地借家法第10条第2項の所定の掲示を行ったうえ，速やかに地主の承諾を得て建物を建築し，この抵当権と同一内容・順位の抵当権を設定しなければならない。また，直ちに建物の建築をしない場合には，保険等によって弁済をしてもなお残債務があるときは，借地権の処分について甲の指示に従うものとし，甲はその処分代金をもって債務の弁済に充当することができる。

第9条（費用の負担） 乙は甲に対して，本契約の各条項を履行するために必要な費用の一切を負担し，かかる費用について甲が支払った場合には，遅滞なくその金額を償還しなければならない。

　以上のとおり契約が成立したことを証するため，本書2通を作成し，各自署名押印のうえ，その1通を保有する。

令和○○年○○月○○日

　　　　　　　　　　　　　　甲（抵当権者）　　　　　東京都○○○○○○○
　　　　　　　　　　　　　　　　　　　　　　　　　○○○○株式会社
　　　　　　　　　　　　　　　　　　　　　　　　　代表取締役　　○○○○　　㊞
　　　　　　　　　　　　　　乙（抵当権設定者）　　東京都○○○○○○○
　　　　　　　　　　　　　　　　　　　　　　　　　○○○○株式会社
　　　　　　　　　　　　　　　　　　　　　　　　　代表取締役　　○○○○　　㊞

【物件目録】
　　　　　　　　　不動産の表示

5－6　約定担保物権

```
所在      ○○県○○○○
地番      ○○○○
地目      ○○
地積      ○○○○㎡
所有者    ○○○○株式会社
```
以上

図表 **5－24** 抵当権設定契約証書

抵当権設定契約証書

　抵当権者○○○○株式会社（以下，「甲」という。）と抵当権設定者○○○○（以下，「乙」という。）は，次のとおり抵当権設定契約を締結した。

第1条（抵当権設定）　乙は，債務者○○○○株式会社（以下「丙」という。）の委託により，丙と債権者甲との間の令和○○年○○月○○日付金銭消費貸借契約に基づく下記貸金債務の履行を担保するため，甲に対し，乙所有の後記物件目録記載の不動産（以下，「本件不動産」という。）の上に抵当権を設定した。
記

　(1)債務額　　　金○○○○万円
　(2)弁済期　　　令和○○年○○月○○日限り
　(3)利息　　　　年○○パーセントの割合
　(4)遅延損害金　上記債務につき，令和○○年○○月○○日より支払済みまで年○○
　　　　　　　　　パーセントの金員

第2条（抵当権の順位）　甲は，本件不動産に既に第一順位の抵当権が設定されており，甲が設定を受ける抵当権の順位が第二番であることを確認する。

第3条（設定登記）　乙は，本契約締結後直ちに，第1条及び第2条の抵当権設定登記手続を行わなければならない。なお，登記費用は乙の負担とする。

第4条（抵当物件の処分・変更の禁止）　乙は，甲の事前の書面による承諾を受けない限り，本件不動産の現状を変更し，譲渡し，または第三者のための権利を設定してはならない。

第5条（抵当物件の調査）　乙は，甲に対して，本件不動産の状況・価格について甲から請求があった場合には，十分に調査し，書面で報告する。その他，乙は，甲の調査に必要な便益を提供する。

第6条（管轄）　本契約に関する訴訟の第一審の専属的合意管轄裁判所を東京地方裁判所または同簡易裁判所と定める。

　本契約を証するため本書2通を作成し，各自署名押印の上，各自1通を保有する。

令和○○年○○月○○日

　　　　　　　　　　　甲（抵当権者）　　　東京都○○○○○○○
　　　　　　　　　　　　　　　　　　　　　○○○○株式会社
　　　　　　　　　　　　　　　　　　　　　代表取締役　○○○○　㊞
　　　　　　　　　　　乙（抵当権設定者）　東京都○○○○○○○

第 5 章　契約と担保

○○○○　㊞

　乙の本契約による抵当権の設定は，当社の委託に基づくものである。

令和○○年○○月○○日

　　　　　　　　　　　　丙（債務者）　　　　　　東京都○○○○○○○
　　　　　　　　　　　　　　　　　　　　　　　　○○○○株式会社
　　　　　　　　　　　　　　　　　　　　　　　　代表取締役　○○○○　㊞

【物件目録】
　　　　　　　　　　　　　不動産の表示
　　　　　　　　所在　　　　　○○県○○○○
　　　　　　　　地番　　　　　○○○○
　　　　　　　　地目　　　　　○○
　　　　　　　　地積　　　　　○○○○㎡
　　　　　　　　所有者　　　　○○○○

図表　**5－25**　抵当権追加設定契約証書

抵当権追加設定契約証書

　抵当権者○○○○株式会社（以下，「甲」という。）と抵当権設定者○○○○株式会社（以下，「乙」という。）は，次のとおり抵当権追加設定契約を締結した。

第 1 条（抵当権の追加設定）　乙は，甲に対する下記債務の履行を担保するため，令和○○年○○月○○日付け抵当権設定契約により後記物件目録 1 記載の不動産の上に設定した抵当権（令和○○年○○月○○日○○地方法務局○○支局○○出張所受付第○○号登記済）に追加して，乙所有の後記物件目録 2 記載の不動産に順位○番の抵当権を設定する。

記

　　(1)債務額　　　　金○○○○万円
　　(2)弁済期　　　　令和○○年○○月○○日限り
　　(3)利息　　　　　年○○パーセントの割合
　　(4)遅延損害金　　上記債務につき，令和○○年○○月○○日より支払済みまで年○○
　　　　　　　　　　パーセントの金員

第 2 条（設定登記）　乙は，本契約締結後直ちに，前条の抵当権設定登記手続を行わなければならない。なお，登記費用は乙の負担とする。

第 3 条（原契約の準用）　本契約に関しては，甲乙間の令和○○年○○月○○日付け抵当権設定契約書の各条項を準用することとする。ただし，本契約の趣旨に反する条項は除く。

5－6　約定担保物権

本契約を証するため本書2通を作成し，各自署名押印の上，各自1通を保有する。

令和〇〇年〇〇月〇〇日

	甲（抵当権者）	東京都〇〇〇〇〇〇〇
		〇〇〇〇株式会社
		代表取締役　〇〇〇〇　㊞
	乙（抵当権設定者）	東京都〇〇〇〇〇〇〇
		〇〇〇〇株式会社
		代表取締役　〇〇〇〇　㊞

【物件目録】

不動産の表示

1	所在	〇〇県〇〇〇〇
	地番	〇〇〇〇
	地目	〇〇
	地積	〇〇〇〇㎡
2	所在	〇〇県〇〇〇〇
	地番	〇〇〇〇
	地目	〇〇
	地積	〇〇〇〇㎡

5－6－3　根抵当権

❖根抵当権とは

　根抵当権は，抵当権の一種であって，債権者と債務者の間に生じる現在および将来の債権のうち，一定の範囲に属するものを一括して一定の極度額の範囲内において担保するものである。担保される債権は通常複数であって，発生しては消滅し，増減・変動・交替することが可能で，最後の確定時に存在するものが最終的に担保されることとなる。

　債権者と債務者との間で継続的に取引が行われる場合には，新たな債権が発生するたびに抵当権を設定することはあまりに迂遠であるから，極度額内であれば一定の範囲内の債権をすべて保全することができる根抵当権を設定することが通常である。

　根抵当権によって担保することのできる債権は無制限ではなく，次のものに限られる（民法398条の2）。

①　債務者との特定の継続的取引契約によって生じるもの

②　その他，債務者との一定の種類の取引によって生じるもの（具体的には，当座貸越取引，手形割引取引，手形貸付取引，消費貸借取引，売買取引な

457

第5章　契約と担保

どから生じる債権等）

③　特定の原因に基づき債務者との間に継続して生じる債権

④　手形上もしくは小切手上の請求権

⑤　電子記録債権（電子記録債権法〔平成19年法律第102号〕2条1項に規定する電子記録債権をいう）（改正民法398条の2により追加）

※⑤については，現行民法の下においても，根抵当権の被担保債権を「電子記録債権」とする根抵当権の設定登記申請は受理されていた。

❖抵当権との違い

根抵当権は，担保すべき元本が確定するまでは，抵当権の法的性質である附従性，随伴性がない。すなわち，根抵当権は極度額内で被担保債権が次々と入れ替わることが想定されているのであり，被担保債権が消滅したり移転したりしても，根抵当権に影響は生じない。ただし，根抵当権が担保すべき元本が確定した場合（民法398条の19・398条の20）には，附従性，随伴性を有するようになる。

また，根抵当権の設定に当たっては，担保される不特定の債権の範囲，極度額，債務者を定めなければならず，それらは根抵当権設定登記の必要的記載事項とされる（不登88条2項）。

また，抵当権は最後の2年分の利息，遅延損害金しか優先弁済を受けられないが（民法375条），根抵当権は，極度額の範囲内であれば期間の定めなく利息，遅延損害金についても優先弁済を受けることができる（同法398条の3第1項）。

❖根抵当権にかかる民法改正点

免責的債務引受による担保の移転（改正民法472条の4第1項）の規定にかかわらず，根抵当権を引受人が負担する債務に移すことはできないものと規定された（同法398条の7第項）。これは，元本確定前の根抵当権では随伴性が否定されているからである。

更改後の債務への担保の移転（改正民法518条）の改正に伴い，元本確定前における債権者または債務者の交替による更改において，根抵当権を更改後の債務に移転できないことを定めた。趣旨は，元本確定前の根抵当権の随伴性が否定されている点にある。

5 - 6　約定担保物権

図表　5 - 26　根抵当権設定契約証書

根抵当権設定契約証書

　○○○○株式会社（以下，「甲」という）と　○○○○株式会社（以下，「乙」という）は，乙の所有する後記物件目録記載の不動産（以下，「本件不動産」という）に関し，次のとおり根抵当権設定契約を締結した。

第1条　乙は，乙が甲に対して現在負担し将来負担する一切の債務を担保するため本件不動産の上に下記のとおりの根抵当権を設定し，甲はこれを取得した。

記

① 　極度額　金　○○○○　円也
② 　被担保債権の範囲
　　1)　債権者・債務者間の商品供給取引，売買取引，売買委託取引，消費貸借取引，物品加工委託取引，寄託取引，請負取引，保証委託取引，保証取引，賃貸借取引，使用貸借取引，輸出入業務委託取引，運送取引，立替払委託取引
　　　　上記取引により生じる一切の債権
　　2)　手形債権，小切手債権
③ 　債務者　○○○○株式会社
④ 　確定期日　これを定めない

第2条　前条に定めた被担保債権の範囲中には，甲の乙に対する下記の債権が当然含まれることを甲および乙は確認する。

記

商品代金債権，手形上小切手上の債権（第三者から取得する手形上小切手上の債権も含む），貸付金債権，請負代金債権，保証債権，保証料債権，求償債権，賃料債権，リース料債権，手数料債権，立替金債権，損害賠償請求権，前渡金返還請求権，寄託品返還請求権，預け金返還請求権，敷金返還請求権，差入保証金返還請求権，手付金返還請求権，利息金，損害金

第3条　乙は，第1条による根抵当権の設定登記手続を速やかに完了し，その登記簿謄本および登記済証を甲に提供する。

第4条　この契約による根抵当権（以下，「本根抵当権」という）の確定期日については，この契約締結後，甲および乙協議のうえ，これを定めまたは変更することができる。

第5条　乙は，本根抵当権について甲より被担保債権の範囲の変更，極度額の増額，根抵当権の全部譲渡，分割譲渡または一部譲渡，確定期日の定めの変更等の申出があった場合には異議なくこれに応じる。

第6条　本根抵当権について，被担保債権の範囲の変更，極度額の増額，根抵当権の全部譲渡，分割譲渡または一部譲渡，確定期日の定めの変更等があった場合，乙は自己の負担にて直ちに必要な登記を行い，または甲の要求する書類を提供する。

第7条　本根抵当権が共同担保の場合，乙は，この契約に基づく本根抵当権の設定，変更，譲渡について，異議なく，すべての物件について同一の契約をし，登記をする。ただし，すべての物件について同一の登記手続をとるのに困難な事由があると甲が認めたときは，乙は甲の指示に従う。

第8条　乙は，甲の書面による承諾を得ないで次の各号の行為をしてはならない。
① 　根抵当物件の現状変更，毀損等。
② 　根抵当物件の譲渡またはその予約等。
③ 　根抵当物件に物権的負担または債権的負担を生ぜしめる行為。

第5章　契約と担保

④　根抵当物件の貸与，または他人への占有移転。

⑤　前各号のほか直接または間接に根抵当物件の価値を減じまたは減じるおそれのある行為。

第9条　事由のいかんを問わず根抵当物件が毀損もしくは滅失または価値の減少をきたしたときは，乙は直ちにその旨を甲に通知する。

2．前項の場合，甲の請求があったときは，乙は直ちに増担保，代わり担保または内入金を差し入れ，もしくは保証人をたてる。

第10条　甲が根抵当物件に関し現況調査のため報告を求めたときは，乙はいつでもその要求に応じ，その調査につき便宜を供与する。

第11条　乙は，法令の適用によって根抵当物件に関して受ける補償金その他の給付金については，あらかじめ甲が直接受領できるよう必要な手続をとる。

2．甲は，前項による受領金を法定の順序または債務の期限にかかわらず任意に債務の弁済に充当することができる。

第12条　本件不動産の上に将来建物が新築または増改築されたときは，乙は直ちに甲に報告し，その物件をこの契約による増担保として提供し根抵当権を設定する。

第13条　乙は，本件不動産中火災保険に付すことができる一切の物件につき，甲の承認した金額をもって甲の指定または承認する保険会社と火災保険契約を締結し，この契約に基づく債務の完済に至るまでこれを継続する。

2．乙が前項規定の保険会社または保険契約を変更しようとするときは，あらかじめ甲の承認を要する。

3．甲が保険会社または保険契約の変更を要求したときは，乙はいつでもこれに応じる。

4．乙が第1項規定の保険契約の手続を怠り，または第3項規定の要求に応じないときは，甲は乙の負担にて必要と認める保険契約を締結できる。

5．乙は，甲の立替払いにかかる保険料およびこれに対する年率○％の割合による損害金を速やかに甲に支払う。

第14条　乙は，前条規定の保険契約に基づく権利をこの契約による債務の担保の目的をもって甲に譲渡し，または甲のためにその権利の上に質権設定の手続をとる。

第15条　保険の目的物件罹災により甲が保険金を受領したときは，甲はその保険金を法定の順序または債務の期限のいかんにかかわらず任意に債務の弁済に充当できる。乙は，これに異議を述べない。

2．保険の目的物件罹災により乙が罹災の状況調書および損害見積書を保険会社に提出する場合は，あらかじめ甲に呈示してその了解を求め，かつその写しを交付する。乙が保険会社と損害補償額の協定をしようとするときはあらかじめ甲の承認を受ける。

第16条　本件不動産が競売となる場合，甲の任意で物件を分割または一括競売できるものとし，また土地の面積等に実地と相違があっても，乙は甲に対し異議を申し立てずその他競売の進行を妨げない。

第17条　乙が次の各号の一にでも該当したときは，乙は甲に負担するすべての債務につき，当然に期限の利益を失い，乙は直ちに債務全額を現金にて甲に支払う。また，甲は，何らの催告または自己の債務の履行の提供をしないで，直ちに乙との契約の全部または一部を解除し，その損害金を乙に請求できる。

①　この契約または甲，乙間の他の契約の全部または一部の履行をしないとき。

②　差押え，仮差押え，競売，租税滞納処分，その他公権力の処分を受け，または破産，民事再生，会社更生，特別清算等の申立てがあったとき。

③　監督官庁より営業停止，または営業免許もしくは営業登録の取消しの処分を受けたとき。

④　資本減少，営業の廃止もしくは変更，または解散の決議をしたとき，あるいは清算

5-6　約定担保物権

　　　または内整理の手続に入ったとき。
⑤　手形または小切手を不渡りとしたとき，その他支払停止状態に至ったとき。
⑥　その他信用状態が悪化し，または悪化のおそれがあると甲が認めたとき。
⑦　確定請求をしたとき，または本根抵当権について確定事由が生じたとき。
⑧　仮登記担保権の実行通知があったとき。

第18条　乙は，債務の履行を怠ったときは，弁済すべき金額に対し支払期日の翌日より完済の日までの遅延損害金を年率○％の割合によって甲に現金で支払う。

第19条　第17条規定の事由が一でも生じたときは，甲は催告その他法定の手続によらず任意に根抵当物件の全部または一部を処分し，その受領金（処分に要する費用を控除した金額）をもって法定の順序または債務の期限にかかわらず任意に債務の弁済に充当できる。

第20条　乙は，前条による本件不動産処分に基づく受領金額が債務全額の弁済に満たないときは，甲の請求あり次第直ちにその不足額を甲に支払う。

２．甲は，前条による受領金を法定の順序または債務の期限にかかわらず任意に債務の弁済に充当できる。

第21条　甲が債権保全のため必要と認めたときは，第１条規定の取引を停止しても，乙は何らの異議も申し立てない。

第22条　この契約に基づく一切の登記に要する登録免許税，司法書士手数料その他一切の費用は，乙が負担する。

第23条　乙が本根抵当権につき確定請求等の請求をする場合は，必ず書留配達証明付内容証明郵便にて甲に通知する。

第24条　この契約の権利関係より生じる訴訟は，すべて○○地方裁判所をもって管轄裁判所とする。

　以上，本契約締結の証として本書１通を作成のうえ，甲がこれを保有し，乙にその写しを交付する。

令和○○年○○月○○日

	甲（根抵当権者）	東京都○○○○○○○
		○○○○株式会社
		代表取締役　○○○○　㊞
	乙（根抵当権設定者）	東京都○○○○○○○
		○○○○株式会社
		代表取締役　○○○○　㊞

【物件目録】

不動産の表示

所在	○○県○○○○
地番	○○○○
地目	○○
地積	○○○○平方メートル
所有者	○○○○株式会社

以上

第5章　契約と担保

図表 **5 ー27** （根）抵当権順位変更合意証書

（根）抵当権順位変更合意証書

令和○○年○○月○○日
(根)抵当権者　　東京都○○○○○○○
　　　　　　　　○○○○株式会社
　　　　　　　　代表取締役　○○○○　㊞
(根)抵当権者　　東京都○○○○○○○
　　　　　　　　○○○○株式会社
　　　　　　　　代表取締役　○○○○　㊞
(根)抵当権者　　東京都○○○○○○○
　　　　　　　　○○○○株式会社
　　　　　　　　代表取締役　○○○○　㊞

私どもは，下記のとおり(根)抵当権の順位を変更することに合意しました。

記

物権の表示	変更後の順位	（根）抵当権の表示				
		(根)抵当権者	根・抵当権の別	受付年月日	受付番号	順位番号

図表 **5 ー28** （根）抵当権順位変更承諾書

（根）抵当権順位変更承諾書

令和○○年○○月○○日

利害関係人　　東京都○○○○○○○
　　　　　　　○○○○株式会社
　　　　　　　代表取締役　○○○○　㊞

私は，下記のとおり（根）抵当権の順位を変更することについて承諾しました。

記

462

物権の表示	変更後の順位	（根）抵当権の表示				
		（根）抵当権者	根・抵当権の別	受 付年月日	受付番号	順位番号

図表 **5 ─29** 根抵当権変更契約書（極度額増額）

根抵当権極度額増額契約書

　株式会社○○○○（以下，「甲」という）および株式会社○○○○（以下，「乙」という）は，次のとおり根抵当権極度額増額契約を締結する。

第1条（極度額変更） 甲および乙は，後記不動産の上に令和○○年○○月○○日設定した根抵当権（令和○○年○○月○○日○○地方法務局○○出張所受付第○○号）の極度額を以下のとおり増額変更する。
　　　　変更前　金○○○○円
　　　　変更後　金○○○○円
第2条（登記義務） 乙は，前条による根抵当権極度額増額の登記手続を速やかに完了し，その不動産登記簿謄本を甲に提出する。

　本契約の成立を証するため，本書2通を作成し，甲乙各自署名押印のうえ，各1通を保有する。
令和○○年○○月○○日
　　　　　　　　　　　　　　　甲（根抵当権者）　　東京都○○○○○○○
　　　　　　　　　　　　　　　　　　　　　　　　　株式会社○○○○
　　　　　　　　　　　　　　　　　　　　　　　　　代表取締役　○○○○　　㊞
　　　　　　　　　　　　　　　乙（根抵当権設定者）東京都○○○○○○○
　　　　　　　　　　　　　　　　　　　　　　　　　株式会社○○○○
　　　　　　　　　　　　　　　　　　　　　　　　　代表取締役　○○○○　　㊞

　　　　　　　　　　　　　　　　　不動産の表示
　　　　所在　　○○県○○○○
　　　　地番　　○○○○
　　　　地目　　○○
　　　　地積　　○○○○平方メートル

第5章　契約と担保

　　　所有者　乙
　　後順位抵当権者○○○○株式会社（以下，「丙」という）は，甲乙間の根抵当権極度額
について，上記のとおり変更されることを異議なく承諾した。
令和○○年○○月○○日

　　　　　　　　　　　　　　　丙（後順位抵当権者）東京都○○○○○○○
　　　　　　　　　　　　　　　　　　　　　　　　　○○○○株式会社
　　　　　　　　　　　　　　　　　　　　　　　　　代表取締役　○○○○　㊞

図表　5－30　根抵当権変更契約書（被担保債権の範囲）

根抵当権の被担保債権の範囲変更契約書

　○○○○株式会社（以下，「甲」という）および○○○○株式会社（以下，「乙」という）は，次のとおり根抵当権の被担保債権の範囲変更契約を締結する。

第1条（被担保債権の範囲の変更）　甲および乙は，後記不動産の上に令和○○年○○月
　○○日設定した根抵当権（令和○○年○○月○○日○○地方法務局○○出張所受付第○
　○号）の被担保債権の範囲を，以下のとおり変更する。
　　　変更前　商品供給契約に基づく債権
　　　変更後　金銭消費貸借契約に基づく債権
第2条（登記義務）　乙は，前条による根抵当権の被担保債権の範囲変更の登記手続を速
　やかに完了し，その不動産登記簿謄本を甲に提出する。

　本契約の成立を証するため，本書2通を作成し，甲乙各自署名押印のうえ，各1通を保
有する。
令和○○年○○月○○日

　　　　　　　　　　　　　　甲（根抵当権者）　　東京都○○○○○○○
　　　　　　　　　　　　　　　　　　　　　　　　○○○○株式会社
　　　　　　　　　　　　　　　　　　　　　　　　代表取締役　○○○○　㊞
　　　　　　　　　　　　　　乙（根抵当権設定者）東京都○○○○○○○
　　　　　　　　　　　　　　　　　　　　　　　　○○○○株式会社
　　　　　　　　　　　　　　　　　　　　　　　　代表取締役　○○○○　㊞

　　　　　　　　　　　　　　　　不動産の表示
　　　　所在　　○○県○○○○
　　　　地番　　○○○○
　　　　地目　　○○
　　　　地積　　○○○○平方メートル
　　　　所有者　乙
　保証人株式会社○○○○（以下，「丙」という）は，甲乙間の根抵当権の被担保債権の
範囲について，上記のとおり変更されることに同意した。
令和○○年○○月○○日

　　　　　　　　　　　　　　　　　丙（保証人）東京都○○○○○○○
　　　　　　　　　　　　　　　　　　　　　　　株式会社○○○○
　　　　　　　　　　　　　　　　　　　　　　　代表取締役　○○○○　㊞

5－6 約定担保物権

図表 5－31 根抵当権の変更契約書（確定期日）

根抵当権の確定期日変更契約書

　株式会社○○○○（以下，「甲」という）および株式会社○○○○（以下，「乙」という）は，次のとおり根抵当権の確定期日変更契約を締結する。

第1条（確定期日変更）　甲および乙は，後記不動産の上に令和○○年○○月○○日設定した根抵当権（令和○○年○○月○○日○○地方法務局○○出張所受付第○○号）の確定期日を次のとおり変更する。
　　変更前　定めなし
　　変更後　令和○○年○○月○○日
第2条（登記義務）　乙は，前条による根抵当権の確定期日の変更登記手続を速やかに完了し，その不動産登記簿謄本を甲に提出する。

　本契約の成立を証するため，本書2通を作成し，甲乙各自署名押印のうえ，各1通を保有する。
令和○○年○○月○○日
　　　　　　　　　　　　　甲（根抵当権者）　　東京都○○○○○○○
　　　　　　　　　　　　　　　　　　　　　　株式会社○○○○
　　　　　　　　　　　　　　　　　　　　　　代表取締役　○○○○　㊞
　　　　　　　　　　　　　乙（根抵当権設定者）東京都○○○○○○○
　　　　　　　　　　　　　　　　　　　　　　株式会社○○○○
　　　　　　　　　　　　　　　　　　　　　　代表取締役　○○○○　㊞

不動産の表示

　　　所在　　　○○県○○○○
　　　地番　　　○○○○
　　　地目　　　○○
　　　地積　　　○○○○㎡
　　　所有者　　乙
　保証人株式会社○○○○（以下，「丙」という）は，甲乙間の根抵当権の確定期日について，上記のとおり変更されることに同意した。
令和○○年○○月○○日
　　　　　　　　　　　　　丙（保証人）東京都○○○○○○○
　　　　　　　　　　　　　　　　　　株式会社○○○○
　　　　　　　　　　　　　　　　　　代表取締役　○○○○　㊞

第5章　契約と担保

図表　5－32　根抵当権譲渡契約書

根抵当権譲渡契約書

　株式会社○○○○（以下，「甲」という）および株式会社○○○○（以下，「乙」という）および株式会社○○○○（以下「丙」という）は，次のとおり根抵当権の譲渡契約を締結する。

第1条（順位の譲渡）　甲は，令和○○年○○月○○日付抵当権設定契約書に基づき，乙所有の後記不動産の上に取得した第○○順位の根抵当権（令和○○年○○月○○日○○地方法務局○○出張所受付第○○号）を，丙に譲渡する。
第2条（登記義務）　甲および乙は，前条の根抵当権譲渡の登記手続につき丙に協力する。
第3条（被担保債権の範囲の変更）　乙は，第1条による譲渡後の被担保債権の範囲を次のとおり変更する。
　　変更前　運送取引に基づく債権
　　変更後　金銭消費貸借契約に基づく債権

　本契約の成立を証するため，本書3通を作成し，甲乙丙各自署名押印のうえ，各1通を保有する。
令和○○年○○月○○日

甲	東京都○○○○○○○	
	株式会社○○○○	
	代表取締役　○○○○	印
乙	東京都○○○○○○○	
	株式会社○○○○	
	代表取締役　○○○○	印
丙	東京都○○○○○○○	
	株式会社○○○○	
	代表取締役　○○○○	印

不動産の表示

　　所在　　○○県○○○○
　　地番　　○○○○
　　地目　　○○
　　地積　　○○○○平方メートル
　　所有者　乙

　保証人である○○○○（以下，「丁」という）は，上記の根抵当権の譲渡について同意する。
令和○○年○○月○○日

丁	東京都○○○○○○○	
	○○○○	印

5－6　約定担保物権

図表 5－33　(根)抵当権解除証書

(根)抵当権解除証書

　　　　　　　　　　　　　　　　　　令和○○年○○月○○日

株式会社○○○○　　御中

　　　　　　　　　　　　　　　東京都○○○○○○○
　　　　　　　　　　　　　　　株式会社○○○○
　　　　　　　　　　　　　　　代表取締役　○○○○　㊞

　令和○○年○○月○○日付で貴社（殿）より後記物件の上に設定を受けた後記（根）抵当権は，これを解除します。

符号	物件の表示	（根）抵当権の表示

|5－6－4| 質　　権

❖質権とは

　質権とは，債権者が債権の担保として担保提供者からその目的物の占有を取り上げ，弁済がなかった場合，それを換価して債権の回収を図るものである（民法342条）。

　抵当権との根本的な差異は，抵当権が目的物を債務者の手元にとどめて引き続き利用させるのに対し，質権は，これを債務者から奪い，その利用を禁ずる点にある（このような性質を持つ担保のことを「占有担保」という）。

❖質権の種類と役割

　民法では，質権には動産を目的とする動産質（民法352条以下），不動産を目的とする不動産質（同法356条以下），債権・株式その他有価証券等の権利を目的とする権利質（同法362条以下）がある。

第5章　契約と担保

　しかし，質権は担保設定者による目的物の利用を認めないので，商取引の実務においては，不動産質や動産質はほとんど利用されず，もっぱら権利質である。そして，権利質の中でも，定期預金債権，火災保険金請求権，敷金・保証金返還請求権に質権を設定する例が多い（債権に質権を設定するので債権質といわれる）。

❖質権の法的性質

　質権も，抵当権と同様に①優先弁済的効力，②附従性，③随伴性，④不可分性，⑤物上代位性を有するが，さらに目的物の占有を取得することから，⑥留置的効力（被担保債権について弁済を受けるまで，目的物を留置できること）を持つ（民法347条）。

❖質権の設定方法

　質権は債権者と質権設定者との間の質権設定契約に加え，目的物を質権者に引き渡してはじめて効力が生じる（民法344条）。ただし，債権質の場合には，譲渡に証書の交付を要するときには証書の交付が必要だが（同法363条），証書のない債権であれば，目的物の譲渡は観念できず，質権設定契約のみで効力を生じる。なお，極度額を定めた根質権の設定も可能である。

　第三者への対抗要件は，動産質の場合には引渡し，不動産質の場合には登記である。債権質については，通常の債権譲渡と同様に，確定日付ある通知または承諾となる（民法364条・467条）。なお，債権譲渡の場合には，動産・債権譲渡特例法による質権設定登記がなされれば，確定日付ある通知とみなされる（動産・債権譲渡特例法14条・4条1項）。

　実務上，例が多い定期預金債権や火災保険金請求権に対する質権設定であれば，債権者はまず質権設定者との間で質権設定契約を締結し（双方調印の形式でも，質権設定者からの差入式でもよい），定期預金証書または火災保険証書を質権設定者から受領し，さらに銀行または保険会社に確定日付ある通知をするか，承諾をもらうことが必要である。ただし，定期預金や火災保険については，銀行や保険会社との契約（約款）で，第三者への譲渡や質入れは原則として禁止されているのが通常であるから，実務的には，単なる通知だけでは不十分で，銀行や保険会社から質権設定の承諾を得なければならない。

468

5 − 6 約定担保物権

❖質権の実行手続

　質権を実行するときは原則として民事執行法の定める手続によらなければならず（裁判所に申し立てて競売する），流質契約は禁止されている（民法349条）。流質契約とは，質権設定契約そのものの中で，または債務の弁済期以前の別の契約で，債務を返済しない場合には質物の所有権を債権者が取得するか，または任意に他に売却して債権に充当することである。

　ただし，商行為によって生じた債権を担保するために設定した質権の場合には，流質契約は禁止されない（商法515条）。

　したがって，通常の商取引の中で取得した質権であれば，質物の任意処分は可能である。

　また，主に利用される債権質の場合には，質権者が自ら第三債務者から直接に弁済を受けることが認められており（民法366条1項），実務上はこの方法により第三債務者から回収することが多い。

❖質権についての民法改正事項

　新民法では，証券的債権に関する規律に代えて，「有価証券」についての規律に統一・整備される。

　指図証券を目的とする質権の設定について，指図証券の譲渡の規定（改正民法520条の2−520条の6）を準用し，質権の設定の裏書および証券の交付をその効力要件とし（同法520条の4），善意取得（同法520条の5），債務者の抗弁（同法520条の6）につき，指図証券の譲渡の場合に準じた規律が規定される。

　債権譲渡の対抗要件（改正民法467条1項）において，「指名債権」を「債権」とし，将来債権の譲渡性（同法466条の6）においてその譲渡性を認めたことから，債権を目的とする質権設定の場合にも，「指名債権」を「債権」に改め，また，将来債権も質権の対象とする旨の改正がなされた。

第5章　契約と担保

図表 **5－34** 質権設定契約書（保険）

質権設定契約書

株式会社○○○○（以下，「甲」という）と，○○○○（以下，「乙」という）は，甲が乙に対して有する金銭債権の履行を確保するために，乙が○○生命保険株式会社と締結した無配当新定期保険契約（証券番号○○-○○○号。以下本保険契約という）上の権利について，次のとおり質権設定契約を締結した（以下，「本契約」という）。

第1条
　質権の目的は本保険契約の無配当新定期保険約款（特約が付加されている場合は，その特約条項を含む。以下同じ）に基づく各保険金請求権，社員配当金請求権，解約払戻金請求権およびその他払戻金請求権とする。
　ただし，疾病入院手術特約，災害割増特約，成人病入院手術特約，災害入院特約に基づく諸給付金請求権は質権の目的としない。

第2条
　乙は質権設定期間中，契約者貸付を受けないものとし，また，甲の同意を得ることなく保険金受取人指定の撤回および変更，契約者の変更，解約，保険金額の減額，払済保険，定額払済保険，定額払済終身保険，延長保険，定額延長定期保険への変更，保険期間の変更等本保険契約の内容を変更する一切の権利を行使しないものとする。

第3条
　乙は質権設定期間中，無配当新定期保険約款の規定により定められた期間内に保険料を○○生命保険株式会社に払い込まなければならない。

第4条
　質権設定期間中は保険証券は甲が保管し，乙は甲の同意なくしては保険証券の再発行請求は行わない。

第5条
　本保険契約が質権設定期間中に失効し，その後復活されたときは有効に質権は存続するものとする。また，本保険契約更新後も質権が継続するものとする。

第6条
　甲は本保険契約による質権の転質は行わない。また乙は本保険契約の一切の請求権について重ねて質権の設定は行わない。

第7条
　乙が甲に対する支払債務の履行を完了したとき，または甲および乙の合意により質権を解除させるときは，乙は甲が作成する質権設定解除通知書を甲保管の保険証券に添えて○○生命保険株式会社に提出する。

第8条
　質権設定期間中に○○生命保険株式会社が，第1条記載の各請求権に基づく支払いを行うときは，次のとおり取り扱うものとする。
①　○○生命保険株式会社は乙の債務の残高にかかわらず，甲の提出する諸請求書類に基づき全額を甲に支払う。この場合，乙は甲に協力するものとし，○○生命保険株式会社は甲に対する支払いをもって責任を免れるものとする。
②　前項の規定により甲は○○生命保険株式会社から支払われる給付額を限度として，債務の弁済期前においてもその弁済に充当することができるものとし，債務の弁済後に残額があれば，その残額を保険金受取人に責任をもって支払うものとする。

5－6 約定担保物権

第9条

質権設定期間中に乙が被担保債権に関して期限の利益を喪失した場合，乙は甲に本保険契約の解約およびその受領に関する一切の手続を委任するものとし，甲は○○生命保険株式会社に対し直接解約の請求ができることとする。この委任は甲の同意がない限り撤回しない。なお，○○生命保険株式会社は甲から解約請求があった場合，乙が甲に対し被担保債権に関して期限の利益を喪失したことによるものとみなして解約請求を受理するものとし，この場合乙は○○生命保険株式会社に対し異議を申し立てない。

第10条

甲は本保険契約が適用される無配当新定期保険約款の規定により○○生命保険株式会社が次の取扱いを行うことを認める。

① 未払込保険料または貸付金等の元利金があるときは，これらの精算額を質権の請求金額から控除すること。

② 本保険契約が失効，保険金支払免責，解除，無効となったときは，保険金を支払わないこと。

③ 本保険契約に特別条項付保険特約が付加されている場合には保険金等を削除して支払うこと。

④ 第3条の規定にもかかわらず乙による保険料の払込みがなく本保険契約が失効または，保険料の自動貸付，自動延長定期保険への変更が行われても○○生命保険株式会社は甲にその旨を通知しないこと。

第11条

本契約書に定めのない事項は無配当新定期保険約款および日本国の法令に従って取り扱うものとする。

以上，本契約の成立を証するため，本契約書2通を作成し，甲乙記名捺印のうえ，甲乙各1通を保有する。

令和○○年○○月○○日

甲（質権者）　　　東京都○○○○○○
　　　　　　　　　株式会社○○○○
　　　　　　　　　代表取締役　○○○○　㊞

乙（質権設定者）　東京都○○○○○○
　　　　　　　　　　　　　　　○○○○　㊞

質権設定承諾請求ならびに質権設定契約に同意します。

被保険者
東京都○○○○○○
　　　　　　○○○○　㊞

保険金受取人
東京都○○○○○○
　　　　　　○○○○　㊞

第5章　契約と担保

図表　**5－35**　質権設定契約書（預金）

預金請求権質権設定契約書

　○○○○株式会社（以下，「甲」という）と，株式会社○○○○（以下，「乙」という）は，本件預金債権（以下に定義する）に対する質権の設定に関して，令和○○年○○月○○日（以下，「本契約締結日」という）付で以下のとおり合意する（以下，「本契約」という）。

第1条
1．乙は，甲の乙に対する別紙A記載の債権（以下「本件被担保債権」という）を担保するため，本契約締結日に，乙が開設・保有する別紙B記載の預金口座（以下，「本件預金口座」という）に係る乙の有する預金払戻請求権（以下，「本件預金債権」という）のうえに，第一順位の質権（以下，「本件質権」という）を設定する。
2．乙は，本契約締結日中に，本件預金債権に係る預金通帳，預金証書その他の債権証書を甲に対して交付するものとし，甲は，爾後これを占有するものとする。

第2条
　　乙は，本契約締結日に，別紙Cに定める様式により，本件預金口座が開設された金融機関名義の当該本件質権設定についての異議を留めない承諾を取得したうえで，同日付で確定日付を取得し，かかる承諾書を甲に対し交付するものとする。

第3条
　　乙は，本件預金債権につき，第10条に基づき債権証書の返還を受けるまでは，解約，併合，分割，減額，その他一切の変更を行わないものとする。

第4条
1．甲は，乙が本件被担保債務につき期限の利益を喪失した場合には，乙に対して通知または催告をすることなく，下記に定める方法により本件質権を実行することができる。
記
　　乙を代理して本件預金契約を解約のうえ払戻金を受領し，または乙を代理して本件預金口座が設定された金融機関から本件預金債権に係る払戻金を受領し（以下，受領した金額を「受領金」という），受領金から甲に生じた諸費用を差し引いた残額を本件被担保債務の弁済に充当する方法
2．乙は，甲に対し，前項に規定する解約，代理受領，処分または取得に要する権限をここに撤回不能のものとして付与するものとする。
3．第1項に従った弁済充当の結果，本件被担保債務全額が完済された場合において，なお受領金，処分取得金または評価額につき残余額がある場合には，甲はこれを乙に遅滞なく返還するものとする。
4．第1項に従った弁済充当の結果，なお本件被担保債権の弁済に不足する場合は，乙は，甲に対して，直ちに不足額を弁済する。

第5条
1．乙は，本件預金債権の払戻しまたは本件預金契約の解約をすることはできない。
2．乙は，甲の事前の書面による承諾なくして，本件預金債権につき，第三者に対して譲渡，担保差入れその他の処分を行い，本件預金契約の内容を変更し，または本件預金債権を放棄もしくは免除する等，本件質権ならびに本契約に基づく甲のその他の権利および利益に損害を及ぼしまたは本件預金債権の価値を減ずるおそれのある一切の行為をしてはならないものとする。

5－6　約定担保物権

第6条
　本契約に基づく本件質権の設定により，甲は，本件預金債権および本件預金契約に関連する何らの債務を引き受けるものではない。

第7条
　乙は，甲がその裁量に基づき他の担保または保証を変更または解除した場合においても，免責を主張せずその他何らの異議を述べないものとする。

第8条
　乙は，甲が請求したときは，本件質権および本契約に基づく甲のその他の権利および利益の保全および行使に合理的に必要な一切の書類を交付するとともに，本件質権および本契約に基づく甲のその他の権利および利益の保全および行使に必要な一切の措置を執り行うものとする。

第9条
　本契約に基づく取引に合理的に必要な費用（本契約に貼付する印紙税および担保権実行に要する費用を含むがこれらに限定されない）はすべて乙がこれを負担するものとし，乙は，甲からの請求があった場合には，直ちに当該請求に係る費用相当額の金員を支払う。

第10条
　甲は，乙が，本件被担保債務を完済したときは，第1条第2項に基づいて受領した，本件預金口座に係る本件預金債権に関する債権証書のすべてを直ちに乙に対して返還するものとする。

第11条
　本契約は，甲および乙が書面により合意する場合に限り，変更または修正することができる。

第12条
　本契約は，日本法を準拠法とし，日本法に従い解釈されるものとする。

第13条
　本契約に関して争いが生じた場合には，○○地方裁判所を第一審における専属的合意管轄裁判所とする。

第14条
　本契約に規定のない事項または本契約の諸条項もしくは本契約に基づく権利義務に関し疑義を生じた場合，本契約の当事者は，誠意をもって協議する。

　本契約成立の証として，本書1通を作成し，甲乙が各自記名押印のうえ，甲が原本を，乙がその写しを保有する。

令和○○年○○月○○日

　　　　　　　　　　甲（質権者）　　　東京都○○○○○○○
　　　　　　　　　　　　　　　　　　　株式会社○○○○
　　　　　　　　　　　　　　　　　　　代表取締役　○○○○　㊞
　　　　　　　　　　乙（質権設定者）　東京都○○○○○○○
　　　　　　　　　　　　　　　　　　　株式会社○○○○
　　　　　　　　　　　　　　　　　　　代表取締役　○○○○　㊞

第5章　契約と担保

別紙A　被担保債権

債権者	債務者	借入金額	借入日	支払期限
○○○○ 株式会社	○○○○ 株式会社	○○○○円	令和○○年 ○○月○○日	令和○○年 ○○月○○日

別紙B　本件預金口座

金融機関	預金種類	証書番号	金額	預入日	満期日	預金者名
株式会社 ○○銀行	定期預金	○○○	○○○○円	令和○○年 ○○月○○日	令和○○年 ○○月○○日	○○○○

別紙C　承諾書

令和○○年○○月○○日

株式会社○○銀行　御中

東京都○○○○○○○
○○○○株式会社
代表取締役　○○○○　㊞

預金質権設定承諾依頼書

　○○○○株式会社（以下，「甲」という）は，○○○○株式会社（以下，「乙」という）に対して，甲および乙の間の平成○○年○○月○○日付預金請求権質権設定契約書（以下，「本件預金質権設定契約」という）に基づき，下記預金契約に基づく預金払戻請求権（以下，「本件預金債権」という）上に，それぞれ第一順位の質権を設定致しました。つきましては，民法第364条第1項および同法第467条の規定に従い，ご承諾下さるようお願い致します。

記

金融機関	預金種類	証書番号	金額	預入日	満期日	預金者名
株式会社 ○○銀行	定期預金	○○○	○○○○円	令和○○年 ○○月○○日	令和○○年 ○○月○○日	○○○○

　本件預金債権に係る弁済として貴行が乙に対して支払うべきすべての金銭は，直接甲にお支払いください。

令和○○年○○月○○日

預金質権設定承諾書

　上記本件預金債権に対する質権設定について，異議なく承諾いたします。

東京都○○○○○○○
株式会社○○銀行○○支店

支店長　○○○○　㊞

確定日付欄

5-6-5 約定担保物権を取得するときの注意点

　約定担保物権を取得する際には，いうまでもないことだが，担保目的物の調査および評価を怠らないことである。約定担保物権は，担保権の中でも最も安定的で実効性もあるとされている（それゆえ金融機関はまず約定担保，特に不動産への(根)抵当権を最優先に取得する）が，担保目的物に価値がなければせっかくの強力な担保権も画餅に終わってしまう。

　また，約定担保物権を設定したときには，第三者対抗要件を必ず備えなければならない。(根)抵当権等の登記が必要な担保権においては，設定前に必ず司法書士等に必要書類を確認しておくべきである。

　なお，実務上，権利証や印鑑証明書は債権者が預かるものの，（根）抵当権設定登記を留保する取扱いがなされることがままあるが（いわゆる登記留保），登記がなされなければ第三者対抗要件を備えたことにならず，たとえば債務者が破産した場合には破産管財人に抵当権を主張できなくなることから，登記留保は決してすべきではない。

　また，(根)抵当権について，本登記ではなく仮登記で済ませている事例も多い。その主たる理由は，本登記と比較して登録免許税が低廉であり費用の節約になるからである。たしかに仮登記であったとしても，後に本登記に改めれば仮登記の順位が本登記の順位とされるため（順位保全効といわれる），後順位の(根)抵当権者に優越することができるし，仮登記であっても破産手続等では担保権として認められるから，その点については本登記と代わりはない。ただし，仮登記のままでは競売を申し立てることができず，本登記に改める必要があるところ，本登記に改める際に設定者の協力を得られないときには，担保権者は設定者を相手取って本登記手続の請求訴訟を起こし，判決を取得してから本登記に改めなければならなくなってしまう。

　したがって，たとえば設定者が権利証を紛失してしまって本登記ができず，

第5章　契約と担保

かつ緊急に(根)抵当権を取得する必要があるといった特別な場合を除いて，仮登記ではなく本登記をすべきである。

❖第三者から約定担保物権を取得するときの注意点

　主たる債務者とは別の第三者から約定担保物権を取得することも多い。これを物上保証といい，担保を提供する第三者を物上保証人という。

　物上保証を取得する際には，基本的に5－5－2で前述したことと同様の点に注意する必要がある。

　すなわち，①後で物上保証が無効・取消しとならないように，物上保証人の意思確認を慎重に行うこと，②物上保証人が会社の場合で，利益相反行為に該当するときには，当該会社の取締役会の承認決議を確認すること，③担保保存義務免除特約を付けておくこと，④緊急時の物上保証は否認リスクがあること，である。

5－7

法定担保物権

5－7－1　留置権

❖留置権とは

　留置権は，他人の物の占有者が，その物に関して生じた債権の弁済を受けるまでその物を留置して，債務者の弁済を間接に強制する担保物権である（民法295条。民法で定められた留置権のことを特に民事留置権という）。たとえば，ある商品の修理を依頼され，当該商品を預かっている場合，修理代金の支払いを受けるまでは，当該商品を留置して，返還を拒むことができる。

　留置権は，当事者間の合意は必要ではなく，法定の要件が備われば法律上当然に発生する担保物権である（法定担保物権）。

❖民事留置権の要件

　民事留置権の要件は以下の3点である。

①　他人の物を占有していること（必ずしも債務者自身のものでなくてもよい）。

②　占有している物に関して発生した債権を持っていること（物と債権の関連性）。

③　その債権が弁済期にあること。

　物と債権の関連性（要件②）については，たとえば前述の修理の例でいえば，商品Aの修理代金は，まさに商品Aに関して発生した債権であるが，商品Bの修理代金や，別個の貸金債権などは，商品Aに関して発生した債権でないから，これを被担保債権として民事留置権を行使することはできないことになる。

❖商事留置権の要件（民事留置権と商事留置権の違い）

　商法521条にも留置権の定めがあり，これを商事留置権という。なお，商法には，521条の留置権のほかに，代理商・問屋の留置権（商法31条・547条），運

477

第5章　契約と担保

送取扱人・運送人の留置権（同法562条・589条等）も定められているが，以下では代表的な商法521条の商事留置権についてのみ述べる。

商事留置権の要件は，以下の4点である。

①　取引当事者双方とも商人であること

②　債権が当事者双方の商行為によって発生したものであること

③　その債権が弁済期にあること

④　占有する物が債務者の所有物であること

民事留置権と商事留置権の違いは，民事留置権が物と債権の関連性を要求しているのに対し商事留置権はこれが不要であること，逆に商事留置権は物が債務者本人の所有物でなければならないのに対し民事留置権はこの要件を不要としていることである。

商取引は，反復継続した大量取引であるから，民事留置権のように物と債権の関連性が必要とされると，留置権を行使することが困難となるため，関連性を不要としたのであり，実務上はこの商事留置権が主張されることが多い。

ただし，民事留置権と商事留置権は相互に排斥する関係ではないので，要件さえ具備されれば，どちらを主張しても構わない。

❖留置権の法的性質

抵当権同様に，附従性，随伴性，不可分性はあるが，物上代位性はない。また，名前のとおり留置的効力は当然あるが，優先弁済権はないとされる。ただし，次項にて後述するとおり，事実上の優先弁済権があるといわれる。

❖留置権の実行方法

留置権の実行方法であるが，留置物を手元で保有している債権者としては，それを任意に売却処分して，債権に充当できれば便利である。

しかし，留置権者には留置物の処分権限がないため，所有者の了解なく勝手に任意処分をすることは違法であり許されない。

留置権の正式な実行方法は，裁判所に競売を申し立てることである（形式的競売といわれる。民執195条）。そして競売終了後，換価金は申立人である留置権者に交付される。留置権者に優先弁済権はないため，留置権者がこの換価金を当然に債権の弁済に充当することはできず，本来，留置物の所有者に換価金を返還しなければならない。しかし，留置権者が所有者に対して債権を持って

478

いるのであれば，当該債権と換価金の返還債務を相殺してしまうのである。これは，留置権の事実上の優先弁済権といわれる。

ただ，競売の申立てには費用と時間もかかることから，留置物が，早期処分が必要なものや，保管費用が多額にかかるようなものでない場合には，留置を継続しつつ，債務者と任意に交渉して和解することが多いと思われる。なお，留置権を行使中も債権の消滅時効は進行するから，留置が長期化するときには消滅時効を中断させることも忘れてはならない。

5-7-2 先取特権

❖先取特権とは

先取特権は，法律の定めた特殊の債権を有する者が，債務者の一定の財産から優先弁済を受ける担保物権である（民法303条）。

先取特権は，債務者の総財産を目的とするもの（一般の先取特権。民法306条）と，特定の財産を目的とするもの（特別の先取特権）とに分かれる。一般の先取特権は，①共益の費用，②雇用関係，③葬式の費用，④日用品の供給の4種の原因によって生じた債権を有する場合に発生する。

特別の先取特権は，さらに，特定の動産を目的とするもの（動産の先取特権。民法311条）と特定の不動産を目的とするもの（不動産の先取特権。同法325条）とに分かれる。

動産の先取特権は，以下の8種の原因によって生じた債権を有する場合に発生する。①不動産の賃貸借，②旅館の宿泊，③旅客または荷物の運輸，④動産の保存，⑤動産の売買，⑥種苗または肥料の供給，⑦農業の労務，⑧工業の労務。

不動産の先取特権は，以下の3種の原因によって生じた債権を有する場合に発生する。①不動産の保存，②不動産の工事，③不動産の売買。

留置権と同様に，先取特権は，当事者間の合意は必要ではなく，法定の要件が備われば法律上当然に発生する担保物権である（法定担保物権）。

上記のとおり，法の定める先取特権にはさまざまな種類があるが，商取引の場面で実務上主に使われるのは動産売買先取特権である。動産売買先取特権とは，動産を売買した場合に，売主が，当該動産の代価およびその利息を被担保債権として，当該動産から優先弁済を受ける担保権である。

第5章 契約と担保

以下では主に動産売買先取特権について説明する。

❖先取特権の法的性質

抵当権と同様に，附従性，随伴性，不可分性，物上代位性を有する。動産売買先取特権では，この物上代位性を利用し，動産の転売代金債権を差し押えることが多い（詳細は後述する）。また，先取特権は優先弁済的効力も有する。

❖動産売買先取特権の要件，実行方法

(1) 商品が債務者の手元にあるとき

動産売買先取特権を行使するためには，まず，債権者（売主）の売り渡した商品が，債務者（買主）の占有下にあることが必要である（目的商品に対する支配可能性）。債務者が第三者に商品を引き渡した後では，当該商品について先取特権を行使できない（民法333条。ただし，後述のように転売代金債権への物上代位は可能）。

また，当該商品が売り渡したときと同じ状態であることが必要である（目的商品の同一性）。売却した商品を債務者が加工してしまえば，加工後の物に先取特権は及ばない。

動産売買先取特権の実行方法としては，債権者が動産の競売を申し立て，その後，裁判所の執行官が目的商品を差し押え，競売して換価し，債権者に配当することになる。

(2) 商品が転売されたとき

債権者（売主）が売り渡した商品が第三者に転売されたときには，当該商品に対しては先取特権は及ばなくなるが（民法333条），債務者が当該第三者に対して有する当該商品の売却代金債権について，動産売買先取特権の物上代位として優先弁済を受けることができる（同法304条1項）。ただし，第三債務者が債務者に転売代金を弁済する前に，債権者は，裁判所に申し立てて，転売代金債権を差し押えなければならない（同項ただし書）。

転売代金債権を差し押えた後は，債権者は債務者からの直接取立（民執155条1項）や裁判所からの配当（同法166条1項）等の方法で転売代金債権を回収することになる。

❖動産売買先取特権の実行時の注意点

　動産売買先取特権は，当事者の合意なくして当然に発生する法定担保物権であり，債権回収方法としてはきわめて有用である。

　しかし，一方で，実行するときには以下の点に注意しなければならず，実務上，実際の回収までたどりつくのは簡単ではない。日ごろの周到な準備と，いざというときの関係者（営業，法務審査，弁護士等）の迅速かつ的確な連携が要求される。

(1)　迅速な差押えの必要性

　上記のとおり，動産売買先取特権を実行するためには，商品が債務者の占有下にあるうちか，債務者が第三債務者から転売代金債権を回収する前に，商品または転売代金債権を差し押えなければならない。商取引は日々動いているため，もたもたしていてはすぐに商品は売られ，転売代金債権は回収されてしまう。動産売買先取特権を実行するときには一刻を争うものと心得て，迅速な準備と申立てをしなければならない。

　また，商品については，直ちに債務者と交渉し同意を得て引き揚げるか，それに応じない場合には動産売買先取特権の対象であるから第三者に売却しないように警告を続ける必要があろう。ただし，警告したことをきっかけに，逆に早期売却されてしまうこともあるので，債務者との交渉方法はケースバイケースである。

　転売代金債権については，第三債務者と交渉し，動産売買先取特権を実行するので，正式に差し押える前に債務者に支払わないように強く要請する必要があろう。

(2)　立証の困難性

　また，動産売買先取特権を行使するには，裁判所に「担保権を証する文書」（民執193条1項）を提出しなければならない。

　商品の競売を申し立てるのであれば，「債権者と債務者との間で，当該商品を目的とする売買契約を締結したこと」を立証する文書を提出する必要がある。たとえば，売買基本契約書，個別売買契約書，発注書，受注書，納品書，受取書，請求書等であり，これらの書面上，商品が明確に特定され，代金額も明記されていなければならない。

　転売代金債権を差し押えるのであれば，さらに上記のほか，「債務者が第三債務者に対し同一の商品を転売したこと」を立証する文書を提出する必要があ

第5章 契約と担保

る。たとえば，債務者と第三債務者との間の，売買基本契約書，個別売買契約書，発注書，受注書，納品書，受取書，請求書等である。ただし，これらの書類は，債務者と第三債務者との間で交わされるものであり，債権者の手元には通常ない。これらの書類を用意できるのは，債務者または第三債務者の協力がある場合か，または商品が債権者から第三債務者に直送されているような場合に限られよう。

また，債権者から債務者に売却した商品と，債務者が第三債務者に売却した商品の厳密な同一性も立証しなければならない。たとえば，同じ形式や型番の商品であっても，昨日債務者に納入された商品と，今日債務者に納入された商品は別である。その後，商品が債務者から第三債務者に売却されたとして，その商品が，昨日納入された商品か，今日納入された商品か，書面で明確に特定できていなければならない。この同一性の立証も実際には困難な場合が多い。

5-8

非典型担保物権

5-8-1 譲渡担保

❖譲渡担保とは

譲渡担保とは，担保となる財産（譲渡性のある財産）の占有・利用を物件提供者に委ねながら，担保財産を譲渡担保権者に移転する形式をとったものであり，「権利移転型の担保」といわれる担保方法の1つである（ほかに所有権留保と仮登記担保が「権利移転型の担保」といわれる）。

譲渡担保の中には，①目的物件の売買形式によって信用の授受を行い，与信者は代金の返還請求権を持たず，受信者が代金を支払って目的物を取り戻すいわゆる売渡担保と，②債権の形式によって信用の授受を行い，与信者は代金の返還請求権を持ち，受信者が代金の支払いを遅滞したときに目的物件によって満足を受ける譲渡担保（狭義の譲渡担保）とが存するが，後者が一般的である。

民法は譲渡担保を規定していないものの，実務において広まり，その後判例でも認められた非典型担保物権である。

❖譲渡担保の役割

譲渡担保は，機械などの企業用動産に対する担保方法として実務に広まっていった。機械は動産であるから質権の対象となりうるが，質権は占有を債権者が取得することになるので，債務者である企業が使用し続けることができなくなる。そこで，形式的に所有権を譲渡したうえ，債務者に機械等の使用収益をさせる譲渡担保が利用されるようになったのである。

また，質権や抵当権では，実行するときには競売を申し立てる必要があり費用と時間がかかるが，譲渡担保は任意の処分が可能である。さらに，後述のように，集合動産や集合債権について譲渡担保を設定することもできるため，譲渡担保は実務上広く利用されている。

譲渡担保の目的物として多く利用されるのは，機械，在庫商品，売掛金，手

483

形，株式，ゴルフ会員権などである。

　不動産についても譲渡担保は可能であるが，第三者対抗要件として債権者へ所有権移転登記をしなければならず，他の債権者からの与信を受けにくくなるため，不動産の譲渡担保はあまり利用されていない。

❖譲渡担保の法的性質

　譲渡担保は，実際には債権の担保を目的としているが，同時に所有権を担保権者に移転させるため，担保という実質と，所有権の譲渡という形式のどちらを重視するかについて解釈上の争いがある（担保的構成説と所有権的構成説）。

　この点，判例は所有権的構成をとりつつ，担保という側面も重視し，個別事案ごとの柔軟な取扱いをしている。

❖譲渡担保の設定方法

　譲渡担保を第三者に対抗するためには，目的物に応じた対抗要件を備える必要がある。不動産であれば登記，動産であれば引渡し，指名債権の場合には譲渡人による確定日付のある通知または債務者による確定日付のある承諾である。

　なお，動産または債権については，動産・債権譲渡特例法による譲渡登記により第三者対抗要件を備えることも可能である。

　第三者対抗要件を備えられなければ，債務者が倒産手続に入った時などに担保権を主張できなくなるため，譲渡担保を設定する際には必ず第三者対抗要件を具備しなければならない。

　目的物ごとの対抗要件の詳細は後述する。

❖譲渡担保の実行方法

　譲渡担保の実行方法は2種類ある。1つは，被担保債権の弁済期が到来したときに，債権者が目的物を確定的に自己に帰属させるものである（「帰属清算型」といわれる）。もう1つは，債権者が目的物を第三者に売却するなど換価し，その対価をもって自己の債権の弁済に充てるというものである（「処分清算型」といわれる）。いずれの実行方法によるかは，譲渡担保権設定時の契約内容による。

　また，具体的な実行方法は，譲渡担保の目的物によっても異なる。

　たとえば，売掛金を譲渡担保として取得している場合には，債権者が，自ら

第三債務者から売掛金を回収することになる。

　一方，機械や商品を目的物とする譲渡担保の場合には，目的物が債務者の占有下にあることから，債権者は，目的物が債務者によって第三者に処分されてしまう前に，目的物を現実に自己の支配下におく必要がある（帰属清算型・処分清算型を問わず）。したがって，債権者としては目的物の引渡しを債務者に求め，債務者が任意の引渡しに応じない場合には，仮処分や本訴を申し立てて強制的に目的物の引渡しを受けなければならない。

　譲渡担保目的物ごとの実行方法の詳細については，後述する。

　なお，帰属清算型であれ処分清算型であれ，債権者は，目的物の価格を自己の債権に充当した後に残額があれば，清算金として債務者に返還すべき義務（清算義務）がある（最判昭和46年3月25日民集25巻2号208頁）。

❖機械等の譲渡担保

　機械等の事業用の動産は，事業の継続のために債務者に利用させる必要があるため，質権よりも譲渡担保に向いている。特に事業用の機械は一般的に高額で，中古として売却可能な物件も多いことから，担保価値もあり，譲渡担保の対象となりやすい。

　譲渡担保を設定するときには，まず譲渡担保設定契約を締結する。

　第三者対抗要件は引渡し（民法178条）であり，通常は占有改定（同法183条）を行う。占有改定とは，民法が定める4つの引渡方法の1つであり，譲渡人（債務者）が譲受人（債権者）に対し現実の引渡しをせず，譲渡人（債務者）が事後譲受人（債権者）のために代理占有するとの意思表示をするだけで，譲受人（債権者）が占有権を取得するというものである。通常は，譲渡担保設定契約書上で，占有改定によって目的物を引き渡すことが明記される。

　また，動産・債権譲渡特例法による動産譲渡登記がなされた場合も，上記の引渡しがあったとみなされ（動産・債権譲渡特例法3条1項），第三者対抗要件となる。

　もっとも，占有改定により第三者対抗要件を備えたとしても，その後，譲渡担保が設定されていることを知らない第三者が当該目的物を取得した場合には，即時取得（民法192条）が成立し，債権者は第三者に対し譲渡担保権を主張できなくなるおそれがある。そこで，第三者による即時取得を防ぐために，目的物である機械に譲渡担保対象物であることを示すプレート等を取り付けておく

第5章　契約と担保

必要がある。プレートがあれば，第三者が悪意または有過失であることを立証しやすくなり，即時取得の成立を防ぎやすい。

ただし，資金繰りに窮した債務者は，時にプレートを剥がしてから第三者に売却するなどの行為にでることもあるため，プレートを付したからといって安心するのではなく，債務者の異変を感じた時には，目的物の実地確認を行うなどの慎重な管理が求められる。

では，動産・債権譲渡特例法による登記がなされている動産について，第三者が取得したときに即時取得が成立しうるのであろうか。

結論としては，第三者が当該動産の取得時に，登記の有無を調査すべき義務があるか否かによってケースバイケースで判断される。たとえば第三者が機械の中古業者であり，通常の取引の一環で機械の買取りを行ったような場合には，中古業者は取引のたびに登記の有無を調査する義務を負わないのが通常であるため，即時取得が成立する可能性が高い。一方，金融機関等が当該動産を担保にとる場合には，登記の有無を調査するのが一般的であり，それを怠った場合には，過失があるとして即時取得が否定される可能性がある。

いずれにせよ，機械などの動産に譲渡担保を取得しようとする債権者は，第三者による即時取得のリスクを可能な限り低くするため，原則として動産譲渡登記も行うようにすべきである。

また前述のとおり，譲渡担保権を実行しようとするときには，債務者が第三者に目的物を売却してしまうことを防ぎ，債権者が自ら目的物を換価処分するため，債権者は債務者に対し目的物の引渡しを請求する必要がある。債務者が任意の引渡しに応じない場合には，債権者は仮処分や本訴を申し立てることになる。

❖商品の譲渡担保（集合動産譲渡担保）

債務者が不動産や機械など担保価値が高いものを保有していればよいが，常にあるわけでもなく，またあったとしても，すでに金融機関によって担保設定されていることも多い。

一方，店舗や倉庫等に保管されている商品は，もともと売ることを予定されているものであるから，一般市場価格での換価は比較的容易であろうし，まとめれば相当高価になることも少なくない。

5 − 8 非典型担保物権

図表 5 − 36 動産譲渡担保契約書

動産譲渡担保契約書

　債権者○○○○株式会社（以下，「甲」という）と債務者○○○○株式会社（以下，「乙」という）は，以下のとおり動産譲渡担保契約を締結した。

第1条（被担保債権） 本契約によって担保される債権は次のとおりとする。
　一　令和○○年○○月○○日付金銭消費貸借契約に基づく債権

第2条（担保物の表示） 乙が前条の債務を担保するため，本契約に基づき譲渡担保の目的とする物件は，乙所有の別紙明細記載の商品（以下，「本件担保物」という）とする。

第3条（譲渡担保の成立） 乙は，甲に対し，本件担保物の所有権を移転し，占有改定の方法により引渡しを完了した。

第4条（担保物の保管） 乙は，本件担保物を善良な管理者の注意義務をもって保管するものとする。

第5条（第三者の差押え等） 本件担保物につき，第三者から差押え，仮差押え，仮処分等の手続がなされたときは，乙は本件担保物が甲の所有物であることを主張して，各執行に対して防禦するものとし，かつその旨甲に通知するものとする。

第6条（本件担保物の処分） 甲は，本件担保物を任意の方法により処分し，要した費用を除いた残額を乙の債務の弁済に充当することができる。

第7条（合意管轄） 甲および乙は，本契約に基づく紛争については，○○地方裁判所をもって第一審の管轄裁判所とすることに合意した。

　この契約の成立を証するため本書2通を作成し，署名捺印のうえ，各自その1通を保有する。

令和○○年○○月○○日

　　　　　　　　　　甲（債権者）　　東京都○○○○○○○
　　　　　　　　　　　　　　　　　　○○○○株式会社
　　　　　　　　　　　　　　　　　　　　代表取締役　○○○○　㊞

　　　　　　　　　　乙（債務者）　　東京都○○○○○○○
　　　　　　　　　　　　　　　　　　○○○○株式会社
　　　　　　　　　　　　　　　　　　　　代表取締役　○○○○　㊞

　そこで，債務者の保管する商品を担保とするために，実務上考え出されたのが，集合動産譲渡担保である。商品は多数あり，さらに継続的に仕入・販売が行われ，その内容が日々変動するが，それらを一個の集合体としてひとまとめにして，包括的に担保として取得するのである。このような集合動産譲渡担保の有効性は判例上も認められている（最判昭和54年2月15日民集33巻1号51頁）。

　集合動産譲渡担保を設定する際には，譲渡担保設定契約を締結する。

第5章　契約と担保

　なお，集合動産譲渡担保を設定するときには，個々の目的物の名称や数量を
具体的に特定する必要はないが，目的物の範囲は特定する必要がある。たとえ
ば，倉庫やその他の建物や場所を特定して，その中にある一切の商品，といっ
たような定め方である。

　第三者対抗要件や実行方法については，**「機械等の譲渡担保」**にて前述した
ことと同じである。

　集合動産譲渡担保は，その実行時に，価値を有する商品が多数あり，うまく
引渡しを受けられてスムーズに売却処分できれば，担保としての実効性が高い。

　しかし，目的物の内容が絶えず変動しているため，いざ実行という時に，不
良在庫ばかりだったり，商品が範囲外の倉庫などに搬出されてしまっていては，
担保としてはまったく役に立たない。

　したがって，そのようなことがないように，債権者としては，単に債務者に
在庫状況について報告義務を負わせるだけでなく，実際に価値ある商品が指定
した倉庫等に存在しているのか，定期的な実地調査などを行い絶えず注意して
おく必要がある。特に，債務者に信用不安が生じた後では，債務者や第三者に
よる商品の搬出の危険性が高まるため，厳重な保全策（現場での監視や仮処分
などの法的手続）を検討すべきである。

図表　**5 −37**　集合動産譲渡担保設定契約書

集合動産譲渡担保設定契約書

　債権者○○○○株式会社（以下，「甲」という）および債務者○○○○株式会社（以下，
「乙」という）は，以下のとおり集合動産譲渡担保設定契約（以下，「本契約」という）を
締結する。

第1条（被担保債権）
　本契約によって担保される債権の極度額および債権の範囲は次のとおりとする。
　(1)　極度額　金○○○○円
　(2)　債権の範囲
　　①　甲乙間の‥契約に基づき発生する一切の債権
　　②　甲乙間の金銭消費貸借契約上の債権
　　③　手形，小切手債権
第2条（譲渡担保）
　乙は，甲に対し，前条の債務を担保するため，乙が下記保管場所において保管している
下記動産（以下，「本件担保動産」という）を，一括して譲渡し，甲は占有改定の方法に

5－8　非典型担保物権

よりその引渡しを受けた。

記

（保管場所）

　東京都○○○所在○○倉庫内（以下，「本件保管場所」という）

（担保動産）

　①　乙が販売するために保管している○○○などの一切の在庫商品（以下「本件商
　　品」という）

　②　乙が第5条第2項により新たに補充した○○○などの一切の在庫商品

第3条（公示方法）

1　乙は，本件担保動産が甲の譲渡担保に供されていることを公示しなければならない。

2　前項の公示は，本件保管場所内の甲が指定する場所および本件商品それぞれに，甲の
　指定する様式によるネームプレートなどを設置・貼付することをもって行う。

3　乙は，いかなる理由があろうとも，本件担保動産にかかる公示を怠ること，毀損・廃
　棄すること，隠匿することなどをしてはならず，常に第三者が容易に現認できる状況を
　維持しなければならない。

第4条（担保動産の処分）

1　乙は，本件担保動産を構成している本件商品について，乙の本来の本件商品の販売業
　務の目的に限り，これを第三者に売却など処分することができる。

2　乙は，甲に対し，毎月末日現在の本件担保動産の在庫状況につき，本件商品の品名，
　数量などを明記して翌月○○日までに書面で報告しなければならない。

第5条（維持管理義務）

1　乙は，本件担保動産を，善良なる管理者の注意義務をもって，管理および保管をしな
　ければならない。

2　前条第1項による処分，紛失，毀損その他，乙の責めに帰すことができる事由か否か
　にかかわらず，本件担保動産の評価価値（本件商品の帳簿上の価格の合計額をもって評
　価価値とする）が，本契約締結時の評価価値を下回ったときは，乙は，新たに本件保管
　場所に本件商品を補充し，本件担保不動産の評価価値を維持しなければならない。

3　やむを得ない事由により乙が本件担保動産の評価価値を維持できない場合には，乙は，
　甲の求めに応じて直ちに増担保，代わり担保を提供しなければならない。

第6条（評価価値確認）

1　乙は，第4条第2項による定期在庫状況報告に加え，本件商品が紛失・毀損などし，
　あるいは前条第2項により本件商品の補充を行ったときは，処分・紛失・毀損・補充な
　どした本件商品の内容（個数，帳簿価格）を甲に報告しなければならない。

2　乙は，前項に限らず，甲より本件担保動産の現状（その時点において本件保管場所に
　保管されている在庫の数量，評価価値など），本件商品の処分予定，補充予定などにつ
　いての照会を受けたときは，直ちに回答の報告をしなければならない。

第7条（報告義務等）

1　乙は，本件担保動産につき，第三者から差押え・仮差押え・仮処分その他甲の譲渡担
　保権を阻害するおそれのある行為を受け，またはそのような行為を受けるおそれを生じ
　たときは，直ちに甲に対してその旨を報告しなければならない。

2　前項の場合，乙は，甲から本件担保動産の維持保全のために必要な行為をするべく指
　示されたときは，それに従って甲の指示する行為をしなければならない。

3　乙は，前項による甲の指示がなされるまでの間においても，本件担保動産が甲の所有
　物であることを主張して第1項の各執行に対して防御するなど，善良なる管理者として，
　甲の譲渡担保権を阻害する事由の排除に努めなければならない。

第5章 契約と担保

第8条（調査協力）

　乙は，甲の求めがあったときは，本件担保動産の現状を明らかにするために，本件保管場所への立入調査・帳簿等の閲覧などの要求に応じ，その調査につき便宜を供与するものとし，正当な理由がない限りはこれを拒むことはできないものとする。

第9条（損害保険）

1　乙は，本件担保動産につき，甲の指定する保険会社との間で，甲の指定する金額以上の損害保険契約（以下，「本件保険」という）を締結しなければならない。

2　本件保険の保険料の支払いは乙の負担とし，保険金の受取人は甲とする。

3　乙は，本件保険を本件譲渡担保権が存続する間，維持継続しなければならず，甲の指示に従って保険契約の変更・継続・更改手続などをしなければならない。

4　乙が第1項の損害保険契約を締結せず，または甲の指示に従わず継続・更新などをしていないために，甲の出捐において損害保険契約を締結・継続した場合には，乙は，甲の支払った保険料その他の費用を，年○％の損害金を付して甲に対して支払わなければならない。

5　甲が，保険事故の発生などにより本件保険の保険金支払いを受けたときには，本件債務の弁済期到来前といえども，これを本件債権の弁済に充当することができるものとし，乙はこれに異議を述べず承諾する。

第10条（期限の利益喪失）

　乙が，基本契約に定める義務を履行せず，または本契約に定める義務を履行しなかったときは，何らの催告を要することなく当然に本件債権の期限の利益を喪失し，直ちに本件担保動産を甲に引き渡さなければならない。引渡しの方法は現実の引渡しのみとする。

第11条（譲渡担保実行）

1　甲は，前条により本件担保動産の引渡しを受けたときは，本件担保動産を強制競売・任意売却その他甲の選択する適切な手段によって処分し，その代金を本件債権の弁済に充当できる。

2　前項による処分代金の弁済充当後，残余金がある場合には，甲はこれを速やかに乙に返還しなければならない。

第12条（合意管轄）

　本契約に関して発生した紛争については，○○地方裁判所または○○簡易裁判所を専属的管轄裁判所とする。

第13条（協議事項）

　本契約に定めのない事項については，甲乙協議して決定する。

　以上のとおり契約が成立したので，本書面2通を作成し，甲乙各1通を保管する。

令和○○年○○月○○日

　　　　　　　　　　　　甲（債権者）　　東京都○○○○○○○
　　　　　　　　　　　　　　　　　　　　○○○○株式会社
　　　　　　　　　　　　　　　　　　　　　代表取締役　○○○○　㊞

　　　　　　　　　　　　乙（債務者）　　東京都○○○○○○○
　　　　　　　　　　　　　　　　　　　　○○○○株式会社
　　　　　　　　　　　　　　　　　　　　　代表取締役　○○○○　㊞

❖売掛債権の譲渡担保（集合債権譲渡担保）

　債務者が第三債務者に対して有する売掛債権に譲渡担保を設定する方法も，実務上よく利用される。売掛債権の種類としては，第三者に対する売買代金債権や請負代金債権，医療機関の場合には診療報酬債権などがある。

　担保の取得方法としては質権もあるが，譲渡担保の方が簡便であるため，譲渡担保が利用されることが多い。

　ところで，売掛債権の場合，日々さまざまな種類の売掛債権が発生しては，弁済等により消滅していくのが通常である。したがって，既発生の個別の売掛債権のみを譲渡担保の目的としていたのでは，担保としては不十分であることが多い。

　そこで実務上生み出されたのが，集合債権譲渡担保である。集合債権譲渡担保とは，債務者が第三債務者に対して有している複数の債権（既発生だけでなく将来発生する債権を含む）を，包括的に1つの集合債権として把握し，それを譲渡担保の目的とする方法である。このような集合債権譲渡担保は，判例上も有効性が認められている（最判昭和53年12月15日集民125号839頁，最判平成11年1月29日民集53巻1号151頁）。

　民法改正においては，債権譲渡の制限特約が付されていたとしても，これによって債権譲渡の効力は妨げられないこと（改正民法466条2項），将来債権も譲渡することが可能であること（同法466条の6第1項）が明文化される等，集合債権譲渡担保を法文上も肯定する内容となっているため，集合債権譲渡担保は今後より一層の活用が進むことが想定される。

　集合債権譲渡担保を設定するときも，まずは集合動産譲渡担保設定契約を締結する。

　なお，譲渡担保の対象となる債権について，個々の具体的な債権を特定する必要まではないが，集合動産譲渡担保と同様に，譲渡担保の対象となる債権の範囲を特定する必要がある。一般的には，当事者，発生原因となる取引の種類，発生期間等によって他の債権と識別が可能な程度に範囲を特定する。

　債権の範囲を特定する際には，第三債務者をできる限り特定しておくべきである。むろん，第三債務者が不特定であるだけで直ちに無効となるわけではなく，動産・債権譲渡特例法でも第三債務者が特定されていなくても債権譲渡登記をすることが認められており，第三債務者の特定は必須の要件ではないが，担保対象を明確化しておくことは担保権の実行時にも役立つため，できる限り

第5章　契約と担保

特定しておくべきである。

　また，将来の債権を担保の目的物とするときには，判例は，その債権が将来発生することが確実でなくてはならず，しかもそれは法律的な基礎に裏づけられていることを要すると解するのが一般であることから，譲渡担保を取得する際には，債権の発生原因を明記しておく必要がある。このことは改正民法施行後も同様の対応が必要と考えられる。

図表　5−38　集合債権譲渡担保設定契約書

集合債権譲渡担保設定契約書

　債権者○○○○株式会社（以下，「甲」という）と，債務者○○○○株式会社（以下，「乙」という）は，以下のとおり集合債権譲渡担保契約を締結した。

第1条（被担保債権）
　本契約によって担保される債権の極度額および債権の範囲は次のとおりとする。
　⑴　極度額　金○○○○万円
　⑵　債権の範囲
　　①　甲乙間の……契約に基づき発生する一切の債権
　　②　甲乙間の金銭消費貸借契約上の債権
　　③　手形，小切手債権

第2条（譲渡担保）
　乙は，甲に対し，前条の債務を担保するため，乙が下記第三債務者（以下，「第三債務者」という）に対して有する下記債権（以下，「譲渡担保債権」という）を，金○○円を限度として譲渡する（以下，「本件債権譲渡」という）。
記

　（第三債務者）
　東京都○○○○○○○
　株式会社○○○○
　（譲渡担保債権）
　　乙が上記第三債務者に対して，平成○○年○○月○○日付売買取引基本契約に基づき物品を売却したことにより，現在有する売掛債権，および平成○○年○○月○○日までに有する売掛債権

第3条（債権譲渡登記）
　1　乙は，甲が前条による本件債権譲渡が対抗要件を具備するよう，動産および債権の譲渡の対抗要件に関する民法の特例等に関する法律に基づく債権譲渡登記手続を，甲と共同して行う。ただし，甲が求める場合には，甲が指定する代理人による代理申請によるものとして，乙は，債権譲渡登記の申請手続に必要となる書類（代理人よる申請のための委任状なども含む）を甲に交付することとする。
　2　前項の債権譲渡登記については，その存続期間を○○年とする。
　3　第1項の債権譲渡登記は，本契約締結後直ちに行うものとし，同項ただし書による場合には，乙は債権譲渡登記の申請手続に必要となる書類を，本契約締結と同時に甲に交付する。

5 - 8 非典型担保物権

第4条（保証）
　乙は，甲に対し，本件債権譲渡にかかる譲渡担保債権について，無効・取消しなどの事由，相殺，債権譲渡禁止特約その他第三債務者の抗弁となるべき事由など何らの瑕疵がないことを保証する。

第5条（債権の保全）
1　乙は，甲の書面による事前承諾を得て，第三債務者から譲渡担保債権の弁済を受け，または譲渡担保債権の回収・取立てをすることができる。
2　乙は，甲の書面による事前承諾を得ない限り，第三債務者に対して譲渡担保債権の一部または全部の免除・放棄，返済期限の猶予その他本件債権の回収を阻害するおそれのある行為をしてはならない。
3　乙は，譲渡担保債権を第三者に譲渡し，または質入その他担保提供してはならない。

第6条（債権額確認）
1　甲は，いつでも乙に対して譲渡担保債権の総額を報告することを求めることができ，乙は，甲に対して書面によって譲渡担保債権の総額を報告しなければならない。
2　乙は，前項の債権額確認の際に甲より求めがあった場合には，譲渡担保債権（本契約締結後に発生し，また将来発生するもののすべてで，弁済期限の未到来，弁済済みを問わない）の契約書その他原因証書，会計記録，管理簿，注文書・請書その他の関係資料の原本を甲に開示し，その謄写，交付に応じなければならない。

第7条（報告義務等）
1　乙は，譲渡担保債権につき，事由の如何を問わずその金額が変動し，もしくは第三債務者の経営状況などにより回収に影響を生ずる事由が発生し，またはこれらが発生するおそれがあるときは，直ちに甲に報告しなければならない。
2　乙は，甲から譲渡担保債権の回収保全のために必要な行為をするべく指示されたときは，それに従って甲の指示する行為をしなければならない。

第8条（期限の利益喪失）
　乙が，基本契約に定める義務を履行せず，または本契約に定める義務を履行しなかったときは，何らの催告を要することなく当然に本件債権の期限の利益を喪失する。

第9条（譲渡担保実行）
1　乙が，前条により期限の利益を喪失したときは，甲は第三債務者に対して債権譲渡特例法に基づく通知（同法第2条第2項）を行い，以後乙は，第5条第1項の承諾がなされていたか否かに関わりなく，第三債務者に対してはいかなる手段によっても譲渡担保債権の回収・取立てをすることができない。
2　乙は，前項の通知後に第三債務者から振込送金によって乙に支払われた金員がある場合にはこれを直ちに甲に支払い，譲渡担保債権の支払いまたは支払いの担保のために第三債務者より手形・小切手（自振・回り手形を問わない）の交付を受けているときはこれらを直ちに甲に交付する。

第10条（費用負担）
　本契約における登記手続（司法書士費用などを含む）に要する費用はいずれも乙の負担とする。

第11条（合意管轄）
　本契約に関して発生した紛争については，○○地方裁判所または○○簡易裁判所を専属的管轄裁判所とする。

第12条（協議事項）
　本契約に定めのない事項については，甲乙協議して決定する。

　以上のとおり契約が成立したので，本書面2通を作成し，甲乙各1通を保管する。

第5章　契約と担保

令和○○年○○月○○日

甲（債権者）　東京都○○○○○○○
　　　　　　　○○○○株式会社
　　　　　　　代表取締役　○○○○　㊞

乙（債務者）　東京都○○○○○○○
　　　　　　　○○○○株式会社
　　　　　　　代表取締役　○○○○　㊞

　さらに，債権の発生期間も限定して特定しておくべきである。債権の発生期間があまりに長期にわたる事例（10年）で，集合債権譲渡の効力を否定した裁判例もあるからである（東京地判平成5年1月27日判タ838号262頁）。通常は1年から5年程度の期間に限定することが多い。

　第三者対抗要件は，第三債務者に対する確定日付ある通知または第三債務者の確定日付ある承諾である（民法467条）。また，動産・債権譲渡特例法に基づき債権譲渡登記がなされたときも，確定日付ある通知があったものとみなされる（動産・債権譲渡特例法4条1項）。

　この点，実務上，集合債権譲渡担保がなされたことが外部に表明されると，債務者の信用不安が広がってしまうことから，集合債権譲渡担保契約を締結しつつ，第三者対抗要件の具備を留保することが少なくない。

　しかし，第三者対抗要件を備えないことは，債務者が破産等の倒産手続に入った場合には担保権を主張できなくなり，きわめて危険であるため，厳に慎むべきである。債務者の信用に配慮するのであれば，第三債務者へ通知することなく対抗要件を具備できる動産・債権譲渡特例法による債権譲渡登記を利用すべきである。

　なお，債権譲渡が禁止されている債権を譲渡担保の目的とする場合，改正前の民法においては第三債務者の承諾を得る必要があることと解釈されていたが，改正民法では譲渡制限特約があったとしても債権譲渡の効力は妨げられないという内容となった（同法466条2項）。

5−8 非典型担保物権

5−8−2 所有権留保

❖所有権留保とは

　売買契約において，代金の全部または一部の支払いが即時に行われない場合に，その代金債権を担保するために，代金債権について支払いが完了するまで目的物の所有権を売主のもとに留保することを，所有権留保という。

❖所有権留保の法的性質

　所有権留保は，形式上は売主に所有権が留保されるが，その目的は代金債権の回収という担保目的である。そこで，譲渡担保と同様に，所有権留保の法的構成としては，所有権的構成と担保的構成の2つの考え方があるが，実際の効果において大きな差異はない。

❖所有権留保の設定方法

　特別の設定契約を締結することはなく，売買契約書の中に，目的物の所有権が買主に移転する時期を買主の代金完済時とする旨の特約を付するのが通常である。

　また，所有権留保について第三者に対抗するためには第三者対抗要件が必要である（最判平成22年6月4日民集64巻4号1107頁）。したがって，登記・登録制度がある目的物（たとえば自動車）であれば，登記・登録上の所有者を売主にしておく必要がある。登記・登録制度がない目的物であれば，売主が買主から占有改定を受けて第三者対抗要件（引渡し。民法178条）を具備したと考えればよい。なお，所有権留保は，動産・債権譲渡特例法に基づく登記はできない。

　ただ上記の占有改定による対抗要件具備に関して，売主が所有権留保付で商品を継続的に売却していたところ，当該商品が代金支払いの有無にかかわらず転売されることが予定されていたこと，他の仕入先からの商品と分別保管されていなかったことなどを理由に，占有改定による対抗要件具備を否定した下級審の裁判例がある（東京地判平成22年9月8日金判1368号58頁）。

　この裁判例の考え方によれば，継続的に大量の商品を売買する取引においては，基本契約書等で所有権留保条項を定めたとしても，後に第三者対抗要件を具備していないと判断されるリスクがあるため，そのような取引においては所有権留保ではなく集合動産譲渡担保を取得すべきである。

第5章　契約と担保

　また，所有権留保の場合には，目的物の占有が買主に存するため，目的物が買主から第三者に譲渡され，当該第三者により善意取得をされる可能性もある。そこで，第三者による善意取得を防ぐために，譲渡担保と同様に，目的物にプレート等を取り付けて，自らの所有権留保物件であることを公示しておくことが望ましい。ただし，機械以外の目的物の場合には，実際に債権者の所有権留保物件であることを公示することが難しく，所有権留保の問題点の1つである。

❖所有権留保の実行方法

　目的物が債務者の占有下にあるので，まずは債務者から目的物を引き揚げる必要がある。債務者が任意の引渡しに応じない場合には，仮処分や訴訟を提起して，強制的に目的物の引渡しを実現させる必要がある。引揚げの前提として，売買契約の解除を要するとするのが原則だが，契約書で解除を不要と定めておくこともできる。

　目的物が債権者の手元に戻れば，それを随時換価処分し，債権に充当することとなる。

5－8－3　仮登記担保（代物弁済予約仮登記）

　仮登記担保とは，債権者が債務者から不動産を担保にとる場合に，債務者が弁済しないときには，その不動産をその代物弁済として債権者に移転することを約し，その予約に基づく権利を仮登記するというものである。

　抵当権を設定するよりも登記費用が安く，かつ競売手続によらずに不動産の所有権を取得できることから，実務上，一時隆盛をきわめた担保方法である。

　しかし，1978年に，仮登記担保契約に関する法律が制定され，債権者の清算義務等が定められるなど，仮登記担保の効力が制限されることとなり，あまり利用されなくなった。

5-9

非典型担保

5-9-1 代理受領

❖代理受領とは

　代理受領とは，債権者が債権の回収を図るために，債務者の第三債務者に対して持っている債権について債務者から取立ての委任を受け，債務者に代わって債権者が第三債務者から債権を取り立て，これを債権者の債務者に対する債権の弁済に充てることをいう。

❖代理受領の役割

　債権を担保に取る方法には，質権（債権質）や債権譲渡担保が存するが，債権の中には特約や法令によって譲渡や質入れが禁止されているものも多く（特に国や地方公共団体に対する請負代金債権），その場合に，質権や債権譲渡担保の代わりに，この代理受領が利用されている。

　しかし，代理受領は後述のような難点もあり，担保としての安定性に欠けることから，債権担保を取得する際には，まずは質権や債権譲渡担保を検討すべきであり，いずれもできない場合に，次善の策として代理受領を考えるべきである。

❖代理受領の設定方法

　債務者が債権者に対し，第三債務者に対する債権の取立てを委任するだけであれば口頭でも可能であるが，通常は債務者が債権者に対して委任状を作成し，さらに第三債務者から代理受領の承諾をとる。

❖代理受領の効力

　債権者は，債務者に代わって第三債務者から弁済を受けることができる。

　債務者は代理受領の委任を一方的に解除することができず，第三債務者から

497

第5章　契約と担保

直接弁済を受けることもできなければ，相殺や免除等の第三債務者に対する債権を消滅させる行為もできない。

　仮に，代理受領を承諾していた第三債務者が債務者に直接支払ってしまった場合には，債権者は第三債務者に対し，不法行為による損害賠償請求ができる（最判昭和44年３月４日民集23巻３号561頁）。

　一方，債権者は，あくまで債務者の代理人という立場であるから，第三債務者が債務を履行しない場合に，自らが原告となって第三債務者に対し訴訟をすることもできないし，強制執行を申し立てることもできない。

　また，代理受領に第三者対抗要件は認められないから，代理受領を委任後に，債務者が第三者に対し，第三債務者に対する債権を譲渡または質権設定した場合や，第三者が，債務者の第三債務者に対する債権を差し押えた場合には，代理受領を受任した債権者は対抗できないと考えられている。

　さらに，債務者が破産等の倒産手続に入った場合に，代理受領は別除権等として認められず，優先的に回収できない。

　代理受領にはこれらの難点があるため，債権を担保として取得するときには，まずは債権譲渡または質権の設定を第一に考えるべきである。

|5−9−2| 振込指定

　振込指定とは，債権者が銀行の場合，債務者がその銀行に有する口座への振込みを第三債務者に指定し，銀行は振り込まれた金銭の返還債務（預金）と債務者に対する貸金債権を相殺して債権の回収を図る手段のことである。法的性質は代理受領と同じである。

　債権者が銀行の場合にのみ使用できる特殊な債権回収方法であり，銀行以外の債権者は利用できない。

|5−9−3| 相　　殺

　相殺とは，相手に対して同種の債権を持っている場合に，双方の債務を対当額だけ消滅させることをいう（民法505条）。相殺は，互いに弁済しあう手間を省くという簡便な決済手段としての意義のほかに，債務者が倒産等した場合の手っ取り早い債権回収策としての意義もある（相殺の担保的機能）。

相殺は，対立する債権が相殺適状にあれば可能である。相殺適状にあるためには，以下の要件を満たすことが必要である。なお，相殺する者からみて，相手方に対して有する債権を「自働債権」，相手方がこちらに対して有するのが「受働債権」という。

(1) 同一当事者間に債権の対立があること

たとえばAとBの間の債権債務であれば，同一当事者間で債権の対立があり相殺可能だが，AがBに対して有する債権と，BがCに対して有する債権とでは，同一当事者間ではないので相殺ができない。

(2) 対立債権が同種の目的を有すること

たとえば金銭債権同士であれば相殺可能であるが，AのBに対する債権が金銭債権，BのAに対する債権が物の引渡請求権であれば，対立債権が同種でないので相殺できない。

(3) 自働債権の弁済期が到来していること

たとえばAがBに対して有する債権（自働債権）の弁済期が1月末日であれば，その弁済期前にAは相殺できない。逆に，BのAに対する債権（受働債権）について弁済期が2月末日であっても，Aはいつでも期限の利益を放棄できるので，1月末日以降であれば，Aは上記自働債権と受働債権を相殺できる。

(4) 債権の性質が相殺を許すものであること

たとえばABは互いに競業をしないというような債務については，実際に履行されなければ無意味であるから相殺できない。

(5) 対立する債権が有効に存在すること

相殺の意思表示をするときに，対立する債権の一方が不存在や無効であるときは，相殺はできない。ただ自働債権が時効により消滅した場合，その消滅前に相殺適状にあったときは相殺可能である（民法508条）。

ただし，上記の要件を満たす場合であっても，当事者が相殺禁止の意思表示をしたときや，法律上相殺が禁止されているときには相殺はできない。実体法上相殺が禁止されるのは，受働債権が悪意による不法行為による損害賠償請求権，人の生命または身体の侵害による損害賠償請求権であるとき（改正民法509条），受働債権が差押禁止債権（生活保護給付金，老齢年金等）であるとき（同法510条），株式払込請求権が受働債権となるとき（会社法208条3項）である。その他，破産法，民事再生法および会社更生法といった倒産法において，相殺禁止とされる場合もある。

第5章　契約と担保

また，相殺は債権者の一方的な意思表示で可能である。通常は書面（特に配達証明付の書留内容証明郵便が多い）をもって意思表示が行われる。

以上の相殺は「法定相殺」といわれ，特に当事者間で合意がなくても可能である。

さらに，当事者間で合意することにより，相殺適状以外の場面において相殺することもできる。

上記相殺適状の要件(1)では，「同一当事者間に債権の対立があること」が必要であるが，ＡＢＣ間で合意すれば，たとえばＡのＢに対する債権と，ＢのＣに対する債権とで相殺することも可能である（三角相殺といわれることもある）。

上記相殺適状の要件(2)では，「対立債権が同種の目的を有すること」が必要であるが，当事者間で合意すれば，たとえばＡがＢに対して有する金銭債権と，ＢのＡに対して有する物の引渡請求権について，物の価格を評価した後，対当額で相殺できる。

上記相殺適状の要件(3)では，「自働債権の弁済期が到来していること」が必要であるが，当事者間で合意すれば弁済期前でも相殺可能である。

また，不法行為による損害賠償債権等相殺禁止とされている債権についても，当事者間の合意により相殺することが可能である。

5 - 10

物的担保の対象

| 5 - 10 - 1 | 担保対象物の調査（動産）

　物的担保を取得する際には，当該担保物がどのような特性を持つものであるのかを知るために調査する必要がある。

　担保物となりうるものは，大きく動産と不動産に分けられ，動産には現預金，在庫（商品），債権（売掛金など），有価証券が該当し，不動産には土地や建物が該当する。

　これらの担保物に対しては，それぞれ特性が異なるため，以下のような点について注意しながら，担保の徴求を検討する必要がある。

❖現 預 金

　預金担保は，金融機関から融資を受ける際に多く用いられる方法であり，定期預金が対象となることが多い。

　現金担保は，証券取引の際に多く用いられるが，一般の商取引においても，預金への質権設定や保証金という名目で扱われることは多々あり，実際に担保権者へ現金を預託する形が多い。

　現預金の担保は，いずれも取引先の資金繰りを圧迫する可能性があるため，担保提供に関する同意を得るのが困難であるが，取引先有事の際には最も回収性が高い担保といえることから，常に保全策として検討したい項目である。

❖在　　庫

　取引先が有している商品（在庫）を担保として徴求する場合には，集合動産譲渡担保等の手続を活用することとなる。

　商品を担保として徴求する場合には，自社の担保物が何処に存在しているのかを特定することが必要となるため，取引先の倉庫や店舗を事前に確認することが重要となる。担保設定後は，担保物にネームプレートをつけるなど，第三

者に譲渡担保対象物であることがわかるようにする必要がある。

担保徴求した後は，毎月末の在庫の種類や数量を確認するなど，定期的な管理を行うことが必要となる。在庫の定期確認には，口頭や文書での確認のほか，現地確認，棚卸帳簿での確認などが挙げられるが，いずれも相手方の協力が必要となることから，担保徴求時に合意を得ておくことが望ましい。

また，対象となる商品の価値については，単に相手方の簿価や商品の定価によって判断するのではなく，その商品がデッドストックで実質無価値になっていないか，処分する場合の買手がすぐにみつかるか，といった点を考慮しながら，処分可能価額を担保の価値として捉える必要がある。

❖債　　権

取引先が有している債権を担保として徴求するには，売掛金の場合は集合債権譲渡担保等の手続を，受取手形の場合は譲渡担保等の手続をそれぞれ活用することとなる。

売掛金を担保として取得する際には，取引先の取引状況を確認し，誰にいくらの債権を有しているのかを確認することが必要となるが，特に集合債権譲渡担保を活用する場合には，将来発生する債権についても，担保の対象となることから，契約締結後の取引先の取引状況の把握や，担保権実行時の速やかな第三債務者の特定が鍵となる。実務においては，毎月末の債権の残高や銘柄を，口頭や文書での確認のほか，売掛金帳簿などで確認することとなるが，いずれも相手方の協力が必要となるため，担保徴求時に合意を得ておくことが望ましい。

また，受取手形を担保として徴求する際には，振出人または引受人の信用を確認したり，融通手形や偽造手形のように，振出原因に問題がないかを確認する必要がある。また，裏書譲渡手形として支払ってもらう方法も有効である。

❖有価証券

取引先が有している有価証券を担保として徴求する場合には，質権設定手続や譲渡担保手続を活用することとなる。

担保の対象となる有価証券は，主に株券，債券，ゴルフ会員権などが該当し，多くの場合，質権設定により証券を占有することで，担保を保全する。

有価証券の特性として，価値の流動性が高いことが挙げられ，担保取得時と

担保実行時とで価値が大きく変動する可能性がある。担保取得時に時価で評価し，保全能力を確認するのはもちろんのこと，特に長期間の保全を目的とする場合などは，定期的に担保物の時価を確認し，再評価を行うことで，保全状態を確認し，保全割れ状態が判明した場合には，追加担保による保全や債権の圧縮等について検討することが必要となる。

ただし，非上場株式は，価値の算定が困難であり，譲渡制限が付与されている場合は，所有権の移転の手続が容易でないため，担保物としては不向きといえる。

|5－10－2| 担保対象物の調査（不動産）

取引先が有している不動産を担保として徴求する場合には，抵当権設定手続や根抵当権設定手続を活用することとなる。

土地，建物の両方が，担保の対象となりうる。不動産の担保設定については，（根）抵当権の登記が伴うため，担保権の第三者対抗要件を具備していれば，物件の性質からみても他者に侵害されるおそれも少なく，担保物の散逸リスクについても動産に比べて小さいといえる。

また，価値についてもおおむね安定しており，換価性も決して低くないことから，担保の対象物としては適性が高いといえる。

不動産を担保として徴求する際には，当該不動産がどのような状態にあるかを確認することが正しい評価額を算出するうえできわめて重要となる。たとえば，更地として評価した土地が，現実には第三者の建物が建っていた土地であったという場合には，その評価額は大幅に減少することとなるため，保全上深刻な問題となりうるのである。また畑を担保として取得する場合，畑を実用化するまでの開発費用がかさむことから，担保取得の際は，土地の地目についても十分に注意する必要がある。

❖更 地

更地とは，対象土地に建物等の定着物がまったく存在せず，借地権等の権利を持っていない土地をいう。

評価時に建物の存在が判明している場合は，取壊し予定であったとしても，実際に建物の取壊しが行われていない限りは，評価には建物分も含めるものと

第5章　契約と担保

し，担保設定も土地と建物の両方を共同担保としなければならない。もしも土地のみを担保徴求し，その後その土地を競売せざるをえない状態が発生したときに，取壊しが行われずに建物が存在し，かつ建物が第三者に所有権移転されていたとしたら，その建物に対しては，法定地上権が認められることとなる。そのため，更地評価を行っていた土地は，担保権者が同地上に建物が存在することを承知のうえで土地だけを担保設定した，ということになり底地担保扱いとされてしまうのである。

　　例）土地：所有者A　抵当権設定
　　　　建物：なし　⇒　建物が存在しないため土地に対する権利関係も存在しない。

❖自用の土地・建物

　自己所有の土地および建物を自分で使用している不動産を指す（例ア）。この場合，一体利用物件として土地，建物を共同担保として担保取得することとなる。

　また，土地所有者がA，その土地上にある建物の所有者がBであり，Bが建物を使用しているとき，例イ）A，Bの担保提供により土地と建物の両方を共同担保とするならば，AはBに土地を貸していることにはなっているが，共同担保の設定によって，競売処分時には，土地と建物を一緒に競売処分することができるので，この場合にも自用物件として評価することができる。一方で，Bの建物を第三者に賃貸していれば賃貸物件として評価することとなる。

　　例ア）土地：所有者A　使用者A　抵当権設定　｝Aの承諾のみでよい
　　　　　建物：所有者A　使用者A　抵当権設定　｝
　　例イ）土地：所有者A　使用者B　抵当権設定　｝AB両方の承諾によって
　　　　　建物：所有者B　使用者B　抵当権設定　｝自用評価となる

❖賃貸物件（貸家）

　土地と建物の両方を担保取得するが，建物を第三者に賃貸しているという場合，賃貸物件の評価となる。土地と建物の所有者が別々でも，自用物件の説明のとおり，共同担保として担保取得していれば土地と建物を一緒に競売処分す

504

5－10　物的担保の対象

ることができるため，この場合の土地は底地には当たらず，建物所有者の土地
に対する借地権を考慮する必要はない。

　賃貸物件の場合は，自用物件とは異なり，賃借人である第三者が建物を使用
しているため，競売処分の際には，賃借人が買主となる場合以外は，立退きの
可否が評価上の問題となる。立退きに関する優劣は，賃貸借契約の締結日と
（根）抵当権の設定日のいずれか古いほうが優先されることから，担保設定時
に建物が第三者へ賃貸されていることが判明している場合は，賃貸借契約の内
容や締結の有無を確認する必要がある。

　評価時には，土地建物の所有者と賃借人との関係（間柄）等に応じて，物件
処分時に障害となりうるリスクを賃貸掛目として，評価額に乗じる方法が考え
られる。

　賃貸掛目とは，下例ア）の場合に，Aが法人，Bが法人の代表者であれば，
実質一体と捉えられることから，処分時の障害は低いものと考え90％の賃貸掛
目とするが，BがAとは無関係の第三者である場合等には，処分時に障害が生
じるおそれがあるものとして賃貸掛目を70％として，評価額に乗じ当該不動産
にかかる権利関係のリスクを評価に織り込む考え方である。

　また，下例イ）のように借地上の建物を賃貸している場合には，所有者であ
るAおよびBに担保提供の同意を得たうえで，所有者と賃借人Cとの関係を考
慮して評価を行う必要がある。

　　例ア）土地：所有者A　抵当権設定 ⎫
　　　　　建物：所有者A　抵当権設定 ⎬ AとBの関係性について把握する必
　　　　　建物：賃借人B　　　　　　 ⎭ 要がある。
　　例イ）土地：所有者A　抵当権設定 ⎫ AとBの両方が担保提供に同意して
　　　　　建物：所有者B　抵当権設定 ⎬ いるが，所有者とCの関係性につい
　　　　　建物：賃借人C　　　　　　 ⎭ ても把握する必要がある。

❖借　地　権

　借地権が付されている土地に借地人が借地人名義の建物を所有していて，そ
の建物を担保とするときには，建物の評価に加え，建物の底地となる土地を借
りる権利の評価を行うこととなる。

　借地権を評価するうえで，借地人，借地面積，借地目的，借地期間などは重

505

第5章　契約と担保

要な確認事項であるため，必ず借地契約書で確認する必要がある。特に，1992年8月1日施行による借地借家法の借地権には，定期借地権という借地期間満了により，借地権が消滅する新しい借地権が導入されているので，借地契約の内容確認はより重要なものとなっている。一筆の土地の一部を借地としている場合には，当該部分が建築基準法上の接道要件を満たしているか等が評価に影響することから，どの部分を借地としているのかを明確にする必要がある。

なお，金銭授受が生じない使用貸借は，借地権が発生せず，当然に借地権の評価はゼロとなるので，使用貸借の借地上建物は担保不適格となる。使用貸借は，親子，兄弟，親戚間に多く，借地契約書によって賃料の支払条件を確認することで把握できる。

また，借地上建物の保存登記前の担保権に対して，借地権は対抗できないことから，借地の土地の不動産登記簿謄本により，借地上建物の保存登記前に当該土地に担保権の設定がないか，必ず確認するということが重要となる。

例）土地：所有者A　抵当権設定せず　｝土地は抵当権設定されていないため担保外だが，土地の使用権（借
　　建物：所有者B　抵当権設定　　　　地権）は評価の対象となる。

❖底地（貸地）

第三者に賃貸した自己所有土地において，その土地に賃借人（借地人）が借地人名義の建物を建築したときの建物敷地部分が底地となる。底地は同地上の建物を使用している借地人が買い取る以外には，極端に市場性が低いため，担保価値としてはきわめて乏しく，担保物件としては適さない。

例）土地：所有者A　抵当権設定　　　　｝建物は抵当権設定されていないため担保外であり，土地の利用も限
　　建物：所有者B　抵当権設定せず　　られるため，評価減となる。

5-10-3　不動産登記簿謄本の調査ポイント

❖表題部（土地）

不動産を担保として徴求する際の第1段階として，不動産登記簿謄本での確

認が挙げられる。

不動産登記簿謄本は，表題部と権利部（甲区），権利部（乙区）に分かれて記載されており，それぞれに確認すべき事象が異なってくる。

3－5－3にて前述しているとおり，土地の表題部には，所在，地番，地目，地積，登記の原因とその日付（登記の日付）が記載されているので，担保対象物件と不動産登記簿謄本上の物件が同一であるかをまず確認する。

次に地目欄で，担保不適格な地目でないかを確認し，地目を問題なしと判断した場合には，物件の地積が実際と相違がないかを確認する（**図表5－39**）。

図表 5 － 39　地目による担保適否

担保として適格な地目

宅地	最も好ましい地目。
雑種地	比較的開発しやすく，宅地に続いて換価性が高い。
公衆用道路	基本的に無価値だが，建物建築の際に宅地に付随して必要となる場合がある。

担保として不適格な地目

田・畑	開発には農地転用手続が必要であり，農地としての売却にも制限がある。
山林・原野	地価が低いため，十分な保全が見込みにくく，広大となりがちなため換価性も低い。
池沼，運河用地，水道用地，ため池　等	換価性が低い。

❖表題部（建物）

建物の表題部には，所在，家屋番号，種類，構造，床面積，登記の原因とその日付（建築年月），登記の日付が記載されているので，土地と同様に担保対象物件と不動産登記簿謄本上の物件が同一であるかをまず確認する。

次に種類欄で，当該物件が担保不適格な仏閣や神社等に該当していないか，を確認する。種類と構造によっては，一般的な耐用年数よりも耐性が高いまたは低いと考えられるケースがあるため，建物の用途と構造の妥当性を考慮する

第5章　契約と担保

必要がある。

　同一敷地内に複数の建物が存在する場合は，建物図面による位置確認や当該建物の構造・種類から建物を特定し，家屋番号を確認することが肝要である。

　登記の原因とその日付から建築年月を確認できる。1981年に新耐震法が施行され耐震基準が大幅に見直されたことから，1981年以前の建物に関しては，市場性が低いものとみて担保取得を控えるべきである。また，改築や増築に関しても登記の履歴に残るため，床面積の遷移から増築部分を推測することが可能となる。増改築が行われている建物に関しては，査定上でも，増改築による評価アップを見込む必要が生じることから，その内容について，謄本上での確認以外に，現物による確認も実施することで査定の正確性を高めることが望ましい。

❖権利部（甲区）

　土地および建物の権利部（甲区）には，所有権に関する事項が記載されており，甲区の最後に所有権移転登記されている者が現在の所有者である。まずは，現在の所有者が，担保提供者の名義と相違ないことを確認する。

　一物件に対して所有者が複数いる場合には，共有者としてそれぞれ持分と名義が表示されることとなる。共有物件に関しては，物件のすべてを担保として徴求するためには，共有者全員を担保提供者として契約締結する必要があるため，それぞれに対する意思確認が必要となる。

　共有者の一部が担保提供に応諾しなかった場合は，応諾者の持分のみが，担保の対象となるが，任意売却で担保を処分することとなった場合には，担保提供者の持分のみでの売却は困難であり，現実的には，共有者全員の売却承諾を得る必要が生じることから，速やかな債権回収が図れなくなるおそれがある。

　担保物件として土地および同地上建物を検討する時に，土地と建物の所有者が異なる場合がある（仮に土地の所有者をA，建物の所有者をBとする）。この際に土地の所有者Aのみから担保提供の同意を得て，建物を担保徴求しなかったとすると，建物の所有者Bには，A所有の土地上に建物を有する権利（地上権）が存在するため，A所有土地は条件付物件として，売買に制限が加わることとなる。これにより，一般的にA所有土地の取引価格は，地上権等による制限がない場合に比べて安価となるため，担保徴求時には，その点についても十分に把握したうえで，担保徴求の範囲を検討する必要がある。

5－10　物的担保の対象

　また，不動産登記簿には公信力がなく，登記上の所有者と実際の所有者が異なることもありうるため，所有者が転々としている物件などの場合は，所有権に関して特に注意深く調査する必要がある。また，建物の場合には，所有者との合意の有無を問わず，所有者とは別の第三者が占有している可能性がある。所有者と占有者が異なる場合には，賃貸権の有無および設定時期等によって，自社が設定する（根）抵当権よりも優先される可能性があり，物件売却時に立退きに応じなかったり，応じたとしても立退料を求められるおそれがあることから，所有者のみを確認するのではなく，実地調査により占有者の確認も行うことが肝要といえる。

　土地の権利部（甲区）には，所有者の表示以外に，差押え，仮差押え，所有権移転の仮登記，所有権移転請求権の仮登記，仮処分，買戻特約，予告登記などの所有権を制約する登記の表示がなされることがある。これらは物件の権利関係に重要な影響を与える登記であることから，必ず内容を確認する必要がある。

　差押えや仮差押えは，税金滞納による差押えや競売申立てによる差押えなど，債務の履行が遅れたことを理由に行われるものが多く，(仮)差押え後の（根）抵当権の設定は，当該（仮）差押えに劣後することから，担保取得時には，当該（仮）差押えの対象債権を優先債権として認識したうえで，設定する必要がある。

　所有権移転の仮登記，所有権移転請求権の仮登記は，すでに所有権が移転している，もしくはまだ所有権の移転はないが，将来所有権を移転してもらえることを前提に権利を保全しているものであることから，当該仮登記がなされている物件を担保徴求する場合には，保証否認防止の観点から，登記上の所有者および，仮登記設定者のそれぞれに対して，所有権の存在に関する確認を行い，同時に担保提供意思の確認を行うことが必要となる。

　その他，担保取得時に，すでに仮処分等の登記がなされていることが判明した場合には，自社が設定する（根）抵当権に優先する登記であることを認識のうえで，担保取得の可否を判断する必要がある。

❖権利部（乙区）

　権利部（乙区）には，用益物権と担保物権が登記される。

　用益物権に関しては，すべての用益物権が登記されているとは限らない。借

第 5 章　契約と担保

地権や借家権がその典型例といえる。借地権は地上権か賃借権で設定され，いずれも登記可能であるが，登記義務者である所有者の協力が得られなければ設定できず，ほかに対抗力を得られる手段もあるため，登記されないことが多い。また，入会権のように登記できない用益物権もあるため，注意が必要である。

担保物権に関しては，先順位の担保物権の有無を確認することが重要であるが，確認すべき先順位担保物件には，登記簿上で確認できるものと，登記簿上では確認できないものがあるため，それぞれの担保物権の特性を把握しておく必要がある。

(1) 先順位の抵当権

抵当権どうしの優先順位は，登記または順位の前後による。したがって，後順位の抵当権は，先順位の抵当権の担保留保部分を除いた残余価値についてしか支配力はない状態となる。

(2) 先順位の先取特権

一般の先取特権との優劣について，一般の先取特権に登記がある場合は，登記または順位の前後によるが，一般の先取特権の登記がない場合は，抵当権が優先する。なお，抵当権の登記がない場合は，先取特権が常に優先する。

不動産の先取特権には，保存・工事・売買の 3 種類がある。いずれも未登記の場合は，抵当権が優先となるが，登記がある場合は，保存・工事に関しては，登記の前後を問わず先取特権が優先となり，売買に関しては，登記の前後によることとなる。

(3) 先順位の不動産質権

不動産質権と抵当権の優劣は登記の前後による。

(4) 租税債権

国税等租税債権は，納税義務者の総財産に対して，他の債権に優先して徴収できるのが原則である。しかし，司法秩序との調整の必要から，抵当権との優劣関係については，以下のケースのように，税金の法定納付期限と抵当権の設定登記日の前後関係で決まることになっている（**図表 5 −40**）。

実務において，法定納付期限の確認は，滞納処分の差押登記がされない限り登記簿では判明しないため，納税義務者から納税証明書を徴求しなければ納税済みであることを確認することができない。

5－10　物的担保の対象

図表 **5－40** 租税債権に関する優劣

Ⅰ	優劣の一般判断基準	法定納付期限等と抵当権の設定登記日の前後による。
Ⅱ	滞納処分による差押え登記後の抵当権	抵当権は無効となる。残預金に対する優先弁済請求権もないため，残預金は滞納者へ配当される。
Ⅲ	滞納処分による差押え前の抵当権（ただし納期限後）	租税債権に劣後するが，残余金に対して優先弁済請求権を有する。

❖区分所有建物

　3－5－2にて前述しているとおり，不動産登記簿謄本には，土地と建物以外に，区分所有建物という区分が存在する。区分所有建物は，分譲マンションなどのように，建物の一部分のみを所有する際に使われる区分である。

　不動産登記簿謄本の構成としては，表題部として「1棟の建物の表示」と「専有部分の建物の表示」が表示され，敷地権付区分所有建物の場合には，「敷地権の目的たる土地の表示」も合わせて表示される。

　評価の際には，1棟の規模や占有部の階層等も評価額に影響しうることから，どのような建物のどのような位置に所在するのかを確認することが重要となる。

5－10－4　不動産調査における登記簿謄本以外のポイント

❖公図・建物図面等の調査

　対象不動産の位置や地形，建物の配置状態を確認するには，公図や地積測量図，建物図面が不可欠である。これらの資料は，法務局に備えつけられており，いずれも1部450円（2019年4月末日現在）で閲覧または写しの交付が可能である。

(1)　公図とその見方

　公図は，土地の区画と地番との関係を明確にするもので，土地の形状，位置，道路との接面状況，担保取得範囲などを確認する資料となる。

　公図には，一般に公図といわれる「地図に準ずる図面」と，不動産登記法にいう「地図」（不登14条1項地図）の2つがある。前者は，租税目的で作成された経緯もあり，その面積は必ずしも正確ではないが，位置・地形・方位などはほぼ正確である。

511

後者は，実測に基づいて作成した地図なので正確であり，現況復元能力があるが，全国を網羅していない難点がある。なお，この地図の有無は，土地登記簿の表題部右端欄の地図番号の記載の有無で確認できる。

公図は，現地調査に際して物件を確定する一番重要な資料となるが，事前調査においても対象不動産の形状の良否，道路との接面状況，隣接地と境界線がまっすぐか否か等のほか，担保取得する不動産の中に担保に取得する予定のない土地，あるいは地番の表示のない里道（赤道）や水路敷，廃川敷（青道）等が介在していないかなど，重要な点を確認できる資料である。

なお，もしも無地番の里道や水路の介在が判明した場合には，通常これらは国の所有であるので，占有許可を取得したり，払下げまたは付替申請等を通じて担保不動産が一体的に利用できるように事前に処理を行うなど，担保物件の評価を高める手続を講じることが望ましい。

また，対象土地が2項道路などの私道にのみ接面している場合は，公図上には道路の形状が記載されていないケースが存在するので，住宅地図の道路状況と突合して現地調査のときに確認する必要がある。

(2) 地積測量図とその見方

地積測量図は，土地の正確な面積，実際の地形などを知るために有力な資料である。

地積測量図は，公図と異なり，すべての土地について保存されているわけでなく，土地家屋調査士が隣接土地の境界確認を行ったうえで，職責に基づき作成されたものであるため，過去に分筆や地積更正登記，地図訂正等を行った際に法務局に提出されたものに限り備えつけられている。

地積測量図作成の手続は，不動産登記簿の表示をするための手続であるため，法務局の地積測量図の数量と登記簿の数量は一致しているということがいえる。

なお，地積測量図が分筆登記の際の図面である場合，2分割を例にすると，一方の土地は地積の求積表があり，確定内容が明示されているが，他の一方は，分筆前の登記簿数量からの残地を表示しているものが多く見受けられる。この残地部分は実際の数量と異なる場合があるため留意が必要である。

(3) 建物図面とその見方

建物図面は，建物を新築し表示登記する際に法務局へ提出される図面で，各階平面図とセットになっている。

建物図面で敷地に対する建物の配置状況や建物敷地の道路との接面状況など

5－10　物的担保の対象

を知ることができる。

　この建物図面は，おおよそ1967年頃以降に建築された建物について法務局に備えつけられているが，それ以前の建物については，備えつけられていないことが多い。

❖家屋（補充）課税台帳の調査

　家屋（補充）課税台帳とは，現況課税を原則とする固定資産税の課税目的を達成するために，登記簿と現況の差異（登記した建物に対して増改築，取壊し等）があった場合に，登記簿の内容と現況を併記して課税対象を明確にするための台帳である。

　土地建物の現況に変動があった場合には，変動内容を登記するように不動産登記法は要求しているが（不登51条・57条），実際は必ずしも変更登記が行われていない。極端な場合，建物は無くなっているのに滅失の登記が行われていないこともある。不動産登記簿をみて建物があると信じて抵当権の設定をしても，法務局はこれを受理する。その結果，存在しない建物に抵当権を設定して安心してしまうような事態が発生する。そこで，書面調査段階でも担保不動産の実態を把握できるようにしておく必要がある。

　家屋（補充）課税台帳は，登記簿と実態の相違を公簿上明確にした唯一の資料なので，実態把握には不可欠である。

❖都市計画図の調査

　担保不動産の価値は，その不動産の権利利益の価値であり，不動産の権利利益の中でも，最も担保の対象としやすいものは所有権である。土地の所有権は，地上・地下の両方に及ぶため，不動産ならば自由に利用できるはずである。

　しかし，所有権も公共の福祉のためには，一定の制約を受けることとなる。その行政法上の利用の制約内容を示しているものが「行政法規」である。

　昨今の担保不動産の価格査定には，担保不動産をどの程度自由に利用できるのか，利用の結果どのような収益を得られるのかを十分に把握していなければならないため，行政法規の事前把握は非常に重要な事項といえる。

　行政法規の主要なものが集約されているのが都市計画図である。

(1)　市街化区域と市街化調整区域

　都市計画法の目的は，都市の健全な発展と秩序ある整備を図ることにより，

513

第5章　契約と担保

国土の均衡ある発展と公共の福祉の増進に寄与することにある（都計1条）ことから，無秩序な市街化を防止して計画的な市街化を図るために，都市計画区域は，市街化区域と市街化調整区域に区分されている（**図表5−41**）。

図表 5−41 都市計画区域の区分

都市計画区域	市街化区域	すでに市街化を形成している区域およびおおむね10年以内に優先的かつ計画的に市街化を図るべき区域（都計7条2項）。
	市街化調整区域	市街化を抑制すべき区域（同法7条3項）で，原則として建物の建築を認めない。
	未線引区域	現在建築は認められるが，将来調整区域に編入される可能性の高い区域。
都市計画区域外		線引に至らない村落区域。

都市計画図において，市街化区域と市街化調整区域の境などによって判断が困難なときは，市区町村役場の都市計画課または建築指導課などの所轄部署で確認することができる。

担保不動産は，市場性のあることが最も重要な要件であることから，市街化区域にある不動産であることが，第1の適格条件といえる。

また，市街化区域であっても1,000㎡以上（都の特別区等で一定の区域は500㎡以上）の開発行為をする場合には，都道府県知事（または指定都市の長）の許可を要することとなっており，上記面積に該当する土地を造成するには，この許可を受けなければならないため，このような物件を担保とする際には，開発計画，許可の有無，許可条件を確認することが重要となる。

開発行為の許可申請が提出されていない宅地見込地（市街化区域にある，原野，雑種地，山林などで，近隣まで宅地化が進み，対象地も造成等で宅地転換すれば，十分，宅地として市場性の見込める土地）を担保とするときは，役所所轄部署で許可の見通し，開発可能であればその条件などを確認する。開発行為許可申請を役所に提出していないにもかかわらず，対象地の周辺状況で許可が見込めると勝手に判断してはならない。許可見込みのない物件，条件履行が困難な物件は，面積が大きくとも市場性が乏しく価値が低いため，担保としては，不適格物件といえる。

514

(2) 用途地域と地区

都市計画区域について，計画的かつ機能的な市街を形成するために住居，商業，工業など大枠で土地利用を規制する地域および地区が定められている（**図表 5 −42**）。

図表 5 −42 用途地域の種類

No.	区　　分	目　　的
1	第一種低層住居専用地域	低層住宅の良好な住居環境を保護する地域
2	第二種低層住居専用地域	主として低層住宅の良好な住居環境を保護する地域
3	第一種中高層住居専用地域	中高層住宅の良好な住居環境を保護する地域
4	第二種中高層住居専用地域	主として中高層住宅の良好な住居環境を保護する地域
5	第一種住居地域	住居の環境を保護する地域
6	第二種住居地域	主として住居の環境を保護する地域
7	準住居地域	道路の沿道地域の特性を生かした業務の利便の増進を図りながら，これを調和した住居の環境を保護する地域
8	近隣商業地域	近隣の住宅地の住民に対する日用品の供給を主とした商業その他の業務の利便を増進する地域
9	商業地域	主として商業その他の業務の利便を増進する地域
10	準工業地域	主として環境の悪化をもたらすおそれのない工業の利便を増進する地域
11	工業地域	主として工業の利便を増進する地域
12	工業専用地域	工業の利便を増進する地域

特別の目的による土地の利用または保護のために，特別用途地区，高度地区，防火地域または準防火地域・美観地区・風致地区などが指定されている。これらの地区では，その目的のため土地利用についての規制があるので，担保取得時に注意しなければならない。

たとえば，風致地区では，建築物の建築・宅地造成・木竹の伐採その他の行為については，都道府県（または指定都市）の条例で必要な規制をすることができる（都計58条）とされており，この規制内容によって土地価格に影響が生じることとなりうる。

第5章　契約と担保

図表 **5-43** 都市計画図調査の調査ポイント

①	担保不動産が都市計画区域内か否か
②	対象不動産が市街化区域に属するか，市街化調整区域に属するか
③	市街化区域に属する場合は，どのような用途地域に属するか
④	その用途地域の建ぺい率，容積率はいくらか
⑤	防火上の規制の有無
⑥	日影規制の有無
⑦	その他都市計画上（都市計画道路などの都市計画施設の予定地）の規制の有無

❖**路線価の調査**

　路線価は，毎年7月1日頃，1月1日現在の価格で国税庁より公表される，道路に面する標準的な画地の宅地としての1㎡当たりの価格であり，公示価格の約80％の水準で全国に定められている。したがって，担保不動産が接している路線価を0.80で割り戻せば，担保不動産の標準画地としての価格を推定できる。

　路線価は公示価格と異なり，全国の市街地内の普通の道路にまで付設されているため，きわめて利用しやすいが，標準画地としての評価額であるため，担保不動産の評価においては，この路線価を基に角地，不整形地などの個別補正を行う必要がある。

　なお，市街地を形成していない地域や農村集落地など路線価の付設されていない地域には，固定資産税の評価額に乗ずべき倍率が記載されているので，これを乗じることによって路線価である場合と同じ価格水準を得ることが可能となる。

❖**固定資産税評価額の調査**

　固定資産税評価額は，固定資産税や不動産取得税を計算する場合の課税標準である。固定資産税評価額における土地の価格水準は，およそ時価の70％で定められているので，評価額を0.70で割り戻せば担保不動産の価格水準が把握できる。

　路線価と異なり，対象不動産の形状等の個別性も勘案して価格が決められて

いるので，路線価のように個別補正することなしに対象不動産の価格が求められる。また，対象不動産そのものの評価がされているので，地域要因等の補正も不要である。ただし，評価替えは3年に1度となるため，時点修正が必要となる。

なお，固定資産税評価額は，本人以外は閲覧できないため，本人に取得してもらい徴求するか，委任状をもらって閲覧等をしなければならない。

❖公示価格，都道府県地価調査標準価格の調査

公示価格とは，国土交通省土地鑑定委員会が，主として一般の土地の取引当事者に対して信頼度の高い目安を提供することを目的に算定し開示している価格である。価格の調査時点は，毎年1月1日であり，おおむね実勢価格に準じた価格水準となっている。

都道府県地価調査標準価格は，別名基準地価格とも呼ばれ，国土利用計画法による価格規制に当たり，公示地のみでは不十分であるために，これを補完することを主目的とし，各都道府県知事の指示のもと，算定し開示している価格である。価格の調査時点は，毎年7月1日であり，公示価格同様，おおむね実勢価格に準じた価格水準となっている。

❖賃貸借契約書等の調査

収益用不動産の価格については，収益還元法を主体に算定されることから，不動産の収益力を測る資料についても事前に調査する必要がある。

(1) 土地賃貸借契約書

借地契約は，借地契約の設定日，借地期間，地代や更新料の推移等キャッシュフローに影響する事項について調査する。

現在契約されている借地契約のうち，借地権の設定日が1992年7月31日以前の場合は旧借地法に，同年8月1日以降は新借地借家法によることになるため，設定日いかんで借地期間が異なり，更新拒絶の事由にも影響する。

すでに広く活用されている新借地借家法による定期借地権においては，定期借地方式は従来の借地権と異なる契約内容となっているため，個別に契約内容を把握しなければならないという点で注意を要する。

第5章　契約と担保

図表 **5－44** 土地賃貸借契約書調査の調査ポイント

①	将来における賃料改定の実現性とその程度
②	借地権の態様および建物の残存耐用年数
③	契約締結の経緯ならびに経過した借地期間および残存期間
④	契約に当たって授受された一時金の額およびこれに関する契約条件
⑤	将来見込まれる一時金の額およびこれに関する契約条件
⑥	借地権の取引慣行および底地の取引利回り
⑦	当該借地権の存する土地にかかる更地としての価格または建付地としての価格

(2) 建物賃貸借契約書

　収益用不動産のキャッシュフローの大半は，建物賃貸借契約書で把握することとなる。法律の変更により定期借地に類似する定期借家制度が加わり重要性を増しているため，賃貸期間，賃料の変更等にかかる約定の内容を調査することが重要となる。

図表 **5－45** 建物賃貸借契約書調査の調査ポイント

①	将来における賃料改定の実現性とその程度
②	契約に当たって授受された一時金の額およびこれに関する契約条件
③	将来見込まれる一時金の額およびこれに関する契約条件
④	契約締結の経緯，経過した借家期間および残存期間，建物の残存耐用年数
⑤	貸家およびその敷地の取引慣行ならびに取引利回り
⑥	借家の目的，契約の形式，登記の有無および転借か否かの別
⑦	借家権価格

5－10　物的担保の対象

5－10－5　現地調査

❖存在の確認

まず第一に担保不動産が現実に存在するかを確認する必要がある。土地が存在しないことは稀であるが，建物の場合は，取壊し等があったにもかかわらず滅失登記がされていないことなどがある。そのため，登記簿上では建物が存在することになっているが，実態の建物は存在していないことや，逆に実際の建物は存在するが，登記がなされていないことなどが起こりうる。

調査は，土地の場合は登記簿および公図と現物の照合等で行い，建物の場合は，登記簿と実際に存在する建物との比較で行う。未登記建物が存在する場合には，第三者が占有することで，登記簿上では把握できない地上権が生じているおそれもあるため，建物の所有権および占有権の確認が必要となる。

なお，土地の場合，公図がないことがあるが，この場合は，隣接地の所有者に聴取する等によって，対象地の所在を確定しなければならない。

また，山林のように公図があっても対象地を特定することが困難な場合がある。この場合には，隣接地所有者や地元森林組合，林野庁営林局等の協力を得ながら特定する必要がある。

❖内容の確認

物件の存在を確認できた場合は，その物件が登記簿に記載されたとおりに存在しているかを確認する必要がある。

(1)　土地の場合

最初に地目について，登記簿上の地目が実際の用途と異なっていないかを確認する必要がある。

特に登記簿上は宅地なのに，実際は道路（私道）や雑種地として利用されている場合，あるいは登記簿上は田畑なのに，実際は宅地となっている例が多く存在する。現況の用途が登記簿上の用途よりも活用度の観点から評価額が高くなる場合は問題ないが，下落する場合は注意が必要である。

次に地積について，実測面積と登記簿（公簿）の面積が相違していないかを確認する。実際に調査を行うと実測面積と登記簿の面積が異なることは多く存在するが，不動産売買を行う際には，実測面積で取引されることとなるため，担保評価を行う際にも，実測面積による評価を行うために調査を行う必要があ

519

第5章 契約と担保

る。しかし，現地調査においては，細部までの調査は困難であり，間口や奥行きを大雑把に把握して，大きな相違がないことを確認する程度しかできないため，地積測量図がある場合は，それを活用することが望ましい。

地積の相違は，当初の表示登記の誤りによるものと，その後の要因によって発生したものとがある。

前者の場合，現物と登記簿表示の土地との間に同一性が認められるときは，当該登記簿に抵当権を設定すれば，効力は有効となる。しかし，面積が大きく相違している場合などにおいては同一性が認められない場合があるので，実測面積への変更登記等をして現物と登記簿とを合致させたうえで抵当権を設定する必要がある。

後者で最も多い要因は，分筆が行われている場合である。分筆を行うときは，分筆部分のみを実測し，これを分筆元の土地の面積から控除する方法で行われるため，分筆元の面積が実測面積でない限り，分筆によって残った側の面積は過小または過大に表示され続け，場合によっては，実測面積との乖離がきわめて大きくなることもありうるのである。

なお，登記簿にも公図にも，土地の地勢や傾斜，地質等の記載はないため，公図上のみた目は平らな土地であっても，実際には土地の半分が法面となっており，建物の建築が困難な状態にある場合もある。地質については土壌汚染の調査として，従前の用途が土壌汚染に関係する業種であったか否かを地元精通者などから聴取する必要がある。

また，用途が宅地となっており，現状建物が建っている，または将来建つ予定がある場合には，土地の接道状況を確認する必要がある。

建築基準法上では，建築可能な土地の条件として，「幅員4m以上の道路に2m以上接面していること」としている。このため，道路に接していない無道路地は，宅地としては不適格であるため宅地評価を行わない。接面道路の幅員が4m未満である場合には，道路の幅員拡張を前提として，不足分のセットバックを考慮した状態での評価が必要となる。また，接面道路の幅員が4m以上であっても，その道路に対する接面幅が2m未満の場合には，建築基準法上，無道路地と同様に建物の建築に不適格な土地となるため，接道条件を満たすための対策を講じたり，評価方法を宅地評価から変更する必要がある。

(2) **建物の場合**

最初に，種類および用途を確認する。事務所が住居になっていたり，逆に住

居が事務所になっていたりということはよくあるため，現地調査により実状を把握し，担保価値については，それに基づいた評価を行うことが望ましい。

次に構造について確認する。構造は，主要な構造の内容，屋根の種類および階層で表示されるが，現況と登記簿を比較したときに，単純に強度の高い構造に変わっていればよいというものではなく，建物の同一性に関しても注意を払う必要がある。つまり，登記簿は木造，現況は鉄筋コンクリート造になっている場合，登記簿の建物とはまったく別物を調査している可能性を考えなければならない。屋根の葺き方，階層についても同様のことがいえる。

また，床面積については，建物は増改築がつきものであるため，登記簿上の床面積と現況が異なる例は多い。増築の場合，多少の増減は対象建物の同一性を失わないが，増築部分のみで独立の利用ができる場合は，増築部分は担保の対象に入らないとされるので要注意である。増改築が登記されていないが，現地調査で確認された場合には，建ぺい率や容積率の超過によって，建築基準法違反の建物となっているおそれがあるので，増改築部分がどの程度の規模なのかを確認する必要がある。

床面積の確定は，家屋（補充）課税台帳等と照合しながら行うことが望ましい。

さらに，建築年月日の調査に関しては，同一土地上に従前と同一仕様の建物が建てられている可能性があるという観点から，登記簿上の建物と現況建物の同一性，新耐震法施行（1981年6月）の前後を判定するのに不可欠である。この場合，取り壊した従前の建物に抵当権を設定していても，現況建物に効力は及ばないので注意を要する。

建物は，移築されている場合もある。この場合，登記簿の建物と現況建物の同一性判断基準としては，解体して移築した場合（解体移築）は同一性はなく，曳行（引き家）して移築した場合（曳行移築）は同一性が認められ，担保権が及ぶとされているので，どのような手法で移築したかを調査することも重要である。

以上のとおり，建物に関しては，登記簿上は存在していても，現況はすでに存在しないということがあり，まったく別の建物を登記簿上の建物だと信じて抵当権を設定する場合すらあるため，特に現地調査が重要といえる。

第5章　契約と担保

(3)　用益物権の確認

対象不動産が登記簿記載の権利内容と相違していないかを確認する。

最初に，登記簿に記載されている用益物権の内容について確認する。たとえば，地上権に基づく借地権が設定されている場合は，地上建物が借地契約どおりか，その物理的減価の状況，地域環境との整合性等，借地権の存続期間を予測させる要因の調査を行う。

登記簿に記載はあるものの現況はほとんど障害にならないもの，逆に登記簿に記載されている以上に障害になっているもの等を調査する。

権利に関する現地調査を行ううえで，最も重要なのは，登記簿に記載されていない権利の調査であり，その中でも利用を阻害するものの調査である。これには，登記をする必要があるのに登記がされていないものと，登記する制度がないために登記されていないものの2つがある。

前者の代表は借地権や借家権であるが，登記がなくても対抗力を有するため，あえて登記が行われない。また後者の代表は，用益的権利では囲にょう地通行権，物権では入会権，占有権などが挙げられる。

5−11

担保の評価

|5−11−1| 担保評価の方法

担保取得の目的は，債務者が債務を履行しない場合に担保不動産を売却処分して，債務の弁済に充てることにあるため，担保評価額の査定に当たっては，いくらで売却できるのか，つまり売買可能価格の査定が重要となる。

売買可能価格は市場価格であり，需要と供給の合致する点で定まる。

動産担保の場合は，たとえば預金担保であれば，回収性がきわめて高いことから，預金残高をそのまま市場価格とできるが，在庫商品を担保とする場合，その在庫商品を換価するための販路や当該商品の需給状態を考慮したうえで，市場価格を決定する等，その担保対象物の特性を考慮し，市場価格を算出することとなる（**図表 5 −46，図表 5 −47**）。

不動産担保の査定方式としては，需要者の立場から価格に接近する評価手法である収益還元法，供給者の立場から価格に接近する方法である原価法，需給が合致して成立した取引事例から価格に接近する手法である取引事例比較法という手法を用いて，それぞれ収益価格，積算価格，比準価格を求め，それに専門家の鑑定などを参考としつつ市場価格を求める。

これらの市場価格に担保処分市場の特殊性（換価の緊急性等）を考慮した掛目を乗じて「担保評価額」を決定するのである。

ここでは，不動産担保の評価方法について説明する。

市場価格×掛目＝担保評価額（処分可能価額）

第5章　契約と担保

図表　**5－46**　担保評価における掛目

内　　容	掛　　目	備　　考
現　　金	時価の100%	
預　　金	時価の100%	
売 掛 金	時価の70%	債権譲渡登記がない場合は0%
受取手形	時価の70%	振出人の信用力がない場合は0%
有価証券	下表のとおり	
棚卸資産	時価の50%	動産譲渡登記がない場合は0%
土地・建物	時価の70%	
機　　械	時価の50%	動産譲渡登記がない場合は0%
自 動 車	時価の50%	動産譲渡登記がない場合は0%
船　　舶	時価の50%	動産譲渡登記がない場合は0%
保証金・敷金	時価の50%	賃貸人から承諾を得られない場合は0%
ゴルフ会員権	時価の70%	譲渡性がない場合は0%

図表　**5－47**　有価証券の担保評価における掛目

内　　容		掛　　目	備　　考
株　　式	上場銘柄	時価の70%	ただし，銘柄の現況等を考慮し，個々に評価を定めることもある。
	非上場銘柄	時価の50%	
	上記以外の株式	原則評価しない	
国　　債		時価の95%	ただし，相場の変動，利札の有無等を勘案して個々に評価を定めることもある。なお，記名式公・社債については，原帳簿に登録することを条件とする。
地 方 債		時価の85%	
特 別 債	政府保証債	時価の90%	
	非政府保証債	時価の85%	
金 融 債	割引債，利付債	時価の90%	
社　　債	事 業 債	時価の80%	
	転換社債ワラント債		

5－11　担保の評価

内　　容		掛　目	備　　考
外 国 債 （円建）	世銀債 アジア開銀債	時価の90%	ただし，カントリーリスクを勘案して （外貨建の場合は為替レートをも）個々 に評価を定めることもある。
	その他外国国債	時価の85%	
投資信託受 益証券	ファミリーファ ンド 株式ファンド	時価の75%	ただし，記名式投資信託受益証券につい ては，発行者の異議なき承諾書（確定日 付つき）を取得すること。

5－11－2　原 価 法

　原価法は，コスト・アプローチとも呼ばれ，不動産の供給者が不動産の取得原価を基礎に売値を決めることから，原価に着目して供給者価格を求めようとする供給者の立場から評価額を導く手法のことである。

　具体的には，以下の手順に従う。

① 対象不動産を今の時点で新規に再調達するとした場合に必要な原価の総額（再調達原価）を算出する。

② 対象不動産が新規のものと比較して減価している額（減価相当額）を算出する。

③ 再調達原価から減価相当額を控除して原価法による価格（積算価格）を算出する。

❖再調達原価の算出

　再調達原価を求める手法には，対象不動産取得に実際に要した価格を基礎にする手法（直接法）と，対象不動産と類似の不動産を取得するのに要した価格を基礎とする手法（間接法）の２つに分けられる。

(1)　直接法（実際の取得費が判明している場合）

> 再調達原価＝実際取得費×建設費の変動率

　建築費の変動率は，市販の資料「建物物価」などを参考にする。

525

第5章　契約と担保

(2)　直接法（実際の取得費が判明していない場合）

> 再調達原価＝標準的建設費＋付帯経費

　標準的建設費とは，標準的な直接工事費，間接工事費，一般管理費の合計であり，各費用については，調査を要する。付帯経費とは，建設期間中の地代相当額，監督費用等，発注者が通常負担するものである。

(3)　間接法（類似不動産の取得費が判明している場合）

> 再調達原価＝取得費×建設費変動率×地域要因比較×個別要因比較

　地域要因の比較とは，類似不動産の所在する地域と対象不動産の所在する地域との間に，人件費や資材の運搬費など，再調達に要する費用の差異がある場合の比較である。

　個別要因の比較とは，類似不動産と対象不動産の間にある，面積，仕様等の際の比較である。類似の程度に応じて比較項目に大小がある。

(4)　間接法（類似不動産の取得費が判明していない場合）

> 再調達原価＝直接法と同様の手法による類似不動産の再調達原価×地域要因比較
> 　　　　　　×個別要因比較

❖減価相当額の算出

　減価相当額は，物理的，機能的，経済的各減価要因に基づいて発生している減価を以下の方法を用いて減価修正する形で算出する。

(1)　物理的減価要因

　使用による摩滅破損，時の経過に伴う老朽化，火災や地震等による偶発的損傷などであり，会計学上の耐用年数表などで概略が把握できる範囲のもの。

(2)　機能的減価要因

　建物と敷地とが不適応（過小・過大建物），設計の不良，形式の旧式化，設備の能力低下などによる機能的陳腐化要因などであり，物理的減価要因と同様に会計学上の耐用年数表などで概略が把握できる範囲のもの。

526

5−11　担保の評価

(3)　経済的減価要因

近隣地域の衰退，場所的不適応化（商業地内の住宅，場違い物件），他の建物等との比較による市場性減退（高級住宅地内のプレハブ住宅等）などであり，重荷外部的要因の変化によって発生するため，耐用年数表では把握できないもの。

❖減価修正の方法

担保評価における減価修正は，定量・定性の両方の観点から行う必要があり，具体的には，耐用年数による方法と観察減価による方法の2つがある。

(1)　耐用年数に基づく方法

担保評価上の耐用年数に拠る手法とは，時間経過で測定可能な物理的・機能的減価と，測定不可能な経済的減価を一体的に把握する手段として，「耐用年数」で修正する方法である。ただし，担保評価上の耐用年数とは，会計上や税務上でいう「法定耐用年数」のことではなく，「経過年数＋経済的残存耐用年数」のことであり，経済的残存耐用年数とは，現在の所有者の視点ではなく，購入者である次の所有者の視点で見積もられた耐用年数であるという点に注意しなければならない。

(2)　観察減価法

観察減価法は，対象不動産を継続使用するために修繕等が必要な部分を外部からの観察によって把握し，その補修費をもって減価額とする方法である。耐用年数に基づく減価算定が不動産全般に対する手法であるのに対し，観察減価法は部分的な減価算定の方法に留まるものといえる。

❖残存耐用年数による方法の計算式

残存耐用年数を経済的残存耐用年数として減価相当額を算出する方法は，次式のとおりとなる。

減価相当額＝再調達原価×（1−残存価値率）×経過年数／経過年数＋経済的
　　　　　　残存耐用年数

残存価値率（残価率）については，会計上で実際の残存価値がいくらかを考慮する必要がないため，機械的に残価率を一律で0％（2007年4月以降取得

527

第5章　契約と担保

分）としてきたが，担保評価においては，残価が評価に与える影響を考慮し，残存価値も正しく見積もらなければならない。

　以前は，解体を丁寧に行っていたので，鉄骨や瓦，材木などといった廃材も市場価値を持ったが，現在の解体方法によれば，廃材は市場価値がないばかりか撤去費用が余分にかかるマイナスの資産であるため，残価率もゼロまたはマイナスになる場合が多いことに留意を要する。

| 5－11－3 | 取引事例比較法

　取引事例比較法とは，類似不動産の取引事例価格から対象不動産の価格を推測する方法。

　具体的には以下の手順に従う。

① 多数の取引事例を収集し，その中から適正な取引事例を選択する。

② 事情補正や時点修正によって，取引事例が現時点で特段の事情もない状況で取引されたとしたら成立するであろう価格を算出する。

③ 事例不動産と対象不動産の地域要因および個別要因の比較を行い，対象不動産が地域要因でも個別要因でも事例不動産と同じであったと仮定した場合の価格を推定する。

④ 諸事例から得られた推定価格を比較して，比準価格を算出する。

❖取引事例比較法の成立要件

　取引事例比較法が成立するためには，以下の要件が備えられている必要がある。

(1) 取引事例は，対象不動産と代替可能な不動産であること

　代替可能要件は，両者が地域的に近接しており，用途・類型が同じであることである。

　代替が効くためには，離れていないことが適格要件となる。対象不動産の需要者がこの範囲なら対象不動産と事例不動産のどちらでもよいと考える範囲内にあり，できるだけ物理的距離と時間的距離の両面で近接していることが望ましい。

　また用途的同一性と類型的同一性も満たしている必要がある。用途的同一性とは，用途の観点で地域や土地の種類が一致していることであり，類型的同一

性とは，自用か借地借家かなどの使用状態の類型が一致していることである。つまり，対象不動産が住宅地の場合，選択すべき取引事例は住宅地の取引事例でなければならず，商業地や工業地の取引事例であってはならないということであり，自用の建物とその敷地の類型に属する不動産の事例は，これと同類系のものであって，貸家とその敷地の事例であってはならないということである。例えば，概算価格での建物の評価方法は以下の方法で行うことができる。不動産登記簿を取得し，構造・築年数・立地を把握した後，同条件で現在，売却されている不動産価格をネット等で調べることで概算での価格を見込むことができる。この手法は，銀行の担保価格調査にも使用されており，近辺の不動産会社にヒアリングすることで，人気があり売りやすい物件か，価格変動が大きくないか等まで把握することができる。

(2) 比較可能性の要件

対象不動産と取引事例とは，定量的に比較可能でなければならない。定性的な比較は可能であっても，定量的に数字が比較できなければ客観的な評価額が算定されたとはいえない。

そのためには，事例の標準化が可能であり，かつ地域格差，個別格差の比較ができなければならない。

一般的に地域格差の比較は，路線価，公示価格，都道府県基準地価格等の公的な比較資料に基づくこととなるが，これらの比較資料がない場合には，自然的条件や環境条件を考慮した要因区分に基づいて判定せざるをえない。

個別格差の比較には，相続税路線価の画地計算のような客観的比較指標があることが望ましい。

|5-11-4| 収益還元法

収益還元法とは，対象不動産が将来生み出す純収益の現価（現在価値）の総和をもって評価額とする手法である。

収益還元法において重要な概念として「現価」が挙げられる。現価とは，将来実現する価値を今の価値に引き戻した場合の価格，つまり現在価値のことである。対象不動産が収益を生み出すのは将来時点であるが，評価は，現時点で行うので，将来の収益を今の価格に引き戻す必要がある。この引戻しのことを「割引」という。

第5章　契約と担保

　収益用不動産の代表は，賃貸ビルやアパート等である。これらの収益物権は，一定の賃貸期間は賃料収入を生み，賃貸後売却すれば転売純収入を生む。収益還元法では，これらの純収入に複利現価率を乗じて現価を求め，その総和を合計して価格（収益価格）を求める。

　その過程は，以下の3段階になっている。

　①　純収益の把握の過程……毎年の総収入から総費用を控除してn年間の純収益を求めるとともに，n年末に転売したときの純収益を算出する。

　②　すべての純収益を現価に割引する。

　③　現価の総和を把握して収益価格を算出する。

❖収益還元法の要素

(1) 純　収　益

純収益は，以下の①〜④の段階の計算を経て算出する。

①　毎年の賃料収入，保証金・敷金，権利益金，その他の諸収入の合計額で算出される，満室の場合に期待される収益（可能総収益）を算出する。

> 可能総収益＝毎年の賃料収入＋保証金・敷金＋権利益金＋その他の諸収入

②　可能総収益から空室による減価（空室損），賃料の貸倒れ損を控除し，実際に入金となる総収入（実効総収益）を算出する。

> 実効総収入＝可能総収益－空室減価－貸倒れ損

③　公租公課，各種保険料，維持・管理費，修繕費，マネジメントフィー等の賃貸物権の管理運営のための費用（管理運営費）を算出する。ただし，管理運営費には，減価償却費，借入返済金を含まない。

> 管理運営費＝公租公課＋各種保険料＋維持・管理費＋修繕費＋マネジメントフィー等の管理運営費用

④　実効総収入から管理運営費を控除し，実際に入金となる純収益を算出する。

5 −11　担保の評価

$$純収益＝実効総収入－管理運営費$$

(2)　割　　引

　割引率＝r，純収益が実現するまでの時間（年数）＝nとした場合，現価＝将来の回収額×$1/(1+r)^n$という式が成り立つ。

　このとき，$1/(1+r)^n$が割引率となる。

　割引率は，購入者の期待利回りを市場で調査して算出するが，その数値は，理論的には，長期国債などのリスクのない投資対象の利回りに不動産独自のリスクを加算したものとなる。利用目的や地域にもよるが一般的には，土地は4％〜8％程度，建物は8％〜15％程度が用いられる。

第6章

債権保全と債権回収

第6章　債権保全と債権回収

6−1

回収・保全の準備

|6−1−1|　問題先管理の方法

❖支払遅延先への対応

　取引先からの支払いが遅延する場合には，以下の2通りが考えられる。

①　自社の請求金額（売掛計上額）と取引先の買掛計上額が何らかの理由で不一致となっている場合

②　取引先の支払意思・支払能力が失われた場合

　上記①と②のどちらの場合であるかによって，その後の対応も異なることになるため，まずは支払遅延の原因の調査を迅速に行わなければならない。

　その結果上記①であれば，さらに不一致の原因が自社にあるか，取引先にあるかを確定させ，請求書の修正等のしかるべき対処をする。

　上記②の場合には，さらにその原因が，支払能力がないことによるものか，それとも支払能力はあるが支払意思がないのか（たとえば，商品の欠陥や納期遅れ等のクレームを理由とするもの）を確認する必要がある。

　もし後者であれば，支払意思がない原因を探り，まず取引先との協議で解決を図り，難しければ訴訟等の法的手続を検討することになる。

　前者であれば，いち早く回収しなければ倒産の可能性もあることから，後述の回収・保全の準備に入ることになる。

|6−1−2|　資金繰り悪化

❖資金繰り悪化情報入手時の対応

　まず，取引先の資金繰り悪化の情報が確かなものかの裏づけをとるとともに，資金繰りの悪化の原因がどのようなものかを確認することが必要であると思われる。原因の内容により，今後取引先との取引を強化して再建を支援するか，今後の取引をあきらめて債権回収を図っていくかの方針を決定する必要がある

534

からである。

　また，方針を決定する際には，その取引先の支援を見送って最終的に破綻した場合，自社や他の取引先に与える影響（すなわち，貸倒れになる債権額など）と，再建を支援することで取引先が再建できる可能性の度合い等の要素を比較考量する。

|6-1-3| 手形ジャンプの要請

❖手形ジャンプ要請への対応

　手形ジャンプとは，商品の販売先等が振り出した手形が決済期日に決済できないため，期日の書き換え（たとえば，支払時期を数カ月先に変更すること）を行い，決済を延期することである。

　販売先からの手形ジャンプの要請は，「○月○日の支払いはできない」という意思表示であるから，倒産の可能性が高い兆候と評価できる。そのため，手形ジャンプの要請があった場合は，容易に応じるのではなく，慎重に調査・検討して，要請に応じるか否かを決すべきである。

　もっとも，その一方で，手形ジャンプの要請がある場合，販売先である手形の振出人は，何とか手形決済資金を捻出しようとしたもののうまくいかず，切羽詰まって要請をしてくることが通常であるため，決済期日までの時間は少ない場合が多く，スピーディな判断が求められる。

❖手形ジャンプ要請に対する交渉方法

　手形ジャンプの要請に対する対応としては，大きく分けて，①手形ジャンプを拒否して「手形を取り立てにまわす。」と突き放し，少しでも多くの現金での支払いを行わせるように交渉を進める方法と，②手形ジャンプに応じる代わりに，担保を求める方法がある。

　一般的には，②の方法によるほうが債権者にとってメリットがあると思われる。その理由としては，債権の回収額が①の場合より大きくなる可能性が高いことや，手形不渡り前の「倒産前」状態をなるべく引き延ばし，その間に債権回収の対策を立てやすくなること，取引先が立ち直ったときに感謝されて，その後の取引が進めやすくなることなどがある。

　上記のとおり，手形ジャンプの要請は，倒産の可能性が高い兆候であるので，

第6章　債権保全と債権回収

無担保の債権を増やさないことが鉄則である。

そのためには，今後の取引に当たり，出荷をストップしたりまたは極力抑えることが考えられる。すなわち，手形ジャンプに応じて，従前どおりの金額の商品を販売するのであれば，債権額は手形ジャンプ金額相当部分が増加することになるので，少なくともその部分に相当する出荷は抑えるべきである。

また，従来から無担保で取引をしているのであれば，これを機会に担保を提供するよう交渉することも1つの方法である。担保の目的物としては，販売先が第三者に対して有している売掛金や，販売先が有している商品等が考えられる。

また，手形ジャンプ後の取引について，決済期間を短縮化するのも，無担保の債権をいたずらに増加させない1つの方法である。

なお，手形ジャンプの要請を受けて，その際に提供を受けた担保については，後に詐害行為取消権や破産法などの否認の対象になったり，相殺禁止の対象になったりすることもあるため，注意が必要である。

❖手形ジャンプ応諾時の対応

同一取引先の手形について，何回も手形ジャンプに応じる場合，自社が取引銀行に取立てに出した手形を何回も「組戻し」することになり，銀行に取引先に対する不審を抱かせることになる可能性があるため，注意が必要である。

また，融資金等の返済期限の延長に応じるために手形ジャンプに応じる場合，その債権に保証をとっているときは，主債務である融資金の返済期限の延長は，当然には保証債権には及ばない。そのため，返済期間を延長する旨を事前に保証人に連絡して承諾を得ることが必要となる。

|6-1-4|　債権回収の準備

❖支払遅延債権の把握

債権の管理に当たっては，それぞれの支払期日ごとに，常に債権の支払いの有無を確認して，支払いが遅延している債権を把握する必要がある。

❖債務者の状況調査

債権の支払いが遅延している取引先がある場合，取引先に信用不安の兆候が

6－1　回収・保全の準備

ないかを調査することになる。

❖債務者・保証人の資産調査

債務者の信用調査に当たっては，債務者所有不動産の不動産登記簿謄本を取得して当該不動産が売却されていたり，新たな担保が設定されていないか調査したり，商業登記簿謄本を取得して，資本金の大幅な減少がないか等を調査する。

また，債務者に対し，直近の貸借対照表，損益計算書，税務申告書および資金繰り予定表等について，閲覧することやそれらの内容を記載した書面を交付するよう請求する。

さらには，信用調査会社を用いて，信用調書を取得することも1つの方法である。

信用調査は，保証人がいる場合は，保証人についても同様である。

❖追加担保交渉

信用調査により，債務者の支払能力に疑念が生じた場合は，債務者に対し，担保を提供するよう求め，提供しないときは，取引の中止や抑制を通告して，交渉することが考えられる。

❖担保物件調査

債務者から担保物件が提供された場合，不動産であれば登記簿謄本を取得して，それが債務者所有のものであるかを確認するのはもちろんのこと，資産価値を把握してそれを上回る担保権がすでに設定されていないか，確認することが必要である。

また，担保物件が動産であれば，その資産価値を確認するとともに，所有・占有関係を確認することが必要である。さらに，担保物件が債権であれば，第三債務者の信用調査を行う必要がある。

❖回収計画を立てる

債務者の支払能力に疑念があるうえ，債務者から新たに担保物件の提供が望めない場合，債権の回収計画を立てることになる。

第6章　債権保全と債権回収

|6−1−5| 支払督促・交渉による保全

❖内容証明郵便とは

　内容証明郵便とは，どのような内容の文書を送付したかを郵便事業会社に証明してもらえる制度において，当該制度を利用して出される郵便物のことをいう。

❖内容証明郵便の効果

　内容証明郵便では，郵便物である文書の内容が公的に証明され，また，郵便局長により差出年月日が文書に付記されるため，差出日も証明される。

　たとえば，金銭消費貸借において，借主が支払いを滞納している場合，貸主としては，消滅時効を更新するために「貸金を支払え」と請求することが考えられる。この点，口頭で請求したり，内容証明でない郵便物で請求することも可能であるが，これらでは，のちに借主から「請求されたことはない」とか，「そのような郵便物は受領していない」などと反論される可能性がある。内容証明郵便であれば，配達証明の効果と相まって，当該内容の文書を送付した事実に関する証拠を残すことになるので，上記のような反論を封じることが可能となる。

　内容証明郵便を活用すべき場合としては，①差出人の意思表示等が重要な法律効果を生じる場合や，②確定日付が特別の意味を持つ場合および③時効の更新としての権利行使をする場合などが考えられる。

　①の場合としては，たとえば，相手方が契約の不履行を行っていることを原因として，契約を解除する場合などが挙げられる。契約の解除という重要な意思表示は，それが実際になされたかどうかが後日争いになることも多いので，内容証明郵便を利用するのが望ましい。また，たとえば，内容証明郵便の中で履行期限を区切って請求すれば，期限の経過により相手方を履行遅滞とさせる効果を生じさせることも可能となる。

　また，②の場合としては，債権譲渡通知を送付する場合が挙げられる。すなわち，債権譲渡は，債務者に通知するかまたは債務者が承諾することで債務者には対抗することができるが，当該債権を二重に譲り受けた者などの第三者に対しては通知または承諾に確定日付がないと対抗できない。そのため，債権譲渡通知には，内容証明郵便を利用するのが一般的である。

538

6－1　回収・保全の準備

また，③については，貸金債権等の消滅時効を更新させるために，内容証明郵便によって，まず請求（催告）を行うことができる。もっとも，当該請求は裁判外の請求であるため，その後6カ月以内に裁判上の請求等をしないと，時効更新の効力は生じない。

❖内容証明郵便の記載方法

内容証明郵便の文書の形式については，横書きの場合は，①1行20字以内，1枚26行以内，②1行13文字以内，1枚40行以内，または③1行26字以内，1枚20行以内で作成することとされている。

縦書きの場合は，1行20字以内，1枚26行以内で作成しなければならない。

文字や記号については，仮名，漢字および数字のほか，英字，括弧，句読点その他一般に記号として使用されるものを使用すべきことが規定されている。また，文字や記号を訂正，挿入または削除するときは，その字数および箇所を欄外または末尾の余白に記載して押印しなければならない。

文書が2枚以上になるときは，その綴り目に契印をする必要があり，文書の作成名義人が複数の場合は，すべての名義人について契印をする必要がある。

❖電子内容証明

2001年2月1日から，電子内容証明サービスという制度が始まった。これは，郵便局が内容証明郵便を電子化して，インターネットを通じて24時間受付を行うサービスである。

電子内容証明サービスによれば，郵便局に内容証明郵便を提出する必要がなく，通常の内容証明郵便のようにあらかじめ宛名を記載した封筒を用意する必要もない。また，1枚の用紙に記載できる字数が通常の内容証明郵便よりも大幅に緩和され，料金もたくさん送付するほど割安になる。

用紙の枚数は最大5枚までであるが，その一方で，1枚の用紙で約1,500字から1,800字を記載することができる。そのため，これまでの内容証明郵便の字数制限（1枚当たり520字）からすると，1枚に記載できる字数が大幅に多い。しかも，行数や1行当たりの文字数の制限はない。

なお，電子内容証明サービスは，それぞれの受取人が1人の場合，一度に100通まで差し出すことができ，それぞれの受取人が複数の場合，総郵便物の合計受取人数が100人までとなる。

539

第6章　債権保全と債権回収

　もちろん，電子内容証明サービスではなく，これまでと同様の方法で内容証明郵便を送付することも可能であり，どちらを選択するかはまったくの自由である。

　電子内容証明サービスを利用しようと考えている者は，まず利用者登録をして利用者IDを取得する必要がある。利用料金の支払い方法によって登録作業が異なるが，いずれも「e内容証明」（https://e-naiyo.post.japanpost.jp/）によって行う。

❖請求・督促文の書き方

　一般的には，契約の内容，不履行となっている請求内容および履行期限等を設定して履行を請求すること等，必要最小限の事項を記載すれば足りる。これにより，期限を徒過したことによって遅延損害金を生じさせたり，期限の経過までに履行がない場合に解除する旨を記載していれば，期限の経過をもって契約の解除の効果を生じさせることができる。

　たとえば，売買代金の支払いを求める場合であれば，「当社は，貴社との間で，〇〇年〇月〇日，〇〇の商品について，代金〇〇万円，支払日を〇月〇日とする売買契約を締結しました」などという形で売買契約の内容を簡単に記載し，そのうえで，「貴社は上記支払日を経過しても，代金〇〇万円を支払っておりません」等と記載して，代金の支払いを遅滞している旨を指摘することが一般的である。そのうえで，「つきましては，本書面到達後1週間以内に，売買代金〇〇万円を当社宛にお支払いください」等と記載して支払期限を区切って代金の支払いを請求する旨を記載する。

　なお，買主が同時履行の抗弁権を主張することが予想される場合は，すでに弁済の提供を行っていて買主が同時履行の抗弁権を有していないことを記載したり，代金の支払期限に弁済の提供を行う旨を記載することが望ましい。

　また，貸金の返済を請求する場合，「当社は，貴社との間で，〇〇年〇月〇日，金〇〇万円を貴社に貸し，支払日を〇〇年〇月〇日とし，利息を年〇〇パーセントとする金銭消費貸借契約を締結し，同日，金〇〇万円を貴社に貸し渡しました」などという形で，金銭消費貸借契約の内容と金銭を借主に貸し渡していることを記載する。そして，それとともに，「しかしながら，貴社からは，支払日を経過しても金〇〇万円の返済を受けておりません」等と記載して，借主が約定の支払期限を徒過していることを記載し，「つきましては，約定返

540

済金○○万円および遅延損害金○○万円の合計○○万円を直ちに支払うよう請求致します」等と記載して，直ちに元金に遅延損害金を付加して返済するよう求めたり，期限の利益を喪失している場合はその旨を明示したうえで，直ちに残額とその利息の支払いを請求することが一般的である。

なお，消費貸借契約において返済期限の定めがない場合は，たとえば「本書面到達後1週間以内」等と相当の期間を定めて，返済を請求する。

❖内容証明郵便の送付方法

内容証明郵便を送付するときは，郵便物の内容である文書のほか，同一内容の文書（謄本）2通に，内容証明料を添えて郵便局に提出する。

なお，同一の文書を複数の名宛人に送付する場合，その人数分の文書を用意する必要がある。たとえば，3人の名宛人に同一の内容証明郵便を送付する場合，同一の文書を5通準備する必要がある。

また，内容証明郵便を取り扱う郵便局は，郵便物の集配事務を取り扱う郵便局か地方郵政局長の指定した郵便局に限られるため，当該郵便局で手続を行う必要がある。

郵便局では，郵便局の係員が名宛人に送付する文書と謄本を照合してすべて符合することを確認した後，すべての文書に差出年月日，その郵便物が内容証明郵便物として差し出された旨および郵便局長名を記載し，さらに通信日付を押印する。そのうえで，名宛人に送付する文書について郵便局の係員が差出人に封かんさせたうえでこれを受けとって郵送することになる。なお，謄本のうち1通は郵便局が保管し，残りの1通は差出人に返却される。

また，内容証明郵便は，当該内容の文書が差し出されたことおよびその時期を証明するが，その郵便物が名宛人に送達されたことおよびその時期については証明されない。

そのため，内容証明郵便を送付する際は，併せて，配達証明の請求をして，名宛人に送達されたことおよびその時期を明らかにすることが一般的である。配達証明の請求をすると，その郵便物が配達されたあと，郵便局から差出人に当該郵便物の送達日を記したハガキが送付される。

第6章　債権保全と債権回収

❖事前交渉（債権保全のための追加保証交渉）

　内容証明郵便等で債務者に対し債権の支払いを請求したにもかかわらず債務者が支払いを行わない場合，直接債務者との間で，支払能力を補完する資力のある保証人を追加するよう求めることも1つの方法である。

図表　**6－1**　催告書（内容証明）

令和○○年○○月○○日

東京都○○○○○○○○
○○○○株式会社
代表取締役　○○○○　　殿

東京都○○○○○○○○
通知人　株式会社○○○○
代表取締役　○○○○

催　告　書

　当社は，貴社との間で締結した令和○○年○○月○○日付取引基本契約（以下，「本件契約」といいます）に基づき，当社商品（○○）を継続的に貴社に販売しております。
　しかるに，貴社からは，令和○○年○○月分以降の代金の支払いがありません。その結果，本日現在，貴社は，次のとおり，売買代金合計○○○○円の支払いを遅滞させるに至っております。
　1　令和○○年○○月分（支払期日○○月末日）
　　　○○○○円
　2　令和○○年○○月分（支払期日○○月末日）
　　　○○○○円
　3　令和○○年○○月分（支払期日○○月末日）
　　　○○○○円
　そこで，当社は，本書面をもって，貴社に対して，前記売買代金合計○○万円およびこれに対する支払期日の翌日から完済に至るまで年○％の遅延損害金の全額を，直ちに支払うよう催告致します。
　万一，本状到達後○週間を経過してもお支払いただけない場合には，本件契約を解除し，併せて，しかるべき措置を講じることとなりますので，併せて通知します。

草々

542

6 − 1 回収・保全の準備

図表 6 − 2 催告書（期限の利益喪失通知（請求喪失））

令和○○年○○月○○日

被通知人
東京都○○○○○○○
○○○○　殿

通知人
東京都○○○○○○○
○○○○株式会社
電話　○○−○○○○−○○○○

催　告　書

　当社が，令和○○年○○月○○日付金銭消費貸借契約に基づき○○○○殿に対しご融資いたしました下記貸付金については，令和○○年○○月分および令和○○年○○月分以降の約定返済金と令和○○年○○月分以降の約定利息金が遅滞しており，再三督促申し上げましたが本日に至るまでお支払いがございません。

　つきましては，来る令和○○年○○月○○日までに下記遅延約定返済金および遅延約定利息金とかかる遅延損害金の全額をお支払いくださいますよう催告申し上げます。

　万一お支払いなき場合には，金銭消費貸借契約書第○○条第○項の約旨に基づき，同日付にて期限の利益を喪失いたしますことをご通知申し上げます。なお，期限の利益喪失後は，一括でのご請求となりますことをご承知願います。今後は，担保権実行，債権譲渡，その他法的手続をもって対処することになりますことを併せてご通知致します。

記

貸付金の表示
　金○○○○円也（ただし平成○○年○○月○○日付金銭消費貸借契約書に基づく貸付金
　　　　　　　　○○○○○○円也の残元金）
　遅延約定返済金　金○○○円也（ただし遅延約定利息金と遅延損害金が別途加算されます）

以上

第6章　債権保全と債権回収

第6章　債権保全と債権回収

図表 **6－3** 期限の利益喪失通知（当然喪失）

令和○○年○○月○○日

被通知人（債務者）
東京都○○○○○○○
○○○○株式会社

被通知人（連帯保証人）
東京都○○○○○○○
○○○○

通知人
東京都○○○○○○○
○○○○株式会社

期限の利益喪失通知

　被通知人（債務者）と通知人との間の令和○○年○○月○○日付取引基本契約書の約旨に基づき，令和○○年○○月○○日，次の喪失事由により，被通知人（債務者）は当然に期限の利益を喪失致しました。
　喪失事由：支払停止
　つきましては，被通知人（債務者）におかれましては，直ちに，通知人が有する下記債権を，一括にてご返済ください。
　併せて，連帯保証人に対し，保証債務の履行を請求致します。
　なお，ご返済がない場合は，やむを得ず，法的手続をとりますのでご承知おきください。

記

債権の表示
　　売 買 日　　令和○○年○○月○○日
　　支払期日　　令和○○年○○月○○日
　　現在残高　　金○○○○円

以上

6-2

交渉による債権回収

|6-2-1| 債権回収交渉

❖債権回収の基本事項

　債権を回収する必要に迫られる場合，取引先は，全債権者への返済に足りる資力を有していないことが一般的であるため，他の債権者よりも迅速に取引先と交渉を行って債権を回収する必要がある。

　また，自社が債権者で取引先が債務者という立場にあって自社が優位の立場にある以上，取引先に支払いを強く主張して粘り強く債権の回収または担保の提供を得られるよう交渉すべきである。特に，取引先が支払期限を徒過したり，手形ジャンプを依頼してきたときなどは，一層自社が優位の立場に立つので，積極的にその地位を利用すべきである。

　もっとも，迅速に債権回収を図る必要がある一方で，あまりに強引に債権の回収を行うと当該行為が民事上詐害行為等と認定されて返還を求められる可能性があり，ひいては刑事上の責任にも問われかねないので注意が必要である。

❖債権回収の心構え

　債権回収に当たっては，自社の状況と回収先である取引先の状況を確認することが重要である。

　たとえば，自社と取引先との契約書を確認して，どのような場合に商品を引き揚げることができるか等の債権回収に関する条項を確認したり，取引先に担保の提供を新たに求める必要がある場合に備えて，事前に取引先が担保を設定できる不動産や商品（動産）等を保管しているかということや，第三者に対して担保の対象となるような売掛金を保有しているか，ということを確認する必要がある。

　なお，取引先は，「支払能力の低下は一時的なもの」と主張して，単なる返済の猶予に応じるよう求めてくることも十分予想されるが，これまでの信頼関

545

第6章　債権保全と債権回収

係にとらわれず，客観的な情報を持って債権回収に当たるか否かの方針を決定する必要があることはいうまでもない。

　また，取引先が資金繰りに窮している場合は，時間的に猶予が少ないため，債権回収の方針を決定する際は，迅速に判断することも求められる。

❖電話による交渉

　長期間にわたって取引をしている取引先であれば，まずは担当役員との間で，債権の支払いや支払条件の変更および担保の提供等について電話により交渉することも考えられる。

　電話は，すぐに取引先と連絡を取ることができ，迅速に行動することができるので，緊急時の情報収集を行ううえで最初の手段といえる。

　そして，前述のとおり，自社の有利な立場を利用して，債権の回収や担保の提供等を強く求めていくべきである。

　もっとも，電話による交渉では，相手方の態度を読み取ることは困難であるし，主に1対1のやり取りで行うことから，細かい内容について当事者の間で後に食い違いが生じてトラブルに発展する可能性もある。そのため，交渉が難航するようであれば，電話による交渉は極力避けるのが望ましい。

❖面談による交渉

　直接取引先に赴いて面談することで，取引先の状況（他の債権者が取立てに来ているか，在庫はどのくらいあるか，従業員が電話の対応に追われているか等）を確認できるし，取引先の担当者および役員に直接会って債権の支払いを求める圧力をかけることができる（もちろん，債権を有しているからといって，脅迫的な態度で債権の回収を図ることは恐喝罪等の刑事罰に問われる可能性があり，支払いがあるまで取引先に居座ることも不退去罪等に問われる可能性がある）。

　また，資料を付き合わせながら時間をかけて取引先と交渉を行うことができ，電話による場合に比して充実した交渉を行うことが期待できる。

6－2 交渉による債権回収

6－2－2 和 解

❖和解とは

　和解とは，当事者双方の互譲により，本来の権利関係と異なる権利関係を設定する契約である。取引先が破綻しそうな場合，債権全額を回収することが事実上不可能だと判断せざるをえない場合も少なからずあり，そのような場合に，債権（元金，利息および遅延損害金）の一部を免除する代わりに，支払期限を前倒しするとか，残債権を一括して支払ってもらうなどの和解を行って債権回収を図ることも考えられる。

　また，取引先から追加の担保を提供する余地があるのであれば，返済猶予を条件に担保の提供を求めるという内容の和解を行うことも１つの方法である。

図表 6－4 和解合意書

合 意 書

　株式会社○○○○（以下，「甲」という）と株式会社○○○○（以下，「乙」という）は，本日，次のとおり合意する。

第１条（債務の承認）
　乙は，本日現在，乙が甲に対して，下記のとおり合計金○○円の期日到来済み支払債務を負担していることを承認する。
記
　＜支払債務内訳＞
　　甲が，乙に対して有する，令和○○年○○月○○日付「金銭消費貸借契約書」に基づく令和○○年○○月○○日現在貸付残元金○○円および遅延損害金○○円

第２条（債務の弁済）
　乙は，甲に対して，前条記載の金○○円を，次のとおり，下記の指定口座へ振り込むことにより弁済する。
　① 令和○○年○○月○○日限り　金○○円
　② 令和○○年○○月から平成○○年○○月まで　毎月末日限り　金○○円
　③ 令和○○年○○月末日限り　金○○円と本件公正証書作成に関する費用の額を合計した額の金員
記
　○○銀行　○○支店　普通　○○○○
　（口座名義）株式会社○○○○

第３条（遅延利息）
　乙は，甲に対し，第１条の未払金に対する遅延利息として，第２条記載①ないし③の各支払期日の翌日から各支払済みまで，年○％（365日の日割計算）の割合による金員を付

547

第6章　債権保全と債権回収

加して支払う。

第4条（期限の利益喪失）

　乙が次の場合に該当する場合には，甲からの通知催告がなくても乙は当然期限の利益を失い，直ちに残金全額を支払わなければならない。

　(1)　1回でも支払いを怠ったとき。

　(2)　差押え，仮差押え，仮処分もしくは競売申立てを受けたとき，または，租税滞納処分等の処分を受けたとき。

　(3)　民事再生手続，会社更生手続の開始もしくは破産の申立てがあったとき。

　(4)　その他，財産状態が悪化し，またはそのおそれがあると認められる相当の事由があるとき。

第5条（合意管轄）

　本契約上の紛争については，○○地方裁判所または○○簡易裁判所を専属的合意管轄裁判所とする。

第6条（清算条項）

　甲乙は，本合意書に定めるほか何らの債権債務のないことを相互に確認する。

　この合意成立の証として，合意書2通を作成し，甲乙が各1通を保有する。

令和○○年○○月○○日

　甲（債権者）
　　　東京都○○○○○○○○
　　　株式会社○○○○
　　　代表取締役　○○○○
　乙（債務者）
　　　東京都○○○○○○○○
　　　株式会社○○○○
　　　代表取締役　○○○○

❖和解の手続

　和解契約は口頭で行うことも可能であるが，当事者間で食い違いが生じて後にトラブルになりかねないので，できる限り書面にして内容を確定させるべきである。

　確実を期すのであれば，公正証書を作成することも1つの方法である。

┃6－2－3┃　公正証書

❖公正証書とは

　公正証書とは，広い意味では公証権限のある公務員が作成した文書をいい，公文書と同義であるが，狭義では公証人が証書として作成したものをいう。こ

の意味の公正証書は，法律行為その他私権に関する事実について作成される。法律行為の公正証書は，契約，遺言などの証書であり，私権に関する事実についての公正証書は，事実実験公正証書である。

❖作成の目的

公正証書を作成することにより，公正証書を債務名義として，直ちに強制執行をすることができる効力（執行力）を取得することができる。

もっとも，公正証書のすべてが執行力を持つものではなく，執行力を持つためには，①請求権が一定額の金銭の支払い，または代替物もしくは有価証券の一定数量の給付を目的とする特定のものであること，②公正証書中に債務者が直ちに強制執行を受けても異議がない旨の記載（執行認諾約款）があることが必要である。

❖作成準備

公正証書は公証人が作成するものであるが，公証人が職務を行う場所である公証役場は，全国各地に設けられている。そして，前述のとおり，公正証書を作成するのは，主として金銭債権を保全する場合等であるから，貸主（売主）および借主（買主）が公正証書の作成を依頼することが多い。この場合，貸主・借主の住所に関係なく，どこの公証役場であろうと，いずれの公証人にも公正証書の作成を依頼することができる。

公正証書を作成する際の必要書類としては，嘱託人（公正証書の作成を依頼する者。たとえば，消費貸借契約に関する公正証書を作成する場合は，貸主と借主が嘱託人となる）の印鑑証明書（発行後6カ月以内のもの。嘱託人が法人の場合は，法人代表印の印鑑証明書）が必要であり，嘱託人が法人の場合は，さらに代表者の資格証明書が必要となる。

また，公正証書の作成を代理人によって嘱託することもできるが，委任状が必要となり，委任状には本人が実印を押印し，印鑑証明書を添付する必要があるほか，代理人自身の印鑑証明書も必要となる。さらに，委任状には，契約書の内容が全部記載されていなければならず，そのため，委任状には，別紙等として契約書を添付したうえで，本人の実印により契印することが必要となる。

❖作成手順

公正証書は，公証人が嘱託人から聴取した陳述，目撃した状況等により作成される。

なお，実務上は，嘱託人たる当事者双方が合意のうえで，あらかじめ公正証書の案文を作成し，事前に公証人に案文を検討してもらったうえで，公正証書の作成の日時等の打合せを行うことが多い。なぜならば，事前の打合せなしに公証人の面前で公正証書の内容を検討することになると，当事者双方の言い分が異なり，調整に時間がかかることが予想されるからである。

公証人は，作成した公正証書を本人もしくは代理人に読み聞かせるか閲覧させて，その承認を得て，公証人と本人または代理人が署名・押印する。これにより，公正証書が完成する。

そして，作成された公正証書の原本は，公証役場に保管され，正本ないし謄本が嘱託人らに交付される。正本は，嘱託人およびその承継人が交付を請求することができ，謄本は，法律上の利害関係人もまた，その利害関係を証明して，交付を求めることができる。

公正証書の作成を公証人に依頼してから，実際に公正証書が作成されるまでの時間は，そのときの公証人の都合にもよるが，1週間から数週間程度かかるのが一般的である。

❖作成費用

公正証書の作成手数料は，公証人手数料令によって定められている。

売買，賃貸などの契約や遺言その他の法律行為にかかる証書作成の手数料は，原則として，その目的価額により，手数料額が定められている（詳細は日本公証人連合会のホームページ参照。https://www.koshonin.gr.jp/）なお，目的価額とは，その行為によって得ようとする利益およびその契約などにより負担する義務のことをいい，当事者の双方が義務を負担する場合は，双方が負担する目的の価額の合計額が目的価額となる。

たとえば，商品の売買契約を公正証書にする場合，売買目的物の価格と売買代金の合計額が目的価額となる。

ただ，公証人手数料令は，当事者の一方が金銭のみを給付の目的とするときは，その額の2倍を目的価額とする旨を規定している。そのため，商品の価額が300万円であれば，その2倍の600万円が目的価額となる。

6－2　交渉による債権回収

　なお，金銭消費貸借とその保証契約が同一の公正証書で作成される場合のように，数個の法律行為に主従の関係がある場合で，それが1通の公正証書に記載される場合は，従属的な法律行為は，手数料の計算の対象外となる。

❖閲覧・再交付

　前述のとおり，公正証書の原本は公証役場に保管されることになるが，嘱託人，その承継人または証書の趣旨につき法律上利害関係を有する者および検察官は，公正証書の原本を閲覧することができる。

　逆にいえば，それ以外の者は原本の閲覧ができず，公正証書の存否や内容いかんによって自己の債権を回収するうえで事実上利害関係が生ずる第三者であっても，嘱託人に対して当該公正証書に記載されている債権と関係を有さないのであれば，閲覧することができない。

　また，正本の交付が受けられる者は，嘱託人とその承継人に限られる。公正証書が強制執行の認諾宣言付きのものであれば，債権者はこの正本を債務名義としてこれに執行文の付与を受け，直ちに強制執行を行うことになる。

　謄本の交付を受けられる者は，嘱託人，その承継人または証書の趣旨につき法律上利害関係を有する者に限られる。

図表　6－5　和解契約書（公正証書）

債務承認弁済契約公正証書

　本職は，当事者の嘱託により，次の法律行為に関する陳述を録取して，この公正証書を作成する。

　債権者株式会社○○○○（以下，「甲」という）と債務者株式会社○○○○（以下，「乙」という）は，本日（令和○○年○○月○○日），次のとおり債務弁済契約を締結した。

第1条（債務の承認）

　乙は，本日現在，乙が甲に対して，下記のとおり合計金○○○○円の期日到来済み支払債務を負担していることを承認する。

記

＜支払債務内訳＞

　甲が，乙に対して有する，令和○○年○○月○○日付「金銭消費貸借契約書」に基づく令和○○年○○月○○日現在貸付残元金○○○○円および遅延損害金○○○○円

第2条（債務の弁済）

　乙は，甲に対して，前条記載の金○○○○円および第5条に定める本件公正証書作成に

551

第6章　債権保全と債権回収

関する費用を，次のとおり，下記の指定口座へ振り込むことにより弁済する。

① 令和〇〇年〇〇月〇〇日限り　金〇〇〇〇円

② 令和〇〇年〇〇月から令和〇〇年〇〇月まで　毎月末日限り　金〇〇〇〇円

③ 令和〇〇年〇〇月末日限り　金〇〇〇〇円と本件公正証書作成に関する費用の額を合計した額の金員

記

〇〇銀行　〇〇支店　普通　〇〇〇〇

（口座名義）株式会社〇〇〇〇

第3条（遅延利息）

乙は，甲に対し，前2条の未払金に対する遅延利息として，第2条記載①ないし③の各支払期日の翌日から各支払済みまで，年〇％（365日の日割計算）の割合による金員を付加して支払う。

第4条（期限の利益喪失）

乙が次の場合に該当する場合には，甲からの通知催告がなくても乙は当然に期限の利益を失い，直ちに残金全額を支払わなければならない。

⑴　1回でも支払いを怠ったとき。

⑵　差押え，仮差押え，仮処分もしくは競売申立てを受けたとき，または，租税滞納処分等の処分を受けたとき。

⑶　民事再生手続，会社更生手続の開始もしくは破産の申立てがあったとき。

⑷　その他，財産状態が悪化し，またはそのおそれがあると認められる相当の事由があるとき。

第5条（公正証書の作成費用）

本公正証書作成に関する費用は，乙の負担とする。

第6条（合意管轄）

本契約上の紛争については，〇〇地方裁判所または〇〇簡易裁判所を専属的合意管轄裁判所とする。

第7条（強制執行認諾）

乙は，本公正証書記載の金銭債務を履行しなかった場合は直ちに強制執行に服することを認める。

以上

本旨外要件

甲（債権者）

東京都〇〇〇〇〇〇〇

株式会社〇〇〇〇

代表取締役　〇〇〇〇

乙（債務者）

東京都〇〇〇〇〇〇〇

株式会社〇〇〇〇

代表取締役　〇〇〇〇

6-3 債務者の協力が得られる場合の 回収方法

6-3-1 契約の解除

　まず，代金が未払いとなっている商品等がある場合，商品等を回収するためには，所有権留保の特約をしていない限り，契約を解除することが必要となる。解除には，合意解除と債務不履行解除が考えられる。債務不履行解除を通知する場合，配達証明付の内容証明郵便を送付することが一般的であるが，緊急を要する場合は，解除通知を相手方に持参して，写しに日付を記載した受領印をもらうことなども考えられる。

図表 6-6 契約解除通知

令和○○年○○月○○日

東京都○○○○○○○
○○○○株式会社
代表取締役　○○○○　　　殿

東京都○○○○○○○
通知人　株式会社○○○○
代表取締役　○○○○

契約解除通知

　冠省　当社は，貴社に対して，令和○○年○○月○○日付内容証明郵便にて，令和○○年○○月○○日付○○商品売買取引基本契約（以下，「本件契約」といいます）に基づく売買代金残代金○○万円およびこれに対する遅延損害金の支払いを催告し，同書面は令和○○年○○月○○日に貴社に到達しました。
　しかるに，貴社は，本日に至るまで，残代金○○万円を支払いませんでした。
　そこで，当社は，本書面をもって，本件契約を解除致します。本件契約に従って貴社に引き渡した当社商品は，本件契約第○条により，貴社の代金完済まで当社に所有権が留保されておりますので，解除通知と併せて，直ちに貴社が占有保管中の当社商品を返還するよう請求致します。

草々

第6章 債権保全と債権回収

|6−3−2| 商品の引揚げによる回収

取引先が信用不安に陥った場合，相手方のもとにある商品を引き揚げて債権の回収を図ることが考えられる。この場合，自社商品を引き揚げる場合と，他社商品を引き揚げる場合に分けられる。

まず，自社商品を引き揚げる場合であるが，引き揚げる根拠としては，①売買契約を解除する，②あらかじめ商品について所有権留保の合意をしておいて，担保権実行の意思表示を行う，③あらかじめ商品の売買契約書において，一定の事由が生じた場合は，契約を解除しなくても商品を引き揚げることができるという条項を規定しておいて，当該条項を発動する，④返品伝票（赤伝）を切ってもらい，債務者との間で返品の合意をする，ということなどが考えられる。

また，他社商品を引き揚げる場合は，上記①から④のいずれの処理も行うことはできない。この場合の法的構成としては，⑤商品代金の返済という本来の給付の代わりに他社商品という別の給付で返済するという代物弁済か，⑥金銭債権の担保として受領する（通常は譲渡担保）かのいずれかになろう。

代物弁済の場合は，その物によっていくらの債権を消滅させようとしたのかを合意しなければならないため，その場で，その物がいくらで売れるかを評価しなければならない。一方，譲渡担保であれば，物を持って行って，後日じっくり売却することで足り，その場で評価をする必要はない。

そのため，他社商品を引き揚げる際には，代物弁済契約ではなく，譲渡担保契約を選択するほうが望ましい。

そして，譲渡担保契約書を作成するに当たっては，①誰（債権者）が，②誰（債務者）から，③何の債務を担保するため（被担保債権），④どの物件（担保物件）を，⑤譲り受ける旨を記載する必要がある。なお，③について，債権者から債務者に対する債権の種類がその場で分からなかったり，債権の種類が多岐にわたる場合は，「一切の債務」とすれば十分である。

このような，自社商品を引き揚げる場合および他社商品を引き揚げる場合のいずれにおいても，債務者が倒産の危機に瀕している時期になされるほど，他の債権者を害する行為として取り消されたり（詐害行為取消権），債務者が破産した場合は破産管財人から否認権を行使されて商品の返還を求められる可能性が高くなるので，注意が必要である。

554

6-3　債務者の協力が得られる場合の回収方法

　また，債務不履行を理由に契約を解除して自社商品を引き揚げる場合において
は，債務者が債務不履行に陥っていることが必要であり，単に債務者に信用
不安が生じているだけでは，そのような事由が解除事由として契約書に記載さ
れていない限り，契約を解除できないので，注意が必要である。さらに，契約
を解除したとしても，商品の引き揚げには債務者の承諾が必要であり，債務者
の承諾がない場合は，仮差押え等の法的手続を取らなければならず，強引に引
き揚げると詐害行為ととられかねないのはもちろん，窃盗罪等の犯罪にも問わ
れかねないので，注意が必要である。

　なお，前述の自社商品の売買において所有権留保の合意をしたとしても，実
際にこれを行使する場合には，支払いの遅滞等の債務不履行を理由に売買契約
を解除することが必要と解するのが多数説であるので，注意が必要である。

　また，倒産企業の倉庫に商品の引揚げに行ったら，倒産企業の従業員がおら
ず，倉庫が開けっ放しになっている場合もある。そのような場合でも，商品の
引揚げをあきらめるべきではなく，「○月○日○時○分頃，伺いましたが，誰
もおらず倉庫も開けっ放しで不用心でしたので，とりあえず当社納入の商品を
預からせていただきました」といった内容の文書を作成し，置いておくと後々
引揚行為が有効とされる可能性が高くなる。

6-3-3　裏書譲渡手形を活用した回収

　債務者が第三者が振り出した手形を所持している場合，債務者に裏書をして
もらって，担保として手形の譲渡を受けて債権の回収を図ることが考えられる。

　この場合，手形関係上は完全な裏書譲渡であって，担保の目的を持つことは
当事者間の手形外の関係にすぎないが，私法上の担保である。

　この方法による場合は，事前に振出人の与信状況を確認して，支払いの確実
性を確認しておくことが肝要である。

6-3-4　債権譲渡を活用した回収

❖債権譲渡とは

　債権譲渡とは，債権者と債務者との間で，債務者が第三者に対して有する債
権を，債権者に譲渡することを合意することをいう。

555

第6章　債権保全と債権回収

図表 **6－7** 債権譲渡契約書

債権譲渡契約書

令和○○年○○月○○日

甲（譲渡人）　東京都○○○○○○○

株式会社○○銀行○○支店

支店長　○○○○　　　㊞

乙（譲受人）　東京都○○○○○○○

株式会社○○○○

代表取締役　○○○○　　㊞

　株式会社○○銀行を甲とし，株式会社○○○○を乙とし，当事者間に下記の契約を締結する。

第1条　甲は令和○○年○○月○○日締結した金銭消費貸借契約に基づく株式会社○○○○に対する貸付金債権金○○○○円を乙に譲渡し，乙はこれを譲り受け，乙は甲に代金を支払った。ただし，現在債権額は別紙計算書のとおりである。

第2条　前条記載の契約事項に関し紛議を生じ，甲がその相手方となったときは，これがために生じた一切の費用は乙の負担とする。

第3条　乙は第1条記載の債権額，契約事項などいっさいを調査，了知のうえ本契約をなすものであるから，いかなる事由があっても甲に対し本契約を解除し，または損害賠償の請求をしないことを約する。

　この契約を証するため本書2通を作成し，甲・乙各1通を所持する。

❖債権譲渡の第三者対抗要件

　民法は，債務者に対する対抗要件として無方式の通知・承諾を要求する一方で，第三者に対する対抗要件として，確定日付ある証書による通知・承諾を要求している。

　そして，判例上，債権が二重に譲渡された場合の優劣の決定基準は，債権譲渡通知の到達時あるいは承諾時の先後により決するとされている。

❖債権譲渡通知

　債権譲渡通知とは，債権が譲渡人から譲受人に譲渡されたという事実を債務者に知らせる行為である。債権譲渡の効力を生ぜしめようと欲する意思表示（法律行為）ではないが，観念の通知であり，準法律行為として意思表示に関する規定が類推適用される。そのため，代理人によって通知を行うこともでき，譲受人が譲渡人を代理して行った通知も有効である。

6－3 債務者の協力が得られる場合の回収方法

図表 **6－8** 債権譲渡通知

令和○○年○○月○○日

〒○○○－○○○○
東京都○○○○○○○
株式会社○○○○
代表取締役　○○○○　殿

　　　　　　　　　　　　　　　　〒○○○－○○○○
　　　　　　　　　　　　　　　　東京都○○○○○○○
　　　　通知人（譲渡人）　　　株式会社○○○○
　　　　　　　　　　　　　　　　代表取締役　○○○○

債権譲渡通知書

前略　当社は，当社が貴社に対して有する下記の債権およびこれに付帯する遅延損害金等の一切の債権（以下，「本件債権」といいます）を，令和○○年○○月○○日付で，○○○○株式会社（東京都○○○○○○○。以下，「譲受人」といいます）に譲渡いたしましたので，ご通知申し上げます。

　つきましては，今後，本件債権はすべて譲受人に直接お支払いいただくよう，お願い申し上げます。

草々

記

　当社が，貴社に対して有する，令和○○年○○月○○日付「金銭消費貸借契約書」に基づく令和○○年○○月○○日現在貸付残元金○○円および遅延損害金の全部

以上

❖債権譲渡を活用した回収方法

　取引先から売掛金債権等の債権を譲り受ける際に必要なのは，取引先から債権譲渡通知書をもらうことと，その通知書を速やかに第三債務者に届けることである。

　なお，緊急時に取引先に赴き，単に「売掛金債権を譲渡してください」等と求めても，取引先は多数の債権者から同じようなことをいわれていることが考えられ，何を譲渡すればよいのかとまどうことも十分考えられる。そのため，緊急時に備えて，取引先から譲り受けることができる債権とその売掛先を日ごろからチェックしておくことが肝要となる。緊急時に債権者側から取引先に対し，「○○社の売掛金債権を譲渡してください」と特定して求めれば，債権譲渡手続もスムーズに進む可能性が高くなる。

　また，緊急時には，少しでも早く債権譲渡手続を完了させることが重要であ

第6章 債権保全と債権回収

る。そのためには，取引先の負担をできるだけ少なくして，債権者側で段取り
を整える必要がある。

すなわち，取引先から債権譲渡を受ける場合の流れとしては，(1)債権譲渡通
知書を準備する，(2)債権譲渡通知書に署名または捺印して，債権譲渡通知書を
完成させる，(3)第三債務者に債権譲渡通知書を届けるのを誰かに依頼する，(4)
依頼された者が第三債務者に届ける，という流れになる。このうち，(2)と(3)を
譲渡会社である取引先が行う必要があり，(1)と(4)を譲受会社で行うことになる。

まず，(1)についてであるが，債権譲渡通知書に記載する必要があるのは，①
誰（譲渡会社）が，②誰（譲受会社）に対し，③何（譲渡債権）を，④どうし
た（譲渡）という事項である。ここで，③についてどのように書くかその場で
考え込んでしまってはならない。③は他の債権と混同しないようにするために，
特定した債権を記載する必要がある。具体的にいえば，単に「債権」と書くの
ではなく，「売掛金債権」か「貸金債権」かを明示する。また，売掛金債権の
場合，何を売った代金か区別できないと後々混乱する可能性もあるため，「○
○商品の売掛金」とか「機械部品各種の売掛金」等と記載したほうが望ましい。

また，譲渡債権の金額の記載方法であるが，その場で金額を特定することは
困難な場合が多いので，「売掛金債権の全額」と記載する。なお，譲渡債権が
自社が持っている債権よりも多額であることが判明している場合には，「売掛
金債権全額のうち，金○○円」と記載すればよい。

次に，(2)についてであるが，債権譲渡通知書には，あらかじめ譲渡会社の代
表取締役の氏名まで譲受会社で記載することは望ましくない。なぜなら，単に
債権譲渡通知書に譲渡会社の印鑑を押印してもらうだけでは，後日，押印した
代表取締役等が「この印は代表印とは違う」などと主張して債権譲渡の無効を
主張することも考えられるからである。自筆の署名をもらっておけば，後日債
権譲渡の無効を主張される可能性が少なくなる。

また，代表印が手元にない場合でも，代表印なしで債権譲渡通知書を作成す
べきである。なぜなら，一般的に文書においては署名があれば十分であり，内
容証明郵便においても署名の下の印は要求されていない。印が要求されている
のは，訂正印と2枚以上にわたる場合の割印のみである。

なお，第三債務者の宛先としては，単に会社名のみで足り，代表取締役名ま
で記載する必要はない。

また，(3)については，前述のとおり，債権譲渡通知書には確定日付が必要で

ある。確定日付は①公証役場で確定日付を押印してもらうか，②内容証明郵便として発送するのいずれかの方法でつける。ここで注意しなければならないのは，第三債務者に到達した時点で，債権譲渡通知書に確定日付が付いていなければならず，確定日付がない債権譲渡通知書を第三債務者に届けて，その後に確定日付をつけたのでは，第三者対抗要件を満たしたことにはならない。

　また，債権譲渡通知書を届ける方法として，持参と郵送の２通りがあるが，二者択一に固執するのではなく，両方使うことを検討する場合もある。

　たとえば，債権譲渡通知書を東京で作成し，それを第三債務者の本店所在地がある大阪に届ける必要がある場合，①東京の郵便局から速達で送付することと，②新幹線で大阪まで行き，大阪の郵便局から速達で送付することが考えられるが，②の方法が早く届く可能性が高いことはいうまでもない。

　そして，ここで手続を完了させるのではなく，譲受人の手元にある内容証明郵便を直接第三債務者に持参することが考えられる。譲受人にある内容証明郵便も「確定日付のある債権譲渡通知」なのである。

　第三債務者に内容証明郵便を渡す際，コピーをもらい，コピーの余白に，受領したこと，受領した人と所属部署，受領日と時間を記載し，受領者に署名してもらうことが望ましい。なお，第三債務者の従業員であれば，受領者は誰でもよい。

　また，受領者から印鑑をもらおうとすると，事態が大きくなって，かえって第三債務者の協力を得られなくなる可能性が高くなるので，署名のみを求めれば十分である。なお，従業員の署名がもらえない場合は，自社の持参した者がすぐに届けたことの報告書を作成し，そのまま公証人役場に行って確定日付をもらうことも１つの方法である。

　債務者が債権者に対して金員を約定どおりに支払うことが困難な場合，債権者としては，債務者が第三者に対してまだ債権が未発生のいわゆる将来債権について，債権譲渡を受けることにより債権を回収することが考えられる。

　すなわち，将来の一定の期間の始期と終期を明確にするなどして，譲渡の目的となる債権を特定すれば，将来発生する債権も現時点で譲渡することができる。

　ただし，譲渡する将来の期間の長さ等，債権譲渡契約の内容が譲渡人の営業活動等を社会通念上相当な範囲を著しく逸脱して制限したり，他の債権者に不当な不利益を与えるものであるとみられるなどの特段の事情が認められる場合

第6章　債権保全と債権回収

には，債権譲渡契約が公序良俗に反し無効とされる余地があるので，注意が必要である。

　また，法人が行う金銭債権の譲渡に関し，登記を債務者以外の第三者に対する対抗要件とする債権譲渡登記制度が設けられている（動産・債権譲渡特例法）。

　債権譲渡登記制度は，民法上はそれぞれ債権譲渡通知等を行う必要がある多数の指名債権について，一括して登記すれば，債務者以外の第三者についてはまとめて確定日付ある証書による通知があったとみなされ，手続の煩雑さを免れることができる。

6-3-5 代理受領による回収

　代理受領とは，債権者が債権を担保するため，債務者が第三者に対して有する別の債権について，債務者から取立委任を受け，また，その第三者の承諾を得て，債務者に代わってその第三者の債務を取り立てて，債権者の有する債権の弁済に充てることである。

　債務者から第三者に対する売掛金債権等の譲渡を受けようとしたが，当該債権に譲渡禁止特約が付いていて譲渡を行えない場合等に，代理受領を検討することが考えられる。また，代理受領は債権譲渡と異なり，必ずしも第三債務者の承諾は必要ないので，第三債務者が債権譲渡に反対しているときも活用することが考えられる。

　代理受領の性質は委任契約であるので，その点に注意して代理受領に関する契約書を作成することになる。

　すなわち，委任契約では，委任者からいつでも契約を解除することができるので（民法651条1項），代理受領契約では，債務者から一方的に解除できない旨を定めておく必要がある。

　また，単に支払いの委任を受けて代金を回収しただけでは，別途相殺通知をしない限り，債務者に回収金を返還しなければならないので，代理受領契約書において，あらかじめ「受領した金員を任意の方法で債権者に対する債務の弁済に充当することができる。」旨を規定することが望ましい。

　また，代理受領契約を締結する場合は，第三債務者に示すために，債務者から委任状を受領する必要がある。

　この点，本来であれば，委任状には債務者の記名・押印があれば足りるが，

560

6-3 債務者の協力が得られる場合の回収方法

後述のとおり第三債務者の承諾を求めるため，委任者・受任者双方の連署にしておくことも1つの方法である。

　そして，代理受領に関する委任状の下部に，第三債務者の承諾欄を設け，第三債務者から代理受領の承諾を得ておいた方が望ましい。なぜなら，承諾を得ることにより，仮に第三債務者が債権者や債務者以外の第三者に当該債務の返済を行ったとしても，債権者は，第三債務者に対して，損害賠償請求を行うことが可能になるからである。

第6章 債権保全と債権回収

6-4

債務者の協力が得られない場合の回収方法

6-4-1 相殺を活用した回収

❖相殺とは

相殺とは，当事者双方が互いに同じ種類の債務を負担している場合に，その債務を重複する範囲で消滅させることをいう。相殺は，簡易な決済手段というにとどまらず，当事者の公平という点から債権担保の機能を果たし，優先的な債権回収手段となっている。

相殺は，当事者の一方的な意思表示により行われる（民法506条）。すなわち，意思表示によって効果が発生する形成権である。

❖相殺を活用した回収方法

銀行と異なり，一般的な会社においては債権者と債務者との間で債権・債務を相互に持っている場合は少ないと思われる。そのため，債権回収の必要が生じた場合，債権者自ら債権・債務を相互に持つ関係をつくり，相殺できる状態をつくる必要がある。

債権・債務を相互に持つためには，債権者が債務者に対して債務を負担すればよいので，その方法としては，①債権者が債務者との間で直接買い取引をして債務を負担することと，②債権者が債務者に債務を負担する第三債務者に債権を譲渡する（たとえば，販売先の販売先である第三者に債権を譲渡する）ということが考えられる。

この点，①の方法においては，破産法上の相殺禁止規定のほか，詐害行為取消権や否認権の対象になる可能性がある。一方，②の方法においても，破産法上の相殺禁止規定等があるが，詐害行為取消権や否認権の対象にはならないので，通常は，②の方法をとることが望ましい。

破産法上相殺が禁止されるのは，債務者（破産者）の支払不能（債務者が支

562

6－4　債務者の協力が得られない場合の回収方法

図表　**6－9**　相殺通知書

令和○○年○○月○○日

〒○○○－○○○○
東京都○○○○○○○
株式会社○○○○
代表取締役　○○○○　殿

〒○○○－○○○○
東京都○○○○○○○
株式会社○○○○
代表取締役　○○○○

相殺通知書

　当社は，当社が貴社に対して有する下記１の貸付金債権と，貴社の当社に対する下記２の求償権債権とを，令和○○年○○月○○日付にて対当額で相殺致しますので，この旨ご通知申し上げます。

　なお，本相殺により，下記１の当社の貴殿に対する貸付金債権の残額は，金○○円となりますので，相殺の通知と併せて，完済に至るまで年○％の遅延損害金と併せて速やかに当社に支払われるよう催告致します。

記

１．当社の貴社に対する債権（自働債権）の表示
　　金○○円也
　　　ただし，当社と貴社との間の令和○○年○○月○○日付金銭消費貸借契約に基づく貸付金残元金○○円およびこれに対する令和○○年○○月○○日までの未払遅延損害金○○円の合計
２．貴社の当社に対する債権（受働債権）の表示
　　金○○円也
　　　ただし，令和○○年○○月○○日，当社の株式会社○○○○に対する借入債務を貴社が代位弁済したことに基づく求償債権金○○円，および，これに対する令和○○年○○月○○日から令和○○年○○月○○日まで年○パーセントの割合による遅延損害金○○円の合計

以上

払能力を欠くために，その債務のうち弁済期にあるものにつき，一般的かつ継続的に弁済することができない状態のこと。破産法２条11項）後に，債権者が支払不能であることを知りながら，もっぱら相殺に供する目的で債務者の財産の処分を内容とする契約を債務者との間で締結し（同法71条１項２号前段），または債務者に対して債務を負担する者の債務を引き受けた場合（同号後段）や，債務者の支払停止があった後に，債権者が支払停止の事実を知りながら債務者

第6章　債権保全と債権回収

に対して債務を負担したとき（同項3号）などの場合である。

　前述のとおり，相殺は一方的意思表示により行われるが，相殺の方法や要件，効果について当事者間で特別の合意をすることは妨げられず，条件を付けることや民法上禁止されている損害賠償債務と相殺を行うことも可能である。また，当事者以外の第三者に対する債務との間で相殺をすることも可能である。このように，当事者間等で相殺に関し別途合意することを相殺契約という。

　また，相殺の予約として，一定の事由が生じた場合，意思表示を待たずに当然に相殺の効果が発生する旨を契約書に定めたり（停止条件付相殺契約），法定相殺が可能な相殺適状の発生を容易にする特約（たとえば，手形不渡りとなった場合は債務者は自働債権について期限の利益を喪失し，その一方で債務者は受働債権について期限の利益を放棄して当然に相殺適状が発生するという合意）をあらかじめ行っておくことも考えられる。

　なお，手形債権との相殺はなるべく避け，原因債権で相殺を行うことが望ましい。なぜなら，相殺の際に相手方に手形現物の交付または呈示が必要なため，内容証明郵便による相殺の意思表示が困難なこと，さらに白地手形であった場合には，後に手形の呈示の効力を争われる危険があるからである。

｜6－4－2｜　動産売買先取特権を活用した回収

❖動産売買先取特権とは

　動産売買の先取特権とは，自社の販売した商品代金が未払いで，しかも商品がまだ販売先の支配下にあるとき，商品を競売にかけることにより代金の回収を図る法定担保物権である。

　法定担保物権である以上，債務者である販売先との間で担保設定の合意は必要ないため，要件が整えば，一方的に担保を実行することができる。

❖動産売買先取特権を活用した回収方法

　前述のとおり，動産売買先取特権は，債権者と合意していない黒字転換低収益も担保権として実行することができる。

　この点，2003年の改正前の民事執行法では，動産の競売は，①債権者が執行官に動産を提供したとき，または②動産の占有者（債務者）が差押えを承諾したときのいずれかの場合に開始するとされ，さらに判例上，動産売買の先取特

564

権を前提とする仮差押えは認められないと解釈されているため，事実上，動産売買の先取特権を行使することは困難であった。

しかし，2003年改正後の民事執行法では，新たに債権者が「担保権の存在を証する文書」を提出し，執行裁判所が当該担保権についての動産競売の開始を許可した場合にも，動産競売が開始することとされた（民執190条2項）。そのため，先取特権の対象となる動産の売買契約書等の「担保権の存在を証する文書」を準備することにより，当該動産の競売によって債権を回収することが考えられる。

ただ，この場合には，対象となる動産が明確に特定（たとえば製造番号等）されることが必要と考えられるので注意が必要である。

また，販売先が商品を保管している場合ではなく，すでに第三者に転売していてまだ代金を回収していない場合，動産売買の先取特権に基づく物上代位により，当該転売代金を差し押さえることが考えられる。

6-4-3 留置権を活用した回収

留置権とは，他人の物の占有者が，その物に関連して生じた債権の弁済を受けるまでその物を留置できる法定の担保物権である。なお，商人間での商行為によって生じた留置権（商事留置権。商法521条）では，占有する物と債権との間の個別的な関連性がなくても，占有者（債権者）の手元にあるのが相手方（債務者）の所有する物であれば，債権の弁済があるまでその物を留置できる。

したがって，債権者が債務者の商品等を占有して当該商品の引渡債務を負っている場合，商事留置権であれば，債権者は別の契約で未収となっている代金を回収するために，当該代金の弁済があるまで，当該商品を留置することができ，これにより，債務者に対し，返済を促すことができる。

6-4-4 法人格否認の法理

❖法人格否認の法理とは

債務者が法人であるときは，法人格否認の法理によって，債務者である法人以外の法人や個人に対して債務の支払いを請求することができる場合がある。

法人とは，個人とは別に，権利を有し義務を負うことができる存在であって，

565

第6章　債権保全と債権回収

法人として債務を負担した場合は，当該法人のみが責任を負い，その他の主体には責任が及ばないのが原則である。

しかし，法人格の形式的独立性を貫くことが正義，公平に反する場合に，特定の事案において，当該会社の法人格の独立性を否定し，背後にいる個人ないし別法人を債務者である会社と同一視して責任追及を認める法律構成を，法人格否認の法理という（判例上も，最判昭和44年2月27日民集23巻2号511頁において認められている）。

債権回収における実際の活用場面としては，債務者の背後にいる個人ないし法人に対して訴訟を提起して，その中で法人格否認の法理を主張して勝訴すれば，背後にいる個人ないし法人に対する債務名義（判決）を取得できるので，それをもって背後にいる個人ないし法人に強制執行をするという方法が可能である。また，法人格否認の法理を主張して，債務者の背後にいる個人ないし法人の財産に対してあらかじめ仮差押えをする等，民事保全を図ることも可能である。

法人格否認の法理が認められる類型として，法人格の形骸化と法人格の濫用という2種類のパターンがあるので，以下それぞれの内容について解説する。

❖法人格の形骸化

法人格の形骸化とは，法人とは名ばかりであり，実質的には社員の個人営業または親会社の事業の一部門にすぎない場合をいう。

法人格の形骸化が認められるには，以下のとおり支配の要件と形骸化の徴表の2つの要件を満たすことが必要である。

(1)　支配の要件

背後にいる者が意のままに当該法人を操ることができる状況にあることが要件の1つとされている。

(2)　形骸化の徴表

支配の要件に加えて，以下のような事情が積み重なることにより，法人格の形骸化が認められうる。ただし，これら要件のうちのいくつを満たせば形骸化の徴表があると機械的に決まるようなものではなく，個々の事案ごとの事情によって以下の各点を総合して判断されることになる。

(i)　財産の混同

代表者の住居が法人の営業所として使用されていたり，親会社と子会社の営

566

業所が同じである等，財産の混同があるか否か。

(ii) 業務の混同

法人とその法人の代表者が同種の事業を並行して営んでいるなど，法人の業務と個人の経済活動が区別されずに反復，継続して両者が混同しているか否か。

(iii) 収支の混同

個人の収支と法人の収支が区別されずに混同されている状態が継続しているか否か。具体的には，法人の売上を代表者の生活費のために消費したり，代表者の家計から法人の従業員の給与を支払ったりするなどが挙げられる。

(iv) 運営手続の無視

株主総会や取締役会の不開催など，法人としてなすべき手続が無視されているか否か。

(v) 役員兼任

親子会社間での形骸化が問題になっている場合，役員の兼任の有無も考慮される。

(vi) 資金不足・無資産

設立当初から資金不足，無資産の状態に置いていることも，形骸化の徴表の1要素と考えられる。

❖法人格の濫用

法人格の濫用とは，法人の背後にいる者が，違法，不当な目的のために法人格を利用することをいう。

法人格の濫用が認められるには，支配の要件と目的の要件の2つの要件を満たす必要がある。

(1) 支配の要件

支配の要件とは，背後にいる者が，法人に対して支配的な地位にあって，法人を自己の意のままに道具として利用していることをいう。支配の要件を満たすためには，①背後にいる者が法人格を利用していること，②法人と背後にいる者とに実質的同一性があることの2つの要素を満たすことが必要とされている。

(2) 目的の要件

法人の背後にいる者が，違法，不当な目的のために法人を利用しているというのが目的の要件である。

第6章　債権保全と債権回収

❖法人格否認の法理の適用例

　債権回収の場面で法人格否認の法理の適用が可能な典型例としては，債務者が倒産の危機にある会社であり，強制執行の免脱や財産隠匿の目的で，新会社に財産を移転し，新会社で従来どおりの営業を継続しているような場合に，法人格の濫用を主張する場合が挙げられる。

　この場合，法人格否認が認められるかどうかは個々の事案の事情によって異なるが，主に以下の要素を総合考慮して判断されている。

① 商号の同一性
② 営業内容の同一性
③ 本店等所在地の同一性
④ 代表者の同一性
⑤ 取締役等役員の重複
⑥ 従業員の同一性
⑦ 営業用資産の同一性
⑧ 取引先等の重複
⑨ 出資者の同一性

　上記のうち，裁判例の傾向によると，④および⑨の要素が重視されているものと考えられる。

　なお，債権者としては，旧会社に対する判決を債務名義として新会社に対して強制執行をすることができないとされているため（最判昭和53年9月14日判時906号88頁），訴訟の中で法人格否認の法理を主張して新会社に対する債務名義を取得しておく必要があるが，訴訟係属中に新会社からさらに別会社に財産が移転されてしまうと強制執行ができなくなってしまうため，あらかじめ訴訟提起前に，法人格否認を理由として新会社の資産に対して仮差押えをするなど，保全措置を講じておくことが望ましい。

6-4-5　詐害行為

❖詐害行為とは

　詐害行為とは，強制執行の対象となる債務者の財産（責任財産という）を不当に減少させる債務者の行為をいう。

　民法では，詐害行為により債務者の責任財産から逸出した財産を債務者の責

任財産に取り戻す権利を認めている（詐害行為取消権）。これにより，他の債権者による抜け駆け的な債権回収を是正することができる。

逆にいえば，特定の債権者が債務者の信用不安が判明したときにいち早く債権回収を行ったとしても，他の債権者から詐害行為取消権を理由に，回収行為を取り消されるリスクもあるため，注意が必要である。

2017年改正後の民法では，詐害行為取消権について条文が大幅に追加された。以下では，過去の裁判例を踏まえつつ，改正された条文の内容について解説する。

❖債権回収行為の詐害行為該当性

(1) 不動産の売却行為

これまでの判例をみると，債務超過の債務者が不動産を第三者に売却することは，不動産を消費しやすい金銭とし，債務者の財産の一般的な担保力を薄弱なものにするものであるから，その売却価額が適正なものであったとしても，原則として当該売却行為は詐害行為に当たり，債権者を害する認識も推定される旨を判示しているのが大勢であった（東京地判平成16年2月6日，東京地判平成17年4月13日等）。ただ，判例は例外的に，債務者が不動産の売却代金を弁済その他有用の資に充てたことまたは詐害意思の不存在を立証した場合には，詐害行為にはならない旨を判示していた（上記各判例）。

そして，判例では，有用の資に充てたことまたは詐害意思の不存在については厳格に判断する傾向があった。これに対して，破産法は，経済的危機に直面した債務者と取引をする相手方が否認権行使の可能性を意識して萎縮するおそれがあることを考慮して，否認対象行為については行為類型ごとに要件を明確にし，不動産を相当の対価で処分した行為については，債務者が行為の当時，対価として取得した財産について，隠匿等の処分をする意思を有すること等の要件が設けられた。

その結果，破産法上の否認権の対象行為ではないにもかかわらず民法上の詐害行為取消権の対象行為になるという不均衡が生じていた。

そこで，改正民法424条の2では，債務超過の債務者が不動産を第三者に売却した場合において，受益者から相当の対価を取得しているときには，以下の要件のいずれにも該当する場合に限り，その行為について詐害行為取消権を行使できることとされた。

第6章　債権保全と債権回収

① その行為が，不動産の金銭への換価その他の当該処分による財産の種類の変更により，債務者において隠匿，無償の供与その他の債権者を害することとなる処分（隠匿等の処分）をするおそれを現に生じさせるものであること

② 債務者が，その行為の当時，対価として取得した金銭その他の財産について，隠匿等の処分をする意思を有していたこと

③ 受益者が，その行為の当時，債務者が隠匿等の処分をする意思を有していたことを知っていたこと

(2) 弁　済

これまでの判例を概観すると，債務者が一部の債権者と通謀して，他の債権者を害する意思を持って一部の債権者に対して弁済したときには，詐害行為に該当し得るとされていた（東京地判平成14年12月25日，東京地判平成15年3月19日等）。

これに対して，破産法は，経済的危機に直面した債務者と取引をする相手方が否認権行使の可能性を意識して萎縮するおそれがあることを考慮して，債務の弁済行為について原則として支払不能前の行為の効力は否定されない旨規定していた。

その結果，破産法上の否認権の対象行為ではないにもかかわらず民法上の詐害行為取消権の対象行為になるという不均衡が生じていた。

そこで，改正民法424条の3第1項では，債務超過の債務者が一部の債権者に対して弁済したときには，以下の要件のいずれにも該当する場合に限り，その行為について詐害行為取消権を行使できることとされた。

① その行為が，債務者が支払不能（つまり，債務者が，支払能力を欠くために，その債務のうち弁済期にあるものにつき，一般的かつ継続的に弁済することができない状態）のときに行われたものであること

② その行為が，債務者と受益者とが通謀して他の債権者を害する意図をもって行われたものであること

(3) 代物弁済

これまでの判例は，代物弁済については，相当価格による場合であっても，判例は詐害行為に当たる旨を判示しており（最判昭和39年11月17日民集18巻9号1851頁），弁済の場合における通謀を要件としていなかった。

また，これまでの判例を前提にすると，代物弁済が詐害行為として取り消さ

れる場合には，過大部分に限らず全体が取り消されると解釈される可能性があった。

そこで，改正民法424条の３では，過大な代物弁済が民法424条の要件に該当するときは過大な部分について詐害行為取消権を行使できることとされた。

このように，改正民法424条の３によって，従来の判例と同様に，過大な代物弁済を詐害行為取消の対象としつつも，取消しができるのは過大な部分のみであってその余の部分については債務消滅の効果が覆られないことが明らかとなった。

(4) 相　殺

債務者が商品を債権者たる受益者に譲渡し，その売買代金を受益者の債務者に対する債権と対等額で相殺するような場合，判例は，当該売買代金が適正価格に該当するか否かにかかわりなく，詐害行為に該当すると判示した判例が多い（東京地判平成14年７月16日金法1673号54頁）。

相殺については，破産法等で禁止される事由が列挙されているので，その事由に該当しないよう注意を払う必要もある。

(5) 担保権設定

これまでの判例は，債務者が既存の特定の債権者のために抵当権を設定するときは，債務者の残余の財産では他の債権者に対し十分な弁済をしえないことになるときは，債務者がこれを知りながらあえて担保権を設定した場合は詐害行為になる旨を判示していた（最判昭和32年11月１日民集11巻12号1832頁）。

もっとも，債務者が営業を継続するためにその仕入先より引き続き商品供給を受けるためであったり（最判昭和44年12月19日民集23巻12号2518頁），生計費および子女の大学進学に必要な費用を借り入れるために担保を提供する行為（最判昭和42年11月９日民集21巻９号2323頁）は，借入額と担保物件の価格との間に合理的均衡が保たれている場合（合理的限度を超えず，他に適当な方法がない場合）に限り，一般債権者の利益を害するものではない旨を判示していた。

したがって，これまでの判例に従えば，債権者が債務者の財産に担保を設定する場合，原則として詐害行為に該当すると判断される可能性が高いものの，債務者において担保を供与する必要が高く，かつ，新規借入金額と担保供与額との間に合理的均衡がある場合には，詐害性が否定される可能性があると考えられていた。

これに対して，破産法は，経済的危機に直面した債務者と取引をする相手方

第6章　債権保全と債権回収

が否認権行使の可能性を意識して萎縮するおそれがあることを考慮して，債務者がした既存の債務に係る担保の供与について原則として支払不能前の行為の効力は否定されない旨規定していた。

その結果，破産法上の否認権の対象行為ではないにもかかわらず民法上の詐害行為取消権の対象行為になるという不均衡が生じていた。

そこで，改正民法424条の3第1項では，債務者がした既存の債務についての担保の供与について，以下の要件のいずれにも該当する場合に限り，その行為について詐害行為取消権を行使できることとされた。

①　その行為が，債務者が支払不能のときに行われたものであること

②　その行為が，債務者と受益者とが通謀して他の債権者を害する意図をもって行われたものであること

ただし，改正民法424条の3第2項では，債務者による担保提供行為が，債務者の義務に属せず，またはその時期が債務者の義務に属しないものである場合において，次に掲げる要件のいずれにも該当するときは，その行為について詐害行為取消権を行使できることとされた。

①　その行為が，債務者が支払不能になる前30日以内に行われたものであること

②　その行為が，債務者と受益者とが通謀して他の債権者を害する意図をもって行われたものであること

❖債権回収行為等が取り消された場合の効果

弁済や代物弁済等の債権回収行為が詐害行為に該当することを理由に取り消される場合，詐害行為取消権を行使した債権者（取消債権者）は，訴訟の相手方である受益者または転得者に対して目的物たる財産を債務者の責任財産に返還させることができる（改正民法424条の7参照）。

金銭債権の弁済が取り消されるときは，受益者たる債権者に対して弁済額の支払いを求めることになるが，この場合，取消債権者は，債務者への支払いを求めるのではなく，直接自己に支払うよう求めることができる（改正民法424条の9）。

そして，詐害行為取消権により逸出した金員を取り戻した債権者は，債務者への返還債務と当該債権者自身が債務者に対して有する売掛金債権等と相殺をすることができる。したがって，詐害行為取消権の行使の結果，受益者たる債

権者から直接の弁済を受けた債務者は，実際には，詐害行為取消権を行使した債権者が，取り戻した財産を独り占めできることになる。ただし，詐害行為取消判決が確定し，受益者たる債権者が弁済金等を返還する場合には，受益者の債務者に対する債権が復活することになる（改正民法425条の3）。この場合，受益者たる債権者は，当該復活債権（条件付債権）を被保全権利として，取消判決確定後に生じる債務者の受益者自身に対する弁済金等の返還請求権（条件付債権）を仮差押えしたうえで，自ら第三債務者として執行供託をする可能性がある。受益者たる債権者が執行供託した場合には，詐害行為取消権を行使した債権者は，受益者たる債権者から金員を直接受け取ることができず，相殺ができないことになる。

なお，詐害行為取消権の対象が物である場合は，上記のような相殺はできない。

また，代物弁済等の目的物が不動産の場合には，一般的には受益者ないし転得者への所有権移転登記の抹消登記手続が求められるが，抹消に代えて債務者への所有権移転登記手続を求めてもよいとするのが判例である。

代物弁済等の目的物が動産の場合は，それが金銭である場合と同様，取消債権者は，受益者ないし転得者に対して，直接自己に引き渡すよう求めることができる（改正民法424条の9）。

また，債権譲渡が取り消される場合，取消しによって当該譲渡債権が債務者に当然に復帰するものと考えられるが，この場合，相手方に対して債権譲渡が取り消された旨の通知を求めることができるかどうかについては裁判例が分かれている。

❖詐害的な会社分割等における債権者の保護

近時，会社法に基づく会社分割や事業譲渡を悪用して，債務者の責任財産を不当に流出させる事例が頻発していた。たとえば，吸収分割会社が，吸収分割承継会社に債務の履行を請求することができる債権者と吸収分割承継会社に承継されない債務の債権者とを恣意的に選別したうえで，吸収分割承継会社に優良事業や資産を承継させ，その結果，承継されない債権者が十分に債務の弁済を受けることができなくなるような吸収分割が行われていた。

上記のような会社法を悪用した詐害的な会社分割等については，承継されない債権者につき債権者保護手続が会社法に規定されていなかったことから，債

第6章　債権保全と債権回収

権者は，民法上の詐害行為取消権を行使して債権回収を図ることが多かった（詐害的な会社分割につき詐害行為取消権の行使を認めた裁判例として，最判平成24年10月12日民集66巻10号3311頁等）。しかしながら，詐害行為取消権の効果は現物返還が原則であるところ，会社分割等において詐害行為取消権の行使により現物返還がなされると資産を引き継いだ会社の事業継続等に大きな支障が生じるおそれがある。また，会社分割等においては，資産を引き継いだ会社の資産内容も日々変動していくため，債権者が資産を特定して詐害行為取消権を行使することも困難である。その一方で，債権者の保護としては，資産を引き継いだ会社に対して債権者が債務の履行を直接請求できれば必要十分と考えられる。

　そこで，2014年改正後の会社法では，詐害的な会社分割等について，債権者が資産を引き継いだ会社に対して債務の直接履行を請求できる旨規定された。具体的には，吸収分割会社が承継されない債権者を害することを知って会社分割をした場合には，当該債権者は，吸収分割承継株式会社に対して，債務の履行を請求できる旨規定された（会社759条4項）。また，持分会社に権利義務を承継させる吸収分割および株式会社または持分会社を設立する新設分割のいずれについても，詐害的な会社分割により害される承継されない債権者を保護するために，上記規定と同趣旨の規定が設けられた（同法761条4項・764条4項・766条4項）。さらに，事業譲渡についても，承継されない債権者の保護規定が新設された（同法23条の2。なお，商法上の営業譲渡についても，同趣旨の規定が新設された〔整備法による改正後の商18条の2〕）。ただし，資産を譲渡する会社の株主が会社分割により資産を承継する会社の株式を取得する場合（いわゆる人的分割の場合）には，承継されない債権者についても債権者保護手続が設けられているため，上記のような債務の直接履行請求が認められていない（会社759条5項・761条5項・764条5項・766条5項）。

　改正後の会社法の規定に基づく詐害的な会社分割等における債務の直接履行請求は，いずれも，資産を譲渡する会社が「債権者を害する」ことを知って会社分割等を行ったことおよび資産を譲り受ける会社が債権者を害すべき事実を知っていたことが行使の要件となっている（会社759条4項ただし書・761条4項ただし書・23条の2ただし書）。これらの要件は，民法上の詐害行為の要件を参考にして規定されたものであり，「債権者を害する」の意義についても，民法上の詐害行為該当性と同趣旨と解されている。なお，新設分割の場合には，

分割時における資産を譲渡する会社（新設分割会社）と資産を承継する会社（新設分割設立会社）の主観を別々に観念することができないため，資産を譲り受ける会社が債権者を害すべき事実を知っていたことという要件は規定されていない。

債権者が資産を承継する会社に対して債務の直接履行を請求できる金額は，当該会社が承継した財産の価額を限度とする旨規定されている（会社759条4項・761条1項・764条4項・766条4項・23条の2第1項）。これは，いわゆる人的分割の場合に格別の催告を受けなかった承継されない債権者が吸収分割承継会社に対して債務の履行を請求できる金額が承継された資産の価額が限度とされていることや，民法上の詐害行為取消権において利益を受けた者が詐害行為の目的となる財産を返還しまたはその価額を賠償する義務を負うことと均衡を図る必要があるからである。

会社法の上記改正後も，債権者は詐害的な会社分割等につき民法上の詐害行為取消権を行使することがなお可能であるが，今後，債権回収としては，会社法の規定による債務の直接履行請求を求める方法が主流になるものと思われる。

第6章　債権保全と債権回収

6-5

法的債権回収

| 6-5-1 | 債権回収の手続選択

　債権回収を図る場合において，通常はまず任意交渉によって回収を試みることになるが，任意交渉によって債務者が自発的に弁済をしない場合には，債権者としては強制的な方法で債権回収を図る必要性が生じる。

　債権者が回収を図る債権について担保権を有している場合には，債権者としては担保権を行使することによって債権回収を図ることになろうが，そもそも担保権を有していない場合や，担保権によって回収をしても残債権がある場合には，訴訟等の法的手続を検討することとなる。

　以下においては，まず担保権を有している場合の債権回収方法を説明し，次いで，担保権を有しない場合の債権回収方法の手続選択の概観を説明する。個々の具体的な手続については，6-5-2以下において詳述する。

❖担保権を有する場合

　契約当事者の合意により設定ができる担保権としては，抵当権，質権，譲渡担保権，所有権留保および仮登記担保等があり，当事者の合意がなくても発生する担保権として先取特権，留置権がある。

　担保権を行使して債権回収を図ると一口にいっても，担保権の種類，担保権の対象となる財産の種類および担保権を設定した際の約定によって，担保権の実行方法は異なる。

　たとえば，不動産に抵当権を設定している場合には，裁判所に競売手続を申し立て，競売によって得た代金から配当を受ける。

　債務者が第三債務者に対して有する債権に，質権や譲渡担保権の設定がなされている場合には，原則として債権者は第三債務者から債権回収を図ることができる。

　動産に質権や譲渡担保権の設定がなされている場合には，約定によっては自

576

6 − 5　法的債権回収

ら動産を売却してそこから回収をすることができる。

　動産に留置権を有している場合には，留置権を行使して当該動産の引渡しを拒否することで，債務者に弁済するよう促すことができる。

　担保権を実行して債権回収を図る場合に，担保権の対象物を他の第三者に処分，移転されてしまうおそれがある場合には，仮処分の手続をとることで，対象物の散逸を防ぐことを検討すべきである。

❖担保権を有しない場合

　債権者が，特定の財産に担保権を有しない場合には，債務者の一般財産から債権回収をしなければならない。

　まず，債権者としては，そもそも回収が可能な債務者の一般財産が存在するかどうかを調査する。担保権は，債務者以外の者の財産についても設定することができるのに対し（たとえば，債務者以外の第三者の不動産に抵当権を設定することが可能），担保権の実行以外の方法で強制的に債権回収をするのは，債務者自身が所有する財産からしかできない。

　債務者の財産を調査した結果，回収可能な一般財産がない場合には，そもそも法的手続による債権回収は困難である。回収可能な財産がある場合でも，債務者の資産状況に不安がある場合には，財産が散逸してしまわないように，民事保全の手続をとるべきかを検討すべきである。

　債権者が債務者に対して金銭債権を有するときに，民事保全手続をとる場合には，債務者の財産に対して仮差押えをするのが一般的である。仮差押えの対象としては，不動産，動産および債権等がある。

　次に，債権者が債務者の財産に対して強制執行をするためには債務名義を取得する必要がある。債務名義を取得する方法としては，訴訟を提起して確定判決をとるというのが典型例であるが，その他，少額訴訟，手形訴訟，支払督促，調停，公正証書の取得等の方法がある。

　訴訟が基本とはなるが，債務者と債権の内容に争いがないような場合には支払督促，話し合いによる解決が可能な場合には調停，請求額が小さく早急に終結させたい場合には少額訴訟を選択するなど，債権の金額，債務者との争いの有無，迅速性の要請等を考慮して，適切な手続を選択するべきである。債務名義を取得するための各方法の主な特徴は**図表6−10**のとおりである。

第6章　債権保全と債権回収

図表 **6－10** 債務名義取得の方法

方　法	主な特徴
訴　訟	求める金額に制限はなく，相手方を強制的に手続に引き込むことができるが，終了までには比較的長期間を要する。
少額訴訟	簡易迅速に手続を進めることができるが，請求金額は60万円以下に限られる。
手形訴訟	手形による金銭請求に限って，簡易迅速に手続を進めることができる。
支払督促	異議がなければ，証拠なしに簡易迅速に債務名義を取得できるが，異議が出されると通常訴訟に移行する。
調　停	協議による柔軟な紛争解決を図る場となりうるが，相手方を強制的に手続に引き込むことはできない。
公正証書の取得	執行認諾文言付の公正証書を作成すればそのまま債務名義となるが，相手方が作成を拒否すれば強制はできない。

　債務名義を取得することができれば，次に債務者の財産に対して強制執行をすることになる。すでに仮差押えをしている場合には，そのまま仮差押えの対象となっている資産に対して強制執行が可能である。

　強制執行が可能な財産としては，仮差押えの対象と同じで，債務者の有する不動産，動産，債権等が挙げられる。

　不動産に対する強制執行は，競売にかけてその売却代金から回収をするのが一般的であるが，不動産から発生する賃料を回収する強制管理という方法もある。

　動産に対する強制執行は，債務者の所在地に執行官と出向き，そこにある動産を確保し，競売にかけて売却代金から回収するという方法で行われる。

　債権に対する強制執行は，直接第三債務者から取り立てる方法で行われる。

　強制執行をするには，いずれも裁判所ないし執行官に対する申立てが必要である。

|6－5－2| 担保権の実行

❖担保権の実行とは

　担保権の実行とは，担保権者が担保権を行使することで債権の回収を図るこ

578

とであり，担保権を有する範囲において他の一般債権者に優先して債権回収を図ることができる。

担保権の対象としては，不動産，動産および債権があり，担保権の種類としては，抵当権，先取特権，質権および譲渡担保権等がある。

以下において，担保権の対象，種類ごとに，その実行方法について解説する。

図表 **6 − 11** 担保権実行通知

令和○○年○○月○○日

東京都○○○○○○○
株式会社○○○○
代表取締役　○○○○殿

東京都○○○○○○○
株式会社○○○○
代表取締役　○○○○

譲渡担保権の実行通知書

当社は，貴社との間の令和○○年○○月○○日付譲渡担保権設定契約書（以下，「本件譲渡担保権設定契約書」といいます）第○条に基づき，譲渡担保権を実行しますので，本書をもって通知します。

つきましては，当社の指示に従い，直ちに本件譲渡担保権設定契約書の目的動産（以下，「本件動産」といいます）を当社に引き渡してください。なお，貴社は，今後，本件動産をいかなる事由によっても処分してはならず，当社による本件動産の引揚げが完了するまで本件動産を善良なる管理者の注意をもって保管する義務があります。

以上

❖担保不動産競売手続

担保不動産競売は，債務者の不動産に抵当権等の担保権を有する債権者が担保権を実行して，不動産を競売にかけ，売却代金から債権回収を行うという制度である。

以下，担保不動産競売の手続を説明する。

(1)　申立て

不動産について抵当権，先取特権，質権を有する担保権者が，以下①〜④のいずれかの文書を執行裁判所に提出し，担保不動産競売の申立てをすることが求められる（民執181条1項）。

①　担保権の存在を証する確定判決もしくは家事事件手続法75条の審判また

第6章　債権保全と債権回収

はこれらと同一の効力を有するものの謄本

② 担保権の存在を証する公証人が作成した公正証書の謄本

③ 担保権の登記（仮登記を除く）に関する登記事項証明書

④ 一般の先取特権にあっては，その存在を証する文書

実務上，抵当権に基づく担保不動産競売の申立てのうちのほとんどは，上記③の登記事項証明書を提出することによって行われる。

担保不動産競売は，被担保債権の回収のために行われるものなので，被担保債権が存在することが当然の前提となっているが，債権者は競売申立ての段階で被担保債権の証明をする必要はない。

債務者あるいは不動産の所有者が競売に不服がある場合には，不服がある者が執行異議や担保権不存在の訴えを提起する等の方法で不服申立てを行い，その中で被担保債権の有無について判断がなされる。

また，担保権実行のためには，債務が履行遅滞になっていることが必要であるが，この点についても，申立ての段階で債権者から証明をする必要はなく，債務者あるいは不動産の所有者の側で不服がある場合は，債務者や不動産の所有者が執行異議の申立てをすること等により，不服を申し立て，その中で履行遅滞の有無の判断がなされることになる。

(2) 開始決定

執行裁判所は，上記(1)①～④のいずれかの文書の提出とともに担保不動産競売の申立てがなされると，管轄の有無等，適法な申立てであるか否かを審査し，適法な申立てである場合は，担保不動産競売開始の決定をし，不適法な申立てであれば申立てを却下する。

担保不動産競売開始決定がなされる際には，申立人のために不動産を差し押さえる旨が宣言され，裁判所書記官による嘱託によって直ちに差押えの登記が行われる（民執188条・45条1項・48条1項）。

開始決定は債務者，不動産所有者に送達されるが（民執188条・45条2項），実務上は，差押えの登記が完了した後に送達が行われる。

(3) 競売手続

担保不動産の競売手続自体は，不動産に対する強制執行としての競売手続と同様の方法で行われる（民執188条）。詳細は，**6－6－10**にて後述する。

6 - 5　法的債権回収

図表　6 - 12　不動産競売申立書

担保不動産競売申立書

○○地方裁判所　　　　御中
　令和○○年○○月○○日

　　　　　　　　　　　　　　　　　　東京都○○○○○○○
　　　　　　　　　　　　債権者　株式会社○○○○銀行
　　　　　　　　　　　　　債権者代理人　　　○○○○　㊞
　　　　　　　　　　　　　電話○○－○○○○－○○○○
　　　　　　　　　　　　　FAX○○－○○○○－○○○○

　　　　当　　事　　者
　　　　担保権・被担保債権・請求債権　　　別紙目録のとおり
　　　　目的不動産

　債権者は，債務者（兼所有者）に対し，別紙請求債権目録記載の債権を有するが，債務者がその支払をしないので，別紙担保権目録記載の（根）抵当権に基づき，別紙物件目録記載の不動産の競売を求める。

【添付書類】
1　不動産登記事項証明書　　　○通
2　公課証明書　　　　　　　　○通
3　資格証明書　　　　　　　　○通
4　代理人許可申立書　　　　　○通
5　商業登記事項証明書　　　　○通
6　住民票　　　　　　　　　　○通

当事者目録

〒○○○－○○○○
　東京都○○○○○○○
　　　　債　権　者　　株式会社○○○○
　　　　　　　　　　代表者代表取締役　○○○○
　　　　　　　　　　上記代理人　　　　○○○○
〒○○○－○○○○
　東京都○○○○○○○
　　　　債権者代理人　　○○○○
〒○○○－○○○○
　東京都○○○○○○○
　　　　債　務　者　　○○○○株式会社
　　　　　　　　　　代表者代表取締役　○○○○
〒○○○－○○○○
　○○県○○○○○○○
　（不動産登記簿上の住所）
　○○県○○○○○○○
　　　　所　有　者　　○○○○
　（不動産登記簿上の氏名）

581

第6章　債権保全と債権回収

```
                    ○○○○

          担保権・被担保債権・請求債権目録
 1  担保権
(1)  令和○○年○○月○○日設定の（根）抵当権
(2)  登　記　　　○○法務局○○出張所
       主登記　令和○○年○○月○○日受付第○○○○号
 2  被担保債権および請求債権
(1)  元　金　　　金○○○○円
       ただし，令和○○年○○月○○日の金銭消費貸借契約に基づく証書貸付金○○○○
     円の残元金
(2)  損害金
       上記(1)の元金○○○○円に対する令和○○年○○月○○日から支払済みまで年○
     パーセント（年365日の日割計算）の割合による遅延損害金
       なお，債務者は，令和○○年○○月○○日に支払うべき○回目の分割金の支払いを
     怠ったため，特約により同日の経過により期限の利益を失ったものである。

                    物件目録
(1)  一棟の建物の表示
       所　　　　在　　　○○県○○○○○○
       建物の番号　　　　○○○○○○
(2)  専有部分の建物の表示
       家屋番号　　　　　○○○○
       建物の番号　　　　○○
       種　　　類　　　　○○
       構　　　造　　　　○○○○
       床　面　積　　　　○階部分　　　○○平方メートル
(3)  敷地権の目的たる土地の表示
       土地の符号　　　　1
       所在および地番　　○○県○○○○○○
       地　　　目　　　　○○
       地　　　積　　　　○○平方メートル
(4)  敷地権の表示
       土地の符号　　　　1
       敷地権の種類　　　所有権
       敷地権の割合　　　○分の○
```

(4)　代金納付による不動産取得

　競売により買受人となった者は，代金の納付をした時に当該不動産を取得することになる（民執188条・79条）。

　買受人が代金を納付してしまえば，仮に担保権が存在していなかったかあるいは担保権が消滅していたことが後から明らかになったとしても，買受人による不動産取得が覆されることはない（民執184条）。

6-5 法的債権回収

(5) 配 当

担保不動産競売手続における配当も，不動産強制競売における配当手続と同様の方法で行われる（民執188条・84条以下）。

債権者が1人である場合や，債権者が2人以上でも不動産の売却代金で債権全額の満足を得られる場合には，配当期日を開いて分配手続をする必要はなく，執行裁判所が売却代金の交付計算書を作成して，債権者に弁済金を交付し，剰余金を不動産所有者であった者に交付すれば足りる（民執188条・84条2項）。

一方で，債権者が2人以上で債権全額の弁済を受けられない場合には，執行裁判所は，配当期日を開き，配当表に基づいて配当が実施される（民執188条・84条1項）。配当表に記載された配当の額について不服のある債権者，債務者は，配当期日において配当異議の申出をすることができ，配当異議の申出をした債権者，債務者は，執行裁判所に対して配当異議の訴えを提起する必要がある（同法188条・89条・90条）。

❖担保不動産収益執行

担保不動産収益執行とは，不動産から発生する収益を被担保債権の弁済に充てる方法による不動産担保権の実行方法であり，不動産担保権の実行方法の多様化という観点から2003年の法改正により新設された制度である（民執180条2号）。

担保不動産収益執行と，不動産担保権の物上代位による賃料差押えは併存するものであるので，担保権者はいずれかの申立てを選択することができる。

担保権者としては，担保権を設定している不動産を競売にかける担保不動産競売手続か担保不動産収益執行のいずれかを選択して申し立てることも，双方を同時に申し立てることも可能である。

たとえば，大規模なテナントビル等に抵当権を有している場合で，売却までには時間を要するが，賃料収入が継続的に見込まれるという場合，担保不動産競売の申立てと併せて担保不動産収益執行の申立てをすることにより，抵当権者が抵当不動産の収益から優先弁済を受けつつ，売却を待つということが可能になる。

ただし，現実には，このように担保不動産収益執行により効果的な回収ができるケースは少ないためか，競売に比べると件数はきわめて少ないのが現状である。

第6章　債権保全と債権回収

❖担保不動産収益執行の手続

担保不動産収益執行の手続は，以下のとおり進行する。

(1) 担保不動産収益執行の申立て

担保不動産競売の場合と同様に，不動産について抵当権，先取特権，質権を有する担保権者が，以下のいずれかの文書を執行裁判所に提出し，担保不動産収益執行の申立てをすることが求められる（民執181条1項）。

① 担保権の存在を証する確定判決もしくは家事事件手続法75条の審判またはこれらと同一の効力を有するものの謄本

② 担保権の存在を証する公証人が作成した公正証書の謄本

③ 担保権の登記（仮登記を除く）に関する登記事項証明書

④ 一般の先取特権にあっては，その存在を証する文書

図表 **6 ― 13** 不動産収益執行申立書

担保不動産収益執行申立書

○○地方裁判所　御中

令和○○年○○月○○日
債 権 者　東京都○○○○○○○○
株式会社○○○○　㊞

当　　　　事　　　　者
担保権・被担保債
権・請求債権　　　　　　　｝　別紙目録記載のとおり
給付義務者・給付
請求権の内容

　債権者は債務者（兼所有者）に対し，別紙請求債権目録記載の債権を有するが，債務者がその弁済をしないので，別紙担保権目録記載の（根）抵当権に基づいて，別紙物件目録記載の不動産について担保不動産収益執行の開始を求める。

添 付 書 類
1　資格証明書　　　　　　　　○通
2　商業登記事項証明書　　　　○通
3　不動産登記事項証明書　　　○通
4　住民票　　　　　　　　　　○通

6 － 5　法的債権回収

当事者等目録

〒○○○－○○○○
　　　　東京都○○○○○○
　　　　　債 権 者　株式会社○○○○
　　　　　　　　代表者代表取締役　　　○○○○
　　　　　　　　　電　話　○○－○○○○－○○○○
　　　　　　　　　ＦＡＸ　○○－○○○○－○○○○
〒○○○－○○○○
　　　　東京都○○○○○○
　　　　　債務者兼所有者　　　株式会社○○○○

担保権・被担保債権・請求債権目録

1　担保権
　(1)　令和○○年○○月○○日設定の抵当権
　(2)　登記
　　　　○○法務局
　　　　令和○○年○○月○○日受付第○○○○号
2　被担保債権・請求債権
　(1)　元金○○○○円
　　　　ただし，令和○○年○○月○○日付金銭消費貸借契約に基づく貸付金
　(2)　利息金○○○○円
　　　　ただし，上記金員に対する令和○○年○○月○○日から令和○○年○○月○○日まで約定の年○○パーセントの割合による利息金（年365日の日割計算）
　(3)　損害金
　　　　ただし，上記金員の弁済期の翌日である令和○○年○○月○○日から支払済みに至るまで，上記(1)の元金に対する約定の年○○パーセントの割合による損害金（年365日の日割計算）
　なお，債務者は令和○○年○○月○○日を支払期日とする分割金の支払いを怠ったので，同日の経過により期限の利益を失ったものである。

給付義務者および給付請求権の内容目録

〒○○○－○○○○
　　　　○○県○○○○○○
　　　　給付義務者　○○○○
　　　　　　　　（同室の賃料　月額不明）
〒○○○－○○○○
　　　　○○県○○○○○○
　　　　給付義務者　○○○○
　　　　　　　　（同室の賃料　月額○○○○円）
〒○○○－○○○○
　　　　○○県○○○○○○
　　　　給付義務者　　○○○○
　　　　　　　　（同室の賃料　月額○○○○円）

第6章　債権保全と債権回収

```
                           物 件 目 録
 1  （土地の表示）
      所　　在　○○県○○○○○○○
      地　　番　○○番
      地　　目　○○
      地　　積　○○平方メートル
 2  （主たる建物の表示）
      所　　在　○○県○○○○○○○
      家屋番号　○○番
      種　　類　○○
      構　　造　○○○○
      床 面 積　○○平方メートル
                                以上所有者　株式会社○○○○
```

(2)　担保不動産収益執行開始決定

　執行裁判所は，上記(1)の①～④のいずれかの文書の提出とともに担保不動産
収益執行の申立てがあった場合には，担保不動産収益執行開始の決定をする。

　開始決定においては，担保権者のために不動産を差し押える旨を宣言し，か
つ，債務者に対し収益の処分を禁止するとともに，管理人を選任したうえで，
不動産の賃借人等に対して賃料等を管理人に交付すべき旨が命ぜられる（民執
188条・93条1項・94条1項）。

(3)　管理人の職務

　執行裁判所に選任された管理人は，執行裁判所の監督のもとで，担保不動産
の賃料等の回収を行う（民執188条・95条1項・99条）。管理人は，執行官や弁
護士がなることが多いが，さらにそこから不動産管理会社に管理を委託するの
が一般的である。

　場合によっては，当該不動産からより多くの収益を得られるよう，管理人が
すでにされている賃貸借契約の解除をしたうえで，あらたに賃貸借契約を締結
するということもありうる。

(4)　不服申立て

　担保不動産収益執行の開始決定に対しては，債務者は執行抗告をすることが
可能である（民執188条・93条5項）。

　執行抗告については，開始決定についての告知があった日から1週間以内に
執行裁判所に抗告状を提出するという形で行わなければならない（民執10条2
項）。

　抗告状に執行抗告の理由の記載がないときは，抗告状提出の日から1週間以

内に，執行裁判所に対して抗告理由書を提出しなければならない（民執10条3項）。抗告理由には，開始決定の取消しを求める事由を具体的に記載する必要があり，法令の違反であるときはその法令の条項または内容および法令に違反する事由を，事実の誤認であるときは誤認にかかる事実を摘示しなければならないものとされている（民執規6条）。

なお，手続の遅延を目的に執行抗告が利用されることを排除するため，手続を不当に遅延させることを目的としてされたものである執行抗告は却下されるものとされている（民執10条5項4号）。

❖債権担保権の実行

債権担保の方法には，譲渡担保と質権があり，目的債権の種類はさまざまであるから，担保権の実行方法も異なるが，以下では売掛金債権を担保とした場合の担保権の実行について説明する。

(1) 質権の実行

債権に質権を設定している場合は，債権を直接取り立てることができる（民法366条1項）。

取立てができるのは，自己が有する債権の額に相当する部分に限られ（民法366条2項），質権の目的となっている債権の弁済期が，自己の債権より前に到来したときには，第三債務者に対してその弁済金額を供託させることができる（同条3項）。

上記規定は任意規定と解釈されているため，債権残高，弁済期前後を問わず債権者が直接取り立てることを可能とする旨の合意をすることが可能である。

(2) 譲渡担保権の実行

債権に譲渡担保を設定している場合は，債権者は，譲渡担保の対象となっている債権を直接取り立て，取立金を自己の債権に充当することができる。

また，合意によって，適正な時期，方法，価格によって譲渡担保の対象となる債権を処分し，処分代金を弁済に充当するという方法もとることができる。

❖動産担保権の実行

(1) 質権の実行

動産への質権の実行について，実務上は，任意処分の特約を付して，適正な方法で債権者が目的動産を処分し，処分代金を弁済に充当することが多い。

第6章　債権保全と債権回収

　任意処分の特約が付されていない場合は，目的動産の所在地を管轄する地方裁判所の執行官に対して競売の申立てを行い，競売による売却代金から配当を受けることになる。

　競売による場合には，時間も手間もかかってしまうため，任意処分の特約を付しておくのが賢明である。

(2)　譲渡担保権の実行

　動産譲渡担保権の実行方法については，譲渡担保設定契約で自由に定めることができる。

　実務上は，債権者が適当と認める時期，価格および方法によって処分できるものとすることが多い。

　実際の実行方法としては，債権者が債務者に対して，譲渡担保権を実行する旨の通知を発し，目的物の引渡しを求めるなどして，適正な方法で処分，換価し，換価代金から諸費用を差し引いた残額を弁済に充当するという方法で行われる。

　債務者が目的動産の引渡しに応じない場合は，処分禁止の仮処分等の保全措置を講じ，引渡請求訴訟を提起することが必要になる。

　なお，譲渡担保権に関しては清算義務があるため，残額に余剰がある場合は，債務者に返還することを要する。もちろん，不足があれば，残額の弁済を求めることになる。

6-6

民事保全手続

6-6-1 民事保全手続とは

　債権者が債権回収のために訴訟を提起し，判決が確定するまでの間には，数多くの手続を経る必要があり，長い時間を要するため，その間に債務者の財産状態が悪化し，せっかく勝訴判決を得ても強制執行が奏功しない，ということがある。

　多くの労苦と時間，費用を費やして債務名義を取得したのにもかかわらず，債権回収ができないという，債権者にとってはきわめて酷な事態が起こりうるのである。

　そこで，このような事態を避けるために，債務者の財産についての保全を行う民事保全の制度が存在する。

　民事保全には，仮差押えと仮処分の2種類があり，仮処分はさらに「係争物に関する仮処分」と「仮の地位を定める仮処分」の2種類に分かれる。

　以下，仮差押えおよび仮処分について順に説明する。

6-6-2 仮差押え

　仮差押えは，債務者に対して金銭の支払いを目的とする債権を有する債権者が，債務者からの支払いを確実にするために，強制執行の目的となりうる債務者の財産を選択して，その現状を維持し，将来の強制執行を確実にする制度である。

　仮差押えの対象とすることができる資産としては，不動産，動産および債権の他に，船舶，航空機，自動車および建設機械があり，債権者は債務者がこれらのいずれかの資産を有するか調査をしたうえで，仮差押えの対象を選択し，申立てを行うことができる。

第6章　債権保全と債権回収

❖仮差押えの申立て

　仮差押えの手続は，債権者が書面で裁判所に申し立てることにより開始される。

　仮差押え手続は，本案訴訟の管轄裁判所または仮に差し押えるべき物の所在地を管轄する地方裁判所に管轄がある（民保12条1項）。この管轄は専属管轄である（同法6条）。

❖申立ての際に必要な書類

(1)　申　立　書

　仮差押えの申立書には，以下の事項を記載する。

　(ⅰ)　**当事者の氏名または名称および住所ならびに代理人氏名および住所**（民保規13条1項1号）

　(ⅱ)　**請求債権**

　債務者に対して請求する金銭債権について，他の金銭債権と識別できる程度に特定して記載する必要がある。

　(ⅲ)　**申立ての趣旨および理由**（民保規13条1項2号）

　申立ての趣旨としては，債権者の債務者に対する請求債権の内容や金額を特定したうえで，その請求債権の執行を保全するために，債務者の財産を仮に差し押える旨を記載する。対象の財産が動産である場合は特定の必要はないが，それ以外の場合には，仮に差し押えるべき物を特定して記載する必要がある。

　申立ての理由としては，保全すべき権利（被保全権利）と，仮差押えをする必要性を具体的に記載したうえで，立証を要する事由ごとに証拠を記載しなければならないものとされている（民保規13条2項）。

図表　**6－14**　仮差押命令申立書（不動産）

不動産仮差押命令申立書

令和〇〇年〇〇月〇〇日

〇〇地方裁判所　御中

債権者代理人弁護士　〇〇〇〇　㊞

590

6－6　民事保全手続

当事者の表示　　別紙当事者目録記載のとおり
請求債権の表示　別紙請求債権目録記載のとおり

申立ての趣旨

　債権者の債務者に対する上記請求債権の執行を保全するため，債務者所有の別紙物件目録記載の不動産は，仮に差し押さえる。
との裁判を求める。

申立ての理由

第1　被保全権利
　1　継続的広告取引契約および根保証契約の成立
　(1)　債権者は，令和○○年○○月○○日，申立外株式会社○○○○（申立外会社）との間において，同社の商品である○○（医療器具）の通信販売に関する雑誌広告について継続的広告取引契約を締結した（甲7）。
　(2)　債務者は，前同日，債権者に対し，上記継続的広告取引契約に基づき申立外会社が債権者に対して現に負担し，または，将来負担することあるべき一切の債務について，下記の限度額および保証期間を定めて，これを保証し，申立外会社と連帯して支払う旨約した（甲1ないし4,7）。

記

　　【1】　保証限度額　　　　金○○○○円
　　【2】　保証期間　　　　　令和○○年○○月○○日
　2　広告代金債権の発生と不履行
　(1)　債権者は，令和○○年○○月から同年○○月までの間に，前記継続的広告取引契約に基づき広告を実施し，申立外会社に対し合計金○○○○円の広告代金債権を有しその決済のため，申立外会社より別紙受取手形一覧表記載のとおり同社振出の約束手形を受け取った（甲7）。
　(2)　ところが，同受取手形一覧表1および2記載の手形が不渡りとなり（甲5の1～3，6の1～3），申立外会社は事実上倒産するに至ったので，広告代金合計金○○○○円が未収となっている（甲7）。
　3　被保全権利のまとめ
　そこで，債権者は，第1項の根保証契約に基づき，連帯保証人である債務者に対し，保証限度額である金○○○○円について連帯保証債務履行請求権を有するが，そのうち別紙受取手形一覧表記載の手形額面に相当する金○○○○円を被保全権利とする。

第2　保全の必要性
　1　債務者は，肩書住所地において○○科の医院を経営する医師であり，同所に医院および自宅の建物と数筆の土地を所有あるいは共有しているが，上記不動産のうち所有の不動産については，令和○○年○○月○○日付にて，申立外有限会社○○○○のため，申立外会社を債務者とする極度額○○○○円の根抵当権が設定されているほか，代物弁済予約を原因とする所有権移転請求権仮登記が経由されており，その他にも多額の担保が設定されている（甲8ないし13）。
　2　債務者は，申立外会社のため本件債務のほかにも多額の保証をしており，このまま推移すれば，上記各不動産のうち別紙物件目録記載の共有の自宅土地・建物（本件不動産）をも何時処分するやもしれない状況にある（甲7）。
　3　したがって，今のうちに本件不動産に対し仮差押えをしておかなければ，後日本案訴訟で勝訴判決を得てもその執行が不能または著しく困難になるおそれがあるので本申立てに及ぶ次第である。

591

第6章　債権保全と債権回収

疎明方法

甲1号証	根保証契約書
甲2号証	印鑑証明書
甲3号証	印鑑証明書
甲4号証	会社登記事項証明書
甲5号証の1～3	約束手形
甲6号証の1～3	約束手形
甲7号証	報告書
甲8号証	土地登記事項証明書（申立外会社）
甲9号証	建物登記事項証明書（申立外会社）
甲10号証	土地登記事項証明書
甲11号証	建物登記事項証明書
甲12号証	土地登記事項証明書
甲13号証	土地登記事項証明書

添付書類

甲号証	各○通
固定資産評価証明書	○通
資格証明書	○通
訴訟委任状	○通

当事者目録

〒○○○－○○○○　東京都○○○○○○○
　　　　　　　　　　債　権　者　　　　　○○○○株式会社
　　　　　　　　　　代表者代表取締役　　○○○○

〒○○○－○○○○　東京都○○○○○○○
　　　　　　　　　　○○○○法律事務所（送達場所）
　　　　　　　　　　電話（○○）○○○○－○○○○
　　　　　　　　　　FAX（○○）○○○○－○○○○
　　　　　　　　　　債権者代理人弁護士　　○○○○

〒○○○－○○○○　東京都○○○○○○○
　　　　　　　　　　債　務　者　　○○○○

請求債権目録

　金○○○○円

　ただし，債権者が申立外株式会社○○○○（申立外会社）に対して有する下記債権について，債権者と債務者間の令和○○年○○月○○日付連帯根保証契約に基づき，債権者が債務者に対して有する金○○○○円の連帯保証債務履行請求権の内金

6－6　民事保全手続

記

　債権者と申立外会社間の令和○○年○○月○○日付継続的広告取引契約に基づき，令和○○年○○月○○日から同年○○月○○日までの間に発生した広告代金債権○○○○円

受取手形一覧表

	振　出　日	額　　面	支払期日
1	平成○○年○○月○○日	金○○○○円	令和○○年○○月○○日
2	上記同	金○○○○円	同年同月○○日
3	上記同	金○○○○円	同年同月○○日
4	同年同月○○日	金○○○○円	同年同月○○日
5	上記同	金○○○○円	同年同月○○日

物件目録

1　所　　　在　　東京都○○○○○○○
　地　　　番　　○○番
　地　　　目　　○○
　地　　　積　　○○平方メートル
　この共有持分2分の1

2　所　　　在　　東京都○○○○○○○
　家　屋　番　号　○○番○
　種　　　類　　○○
　構　　　造　　○○○○
　床　面　積　　1階　○○平方メートル
　　　　　　　　2階　○○平方メートル
　この共有持分2分の1

図表　6－15　仮差押命令申立書（債権）

債権仮差押命令申立書

令和○○年○○月○○日

○○地方裁判所　御中

債　権　者　　○○○○　㊞

当事者の表示　　別紙当事者目録記載のとおり
請求債権の表示　別紙請求債権目録記載のとおり

第6章 債権保全と債権回収

申立ての趣旨

　債権者の債務者に対する上記請求債権の執行を保全するため，債務者の第三債務者に対する別紙仮差押債権目録記載の債権は，仮に差し押さえる。

　第三債務者は，債務者に対し，仮差押えに係る債務の支払をしてはならない。

との裁判を求める。

申立ての理由

第1　被保全権利

1　債権者は，○○○○に対し，令和○○年○○月○○日，弁済期を同年○○月○○日，利息を年○○パーセント，遅延損害金を年○○パーセントと定めて，金○○○○円を貸し付けた（甲1の1）。

2　債務者は，債権者に対し，同年○○月○○日，○○○○の債権者に対する支払債務の履行を連帯して保証した（以下「本件連帯保証契約」という。甲1の1,2）。

3　○○○○は，弁済期日の同年○○月○○日が到来しても上記債務を履行しないし，連帯保証人である債務者も，その支払いを拒絶している。

4　よって，債権者は，債務者に対し，本件連帯保証契約に基づき金○○○○円ならびにこれに対する約定の利息および損害金の支払請求権を有する。

第2　保全の必要性

1　主債務者の○○○○は，著しい債務超過状態に陥っていて，所有不動産（甲2の1ないし3）には固定資産税評価額（甲3の1,2）を大幅に上回る根抵当権が設定されており，他にめぼしい資産はない。したがって，債権者が○○○○から本件債務の弁済を受けられる見込みはなく，債権者は，債務者に対して連帯保証債務の履行を求めるため訴訟を提起すべく準備中である。

2　債権者は，令和○○年○○月○○日に債務者に到達した内容証明郵便により，上記貸金の返済を請求したところ（甲4の1,2），債務者から，勤務先の○○株式会社を解雇されて現在定職はなく，債権者に返済する余裕がないという回答を得た（甲5）。また，債権者が調査したところ，債務者の住居は借家であり，債務者所有の不動産はない（甲6の1ないし3）。

3　債務者は，債権者以外にも多くの債務を負担している様子であり，第三債務者に対する預金債権しか見るべき資産はない（甲7）。しかし，これも現在の債務者の生活状況からすればいつ引き出されるかも分からない状況にあり，債権者が後日本案訴訟において勝訴判決を得ても，その執行が不能あるいは著しく困難となるおそれがあるので，執行保全のため，本申立てに及ぶ次第である。

疎明方法

甲1号証の1	金銭消費貸借・連帯保証契約書
甲1号証の2	印鑑登録証明書（債務者のもの）
甲2号証の1	不動産登記事項証明書（○○○○所有土地）
甲2号証の2	同（○○○○所有建物）
甲2号証の3	ブルーマップ写し
甲3号証の1	固定資産税評価証明書（○○○○所有土地）
甲3号証の2	同（○○○○所有建物）
甲4号証の1	内容証明郵便
甲4号証の2	配達証明
甲5号証	手紙

6－6　民事保全手続

甲6号証の1	不動産登記事項証明書（○○○○所有土地）
甲6号証の2	同（○○○○所有建物）
甲6号証の3	ブルーマップ写し
甲7号証	報告書

添付書類

甲号証	各○通
資格証明書	○通
陳述催告の申立書	○通

当事者目録

〒○○○－○○○○　東京都○○○○○○（送達場所）
　　　　　　　　　　債　権　者　　○○○○
　　　　　　　　　　電話（○○）○○○○－○○○○
　　　　　　　　　　FAX（○○）○○○○－○○○○

〒○○○－○○○○　東京都○○○○○○
　　　　　　　　　　債　務　者　　○○○○

　　　　　　　　　　東京都○○○○○○
　　　　　　　　　　第三債務者　　株式会社○○銀行
　　　　　　　　　　上記代表者代表取締役　○○○○
（送達先）
〒○○○－○○○○　東京都○○○○○○
　　　　　　　　　　株式会社○○銀行○○支店

請求債権目録

金○○○○円

　ただし，債権者が○○○○に対して有する下記債権について，債権者と債務者間の平成○○年○○月○○日付連帯保証契約に基づき，債権者が債務者に対して有する連帯保証債務履行請求権のうち元金部分の履行請求権

記

　債債権者は，○○○○に対し，令和○○年○○月○○日，弁済期を同年○○月○○日，利息を年○○パーセント，遅延損害金を年○○パーセントと定めて，金○○○○円を貸し付けた。

第6章　債権保全と債権回収

仮差押債権目録

金○○○○円

　ただし，債務者が第三債務者（○○支店扱い）に対して有する下記預金債権のうち，下記に記載する順序に従い，頭書金額に満つるまで

記

1　差押えや仮差押えのない預金とある預金とがあるときは，次の順序による。
　(1)　先行の差押えや仮差押えのないもの
　(2)　先行の差押えや仮差押えのあるもの
2　円貨建預金と外貨建預金があるときは，次の順序による。
　(1)　円貨建預金
　(2)　外貨建預金
　　　　ただし，仮差押命令が第三債務者に送達された時点における第三債務者の電信買相場（先物為替予約がある場合には，その予約相場）により換算した金額。
3　数種の預金があるときは，次の順序による。
　(1)　定期預金
　(2)　定期積金
　(3)　通知預金
　(4)　貯蓄預金
　(5)　納税準備預金
　(6)　普通預金
　(7)　別段預金
　(8)　当座預金
4　同種の預金が数口あるときは，口座番号の若い順序による。
　　　なお，口座番号が同一の預金が数口あるときは，預金に付せられた番号の若い順序による。

図表　**6−16**　取 下 書

令和○○年（ヨ）第○○○○号債権仮差押命令申立事件

取 下 書

　　　　　　　　　　　　　　　　　　　　　令和○○年○○月○○日

○○地方裁判所　御中

　　　　　　　　　　　　　　　　　　　債権者　　○○○○　㊞
　　　　　　　　　　　　　　　　TEL　○○○−○○○−○○○○

　　　　　　　当事者の表示　　　別紙当事者目録のとおり
　　　　　　　仮差押債権の表示　別紙仮差押債権目録のとおり

　上記当事者間の頭書事件については，債権者の都合により別紙仮差押債権目録記載の債権につき申立ての全部を取り下げます。

(2) 添付書類等

仮差押えの申立てに当たっては，申立書に加えて以下の書類を提出する。

(i) 疎明資料

仮差押えの手続においては，被保全権利と保全の必要性について疎明しなければならないものとされている（民保13条2項）。仮差押えは緊急かつ暫定的な性質を持つものなので，即時に取調べが可能である証拠によって行われる疎明という形式で立証がなされることになっている。このため，仮差押えの申立ての際には，疎明資料を添付する必要がある。

(ii) 資格証明書（当事者が法人の場合）

(iii) 委任状（弁護士が代理人となる場合）

(iv) 不動産登記事項証明書・固定資産評価証明書（仮差押えの対象が不動産の場合）

(v) 目録等

申立書に記載される当事者，請求債権および対象物件等に関する事項は，裁判所の決定書だけでなく，登記嘱託の内容としても必要となるので，仮差押えの申立書に記載するのとは別に，当事者目録，請求債権目録，物件目録という形で，別途必要な部数を裁判所に提出することが求められる。

❖審　理

仮差押えの申立てがなされると，裁判所によって，提出された疎明資料等の書類に基づいて，保全すべき権利と仮差押えをすべき必要性があるか否かが審査される。

仮差押えの手続は，訴訟手続等と異なり，口頭弁論を経る必要はなく，必要があれば当事者から事情を聴く審尋がなされる。

仮差押えをすることがあらかじめ債務者に知られてしまうと，債務者が仮差押えを逃れるために財産を隠匿してしまう可能性もあることから，債務者の審尋は行われないのが一般的である。

債権者の審尋が行われるかどうかは裁判所によっても異なるが，東京地裁においては，仮差押えの申立ての全件について，裁判官による債権者面接（審尋）が行われている。この債権者審尋においては，証拠の原本の提示や，担保の金額について債権者の意見が求められることが多い。

第6章　債権保全と債権回収

❖担保の提供

仮差押えがなされるためには，債権者は担保を提供することを要する。

仮差押えは訴訟等の手続に比べて迅速かつ簡易に認められるものであり，後の本案訴訟において債権者の権利が否定されることもありうることから，そのような場合に債務者が債権者に対して損害賠償請求を行う際の引当てとなるように，一定の額の担保を積むことが求められるのである。

担保の金額については，個々の事案において，請求債権の種類や金額，仮差押えの対象の種類や価格などを勘案して，裁判官の裁量により決定される。

仮差押えにおいては，仮差押えの目的物の価格に応じて担保の額が定められるのが一般的である。

事案によって多寡はあるが，目的物の価格の2〜3割程度を要することが多い。

目的物の価格が請求債権額よりも高額である場合は，請求債権額が担保額の上限になることが多い。

担保の提供は，担保提供を命じた裁判所を管轄する供託所に対して供託する方法によって行う（民保4条1項）。

❖決　　定

仮差押命令の発令は，決定によりなされる。決定に伴い，決定書が作成される（民保規9条1項）。

決定書には，結論を示す主文のほか，担保額および担保提供方法，理由または理由の要旨等の事項が記載される（民保規9条2項）。

決定書は当事者に送達されるが，仮差押えの保全執行は債務者に知られずに実施されることが求められるので，仮差押命令の保全執行の後に債務者に送達するということも可能である（民保43条3項）。

❖保全執行

仮差押命令が発令されたら，次はこれに基づく保全執行が必要となる。以下，仮差押えの対象ごとに説明する。

(1) 不動産に対する仮差押えの執行

不動産に対する仮差押えの執行については，仮差押えの登記をする方法または強制管理の方法，あるいはこれらの方法を併用することが可能であるが（民

598

保47条1項），仮差押えの登記をする方法によって行われるのが一般的であり，この場合債権者からの申立ては必要ない。

仮差押えの登記をする方法による執行は，仮差押命令を発した裁判所の裁判所書記官の嘱託によって行われる（民保47条3項）。

強制管理の方法によって執行をする場合には，債権者の書面による申立てが必要であり，配当手続がないということ以外は，強制執行としての強制管理と同様の手続によって行われる。

(2) 動産に対する仮差押えの執行

動産に対する仮差押えの執行は，債権者が執行官に対して保全執行の申立てをすることによって開始され，執行官が目的物を占有するという方法によって執行が行われる（民保49条）。

(3) 債権に対する仮差押えの執行

債権に対する仮差押えの執行は，仮差押命令を発した裁判所が，第三債務者に対して債務者への弁済を禁止する命令を発する，という方法によってなされる（民保50条）。債権に対する仮差押えの執行自体については，債権者の申立ては必要ない。

債権に対する仮差押えの執行が行われるに当たっては，債権者は，第三債務者に対する陳述催告の申立てをすることができる（民保50条5項，民執147条1項）。これにより，債権者は，債務者が第三債務者に対して有するとしている債権の有無，金額を確認することが可能となり，仮差押えの目的達成の可否を確認し，他の財産に対する仮差押えの要否を判断することができる。

|6-6-3| 仮処分

❖仮処分とは

すでに述べたとおり，仮処分には「係争物に関する仮処分」と「仮の地位を定める仮処分」の2種類がある。

「係争物に関する仮処分」は，債権者が債務者に対してある特定物についての給付請求権を有していて，かつ，目的物の現在の物理的または法律的状態が変わることにより将来における権利実行が不可能または著しく困難になるおそれがある場合に，目的物の現状を維持するのに必要な暫定措置をする手続である（民保23条1項）。係争物に関する仮処分の中には，目的物に対する法律上

第6章　債権保全と債権回収

の処分を禁止する「処分禁止の仮処分」と，目的物の占有を第三者に移転することを禁止する「占有移転禁止の仮処分」がある。占有移転禁止の仮処分は，明渡しないし引渡請求訴訟において相手方を固定するために使用される仮処分である。

「仮の地位を定める仮処分」は，争いがある権利関係について，権利者に生じる著しい損害または急迫の危険を避けるために，暫定的な法律上の地位を定める仮処分である（民保23条2項）。

債権回収に関連して仮処分を利用する場合としては，以下のようなパターンが考えられる。

(1) 所有権留保，譲渡担保の対象物確保のための占有移転禁止の仮処分，引渡断行の仮処分

動産や自動車，建設機械等を所有権留保特約付きで債務者に販売した後に債務者が倒産した場合や，債務者から動産に譲渡担保の設定を受けた後に債務者が倒産した場合，倒産に伴う混乱に紛れて，債務者が対象動産を第三者に処分してしまい即時取得が生じたり，他の債権者が対象動産を引き揚げてしまい対象動産が所在不明になったりするおそれが高い。

上記のような動産等は，債務者等による使用，時間の経過によって，著しく経済的価値が下落してしまう場合がある，債権者としてはできる限り早急に対象動産の占有を確保する必要がある。

債権者による対象動産の占有確保のためには，執行官保管または債権者に使用を許す占有移転禁止の仮処分か，仮の地位を定める仮処分である引渡断行の仮処分を申し立てるという方法がある。執行官保管の占有移転禁止の仮処分は債権者が当該動産を利用することができず，債権者保管の場合の占有移転禁止の仮処分は債権者自身が利用はできるが，他への賃貸や売却ができないため，その効用は限られている。このような観点からは，引渡断行の仮処分は，発令されてしまえば債権者による処分に制限がないため，実効性に優れているが，引渡断行の仮処分は審尋等で債務者からの意見を聞くことが必須であることや，他の仮処分よりも確実な疎明が求められる等，発令のためのハードルは高い。

債権者としては，対象物を債権者においてどう利用するかを踏まえて，いずれの手続を選択するかを判断すべきである。

6 – 6 　民事保全手続

(2) 　所有権留保，仮登記担保権または譲渡担保権実行のための占有移転禁止の仮処分

債権の支払いを確保するために，所有権留保や仮登記担保，譲渡担保権等の担保の設定を受けている場合，担保権の実行として目的物の引渡しを求めるに当たって，第三者に目的物の占有を移転してしまうことを防ぐために，占有移転禁止の仮処分を申し立てるという方法がある。

(3) 　債権の二重譲渡の際の処分禁止の仮処分

債権者が，自らの有する債権が二重譲渡されていたものであることに気づいた場合，債権の帰属を争う相手方に対して，第三者にさらなる債権譲渡がなされてしまうことを防ぐため，処分禁止の仮処分を申し立てるという方法がある。

(4) 　抵当権者による占有移転禁止の仮処分

債権の担保として不動産に抵当権を有している場合で，占有者の占有によって対象不動産の交換価値の実現が妨げられるような状態にあるときには，抵当権者は占有者に対して明渡しを求めることができる。

この場合に，明渡請求訴訟を提起するに当たって，占有移転禁止の仮処分を申し立てることが考えられる。

❖仮処分の申立て

仮処分の手続は，債権者が書面で裁判所に申し立てることにより開始される。

仮処分の手続は，本案の管轄裁判所または係争物の所在地を管轄する地方裁判所に管轄がある（民保12条１項）。この管轄は専属管轄である（同法６条）。

図表 6 –17 　仮処分命令申立書

動産仮処分命令申立書

令和○○年○○月○○日

○○地方裁判所　御中

債権者代理人弁護士　　　○○○○

当事者の表示　　　　　　別紙当事者目録記載のとおり
仮処分により保全すべき権利　　動産引渡請求権

第１　申立ての趣旨
　1　債務者は，別紙物件目録記載の物件に対する占有を他人に移転し，または，占有名

601

第6章　債権保全と債権回収

　義を変更してはならない。債務者は，上記物件の占有を解いて，これを執行官に引き渡さなければならない。
　　執行官は，上記物件を保管しなければならない。
　　執行官は，上記物件を債権者に保管させることができる。
　　執行官は，上記物件の占有の移転，または占有名義の変更を禁止されていることおよび執行官が上記物件を保管していることを公示しなければならない。
2　債務者は，別紙物件目録記載の物件について，譲渡ならびに質権，抵当権および賃借権の設定その他一切の処分をしてはならない。
との裁判を求める。

第2　申立の理由

1　被保全権利

(1)　譲渡担保権の設定

　債権者は，令和○○年○○月○○日，債権者と債務者間の商品取引等によって債務者が債権者に対して負担する商品代金，手形金等の債務の担保として，別紙物件目録2記載の商品（以下「本件商品」という）について，譲渡担保権の設定を受け，同日，占有改定の方法によってその引渡しを受けた（甲1。以下，当該譲渡担保権を「本件譲渡担保権」という）。

　なお，令和○○年○○月○○日現在の本件譲渡担保権の目的物の明細は，担保物件棚卸在庫報告書（甲2）記載のとおりであるが，債権者の譲渡担保権は，同日以降，現時点に至るまでに上記保管場所内に納品されたすべての商品に及んでいる。

(2)　被担保債権の存在

　債権者は債務者に対し，令和○○年○○月○○日現在で少なくとも合計金○○○○円の売買代金債権を有している（甲3）。

(3)　債務者の倒産

　ところが，債務者は，令和○○年○○月○○日に至り，突然，事業を停止し，債権者に対し，今後は弁護士の指導の下，負債整理手続を進めるとの通知を送付した（甲4）。

　そこで，債権者は，債務者に対し，令和○○年○○月○○日，本件譲渡担保権の実行通知を行い（甲5の1および2），本件商品の搬出を行わないよう債務者に求めた。

　しかし，債務者はこれに応じず，本件商品の搬出を継続している（甲6）。

(4)　被保全権利のまとめ

　以上のとおり，債権者は債務者に対し，本件譲渡担保権に基づいて，本件商品の引渡請求権を有する。

2　保全の必要性

　債権者は，債務者に対し，本件商品の引渡請求訴訟を提起するべく準備を進めている。

　しかしながら，債務者は債権者からの任意の引渡請求に応じようとせず，本件商品の占有を移転し，処分しようとしている。

　本件商品のような動産については，第三者による即時取得の可能性があり，債権者に保管をさせる必要が高い。

　もし，このまま事態を放置すれば，債権者が後日，本案の裁判で勝訴判決を得ても，執行不能となることが明白であるので本申立てを行った次第である。

6－6　民事保全手続

疎明資料

甲1　譲渡担保権設定契約書　　　　　　　　　　○通
甲2　担保物件棚卸在庫報告書　　　　　　　　　○通
甲3　請求書　　　　　　　　　　　　　　　　　○通
甲4　ご通知　　　　　　　　　　　　　　　　　○通
甲5の1および2　通知書及び配達証明書　　　各○通
甲6　陳述書　　　　　　　　　　　　　　　　　○通

添付書類

1　甲号証写し　　　　　　　　　　　　　　　各○通
2　資格証明書（債権者）　　　　　　　　　　　○通
3　資格証明書（債務者）　　　　　　　　　　　○通
4　訴訟委任状　　　　　　　　　　　　　　　　○通

当事者目録

〒○○○－○○○○　東京都○○○○○○○
　　　　　　　　　債　権　者　　　○○○○株式会社
　　　　　　　　　上記代表者代表取締役　　○○○○

〒○○○－○○○○　東京都○○○○○○○
　　　　　　　　　○○法律事務所（送達場所）
　　　　　　　　　　　電　話　○○－○○○○－○○○○
　　　　　　　　　　　ＦＡＸ　○○－○○○○－○○○○
　　　　　　　　　債権者代理人弁護士　　○○○○

〒○○○－○○○○　東京都○○○○○○○
　　　　　　　　　債　務　者　　　○○○○株式会社
　　　　　　　　　上記代表者代表取締役　　○○○○

物件目録

1　保管場所の表示
　　本社倉庫
　　　　　　土地　　所在：東京都○○○○○○○
　　　　　　　　　　地番：○○番
　　　　　　建物　　所在：東京都○○○○○○○
　　　　　　　　　　家屋番号：○○番
　　　　　　　　　　構造：○○○○
　　　　　　　　　　種類：○○

2　目的物の表示
　　上記保管場所内にある一切の○○商品

第6章　債権保全と債権回収

❖申立ての際に必要な書類

⑴　申　立　書

仮処分の申立書には，以下の事項を記載する。

① 当事者の氏名または名称および住所ならびに代理人氏名および住所（民保規13条1項1号）

② 保全すべき権利

③ 申立ての趣旨および理由（民保規13条1項2号）

申立ての趣旨としては，仮処分命令の申立ての目的を達成する方法を記載するが，たとえば占有移転禁止の仮処分であれば，物件を特定して占有の移転を禁ずる旨を記載する。

申立ての理由としては，保全すべき権利（被保全権利）と，保全の必要性を具体的に記載したうえで，立証を要する事由ごとに証拠を記載しなければならないものとされている（民保規13条2項）。

⑵　添付書類等

仮処分の申立てに当たっては，申立書に加えて以下の書類を提出する。

ⅰ　疎明資料

仮処分の手続においては，被保全権利と保全の必要性について疎明しなければならないものとされている（民保13条2項）。仮処分は緊急かつ暫定的な性質を持つものなので，即時に取り調べが可能である証拠によって行われる疎明という形式で立証がなされることになっている。このため，仮処分の申立ての際には，疎明資料を添付する必要がある。

ⅱ　資格証明書（当事者が法人の場合）

ⅲ　委任状（弁護士が代理人となる場合）

ⅳ　目　録　等

申立書に記載される当事者および対象物件等に関する事項は，裁判所の決定書等にも利用されることから，仮差押えの申立書に記載するのとは別に，当事者目録，物件目録という形で，別途必要な部数を裁判所に提出することが求められる。

❖審　　理

仮処分の申立てがなされると，裁判所によって，提出された疎明資料等の書類に基づいて，保全すべき権利と仮処分により保全をすべき必要性があるか否

かが審査される。

仮処分の手続は，訴訟手続等と異なり，口頭弁論を経る必要はなく，必要があれば当事者から事情を聴く審尋が行われる。仮の地位を定める仮処分については，債務者に重大な影響を与える場合が多く，密行性も乏しいことから，原則として債務者から意見を聞く機会を設けることとされている。

債権者の審尋が行われるかどうかは裁判所によっても異なるが，東京地裁においては，仮処分の申立ての全件について，裁判官による債権者面接（審尋）が行われている。この債権者審尋においては，証拠の原本の提示や，担保の金額について債権者の意見が求められることが多い。

❖担保の提供

仮処分命令が発令されるためには，債権者は担保を提供することを要する。

これは，仮処分は訴訟等の手続に比べて迅速かつ簡易に認められるものであり，後の本案訴訟において債権者の権利が否定されることもありうることから，そのような場合に債務者が債権者に対して損害賠償請求を行う際の引当てとなるように，一定の額の担保を積むことが求められる。

担保の金額については，個々の事案において異なるが，仮処分の目的物の価格に応じて定められるのが一般的である。占有移転禁止の仮処分の場合は，債務者に使用を許す仮処分命令であれば，債務者に生じるおそれのある損害が比較的小さいので，担保の額は相対的に低額になるが，執行官保管で債務者に使用を許さない場合はそれより高額になり，債権者に使用を許す場合にはさらに高額になる。

担保の提供は，担保提供を命じた裁判所を管轄する供託所に対して供託する方法によって行う（民保4条1項）。

❖決　定

仮処分の発令は，決定書を作成したうえで，決定という方式によってなされる（民保規9条1項）。

決定書には結論を示す主文のほか，担保額および担保提供方法，理由または理由の要旨等の事項が記載される（民保規9条2項）。

決定書は当事者に送達されるが，仮処分の保全執行は債務者に知られないようになされることが求められるので，仮処分命令の保全執行の後に債務者に送

第6章　債権保全と債権回収

達することもできる（民保43条3項）。

❖保全執行

　仮処分を認める決定がなされたら，次にはこれに基づく保全執行が必要となる。

　仮処分には種々の形態があるが，ここでは，民事保全法がとくに規定する不動産の登記請求権を保全するための処分禁止の仮処分と，占有移転禁止の仮処分の執行について説明する。

(1)　不動産の登記請求権を保全するための処分禁止の仮処分の執行

　不動産の登記請求権を保全するための処分禁止の仮処分の執行については，処分禁止の登記をする方法で行う（民保53条1項）。

　仮処分命令を発した裁判所が保全執行裁判所となり，保全執行裁判所の裁判所書記官が登記所に嘱託することによって処分禁止の登記がなされる（民保53条3項・47条2項・3項）。債権者が保全執行の申立てをする必要はない。

(2)　占有移転禁止の仮処分の執行

　占有移転禁止の仮処分の執行については，執行官が直接占有を取り上げる方法によって行われる（民保52条1項，民執168条1項）。

　占有移転禁止の仮処分の執行をするに当たっては，債権者が，目的物の所在地を管轄する地方裁判所の執行官に対し，書面によって保全執行の申立てをすることが必要である。

|6-6-4| 支払督促

❖支払督促とは

　支払督促とは，債権者が簡易裁判所に対する申立てによって，証拠調べをすることなしに書面の審理のみによって，裁判所書記官が債務者に対して支払いを命ずるものである（民訴382条以下）。

　この支払督促に仮執行宣言が付された仮執行宣言付支払督促は，強制執行をするための債務名義となる。

　支払督促は，債権者の申立てによって，書類の提出のみで，証拠調べや債務者の審尋を要せず，簡易迅速に債務名義を取得できる手続であり，かつ，申立費用（印紙代）も訴訟提起の半分で済むので，債務者による争いがないケース

606

で，費用や時間をかけずに債務名義を取得するには適した手続である。

　しかし，債務者からは理由を明示することなしに異議（督促異議）を申し立てることが可能であり，債務者から督促異議を申し立てられてしまうと，そこから通常訴訟に移行するため，結果的には，初めから訴えを提起するよりも，終結までには多くの時間を費やしてしまうことになる。印紙代も追納が求められるため，費用についても通常の訴訟と同じ程度の額を要することになる。

　移行後の訴訟は，債務者の住所地を管轄する裁判所で行われる。最初から訴訟を提起していれば他に管轄が認められるようなケースにおいても，債務者の住所地を管轄する裁判所での裁判を余儀なくされてしまうのである。とくに債務者の住所，所在地が遠隔地である場合には，遠隔地での訴訟追行を強いられることになるので，注意が必要である。

　債権者としては，支払督促という手続を選択するか否かを判断するに当たっては，債務者が督促異議の申立てをするかどうかを事前にできる限り予測し，上述のメリットとデメリットをよく勘案したうえで方針を決定すべきである。

❖支払督促申立ての手続

(1)　支払督促の申立て

　支払督促は，債権者が，債務者の住所地を管轄する簡易裁判所に対して申し立てるものである（民訴383条1項）。この管轄は専属管轄であり，複数の債務者（たとえば主債務者と連帯保証人等）が同じ簡易裁判所の管轄下の住所地であれば，併合して申し立てることが可能であるが，管轄の異なる債務者について同じ裁判所に併合して申立てをすることができないということに注意が必要である。

　支払督促の申立てをするには申立手数料の納付を要するが，その額は訴えを提起する場合の手数料の半額で足りる。

第6章　債権保全と債権回収

図表 **6−18** 支払督促申立書

支払督促申立書

　　　　　○○○請求事件
当事者の表示　　　　　別紙当事者目録記載のとおり
請求の趣旨および原因　　別紙請求の趣旨および原因記載のとおり
　「債務者は，債権者に対し，請求の趣旨記載の金額を支払え」との支払督促を求める。

　申立手続費用　　金　　　　　　　　　○○○○円
　内　　訳
　　　　　申立手数料（印紙）　　　　　　　○○○円
　　　　　支払督促正本送達費用（郵便切手）　○○○円
　　　　　支払督促発付通知費用　　　　　　○○○円
　　　　　申立書作成および提出費用　　　　　○○○円
　　　　　資格証明手数料　　　　　　　　　○○○円

令和○○年○○月○○日
　　住　　　　所：〒○○○−○○○○
　　（所　在　地）　東京都○○○○○○○
　　債権者氏名：　　○○○○株式会社
　　（名称及び代表者の　代表取締役　○○○○
　　　資格・氏名）

　　　　　　　　　　　　　　　　　　　　　　　　　　印

　　　　　（電話：○○−○○○○−○○○○）
　　　　　（FAX：○○−○○○○−○○○○）

簡易裁判所　裁判所書記官　殿 価額　　　　　　○○○円 貼用印紙　　　　○○○円 郵便切手　　　　○○○円 葉書　　　　　　○枚 添付書類☑資格証明書　　　　○通 　　　　　☐　　　　　　　　通 　　　　　☐　　　　　　　　通	受付印

貼用印紙	円	
郵便切手	円	
葉書	枚	

6－6　民事保全手続

		当事者目録		
債権者		住　　　所：〒○○○－○○○○ （所在地）　　東京都○○○○○○ 氏　　　名：○○○○株式会社 （名称及び代表者の　代表者代表取締役　○○○○ 資格・氏名） 電話：○○－○○○○－○○○○ FAX：○○－○○○○－○○○○		
	送達場所等の届出	債権者に対する書類の送達は次の場所に宛ててください。 ☑上記の債権者住所 □債権者の勤務先 　　名　　称： 　　所在地：〒 　　電話： 　　FAX： □その他の場所（債権者との関係：　　　　　　　　） 　　住所：〒 　　電話： 　　FAX： 　　送達受取人：		
債務者		①住　　　所：〒○○○－○○○○ （所　在　地）　　東京都○○○○○○ 氏　　　名：○○○○ （名称及び代表者の 資格・氏名） 電話：○○－○○○○－○○○○ FAX：○○－○○○○－○○○○ ②住　　　所：〒 （所　在　地） 氏　　　名： （名称及び代表者の 資格・氏名） 電話： FAX：		

第1章　第2章　第3章　第4章　第5章

第6章　債権保全と債権回収

第6章　債権保全と債権回収

請求の趣旨及び原因
請求の趣旨 　1　金　○○○○円 　2　（☑上記金額，□上記金額の内金　　　　　　　　　　　円）に対する 　　　（□支払督促送達日の翌日，☑令和○○年○○月○○日） 　　　　から完済まで，年○○%の割合による遅延損害金 　3　金　○○○○円（申立手続費用） 請求の原因 　1　契約の内容 　　(1)　売買契約日　令和○○年○○月○○日 　　(2)　売主　　債権者 　　(3)　買主　　債務者 　　(4)　商品　　○○○○個○○○円 　　(5)　売渡日　　令和○○年○○月○○日 　　(6)　代金支払期限　　令和○○年○○月○○日 　　(7)　遅延損害金　　定めあり○○%

(2)　支払督促の発付

支払督促の申立てについては，裁判所書記官によって，当該申立てが適法であるか否かが判断される。

裁判所書記官が申立てが適法か否かを審査するに当たっては，債務者からの事情の聴き取りはなされない。債権者の申立てに理由があると認められれば，支払督促が発付される（民訴386条1項）。申立てが却下されるのは，管轄違いの場合，「金銭その他の代替物又は有価証券の一定の数量の給付目的とする請求」（同法382条）でない場合，申立ての趣旨から請求に理由がないことが明らかな場合等である。

発布された支払督促は債務者に対して送達され（民訴388条1項），債権者に対しては支払督促を発した旨の通知がなされる（民訴規234条2項）。

(3)　仮執行宣言

債権者は，支払督促が債務者に送達された日から2週間が経過すると，裁判所書記官に対して仮執行宣言の申立てをすることが可能になる（民訴391条1項）。

裁判所書記官は，仮執行宣言の申立てがあった場合，支払督促に仮執行宣言を記載し，当事者に送達する（同条2項）。

仮執行宣言付支払督促が債務者に送達されて2週間が経過すると，債務者は異議を申し立てることができなくなり（民訴393条），当該仮執行宣言付支払督促は，確定判決と同一の効力を持つこととなる（同法396条）。

6－6　民事保全手続

❖債務者による督促異議

(1)　督促異議とは

支払督促が発布された場合，債務者は異議を申し立てることができる（督促異議）。債務者には，仮執行宣言前の異議申立てと，仮執行宣言後の異議申立ての2度に渡って督促異議申立ての機会がある（民訴390条・393条）。

(2)　督促異議の申立て

債務者は，支払督促を発した簡易裁判所に対して督促異議を申し立てることができる。督促異議の申立てには，申立手数料はかからない。

督促異議の申立ては，一般には督促異議申立書を提出する方法によってなされるが，督促異議の理由を記載する必要はない。すなわち，何の理由かを明示せずに異議を申し立てることが可能ということである。

(3)　督促異議の効果

仮執行宣言前の督促異議については，支払督促は督促異議のあった範囲内で効力を失うことになり，強制執行を阻止することができる（民訴390条）。

仮執行宣言後の督促異議については，支払督促の確定を阻む効果があるが，それだけで執行を停止させる効果はないため，執行を停止させるためには別途執行停止を申し立てる必要がある。

仮執行宣言前後を問わず，債務者から督促異議の申立てがあったときは，督促異議に係る請求の部分について，支払督促を発した裁判所書記官の所属する簡易裁判所またはその所在地を管轄する地方裁判所に訴えの提起があったものとみなされる（民訴395条）。

支払督促の申立手数料は訴訟提起の手数料の半額で足りるが，督促異議の申立てによって訴訟に移行することによって，債権者は訴え提起の手数料全額の納付義務が生じるので，残りの半額分を追納する必要がある。

|6－6－5|　訴　　訟

❖訴訟とは

民事訴訟とは，私人間の紛争を解決するために，国家機関である裁判所を使う手続である。

金銭の支払いを目的とする請求においては，強制執行を行うためには，確定判決等の債務名義を得なければならず，訴訟は，原告と被告とが対立して判決

611

第6章　債権保全と債権回収

という裁判を求めるものであり，債務名義を得るための手段の1つである。

　債権の有無や金額に争いがあり，当事者間での話し合いが困難な場合や，債務者が所在不明で支払督促が送達できない場合などは，法的手続として残された訴訟提起の手段をとることとなる。

❖訴訟の申立て

　訴えの提起は，訴状を第一審裁判所に提出することにより行う。簡易裁判所では，口頭による訴えの提起が認められているが，事実上口頭による訴えの提起は行われず，弁護士等の訴訟代理人がつかない場合には簡易裁判所に備え置かれている書式例や最高裁判所ホームページからダウンロードできる書式例を利用した書面による提起がなされるのが通例である。

　請求額が140万円以下のときには簡易裁判所に訴訟を提起し，請求額が140万円を超えるときは，地方裁判所に訴訟を提起する。簡易裁判所においては，裁判所の許可を得たうえで，法人の社員を代理人として訴訟活動をすることも可能であるが，地方裁判所の訴訟においては，代理人となれるのは弁護士に限られている。

　訴状には，請求の趣旨のほか，請求を理由づける事実を具体的に記載し，立証を要する事由ごとに当該事実に関連する事実で重要なものおよび証拠を記載する。併せて附属書類として，訴状の副本（原本の写し），書証の写し，当事者が法人である場合は資格証明書，弁護士を代理人として訴えを提起する場合には弁護士への委任状を提出する必要がある。

　訴状が裁判所に提出されると，裁判官が訴状の必要的記載事項等を形式的に審査し，不備があれば補正を命じたうえ，訴状を被告に送達し，第一回口頭弁論期日を指定する。

図表　6―19　訴状（売掛金請求）

訴　状

令和○○年○月○○日

○○地方裁判所　御中

原告代表者代表取締役　　○○○○　㊞

6－6　民事保全手続

〒○○○－○○○○　　東京都○○○○○○（送達場所）
　　　　　　　　　　原　　　　　告　　株式会社　○○○○
　　　　　　　　　上記代表者代表取締役　　○○○○
　　　　　　　　　　　　　電　話　○○－○○○○－○○○○
　　　　　　　　　　　　　ＦＡＸ　○○－○○○○－○○○○
〒○○○－○○○○　　東京都○○○○○○
　　　　　　　　　　被　　　　　告　　株式会社　○○○○
　　　　　　　　　上記代表者代表取締役　　○○○○

売買代金請求事件
　　訴訟物の価額　　○○○○円
　　貼用印紙額　○○○○円

第1　請求の趣旨
　1　被告は，原告に対し，○○○○円およびこれに対する令和○○年○○月○○日から
　　支払済みまで年6分の割合による金員を支払え。
　2　訴訟費用は被告の負担とする。
　3　この判決は仮に執行することができる。
　との判決を求める。
第2　請求の原因
　1　原告は，○○○○等の販売を業とする会社である。
　2　被告は，○○○○を業とする会社である。
　3　原告と被告は，令和○○年○○月○○日，次のとおりの基本取引契約を締結した。
　　（甲1）
　　⑴　取引対象　　○○○○
　　⑵　決済方法　毎月末日締切翌月○○日支払い
　4　原告は，被告に対し，令和○○年○○月○○日から令和○○年○○月○○日まで○
　　○○○を合計○○○○円で売り渡した。（甲2の1から9，甲3の1から9，証人A）
　5　被告は，原告に対し，令和○○年○○月○○日までに○○○○円を支払ったのみで，
　　残金○○○○円の支払いをしない。
　6　よって，原告は，被告に対し，売買契約に基づく売買代金残金○○○○円およびこ
　　れに対する履行遅滞に基づく損害賠償として，最終弁済期の翌日である令和○○年○
　　○月○○日から支払済みまで商事法定利率年6分の割合による遅延害金の支払いを求
　　める。
第3　その他の参考事項
　　　　　　　　　　　　　　　　　　　　　　　　　　　　　　　　　　　　　　　。

証拠方法
　1　甲第1号証　売買契約基本契約証書
　2　甲第2号証の1から9　請求書控え
　3　甲第3号証の1から9　納品書

附属書類
　1　訴状副本　　　　　　　　　　　　　○通
　2　甲第1ないし3号証の9（写し）　各○通
　3　商業登記簿謄本　　　　　　　　　　○通

第6章　債権保全と債権回収

❖審　　理

　原告から訴状が出されると，被告によって答弁書が提出される。そして，法廷での審理（これを「口頭弁論」）という），および，ほとんどの訴訟においては原被告双方が証拠を提出し，準備書面をやりとりして争点・証拠を整理する手続を繰り返す。このような書面および証拠のやり取りを通じて争点を絞り込み，必要があれば証人尋問を行い，そのうえで判決が言い渡される，というのが一般的な訴訟手続の流れである。

　以下，各手続について説明する。

(1) 口頭弁論期日

　裁判資料の提出は，原則として口頭弁論期日においてなされる。口頭弁論期日は，公開された法廷で行われる。

　現実には，1回限りで口頭弁論が終了することは少なく，何回かの口頭弁論を重ねたうえで手続が終結する。しかし，このように終結するまでに重ねられた口頭弁論期日の全体が判決の基礎となることとされている（口頭弁論の一体性）。

　このことは，当事者からみれば，終結まではいつでも同じように裁判資料を提出できることを意味するが，これでは訴訟の審理促進が妨げられることから，攻撃または防御方法の提出は，訴訟の進行に応じ，適切な時期にしなければならないとされている（適時提出主義）。

　また，口頭弁論に関しては，次のような原則がある。

① 公開主義：訴訟の審理，裁判を誰でもが傍聴できる原則
② 口頭主義：弁論と証拠調べについては，口頭で行わなければならず，口頭で陳述されたものだけが判決の基礎となるという原則
③ 直接主義：弁論の聴取や証拠調べを，判決する裁判官が自ら行う原則
④ 継続審理主義：1つの事件のための数回にわたる口頭弁論期日を集中的に継続して行い，その終了後にはじめて他の事件に移行する主義

(2) 争点および証拠の整理手続

　争点および証拠等の整理を行うことは，立証すべき事実を明確にして，これについて集中的な証拠調べを行い（民訴182条），充実した審理を実現するために不可欠な前提である。

　そこで法は，争点および証拠を整理し，当事者および裁判所の間での事件の

614

実相についての認識を共通にして，集中証拠調べへ連携させていくための手続として，以下の3種類の手続を設けている。

(i) 準備的口頭弁論

口頭弁論を争点および証拠の整理の目的のために利用する場合をいう。

裁判長が指定した期日に，公開法廷で行われ，争点整理に関係がある限り，証拠調べを含め，あらゆる行為をすることができる。

(ii) 弁論準備手続

口頭弁論期日外の期日において，争点および証拠の整理を目的として行われる手続であり，一般公開を要しない。

裁判所は，争点整理の必要があるとき，当事者の意見を聞いたうえで事件を弁論準備手続に付すことを決定する。この手続内で行える行為は，準備的口頭弁論に比べ限定される。

(iii) 書面による準備手続

当事者の出頭なしに準備書面等の提出により争点および証拠の整理をする手続をいう。

これは，当事者の期日出頭が経済的・精神的に相当な負担となる場合において，出頭しなくても争点整理が可能な事件について，準備書面や文書の写しのやり取りと，これを補充する手段として電話会議の方法で意見交換を行うことによって争点および証拠の整理をしようとするものである。

裁判所は，当事者が遠隔地に居住しているときその他相当と認めるときに，当事者の意見を聴いて，事件をこの手続に付する決定をする。

(3) 証拠調べ

口頭弁論期日において，当事者の主張を明確にするために，いわゆる弁論が行われるが，主張と証拠は明確に区別されなければならず，証拠上明白であっても，当事者の主張がなければ，裁判所としては判決の基礎とすることはできない。また，証明を要する事実とは，当事者に争いのある事実をいう。

したがって，訴訟においては，まず，当事者の主張関係を明らかにしたうえで，争いのある事実について，次のような証拠調べを行うことになる。

① 書証
② 証人尋問
③ 鑑定
④ 検証

第6章　債権保全と債権回収

⑤　当事者尋問
⑥　調査嘱託
⑦　証拠保全

証拠調べは，口頭弁論期日で行うことが原則であるが，現場検証や，証人が病気等で裁判所に出廷できない場合に裁判所外で証拠調べを行うこともある。

(4)　和解期日

当事者間において合意が成立すれば，それによって解決することが社会生活の継続の観点からも好ましく，その意味で和解によって民事訴訟を解決することは当然に予定されている。そのため，訴訟のどの段階においても和解を試みることは可能とされており（民訴89条），そのための期日を和解期日という。

和解が成立した場合には和解調書が作成され，これには，次に述べるように確定判決と同様の効力が認められている。

❖訴訟の終了

判決が確定した場合や，和解が成立した場合，訴訟手続は終了する。このほか，訴状却下，訴え却下，訴えの取下げ，請求の放棄・認諾も，訴訟の終了原因である。

以下では，和解および判決について説明する。

(1)　和解による終了

裁判上の和解には，訴訟上の和解と，起訴前の和解（即決和解）とがある。

このうち，訴訟上の和解とは，当事者双方が互いに譲歩することにより紛争を解決し，訴訟を終了させる旨の期日における合意をいう。

訴訟期日において，当事者双方がかかる合意をした場合，裁判所または裁判官は，審査のうえ，その合意を有効なものと認めれば書記官に調書に記載させ，これにより訴訟は終了する。

なお，起訴前の和解（即決和解）とは，訴訟を前提とせずに，和解を欲する当事者の申立てによりなされる和解である。この申立ては，請求の趣旨および原因のほか争いの実情を示して，口頭または書面により，相手方の普通裁判籍所在地の簡易裁判所に行う。申立てが適法であれば，和解期日が開かれ，そこで紛争解決の合意ができれば，和解調書が作成される。

これら裁判上の和解における和解調書は，確定判決と同一の効力を有し（民訴267条），債務名義となる。

616

6－6　民事保全手続

したがって，相手方が和解の内容に従った支払いをしない場合には，直ちに強制執行手続をとることができるため，債権回収のための強力な手段となる。

(2)　判決による終了

受訴裁判所が，口頭弁論に基づいて，訴訟物について判断をなすものが判決である。和解が成立しない場合には，口頭弁論は終結し，終結から2カ月以内に，判決が言い渡される。

裁判所の判断結果に不服がある当事者は，上訴することが認められており，第一審判決に対するものを控訴，控訴審判決に対するものを上告と呼ぶ。

上訴できない判決（上告審判決）は，判決言渡しと同時に確定する。また，上訴権を有する者が上訴権を放棄したときには，放棄のときに確定し，当事者が上訴期間（14日）内に適法な上訴をせずに上訴期間を経過した場合には，上訴期間満了時に判決は確定する。

|6－6－6|　少額訴訟

❖少額訴訟とは

簡易裁判所においては，請求金額が60万円以下の金銭支払請求事件については，少額訴訟という手続によって審理，裁判を進めることができる（民訴368条1項）。

少額訴訟では，原則，1回の口頭弁論期日だけで審理を完了するものとされており（民訴370条1項），直ちに判決の言渡しがなされる（同法374条1項）。しかし，被告から通常訴訟に移行する旨の申述があった場合には，通常訴訟に移行するので（同法373条1項・2項），債権者としては，債務者の意向によっては少額訴訟での手続によって解決ができない場合があることに注意が必要である。

また，同一の原告が同一の簡易裁判所において少額訴訟をすることができるのは1年に10回までと，回数制限が課されている（民訴368条1項，民訴規223条）。

❖少額訴訟の手続

(1)　訴えの提起

少額訴訟の提起は，簡易裁判所へ訴えを提起することによってなされる（民

617

第6章 債権保全と債権回収

訴368条1項）。少額訴訟を含めた簡易裁判所での訴えの方式は，口頭による訴えの提起（同法271条），口頭による任意の出頭による訴えの提起（同法273条）が認められているが，実務上は書面，すなわち訴状を裁判所に提出して訴えを提起するのが一般的である。

　少額訴訟手続に入るためには，少額訴訟による審理及び裁判を求める旨の申述と（民訴368条2項），少額訴訟の利用回数の届出が必要であるが（同条3項），これらは併せて訴状に記載するのが実務の通例である。

図表 6 −20 訴状（少額訴訟）

裁判所用

訴　　状

事件名　　売買代金請求事件

☑少額訴訟による審理及び裁判を求めます。本年，この裁判所において少額訴訟による審理及び裁判を求めるのは○回目です。

○○簡易裁判所　御　中　　　　令和○○年○○月○○日

原告（申立人）	〒○○○−○○○○ 住　所（所在地）東京都○○○○○○○
	氏　名（会社名・代表者名）　　　株式会社○○○○ 　　　　　　　　　　　　　　　　代表者代表取締役　○○○○　　　　　　　印
	ＴＥＬ　○○−○○○○−○○○○　　　ＦＡＸ　○○−○○○○−○○○○

原告（申立人）	送達場所等の届出	原告（申立人）に対する書類の送達は，次の場所に宛てて行ってください。 　☑上記住所等 　□勤務先　名　称 　　　　〒 　　　　住　所 　　　　　　　　　　　　　　ＴＥＬ　　　　−　　　　　−
		□その他の場所（原告等との関係　　　　　　　　　　　　　　　） 　　　　〒 　　　　住　所 　　　　　　　　　　　　　　ＴＥＬ　　　　−　　　　　−
		☑原告（申立人）に対する書類の送達は，次の人に宛てて行ってください。 　　氏　名

618

6－6 民事保全手続

被告（相手方）	〒○○○－○○○○ 住　所（所在地） 　　　　　東京都○○○○○○○ 氏　名（会社名・代表者名） 　　　　　○○○○ TEL　○○－○○○○－○○○○　　　　　FAX　○○－○○○○－○○○○ 勤務先の名称及び住所　○○○○株式会社 　　　　　　　　　　　　　TEL　○○－○○○○－○○○○

訴訟物の価額	○○○円	取扱者
貼 用 印 紙 額	○○○円	
予納郵便切手	○○○円	
貼用印紙	裏面貼付のとおり	

裁判所用

売買代金

請求の趣旨	1　被告は，原告に対して，次の金員を支払え。 　　　金　　　　　　　　○○○○　円　　　　　　｝ ☑上記金額に対する 　｛☑令和○○年○○月○○日｝から支払済みまで 　｛□訴状送達の日の翌日｝ 　　　　年○%の割合による金員 2　訴訟費用は，被告の負担とする。 との判決（□及び仮執行の宣言）を求めます。
紛争の要点（請求の原因）	原告（○○○○業を営む者）が被告に売り渡した物件 　　契 約 日　令和○○年○○月○○日（から令和　年　月　日まで） 　　品　目　○○○○ 　　数　量　○○ 　　代　金　金　○○○○円 　　支払期日　令和○○年○○月○○日
	代金支払状況 　　　　　☑支払なし 　　　　　□一部支払あり　　金　　　　　　　　　　　円
	その他の参考事項

添付書類	☑契約書 　　　□受領証 　　　☑請求書（控）　　　☑納品書（控） ☑商業登記簿謄本又は登記事項証明書 □

(2) 訴訟の提起から第1回口頭弁論期日まで

　少額訴訟が提起されると，裁判所によって訴状の記載事項が審査され，記載すべき事項が記載されていない場合や，記載内容が不適切である場合には，裁判所から原告に対して補正が命ぜられる。

　必要的記載事項について不備が補正されない場合には，命令で訴状が却下されてしまうので（民訴137条2項），原告としては，裁判所からの補正の指示に対しては的確に対応すべきである。

　合わせて，裁判長によって，第1回口頭弁論の期日が指定される（民訴139条，民訴規60条1項）。第1回口頭弁論期日は，特別の事由がある場合を除き，訴え提起があった日から30日以内の日に指定しなければならないとされているものの（同規則60条2項），各裁判所の状況にもよるが，少額訴訟を含め，各裁判所とも相当の件数の訴訟を抱えているため，訴えの提起があった日から30日以内に第1回口頭弁論期日が指定されることはむしろ珍しく，実際には40日程度を要しているのが実情である。

　当事者の呼出しについては，呼出状の送達などの相当な方法で行うものとされており（民訴94条1項），被告に対しては，呼出状と合わせて訴状副本（同法138条，民訴規58条1項），少額訴訟手続の説明書（同規則222条1項），定型の答弁書用紙等が同封されて送付される。

　少額訴訟については，原則として1回の期日で審理を終了させるという，1期日審理の原則が取られている（民訴370条）。

　第1回の期日の段階で，原告の請求が特定されていないということであれば訴えは却下されてしまうし，請求を理由づける事実がないということであれば請求棄却の判決が下されてしまう危険性が高い。

　原告としては，訴状の記載だけでは請求が認容されないおそれがある場合には，第1回口頭弁論期日前に準備書面を作成して提出し，請求が認容されるに足りる事項を漏れなく主張しておくべきである。

❖第1回口頭弁論期日

(1) 手続説明

　少額訴訟においては，期日の冒頭で，裁判官から当事者に対して，少額訴訟の手続について説明がなされる（民訴規222条2項）。

　少額訴訟は必ずしも法律知識が十分でない一般市民が当事者となることが想定されているため，このような手続が設けられているのである。

　ここでは，証拠調べは即時に取り調べることが可能な証拠に限られること，被告は訴訟を通常の手続に移行させる旨の申述をすることができること，判決に対しては異議申立てが可能であること等が説明される。

(2) 訴状，答弁書陳述

　訴えの内容の審理については，原告の訴状陳述，被告の答弁書陳述によって始まる。

　これにより当事者の主張が正式に裁判において主張されたことになる。

　原告の訴状，被告の答弁書の内容を突き合わせた後で，裁判所による証拠調べが実施される。

(3) 証拠調べ

　証拠調べは，即時に取り調べることができる証拠に限りすることができるとされており（民訴371条），即時にとは口頭弁論期日の開廷中であると理解されている。

　書証については，原本があるものは原本を調べるものとされている。

　証人尋問については，即時に取り調べることができる証人に限られるという意味で，期日前に証人申請をし，期日当日に証人が出頭して証言できる場合に限られることになる。

(4) 和解勧試

　少額訴訟手続においても，通常の訴訟手続と同様に，どの時期においても和解を試みることが可能である（民訴89条）。

　簡易裁判所での手続である少額訴訟においては，一般市民の中から選ばれた司法委員を関与させることができ（民訴279条），司法委員の経験，専門的知見を用いて和解を円滑に進めるような試みがよく行われている。

❖弁論終結

　少額訴訟手続においては，原則として，第1回口頭弁論期日の終結と同時に

第6章　債権保全と債権回収

弁論終結となるが，特別の事情がある場合には，期日続行となる（民訴370条
1項）。

　特別な事情があるとして期日が続行されるのは，当事者が十分な主張をでき
ないことにやむをえないような事情がある場合や，審理に時間がかかってし
まって第1回口頭弁論期日に審理が終了しなかった場合等である。

❖判決の言渡し

　判決の言渡しは，原則として，口頭弁論の終結後直ちになされる（民訴374
条1項）。

　口頭弁論終結後直ちに判決が言い渡される場合は，裁判長が主文および理由
の要旨を告げてすることができ（民訴規229条2項・155条3項），判決書の原本
に基づかないでなされる。この場合，裁判所書記官によって，口頭弁論期日の
調書に主文，請求ならびに理由の要旨等が記載され（調書判決），この調書の
謄本が当事者に送達される（民訴374条2項・255条）。

❖不服申立て

　少額訴訟の終局判決に対しては，控訴をすることができないとされているが
（民訴377条），少額訴訟独自の不服申立てとして，判決書または調書判決の送
達を受けた日から2週間以内に，その判決をした裁判所に異議を申し立てるこ
とができる（同法378条1項）。この異議の申立ては書面でしなければならない
（民訴規230条・217条1項）。

　適法な異議申立てがあった場合は，口頭弁論終結前の状態に戻ることとなっ
ており，通常の手続により審理，裁判がなされることとなる（民訴379条）。こ
れにより，一期日で審理するという原則も排除され，あらゆる証拠調べが可能
になり，証人の宣誓も必要となるが，反訴禁止，尋問順序を裁判官が決めると
いう点では少額訴訟手続と同様である（同法379条2項）。

　異議申立てに対する判決についての不服申立ては，判決に憲法の解釈の誤り
があること，その他憲法の違反があるときの特別上告だけが認められており，
その他は認められていない（民訴380条2項・327条）。

6－6　民事保全手続

|6－6－7|　手形訴訟

❖手形訴訟とは

　手形訴訟とは，債権者が債務者から手形や小切手を受け取っている場合に提起することができる，通常訴訟より簡易迅速な訴訟手続である。

❖手形訴訟申立ての手続

　手形訴訟を申し立てる裁判所は，①支払地の管轄裁判所（民訴6条），②被告の住所を管轄する裁判所（同法1条～4条），③義務履行地を管轄する裁判所（同法5条），が主な管轄裁判所である。

　③の義務履行地は，主たる債務者（約束手形の振出人など）については手形の支払地であるが，裏書人等の手形債務者については当該債務者の現時の営業所・住所である（商法516条2項）。

　訴状が提出されると，裁判所は直ちに第1回期日を指定して当事者を呼び出す。

　審理の方法は，原則として通常訴訟と同様であるが，手形訴訟においては，以下のように通常訴訟とは異なる特色が存在する。

図表　6－21　訴状（手形訴訟）

訴　状

令和○○年○○月○○日

○○地方裁判所　　御　中

原告訴訟代理人　弁　護　士　　　○○○○

当事者の表示　　　別紙当事者目録記載のとおり

約束手形金請求事件
　　訴訟物価額　○○○○円
　　貼用印紙額　○○○○円

請求の趣旨

1　被告らは各自原告に対し，金○○○○円およびこれに対する令和○○年○○月○○日から支払済みまで年○分の割合による金員を支払え

第6章　債権保全と債権回収

623

第6章　債権保全と債権回収

2　訴訟費用は被告らの負担とする
との判決ならびに仮執行の宣言を求める。
本件は手形訴訟による審理・裁判を求めるものである。

請求の原因

1　被告有限会社○○○○は別紙約束手形目録記載の裏書の連続のある約束手形1通を振り出し（甲1の1），原告は上記手形を所持している（甲1の1ないし3）。
2　被告株式会社○○○○は，拒絶証書作成義務を免除のうえ，上記手形に裏書した（甲1の2）。
3　原告は，上記手形を支払呈示期間内に支払場所に呈示したが，その支払いを拒絶された（甲1の3）。
4　よって，原告は被告らに対し，本件約束手形金○○○○円およびこれに対する満期の日から支払済みまで年○分の割合による商事法定利息の支払いを求めて，本件訴訟に及ぶ次第である。

証拠方法

　1　甲第1号証　　約束手形

附属書類

　1　訴状副本　　　　　○通
　2　甲号証写し　　　　各○通
　3　資格証明書　　　　○通
　4　訴訟委任状　　　　○通

当事者目録

〒○○○-○○○○　東京都○○○○○○
　　　　　　　　　原　　　　　　　告　　　　○○○○
　　　　　　　　　上記代表者代表取締役　　　○○○○

〒○○○-○○○○　東京都○○○○○○
　　　　　　　　　○○法律事務所（送達場所）
　　　　　　　　　 TEL ○○-○○○○-○○○○　FAX　○○-○○○○-○○○○
　　　　　　　　　上記原告訴訟代理人　弁　護　士　　　　○○○○

〒○○○-○○○○　東京都○○○○○○
　　　　　　　　　被　　　　　　　告　　有　限　会　社　○○○○
　　　　　　　　　上記代表者代表取締役　　　○○○○

〒○○○-○○○○　東京都○○○○○○
　　　　　　　　　被　　　　　　　告　　株　式　会　社　○○○○
　　　　　　　　　上記代表者代表取締役　　　○○○○

6－6　民事保全手続

約束手形金目録

約束手形
　　金　　　　額　　金○○○○円
　　満　　　　期　　令和○○年○○月○○日
　　支　払　地　　東京都○○○
　　振　出　地　　同　上
　　支　払　場　所　　○○銀行○○支店
　　振　出　日　　令和○○年○○月○○日
　　振　出　人　　有限会社○○○○
　　受　取　人　　○○○○
　　第　一　裏書人　　株式会社○○○○
　　（支払拒絶証書作成義務免除）
　　第一被裏書人　　　　（白　地）

❖手形訴訟の特色

　手形訴訟は，審理に一定の制約を加えたうえで，早期解決を図れるように審理の促進，手続の合理化に配慮された制度となっており，さまざまな点で民事訴訟とは異なる。具体的には(1)訴訟対象の制限，(2)審理手続の迅速化を図る手続，(3)判決主文の特色，(4)不服申立方法の制限などの特色がある。

(1)　訴訟対象の制限

　手形訴訟においては，訴訟の対象が，手形による金銭の支払請求とこれに附帯する損害賠償請求に限定されている（民訴350条1項）。

(2)　審理手続の迅速化

　手形訴訟による裁判を求める場合には，原告は必ず訴状に手形訴訟によって審理および裁判を求める旨を記載しなければならない（民訴350条2項）。この記載が欠けている場合には，通常の民事訴訟として受理され，手形訴訟による裁判を求めることはできない。

　また，審理手続の迅速化を図るため，さまざまな配慮がなされている。

　具体的には，訴え提起後「直ちに」口頭弁論期日の指定，当事者の呼出がなされる（民訴規213条1項）。そして，期日変更・弁論続行は，原則として前の期日から15日以内に指定することが要求され（同規則215条），1回結審が原則とされる（同規則214条）。また，審理をできるだけ単純化して迅速な解決を図るため，反訴は禁止されている（民訴351条）。さらに，手形訴訟においては，証拠方法は原則として書証に限定され（同法352条1項），例外的に文書の真否

625

第6章　債権保全と債権回収

および支払いの呈示に関する事項についてのみ当事者本人尋問が許されている（同条3項）。

「書証」とは，文書による証拠調べのことをいうが，書証であれば無制限に許されるものではなく，手形訴訟においては，簡易迅速な証拠調べを目的とするため，即時に証拠調べを行うことができない文書提出命令・送付嘱託・調査嘱託は禁止されている（民訴352条2項・4項）。また，人証としては，当事者本人（法定代理人を含む）の尋問のみが許容されており，その尋問範囲も，文書の真否および支払いの呈示に関する事項に限定されている。

このように証拠方法が制限されているのは，1つには，手形の簡易迅速な決済手段という機能が損なわれないように，手形をめぐる紛争を早期に解決しようとする姿勢の表れである。もう1つの理由は，手形自体の法律的性格から，要件が整った手形が存在すれば，それに対応する手形上の権利が存在する蓋然性がきわめて高いことから，このように証拠方法を制限して迅速な判決を行っても，実体に反する判断が出る可能性が少ないと考えられるためである。

(3) 判決主文の特色

裁判所は職権で担保を供せずして仮執行宣言を付することを要する（民訴259条2項）とされている。これは，被告から異議申立てがあった場合でも影響を受けないことから，判決が出た場合には，執行文を得て迅速に強制執行手続に入ることができる。

(4) 不服申立方法の制限

手形訴訟では，控訴・上告といった手段を利用できる民事訴訟と異なり，不服申立ての手段が，異議申立てのみに限定されている（民訴356条・357条）。

6-6-8 民事調停

❖民事調停とは

民事調停とは，裁判所の調停委員が仲介し，当事者双方が話し合い，互いに譲歩して，一定の合意をすることにより，紛争を解決する手段である。

和解と同様，当事者間の話し合いと互譲によって，実態に即した解決を図る制度であるが，和解と異なり，調停委員会が紛争解決のあっせんを行うものである。調停委員会は，民間人である調停委員と，裁判官である調停主任とで構成されるが，実際に調停に立ち会うのは，主に調停委員である。裁判所が関与

626

する紛争解決手段であり，調停調書には和解調書と同一の効力が認められ（民調16条），執行力が与えられている。

民事調停は，債権者がある程度譲歩してもなお債務者との話し合いでの解決を望む場合や，公開の訴訟手続へ持ち込まず非公開の話し合いで解決したい意向がある場合等に適している。

❖民事調停申立ての手続

(1) 申 立 て

民事調停の申立ては，紛争当事者が，当事者，申立ての趣旨，紛争の要点等を記載した調停申立書を管轄裁判所に提出することによって行う（民調規3条1項）。

申立ては，書面および口頭のいずれの方法によって行ってもよい。管轄は，相手方の住所，居所，営業所もしくは事務所の所在地を管轄する簡易裁判所である（民調3条）。

(2) 審 理

調停期日においては，事案の真相を解明するため，まず調停委員が当事者双方から紛争の実情を聴取する。調停期日は，非公開で行われる。

調停手続においても，民事訴訟法において定める方式により証人尋問，鑑定，検証，書証の取調べなどの証拠調べを行うことができる。また，調停委員会が必要と認めるときは，官庁その他の団体に対して，文書の送付を求めたり，調査の嘱託をすることができる。このようにして，調停委員会が，紛争の実情を把握すると，その解決のために最も適当な調停案を当事者双方に提示し，説得する。

複雑困難な紛争でない限り，通常は平均3回くらいの調停期日が開かれ，調停案が示される。

(3) 終 了

調停期日に，紛争の解決について合意が成立した場合には，調停が成立したものとして事件は終了する（民調16条）。ただし，その合意した内容が適法であって具体的妥当な解決であると認められる場合に限られる（同法14条）。この場合に作成される調停調書は，基本的には和解調書と同様である。

他方で，まったく調停成立の見込みがない場合や，当事者間に合意が成立していても，その合意内容が違法または不当であり，具体的な妥当な解決とは認め

第6章 債権保全と債権回収

られず，当事者としても再考慮の余地がなく，裁判所が調停に代わる決定をもしない場合には，調停は成立しないものとして，調停事件は終了する（民調14条）。

このほか，調停に代わる決定，調停をしない認定，調停申立ての取下げ，調停申立ての却下により，調停は終了する。

|6-6-9| 特定調停

❖特定調停とは

特定調停とは，支払不能に陥るおそれのある債務者の経済的再生を図るために，民事調停法の特例として定められた調停である（特調法1条・2条）。

特定調停の対象となるのは，支払不能に陥るおそれのあるもの，事業の継続に支障をきたすことなく弁済期にある債務を弁済することが困難であるもの，または債務超過に陥るおそれのある法人であり，これらのものを「特定債務者」という（特調法2条1項）。

特定債務者は，債権者全員ではなく，申し立てた相手方との間でのみ調停を成立させることが可能である。もっとも，相手方の一部の債権者のみが有利になるような結果は許されず，調停の内容は，公正かつ妥当で経済的合理性を有するものでなければならないとされている。

特定調停を申し立てることができるのは特定債務者のみであり，債権者による申立ては認められない。

❖特定調停申立ての手続

(1) 申 立 て

特定調停の申立てに当たっては，民事調停申立書の記載事項に留意するほか，以下の点に留意する必要がある。

① 申立ては，原則として，申立書を管轄裁判所に提出することにより行う。
② 特定調停手続による調停を求める旨の記載をする。
③ 申立人が事業者の場合，申立てと同時に，関係者との交渉の経緯，および希望する調停条項の概要，を明らかにする。
④ 申立人が法人の場合，申立てと同時に，労働組合の名称等を明らかにする。
⑤ 申立てと同時に，財産状況を示すべき明細書等の特定債務者であること

6－6 民事保全手続

を明らかにする資料，および，債権者および担保権者の一覧表を提出する。

(2) 審 理

申立てがなされると，特定調停の相手方（関係権利者）は，相当期間内に，債権，担保権の発生原因，債権内容の変更，担保関係の変更について記載した書面および証拠書類を提出しなければならない。調停委員会は，とくに必要と認めるときは，当事者または参加人に対し，事件に関係のある文書または物件の提出を求めることができる。

そして，実務上は，まず申立人だけに出頭を求め，事情を聴取する期日（準備期日）が指定されることが多い。この準備期日において，調停委員会が，総債務額の確定，弁済に充てられる原資の把握，1カ月当たり返済可能額等の確定，弁済計画案の策定等が行われる。

準備期日を経た後，当事者双方から意見の聴取と意見の調整を行うための期日が開かれる。期日において，関係権利者は，特定債務者の申立ての趣旨を踏まえ，それに応じるのか，応じるとしてもその範囲，内容，条件等をどうするのかといった対応方針について検討し，特定債務者と交渉，調整を行う。

(3) 終 了

調停委員会が提示する調停条項案は，特定債務者の経済的再生に資する観点から，公正かつ妥当で経済的合理性を有する内容のものでなければならない。

期日における当事者双方による交渉，調整を経て，両者が合意できる調停条項となり，これが合理性ありと認められるものである場合には，調停は成立となり，特定調停は終了する。

しかし，公正かつ妥当で経済的合理性を有する内容の合意が成立する見込みがない場合あるいは，仮に当事者間で合意が成立していても，調停手続の中で得た資料から，公正かつ妥当で経済的合理性を有するかどうかの判断ができない場合には，調停委員会は，調停不成立として事件を終了する。

このほか，特定調停をしない認定，調停に代わる決定等によっても特定調停は終了する。

6－6－10 強制執行

❖強制執行とは

強制執行とは，執行裁判所または裁判官が，国家権力を用いて債権者のため

629

第6章　債権保全と債権回収

に債務名義（民執22条）に表示された私法上の給付請求権を強制的に実現するための制度と手続である。

　近代法は，権利者による自力救済を認めていないことから，私人が，権利の確定とその権利の実現を図るためには，国家機関である裁判所に，権利を確定し給付を命ずる判断を求めなければならない（判決手続）。しかし，その判断があっても相手方がこれを任意に履行しない場合に，国家の執行機関が介入して，具体的な権利の内容を実現することとなる。この手続が，すなわち強制執行である。

❖強制執行の要件

(1)　債務名義

　債務名義とは，強制執行によって実現されることが予定されている，私法上の給付請求権の存在，範囲，当事者を記載した公の文書である（民執22条）。

　強制執行が許されるためには，強制執行を許す国家のお墨つきの文書が必要であり，このお墨つきの文書が債務名義である。

　前述のように，法治国家においては，権利の実現は裁判所による強制執行手続によって行われるが，仮に，強制執行をする裁判所が手続を進めるに当たって，その権利が正当なものかどうかを逐一確かめなければならないとすると，迅速な権利の実現は難しくなる。

　そこで，わが国では，執行機関は，判決裁判所の権利判断の文書，すなわち債務名義があれば，もはや権利の存否，範囲などを審理する必要なく執行手続を行うことができるものとされている。このように，権利判定機関と執行機関を分離することで，迅速な権利実現が期待できるのである。

(2)　執 行 文

　執行文とは，当該執行当事者間において債務名義の執行力の存在と範囲を公証するため，執行文付与機関が債務名義の正本の末尾に付記した公証文言をいう（民執26条1項）。

　債務名義の正本に付記する執行文にはすべて「執行文」との標題が付される。執行文には，以下の4種類が存在する。

(i)　単純執行文

　給付命令等の内容が単純に給付を命じるだけで，債権者が証明すべき条件や期限がつかず，当事者の変動もない場合に，債権者の申立てによって付与され

630

6－6　民事保全手続

図表 6－22　債務名義（判決）

令和○○年○○月○○日判決言渡　同日原本領収　裁判所裁判官　○○○○
令和○○年(ワ)第○○○○号　売買代金支払請求事件
口頭弁論終結　令和○○年○○月○○日

判　　決

東京都○○○○○○
　　　　原　　　　　告　　　　株式会社○○○○
　　　　同代表者代表取締役　　　○○○○
　　　　同訴訟代理人弁護士　　　○○○○
東京都○○○○○○
　　　　被　　　　　告　　　　株式会社○○○○
　　　　同代表者代表取締役　　　○○○○
　　　　同訴訟代理人弁護士　　　○○○○

主　　文

1　被告は，原告に対し，○○○○円およびこれに対する令和○○年○○月○○日から支払済みまで年○パーセントの割合による金員を支払え。
2　訴訟費用は被告の負担とする。
3　この判決は，仮に執行することができる。

事実および理由

第1　請求
　　　被告は，原告に対し，○○○○円およびこれに対する令和○○年○○月○○日から支払済みまで年○パーセントの割合による金員を支払え。
第2　事案の概要
1　前提事実
　　・・・・・・・・・・・・・
2　争点
　　・・・・・・・・・・・・・
第3　当裁判所の判断
1　事実認定
　　上記前提事実，掲記の証拠および弁論の全趣旨によれば，以下の事実が認められる。
　(1)・・・・・・・・・・・・
　(2)・・・・・・・・・・・・
2　争点について
　　・・・・・・・・・・・・・
3　以上によれば，原告の請求は理由があることが明らかである。
第4　結論
　　　よって，原告の請求には理由があるからこれを認容することとし，訴訟費用の負担について民事訴訟法第61条を適用して，主文のとおり判決する。

東京地方裁判所民事第1部
裁　判　官　　○　　○　　○　　○

第6章　債権保全と債権回収

図表 **6-23** 執 行 文

債務名義の事件番号　　令和○○年 ㋠ 第○○○○号

執 行 文

債権者は，債務者に対して，この債務名義により強制執行をすることができる。

　　　　　　　令和○○年○○月○○日
　　　　　　　○○地方裁判所○○係
　　　　　　　裁判所書記官　　○○○○

債 権 者　　　東京都○○○○○○○
（ 原 告 ）　　　　○○○○株式会社
　　　　　　　　　代表者代表取締役　　○○○○
債 務 者　　　東京都○○○○○○○
（ 被 告 ）　　　　○○○○

る最も基本的な執行文である。

　(ii)　**条件成就執行文**

　債務名義の内容が債権者の証明すべき事実の到来に係る場合に，債権者が事実の到来を文書で証明した場合に限り付与される執行文である。

　(iii)　**承継執行文**

　執行力を，訴訟担当した第三者や債務名義成立後の承継人に及ぼすための要件を充足したことを証明した場合に付与される執行文である。

　(iv)　**意思表示擬制のための執行文**

　債務者の意思表示が条件等に係る場合には執行文が付与されたときに意思表示がなされたものと擬制されることから，このような場合に付与される執行文である。

❖強制執行開始の要件

　強制執行の開始または続行には，債権者からの執行力のある債務名義の正本に基づく申立て（民執2条）のほか，次の要件が必要である。

(1)　債務名義の正本または謄本，もしくは確定により債務名義になるべき裁判の正本または謄本が，あらかじめまたは同時に債務者に送達されていなければならない（民執29条，民執規20条）。

632

（2） 事案によっては，執行開始の要件として，次の事実の証明が必要な場合がある。

① 請求が確定期限の到来に係る場合には，その期限が到来したこと（民執30条1項）

② 請求が債権者の引換給付義務の履行に係る場合には，その引換給付義務を履行またはその提供をしたこと（同法31条1項）

③ 請求が代償請求の場合には，主たる請求の執行が不能に帰したこと（同法31条2項）

④ 請求が債務者の担保の提供に係る場合には，担保を立てたこと（同法30条2項）

❖強制執行の種類等

強制執行は，一定額の金銭の支払いを目的とする債権の強制的な実現を図るための強制執行（金銭執行）と，それ以外の請求権の強制的な実現を図るための強制執行（非金銭執行）とに分けられる。

金銭執行は，債務者の責任財産を執行の対象とする。債務者に属する金銭的価値を有する有体，無体の財産で，換価可能の財産（動産，不動産，その他の権利）を差し押え，これを金銭に換えて弁済に充てることになるのである。

執行の対象物に応じて性質が異なることから，民事執行法，民事執行規則は，その対象となる財産の種類によって次のように区別している。

・不動産に対する執行（民執45条・93条）

・船舶に対する執行（民執112条）

・航空機に対する執行（民執規84条）

・自動車に対する執行（民執規86条）

・建設機械に対する執行（民執規98条）

・小型船舶に対する執行（民執規98条の2）

・動産に対する執行（民執122条）

・債権その他の財産権に対する執行（民執143条・167条）

・預託株券等に関する執行（民執規150条の2）

・振替社債等に関する執行（民執規150条の6）

以下では，金銭執行のうち，不動産，債権，動産に対する強制執行について説明する。

第6章　債権保全と債権回収

❖不動産に対する強制執行

　不動産に対する強制執行には，不動産を売却してその代金で債権回収を図る強制競売と，不動産から生ずる賃料収入等によって債権回収を図る強制管理の2種類があるが（民執43条1項），強制管理が利用されるケースはほとんどない。以前は，担保不動産競売がなされるまでの間に，無担保権者が強制管理によって若干の債権回収を図るということがあったが，2003年の法改正により担保不動産収益執行が導入されてからは，担保権者による担保不動産収益執行が強制管理に優先するため，無担保権者が強制管理により債権回収を図ることが事実上難しくなったためである。

　以下においては，強制競売と強制管理の具体的手続について説明する。

❖不動産強制競売

　不動産強制競売とは，執行裁判所が債務者の不動産を売却し，その代金をもって債務者の債務の弁済に充てる執行手続である。

　不動産に対する強制競売を検討する場合，不動産に担保権が設定されている場合には担保権者が優先するので，無担保権者としては，不動産がオーバーローン（担保割れ）状態か否かは重要な要素である。債権者としては，オーバーローンであろうという認識を持ちつつも，不動産に対する強制競売を申し立てられることは債務者にとって大きなインパクトがあるため，債務者に心理的なプレッシャーを与える目的で不動産に対する強制競売を申し立てるということもありうる。

　対象となる不動産は，土地，建物その他登記のできる土地の定着物である。不動産の共有持分に対する競売も可能であるが，現実的には共有持分を競落しても利用は困難なので，評価額は低くなりがちである。

❖不動産強制競売の手続

(1)　申　立　て

　不動産強制競売の申立ては，債権者が，目的不動産の所在地を管轄する地方裁判所に対し，不動産強制競売の申立書を提出することによって行う（民執2条）。

　申立書には，債権者および債務者ならびに代理人の表示，債務名義の表示，強制競売の目的とする不動産の表示および求める強制執行の方法など所定の事

6－6　民事保全手続

項を記載し，執行力ある債務名義の正本，送達証明書，登記事項証明書，公課証明書等の資料を添付する。また申立手数料として所定の収入印紙を貼付する。

申立てに当たっては，手続費用として裁判所書記官の定める金額を予納し，また差押登記に必要な登録免許税の額を納めなければならない。予納金額は地裁ごとに定められているが，東京地裁の場合は，請求債権額ごとに以下表のとおりの金額となっている。

図表　6－24　請求債権額ごとの予納金

請求債権額	予納金
2,000万円未満	60万円
2,000万円以上5,000万円未満	100万円
5,000万円以上１億円未満	150万円
１億円以上	200万円

図表　6－25　強制競売申立書

強制競売申立書

○○地方裁判所　　御中

令和○○年○○月○○日

債権者　　東京都○○○○○○○
　　　　　株式会社○○○○
　　　　　代表者代表取締役　　○○○○　　㊞
　　　　　電話○○－○○○○－○○○○
　　　　　FAX○○－○○○○－○○○○

当 事 者
請 求 債 権　　別紙目録のとおり
目的不動産

債権者は，債務者に対し，別紙請求債権目録記載の執行力ある公正証書の正本に表示された上記債権を有しているが，債務者がその支払いをしないので，債務者所有の上記不動産に対する強制競売の手続の開始を求める。

第1章　第2章　第3章　第4章　第5章

第6章　債権保全と債権回収

635

第6章　債権保全と債権回収

【添付書類】
1　執行力のある公正証書の正本　　　○通
2　同謄本送達証明書　　　　　　　　○通
3　不動産登記事項証明書　　　　　　○通
4　公課証明書　　　　　　　　　　　○通
5　資格証明書　　　　　　　　　　　○通
6　商業登記事項証明書　　　　　　　○通
7　代理人許可申請書　　　　　　　　○通
8　委任状　　　　　　　　　　　　　○通

当事者目録

〒○○○－○○○○
　東京都○○○○○○○
　　　　　　債　権　者　　株式会社○○○○
　　　　　　　　　　　　　代表者代表取締役　　○○○○

〒○○○－○○○○
　東京都○○○○○○○
　　　　　　債　務　者　　○○○○株式会社
　　　　　　　　　　　　　代表者代表取締役　　○○○○

請求債権目録

　債権者・債務者間の札幌法務局所属公証人○○○○作成令和○○年第○○○○号債務承認弁済契約公正証書に表示された下記債権

記

(1)　元　金　　　　金○○○○円
　　　ただし，令和○○年○○月○○日の債務承認弁済金残金
(2)　利　息　　　　金○○○○円
　　　上記(1)の元金○○○○円に対する令和○○年○○月○○日から令和○○年○○月○○日まで年○パーセント（年365日の日割計算）の割合による利息
(3)　損害金
　　　上記(1)の元金○○○○円に対する令和○○年○○月○○日から支払済みまで年○パーセント（年365日の日割計算）の割合による遅延損害金

　なお，債務者は，令和○○年○○月○○日に支払うべき利息の支払いを怠ったため，特約により同日の経過により期限の利益を失ったものである。

636

6－6　民事保全手続

```
                        物件目録
(1) 所      在      ○○県○○○○○○○
    地      番      ○○番
    地      目      ○○
    地      積      ○○平方メートル

(2) 所      在      ○○県○○○○○○○
    家 屋 番 号      ○○番
    種      類      ○○
    構      造      ○○○○
    床 面 積        ○階          ○○平方メートル
                    ○階          ○○平方メートル
```

(2)　差押え

申立てが適法にされていると認められた場合は，裁判所は，不動産執行を始める旨および目的不動産を差し押える旨を宣言する開始決定を行う。

開始決定が行われると，裁判所書記官が，管轄法務局に対して目的不動産の登記簿に「差押」の登記をするように嘱託し，債務者および所有者に開始決定正本を送達する。

差押えの効力は，開始決定が債務者に送達された時，または差押えの登記がなされた時のいずれか早い時期に生じる（民執46条1項）。差押えにより，債務者はその物を処分することが制限されるが，使用収益することは可能である（同法46条2項）。

(3)　売却の準備

裁判所は，執行官に対して差押不動産の現況調査を命じ（民執57条），現況調査報告書を提出させるとともに（民執規29条），評価人を選任してこれに不動産の評価を命じ（民執58条1項），評価書を提出させる（民執規30条）。

そして，裁判所は評価人の評価に基づいて売却基準価額を定める。入札は，売却基準価額の8割の金額を下回ることはできないとされており，これを「買受可能価額」という。

従前は，最低売却価額の制度があり，これを下回る価額では売却することはできなかったが，売却の促進のため，2004年の民事執行法改正により，売却基準価額の制度に改められた。

そして，裁判所書記官は，現況調査と評価の結果を踏まえて，物件明細書を作成する。

637

第6章　債権保全と債権回収

（i）　物件明細書

そのまま引き継がなければならない賃借権などの権利があるかどうか，土地または建物だけを買い受けた時に建物のために底地を使用する権利が成立するかどうかなどが記載されているもの。

（ii）　現況調査報告書

土地の現況地目，建物の種類・構造など，不動産の現在の状況のほか，不動産を占有している者やその者の占有権原の有無などが記載され，不動産の写真などが添付されているもの。

（iii）　評　価　書

競売物件の周辺の環境や評価額が記載され，不動産の図面などが添付されているもの。

それぞれの写しは，3点セットと呼ばれ，これらを1冊のファイルにしたものが，裁判所の閲覧室またはインターネットで閲覧に供されることとされており，これにより，買受を希望する人は不動産の情報を得ることができる。

(4)　売却の実施

売却の準備が終わると，裁判所書記官は，売却の日時，場所のほか，売却の方法を定める。売却の方法としては，入札，競り売り，特別売却等の方法があるが，現在は，ほとんどの裁判所が期間入札を採用している。

入札を希望する者は，売却基準価額の2割の保証金額の提供をする必要があり（民執66条，民執規39条1項・49条），この金額を執行裁判所の預金口座へ振り込むか銀行と支払保証委託契約を締結し，振込証明書か支払保証委託契約証明書を入札書と一緒に封筒に入れて提出する，という方法で入札を行う。入札金額が最高価でなく落札に失敗した場合には保証は返還されるが，冷やかしによる入札防止のため，入札金額が最高価で売却許可されたのに代金納付をしない者に対しては，保証は返還されない（民執80条1項）。また，債務者は入札に参加することはできない（同法68条）。

裁判所は，売却決定期日において，最高価買受申出人に対する売却の許否を審査し，売却の許可または不許可を言い渡す（民執69条）。

売却許可決定が確定したとき，買受人は，裁判所書記官が定める期限までに，入札金額から保証金額を控除した代金を，執行裁判所に納付しなければならない。

638

(5) 配 当 等

売却代金の分配形式には，①配当，②弁済金交付，の2つがあり，両者を総称して「配当等」という。

① 配当とは，配当表に基づいて実施する手続である。

② 弁済金交付とは，売却代金交付計算書を作成して弁済金を交付する手続である。

債権者が1人である場合と，債権者が2人以上であっても売却代金で各債権者の債権および執行費用の全部を弁済できる場合には，②の弁済金交付手続となり，それ以外の場合には①の配当手続となる。手続上の主な違いは，配当異議の申出（民執89条）の有無にある。

代金が納付されると，執行裁判所は，配当期日または弁済金の交付日を定め，配当等を受けるべき各債権者のために売却代金を優先順位に従って交付する（民執84条）。交付に当たっては，原則として，抵当権を有している債権と，債務名義しか有していない債権とでは，抵当権を有している債権が優先する。また，抵当権を有している債権の間では，抵当権が設定された日の順に優先し，債務名義しか有していない債権の間では，優先関係はなく，平等に扱われる。

個々のケースによって差はあるものの，平均して申立てから配当までは8カ月から1年程度を要するのが通常であるが，売却が容易な居住用マンション等については，半年程度で手続が終了することも多い。

| 6 - 6 -11| 強制管理

❖強制管理とは

強制管理とは，債務者所有の不動産を売却することによってその代金から債権回収を図るのではなく，物件から得られる賃料等の収益を執行裁判所の選任する管理人に収取させ，これを金銭債権の弁済に充てる強制執行手続をいう。

前述のとおり，強制管理が利用されるケースはあまり多くはない。

❖強制管理の手続

強制管理の申立ては，強制競売の申立書の記載事項（民執規21条）のほか，給付義務者を特定する事項および給付請求権（目的物件の賃料等）の内容であって申立人に知れている内容を記載し（同規則63条），原則として不動産の

第6章 債権保全と債権回収

所在地を管轄する地方裁判所に申立書を提出して行う。強制管理は，強制競売と同じく金銭債権についての不動産に対する強制執行であるから，申立てに際しては，執行力ある債務名義の正本が必要である。

強制管理は，執行裁判所が選任した管理人が不動産を管理し，収益を収取し，または収取した天然果実を換価する（民執95条1項）ことにより実施する。管理人には，執行官や弁護士がなることが多いが，管理人からさらに不動産管理会社に管理を委託するのが一般的である。

管理人は，執行裁判所の定める期間ごとに，配当等に充てるべき金銭の額を計算して，配当等を実施する（民執107条）。

6－6－12 債権執行

❖債権執行とは

債権執行とは，債権者が，たとえば預金債権や売掛金債権等を差し押えるというように，債務者が第三者に対して有する金銭の支払いを目的とする債権（金銭債権）等の財産的価値を差し押え，換価し，配当等を実施し，債権者の債権の弁済に充てる手続である。

債権執行の対象となる財産権は，金銭の支払いまたは船舶もしくは動産の引渡しを目的とする債権（動産執行の目的となる有価証券が発行されている債権を除く。民執143条）に加え，賃借権，電話加入権，組合・法人の持分権，工業所有権，著作権等も対象となる。

債権その他の財産権が，強制執行の対象となりうるためには，①独立の財産であること，②金銭的評価のできる財産であること，③譲渡性があること，が必要である。

なお，債務者の生活保障を確保する趣旨から，慈恵的な継続的給付，給料，退職年金，退職手当など一定の債権の差押えについては，原則として，その支払期に受けるべき給付の4分の3に相当する額が差押え禁止とされている（民執152条）。

債権執行をするに当たっては，債務者の有する債権を探し出し，その対象を識別できる程度に特定できるかどうかが最大の問題ではあるが，申立費用が比較的安価であり，換価，回収は比較的容易であることから，債務者の有する債権が特定できている場合には利用価値の高い手続である。

640

❖債権執行の手続

(1) 申立て

債権執行の申立ては，債権者が差押命令の申立書を提出することによって行う（民執2条）。

申立書には，債権者および債務者ならびに代理人の表示，第三債務者の表示，債務名義の表示，差押債権者の債権（以下，「請求債権」という）の表示，差し押えるべき債権（以下，「被差押債権」という）の表示，求める強制執行の方法など所定の事項を記載し，執行力ある債務名義の正本のほか，執行開始に必要な要件（民執29条〜31条）を具備していることの証明書を添付する。また，申立手数料として所定の収入印紙を貼付する。管轄執行裁判所は，原則として債務者の普通裁判籍所在地の地方裁判所であり，その普通裁判籍がないときは，被差押債権の所在地を管轄する地方裁判所となる（同法144条1項）。

なお，債権者は，転付命令の申立てを行うこともできる。

転付命令とは，請求債権および執行費用の支払いに代えて，差押債権をその券面額で差押債権者に移転させることを命じる裁判である。転付命令を得ることができれば，債権者は独占的かつ迅速に債権回収ができるメリットがある一方で，第三債務者が無資力である場合は回収ができなくなるというデメリットがあるので，第三債務者の資力に問題がない場合は転付命令を得るという方法が合理的ともいえる。

転付命令の申立ては，差押命令の申立てと別個にすることができるが，実務上は併合して申し立てることが多い。

転付命令が発令されるためには，以下の要件を満たすことが必要である。

① 有効な差押命令が存在すること。
② 転付債権が券面額を有すること。
③ 転付債権が譲渡可能であること。
④ 転付債権について競合する債権者がいないこと。

第6章　債権保全と債権回収

図表 6−26　債権差押命令申立書（売掛金）

債権差押命令申立書

令和○○年○○月○○日

○○地方裁判所　債権執行係　　御　中

債権者代理人　弁　護　士　　○○○○

当　事　者　⎫
請　求　債　権　⎬　別紙目録記載のとおり
差　押　債　権　⎭

　債権者は，債務者に対し，別紙請求債権目録記載の執行力ある判決正本に表示された上記請求権を有しているが，債務者がその支払いをしないので，債務者が第三債務者に対して有する別紙差押債権目録記載の債権の差押命令を求める。

添付書類

1　執 行 力 あ る 判 決 正 本　　　○通
2　同 送 達 証 明 書　　　○通
3　資 格 証 明 書　　　○通
4　債 権 仮 差 押 決 定 正 本　　　○通
5　同 送 達 証 明 書　　　○通
6　委 任 状　　　○通

当事者目録

〒○○○−○○○○　　東京都○○○○○○○
債　権　者　　　　○○○○株式会社
代表者代表取締役　　　○○○○

〒○○○−○○○○　　東京都○○○○○○○
○○法律事務所（送達場所）
TEL　○○-○○○○-○○○○　FAX　○○-○○○○-○○○○
債権者代理人　弁　護　士　　　○○○○

〒○○○−○○○○　　東京都○○○○○○○
債　務　者　　　　○○○○

〒○○○−○○○○　　東京都○○○○○○○
第 三 債 務 者　　　株式会社○○○○
代表者代表取締役　　　○○○○

6－6　民事保全手続

請求債権目録

　〇〇地方裁判所令和〇〇年 (ワ) 第〇〇〇〇号貸金等請求事件の執行力ある判決正本に表示された下記金員および執行費用

(1)	元　金	金〇〇〇〇円
(2)	損害金	金〇〇〇円

　　　ただし，上記(1)に対する令和〇〇年〇〇月〇〇日から令和〇〇年〇〇月〇〇日まで年〇分の割合による金員

(3)	執行費用	金〇〇〇〇円
	内　訳　　本申立手数料	〇〇〇円
	本申立書作成および提出費用	〇〇〇円
	差押命令正本送達費用	〇〇〇円
	資格証明書交付手数料	〇〇〇円
	資格証明書交付費用	〇〇〇円
	送達証明書申請手数料	〇〇〇円
	執行文付与申立手数料	〇〇〇円
	合　計　金〇〇〇〇円	

差押債権目録

　金〇〇〇〇円

　ただし，債務者が第三債務者に対して有する，支払方法を毎月〇〇日締切り，翌月〇〇日払いと定めて，令和〇〇年〇〇月〇〇日から同年〇〇月〇〇日までの間に売り掛けた〇〇〇〇の代金債権のうち，支払期の早いものから頭書金額に満つるまで

図表　6－27　債権差押命令申立書（給料）

債権差押命令申立書

　　　　　　　　　　　　　　　　　　　令和〇〇年〇〇月〇〇日

〇〇地方裁判所　債権執行係　　御　中

　　　　　　　　　　債権者代理人　弁　護　士　　〇〇〇〇

　　　　　当　事　者　　┐
　　　　　請　求　債　権　├　別紙目録記載のとおり
　　　　　差　押　債　権　┘

　債権者は，債務者に対し，別紙請求債権目録記載の執行力ある判決正本に表示された上記請求権を有しているが，債務者がその支払いをしないので，債務者が第三債務者に対し

643

第6章　債権保全と債権回収

て有する別紙差押債権目録記載の債権の差押命令を求める。

添付書類

1	執行力ある判決正本	○通
2	同送達証明書	○通
3	資格証明書	○通
4	債権仮差押決定正本	○通
5	同送達証明書	○通
6	委任状	○通

当事者目録

〒○○○−○○○○　東京都○○○○○○○
　　　　　　　　債　権　者　　　　○○○○株式会社
　　　　　　　　代表者代表取締役　　　○○○○

〒○○○−○○○○　東京都○○○○○○○
　　　　　　　　○○法律事務所（送達場所）
　　　　　　　　　TEL ○○-○○○○-○○○○　FAX ○○-○○○○-○○○○
　　　　　　　　債権者代理人　弁　護　士　　　○○○○

〒○○○−○○○○　東京都○○○○○○○
　　　　　　　　債　務　者　　　　○○○○

〒○○○−○○○○　東京都○○○○○○○
　　　　　　　　第　三　債　務　者　　株式会社○○○○
　　　　　　　　代表者代表取締役　　　○○○○

請求債権目録

　○○地方裁判所令和○○年(ワ)第○○○○号貸金等請求事件の執行力ある判決正本に表示された下記金員および執行費用

(1)　元金　　　　　　　　　　　　　　　　　　　　　　金○○○○円
(2)　損害金　　　　　　　　　　　　　　　　　　　　　金○○○円
　　　ただし，上記(1)に対する令和○○年○○月○○日から令和○○年○○月○○日まで年○分の割合による金員
(3)　執行費用　　　　　　　　　　　　　　　　　　　　金○○○○円
　　　内　訳　　本申立手数料　　　　　　　　　　　　○○○円
　　　　　　　　本申立書作成および提出費用　　　　　○○○円
　　　　　　　　差押命令正本送達費用　　　　　　　　○○○円
　　　　　　　　資格証明書交付手数料　　　　　　　　○○○円
　　　　　　　　資格証明書交付費用　　　　　　　　　○○○円

6－6 民事保全手続

送達証明書申請手数料	○○○円
執行文付与申立手数料	○○○円
合　計　金○○○○円	

差押債権目録

金○○○○円

　ただし，債務者が第三債務者から支給される，本決定送達日以降支払期が到来する下記債権にして，頭書金額に満つるまで。
1　給料（基本給と諸手当，ただし，通勤手当を除く）から給与所得税，住民税，社会保険料を控除した残額の4分の1
　　（ただし，上記残額が月額44万円を超えるときは，その残額から33万円を控除した金額）
2　賞与から1と同じ税金等を控除した残額の4分の1
　　（ただし，上記残額が44万円を超えるときは，その残額から33万円を控除した金額）にして頭書金額に満つるまで。
3　上記1および2による金額が頭書金額に満つる前に債務者が退職したときは，退職金から所得税，住民税を控除した残額の4分の1にして，上記1および2と合計して頭書金額に満つるまで。

　なお，本件は○○地方裁判所令和○○年（ヨ）第○○○○号債権仮差押命令申立事件からの本執行移行である。

図表 6－28　債権差押命令申立書（預金）

債権差押命令申立書

令和○○年○○月○○日

○○地方裁判所　債権執行係　　御　中

債権者代理人　弁　護　士　　○○○○

当　　事　　者 ⎫
請　求　債　権 ⎬ 別紙目録記載のとおり
差　押　債　権 ⎭

　債権者は，債務者に対し，別紙請求債権目録記載の執行力ある判決正本に表示された上記請求権を有しているが，債務者がその支払いをしないので，債務者が第三債務者に対して有する別紙差押債権目録記載の債権の差押命令を求める。

添付書類

第6章　債権保全と債権回収

```
1  執行力ある判決正本      ○通
2  同 送 達 証 明 書      ○通
3  資 格 証 明 書      ○通
4  委   任   状      ○通
```

当事者目録

〒○○○－○○○○　東京都○○○○○○
　　　　　　　債　権　者　　　　○○株式会社
　　　　　　　代表者代表取締役　　　○○○○

〒○○○－○○○○　東京都○○○○○○
　　　　　　　○○法律事務所（送達場所）
　　　　　　　　TEL ○○-○○○○-○○○○　FAX ○○-○○○○-○○○○
　　　　　　　債権者代理人 弁 護 士　　　○○○○

〒○○○－○○○○　東京都○○○○○○
　　　　　　　債　務　者　　　　○○○○

〒○○○－○○○○　東京都○○○○○○
　　　　　　　第 三 債 務 者　　　株式会社○○銀行
　　　　　　　代表者代表取締役　　　○○○○
（送達先）〒○○○－○○○○　東京都○○○○○○
　　　　　　　　　　　株式会社○○銀行　○○支店

請求債権目録

　○○簡易裁判所令和○○年 (ワ) 第○○○○号貸金請求事件の判決正本に表示された下記
金員および執行費用

(1)　元　金　　　　　　　　　　　　　　　　　　　　金○○○○円
(2)　損害金　　　　　　　　　　　　　　　　　　　　金○○○円
　　　ただし，上記(1)に対する令和○○年○○月○○日から令和○○年○○月○○日まで年
　　○分の割合による金員
(3)　執行費用　　　　　　　　　　　　　　　　　　　金○○○○円
　　　内　訳　　本申立手数料　　　　　　　　　　○○○円
　　　　　　　　本申立書作成および提出費用　　　　○○○円
　　　　　　　　差押命令正本送達費用　　　　　　○○○円
　　　　　　　　資格証明書交付手数料　　　　　　○○○円
　　　　　　　　資格証明書交付費用　　　　　　　○○○円
　　　　　　　　送達証明書申請手数料　　　　　　○○○円
　　　　　　　　執行文付与申立手数料　　　　　　○○○円
　　　　　　　　　　　　　　　　　　　合　計　　金○○○○円

6-6 民事保全手続

差 押 債 権 目 録
(第三者株式会社○○銀行)

金○○○○円

ただし，債務者が第三債務者（○○支店扱い）に対して有する下記預金債権のうち，下に記載する順序に従い，頭書金額に満つるまで。

記

1 差押えや仮差押えのない預金とある預金があるときは，次の順序による。
  (1) 先行の差押え，仮差押えのないもの
  (2) 先行の差押え，仮差押えのあるもの
2 円貨建て預金と外貨建て預金があるときは，次の順序による。
  (1) 円貨建て預金
  (2) 外貨建て預金
     (仮差押命令が第三債務者に送達された時点における第三債務者の電信買相場により換算した金額（外貨）。ただし，先物為替予約がある場合には，原則として予約された相場により換算する)
3 同一の通貨で数種の預金があるときは次の順序による
  (1) 定期預金
  (2) 定期積金
  (3) 通知預金
  (4) 貯蓄預金
  (5) 納税準備預金
  (6) 普通預金
  (7) 別段預金
  (8) 当座預金
4 同種の預金が数口あるときは，口座番号の若い順序による。
  なお，口座番号が同一の預金が数口あるときは，預金に付せられた番号の若い順序による。

---

(2) 差 押 え

執行裁判所は，差押命令において，債務者に対しては債権の取立てその他の処分の禁止を命じ，第三債務者に対しては債務者への弁済の禁止を命ずる（民執145条1項）。

したがって，債務者が，差押えの効力が生じた後に当該債権を譲渡したり免除しても，当該債権執行手続との関係においては，その効力は無視される（民執166条2項・84条2項・87条2項・3項）。また，第三債務者は，差押えの効力が生じると債務者へ弁済することができなくなり，差押債権者への支払いまたは供託によらなければ債務を免れることができない。

差押命令は，債務者と第三債務者に送達されるが，差押えの効力は，第三債

647

第6章　債権保全と債権回収

務者に送達された時に生じる（民執145条4項）。

(3) 換　　価

(i) 差押債権者による金銭債権の取立て

　差押命令が債務者に送達された後1週間を経過すると，差押債権者は，その債権を直接取り立てることができる（民執155条1項）。そして，差押債権者が第三債務者から支払いを受けると，その債権および執行費用は，支払いを受けた額の限度で弁済されたものとみなされる（同法155条2項）。

(ii) 第三債務者による供託

　差押命令の送達を受けた第三債務者は，当該相当金額を供託でき（民執156条1項），これを権利供託という。これは，第三債務者を免責させるための供託である。

　また，他の債権者から差押えがなされるなど，債権者が競合した場合は，第三債務者に供託が義務づけられている（民執156条2項）。これを義務供託といい，この場合，裁判所は配当手続を行う。

(iii) 転付命令

　転付命令の申立てがなされると，原則として転付命令が債務者と第三債務者に送達されてから1週間経過により確定し，確定すると，第三債務者への送達時に弁済があったものとみなされる（民執160条）。

　しかし，転付命令が第三債務者に送達される前に，他の債権者による差押え，仮差押えまたは配当要求がなされた場合には，転付命令は効力を失う（民執159条3項）。

　差押命令では，他の債権者による差押えが競合したり，配当要求があると，第三債務者が供託した後に配当手続による案分弁済になるが，転付命令は，第三債務者に送達された後に，差押えなどが競合しても，独占的に弁済を受けることができる。

　転付命令は一種の優先弁済効を有するが，転付債権が存在する限り代物弁済されて執行債権は消滅するから，第三債務者に資力がない場合や回収が困難な場合等の危険は転付債権者が負うことに留意が必要である。

(iv) 譲渡命令，売却命令，管理命令

　券面額ではなく，裁判所の定めた価額で支払いに代えて債権者に譲渡する命令（譲渡命令），執行官に売却させる命令（売却命令），管理人を選んで管理させる命令（管理命令），その他相当な方法による換価を命ずる命令を裁判所が

6－6　民事保全手続

発して換価する手続である（民執166条1項）。

これらは，被差押債権が条件付，期限付，または反対給付に係る等，取立てが困難な場合に利用することができる方法である。

(4)　配当等の実施

債権執行で配当等が行われるのは，第三債務者の供託があった場合と，売却命令・管理命令により売却・管理がなされた場合である（民執166条1項）。

配当等実施の手続は，不動産強制競売の配当等の手続と同様である（民執166条2項）（詳細は6－6－10にて前述）。

6－6－13　動産執行

❖動産執行とは

動産執行は，執行官が債務者の占有する動産を差し押え，そこから得た売得金等を，債務者の債務の弁済に充てる強制執行手続である。たとえば，現金商売をしている債務者の営業所に保管してある現金を差し押える，というのが典型例の1つである。

動産執行の対象は，民法上の動産に加え，登記することができない土地の定着物，土地から分離する前の天然果実で1月以内に収穫することが確実であるものおよび裏書の禁止されていない有価証券も含まれる（民執122条1項）。

なお，債務者が個人の場合，債務者の生活を保護する等の観点から，債務者の生活に必要な衣服，寝具や，一定の生活費等については，差押えが禁止されている（民執131条）。

❖動産執行の手続

(1)　申　立　て

動産執行の申立ては，債権者，債務者の名称，住所，債務名義の表示など，強制執行申立てにおいて一般に記載が必要な事項のほか，差し押えるべき動産の所在地を申立書に記載し，差し押えるべき動産の所在地の管轄の執行官に対して申立書を提出する方法によって行う。

債権者が動産執行を申し立てるに当たって，事前に動産執行の目的物を特定することは困難であるので，差し押えるべき財産を特定することは要しない。どのような動産を差し押えるかは執行官の裁量に委ねられている。

649

第6章　債権保全と債権回収

図表　6 −29　動産執行申立書

強制 　仮差押　仮処分　執行申立書	受付印		郵送地方
○　○　地　方　裁　判　所 執　行　官　御中 令和○○年○○月○○日	予納金 （解錠執行　無） 　　　　　　　　円	担当 区	

	〒○○○−○○○○ 東京都○○○○○○○
	債権者　　株式会社○○○○ 代表者代表取締役　　○○○○
	〒○○○−○○○○ 送達場所　　東京都○○○○○○○ 　　　　　　○○法律事務所
	債権者代理人　　弁護士　○○○○
	〒○○○−○○○○ 東京都○○○○○○○
	フリガナ　　　○○○○カブシキガイシャ 債務者　　○○○○株式会社 代表者代表清算人　　○○○○
目的物件の所在地 （執行の場所）	目的物件所在地の略図は別紙調査表のとおり 東京都○○○○○○○（前記債務者の住所地）

連絡先　電話　（○○）○○○○−○○○○（担当者　○○○○）

執行の目的及び執行の方法

イ　動産執行（家財・商品類・機械・貴金属・その他）

□　建物明渡・土地明渡・建物退去・代替執行（建物収去等）・不動産引渡
　　動産引渡・船舶国籍証書等取上・自動車引渡

ハ　動産仮処分（家財・商品類・機械・貴金属・その他）
　　仮処分（動産・不動産・その他）
　　特別法に基づく保全処分

請求金額　金　○○○○円　（内訳は別紙のとおり）

6－6 民事保全手続

目的物件	別紙のとおり

債務名義の表示

① ○○簡易裁判所　令和○○年㋹第1号

　　　　　　判決・仮執行宣言付支払命令　（仮執行宣言付支払督促）

　　　　　　和解調書

　　　　　　仮差押命令・仮処分命令　　　不動産引渡命令

　2　　　　　法務局所属公証人　　　　　　　作成

　　　昭和　平成　令和　　　年　第　　　　　号　執行証書

添付書類				
1 上記の正本	○	通	1 同時送達の申立　　有・無	
2 送達証明書	○	通	2 執行調書謄本を関係人に交付されたい。	
3 確定証明書	○	通	3 事件終了後，債務名義正本・送達証明書	
4 資格証明書	○	通	を返還下さい（但し全額弁済を除く）。	
5 委任状	○	通	債権者代理人　弁護士　○○　○○　㊞	
6 債務者に関する調査表	○	通	4 関連事件の事件番号	
7 更正決定の正本	○	通	年（執　）	
8 更正決定の送達証明書	○	通	第　　　　号	
9		通		

当事者目録
〒○○○－○○○○　　東京都○○○○○○○ 　　　　　　　　　　債　権　者　　　　株式会社○○○○ 　　　　　　　　　　代表者代表取締役　　　○○○○
〒○○○－○○○○　　東京都○○○○○○○ 　　　　　　　　　　○○法律事務所（送達場所） 　　　　　　　　　　電話　○○－○○○○－○○○○ 　　　　　　　　　　FAX　○○－○○○○－○○○○ 　　　　　　　　　　上記債権者代理人弁護士　　　○○○○
〒○○○－○○○○　　東京都○○○○○○○ 　　　　　　　　　　債　務　者　　　　○○○○株式会社 　　　　　　　　　　代表者代表清算人　　　○○○○
債務名義の表示

651

第6章　債権保全と債権回収

①　東京簡易裁判所令和○○年㈡第1号

　　　　判決・仮執行宣言付支払命令・仮執行宣言付支払督促
　　　　和解調書
　　　　仮差押命令・仮処分命令　　　不動産引渡命令

2　　　　　法務局所属公証人　　　　　　作成
　昭和　平成　令和　　年　第　　　　　号　執行証書

請求金額計算書		
摘　　　　　　要	金　　額	
	円	
元　本（全額，残額，一部請求額）	○○○○	
支払督促申立手続費用	○○○○	
仮執行宣言手続費用	○○○○	
執行準備費用（内訳下記のとおり）		
1　申立書提出費用	○○○○	
2　送達証明書申請費用	○○○○	
3　上記2郵送費用	○○○○	
4　資格証明書手数料，申請費用，受領費用	○○○○	
合計金	○○○○	
備　　考		

(2)　差押え

　動産執行の申立てがなされた場合，やむをえない事由がある場合を除いて，申立てがあってから1週間以内の日が執行開始日時として指定され，これが申立人に通知される（民執規11条）。

　執行開始日時における差押えは，原則としては，債務者が占有する動産を，執行官が取り上げて占有を取得するという方法によって行われるが（民執123条1項），債権者が留置権や質権の目的物として占有している債務者の動産を

提出した場合にはこれを差し押えることも可能であるし，第三者が占有している債務者の動産についても差し押えることができる（同法124条）。

(3) 差し押えた動産の保管

執行官が差し押えた動産については，原則としては，執行官自らが保管するが，執行官が相当と認めたときには，それまで当該動産を占有していた者に保管させることもできる（民執123条3項・124条）。この場合は，執行官は当該動産に差押えの表示をする必要があり，差押物件封印票により封印するか，差押物件標目票を貼る等の方法によって差押えの表示がなされる。

また，執行官の裁量によって，それまでの占有者ではなかった債権者または第三者に差し押えた動産を保管させることもできる（民執規104条1項）。

(4) 換価手続

動産執行によって差し押えられたのが金銭である場合には，そのまま配当に回すことができるので，換価手続は行われない。

金銭以外の動産については，入札，競り売り，特別売却，委託売却のいずれかの方法によって売却，換価される。動産執行においては，多数の物件を同時に売却する必要があること等から，競り売りが原則的な方法とされている（民執規114条以下）。

(5) 配　当

動産執行によって差し押えられた金銭や，動産を売却して得られた売得金については，差押債権者のほか，配当要求をした債権者に対しても配当がなされる。

配当要求によって配当を受けることができるのは，差押え対象が金銭の場合は差押えまでに配当要求をした債権者，売得金については執行官が売得金の交付を受けるまでに配当要求をした債権者とされている（民執140条）。

債権者が1人である場合や，債権者が2人以上でも売得金等で全債権者の債権に満つる場合，債権者間に協議が成立している場合については，債権者間で争いがないので，執行官によって分配するという簡易な方式での配当が行われる。

一方で，それ以外の場合については，執行裁判所によって配当が実施されることになり，この場合の手続は，不動産強制執行における配当に準じた方法によって行われることとされている（民執142条2項）。

第6章　債権保全と債権回収

6-7

時効管理

|6-7-1| 時　効

❖時効とは

　時効とは，一定の時の経過に対して，その事実状態を尊重して，権利の取得，消滅を認める制度をいう。

　時効制度の存在理由については，さまざまな考え方が唱えられているが，主なものは以下の3つである。

(1) 一定の事実が永続し，誰もこれを争わないときは，社会は，その事実関係を基礎として，その上に種々の取引関係を築き上げていくものであるから，これを覆すことはかえって社会の取引関係を混乱させ，秩序を乱すことになる。時効制度はこの混乱を避けて取引の安定を保ち秩序を維持することに資する。

(2) 権利が長く行使されないと，その存否の証拠が不明になるため，裁判によって決定することが困難になるが，そのような場合に，長く続いた事実状態を正しいものとみることがむしろ真実に適することが多い。

(3) 権利を有し，これを行使することが可能な立場にありながら，これを行使しないで長期間放置し，いわば「権利の上に眠った者」は保護に値しない。

❖取得時効と消滅時効

　時効には，取得時効と，消滅時効とがある。

　取得時効とは，一定の時間の経過によって権利の取得を生じる制度である。民法は，20年間または10年間他人の物を占有した者は所有権を取得する，と定めている（民法162条）。所有権以外の財産権についても，同法163条に同様の規定があり，これにより，地上権や賃借権などの時効取得も可能である。

　消滅時効とは，一定の時間の経過によって権利の消滅を生じる制度である。

654

6－7　時効管理

消滅時効にかかる権利は，債権，および債権・所有権以外の財産権である。債権の消滅時効期間は，権利を行使することができることを知ったとき（主観的起算点）から5年または権利を行使することができるとき（客観的起算点）から10年である（民法166条1項）。債権・所有権以外の財産権の消滅時効期間は，権利を行使することができるとき（客観的起算点）から20年である（同条2項）。ただし，人の生命・身体侵害による損害賠償請求権の消滅時効期間については，保護の必要性が高いため，権利を行使することができるとき（客観的起算点）から20年とされている（同法167条）。

❖時効の完成猶予および更新

(1)　時効の完成猶予および更新とは

民法は147条から161条まで，時効の完成猶予および更新について規定する。

この「時効の完成猶予」とは，時効完成の直前に一定の事情が発生した場合に，その事情が解消された後一定期間が経過する時点まで時効の完成を延期する制度である。時効の完成猶予事由は，民法147条から151条までに規定されており，「裁判上の請求及び支払督促」（同法147条），「強制執行等」（同法148条），「仮差押え等」（同法149条），「催告」（同法150条），「協議を行う旨の合意」（同法151条）などがある。

他方「時効の更新」とは，その時までに経過した時効期間の効力を失わせる制度であり，更新事由が終了したときから新たにその進行を始める。すわなち，更新事由発生前の期間は通算されず，ゼロからのスタートとなる。時効の更新事由には，民法147条2項（裁判上の請求，支払督促），148条2項（強制執行等），および152条（承認）がある。

完成猶予および更新は，「当事者及びその承継人の間においてのみ，その効力を有する」（民法153条）とされている。

後に述べるように，債権者の立場からは，各種債権の時効期間を適切に把握・管理し，時効完成に至る前に時効更新の措置をとることが肝要である。

❖時効の効力

時効の効力は，取得時効では権利を取得することであり，消滅時効では権利を失うことである。

時効の効力は，起算日にさかのぼる（民法144条）。取得時効では，その要件

第6章　債権保全と債権回収

である占有または準占有の始まった時，消滅時効については，その権利を行使することができる時またはその権利を行使することができることを知った時が，起算日である。

　この権利の得喪は，後述のように，それによって利益を受ける当事者が援用しなければ，確定的な効力は生じない。

❖時効の援用（時効の援用・放棄）

(1)　時効の援用

　時効の援用とは，時効の利益を受ける者により時効の利益を受けようとする意思表示である。時効の効力は，時効期間の経過によって当然に発生するわけではなく，効力が生じるためには時効の援用が必要である。

　時効の援用権者たる「当事者」（民法145条）とは，時効の完成によって利益を受ける者をいう。取得時効においては権利を取得する者，消滅時効においては消滅する権利の義務者（保証人，物上保証人，第三取得者その他権利の消滅について正当な利益を有する者を含む）である。

　援用権者が複数いる場合，1人が援用しても，その効果は他の者には及ばな

図表　6−30　消滅時効援用通知書

令和〇〇年〇〇月〇〇日

〒〇〇〇−〇〇〇〇
東京都〇〇〇〇〇〇〇
〇〇〇〇株式会社
代表取締役　〇〇〇〇　殿

〒〇〇〇−〇〇〇〇
東京都〇〇〇〇〇〇〇
〇〇〇〇株式会社
代表取締役〇〇〇〇

消滅時効援用通知書

前略　貴社より送付された〇〇年〇〇月〇〇日付「当請求書」に対し，下記のとおり通知致します。

　貴社より借り受けた金員は最終弁済日よりすでに5年以上が経過しており，貴社の当方に対する貸金返還債権は商法所定の5年の消滅時効期間が経過しておりますので，本通知書をもって消滅時効を援用致します。

　今後は当方に対する請求は一切なさらないようお願い致します。

草々

6-7 時効管理

い（援用の相対効）。

(2) 時効利益の放棄

　時効利益の放棄とは，時効完成後にその利益を放棄することをいう。民法は，時効完成前には時効の利益を放棄することができないと定めており（民法146条），その反対解釈から，完成後の放棄は可能であると解されている。

　時効利益の放棄がなされると，援用権を喪失し，時効の利益を享受することはできなくなる。

　放棄の効果は，援用と同様に相対的なものであり，債務者が時効の利益を放棄しても，その効果は保証人や物上保証人には及ばない。

　なお，消滅時効期間の経過に気づかずに，時効完成後に債務を承認し，または弁済をする行為が放棄となるかどうかが問題とされるが，判例は，時効完成後に債務を承認する行為があった場合には，相手方は債務者がもはや時効を援用しないとの期待を抱くから，信義則上，その債務について時効を援用することは許されないとしている（最判昭和41年4月21日民集20巻4号702頁）。

|6-7-2| 時効対策の実施

❖時効完成は損失

　消滅時効期間が経過した場合，債務者から消滅時効の援用があれば，債権は消滅してしまうことはすでに述べたとおりである。

　もちろん，消滅時効の時効期間が経過した場合でも，債務者が消滅時効の援用をしない場合には，債権は消滅しないが，債務者が支払いをしないという法律上の根拠を与えてしまうことになってしまう。

　債権者としては，消滅時効が完成してしまうことは，債務者からの支払いを受けられなくなる重大な事柄であるということを認識し，決して消滅時効を完成させないような管理をすべきである。

　なお，債権者にとっての税務という観点からは，消滅時効の完成した債権は，法人税法22条3項3号の「当該事業年度の損失の額で資本等取引以外の取引に係るもの」として，損金に算入することができる。

❖時効更新措置の活用

　前述のとおり，時効には，更新という制度があることから，債権者の立場か

657

第6章　債権保全と債権回収

らは，各債権の時効期間を適切に管理し，時効完成に至る前に時効更新の措置をとることが肝要である。

　時効更新事由のうち，最も簡単なものが「承認」である。たとえば，相手方が残高の存在を認めることや，支払猶予を求めること，一部の支払いをすること等が，この債務の承認に該当する（**図表6－31**）。

　したがって，相手方に定期的に残高確認をさせることは，時効対策実施のうえで効果的である。そして，後の紛争を防止するため，残高確認書を発行させたり，一部支払いについては銀行送金をさせたりというように，相手方が承認したという事実を証拠に残しておくべきである。

　このほかの完成猶予事由のうち，「催告」は，請求の表示が相手方に到達した時点で時効の完成が猶予されるが，その効果は6カ月間に限られる。したがって，この方法は，消滅時効が完成しそうな場合に裁判等の手段をとることが間に合わないようなとき，暫定的な手段としてとることが望ましい。請求は，配達証明付の内容証明郵便等，送付の内容，事実を証明できる手段で行う必要がある。

　催告による完成が認められるのは1回のみであり，催告を繰り返してもそのつど時効の完成が猶予されるわけではないことに留意が必要である（民法150条）。

図表　**6－31**　債務承認書

債務承認書

　○○○○株式会社　御中

　当社は，貴社に対し，令和○○年○○月○○日現在，合計金○○○○円の貸金債務を負担していることを証明いたします。

　令和○○年○○月○○日

東京都○○○○○○○
○○○○株式会社
代表取締役　○○○○　㊞

658

6－8

倒産の場合の債権回収

|6－8－1| 倒　　産

❖倒産とは

　1－1－1で前述しているとおり，企業の「倒産」についての明確な定義は存しておらず，一般に，「倒産」とは，企業が，何らかの事情によって，従来のままの経済活動を継続することが不可能または困難な状態に陥ることを指す場合が多い。

　典型的な倒産現象としては，次のものが挙げられる。

- ・第1回目の手形不渡事故により対外的信用を失って事業継続を断念する場合
- ・経営不振等により事業活動を停止して破産申立ての準備に入った場合
- ・民事再生手続，会社更生手続の開始の申立てを行った場合
- ・いわゆる夜逃げによる廃業の場合

　第1回目の手形不渡りを出した場合，その後6カ月以内に第2回目の不渡りを出してしまうと，手形交換所から取引停止処分を受ける。取引停止処分になると，手形交換所参加銀行から，当座勘定取引と貸出取引が停止されるため（東京手形交換所規則62条2項），手形・小切手の振出はできなくなり，支払手形での決済が一切不可能になってしまう。そのため，第2回目の不渡りを出したならば，その企業は，2年間の取引停止処分の間，取引停止処分の事実が知れ渡り信用力が低下する中で，普通預金口座だけを用いて事業継続するというごく例外的な場合を除いては，倒産することになる。

　しかし，実際問題としては，第1回目の手形不渡りを出してしまったならば，その後に信用を回復し，第2回目の手形不渡りを回避するということは，小規模企業等のごく例外的な場合を除いては，きわめて困難である。そのため，第1回目の手形不渡りを出した時点で，あるいは，第1回目の手形不渡りが避けられないこととなった時点で，事業活動を中止したり，債務の支払いを停止し

659

第6章　債権保全と債権回収

たりするケースの方がむしろ多数といえる。そのため，第1回目の手形不渡事故の時点，あるいはそれ以前の段階で，倒産に至ることになるのである。

❖倒産情報に接した場合の初期対応

取引先が倒産したという情報を得た場合に，まず行うべきことは，倒産の事実の有無の確認である。誤った情報に基づいて取引停止等の措置をとってしまうと，そのこと自体が取引先企業の信用を害することとなり，かえって損害賠償責任を負う事態にもなりかねない。

そこで，マスコミ，信用情報，同業他社等から倒産情報を得た場合には，まずは，直ちにその取引先を訪問するなどして関係者に直接接触するか，または，倒産の事実を示す資料（弁護士名義での債務整理受任通知や，法的整理手続の申立書の写し等）を入手すべきである。

そのうえで，回収の準備作業を進めることになる。

❖計画倒産の場合の対処法

倒産の原因はさまざまであるが，なかには，会社の資産を計画的に隠匿したうえで倒産に至るケースもある。いわゆる計画倒産である。

はなはだしい場合には，会社の主要な取引が多くの取引先を相手にした詐欺行為であったことが発覚して，倒産に至ることもある。たとえば，職業的詐欺師が実態のない会社を設立し，商品の卸販売業を営んでいるように装って取引額を徐々に増やしていき，大口の仕入れを申し込んで大量の商品を取込み廉価処分した後，代金を山分けして逃走するという，いわゆる取込み詐欺事件などがその典型例である。

そこまでには至らなくても，社長個人，債務者が設立した第二会社，特定の債権者などに対して，資産や事業を譲渡したうえで倒産するという場合がしばしばみられる。このような事案では，債務者に余力が残っているうちに，資産や事業を相当な価額で換価して任意整理を行おうとするケースもあるが，債権者の眼に触れないよう財産を隠匿したうえで，債務者を倒産させたままの状態にして，何らの処理もなされないケースも多くみられる。

そのような場合には，次のような措置を検討することになる。

(1)　債権者破産申立て

債権者間で情報交換を行っても，関係者が財産を隠匿していることは強く疑

われるものの，その詳細が判明しないということがありうる。そのような場合には，債権者同士で裁判所予納金を共同で負担して，債権者による破産手続開始申立てをするという手段が検討に値することがある。

破産手続が開始されれば，破産管財人が隠匿財産の有無を調査する。破産管財人が刑事告訴を行い，警察捜査が行われるということもありうる。債権者は手続開始のために裁判所予納金を負担しなければならず，その額は負債額に応じて異なるものの数百万円程度になることが少なくない。ただし，予納金返還請求権は財団債権となり（破産148条1項1号・2号），他の財団債権に先立って破産財団から支払われるため（同法152条2項），破産管財人が十分な財団を確保することに成功すれば，優先的に返還される。

(2) 法人格否認の法理に基づく訴訟提起

債務者が第二会社で事業を継続する場合にも，さまざまなケースがあり，旧会社のすべての債務の支払いを停止することもあれば，一部債権者に対する支払いのみを停止することもある。また，第二会社には無形の財産のみを引き継がせて容易に換価可能な資産は旧会社に残すこともあれば，第二会社にありとあらゆる財産を引き継がせるという場合もある。

まずは，第二会社の動向をみるべきであり，たとえば，第二会社から旧債務の重畳的債務引受けを条件に取引継続の申出があったような場合には，これに応じることも検討すべきである（**図表6－32**）。

しかし，旧会社の債務が弁済されず，第二会社の資産からの回収を図る必要があると判断される場合には，法人格否認の法理に基づき，第二会社に対する訴訟提起を検討することになる。

法人格否認の法理とは，法人格がまったくの形骸にすぎないか（新旧両会社の財産，業務，会計が恒常的に混同され，第二会社の法人格が形骸にすぎない場合），法律の適用を回避するために濫用されているときに（第二会社が旧会社の債務を免れるために濫用されている場合），その事案に限って，会社の法人格の独立性を否定して，旧会社と第二会社等の背後者とを同一視するという，判例上のルールである（詳細は6－4－4にて前述）。

なお，実際上はあまり生じない事態だが，第二会社が旧会社と同一またはほとんど同じ商号を続用しているという場合には，事業譲渡時における会社法22条に基づく商号続用責任ないしはその類推適用により，第二会社に対して弁済を求めることも検討することになる。

第6章　債権保全と債権回収

図表 **6-32** 債務引受契約書（重畳的）

重畳的債務引受契約書

　債権者○○○○株式会社（以下，「甲」という），引受人○○○○株式会社（以下，「乙」という）および債務者○○○○株式会社（以下，「丙」という）は，以下のとおり債務引受契約を締結する。

第1条　乙は，甲と丙との間の令和○○年○○月○○日付金銭消費貸借契約（以下，「原契約」という）に基づき丙が甲に対して負担する下記債務（以下，「本件債務」という）を，重畳的に引き受け，乙が甲に対し，連帯して債務履行の責に任ずることを約し，甲はこれを承諾した。

記

　　　　元　　　本　　金○○○○円
　　　　利　　　息　　年○パーセント
　　　　弁　済　期　　令和○○年○○月○○日
　　　　遅延損害金　　年○パーセント

第2条　乙および丙は，甲に対し，原契約の条項に従って本件債務を履行する。

　本契約の成立を証するため，本契約書3通を作成し，甲，乙および丙は各1通を保管する。

　令和○○年○○月○○日

　　　　　　　　　　　　　甲（債権者）東京都○○○○○○○
　　　　　　　　　　　　　　　　　　　○○○○株式会社
　　　　　　　　　　　　　　　　　　　代表取締役　○○○○　㊞

　　　　　　　　　　　　　乙（債務者）東京都○○○○○○○
　　　　　　　　　　　　　　　　　　　○○○○株式会社
　　　　　　　　　　　　　　　　　　　代表取締役　○○○○　㊞

　　　　　　　　　　　　　丙（債務者）東京都○○○○○○○
　　　　　　　　　　　　　　　　　　　○○○○株式会社
　　　　　　　　　　　　　　　　　　　代表取締役　○○○○　㊞

図表 **6-33** 債務引受契約書（免責的）

免責的債務引受契約書

　債権者○○○○株式会社（以下，「甲」という），引受人○○○○株式会社（以下，「乙」という）および債務者○○○○株式会社（以下，「丙」という）は，以下のとおり債務引受契約を締結する。

第1条 乙は，甲と丙との間の令和○○年○○月○○日付金銭消費貸借契約（以下，「原契約」という）に基づき丙が甲に対して負担する下記債務（以下，「本件債務」という）を，丙に代わって引き受ける。この債務引受けにより債務の同一性は変じない。

記

元　　　本	金○○○○円
利　　　息	年○パーセント
弁　済　期	令和○○年○○月○○日
遅延損害金	年○パーセント

第2条 甲は，前条により乙が債務引受けをしたことにより，丙が本件債務を免れることを確認する。

第3条 乙は，甲に対し，原契約の条項に従って本件債務を履行する。

本契約の成立を証するため，本契約書3通を作成し，甲，乙および丙は各1通を保管する。

令和○○年○○月○○日

　　　　　　　　甲（債権者）東京都○○○○○○○
　　　　　　　　　　　　　　○○○○株式会社
　　　　　　　　　　　　　　代表取締役　○○○○　㊞

　　　　　　　　乙（債務者）東京都○○○○○○○
　　　　　　　　　　　　　　○○○○株式会社
　　　　　　　　　　　　　　代表取締役　○○○○　㊞

　　　　　　　　丙（債務者）東京都○○○○○○○
　　　　　　　　　　　　　　○○○○株式会社
　　　　　　　　　　　　　　代表取締役　○○○○　㊞

(3) 詐害行為取消訴訟の提起

　無資力に陥った債務者から特定の債権者のみに対して財産が流出しているという場合には，詐害行為取消訴訟の提起を検討すべきである。

　詐害行為取消訴訟は，一部の債権者（受益者）だけが，抜け駆け的に債務者から弁済・代物弁済を受けた場合に，他の債権者が，その弁済・代物弁済が「詐害行為」に当たるとしてこれを取り消して，自己に対して弁済金の返還や価額賠償をするよう求める訴訟である。言い換えれば，債権回収に先んじた債権者に，後から他の債権者がクレームをつけて，クレームをつけた債権者にだけ回収の成果を吐き出させることを求めるという，債権者間の争いということになる。

　優先回収を図ろうとする債権者は，登記名義の変更等のためにそれなりの費用をかけている場合があるが，手間と費用をかけて詐害行為取消訴訟を提起し

第6章　債権保全と債権回収

てこれに対抗し，訴訟で主張が認められれば，回収の成果を事実上独り占めしうる。そのこともあって，詐害行為取消訴訟は，受益者に相応の回収の成果を認める内容の和解によって解決することが少なくない。

(4) 役員の個人責任の追及

　会社名義の取引により生じた債務については，役員が当然には個人責任を負担しないというのが基本原則であるから，役員の個人保証がない限りは，役員の個人資産からの回収は難しい場合が多い。

　しかしながら，単なる経営の失敗や能力の不足の領域を超えた，著しく無謀な行為の結果として倒産に至ったという場合には，当該会社の役員は，職務執行につき悪意・重過失ありとして，損害を被った第三者に対する賠償責任を負うことがありうる（会社429条1項）。

　この責任は，単なる人数合わせのための名目上の取締役に対しても，きちんと経営監督をしていれば，無謀な経営を阻止することができたという意味で，職務執行につき悪意・重過失ありとして，追及することができる場合がある。

　なお，会社名義の取引を行ったが，その実態は社長個人の計算による取引であったという場合には，法人格否認の法理に基づく訴訟提起も検討する余地がある。役員の個人責任の追及の場合と，立証の難易を比較して，いずれか一方，または双方を主張することになる。

❖回収の基本方針

　債務者が倒産したからといって，直ちに整理に入るとは限らない。債務者が法的整理の申立てをしたり，債権者集会を開催したりするまでの間には，多少の時間的間隔があることも多い。まずは，債務者の資産状況を調査して，可能な限り任意の回収を図るべきである。

　しかし，債務者が私的整理または法的整理を開始した場合には，基本的には，その手続に参加することによって回収を図りつつ，担保権の行使や相殺による回収を検討することになる。

　なお，私的整理の場合には，手続参加を拒んで，個別の権利行使を行い，その正当性を主張するという選択肢もないわけではないが，債務者から倒産の原因や資産・負債の状況についての説明を受けたり，他の債権者の動向を探るためには，債権者集会には出席しておくのが得策である。

6-8 倒産の場合の債権回収

|6-8-2| 倒産処理手続の種類

❖法的整理と私的整理

倒産処理の方法は大きく2つに分類できる。

1つは私的整理あるいは任意整理といい，債権者と債務者の話し合いによって，債務者の再建方法，または清算方法を任意に決める方法である。債権者集会を開催して，債権者委員を選出し，債権者団が債務者と折衝を行うというのが通常の方法である。

私的整理は，事態を迅速に収拾でき，手続費用も要さないという利点はあるが，強硬な債権者や，債務者とつながりの深い債権者が有利な取扱いを受けたりするなど，不公平，不公正な処理が行われることがある。また，一部の債権者が同意しないことによって，整理ができなくなり，法的整理に移行せざるを得なくなる場合等もある。

もう1つは法的整理といい，法律の定めに従って整理する方法である。

法的整理には，清算を目的にした①破産，②特別清算と，再建を目的にした③民事再生，④会社更生の各手続がある。

❖清算型倒産手続と再生型倒産手続

図表 6-34 清算型倒産手続と再生型倒産手続

	清算型倒産手続	再生型倒産手続
法的整理	破産，特別清算	民事再生，会社更生

倒産処理手続は，その目的に着目して，清算型と再生型に分けられる。

清算型手続は，債務者の総財産を金銭化して，総債務の弁済に充てることを目的とする。債務者の経済活動に終止符を打つもので，①破産，②特別清算がこれに当たる。

再生型手続は，収益を生み出す基礎となる債務者の財産を一体として維持し，経済活動を継続して収益を上げることを目的とする。将来の事業活動によって実現される収益，すなわち継続事業価値を配分するもので，③民事再生，④会社更生がこれに当たる。

665

第6章　債権保全と債権回収

|6－8－3| 私的整理

❖私的整理とは

　私的整理とは，債権者と債務者の話し合いによって，債務者の再建方法，または清算方法を任意に決める方法をいう。

　裁判所の関与なく行われるため，法的整理に比べて，終結までの時間が短く，費用も節約できるというメリットがある。

　しかし，反面，手続を公平・公正な立場から監督する者がいないため，透明性・公平性を確保しにくいというデメリットがある。

❖私的整理の一般的な進行

　私的整理は，一般に，次のように進行する。

① 　債権者会議の招集
② 　債権者委員の選出
③ 　債権者委員会の結成
④ 　債権届出
⑤ 　債務者財産の換価処分
⑥ 　配当

　債権者会議の開催は，債務者から通知されるが，その目的は，債務者の資産を債権者委員会に信託譲渡しその後の整理を委ねる内容の「整理契約」を，債務者と債権者委員長との間で締結するところにある。

　そのため，私的整理の進行は，債権者会議以降は，債権者会議で選任された債権者委員の手に委ねられることになる。

　債権者会議では，債務者が倒産に至った経緯，資産・負債の状況，清算した場合に予想される配当率の見込み，事業継続の意思の有無等が説明され，質疑応答があるのが通例である。債務者の実態や，他の債権者の動向を探る意味では，出席することが望ましいといえるが，回収に十分な担保がある場合には出席を見合わせる判断もありうる。

　そして，事件屋・整理屋等が関与していないか，債務者財産の隠匿等が疑われる事情がないかなどを検討し，私的整理に賛成してよいかを判断することになる。私的整理で進行して差し支えないと判断した場合には，債権者委員会に委任状を提出する。委任状の提出後も，折に触れ，債権者委員会に対して進捗

666

状況の報告を求めることが重要になる。

❖金融機関への支援を求める趣旨の私的整理について

近年は，金融機関債権者のみが手続に参加する再建型私的整理手続が，広く活用されている。私的整理ガイドライン，RCC企業再生スキーム，中小企業再生支援協議会スキーム，事業再生ADR，企業再生支援機構スキームなどがこれに当たる。

このような私的整理手続では，商取引債権者は整理の対象となる債権者には含まれないのが一般であり，取引先に対して秘密裏に手続が進められるから，基本的には，一般債権者として私的整理手続への対応を検討することが必要になる場合は考えにくい。

取引先がこの種の私的整理手続を行っているとの情報を得た場合には，私的整理手続に入った場合であっても必ずしも金融債権者全員一致で金融支援が決定されるとは限らず，商取引債権者のすべてを巻き込む法的整理に移行することがありうるということに注意して，対応を検討することになる。

|6－8－4| 法的整理

❖法的整理手続での回収

法的整理手続が開始されると，手続外での権利行使が大幅に制限されることになるため，まずは，所定の債権届出を行うことが重要である。そのうえで，債権額の確定，弁済率等の説明がある債権者集会等への出席，配当金・弁済金の受領といった事務を間違いなく行わなければならない。

次いで，反対債権による相殺や，担保権の行使など，手続外の権利行使が許されないかどうか，否認権の行使により回収の成果を奪われる危険がないかを検討し，必要な対応をとることになる。

❖事件記録の閲覧・謄写

(1) **総　論**

債権者が，法的整理手続の進捗を知るためには，事件記録の閲覧・謄写を行うという方法がある。

法的整理手続では，債権者は，裁判所に備つけの閲覧等申請書を用いて，法

第6章　債権保全と債権回収

律の規定に基づき裁判所に提出された文書や，裁判所が作成した文書を，閲覧・謄写することができる。

ただし，密行性の確保のため，閲覧等につき時期的制限が加えられており（破産11条4項1号，民再16条4項），また，一定の場合には，支障部分の閲覧等が制限される（破産11条・12条，民再17条）

(2)　破産手続

閲覧・謄写の対象となる文書で重要なものは，①破産手続開始申立書（破産18条・20条），②破産法157条に基づく破産管財人の報告書，③破産債権の届出書（同法111条），④破産管財人の債権認否書（同法117条），⑤破産管財人の任務終了の計算報告書（同法88条1項），⑥債権者集会期日調書などである。

破産管財人が裁判所と打合せを行うために提出した連絡文書等は，内部文書にすぎず，破産法の規定に基づき提出される文書ではないとして，閲覧・謄写の対象とはされていない。

(3)　再生手続

閲覧・謄写の対象となる文書で重要なものは，①再生手続開始申立書（民再21条・22条），②再生債権の届出書（同法94条1項），③認否書（同法101条1項），④財産評定書（同法124条），⑤再生計画案（同法163条1項）などである。

申立代理人や監督委員が裁判所と打合せを行うために提出した連絡文書等は，内部文書にすぎないとして，閲覧・謄写の対象とはされていない。

(4)　更生手続

閲覧・謄写の対象となる文書で重要なものは，①更生手続開始申立書（会更17条1項），②開始決定時における貸借対照表および財産目録（同法83条1項～3項），財産評定に関する資料（会更規23条）③調査報告書（会更84条1項），④更生債権の届出書（同法138条），⑤認否書（同法146条3項），⑥更生計画案（同法184条1項）などである。

破産管財人が裁判所と打合せを行うために提出した連絡文書等が閲覧・謄写の対象とならないのは，他の手続と同様である。

❖債権届出

(1)　総　　論

債務者が法的整理の申立てを行い，裁判所が法的整理手続を開始する決定を出した場合には，債権者の個別の権利行使は大幅に制限されることになるため，

668

債権者としては，基本的に，債権届出を行って法的整理手続に参加し，法的整理手続による弁済を受けることで，回収を図ることになる。

債権者が債権届出を怠ると，失権することがありうるため，債務者が法的整理手続に入った場合，債権者としては，まず，債権届出書の作成・提出を適切に行うことが重要になる。

(2) 破産手続

破産手続により弁済（配当）を受けるためには，破産裁判所に対して，書面で，債権届出をしなければならない（破規1条1項）。

実務上は，知れている債権者に対しては，破産手続開始決定書とともに債権届出書の書式が送付される。債権者であることが知られていないなどの理由で，裁判所から債権届出書式が送られてこない場合には，破産管財人または裁判所に問い合わせて，書式を送付するよう求める。

債権届出書の記載事項は法令で定められているが（破産111条1項，破規32条2項・3項），全国的に統一された書式が定められているわけではなく，各裁判所がそれぞれの判断で書式を作成しているため，裁判所からの通知文書を熟読して債権届出書を作成する必要がある。

債権届出書の書式に必要事項を記入したならば，証拠書類等の写しを添付して（破規32条4項），提出する。後述のとおり，短期間のうちに債権調査が行われるため，特に債権の存否・債権の額について争いが生じるような場合には，届出時点で，充実した資料添付と内容説明を行うことが望ましい。

債権届出書の提出先は破産裁判所だが（破産111条1項），破産管財人への直送を実施している場合もある（破規7条）。取扱いが不明な場合は裁判所に問い合わせるとよい。

債権者は，債権届出期間内に債権届出を行わなければならない（破産111条1項）。届出期間を経過した後の届出は，債権者に「責めに帰することができない事由」がある場合に限り，有効となる（同法112条）。

以下，債権届出の際に生じる具体的な問題のうち，他の法的整理手続にも共通するものについて簡単にみておく。

(i) 手形債権の債権届出

約束手形が，原因債権の「支払いのために」振り出されたものである場合には，原因債権・手形債権のいずれを届け出てもよい。なお，当事者間で，原因債権を消滅させて，その「支払いに代えて」手形を振り出す旨の特別な合意が

第6章　債権保全と債権回収

ない場合には，「支払いのために」振り出されたものということになる。

　手形債権について債権届出を行う場合には，次の点を確認する必要がある。

　　①　手形を所持しているかどうか（手形を割り引くなどして所持していないけれども，債権届出を行うという場合は，原因債権を届け出る）。

　　②　白地部分が補充されているか，裏書が連続しているか等，手形要件が整っているかどうか。

(ii)　保証人・物上保証人がある場合の債権届出

　保証人・物上保証人は，事前求償権を債権届出することもできるが（破産104条3項・5項），主たる債権者が債権届出をした場合には，権利行使できないことになる。

　破産手続開始後に，保証人・物上保証人が債権の全部を弁済した場合には，保証人・物上保証人は，主たる債権者が有していた権利を行使できる（破産104条4項）。名義変更手続を行ったうえで配当を受けることになる。

　破産手続開始後に，保証人・物上保証人が債権を弁済したが，一部の弁済にとどまるという場合には，その求償権については権利行使できない（同法104条4項）。そのため，主たる債権者は，必ずしも債権届出を取り下げなければならないわけではないが，届出債権者の側の判断で，一部弁済者の連署による名義変更届の提出に応じることは差し支えない。

図表　**6－35**　債権届出書（破産）

（記載例） 事件番号　令和○○年(フ)第○○○○号 破　産　者　○○○○株式会社 破産管財人　○○○○ 届出期間　令和○○年○○月○○日まで 集　会　日　令和○○年○○月○○日午前○○時○○分 　　　　　　　　　破産債権届出書 　　　　　　　　作成日　令和○○年○○月○○日 印は実印に限りませんが配当時まで使用できるものにして下さい。 届出書のコピーを手元に置いておくと問い合わせ等の際に便利です。	裁判所・管財人使用欄 No. 　　受　領　日 令和○○年(フ)第○○○○号 　書類受領事務担当 令和　年　月　日受付 ○○地方裁判所○○係

670

6－8　倒産の場合の債権回収

破産債権者の表示

住　所　〒○○○－○○○○　　東京都○○○○○○○

↓上記住所以外への通知を希望される場合のみ記載してください。

通知場所　☑住所と同じ　□異なる場合　〒

↓代表印

氏名又は法人名・代表者名　株式会社○○○○　代表取締役　○○○○　㊞

事務担当者名　○　○　○　○　　　電話00-0000-0000　　　FAX00-0000-0000

＊代理人名義で届け出る場合は，下欄も記入してください。（委任状添付必要）

住　所　〒　　－

代理人名　　　　　　　　　印　　　電話　　　　　　　　FAX

届出破産債権の表示

＊記入欄が不足した場合は，適宜別紙（A4，形式自由）を使用してください。

(1)　届出破産債権（届け出る債権の□にチェックしてください。）

債権の種類	債権額 （円）	債権の内容および原因	証拠書類の例 （必ずコピーを提出）
☑売掛金	○○○○	令和○○年○○月○○日から 令和○○年○○月○○日までの取引	請求書，納品書　等
☑貸付金	○○○○	貸付日　令○○年○○月○○日 弁済期　令○○年○○月○○日 利息年　○％　　遅延損害金　○％	契約書，借用書　等
☑給　料	○○○	令和○○年○○月○○日から 令和○○年○○月○○日までの就労分	給与明細書　　　等
□退職金			不　　要
□解雇予告手当			不　　要
□手形・小切手 　債権		←売掛金の支払いのために手形が振り出 された場合は，売掛金債権，手形債権のい ずれか一方で届け出てください。	手形，小切手（裏面 もコピーすること）
□その他（立替 　金,求償金等）		←立替金，求償会，賃料，敷金，保証金， リース債権などその他の債権は，この欄に 記載してください。	
□租　　税			
□約定利息金		に対する　年　月　日から 年　　月　　日まで年　　％の割合	
□遅延損害金		に対する　年　月　　日から 破産手続開始日まで年　　％の割合	
合　　計	○○○○		

(2)　別除権の種類及び訴訟の有無

（担保権を有する破産債権者，訴訟等が係属している破産債権者のみ記入）

第6章　債権保全と債権回収

別除権の種類 （該当に○印）	抵当権（順位　　番）・根抵当権（極度額　　　　　　円, 順位　　番） 仮登記担保・その他（　　　　　　　　　　　　　　）		
別除権の目的 不動産の表示		予　定 不足額	円
破産債権につき係属 する訴訟又は行政庁 に係属する事件	裁判所又は，行政庁名 当事者名 事件番号　　　　　　　　　　　事件名		

(3)　執行力ある債務名義または終局判決（□にチェックしてください。）
　　　□有り（債権の種類：　　　　）合計　　　通（コピーを提出してください。）　□無し
　　　少額配当金受領については，配当金額が1000円に満たない場合においても，配当金を
　　　受領する意思があります。

(3)　再生手続

　再生手続により弁済を受けるためには，破産手続の場合と同様に，裁判所に
対して，書面で，債権届出をしなければならない（民再85条1項・94条1項・
160条1項）。

　債権届出期間内に債権届出を行わないと失権するおそれがあるが，債権届出
期間の経過後であっても，一定の要件のもとに届出追完等（民再95条）をする
ことができる。

図表　6－36　債権届出書（民事再生）

事件番号　令和○○年（再）第○○○○号
再生債務者　○○○○株式会社

　　　　　　　　　　　　　　　　　裁判所使用欄

再生債権届出書

　　　　　　　　　令和○○年○○月○○日（届出書作成日）

○○地方裁判所　○○　　係　御中

債権者の表示
〒○○○-○○○○
（住所）東京都○○○○○○○
〒○○○-○○○○
（本店所在地）東京都○○○○○○○

（氏名又は名称）　株式会社○○○○

裁判所受付日

6－8　倒産の場合の債権回収

（事務担当者名○○○○）

（代表者名）○○○○　㊞　　TEL 00-0000-0000　fax 00-0000-0000
＊代理人名義で届け出る場合のみ，下の欄に記入してください。（委任状添付）
（住　　所）東京都○○○○○○○
（代理人名）○○○○　㊞　　TEL 00－0000-0000　fax 00-0000-0000

届出債権額（議決権行使額・内訳は下欄のとおり）		合計	○○○○円

進行番号	債権の種類（例）売掛金・貸付金手形金	債権の金額（元金の残額をご記入ください。複数口は別紙明細目録にご記入ください。）債権の内容及び原因（記入例参照）	□利息金　□遅延損害金（該当する□に✔をつけてください。決定の前日までは確定金額，決定後は額未定分です。）
1	売掛金	○○○○円 令和○○年○○月○○日から令和○○年○○月○○日までの間の商品○○ほか	☑令和○○年○○月○○日から○○月○○日まで（利率年○％）○○○○円 □開始決定後の金員
2	貸金	○○○○円 令和○○年○○月○○日貸付・弁済期令和○○年○○月○○日・利率○％	☑令和○○年○○月○○日から○○月○○日まで（利率年○％）○○○○円 □開始決定後の金員
3	手形金	○○○○円 別紙手形明細目録（略）のとおり	□　月　日から　月　日まで（利率　　％）　　　円 □開始決定後の金員
4		円	□　月　日から　月　日まで（利率　　％）　　　円 □開始決定後の金員

※複数口の債権及び手形金債権のある方は，次の欄にご記入ください。
（記載欄が不足する場合は，この用紙をコピーなどして追加してください。）
債権明細目録（前記進行番号　1　の　売掛金　債権につき）

債権の種類	債権の金額	債権の内容及び原因
売掛金	○○○○円	令和○○年○○月○○日から令和○○年○○月○○日迄の間の商品○○ほか
売掛金	○○○○円	令和○○年○○月○○日から令和○○年○○月○○日迄の間の商品○○ほか
	円	
	円	
	円	

手形明細目録（振出人が債務者以外の場合は，備考欄に振出人名をご記入ください。）

第6章　債権保全と債権回収

手形番号	額面金額	支払期日	振出日	金融機関 （支払場所）	備　考
○○○○	○○○○	令和○○年 ○○月○○日	令和○○年 ○○月○○日	○○銀行○○支店	
○○○○	○○○○	令和○○年 ○○月○○日	令和○○年 ○○月○○日	○○銀行○○支店	

※前記の債権について，担保権のある方は，次の項目にご記入のうえ，説明書記載の資料
　を添付してください。複数口ある場合は，担保目録を作成のうえ，添付してください。
〔債権の種類〕前記進行番号　1　の　売掛金　債権
〔担保権の種類〕☑抵当権　□根抵当権　□質権　□商事留置権
　　　　　　　　□その他（　　　　　　）
〔担保権の実行で不足する見込額〕合計　○○○○円
※前記の債権について，執行力する債務名義をお持ちの方は，どの債権であるかを特定の
　うえ，その通数を記入し，写しを添付してください。
　執行力ある債務名義あり〔債権の種類，貸金〕
　合計　1　通

(4)　更生手続

　更生手続により弁済を受けるためには，破産手続・再生手続の場合と同様に，裁判所に対して，書面で，債権届出をしなければならない（会更138条）。

　なお，会社更生法では，再生手続と異なり，担保権者（更生担保権者）であっても，手続外での担保権の行使は認められず，更生手続に参加して，更生計画による弁済を受けるよりない。担保権といえども，債権届出期間内に債権届出をしなければ，更生手続に参加できず失権する。

図表　6−37　債権届出書（会社更生）

令和○○年㈢第○○号
　　東京都○○○○○○○
　　更生会社　○○○○株式会社　　　　　　　番　号

更生債権届出書（法138条1項）

作成日　令和○○年○○月○○日
住　所　東京都○○○○○○○
氏名（商号）　○○○○株式会社

6-8 倒産の場合の債権回収

	（代表者名）　○○○○　　　　　　　　　　　　　　　　　　　　　㊞ TEL 00-0000-0000　　　FAX 00-0000-0000 　　　　　　　　　（担当者　○○○○　　　内線　　○○　　　）

（代理人による届出の場合）
代理人住所
　　　氏名　　　　　　　　　　　　　　　　　　　　　　　　　　　　㊞
　　　TEL　　　　　　　　　　　FAX
　　　　　　　　　　　　　　　　　東京地方裁判所民事第8部　御中

債　権　額	金　　　　　　　　○○○○円
議 決 権 の 額	同上（ただし，136条2項に該当する部分は除く）
一般の優先権のある債権があるときはその対象となる債権	□あり｜対象となる債権 □別紙
執行力ある債務名義又は終局判決があるときはその対象となる債権	□あり｜対象となる債権 □別紙
更生債権に関し更生手続開始当時係属する訴訟があるときはその対象となる債権	□あり｜　　裁判所　　支部　令和　　年（ ）第　　号 　　　　　　事件名 　　　　　　原　告　　　　　　被　告 □別紙｜対象となる債権

債権の種類	債権の額	債権の内容及び原因
売掛金	○○○○円	令和○○年○○月○○日から同年○○月○○日までに○○事務所に納品した○○の代金
売掛金	○○○○円	令和○○年○○月○○日から同年○○月○○日までに○○支店に納品した○○の代金

❖債権調査

(1) 総　　論

　届出がなされた債権は，法的整理手続の中で調査が行われ，その存在を「認める」部分と，その存在に「異議がある」部分とに振り分けられる。

　届出債権のうち認められた部分は，一定の事項につき「確定」し，その旨の債権者一覧表等の記載は，確定判決と同一の効力を有することになる（破産124条，民再104条）。これに対し，異議のある債権については，債権者の側で，債権の確定手続を行う必要が生じることになる。

675

第6章 債権保全と債権回収

図表 6−38 債権調査の流れ

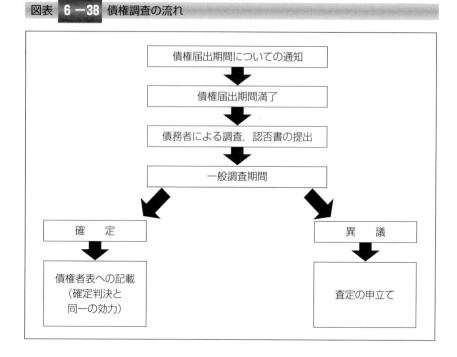

(2) 破産手続

破産手続における債権調査では，届出債権について，破産債権としての適格性，債権の存否，額，優先劣後の順位および別除権者の届け出た予定不足額の当否について，調査がなされる。

調査の方法は，破産法上，①調査「期間」＋書面方式（破産116条1項），②調査「期日」＋口頭方式（同条2項）の2つの方法が定められている。すなわち，債権調査「期間」とは，破産管財人等が届出債権に対する認否書を提出したり，これに対して他の債権者が書面による異議を申し立てたりする期間をいう。債権調査「期日」とは，破産管財人等が届出債権に対する認否を口頭で行ったり，これに対して他の債権者が口頭で異議を申し立てたりする期日をいう。東京地裁では債権調査「期間」方式は行われておらず，債権者集会の期日に同時に債権調査期日を設けており，また，配当の可能性のない事案の場合には債権調査を留保する扱いとされている。

いずれの方式による場合でも，破産管財人が，債権届出書に添付された証拠

書類や破産者の帳簿類等に基づいて調査を行った結果，債権者からの届出を破産管財人が認め，他の債権者からの異議がなければ，破産債権はその存在，額，優先権の有無などが確定し（破産124条1項），裁判所書記官による破産債権者表への記載により確定判決と同一の効力を認められる（同条2項・3項）。

債権調査で，届出債権を破産管財人が認めなかった場合や，他の届出破産債権者が異議を述べた場合には，その破産債権は確定しない。破産管財人および異議を述べた届出債権者の全員を相手方として，破産裁判所に対して，1カ月の不変期間内に，破産債権査定の申立てをしなければならない（破産125条）。査定手続は原則として書面審尋で進められるため，裁判所に出頭することなく「届出債権を〇円と査定する」との決定がなされることが見込まれるし，査定申立てとその際の資料提出を理由に破産管財人が異議を撤回する場合もありうる。査定決定に対して不服がある場合には，決定正本送達から1カ月の不変期間内に破産債権査定異議の訴えを提起することができる（同法126条）。

(3) 再生手続

再生債務者等の認否書作成・提出義務，債権調査期間が設けられる等債権調査の方法は，破産手続と同様である（民再101条4項・102条1項・104条1項・105条以下・107条以下）。

もっとも，破産法と異なり，債権調査期日は開かれず，すべて書面で行うことが予定されている。

再生債務者等が，届出されていない債権者があることを知っている場合には，再生債権の当該自認する内容等を認否書に記載しなければならない（民再101条3項）。この場合，議決権の行使は認められないが，再生債権の調査および確定の手続対象となり，再生計画の定めによる弁済を受けることができる（自認債権）。

(4) 更生手続

管財人の認否書作成・提出義務，一般調査期間・特別調査期間が設けられる等債権調査の方法は，再生手続と同様である（会更146条・147条1項・150条・151条・152条・184条1項）。

❖債権者説明会・債権者集会・関係人集会

(1) 総　　論

法的整理手続においては，法律の定めに基づく債権者集会・関係者集会が開

第6章　債権保全と債権回収

催されるほか，債務者等が，任意で（すなわち，法律の定めによるものとしてではなく），債権者説明会を開催することがある。

　これらに出席することは，情報の提供を受けるという意味でも，実質的に手続関与の機会の保障を受けるという意味でも，重要な意味を持つものである。そのため，債権者としては，当該法的整理手続において，どのような集会等の開催がなされるのかを十分に把握しておく必要がある。

(2)　破産手続

　破産手続における債権者集会は，破産債権者に対して手続の進行に関する情報を開示するとともに，破産管財人を監督する機会を与えることを目的として，破産裁判所の招集・指揮のもとに開催される会議である。

　破産法上は，財産状況報告集会について，これを招集しないことができる場合があることを定め（破産31条4項），その他の債権者集会についても，招集の有無について裁判所の裁量を認めたり（同法135条），集会に代わる方法（同法89条・217条2項）を認めたりしている。

　しかしながら，実務上は，債権者集会は，債権者が破産手続に参加する機会を保障するものとして重要視されているため，債権者集会を招集しないことはほとんどない。さらに，東京地裁では，第1回債権者集会の際に次回債権者集会期日を指定し，その後も引き続き定期的に債権者集会を開催する扱いとしている。

(3)　再生手続

　再生手続においては，債権者集会の開催が法定されている。

　しかし，再生手続においては，手続の進行に関する情報の開示は，債権者集会の場で行われるというよりは，再生債務者への個別の問合せや（民再規1条2項），再生債務者が任意に開催する債権者説明会の場で（同規則61条）なされることが多い。

　特に，債権者説明会は，申立後開始決定前の段階では大多数の事案で開催されており，さらに，事業譲渡がなされる際に債権者からの意向聴取に先立って開催される場合や，債権者集会の開催に先立って再生計画案の内容について説明するために開催される場合もある。

　債権者集会は，法律上は，再生債権者によって構成される機関とされており，その最も重要な職務は，再生計画案についての決議を行うことである（民再169条2項1号・3号・170条・172条・187条2項）。再生計画案に関する決議が可

決されるには，①議決権者（債権者集会に出席しまたは書面等投票をした者に限る）の過半数の同意，および②議決権票の議決権の総額の2分の1以上の議決権を有するものの同意が必要とされる。再生計画案が可決された場合には，不認可事由がない限り，裁判所により，再生計画の認可が決定される。

(4) 更生手続

更生手続においては，審理，議決のための関係者の集まりを，債権者集会といわず，関係人集会という。関係人集会には，財産状況報告集会（会更85条）と更生計画決議のための関係人集会（同法189条2項1号）とがある。

財産状況報告集会では，管財人から，更生会社が更生手続開始に至った事情や更生会社の財産状況についての報告がなされるとされるが（会更85条1項），実際に財産状況報告集会が開催される例は少ない。手続の進行に関する情報の開示は，再生手続の場合と同様に，管財人への個別の問合せや，管財人が開催する債権者説明会の場でなされることが多い。

更生計画案の決議は，権利の種類によって組分けし，それぞれの組ごとに分かれて行われる（会更196条1項）。権利の種類の原則的な区分は，①更生担保権，②優先的更生債権，③一般更生債権，④約定劣後更生債権，⑤残余財産の分配に関し優先的内容を有する種類の株式（優先株式），⑥その他の株式（一般株式）であるが（同法168条1項），東京地裁では，細かな組分けは行わず，更生債権者の組と更生担保権者の組の2つに分かれて決議されるのが通常である。

更生計画案が可決されるには，すべての組において，法定の可決要件を満たす賛成が得られる必要がある。

❖ 配　当

(1) 破産手続

配当は，破産管財人が破産財団に属する財産を換価することによって得られた金銭を，破産債権者に対して，平等に分配する手続である。債権者の優先順位は法定の順に従い，債権額に応じて，弁済が行われる。

配当手続の詳細については，破産管財人に対して問い合わせることになる。

破産法では，簡易配当，同意配当，中間配当，追加配当，最後配当の5種類が定められている。

第6章　債権保全と債権回収

(i)　簡易配当

配当可能金額が1,000万円未満のときは，簡易配当を行う（破産204条1項1号）。実務上は，配当に至る事件の多くで，簡易配当が行われている。

(ii)　同意配当

配当可能金額のいかんにかかわらず，届出債権者の全員が破産管財人が定めた配当表，配当額ならびに配当の時期および方法に同意している場合は，例外的に同意配当を行うことがある。

(iii)　中間配当

中間配当は，財団の換価終了前に配当をするのに適当な財団に属する金銭がある場合に行われる。実務上，中間配当が行われるのは，財団の規模が大きく，最後配当に先だって配当するに適当な財団が形成され，かつ，その後も換価業務が続き，終結まで一定程度の期間が見込まれるような例外的な場合である。

(iv)　最後配当

配当可能金額が1,000万円以上の場合は，原則として最後配当を行う。

(v)　追加配当

追加配当は，簡易配当の配当表に対する異議期間経過後，同意配当の許可後，最後配当の配当額通知後に，新たに配当に充てることができる相当の財産が確認できたときに行われる。

(2)　再生手続

再生計画が確定すると，再生債務者は，再生計画に従って弁済を行う。

再生計画に従った弁済の詳細については，再生債務者代理人に対して問い合わせることになる。

監督委員が選任されている場合は，計画認可決定後3年間は，監督委員が再生計画の履行を監督する（民再186条2項・188条2項）。

(3)　更生手続

更生計画認可の決定があったとき，管財人は，速やかに，更生計画を遂行し，また，更生会社の事業の経営ならびに財産の管理および処分の監督を開始する（会更209条1項）。

更生計画の遂行については，管財人に対して問い合わせることになる。

6-8 倒産の場合の債権回収

❖相 殺 権

(1) 総 論

債務者が法的整理手続に入った場合に，債権者としてまず考えるべき回収方法は，反対債務との相殺である。

相殺権の行使は，裁判外の一方的意思表示によって行うことができる。労力と時間のかかる資産の換価を待たずに，内容証明郵便を１本送付するだけで，債権回収を図ることができるのである。

そのため，法的整理手続において相殺権の行使が許容される場合を正しく理解し，相殺権行使の機会を失することのないようにする必要がある。

(2) 破産手続

債権者が，破産手続開始時点で，破産者に対して債務を負っている場合には，破産手続によらずに相殺権を行使することができる（破産67条１項）。

相殺権行使の時期に関する制限は設けられていないが，債権調査期間経過後または債権調査期日終了後に相殺権行使未了の債権者がいる場合には，破産管財人から，１カ月以上の一定の期間内に相殺権を行使するかどうかを確答せよと催告することができ（破産73条１項），確答しなかった場合は，破産手続との関係で相殺の効力を主張することができなくなるので，注意が必要である（同条２項）。

破産法では，相殺の担保的機能の保護のため，相殺権行使を拡張する例外規定が設けられている。具体的には，次のとおり，相殺の要件が若干緩和されている。

(i) 自働債権

破産手続では，期限未到来の債権は，破産手続開始時に弁済期が到来したものとみなされ（現在化，破産103条３項），また，非金銭債権は，破産手続開始時の評価額をもって破産債権の額とされる（金銭化，同条２項）。

そこで，破産法67条２項は，破産債権者は，自働債権が期限付債権，解除条件付債権，非金銭債権の場合であっても，相殺権を行使することができると定めている。

これに対して，自働債権が停止条件付債権・将来の請求権である場合には，債権が発生していないため，直ちに相殺権を行使することはできない。ただ，債権者が，相殺権の行使に先立って受働債権を弁済することになる場合には，破産管財人に対して弁済額の寄託を請求することができる（破産70条前段）。最

681

第6章　債権保全と債権回収

後配当の除斥期間内に債権が発生すれば，寄託金を取り戻すことができる。なお，敷金返還請求権を有する破産債権者（賃借人）が破産者（賃貸人）に賃料を支払う場合にも，同様の規定が設けられている（同条後段）。

(ii) **受働債権**

受働債権については，破産法にこれを金銭化する規定がないため，基本的には金銭債権である必要がある。

ただ，受働債権が期限付債権・条件付債権・将来の請求権であっても，債権者は自らの期限の利益等を放棄して相殺することができる（破産67条）。

なお，破産法は，一定の場合につき，相殺が禁止される旨の規定を設けている（同法71条・72条）。

1つは，受働債権の債務負担の時期によるもので，その段階に応じた若干異なる要件のもとで，相殺が禁止されている。これらの要件の中には判断の微妙なものも含まれているから，要件該当性を明確に判断し難い事情がある場合には，相殺権を行使したうえで相殺禁止の要件該当性について破産管財人と折衝していくことになる。なお，これらの場合に共通の相殺禁止の例外要件が定められている（破産71条2項）。

① 支払不能後（破産71条1項2号）

支払不能と知りつつ，もっぱら相殺に供する目的で，財産処分契約を締結する等の行為により債務負担した場合には，相殺が禁止される。

② 支払停止・破産申立て後（破産71条1項3号・4号）

支払停止・破産申立て等の事実を知ったうえで債務負担した場合には，相殺が禁止される（ただし，支払いが停止されているが，いまだ支払不能に陥っていないという場合を除く）。

③ 破産手続開始後（同項1号）

(3) **再生手続**

再生手続では，再生債権者が，再生手続開始時に再生債務者に対して債務を負担し，かつ，再生債権届出期間の満了前に相殺適状が生じた場合には，当該再生債権届出期間内に限り，相殺権を行使することができる（民再92条1項）。

民事再生法には，破産法103条3項，67条2項に対応する規定がないため，相殺権を行使するためには，自働債権である再生債権について期限が到来していなければならない。受働債権については，債権届出期間満了前までに弁済期が到来していなくとも，再生債権者が期限の利益を放棄することによって（民

682

6－8　倒産の場合の債権回収

法136条）相殺適状とし，相殺することができる。期限付債権についても同様である（民再92条１項後段）。さらに，相殺の意思表示自体を再生債権届出期間満了までに行われなければならないという期間制限が定められている。しかも，このような相殺権行使を制限する規定は強行規定とされており，過誤があった場合でも事後的・個別的な救済を受けることは難しい。

　そのため，再生手続の場合には，次の点に留意する必要がある。

　まず，相殺権行使の可否を判断するに当たり，約定の期限の利益喪失条項の有無を確認しておくことが重要である。取引基本約定を交わしておらず，期限の利益喪失条項がない場合には，再生債権の弁済期はいつか，期限の定めのないものといえないかを慎重に判断して対応することになる。

　次に，債権届出期間の終期を確認し，債権届出書とは別に必ず内容証明郵便で期限内に相殺の意思表示を行うことが重要である。破産手続であれば，相殺通知の内容等に問題があれば，相殺の意思表示をやり直せば済むが，再生手続の場合には，相殺通知の相手方・内容・到達時期につき問題が生じた場合であっても，期限を経過してしまっているためやり直しがきかないという場合が生じうるからである。

　なお，再生手続においても相殺禁止の規定がおかれている（民再93条・93条の２）。その規定の内容は，破産法の相殺禁止の規定（破産71条・72条）と同様である。

(4)　更生手続

　更生手続では，再生手続の場合と同様に，債権届出期間の満了前に相殺敵状が生じた場合には，当該債権届出期間内に限り，相殺できる（会更48条１項）。

　更生手続開始決定後は会社財産の処分権は更生管財人に専属するので，相殺権の行使は更生管財人に対して行う必要がある。

　なお，会社更生においても，相殺禁止の規定が置かれている（会更49条・49条の２）。その規定の内容は，破産法，民事再生法の規定と同様である（破産71条・72条，民再93条・93条の２）。

❖別　除　権

(1)　総　　論

　債務者が法的整理手続に入った場合であっても，それが更生手続以外であれば，担保権を有する債権者は，別除権者と呼ばれ，手続外での権利行使が許さ

第6章　債権保全と債権回収

れる。

　ただ，債務者が法的整理手続に入っていることによって，担保権行使の相手となるのは，総債権者の利益を代表する立場にある者ということになるため，交渉上，あるいは権利行使の手順に，注意を要する点が出てくる。

(2)　破産手続

　破産財団所属の特定の財産のうえに，特別の先取特権，質権，抵当権または商事留置権等の担保権を有する者は，別除権者と呼ばれる（破産2条9号）。

　別除権の行使は，破産管財人を相手方として，破産手続外で行うことができる（破産65条1項）。具体的には，民事執行法所定の担保権実行として競売申立てを行うこともできるし，それ以外の方法で目的物を換価する権利を有するときは，それらの方法によることもできる（同法185条1項）。

　別除権の行使について特に問題となるのは，不動産につき，破産管財人が任意売却せず，財団から放棄して債権者による競売申立てに委ねるという判断を示している場合である。総債権者の利益を代表する立場にある破産管財人としては，任意売却により不動産を処分した場合に，一般債権者の配当原資がどの程度増加するのかということと，任意売却のために費やすことになる時間・経費負担とを勘案して判断せざるをえないことになる。別除権者としては，破産管財人との交渉上，このような破産管財人の立場を十分に理解しておく必要がある。

　なお，破産法は，別除権者の破産債権（別除権付破産債権）の行使について，別除権の行使によって満足を得られない部分のみこれを認めることとしている（不足額責任主義。破産108条1項本文）。破産管財人が，担保不動産を財団から放棄して配当を実施するという場合には，別除権不足額の証明がないと配当に参加できないため（同法198条3項・205条），場合によっては，別除権を放棄して配当に参加するという選択もありうる。

(3)　再生手続

　民事再生法上の別除権とは，再生債務者に帰属する特定の財産上に存する担保権を再生手続の制約を受けずに実行して優先的に弁済を受ける権利をいう（民再53条）。

　別除権は，再生手続によらず，当該担保権の実行手続に従って権利行使をすることができる（同条2項）。したがって，抵当権者は，抵当権に基づく競売の申立てを行うことができ，商事留置権者は，目的物を留置し，競売の申立て

6-8 倒産の場合の債権回収

を行うことができる。ただし，登記・登録を要する担保権については登記・登録を経ていなければ別除権を行使することが許されない。

ところで，担保の目的である財産が再生債務者の事業継続に不可欠な財産である場合，別除権を行使されてしまうと，再生債務者は事業再生の目的が達成できないことになる。そこで，再生債務者は，事業継続に不可欠な財産について競売等を避けるべく，担保権者との間で別除権協定を締結することによって競売等を回避し，事業の継続に不可欠の財産を受け戻すことになる。別除権の目的物の受戻しとは，別除権の評価額相当額を別除権者へ弁済することにより，目的物を別除権から解放することをいう（**図表6-39**）。

再生計画認可決定前の別除権の目的である財産の受戻しについて，通常保全命令と同時に発令される監督命令において監督委員の同意事項とされているため，監督委員の同意を得ないでした別除権目的物である財産の受戻しについては無効となる（民再54条4項）。

担保権者は，担保権（別除権）を行使して弁済を受けることができなかった額についてのみ，再生手続に参加して弁済を受けることになる。したがって，別除権を有する場合は，債権届出の際に別除権行使によって弁済を受けることができないと見込まれる額（予定不足額）を届出しておかなくてはならない。

図表 6-39 別除権協定書

担保権に関する協定書

株式会社○○銀行（以下，「甲」という）と○○○○株式会社（以下，「乙」という）は，乙の○○地方裁判所令和○○年（再）第○○号再生手続開始申立事件（以下「本件再生手続」という）につき，甲乙間の従前の法律関係を変更することについて，本日，次のとおり合意した。

第1条（協定書の趣旨）

甲と乙は，本件再生手続の開始決定後の日である令和○○年○○月○○日現在（以下「本件基準日」という）で，甲が乙に対して有する貸付金債権（以下，「本件貸付金」という）に関する別紙担保物件（以下，本件担保物件という）の処理につき，必要な合意を行う。

第2条（担保物件の評価）

甲と乙は，協議のうえ，本件基準日現在における本件担保物件の価額について別紙記載の各記載評価額をもって評価するものとする。

第6章　債権保全と債権回収

第3条（継続使用物件）

本件担保物件のうち，乙が継続使用のために選別した別紙担保物件のうち番号1および2の物件（以下「継続使用物件」という）については，乙が本協定書記載の義務を履行しない場合を除き，甲は乙による継続使用物件の使用継続について異議を述べず，担保権実行をしない。

第4条（別除権の弁済）

乙は，甲に対して，継続使用物件について，第2条によって評価された継続使用物件についての評価額（以下「評価額」という）を，乙についての認可決定の確定した日から○カ月を経過した日の属する年の末日を第1回支払日とし，以下，同一の応答日にて，毎年の各末日限り，○年間にわたって，均等に分割して，甲指定の口座に送金して支払う。

第5条（完済した場合の担保解除）

乙が前条記載の条件に従って，同条記載の金額を完済した場合，甲は，継続使用物件についての担保権の設定を解除する。

第6条（担保物件の任意売却）

別紙担保物件3および4については，これを任意に売却するものとし，本件貸付金の一部に充当することとする。この場合，乙が当該物件を任意売却するに当たっては，第2条によって評価された担保物件の価格またはそれを上回る価格で売却できるよう可能な限り配慮しなければならない。

甲は，当該売却によって得られた金額の支払いを受けるのと引換えに当該担保物件の担保登記登録等を解除する。

第7条（担保物件の売却の追加）

甲と乙は，本協定書締結後，継続使用物件のうち継続使用の必要性が消滅した物件については，協議のうえ，これを任意に売却することを決定することができる。

第8条（別除権評価を下回る価格で物件を売却した場合の処理）

本件物件を任意売却した結果，第2条の評価額の合計を下回る価格でしか売却できなかった場合，その下回った差額金額については，再生計画上の一般債権の条件に従って，返済を行うものとする。

第9条（別除権評価を上回る価格で物件を売却した場合の処理）

本件物件を任意売却した結果，第2条の評価額の合計を上回る価格で売却できた場合，その上回った差額金額については，乙はこれを甲に支払う。

第10条（再生計画についての同意）

甲は，本件再生手続の債権者集会において，再生計画に賛成する。

第11条（再生債権の額）

本協定書は，甲が乙の本件再生手続の債権者集会において行使する再生債権の額について，取り決めることを目的とするものではない。

第12条（営業活動の支援）

甲は，乙の再建，およびその営業活動を支援し，本件再生手続の進行に協力するものとする。

第13条（停止条件）

本協定書は，監督委員の同意（再生裁判所の許可）を条件として効力が生じる。

令和○○年○○月○○日
　　　　　　甲（債権者）　　東京都○○○○○○○
　　　　　　　　　　　　　　○○○○株式会社
　　　　　　　　　　　　　　代表取締役○○○○　㊞

6－8　倒産の場合の債権回収

```
      乙（債務者）　　東京都○○○○○○○
                      ○○○○株式会社
                      代表取締役○○○○　㊞
```

別紙

担保物件

1　所在　　　　○○県○○○○○○○
　　地番　　　　○○番
　　地目　　　　○○
　　地積　　　　○○平方メートル
　　所有者　　　○○○○株式会社

2　所在　　　　○○県○○○○○○○
　　家屋番号　　○○番○○
　　種類　　　　○○
　　構造　　　　○○○○
　　床面積　　　○○平方メートル
　　所有者　　　○○○○株式会社

3　所在　　　　○○県○○○○○○○
　　地番　　　　○○番
　　地目　　　　○○
　　地積　　　　○○平方メートル
　　所有者　　　○○○○株式会社

4　所在　　　　○○県○○○○○○○
　　家屋番号　　○○番○○
　　種類　　　　○○
　　構造　　　　○○○○
　　床面積　　　○○平方メートル
　　所有者　　　○○○○株式会社

⑷　更生手続

　会社更生法上，更生手続開始当時の更生会社の財産のうえに特別の先取特権，質権，抵当権，商法上の留置権等の担保権を有する債権を更生担保権という（会更2条10項）。

　更生担保権者は，破産法および民事再生法とは異なり，更生手続から切り離して更生債権者に優先的かつ個別的に弁済を受けることはできない。すなわち，更生担保権者も更生手続に参加するため，更生担保権の届出をしなければならず（会更138条1項），届け出られた更生担保権は，一般更生債権と同様に，調

第6章　債権保全と債権回収

査，確定を経て，更生計画案が可決・認可されると更生計画の定めに従って弁済される。債権届出期間内に債権届出をせず，更生手続に参加しなければ失権する。

　ところで，更生計画上，更生担保権を減免する場合には，一般更生債権の場合と比べて可決要件が厳しくなっているため（会更196条5項2号），実際の更生計画案において，更生担保権の元本部分の減免が規定されることはそれほどない。したがって，更生担保権者にとっては，更生担保権の範囲を画する担保権の価格が高く評価されれば弁済額が増額するため，実務上，管財人との間で目的の価格について争いが生じることがある。

　更生債権者が債権届出書に記載した担保権の価格について，債権調査において管財人が認めず，または届出をした更生債権者等が異議を述べた場合には，更生担保権査定申立て（会更151条）をしたうえで，異議者全員を相手方として査定申立てをした日から2週間以内に，裁判所に価格決定の申立てをして争うことができる（同法153条1号）。

　また，更生計画においては，実務上，更生担保権に関して処分連動方式が採用されることが多い。処分連動方式とは，更生計画上処分が予定されている担保不動産の現実の売却価格から必要経費等を控除のうえ，残額を当該担保不動産の更生担保権者に対し弁済するという方式である。

❖否　認　権

(1)　総　　論

　否認権とは，法的整理手続の開始前になされた債務者の行為またはこれと同視される第三者の行為の効力を否定する権利である。

　総債権者のために責任財産の保全を図る詐害行為取消権と同様の考え方に立つ制度だが，他の債権者が権利行使するのではなく，債務者の財産を管理し，あるいは債務者の行為を監督する立場にある者が権利行使することになるうえ，権利行使の要件が緩和されている点があるという違いがある。

(2)　破産手続

　否認権とは，破産手続開始決定前にされた破産者の行為またはこれと同視される第三者の行為の効力を覆滅させる形成権であって，破産管財人に専属する権能である（破産167条1項・173条1項）。

　破産者は，破産手続開始前は，本来，自由に自己の財産の処分をすることが

できる。しかしながら，破産手続開始前といえども，破産に瀕するような状態にありながら，破産者の総財産の価値を減少させる行為（詐害行為）や，破産債権者間の平等を害する本旨弁済等の行為（偏頗行為）等がされていた場合は，これらの行為による破産債権者を害する結果を放置することはできない。そこで，破産手続開始後，次の要件のもとで，破産管財人は破産債権者のために一定の行為を否認することができるとされている。

(i) **詐害行為否認**

① 廉価売却等の財産減少行為（破産160条１項）

破産者に詐害意思があり，受益者が債権者を害する事実を知っていたことが要件とされる（同項１号）。ただし，支払停止後かつ破産申立て１年前以内の行為であれば詐害意思は不要とされる（同項２号）。

なお，弁済が偏頗行為否認の対象となるのは，期限前弁済のみであり，本旨弁済は対象とならない（破産160条１項柱書）。

② 詐害的債務消滅行為（破産160条２項）

代物弁済等の債務の消滅に関する行為で，消滅した債務よりも債権者の受けた給付額が過大である場合（100万円の債務に対して300万円の商品の代物弁済を受けた場合等）には，消滅した債務額に相当する以外の部分について否認できる（前記の例でいえば，代物弁済のうち200万円の限度で否認できる）。

破産者に詐害意思があり，受益者が債権者を害する事実を知っていたことが要件とされる（破産160条１項１号）。ただし，支払停止後かつ破産申立て１年前以内の行為であれば詐害意思は不要とされる（同項２号）。

③ 財産の隠匿・費消を容易にさせる適正価格での財産の売却処分行為（破産161条）

不動産を売却して金銭化するなどした結果として隠匿等の債権者を害する処分のおそれが現に生じており，破産者が行為時に隠匿等の処分をする意思を有し，相手方がそれについて悪意であることが要件とされる。

④ 無償否認（破産160条３項）

破産者が支払停止６カ月前以降に行った無償行為（贈与，債務免除，権利放棄等）またはこれと同視すべき有償行為であることが要件とされる。

(ii) **偏頗行為否認**

支払不能または破産手続開始申立後に，既存の債務について，担保供与や債

務消滅行為（弁済，相殺，代物弁済，免除等）が行われた場合，支払不能または破産手続開始申立てについて受益者が悪意であれば，その行為は否認できる（破産162条）。特約が存在しないのに担保を供与したり，期限前弁済をしたりする行為（破産者の義務に属せず，またはその時期が破産者の義務に属しない場合）については，支払不能30日以内の行為も否認の対象となる（同条1項2号）。

なお，支払不能後の新規債務について，担保供与や債務消滅行為を行うような同時交換的取引は偏頗行為否認の対象とならないと解されている。

(iii) 対抗要件の否認

不動産の登記，債権譲渡の通知など，権利変動の対抗要件を具備する行為が，破産者の支払停止後で，かつ，対抗要件の具備が権利変動の効果が生じた後15日を経過後に行われた場合には，その対抗要件は否認の対象となる（破産164条1項）。

債務者の対外的信用を考慮して行われるいわゆる登記留保，通知留保は，支払不能後になってから債務者から預った書類を用いて対抗要件を具備しても，その対抗要件が否認されてしまうということである。

(iv) 執行行為の否認

破産法165条は，「否認権は，否認しようとする行為について執行力のある債務名義があるとき，又はその行為が執行行為に基づくものであるときでも，行使することを妨げない。」と定めている。

支払停止前の強制執行は，債務者が故意に執行を招致したような場合でなければ否認の対象とはならない。これに対して，実際に執行行為が否認される例はあまり多くないが，支払停止後に強制執行を行う場合には，詐害行為否認・偏頗行為否認の対象となりうるので注意が必要である。

否認権の行使方法は，否認の請求，否認権訴訟の提起，破産管財人を被告とする訴訟での抗弁としての主張の3つがある（破産173条）。否認が認められると，破産者から逸出した財産は現状に復する（同法167条1項）。

(3) 再生手続

再生手続では，否認権は，否認権限が付与された監督委員または管財人が行使する（民再56条1項）。

再生手続上の否認の類型と要件・効果（民再127条〜131条・132条1項・134条）は基本的には，破産手続と同様である。

6-8 倒産の場合の債権回収

(4) 更生手続

更生手続では，否認権は，訴え，否認の請求または抗弁によって，管財人が行使する（会更95条1項）。

会社更生の場合，逸出した財産を回復する目的は，破産の場合のように回復した財産を換価して配当に充てるということだけではなく，会社の維持・再建のための企業財産価値を回復することにもあるため，この点で多少の違いが生じている。

破産においては，担保権は別除権として破産手続によらずに権利行使でき，優先弁済を受けられるため，担保権者への弁済は否認権の対象にならない。これに対して，会社更生法では，担保権者も更生担保権者として手続に服するため（会更135条），担保権者に対する弁済や担保権の実行も否認の対象となりうる。

6-9 破産手続

6-9-1 破産とは

　破産は，倒産の一形態である法的整理手続の1つである。

　破産手続は，債務者が破綻したときに，その財産をすべて換価し，換価代金によって債権者に平等に分配することを目的とした手続である。

　そのため，適用される範囲は広く，規定内容は詳細で，手続内容は厳格である。一部の者に対する優先弁済等の不公正，不公平を防止し，公平な分配ができる反面，相当長期間を要する事案も少なくなく，弁済率は比較的低い。

　他の法的整理手続は，その制度によって最終的に破綻処理ができないときには破産手続に移行することから，破産手続は終局的な手続であるといえる。

図表 6-40 破産手続の流れ

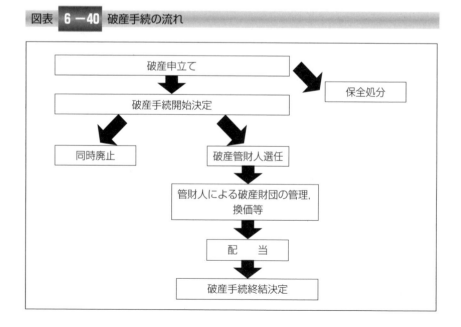

6−9 破産手続

6−9−2 破産手続

❖破産申立て

債務者に破産原因のあるとき，すなわち，債務者が支払不能または債務超過に陥ったときには，債務者や債務者会社の取締役等は，裁判所に対して破産手続開始の申立てをすることができる（破産18条1項）。

債権者も破産申立てをすることができるが，通常は，債務者が秘密裏に自己破産申立てを行うため，債権者が破産申立てを事前に予測することは一般的にはきわめて困難である。裁判所に破産申立ての有無を問い合わせても，破産手続の密行性の観点から，破産手続開始決定前には照会に応じていないため，破産申立てのあった事実を破産手続開始決定前に債権者が確実に知る方法はない。

場合によっては，債務者が破産申立てを委任した弁護士から，「破産申立てを受任し，申立ての準備をしているので，今後の交渉は債務者に対してではなく弁護士に対して行ってほしい」旨の通知がなされることがある。そのようなときは，当該弁護士に対して破産申立てや破産手続開始決定の事実を照会すればよい。

なお，破産手続開始決定前に，債務者の申立てにより保全処分がなされ債権者等に通知される場合もある。

破産申立てがなされた場合には，①取引基本契約書等に期限の利益喪失条項がある場合には，債務者は当該条項により期限の利益を失い，②破産申立て後の債務者による担保の供与や債務の消滅に関する行為（弁済等）は，破産手続開始に至った場合には，破産管財人により否認され，③破産申立て後に，その事実を知って，債権者が負担した債務や債権者が取得した債権は，相殺に供することができなくなる。

❖破産手続開始決定前の保全処分

破産申立てから破産手続開始決定までの間にはタイムラグがあることから，この間に債務者が財産の隠匿を図ったり，一部の債権者のみが強制執行を行い自己の債権の回収を図ったりすることを防止する必要がある。

破産法は，このため，債務者財産に関する保全処分（破産28条），保全管理命令（同法91条）のほか，第三者に対する保全処分として，他の手続の中止命令等（同法24条），包括的禁止命令（同法25条），否認権のための保全処分（同

693

第6章　債権保全と債権回収

法171条）等の制度を整備している。

　ただし，東京地裁では，自己破産申立事件についてすみやかに破産手続開始の判断をすることができる体制を整えていることから，債務者に整理屋や暴力団が介在する事案や，証券会社が倒産したため一般投資家を保護する必要がある事案などの例外的な場合を除き，債務者の財産に関する保全処分を発令することはせずに，破産手続開始の決定自体を早期に発令する運用となっている。

❖破産手続開始決定

　裁判所が，破産手続開始原因が存在すると判断したときには，破産手続開始決定が発令される。

　破産手続開始決定の同時処分として，破産管財人の選任，債権届出期間の定め，財産状況報告集会の定め，債権調査期間（または債権調査期日）の定めがなされ，これらについても破産手続開始決定書中に記載されるのが実務の扱いである。

　破産手続開始決定により，破産者は破産者の財団（破産財団）につき管理処分権を失い，破産者の財産管理処分権は，破産管財人に専属する（破産78条1項）。

　また，破産債権者は，破産手続開始決定により個別の権利行使を禁止され（破産100条1項），その結果，破産手続中に強制執行を開始することは許されなくなり，また，すでに開始されている強制執行は失効する（同法42条1項・2項本文）。そして，破産債権者は，債権を届け出て破産手続中で配当を受けるしかなく，破産手続への参加を強制される（同法111条以下・124条以下・193条1項等）。

❖同時廃止

　破産者に破産原因はあるが，破産者の財産（破産財団）が乏しく，破産手続の費用も賄えないときには，破産手続開始決定は発令されるが，以後の破産手続を行わないまま破産手続を廃止する場合がある。これを同時廃止という（破産216条）。

　同時廃止は，破産者に破産手続開始に伴う効果（自然人の場合には公法上・私法上の資格制限など，法人の場合には解散・消滅など）を生じさせるが，財産上の無益な手続を行わないため，破産管財人を選任しないまま，破産手続を

694

6 − 9　破産手続

将来に向かって終了させることになる。よって，破産債権の届出，債権の確定手続もない。

　同時廃止は，実務上，個人の破産事件を対象としてなされている。個人の破産事件は同時廃止が圧倒的に多いのが実情である。

❖再生手続における各債権の取扱い

　財団債権とは破産手続によらないで破産財団から随時弁済を受けることができる債権で（破産2条7項），破産債権とは，債務者が破産したときにその債権を届け出て破産財団から公平な共同弁済を受けることのできる権利をいう。

　破産債権は，破産財団から配当によって公平な満足を受ける権利であるから，債権額に比例して平等に扱われるのが原則である（同法194条2項）。

　しかし，破産法は，実体上の優先権を持つ権利を「優先的破産債権」とし，本来破産財団の負担とするのが相当でない債権を「劣後的破産債権」とし，破産債権の優先順位を，①優先的破産債権，②一般の破産債権，③劣後的破産債権，④約定劣後破産債権と定めている（破産194条1項）。

　優先的破産債権とは，破産財団所属の財産について一般の先取特権その他一般の優先権を持つ破産債権をいう（破産98条1項）。

　優先的破産債権とされるのは，以下の債権である。

  ・労働債権の一部（労働債権は，その一部のみが財団債権とされ，それ以外の部分が優先的破産債権とされる。民法306条2号・308条）
  ・上水道，電気，ガス，電話等の料金の一部（民法306条4号）
  ・公租（国税，地方税）・公課（各種社会保険料，下水道料金）等の一部（税徴8条，地税14条）

　劣後的破産債権とは，破産債権であるが，他の破産債権に後れ，一般破産債権が配当を受けた後に限り，配当を受けることができる債権である（破産99条1項柱書）。

　劣後的破産債権とされるのは，以下の債権である。

  ・破産手続開始後の利息，延滞税，利子税および延滞金
  ・破産手続開始後の不履行による損害賠償および違約金等
  ・租税等の請求権で，破産財団に関して破産手続開始後の原因に基づいて生じるもの
  ・罰金，科料，刑事訴訟費用，追徴金または過料

695

第6章　債権保全と債権回収

・破産手続参加の費用
・無利息の確定期限付債権の破産手続開始から期限までの中間利息相当分
・不確定期限付無利息債権の債権額と評価額の差額
・金額および存続期間が確定している定期金債権の中間利息相当額
・約定劣後破産債権

❖異時廃止

　異時廃止（異時破産手続廃止）とは，破産手続開始決定後，破産財団をもって破産手続の費用を支弁するのに不足すると認めるときに破産手続を廃止することをいう（破産217条1項）。

　破産手続開始当初に存在した財産が，給料債権や公租公課などの財団債権で費消されてしまった結果，財団不足に至った場合などは，異時廃止となる。

❖破産の終結

　破産管財人は，配当を実施した後，計算報告書を裁判所に提出し（破産88条1項・135条1項），任務終了による計算報告のための債権者集会の招集を求める（同法88条3項・135条1項）。この任務終了計算報告集会で収支計算の結果が承認されれば，裁判所は破産手続の終結を決定する。

　破産者が法人である場合，破産終結の効果として法人格は消滅する（破産35条参照）。ただし，残余財産があるときは，その範囲で法人は存続し，最終的には清算手続が行われる。

❖免責・復権

　免責とは，個人の破産者に対し，破産手続による配当を受けることができなかった残余の債務について責任を免れさせることによって，破産者の経済的更生を図ろうとする制度である。

　個人の自己破産申立ては，免責を得ることを目的とするのが通常であり，破産手続開始の申立てがあれば，それと同時に免責許可の申立てがあったものとみなされる（破産248条4項本文）。

　免責許可の決定が確定すると，破産者は破産手続開始決定の時点で負っていた債務について責任を免れることになる。そのため，免責についても最も利害関係を有しているのは破産債権者であるから，免責許可の決定の当否について

696

意見を述べる機会が認められている（破産251条1項）。この意見申述は書面でしなければならず（破産規76条1項），破産法252条1項各号所定の事由に該当する具体的な事由を明らかにしたうえでしなければならない（同条2項）。

免責の審理は，免責審尋期日を指定して意見を聴取する方法と書面による方法があるが，実務上は書面による場合がほとんどであり，債権者と破産者がそれぞれ書面で主張・反論をしたうえで，判断が熟した段階で裁判所が免責の許否についての決定を行う。

免責許可決定・免責不許可決定に対しては，利害関係人は即時抗告により不服申立てをすることができる（破産252条5項・9条）。

|6−9−3| 破産管財人

破産管財人は，破産手続開始決定と同時に裁判所により選任され（破産31条1項本文・74条1項），破産財団に属する財産の管理処分権は破産管財人に専属する（同法78条1項）。

破産管財人には，この目的を実現するために，破産手続の中心的な存在として広範な職務権限が与えられている。そのため，破産手続の成否は破産管財人次第という面がある。

❖破産財団の管理，換価に関する職務

破産管財人は，破産手続開始決定前に破産者がした法律行為の処理を行う。よって，破産手続開始前から破産者との間で何らかの契約を締結していた者は，その契約の内容や契約の処理について，破産管財人が交渉の相手となる。

破産管財人は，破産財団に属する財産の換価を行う。破産者が法人である場合はすべての財産が換価の対象となるが，破産者が自然人である場合は，生存権の保障，自由財産の範囲の拡張との均衡，同時廃止事件との均衡等の観点から設けられた一定の換価基準に従って換価することとなる。

❖破産債権の確定に関する職務

破産管財人は，債権届出書の記載や関係者からの聴取等に基づき債権調査を行い，一般調査期日に破産債権の届出に対する認否を行う（破産121条1項）。

第6章　債権保全と債権回収

❖債権者集会に関する職務

破産管財人は，第1回債権者集会（財産状況報告集会）において，破産債権者に対して，破産手続開始に至った事情，破産者および破産財団の経過および現状について説明するほか（破産158条），破産管財人の処理方針・見通しなどについても説明する。

❖配当，廃止に関する職務

破産管財人は，債権調査と破産財団に属する財産の換価が終了し，破産財団をもって破産手続の費用の支弁と財団債権の弁済に足りることになれば配当を行う。

また，破産管財人は，破産手続開始決定後，財団をもって破産手続の費用を支弁するのに不足するときは，異時廃止の申立てをする（破産217条1項）。

❖免責に関する職務

破産管財人は，免責不許可事由の有無および裁量免責の判断に当たって考慮すべき事項について調査，報告を行う（破産250条1項）。

意見申述期間中に債権者から免責についての意見申述がされた場合（破産251条1項）は，破産者やその代理人，債権者の意見を聴取するなどの必要な調査を行ったうえで報告することとなる。

6−10

特別清算手続

6−10−1 特別清算とは

　特別清算とは，解散後清算中の株式会社について，清算の遂行に著しい支障をきたすべき事情または債務超過の疑いがある場合に，裁判所の命令により開始され，その監督のもとで行われる特別の清算手続をいう。

　特別清算手続は，法的な倒産手続の1つとして，裁判所の監督のもとで行われる手続ではあるが，債権者の私的自治を尊重しつつ，簡易・迅速に行われるものであり，通常清算手続と破産手続との中間的な性格を有する。

❖特別清算手続の特徴

　特別清算手続は，債務超過などの状態にある清算会社について，債権者の多数決に基づいて作成される「協定」によって，簡易・迅速に清算を実現しようとする手続であるという点に特徴がある。

　破産手続は，倒産企業に対して「破産者」との烙印を押すため，時として経営者としての再起を困難にすることがあるのに対して，特別清算手続は，裁判所が後見的に関与するけれども，基本的には清算会社と債権者との間の合意による「協定」による権利調整を行うもので，破産手続の欠陥ないし弊害を緩和しつつ，柔軟かつ迅速な手続進行を実現しようとするものといえる。

　破産手続との比較でいえば，次のような特徴がある（山口和男編『特別清算の理論と裁判実務——新会社法対応』新日本法規出版〔2008〕27頁以下参照）。

(1) 債務者が選任した清算人が清算業務を遂行する

　特別清算手続では，清算事務の執行に当たる者は，株主総会で選任された清算人である。債務者が信頼して選任した清算人が清算業務を遂行するため，従業員等の協力が得られやすいといえる。

(2) 少額債権の弁済が可能

　特別清算手続では，債権者数を減らして手続を簡易迅速に進めることができ

699

第6章　債権保全と債権回収

るようにするため，裁判所の許可を得れば，いつでも少額債権の弁済ができる
とされている（会社500条2項）。

(3)　代物弁済による配当が可能

特別清算手続では，資産の換価の手間と費用を節約して，代物弁済による配
当を行うことも可能である。

(4)　全資産換価完了前に協定成立可能

特別清算手続では，全資産の換価が完了しないうちに，弁済案（協定）を成
立させて，手続の進行を早めることができる。

(5)　清算業務に債権者が参加できる

特別清算手続では，協定（弁済案）の成立に債権者の同意を要するため，清
算業務について債権者が参加することが可能である。

6 -10- 2　特別清算手続の流れ

❖特別清算開始の申立てと特別清算開始の命令

特別清算手続開始の申立ては，代表権のある清算人等が，本店所在地を管轄
する地方裁判所等に対して行う。

清算の遂行に著しい支障を来すべき事情がある場合，または，債務超過の疑
いのある場合で（会社510条），会社法514条各号所定の事由がない場合には，
裁判所が，特別清算開始の命令を行う（同条）。

❖手続進行中の裁判所の監督

清算株式会社は，特別清算開始の命令があった場合，清算貸借対照表等を裁
判所に提出しなければならず（会社521条），その後も随時，裁判所の求めに応
じて，清算事務および財産の状況の報告をしなければならない（同法520条）。

また，裁判所は，少額債権・担保付債権等の弁済許可（会社500条2項前段・
537条2項），財産処分・借財等の許可（同法535条1項本文），事業譲渡の許可
（同法536条1項）について判断を行う。

❖負債額の確定

清算株式会社は，債権者に対して，官報公告をもって，2カ月以上の期間内
に債権を申し出るよう催告するとともに，知れている債権者には各別に債権の

700

申出を催告しなければならない（会社499条1項）。

　債権者は，清算人に対して，債権の申出を行う。債権の申出がなされると，清算人は，その債権の存否・額を調査するが，破産手続のような債権調査の制度が存するわけではなく，あくまで清算株式会社と各債権者との間の交渉事となる。交渉が成立しないときは，訴訟をもって債権額を確定するほかない。

　債権申出期間内に申出をせず，かつ，会社に知られていない債権者は，清算から除斥される（会社503条）。

❖協定・和解

　債務の弁済は，債権者集会において可決され，裁判所によって認可された協定によって行われるのが原則である（会社563条〜569条）。協定は，出席議決権者の過半数の同意，および，議決権者の議決権総額の3分の2以上の議決権を有する者の同意のいずれもがある場合に可決される（同法567条1項）。協定が可決されると，「協定が債権者の一般の利益に反するとき」などの不認可事由がない限りは，認可決定がなされる（同法569条1項）。

　債権申出期間が経過した後に，裁判所の許可を得たうえで，清算株式会社と各債権者との間での個別和解によって弁済がなされる例もある（会社535条1項4号）。個別和解であるため，債権者間の平等は必ずしも必要とされない。

❖終結決定

　裁判所は，特別清算が結了したとき，または，特別清算の必要がなくなったときは，清算人等の申立てにより特別清算終結の決定をする（会社573条）。

|6−10−3| 特別清算人

　特別清算開始の命令がなされると，清算人は裁判所の監督を受けることになるほか，清算株式会社に対して忠実義務を負うだけでなく，債権者，清算株式会社および株主に対して，公平かつ誠実に清算業務を行う義務を負う（会社523条）。

　清算人が清算事務を適切に行っていないとき，その他重要な事由があるときには，裁判所は，債権者・株主の申立てにより（職権でもなしうる），清算人を解任することができる（会社524条1項）。裁判所は，清算人が欠けたときや，

第6章　債権保全と債権回収

清算人がある場合でも必要と認めるときは，さらに清算人を選任できる（同条
2項・3項）。

6-10-4　各種権利の扱い

❖債　　権

　特別清算手続は，あくまで清算手続の一種とされているため，開始決定等の
一定の基準日によって倒産債権の範囲を画するという構造になっておらず，債
権の調査確定手続もなく，否認制度もない。

　特別清算手続で協定の対象となる債権，すなわち減免の対象となる債権は，
次の債権を除いた債権である（会社515条3項）。

① 　一般の先取特権その他一般の優先権ある債権

② 　特別清算手続のために生じた債権

③ 　特別清算に関する費用請求権

❖相殺の禁止

　会社法は，破産法にならって，以下の場合において相殺を禁止している（相
殺禁止の例外規定も設けられている）。

① 　協定債権者が特別清算開始後に負担した債務との相殺（会社517条1項）
　　破産法71条1項1号，民事再生法93条1項1号，会社更生法49条1号と
　同旨。

② 　協定債権者が支払不能，支払停止，特別清算開始申立てを知って負担し
　た債務との相殺（会社517条1項2〜4号・2項）
　　破産法71条1項2〜4号，民事再生法93条1項2〜4号，会社更生法49
　条1項2〜4号と同旨。

❖担保権付債権

　特別清算手続では，担保権付債権者は，一定の場合に，担保権の実行手続な
どの中止命令を受けることがある（会社516条）。

702

6-11

再生手続

6-11-1 再生手続とは

　民事再生は，倒産の一形態である法的整理手続の1つである。
　また，民事再生は，経済的に窮境にある債務者について，その債権者の多数の同意を得，かつ，裁判所の認可を受けた再生計画を定めること等により，当該債務者とのその債権者との間の民事上の権利義務を適切に調整し，もって当該債務者の事業または経済生活の再生を図ることを目的としている（民再1条）。したがって，破産法とは異なり，再建を目的とした手続である。
　民事再生法は，現在，再建型倒産手続の基本法として，中小企業や個人事業者に限らず，大企業や債権者多数の大規模事件でも広く利用されている。

図表 6-41 再生手続の流れ

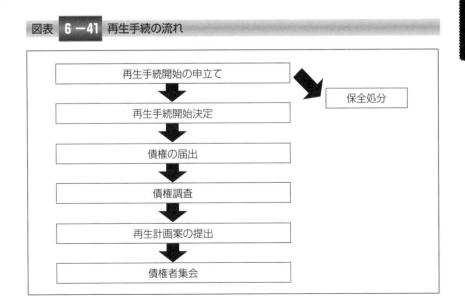

第6章　債権保全と債権回収

6−11−2　再生手続の流れ

❖再生手続の申立て

　再生債務者に再生手続開始の原因があるとき，すなわち，①債務者に破産手続開始の原因たる事実の生ずるおそれがあるとき，または，②債務者が事業の継続に著しい支障を来すことなく弁済期にある債務を弁済することができないときは，裁判所に対して，再生手続開始の申立てをすることができる（民再21条1項）。

　債権者も①の要件があるときには申立てを行うことができるが，申立てに際しては，再生手続開始の原因たる事実に加え，その有する債権の存在についての疎明を要する（民再23条）。また，申立人は，再生手続の費用として裁判所の定める金額を予納しなければならい（同法24条1項）。

❖再生手続開始決定前の保全処分

　再生手続開始の申立てから再生手続開始決定までの間にはタイムラグがあることから，この間に，一部の債権者が債権回収を図るべく，債務者の弁済や担保権の強要をすることを防止する必要がある。

　このため，民事再生法上，裁判所が，再生債務者の業務および財産に関し，仮差押え，仮処分その他の必要な保全処分を命じることができる旨規定されている（民再30条1項）。

　東京地方裁判所破産再生部では，ほとんどの民事再生事件で，再生債務者による再生手続開始申立日の当日に監督命令の発令とともに，弁済禁止および担保提供の保全処分を発令する運用を行っている。

　したがって，債権者は，保全処分後，一定の場合を除き弁済を受けることができない。

　東京地方裁判所の定型的な保全処分の主文は次のとおりである。

6 −11　再生手続

図表 **6 −42** 保全処分の主文例（東京地方裁判所）

再生債務者は，下記の行為をしてはならない。
記
令和○○年○○月○○日までの原因に基づいて生じた債務（次の者を除く）の弁済および担保の提供
　租税その他国税徴収法の例により徴収される債務
　再生債務者とその従業員との雇用関係により生じた債務
　再生債務者の事業所の賃料，水道光熱費，通信に係る債務
　再生債務者の事業所の備品のリース料
　10万円以下の債務

❖監督委員の選任

　監督委員は，再生手続開始の申立てがあった場合で裁判所が必要があると認めるときに，利害関係人の申立てによりまたは職権で裁判所が選任できるものとされている（民再54条1項）。これを，監督命令という。再生手続は，原則として申立人（再生債務者）の主導で行う手続であるところ，その相当性や適正性を判断するためには監督機関による監督が必要となる場合も少なくないと考えられる。そのため，再生手続開始の申立てがあった場合には，開始の前後を問わず，裁判所が監督機関である監督委員を選任することができるとされたものである。

　東京地裁の運用では，再生債務者申立事件では原則として全件について，弁済禁止の保全処分の申立てがある場合はその発令と同時に，監督委員を選任している。

❖監督委員の業務

(1)　開始決定に関する意見書の提出

　裁判所が再生手続の開始決定を行うに際し，監督委員は，主要債権者からの意見聴取の結果に基づいた意見書を提出する。再生債務者が，再生手続開始申立て後，速やかに債権者説明会を開くのが通例であり，債権者説明会が開かれた場合には，監督委員はそれに臨席して意見を聴取する

(2)　同意申請に対する監督委員の対応

　裁判所は，監督命令発令と同時に，監督委員の同意を得なければ再生債務者とすることができない行為を指定する（民再54条2項）。これは，再生債務者

第6章　債権保全と債権回収

の一定の行為に対して監督委員に同意権限を与えることで，再生債務者の業務遂行および財産の管理処分を適正に行わせようとするためのものである。

監督委員の同意を要する行為については，実務上は，以下の行為が指定されているようである。この場合，債権者は，再生債務者に対して，監督委員の同意を得られない限り，以下の行為を求めえない。

- ・再生債務者が所有または占有する財産に係る権利の譲渡，担保権の設定，賃貸その他一切の処分（常務に属する取引に関する場合は除く）
- ・再生債務者の有する債権について譲渡，担保権の設定，その他一切の処分（再生債務者による取立てを除く）
- ・財産の譲受け（商品の仕入れその他常務に属する財産の譲受けを除く）
- ・貸付
- ・金銭の借入れ（手形割引を含む）および保証
- ・債務免除，無償の債務負担行為および権利の放棄
- ・別除権の目的である財産の受戻し
- ・事業の維持再生の支援に関する契約および当該支援をする者の選定業務に関する契約の締結

(3)　月次報告についての監督委員の関与

裁判所は，再生手続開始決定において，再生債務者に対し，毎月1回，業務および財産の管理状況を書面をもって報告することを命じる（民再125条2項）。

月次報告書には，当月の業務の状況や財産の管理状況を簡潔に記載したうえで，月次試算表あるいは資金繰り実績表を添付するのが一般的である。監督委員は，月次報告書を通じて，再生債務者の現状，具体的には，資金繰りに問題がないか，業務は順調に進んでいるか，資産は適切に管理されているか等をチェックする。

(4)　財産評定への監督委員の関与

財産評定は，再生債務者の正確な財産状況を，債権者および利害関係人に適切に開示することを目的に行われる（民再124条）。財産評定は，再生債務者の財産状況の正確な把握の資料にもなるとともに，再生計画案について，債権者が賛否を判断するための資料として，重要な機能を有する。

監督委員は，再生計画案について不許可事由（民再174条2項各号）の有無を調査し，意見を述べることになっているため，清算価値保障原則（同項4号）の判断資料となる財産評定が適正に行われているかをチェックする。

706

6−11 再生手続

(5) 事業譲渡型再生についての監督委員の関与

事業譲渡型再生において，監督委員は，事業譲渡に関する裁判所の許可（民再42条1項）や事業譲渡等を内容とする再生計画案について，調査報告書（意見書）を提出するという形で関与することが一般的である。監督委員は，スポンサー選定の過程の公正さや譲渡代金の相当性につき調査報告をすることになる。

(6) 再生計画案に対する監督委員の意見

再生債務者等から再生計画案が提出されたとき，裁判所は，一定の場合を除き，再生計画案を決議に付する旨の決定（いわゆる付議決定）をするが，実務上，この付議決定に先立ち，監督委員は裁判所に対して再生計画案に対する意見書を提出することとされている。

意見書にいかなる事項を記載するかについては特段の制約はないが，通常，裁判所が付議決定をするうえで参考とすべき事項が記載されるとともに，再生債権者が再生計画案に対する賛否を判断するうえで参考となる事項が記載される。

(7) 役員責任の調査・追及の際の監督委員の関与

再生手続において，役員の責任の調査・追及は，再生債務者が行う。ただし，事案によっては，監督委員自身が，役員の違法行為の有無について調査し，必要に応じて，申立代理人に調査を求めたり，自ら調査結果を再生計画案についての調査報告書に記載することがある。

(8) 否認権の行使

監督委員は，否認事由に該当する行為がある場合には，裁判所から否認行使権の付与を受けて，否認権を行使することができる（民再135条・56条）。

(9) 監督委員による再生計画の履行監督

再生計画認可決定が確定したとき，再生債務者等は速やかに再生計画を遂行しなければならない（民再186条1項）。この場合において，監督委員が選任されているときは，監督委員は再生債務者の再生計画の遂行を監督する（同条2項）。

❖再生手続開始決定

裁判所は，再生手続開始原因が存在すると判断したときには，再生計画の認可の見込みがない等法定の申立棄却事由（民再25条）がない限り，再生手続開

707

第6章　債権保全と債権回収

始決定をする（同法33条1項）。

　再生手続開始決定の同時処分として，①再生債権の届出期間，②再生債権の一般調査期間の定めがなされる（民再34条）。また，裁量的に定められる事項ではあるが，実務上，認否書の提出期限（同法101条5項），報告書等の提出期限（同法124条2項・125条1項），再生計画案の提出期限（同法163条1項・2項）も定められる。

　再生債権者は，再生手続に参加するために債権届出期間に債権届出をしなければならず（民再94条），また，債権調査は，再生債務者等が再生債権の任意書を裁判所に提出し，一般調査期間内に届出再生債権者等が届出再生債権の内容および議決権について異議を述べる方法によって行われる。このため，上記①②は，手続開始の段取りを示すきわめて重要な事項である。

　東京地裁の標準的なスケジュールでは，下記のとおりの，おおよそのスケジュールが組まれている。

図表 6-43 民事再生スケジュール

申立て	0日
開始決定	1週間
債権届出期間の末日	1カ月＋1週間後
認否書提出期限	2カ月＋1週間後
一般調査期間	約10週間ないし11週間後

　再生手続は，再生手続開始決定の時から効力を生じる（民再33条2項）。

　再生手続開始決定により，債務者は，個別的権利の行使を原則として禁止され（民再85条1項），再生債権の届出期間等に基づき再生手続に参加し（同項・94条1項），権利の行使をすることになる。

　新たな破産手続開始，他の再生手続開始，特別清算開始の各申立てはできなくなり，すでにされていた破産手続は中止され，特別清算手続は失効する（民再39条1項）。中止されていた破産手続は再生計画認可決定の確定によって失効する（同法184条）。

　債務者の財産に対する再生債権に基づく強制執行，仮差押え・仮処分と再生債権を被担保債権とする商事留置権以外の留置権による競売手続は，中止され

708

る（民再39条1項）。

再生債務者の財産関係の訴訟手続のうち再生債権に関するものは中断する（民再40条1項）。

❖再生手続が開始された場合の双務契約の取扱い

再生手続開始決定時において，双務契約が有効に存続し，かつ，双務契約の両当事者が双方とも履行を完了していない場合，再生債務者は，当該双務契約について解除か履行請求かの選択をすることができる（民再49条1項）。

双務契約とは，民法上の双務契約と同義であり，契約の各当事者が互いに対価的な意義を有する債務を負担する契約をいう。典型契約のうち，売買，交換，賃貸借，雇用，請負，有償委任，有償寄託，組合，和解などがこれに当たる。

双務契約の両当事者が双方とも履行を完了していない場合とは，両当事者がまったく履行していない場合だけでなく，一部履行済みでもいずれも履行を完了していない限り，双方未履行の場合に当たる。

再生債務者等が双務契約について履行を選択した場合，相手方の債権は，再生手続開始前の原因に基づいて生じたものであるにもかかわらず，衡平の見地から共益債権とされる（民再49条4項）。すなわち，債権者は，再生手続によらずに各債権の弁済期に応じて随時弁済される。

他方，再生債務者が双務契約について解除を選択した場合，契約解除により相手方に損害が生じたとしても，相手方はその損害賠償請求権について再生債権として行使しうるにすぎなくなる（民再49条5項，破産60条1項）。

ところで，契約関係が存続するか否かは，もっぱら再生債務者の選択いかんにかかっているため，相手方は不安定な地位に置かれることになる。

そこで，相手方は，再生債務者に対して相当の期間を定めて催告することができ，催告期間内に確答がないときには，再生債務者は解除権を放棄したものとみなされる（民再49条2項後段）。

❖再生手続が開始された場合の継続的給付を目的とする双務契約の取扱い

継続的給付を目的とする双務契約とは，当事者の一方が反復的に種類をもって定められた給付を行うべき義務をいい，電気，ガス，水道等が給付契約の典型例であるが，継続的な製作物供給契約や継続的な運送，清掃等の請負契約な

第6章　債権保全と債権回収

ども含まれる。他方，労働契約（民再50条3項），賃貸借契約は含まれない。

　再生債務者に対して継続的給付義務を負う双務契約の相手方は，再生手続開始の申立前に給付に係る再生債権について弁済しないことを理由に，再生手続開始後にその義務の履行を拒むことはできない（民再50条1項）。

　他方，相手方が再生手続開始申立て後再生開始決定前にした給付に係る請求権は本来，民事再生法120条1項に基づく許可ないし監督委員の同意がなければ再生債権となるべきものであるが，継続的給付を目的とする双務契約として同条の適用がある請求権は当然に共益債権とされる（民再50条2項）。

❖再生手続における各債権の取扱い

　再生手続における再生債権とは，再生債務者に対し，再生手続開始前の原因に基づいて生じた財産上の請求権をいう（民再84条1項）。再生債権は，原則として，再生手続，すなわち再生計画によらなければ弁済を受けることができない（弁済禁止の原則。同法85条1項）。

　他方，共益債権（共益債権化したものを含む），一般優先債権は，再生手続によらないで随時弁済を受けることができ（民再121条1項・2項・122条2項），弁済禁止の原則の適用を受けない。

　このため，債権者にとって，自己の債権が，再生債権または共益債権・一般優先債権のいずれに該当するかを判断することはきわめて重要である。

(1)　再生債権

　再生債権は，前記のとおり，再生手続開始前の原因に基づく，債務者に対する，財産上の人的請求権であり，強制執行可能な請求権をいい（民再84条1項），再生手続開始後，特別の場合を除き，再生計画の定めるところによらなければ，弁済，弁済の受領その他債権を消滅させる一切の行為をすることはできない（同法85条1項）。したがって，代物弁済，更改，相殺，供託等も行うことは許されない。なお，相殺については，一定の制限が加えられている（前記6－8－4の相殺権の(3)参照）。

　ただし，以下の場合には，例外的に，再生債権であっても再生手続によらず弁済を受けることができる。

(i)　中小企業連鎖倒産防止のための弁済許可（民再85条2項）

　弁済禁止によって，再生債権者のうち，中小企業にとっては深刻な影響が生じ，資金繰りに窮して連鎖倒産する危険性が生じることがありうる。このよう

710

な中小企業者に対しては，再生債務者の申立てあるいは職権によって，裁判所の許可を得てその全部または一部を弁済することができるとされている。

(ii) **手続の円滑な進行のための少額債権の弁済**（民再85条5項）

再生債権者が多い場合には，債権者集会期日の通知（民再115条1項1号本文）等の作業が煩雑になるうえ，また多額の費用を要するほか，債権者との折衝に膨大な時間がかかることが考えられ，再生手続の円滑な進行が妨げられるおそれがある。そこで，少額の債権者を早期に弁済することによって，再生手続を円滑に進行することができる場合には，再生債務者からの申立てがある場合に限って，再生債権認可決定前の弁済の許可を認めている。

(iii) **事業の継続に著しい支障を来す場合の少額債権の弁済許可**（民再85条5項）

特定の再生債権者に対する弁済を行わないと，再生債務者の事業継続において，著しく支障を来す場合が考えられる。このような場合には，少額債権に限って裁判所は弁済を許可することができる。

(2) 共益債権

共益債権とは，原則として，手続開始決定以後の原因に基づいて生じた請求権であって，手続を遂行するうえで要した費用，および再生債権者の事業の維持，継続のために要した費用等，手続上の利害関係人の協同の利益のためにされた行為により生じた請求権をいう。

共益債権は，再生手続開始決定による弁済禁止の対象とならず，再生計画によることなく各債権の弁済期に応じては，随時弁済される。また，弁済が滞るようであれば，再生債務者の総財産に対して強制執行や仮差押えも行うことができる。

(3) 共益債権とする旨の許可または監督委員による共益債権とする旨の承認による共益債権化

再生手続申立後開始決定前に，資金の借入，原材料の購入その他再生債務者の事業の継続に欠くことのできない行為をする場合，裁判所は，その行為によって生ずべき相手方の請求権を共益債権とする旨の許可をすることができる。

このような請求権は，開始前の原因に基づくものであるから，本来開始決定により再生債権となるべきものである（民再84条）が，開始決定前の再生債務者の事業継続を容易にするため，共益債権化を可能としたものである。

(4) 一般優先債権

一般優先債権とは，一般の先取特権その他法律上一般の優先権がある債権

第6章　債権保全と債権回収

（共益債権を除く）をいう（民再122条1項）。たとえば，共益費用に基づく債権（民法306条1号），雇用関係に基づく債権（同条2号），葬式の費用に基づく債権（同条3号），日用品の供給に基づく債権（同条4号），企業担保権で担保されている債権（企業担保法2条），公租公課（国税，地方税）等がこれに当たる。

　一般優先債権者は，共益債権同様に，再生手続によらずに，再生債務者の財産から随時，優先的に弁済を受けることができる（民再122条2項）。

❖財産評定

　再生債務者は，再生手続開始後遅滞なく，再生債務者に属する一切の財産について再生手続開始の時における価格を評定しなければならない（民再124条1項）。これを，財産評定という。

　再生債務者等が，財産評定を完了したときは，直ちに再生手続開始決定の時点における財産目録および貸借対照表を作成し，これらは裁判所に提出される（民再124条2項）。裁判所に提出された財産目録・貸借対照表については，再生債権者は利害関係人として閲覧・謄写することができる（同法17条）。

❖再生計画案の提出

　再生債務者は，債権届出期間満了後，裁判所の定める期間内に，再生計画案を作成し，裁判所に提出しなければならない（民再163条1項）。期日までに提出しない場合には，再生手続が廃止されることがある。

　東京地裁では，手続申立てから3カ月以内を再生計画案の提出期限としている。

　再生計画には，再生債権の権利変更（減免と残額の弁済方法），共益債権・一般優先債権に関する定め，債務の負担や担保の提供に関する定め，未確定の再生債権に関する定め，そして，別除権に関する定め等が記載される。

　また，再生計画による債務の期限猶予は，特別の事情がない限り，計画の認可決定の確定から10年を超えないものとなっている。

❖再生計画の効力等

　再生計画は，認可決定の確定により，その効力を生じる（民再176条）。認可決定があった場合には，債権者集会期日に呼び出すべき者にその主文および理由の要旨を記載した書面を送達し（同法174条4項），労働組合等に決定があっ

た旨を通知しなければならない（同条5項）とされているが，東京地裁では，原則として，全件について債権者集会を実施しているので，これらの送達，通知は，官報に公告することにより代用している（同法10条3項）。公告依頼から公告の掲載までに約2週間かかり，それからさらに2週間の即時公告期間（同法9条）が経過するまでに確定しないため，再生計画が効力を生じるまでには，通常，認可決定言渡しから約1カ月を要する。

再生計画の認可決定が確定すると，認否書に記載されている債権は，再生計画の定めに従って変更される（民再179条1項）。また，再生債務者は，再生計画の定めまたは民事再生法によって定められた権利を除き免責される（同法178条）

他方，再生債権者が定められた債権届出期間内に債権届出がなされなかった債権は，再生債務者が自認した場合を除いて原則として失権し（民再178条），再生手続による弁済を受けられなくなる。

ただし，次の場合には，再生計画に定めがなくても失権しない（民再181条1項1号・2号・3号）。

① 再生債権者がその責めに帰すことのできない事由によって債権届出期間内に届出ができず，かつ，その事由が再生計画案を決議に付する旨の決定前に消滅しなかったもの

② 再生計画案を決議に付する旨の決定後に生じた再生債権

③ 再生債務者が知っている債権で，再生債務者が自認しなかったもの

①および②については，再生計画の一般的な基準（民再156条）に従って，権利内容が変更され，再生計画の定めに従って弁済を受けることができる。ただし，確定判決と同一の効力はない。

③については，再生計画の一般的基準（民再156条）に従って，権利内容が変更されるが，再生計画で定められた弁済期間が満了するとき（その期間満了前に再生計画に基づく弁済が完了した場合または再生計画が取り消された場合は弁済完了時または再生計画取消し時）までの間は弁済を受けることができない（同法181条2項）。

❖再生手続の終結

再生手続は，裁判所による手続終結の決定により終了する。裁判所が終結決定をする時期については，次のとおりとなっている。再生手続終結の決定がな

第6章　債権保全と債権回収

されると，民事再生事件の係属を前提とする手続は必要がなくなるため，すべて終了する。

① 監督委員も管財人も選任されていない場合は，再生計画認可の決定が確定したとき（民再188条1項）

② 監督委員が選任されている場合は，再生計画が遂行されたときまたは再生計画認可の決定が確定した後3年を経過したとき（民再188条2項）

③ 管財人が選任されている場合は，再生計画が遂行されたときまたは再生計画が遂行されることが確実であると認めるに至ったとき（民再188条3項）

❖**再生計画の取消し**

再生計画の認可の決定が確定した後，再生債務者が再生計画の履行を怠るなどの事由が生じたときには，裁判所は，再生債権者の申立てにより，再生計画の取消しの決定をすることができる（民再189条）。

再生計画取消しの決定が確定した場合には，再生計画によって変更された再生債権は，原状に復する（民再189条7項）。ただし，再生債権者が再生計画により得た権利は影響を受けない（同項ただし書）。

また，再生債権者は，再生債権者表の記載を債務名義として再生債権者表に記載された全額について再生債務者に対して強制執行をすることができる（民再8条・185条）。

❖**再生手続の廃止**

再生手続の廃止とは，再生手続を本来の目的を達成しないまま，将来に向かって終了させる手続をいう。次の場合に，再生手続は廃止される。

(1) **再生計画認可確定前の廃止**（民再191条・192条）

決議に付するに足りる再生計画案の作成の見込みがないとき（民再191条1号），期間内に再生計画案の提出がないとき（同条2号），再生計画案が否決されたとき（同条3号）など，再生計画を確定できる見込みがないことが明らかになった場合には，再生手続を廃止する決定がなされる（同条）。民事再生手続開始原因（前述の「民事再生手続申立て」参照）がないことが明らかになったときも，裁判所は，再生債務者，管財人または再生債権者の申立てにより，再生手続廃止の決定をする（同法192条）。

再生債権の調査確定の手続が終了した後に手続が廃止された場合，債権者表

の記載の効力に影響はないため，再生債権者は，債権者表に基づき強制執行することができる（民再195条7項・185条）。

⑵ 再生債務者の義務違反により手続廃止（民再193条）

次のいずれかに該当する場合には，裁判所は，監督委員もしくは管財人の申立てによりまたは職権で，再生手続廃止の決定をすることができる。

- ・再生債務者が裁判所の定める保全処分（民再30条1項）に違反したとき
- ・再生手続開始後に裁判所の許可が必要とされた行為を裁判所の許可なく行った場合，裁判所の許可を得ずに営業または事業の全部または重要な一部の譲渡を行ったとき，監督委員の同意が必要とされた行為を監督委員の同意を得ずに行ったとき
- ・届出債権について認否書を期限までに提出しなかったとき

⑶ 再生計画認可決定後の手続廃止（民再194条）

再生計画の遂行の見込みがないことが明らかになったとき，裁判所は，再生債務者もしくは監督委員の申立てによりまたは職権で，再生手続廃止の決定をする。

再生手続の廃止は，将来に向かって手続を終了させるものであるから，再生計画に基づく弁済，免責，再生債権者の権利の変更，資本の減少等に影響を及ぼさない（民再195条6項）。また，再生債権者は，債権者表の記載により強制執行ができる（同条7項・185条）。

│6 −11− 3│ 簡易再生

❖本来の再生手続との相違

簡易再生手続は，再生債権の調査・確定の手続を省略して簡易・迅速に再生計画を成立させることを目的とする手続である。

簡易再生が本来の再生手続と異なる点は，①再生債務者等の申立てにより，②再生債権の調査および確定の手続を経ずに，③再生計画案を債権者集会の決議に付することによって，④簡易かつ迅速に再生計画を成立させられる点にある。

❖簡易再生の申立て

簡易再生の申立ては，再生債務者等が裁判所に対して行う。このとき再生債

第6章　債権保全と債権回収

務者等は同意書を提出しなければならない（民再規107条１項）。

同意書とは，届出再生債権者の総債権について裁判所が評価した額の５分の３以上に当たる債権を有する届出再生債権者が，再生債務者等の提出した再生計画案に同意し，かつ，再生債権の調査および確定の手続を経ないこととについて同意していることを記した書面をいう（民再211条１項）。

❖簡易再生の決定

適法な簡易再生の申立てがあったときは，裁判所は簡易再生の決定をすることができる（民再211条１項）。そして，簡易再生の決定があった場合，債権の調査期間に関する決定は効力を失い（同法212条１項），債権調査が行われないために債権は確定せず，その債権に執行力が付与されることもない（同法216条）。

決定と同時に再生計画案決議のための債権者集会が招集されるが（民再212条２項），特別の事情がある場合を除き，この期日は簡易再生の決定の日から２カ月以内に指定される（民再規108条）。

❖債権者集会

再生計画案の可決要件は，本来の再生手続と同一であり，①議決権者（債権者集会に出席しまたは書面等投票をした者に限る）の過半数の同意，および②議決権票の議決権の総額の２分の１以上の議決権を有するものの賛成が必要となる。

再生計画案に同意している届出再生債権者が債権者集会に出席しなかった場合，債権者集会に出席して再生計画案について再生したものとみなされる（民再214条３項）。

❖再生計画案の可決・否決

債権者集会で再生計画が可決された場合，裁判所はその認可または不認可の決定をする（民再174条）。この決定には即時抗告をすることができ（同法175条１項），再生計画は認可決定が確定しなければ効力を生じない（同法176条）。

再生計画認可の決定が確定したときは，届出のない約定劣後再生債権および再生手続開始前の罰金を除くすべての再生債権者の権利は，債務の減免，期限の猶予そのほかの権利の変更に関する一般的な基準を内容とする再生計画に

6－11　再生手続

従って変更される（民再215条1項）未届出債権も失権せず，再生計画によって
弁済を受けられる。なお，簡易再生計画は認可後これを変更することはできない。

6－11－4　同意再生

❖同意再生とは

同意再生とは，すべての届出再生債権者が再生債務者等が提出した再生計画
案について書面により同意し，かつ，再生債権の調査および確定の手続を経な
いことに同意している場合に，裁判所が同意再生の決定をして，再生手続を終
結させることをいう。

簡易再生との違いとして，同意する届出再生債権者の数が5分の3以上では
なく全員であること，再生計画案を決議に付する必要がないことが挙げられ，
簡易再生の手続をさらに簡素化したものということができる。

❖同意再生の要件

同意再生の決定をすべき場合の要件は，次のとおりである（民再217条1項）。
書面による同意をした再生債権者の範囲をすべての届出再生債権者としている
ほかは，簡易再生の要件と同一である。

① 再生債務者等から申立てがあること
② その申立てが，債権届出期間の経過後一般調査期間の開始前であること
③ すべての届出再生債権者が，書面により，再生債務者等が提出した再生
　計画案に同意し，かつ，再生債権の調査および確定の手続を経ないことに
　ついて同意していること

❖同意再生の決定

同意再生の決定があった場合，その主文，理由の要旨および再生計画案を公
告するとともに，これらの事項を記載した書面を再生債務者，管財人，届出再
生債権者，再生のために債務を負担し，または担保を提供する者等に通知され
る（民再217条4項）。

同意再生の決定が確定すると再生債務者等の提出した再生計画案については
再生計画認可の決定が確定したものとみなされ，（民再219条1項），再生計画が
効力を生じる（同法176条）。

717

第6章　債権保全と債権回収

6－11－5　個人再生手続

❖個人再生とは

　個人再生手続は，その利用対象者を継続的な収入の見込みがある個人債務者に限定した再建型の倒産処理手続であり，再生手続をベースにして，個人債務者が利用しやすいように手続を簡素・合理化したものである。

　通常の再生手続では，負債総額に制限はないが，個人再生手続では再生債権の総額が5,000万円を超えないことが利用適格要件となる（民再221条1項・239条1項）。

(1)　債権の確定

　個人再生手続では，費用対効果を勘案して，争いのある再生債権は個人再生委員の調査に基づく裁判所の評価によって手続内でのみ確定するという簡易な調査手続を設けている。したがって，個人再生手続では，無届出債権は失権せず，債権調査の結果に執行力が付与されることもない。

(2)　みなし届出

　再生債権の届出について，通常の再生手続では，手続に参加しようとする再生債権者は債権届出を裁判所にしなければならないとされている（民再94条1項）。一方，個人再生手続では，債務者に債権者一覧表の提出義務があり（同法221条3項・244条）債権者一覧表に記載のある債権者は，債権届出がなくとも，債権届出をしたものとみなされる（同法225条・244条）。

(3)　決　　議

　再生計画の認可手続は通常の再生手続（民再169条，172条の3等）と大きく異なる。

　小規模個人再生手続では常に書面決議によることとし（民再230条3項），また，可決要件は，不同意再生債権者が議決権者総数の2分の1未満，議決権総額の2分の1以下であれば可決とみなされて，再生計画は認可される（同条4項）。

　給与所得者等再生では，可処分所得の2年分以上を再生債権者への弁済に充てることを要件として，再生計画案の決議を省略し，裁判所が債権者の意見を聴取したうえで，認否を決定する制度となっている（民再240条）。

(4)　認可確定による終結

　再生計画の決定の確定後の手続について，通常の再生手続では監督委員に再

生計画の遂行の監督をさせることができることとされている（民再186条2項）。

　一方，個人再生手続では，費用対効果を勘案して，再生計画の履行監督機関を設けず，再生計画認可決定の確定によって手続は当然に終結する（民再233条・244条）。

❖小規模個人再生と給与所得者等再生

　小規模個人再生は，将来継続的に収入を得る見込みのある個人債務者で，無担保債権の総額が5,000万円を超えないものを対象として，その収入を弁済原資として，再生債権を原則3年（最長5年）で分割弁済をなすことを内容とする再生計画案を作成し，裁判所の許可を得て，これを履行することで残債務を免除することを内容とする手続をいう。

　給与所得者等再生は，小規模個人再生の対象者のうち，一般のサラリーマンなど将来の収入を確実かつ用意に把握できるものを対象とする手続であり（民再239条1項），再生債務者等の収入や家族構成等を基礎に当該再生債務者の可処分所得を算出し，その2年分以上の額を弁済原資に充てることを条件として（同法241条2項7号），再生計画の成立に通常必要とされる再生債権者の決議を省略することで，小規模個人再生よりもさらに手続を簡素・合理化したものをいう。

❖住宅資金特別条項

　住宅ローンによる抵当権は，再生手続では，手続開始後も別除権として自由に実行ができ（民再53条），また，再生計画の効力は，担保権に及ばないため（同法177条2項），再生債務者は住宅を手放さざるをえなくなる。そこで，経済的には単に貧した個人債務者が住宅を手放すことなく経済生活の再生を図ることができるようにすることを目的として住宅資金特別条項に係る特則が設けられた。

　再生債務者は，民事再生法196条3号が定める住宅資金貸付債権について再生計画に弁済期限の繰延べ等を内容とする住宅資金特別条項を定めることができる（民再198条，199条）。その結果，再生債務者が再生計画に基づく弁済を継続している限り，住宅等に設定されている抵当権の実行を回避することができる。

6-12 更生手続

6-12-1 会社更生とは

　会社更生も，民事再生と並ぶ，再建を目的とした法的整理手続の1つである。
　もっとも，再生手続と比べると，対象となるのが株式会社に限られること，必要機関である管財人のもとで会社の再建が進められること，担保権者も更生担保権者として手続に組み込み，その担保権に係る権利実行を禁止し，権利内容を更生計画で変更できること，更生計画の内容として，新株発行，会社分割，合併，資本の減少・増加等多様なものが認められていることなどの点に特徴がある。

図表 6-44 更生手続の流れ

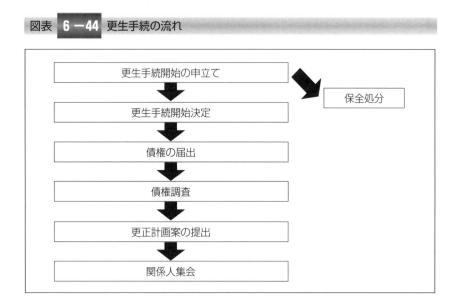

6-12 更生手続

|6-12-2| 更生手続の流れ

❖更生手続開始の申立て

　株式会社に更生手続開始の原因があるとき，すなわち，①破産手続開始の原因となる事実が生ずるおそれがある場合，または，②弁済期にある債務を弁済することとすれば，その事業の継続に著しい支障を来すおそれがある場合に該当する事実があるときは，裁判所に対して，更生手続開始の申立てをすることができる。

　民事再生と異なり，債権者は，当該株式会社の資本金の10分の1以上に当たる債権を有する債権者に限り，①を申立原因として申し立てることができる（会更17条2項1号）。

❖更生手続開始決定前の保全処分

　更生手続開始の申立てから更生手続開始決定までの間にタイムラグがあることから，財産に隠匿あるいは散逸が生じるのを防止するため，裁判所が保全命令を命じることができるのは，民事再生と同様である（会更30条1項・35条1項・28条1項）。

❖更生手続開始決定

　裁判所は，更生手続開始原因が存在すると判断したときには，更生計画の認可の見込みがない等法定の申立棄却事由がないという心証を得た場合には，更生手続開始の決定をする。

　裁判所より手続開始決定がなされると，同時に管財人が選任される。管財人は，更生会社の事業経営権および財産管理処分権を独占的に取得し，更生計画を作成し（会更184条1項），認可決定後に計画を遂行する権限（同法209条1項），その他取締役に対する監督権限（同法72条4項）等を有している。

　更生手続開始の決定は，その決定のときから効力が生じ（会更41条2項），更生手続開始申立中の会社は更生会社になり，更生管財人がその事業の経営，財産の管理および処分を行う。また，更生手続開始決定後その終了までの間，更生の計画の定めるところによらなければ，更生会社について，株式の消却・併合・分割，新株・新株予約権・社債の発行，利益もしくは利息の配当または金銭の分配，株式交換・株式の移転・会社の分割または併合，資本の減少，解

第6章　債権保全と債権回収

散・会社の継続，更生会社の営業の全部または重要な一部の譲渡をすることはできない。

更生債権や更生担保権については，更生手続開始後は更生計画の定めるところによらなければ，弁済をし，弁済を受け，その他これを消滅させる行為をすることはできない（会更47条1項）。

ただし，再生手続同様に，少額の更生債権者の早期弁済等一定の場合には，裁判所の許可のもと，弁済することができる。（会更47条2項・5項）。

さらに，破産手続開始，再生手続開始，更生手続開始，整理開始，もしくは特別清算開始の申立てまたは更生会社の財産に対する強制執行，再生手続ならびに更生会社の財産に対してすでにされている強制執行等の手続および企業担保権の実行手続は中止し，整理手続および特別清算手続はその効力を失う（会更50条1項）。

❖更生手続における各債権の取扱い

⑴　更生債権と共益債権の区別

更生会社に対し，更生手続開始前の原因に基づいて生じた売掛金，貸金，約束手形，損害賠償金等の財産上の請求権であって，更生担保権または共益債権でないものを更生債権という（会更2条8項）。

更生債権は，更生手続開始決定前の原因に基づく請求権であり，更生手続開始決定後の原因に基づく請求権である共益債権とは区別される。

また，更生債権は，原則として，更生手続開始後は，更生債権の届出をして更生手続に参加しなければ，更生債権の弁済を受けることができない（会更47条）。債権届出期間内に更生債権の届出をしない場合，更生債権は失権してしまう。他方，共益債権は更生計画とは関係なく随時弁済を受けることができる（同法132条1項）。

このため，更生会社に対する債権者にとって，更生債権と共益債権の区別は重要である。

⑵　更生債権の例外

更生債権であっても，次の場合には，例外として，更生計画によらない弁済が認められている（会更47条2項・5項）。

①　更生会社を主要な取引先とする中小企業者がその有する更生債権の弁済を受けなければ，事業の継続に著しい支障をきたすおそれがあるとき，更

生計画認可決定の前でも，裁判所の許可があればその全部または一部の弁済がなされる。

② 少額の更生債権を早急に弁済することにより，更生手続を円滑に進行することができるとき，または少額の更生債権を早期に弁済しなければ更生会社の事業の継続に著しい支障をきたすときには，更生計画認可決定の前でも，管財人の申立てにより，裁判所の許可があれば弁済がなされる。

(3) 更生担保権

更生手続開始当時の更生会社の財産のうえに特別の先取特権，質権，抵当権，商法または会社法の規定による留置権を有する債権を更生担保権という（会更2条10号）。

更生担保権は，登記その他の第三者対抗要件を備えた担保権を有する債権でなければならないが，債権は更生会社に対する債権に限らず，更生会社が第三者のために担保を供している場合でも更生担保権となる。

会社更生法では，更生担保権者も担保権の実行による債権の回収は認められず，更生手続に参加して，更生計画による弁済を待つことになる。ただし，例外として，裁判所の許可による中小企業者への弁済，少額債権者への弁済が認められていることは（会更47条2項・5項），再生債権の場合と同様である。

更生担保権者が更生手続に参加するためには，債権届出期間内に①更生担保権の内容および原因，②担保権の目的である財産およびその価格，③更生担保権についての議決権の額等を裁判所に届け出なければならない。更生担保権といえども，債権届出期間内に債権届出をしないと，更生手続に参加できず失権してしまう。

なお，管財人は，手続全体の迅速化を図るため，更生会社の財産を目的とする担保権消滅の許可を申し立てることができ（担保権消滅請求。会更104条1項），おおむね同じような制度は民事再生法にも規定されている。

(4) 共益債権

共益債権とは，更生手続によらず，かつ，更生債権，更生担保権に先立って随時弁済を受けることができる債権である（会更132条）。

したがって，更生債権や更生担保権とは異なり，届出，調査，確定などの手続を経ないで，また，更生計画にも拘束されず，本来の弁済期に，満額の弁済を受けることができる。具体的には，以下のものがある。

・更生債権者，更生担保権者，株主の共同の利益のためにする裁判上の費用

第6章　債権保全と債権回収

（たとえば，更生申立ての費用，公告の費用，送達の費用，保全処分の費用）
・更生手続開始後の会社の事業経営，財産の管理・処分に関する費用（たとえば，給与，退職手当，原材料購入費，工場・事務所・機器・備品の維持，修繕費，継続的契約を解約する場合の期間満了までの相手方の請求権）
・更生計画の遂行に関する費用（たとえば，更生計画に基づく新会社設立費用，新株・社債発行費用，弁済資金調達費用）
・保全管理人・保全管理人代理・監督委員・管財人への報酬（会更81条）
・会社の業務および財産に関し管財人または会社の取締役が更生手続開始後に権限に基づいてした資金の借入その他の行為によって生じた請求権
・事務管理または不当利得により更生手続開始後会社に対して生じた請求権
・双務契約について管財人が債務の履行をする場合の相手方が有する請求権
・会社のために支出すべきやむをえない費用（たとえば，取締役選任・定款変更のための株主総会招集費用など）

(5)　保全段階における請求権の共益債権化

保全管理人が，会社の業務および財産に関し，その権限に基づいて行った資金の借入その他の行為によって生じた請求権は，裁判所の許可を得る必要はなく，当然に共益債権となる（会更128条）。

これに対して，保全管理人が選任されていない場合には，更生会社が更生手続開始前にした資金の借入等の事業の継続に欠くことのできない行為によって生じた請求権を共益債権とするためには，その濫用を防止するために裁判所の許可を要するとされている。

(6)　開始後債権

開始後債権とは，更生手続開始後の原因に基づいて生じた財産上の請求権で，共益債権または更生債権等であるものを除いたものをいう。

開始後債権は，更生手続開始後の原因に基づいて生じた財産上の請求権であるから，理論的には，更生債権には該当せず，更生計画による権利変更の対象にはならない。

開始後債権は，再生手続と同様に，更生手続が開始されたときから更生計画で定められた弁済期日が満了するときまでの間は，弁済をし，弁済を受け，その他これを消滅させる行為をすることができない。また，期間中は，開始後債権で更生会社の財産に対する強制執行，仮差押えまたは仮処分の申立てをする

6 −12　更生手続

ことはできない（会更134条3項）。

❖財産評定，財産状況の報告

　管財人は，更生手続開始後遅滞なく，更生会社に属する一切の財産につき，その価格を評定しなければならず（会更83条1項），評定は更生手続開始時の時価によって行われる（財産評定）。

　管財人は，評定が完了したときは，直ちに更生手続開始時の貸借対照表と財産目録を作成し，裁判所に提出しなければならない（会更83条3項）。

　管財人は，会社更生の業務および更生計画案立案に着手するため，早期に更生会社の正確な財産状態を把握する必要がある。また，利害関係人に対して，情報開示を行うためにも，早期に更生会社の正確な財産状態を把握し，これを把握する必要がある。しかし，倒産状態に陥った企業の場合，資産の水増し評価がされる等の粉飾が行われたりすることもあり，更生会社の会計帳簿等に正確な財産状況が反映されていない場合が少なくない。そこで，更生会社の一切の財産の評定をすることにしている。

❖更生計画の作成・提出

　管財人は，一定の期間内に更生計画案を作成して裁判所に提出しなければならない。期間内に更生計画案が作成・提出されなければ更生手続は廃止される（会更236条2号）。

　なお，通常，裁判所は開始決定と同時に更生計画案の提出期間を定めているが，提出期間の決定は，会社の規模や利害関係人の人数などの更生会社の状況を見定め管財人の意見を聞いたうえで決められる。

❖更生計画の認可

　更生計画案が可決されたとき，裁判所は不許可事由がない限り，更生計画の認可決定をする（会更199条1項）。

　他方，同意を得られなかった種類の権利がある場合であっても，以下の場合，裁判所は，更生計画認可の決定をすることができる。

(1)　裁判所による更生計画案の変更等

　更生計画の決議において，同意が得られなかった種類の権利があるため，更生計画案が可決されなかった場合においても，裁判所は更生計画案を変更し，

725

第6章 債権保全と債権回収

同意が得られなかった種類の権利を有するもののために次に掲げる方法のいずれかにより当該権利を保護する条項を定めて，更生計画認可の決定をすることができる（会更200条）。

① 更生担保権について，その更生担保権の全部をその担保権の被担保債権として存続させ，またはその担保権の目的である財産を裁判所が定める公正な取引価格以上で売却し，その売得金から売却の費用を控除した残金で弁済し，またはこれを供託すること

② 更生債権者については，破産手続が開始された場合に配当を受けることが見込まれる額，株主については清算の場合に残余財産の分配により得ることが見込まれる利益の額を支払うこと

③ 当該権利を有する者に対して，裁判所の定めるその権利の公正な取引額を支払うこと

④ その他①②③に準じて公正かつ衡平に当該権利を有するものを保護すること

(2) **可決に必要な同意が得られないことが明らかな種類の権利がある場合**

更生計画について，可決に必要な同意を得られないことが明らかな種類の権利があるときには，裁判所は更生計画案の作成者の申立てにより，あらかじめ同意が得られないことが明らかな種類の権利を有するもののために(1)①から④の方法のいずれかにより当該権利を保護する条項を定めて，更生計画案を作成することを許可することができる（会更200条2項）。

❖更生計画認可決定の効力

更生計画は，認可決定の時から，その確定を待たずに直ちに効力を生じる（会更201条）。したがって，更生計画認可の決定に対する即時抗告があっても，この決定の効力は原則として停止されない（同法202条4項本文）。

更生計画認可決定があったときは，原則として，更生会社は，すべての更生債権等につきその責任を免れ，株主等の権利および更生会社の財産を目的とする担保権はすべて消滅する（会更204条1項柱書）。届出をした更生債権者等の権利は，更生計画の定めに従い変更される（同法205条）。

❖更生計画の不認可

法定多数の同意がなされ可決されたときは，法定の認可要件（会更199条2

726

項）を満たさない場合には，不認可の決定がなされる。

なお，更生計画案が否決され，権利保護条件を付した認可決定をしない場合には，裁判所は，職権で更生手続廃止の決定をすることとなる（会更236条3号）。

不認可決定が確定した場合，更生手続は終了するが（同法234条3号），遡及効はないため，管財人が事業の経営や財産の管理に伴い，その権限に基づいて更生会社の財産についてなした行為の効力は失われない。

共益債権については，不認可決定が確定した場合であっても，破産手続または再生手続に移行する場合を除き，管財人はこれを弁済しなければならない（会更82条4項本文）。

更生債権，更生担保権については，「確定した事項についての更生債権者表及び更生担保権表の記載は，更生債権者等及び株主等の全員に対して確定判決と同一の効力を有する」（会更150条3項），「確定した更生債権者等については，更生債権者表又は更生担保権者表の記載は，更生会社であった株式会社に対し，確定判決と同一の効力を有する。この場合においては，更生債権者等は，確定した更生債権について，当該株式会社に対し，更生債権者表又は更生担保権者表の記載により強制執行をすることができる」（同法235条1項）とされている。

❖更生手続の終結

更生手続は，裁判所による手続終結の決定により終了する（会更239条1項）。そして，終結決定がなされると，会社は，その本来の機能を回復し通常の会社に戻ることになる。

裁判所が終結決定をする時期については，次のとおりとなっている。

① 更生計画が遂行された場合

② 更生計画の定めによって認められた金銭債権の総額の3分の2以上の弁済がされたときにおいて，当該更生計画に不履行が生じていない場合

③ 更生計画が遂行されることが確実であると認められる場合

第6章　債権保全と債権回収

6 — 13

税　　務

6 —13— 1　債務免除

❖債務免除を受けた場合

　一般的に企業経営が行き詰まり，弁済しなければならない債務が弁済できなくなった状態とされる「倒産」の状態に陥った債務者は，多くの場合，債務の切捨てまたは免除による債務の法律的な消滅である，いわゆる「債務免除」を受けることになる。

　税金を負担する能力である「担税力」が乏しい「倒産」状態の債務者にとっては，債務免除金額が課税されると，債権者への弁済がさらに減少したり，資金繰りを圧迫し債務者の再生を阻害されるため，債務免除を受けた場合の課税関係はきわめて重要な問題である。

　また，回収不能により損失を被る債権者にとっても，債権放棄金額や，法的に切り捨てられた金額に関して，法人税法上の損金，所得税法上の必要経費等，消費税法上の貸倒れに係る消費税額の控除として，債権の一部回収と同様の効果がある「節税」につながる税務処理が認められるかは重要な問題である。

　そこで，以下，「倒産」状態の債務者に関して，債務者側だけではなく，債権者側をも含めた，両当事者の税務につき言及していくこととする。

　なお，通常の内国法人の取扱いだけではなく，倒産に関する税務の書籍で省略されがちな，外国法人，居住者，非居住者，グループ法人税制の取扱いについても言及したが，紙幅の関係から，任意適用である連結納税制度については言及しなかったので，必要な場合はそれぞれの専門書籍等を参考にしていただきたい。

　さらに，本書は2019年4月1日現在施行の法令に基づいているが，実務上，その後の税制改正にも注意が必要である点にも十分にご留意いただきたい。

6 −13　税　　務

6 −13− 2 　債務免除益の計上時期

❖会計上の債務者における債務免除益の計上時期

　債務者が，法的な手続によりまたは債権者により当該負債（またはその一部）に係る第一次債務者の地位から法的に免除された時と解される（金融商品に関する会計基準12項，金融商品会計に関する実務指針（会計制度委員会報告第14号）43項）。

❖会計上の債権者における貸倒損失の計上時期

　法的に債権が消滅した時（金融商品に関する会計基準 8 項），債務者の財政状態および支払能力からみて債権の全額が回収できないことが明らかである時であるが（中小企業の会計に関する指針17項，法基通 9 − 6 − 2 ），法人税法の影響を受ける実務慣行上，売掛債権が法律上消滅しておらず全額回収不能も明白ではないが取引停止後一定期間が経過する等回収が困難な時（法基通 9 − 6 − 3 ）も含まれると解される。

❖会計上の債権者における貸倒引当金の計上時期

　債権者においては，貸倒損失の計上時期に至っていない場合でも，受取手形，売掛金，貸付金その他の債権の貸借対照表価額は，取得価額等から貸倒見積高に基づいて算定された貸倒引当金を控除した金額とされ，見積りによる早期の損失処理が求められる（金融商品に関する会計基準14項）。貸倒見積高の算定に当たっては，債務者の財政状態および経営成績等に応じて，債権を次のように区分し，債権の貸倒見積高を区分に応じて算定する（同27項・28項）。

(1)　一般債権

　経営状態に重大な問題が生じていない債務者に対する債権であり，債権全体または同種・同類の債権ごとに，債権の状況に応じて求めた過去の貸倒実績率等合理的な基準により貸倒見積高を算定する。

(2)　貸倒懸念債権

　経営破綻の状態には至っていないが，債務の弁済に重大な問題が生じているかまたは生じる可能性の高い債務者に対する債権であり，債権の状況に応じて，次のいずれかの方法により貸倒見積高を算定する。ただし，同一の債権については，債務者の財政状態および経営成績の状況等が変化しない限り，同一の方

第6章　債権保全と債権回収

法を継続して適用する。

①　債権額から担保の処分見込額および保証による回収見込額を減額し，その残額について債務者の財政状態および経営成績を考慮して貸倒見積高を算定する方法。

②　債権の元本の回収および利息の受取りに係るキャッシュ・フローを合理的に見積ることができる債権については，債権の元本および利息について元本の回収および利息の受取りが見込まれるときから当期末までの期間にわたり当初の約定利子率で割り引いた金額の総額と債権の帳簿価額との差額を貸倒見積高とする方法。

(3)　破産更生債権等

経営破綻または実質的に経営破綻に陥っている債務者に対する債権であり，債権額から担保の処分見込額および保証による回収見込額を減額し，その残額を貸倒見積高とする。

|6-13-3|　債務免除益に対する課税

❖法人の債務者における債務免除益に対する課税の原則

(1)　法人税の取扱い

内国法人が債務免除を受けた場合，法人税法上，益金となり課税所得を構成すると解される（法税22条2項・59条2項）。

ただし，保証債務については，履行請求を受けたとしても法人税法上は負債ではないと解され，借方側である事前求償権の貸倒損失あるいは債務引受損失が損金にならないとともに，その債務免除益も益金とはならないと解される（法基通9-6-2(注)）。

法人が未払給与（法税34条1項により損金不算入の役員給与に限る）につき取締役会等の決議に基づきその全部または大部分の金額を支払わないこととした場合，その支払わないことがいわゆる会社の整理，事業の再建および業況不振のためのもので，かつ，その支払われない金額がその支払いを受ける金額に応じて計算されている等一定の基準によって決定されているときは，その支払わない金額（源泉徴収所得税額があるときは控除した金額）は，支払わないことが確定した日の属する事業年度の益金の額に算入しないことができる（類似する未払配当金にはこの規定の適用がない。法基達4-2-3）。

租税債権の減免を受けた場合，負債計上し損金に算入したものは債務免除益を益金に算入する必要があるが，法人税，住民税等の，負債計上しても損金不算入のものは，損金不算入のものの還付金は益金とならないため（法税26条1項），その債務免除益も益金に算入する必要はないと解される。

(2) グループ法人税制での取扱い

内国法人が各事業年度において当該内国法人との間に法人による完全支配関係がある他の内国法人から受けた債務免除益については，他の内国法人で債権放棄額が寄附金（法税37条7項）とされる場合は益金に算入しないが（同法25条の2），債務者が「倒産」状態の場合は通常は経済合理性があり他の内国法人で債権放棄額が寄附金とされ債務免除益が益金不算入となることはほとんどないと思われる（法基通4−2−5・9−4−1・9−4−2）。

(3) 2010年9月30日までに解散した場合

解散した内国法人の解散後の事業年度の法人税は，現行税制では通常の法人税の所得計算に基づき課税されるが，2010年9月30日までに解散した内国法人については，2010年税制改正前の清算所得課税方式により，清算所得＝残余財産の価額−（解散の時における資本金等の額＋解散の時における利益積立金額等）に対し課税される。清算所得課税方式は，財産法的計算による課税であり，直接的に財産の増加をもたらさない債務免除益は課税されないことになる。「倒産」状態の債務者は，ほとんどの場合実際の処分価格の基準で債務超過であり，株主への分配である残余財産がなく，通常所得課税方式の清算事業年度の予納申告において仮払的に課税されたとしても，残余財産確定時の確定申告においては清算所得課税自体も生じることはないと思われる。

(4) デット・エクイティ・スワップ（DES）による債務消滅益

債務免除と類似のものに，債権の現物出資，いわゆるデット・エクイティ・スワップ（Debt Equity Swap：債務の株式化）がある。事業の移転を伴わない現物出資については，一定の要件を満たす100％グループ関係におけるものを除き非適格現物出資に該当すると解され（法税2条12号の14，法税令4条の3第10項），現物出資の対象である債権は時価で債務者に移転し，債権の時価が債務の簿価より低い場合は債務者において債務消滅益が益金に算入される（同令8条1項1号）。

適格現物出資に該当する場合は，現物出資の対象である債権は簿価で債務者に移転し，債権の簿価が債務の簿価と同額の場合は債務者において債務消滅益

第6章　債権保全と債権回収

は発生しないが，債権の簿価が債務の簿価より低い場合は債務消滅益が発生する（法税令8条1項8号）。

(5)　外国法人の取扱い

外国法人が内国法人から債務免除を受けた場合，国内源泉所得として課税されるかは，肯定する見解，否定する見解，「国内において行う業務に関して」と判断できる場合は肯定する見解があり，結論が明らかでない（法税138条1項1号，法税令180条5号，仲谷栄一郎『国際取引と海外進出の税務』421～422頁〔商事法務，2019〕参照）。外国法人の国内源泉所得の金額は，内国法人の所得の金額の計算を準用するが（法税142条～142条の10），グループ法人税制の取扱い（同法25条の2）の適用はない。

(6)　地方税の取扱い

法人事業税の所得割，地方法人特別税および法人住民税（道府県民税および市町村民税）の法人税割についても，法人税法の所得計算を通じて課税されるが，期末の資本金の額または出資金の額が1億円を超える法人については，いわゆる法人事業税の外形標準課税が適用される。付加価値割の課税対象の一部である単年度損益は，原則として繰越欠損金控除前の法人税法上の所得であるため，繰越欠損金控除により法人税法の課税所得がなく事業税の所得割の課税がなくてもプラス値になることがあり，債務免除益により付加価値割が課税される可能性がありうるので注意が必要である（地税72条の12・72条の14）。ただし，付加価値割は，残余財産確定の日の属する事業年度は申告納付の必要がない（同法72条の29第3項）。

❖個人の債務者における債務免除益に対する課税の原則

(1)　所得税の取扱い

居住者である個人が債務免除を受けた場合，所得税法上，収入金額または総収入金額に算入すべき金額となり（所税36条1項，所基通36-15），事業所得（所税27条），不動産所得（同法26条），雑所得（同法35条），一時所得（同法34条）等の課税所得を構成する。

また，保証債務については，内国法人の場合と同様に，履行請求を受けたとしても所得税法上は負債ではないと解され，借方側である事前求償権の貸倒損失あるいは債務引受損失が必要経費にならないとともに，その債務免除益も収入金額または総収入金額に算入しないと解することになると思われる。

6 −13 税 務

租税債権の減免を受けた場合も，内国法人の場合と同様に，負債計上して必要経費としたものについては債務免除益を収入金額または総収入金額に算入する必要があるが，負債計上しても必要経費不算入のものについてはその債務免除益も収入金額または総収入金額に算入する必要はないと解することになろう。

(2) 資力喪失の場合の取扱い

債務者が資力を喪失して債務を弁済することが著しく困難であると認められる場合に受けたものについては，免除を受けた年において債務が生じた業務に係る各種所得の金額の計算上免除益がないものとして計算した場合の損失の金額，債務が生じた業務に係る各種所得の金額の計算上生じた控除すべき所得税法70条の繰越純損失金額を除き，収入金額または総収入金額に算入しないものとされる（所税44条の２）。2014年税制改正により，従来の法令解釈通達から法令上でも明確化された取扱いであるが，法人の債務者にはない取扱いであり「倒産」状態の債務者はほとんどの場合該当すると考えられる。

(3) 非居住者の取扱い

非居住者である個人が債務免除を受けた場合，国内源泉所得として課税されるかは，上述の外国法人と同様な問題があるが（所税161条１号，所税令281条），非居住者の所得税の所得金額の計算は，該当する国内源泉所得に関して居住者の規定が準用されるので（所税165条），「倒産」状態の債務者は上述の居住者と同様に結果的に債務免除益の課税はほとんどの場合生じないと考えられる（所税44条の２）。

(4) 地方税の取扱い

個人事業税，個人住民税（道府県民税および市町村民税）の所得割は，所得税法上の所得計算を通じて課税されるが，「倒産」状態の債務者は，上述のように結果的に債務免除益の課税はほとんどの場合生じないと考えられる（所税44条の２）。

(5) 贈与税の取扱い

個人が個人から（相税21条の３）債務の免除を受けた場合，相続税法上，一定の要件を満たすと贈与とみなされるが，債務者が資力を喪失して債務を弁済することが困難である場合における債務免除は除かれるため，「倒産」状態の債務者はほとんどの場合除かれよう（同法１条の４・８条）。

733

第6章　債権保全と債権回収

❖**法人および個人の債務者における債務免除益に対する所得税の源泉徴収に係る課税**

　給与，報酬等の源泉徴収の対象となるものの支払者の所得税の源泉徴収義務に関しては，未払いのものにつき債務免除を受けた場合には，免除時にその支払いがあったものとして源泉徴収を行うが，債務免除が支払者の債務超過の状態が相当期間継続しその支払いをすることができないと認められる場合に行われたときは除かれるため，「倒産」状態の債務者はほとんどの場合除かれよう（所基通181〜223共－2）。

❖**法人および個人の債務者における債務免除益に対する消費税に係る課税**

　事業者が課税仕入の相手方に対する買掛金その他の債務の全部または一部について債務免除を受けた場合における債務免除は，仕入に係る対価の返還等に該当しない，いわゆる消費税対象外取引（不課税取引）である（消基通12－1－7）。

　また，デット・エクイティ・スワップ（DES）が行われた場合，債務者側では非課税仕入である債権の譲受が行われたと解することができるが，債権者側と異なり課税売上割合の計算に影響がないため消費税額の計算上も影響は生じない。

6-13-4 貸倒損失

❖**法人の債権者における貸倒損失に関する課税**

　法人税法上は，貸倒損失の個別の規定はなく，原則として一般に公正妥当と認められる会計処理の基準に従うが（法税22条4項），以下の通達により，法律上の債権が消滅した場合や回収可能性が客観的にない場合等にのみ認めるものとされている。

(1)　**金銭債権の全部または一部が法律的に消滅する一定の場合**（法基通9－6－1）

　次の金額が，発生日の属する事業年度に損金算入される（損金経理不要）。

　　①　更生計画認可の決定または再生計画認可の決定があった場合において，この決定により切り捨てられる部分の金額。

6−13 税　　務

② 特別清算に係る協定の認可の決定があった場合において，この決定により切り捨てられる金額。

③ 法令の規定による整理手続によらない関係者の協議決定で次に掲げるものにより切り捨てられる金額。

 ⓐ 債権者集会の協議決定で合理的な基準により債務者の負債整理を定めているもの

 ⓑ 行政機関または金融機関その他の第三者の斡旋による当事者間の協議により締結された契約で，その内容が上記に準ずるもの

④ 債務者の債務超過の状態が相当期間継続し，その金銭債権の弁済を受けることができないと認められる場合，その債務者に対し書面により明らかにされた債務免除額。

(2) 債権が法律上消滅していないが全額回収不能が明白な場合 （法基通9−6−2）

金銭債権が法律上消滅しない場合でも，その債務者の資産状況，支払能力等からみてその全額が回収できないことが明らかになった場合，その明らかになった事業年度において貸倒れとして損金経理することができる。なお，保証債務の履行請求を受けた場合，履行後の事後求償権ではない，履行前の事前求償権の段階では貸倒処理の対象にできない。

(3) 売掛債権が法律上消滅しておらず全額回収不能も明白ではないが取引停止後一定期間が経過する等回収が困難な場合 （法基通9−6−3）

債務者につき，次に掲げる事実が発生した場合，その債務者に対して有する売掛債権について，その売掛債権の額から備忘価額（最低1円と解される）を控除した残額を貸倒れとして損金経理することができる。

① 債務者との取引を停止したとき（最後の弁済期または最後の弁済のときがその停止をしたとき以後である場合には，これらのうち最も遅いとき）以後1年を経過した場合。（継続的な取引を行っていた債務者につきその資産状況，支払能力等が悪化したためその後の取引を停止するに至った場合の取扱いのため，不動産取引のようにたまたま取引を行った債務者に対する売掛債権，担保物がある売掛債権には適用されない。）

② 法人が同一地域において有する売掛債権の総額が，その取立てのために要する旅費その他の費用に満たない場合で，その債務者に対して支払いの督促をしたが弁済がないとき。

735

第6章　債権保全と債権回収

(4)　災害の場合の取引先に対する売掛債権の免除等

　法人が，災害を受けた得意先等の取引先に対してその復旧を支援することを目的として，災害発生後，災害を受けた取引先が通常の営業活動を再開するための復旧過程にある期間内に売掛金，未収請負金，貸付金その他これらに準ずる債権の全部または一部を免除した場合には，その免除したことによる損失の額は，寄附金の額または交際費等に該当しないものとされる。

　すでに契約で定められたリース料，貸付利息，割賦販売に係る賦払金等で災害発生後に授受するものの全部または一部の免除を行うなど契約で定められた従前の取引条件を変更する場合および災害発生後に新たに行う取引につき従前の取引条件を変更する場合も，同様とされる。

　「得意先等の取引先」には，得意先，仕入先，下請工場，特約店，代理店等のほか，商社等を通じた取引であっても価格交渉等を直接行っている場合の商品納入先など，実質的な取引関係にあると認められる者が含まれる（法基通9－4－6の2，措通61の4(1)－10の2）。

(5)　子会社等に対する債権放棄

　法人税法上，原則として独立した法人格を持つ子会社等への対価性のない経済的利益の供与は寄附金とされるが，下記の場合は経済的合理性があるものとして寄附金とされない。

　なお，子会社等とは，法人と資本関係を有する者のほか，取引関係，人的関係，資金関係等において事業関連性があるものが含まれる。

(i)　子会社等を再建する場合（法基通9－4－2）

　法人がその子会社等に対して債権放棄等をした場合に，その債権放棄等がたとえば業績不振の子会社等の倒産防止のためやむをえず行われるもので合理的な再建計画に基づくものである等その債権放棄等に相当な理由があると認められるときは，その債権放棄等により供与する経済的利益の額は，寄附金の額に該当しないものとされる。

　合理的な再建計画かどうかについては，支援額の合理性，支援者による再建管理の有無，支援者の範囲の相当性および支援割合の合理性等について，個々の事例に応じ，総合的に判断するのであるが，たとえば，利害の対立する複数の支援者の合意により策定されたものと認められる再建計画は，原則として，合理的なものと取り扱う。

6 −13 税　　務

(ii)　子会社等を整理する場合（法基通 9 − 4 − 1 ）

　法人がその子会社等の解散，経営権の譲渡等に伴い子会社等のために債権放棄等をした場合において，その債権放棄等をしなければ今後より大きな損失をこうむることになることが社会通念上明らかであると認められるためやむをえずその債権放棄等をするに至った等そのことについて相当の理由があると認められるときは，その債権放棄等により供与する経済的利益の額は寄附金の額に該当しないものとされる。

(6)　デット・エクイティ・スワップ（DES）による債権の現物出資

　債権放棄による貸倒れと類似なものに，デット・エクイティ・スワップ（DES），債権の現物出資による株式取得がある。事業の移転を伴わない現物出資については，一定の要件を満たす100％グループ関係におけるものを除き非適格現物出資に該当すると解され（法税 2 条12号の14，法税令 4 条の 3 第10項），現物出資の対象である債権は時価で債務者に移転し，債権の時価が券面額より低い場合で，寄附金とならない上述の子会社等を再建する場合（法基通 9 − 4 − 2 ）の要件を満たすならば，債権者において差額（現物出資損，債権譲渡損）が損金に算入される（同 2 − 3 −14）。

　適格現物出資に該当する場合は，現物出資の対象である債権は簿価で債務者に移転し，差額の益金または損金は生じない（法税62条の 4 ，法税令119条 1 項 7 号）。

(7)　グループ法人税制での取扱い

　内国法人が各事業年度において行う当該内国法人との間に法人による完全支配関係がある他の内国法人に対する債権放棄については，内国法人で債権放棄額が寄附金（法税37条 7 項）とされる場合は全額損金に算入されないが（同法37条 2 項），上述した(5)の取扱いにより債務者が「倒産」状態の場合は債権放棄額が寄附金とされ損金不算入となることはほとんどなかろう（法基通 4 − 2 − 5 ・ 9 − 4 − 1 ・ 9 − 4 − 2 ）。

(8)　外国法人の場合の取扱い

　外国法人の国内源泉所得の金額は，内国法人の所得の金額の計算を準用する（法税142条〜142条の10）が，グループ法人税制の取扱い（法税37条 2 項）の適用はない。

737

第6章　債権保全と債権回収

❖個人の債権者における貸倒損失に関する課税

(1)　事業の遂行上生じた貸金等

居住者の営む不動産所得，事業所得または山林所得を生ずべき事業の遂行上生じた売掛金，貸付金，前渡金その他これらに準ずる債権（以下「貸金等」）の貸倒れまたはその他一定の事由により生じた損失の金額は，その者のその損失の生じた日の属する年分のこれらの所得の金額の計算上必要経費に算入する（所税51条2項）。

貸倒処理の対象となる事由および金額は以下のとおりである。

(i)　貸金等の全部または一部が法律的に消滅する一定の場合

法人の債権者の場合と同様の場合である（所基通51-11）。

(ii)　貸金等が法律上消滅していないが全額回収不能が明白な場合

法人の債権者の場合と同様の場合であるが，経理要件はない（所基通51-12,所税令141条2号）。

(iii)　貸金等が法律上消滅しておらず全額回収不能も明白ではないが取引停止後一定期間が経過する等回収が困難な場合

法人の債権者の場合と同様の場合である（所基通51-13）。

(2)　事業の遂行上以外で生じた一定の債権

(i)　雑所得の起因となる元本債権

居住者の雑所得の基因となる貸付金の元本等が貸倒れとなったことによる損失の金額は，その損失の生じた日の属する年分の雑所得の金額（その損失の金額を控除しないで計算した雑所得の金額）を限度として，その年分の雑所得の金額の計算上，必要経費に算入する。事業以外の業務に係る不動産の未収賃貸料等について生じた貸倒損失については，この規定の適用はない（所税51条4項）。

(ii)　収入金額に係る債権

事業所得を除く各種所得の金額の計算の基礎となる収入金額の全部もしくは一部を回収できなくなった場合は，各種所得の金額の合計額のうち，回収できなくなった金額に対応する部分の金額は，各種所得の金額の計算上，なかったものとみなされる（所税64条1項，所税令180条2項，所基通64-2の2）。

この場合の回収不能の未収入金は，回収不能となった時点における損失として必要経費に算入するのではなく，その未収入金に係る収入金額が発生した時点に遡及して，一定の要件を満たす金額の範囲内でその収入金額による所得が

6－13　税　　務

なかったものとみなすこととされ，回収不能の事実が生じたときには，その事実が生じた日の翌日から2カ月以内に限り，所轄税務署長に対し，更正の請求をすることができる（所税152条）。

役員が，次に掲げるような特殊な事情のもとで，一般債権者の損失を軽減するためその立場上やむなく，役員となっている法人から受けるべき各種所得の収入金額に算入されるものでまだ支払いを受けていないものの全部または一部の受領を辞退した場合，当該辞退した金額につき各種所得の金額の計算上，なかったものとみなされる（所基通64－2）。

①　当該法人が特別清算開始の命令を受けたこと
②　当該法人が破産手続開始の決定を受けたこと
③　当該法人が再生手続開始の決定を受けたこと
④　当該法人が更生手続開始の決定を受けたこと
⑤　当該法人が事業不振のため会社整理の状態に陥り，債権者集会等の協議決定により債務の切捨てを行ったこと

(3)　非居住者の場合の取扱い

非居住者の所得税における所得金額の計算は，その該当する国内源泉所得に関して居住者の規定が準用される（所税165条）。ただし，非居住者の国内源泉所得に係る所得の金額の計算上必要経費に算入する貸倒損失の額は，非居住者が国内で行う不動産所得，事業所得または山林所得を生ずべき事業に係る売掛金，貸付金，前渡金その他これらに準ずる債権等に限られる（所税令292条6号）。

❖法人および個人の債権者における貸倒損失に関する消費税の課税関係

事業者（免税事業者を除く）が国内において課税資産の譲渡等（輸出免税等消費税が免除されるものを除く）を行った場合，譲渡等の相手方に対する売掛金その他の債権につき更生計画認可の決定により債権の切捨てがあったこと等一定の事実が生じたため，譲渡等の税込価額の全部または一部を領収できなくなったときは，領収できなくなった日の属する課税期間の課税標準額に対する消費税額から，領収できなくなった課税資産の譲渡等の税込価額に係る消費税額の合計額を控除する（消税39条1項）。

一定の事実は，以下のとおりである。

第6章　債権保全と債権回収

(1)　課税資産の譲渡等の相手方に対する売掛金等の全部または一部が法律的に消滅する一定の場合

　法人税法や所得税法の貸金等の貸倒損失とほぼ同様の場合である（消税令59条1号・2号，消税規18条1号・2号）。

(2)　売掛金等が法律上消滅していないが全額回収不能が明白な場合

　法人税法や所得税法の貸金等の貸倒損失とほぼ同様の場合である（消税令59条3項）。

(3)　課税資産の譲渡等の相手方に対する売掛金等が法律上消滅しておらず取引停止後一定期間が経過する等回収が困難な場合

　法人税法や所得税法の貸金等の貸倒損失とほぼ同様の場合である（消税規18条3号）。

　また，デット・エクイティ・スワップ（DES）が行われた場合，債権者側では非課税売上である債権の譲渡が行われたと解することができるが，債務者側と異なり課税売上割合の計算に影響があるため消費税額の計算上も影響が生じるので注意が必要である。金銭債権の譲渡については，消費税の課税売上割合の計算上で資産の譲渡等の対価の額（分母）に算入されるのは，従来はその譲渡に係る対価の額そのものであったが，2014年税制改正により，2014年4月1日以後に行われるものから，有価証券等の譲渡と同様に，その譲渡に係る対価の額の5％相当額に改正となっていることにも注意したい（消税令48条5項）。

6－13－5　貸倒引当金

❖法人の債権者における貸倒引当金に関する課税関係

(1)　適用対象法人

　貸倒引当金の繰入れが認められる法人は，2011年税制改正前は，すべての法人であったが，2012年4月1日以後に開始する事業年度から，次の①から③の法人（以下，「適用対象法人」）に限定され，次の③の法人については，その法人が有する金銭債権のうち特定の金銭債権（法税令96条9項）以外のものは貸倒引当金の対象債権から除外された（法税52条1項・2項・9項，平成23年12月改法附10条）。

　なお，同改正により繰入れが認められなくなった法人については，2012年4月1日から3年以内に開始する各事業年度において，改正前の旧規定による損

6 ―13 税　　務

金算入限度額を1年度当り順次4分の1ずつ減じながらその繰入れを認める経過措置が講じられている（平成23年12月改法附13条1項）。

① その事業年度終了の時において次の@から©に掲げる法人に該当する内国法人

　@ 普通法人のうち，資本金の額もしくは出資金の額が1億円以下であるもの（大法人との間に大法人による完全支配関係がある普通法人または複数の完全支配関係がある大法人に発行済株式等の全部を保有されている普通法人を除く）または資本もしくは出資を有しないもの

　ⓑ 公益法人等または協同組合等

　© 人格のない社団等

② 次の@から©に掲げる内国法人

　@ 銀行法に規定する銀行

　ⓑ 保険業法に規定する保険会社

　© @またはⓑに掲げるものに準ずるものとして一定の内国法人（法税令96条4項）

③ リース取引に係る所得の金額の計算（法税64条の2第1項）の規定により売買があったものとされるリース資産の対価の額に係る金銭債権を有する内国法人その他の金融に関する取引に係る金銭債権を有する内国法人として一定の内国法人@またはⓑに掲げる内国法人を除く。

(2) 個別評価の貸倒引当金

適用対象法人が，個別評価金銭債権の損失の見込額として，各事業年度において損金経理により貸倒引当金勘定に繰り入れた金額は，その金額のうち，個別貸倒引当金繰入限度額に達するまでの金額は，その事業年度の損金の額に算入する（法税52条1項）。

個別貸倒引当金繰入限度額は，次のそれぞれの金額とする（法税令96条1項）。

(i) 長期棚上げによる場合

金銭債権が次に掲げる事由に基づいてその弁済を猶予され，または賦払いにより弁済される場合における当該金銭債権の額のうち，当該事由が生じた日の属する事業年度終了の日の翌日から5年を経過するまでに弁済されることとなっている金額以外の金額（担保権の実行等によりその取立てまたは弁済の見込みがあると認められる部分の金額を除く）。

① 会社更生法等の規定による更生計画認可の決定

741

第6章　債権保全と債権回収

② 民事再生法の規定による再生計画認可の決定

③ 会社法の規定による特別清算に係る協定の認可

④ 整理手続によらない関係者の協議決定で，次に掲げるもの（法税規25条の2）

ⓐ 債権者集会の協議決定で合理的な基準により債務者の負債整理を定めているもの。

ⓑ 行政機関または金融機関その他第三者の斡旋による当事者間の協議により締結された契約でその内容がⓐに準ずるもの。

(ii) 債務超過の継続等による場合

金銭債権（上記(i)の適用があるものを除く）に係る債務者につき，債務超過の状態が相当期間継続し，営む事業に好転の見通しがないこと，災害，経済事情の急変等により多大な損害が生じたことその他の事由が生じていることにより，当該金銭債権の一部の金額につきその取立等の見込みがないと認められるときにおける当該一部の金額に相当する金額。

(iii) 形式基準による場合

金銭債権（上記(i)，(ii)の適用のあるものを除く）に係る債務者につき次に掲げる事由が生じている場合における当該金銭債権の額（実質的に債権と認められない部分の金額および担保権の実行，金融機関または保証機関による保証債務の履行その他により取立て等の見込みがあると認められる部分の金額を除く）の50％。

① 会社更生法等の規定による更生手続開始の申立て

② 民事再生法の規定による再生手続開始の申立て

③ 破産法の規定による破産の申立て

④ 会社法の規定による特別清算開始の申立て

⑤ 手形交換所（手形交換所のない地域にあっては，当該地域において手形交換業務を行う銀行団を含む）による取引停止処分等の事由

(iv) 外国政府等の履行遅滞等による場合

外国の政府，中央銀行または地方公共団体に対する金銭債権のうち，長期にわたる債務の履行遅滞により経済的価値が著しく減少し，かつ，弁済を受けることが著しく困難であると認められる事由が生じている金銭債権の額（実質的に債権とみられない部分の金額および保証債務の履行他により取立て等の見込みがある部分の金額を除く）の50％。

(3) 一括評価の貸倒引当金

　適用対象法人が，一括評価金銭債権の貸倒れによる損失の見込額として，各事業年度において損金経理により貸倒引当金勘定に繰り入れた金額については，その金額のうち，一括貸倒引当金繰入限度額に達するまでの金額は，その事業年度の損金の額に算入する（法税52条 2 項）。

　一括貸倒引当金繰入限度額は，その事業年度終了の時に有する一括評価金銭債権の帳簿価額の合計額に貸倒実績率を乗じて計算した金額とする（法税令96条 6 項）。

　上記(1)(i)の法人は，法定繰入率による一括貸倒引当金繰入限度額の計算ができる。

　公益法人等または協同組合等の一括貸倒引当金繰入限度額は，通常の繰入限度額の110％相当額とする特例（旧税特措57条の 9 ）は，2019年税制改正で，2019年 3 月31日までの間に開始する事業年度をもって廃止された。なお，2019年 4 月 1 日から2023年 3 月31日までの間に開始する各事業年度においては，従前の割増率10％に対して 1 年ごとに 5 分の 1 ずつ縮小した率による割増を認める経過措置が講じられた。

(4) 外国法人の場合の取扱い

　外国法人の国内源泉所得の金額は，内国法人の所得の金額の計算を準用する（法税142条〜142条の10）。ただし，外国法人の国内源泉所得に係る所得の金額の計算上貸倒引当金の対象となる金銭債権は，外国法人の恒久的施設を通じて行う事業に係る当該金銭債権に限り，恒久的施設と本店等との間の内部取引（法税138条 1 項 1 号）に係る金銭債権に相当するものは当該金銭債権に含まれないものとされ，恒久的施設を有する外国法人が恒久的施設を有さない外国法人に該当することになった日の属する事業年度は除かれる（法税令184条 1 項14号）。

❖個人の債権者における貸倒引当金に関する課税関係

(1) 個別評価の貸倒引当金

　不動産所得，事業所得または山林所得を生ずべき事業を営む居住者が，その事業の遂行上生じた売掛金，貸付金，前渡金その他これらに準ずる債権で，その一部につき貸倒れその他一定の事由による損失が見込まれるもの（以下「個別評価貸金」）のその損失の見込額として各年（事業を廃止等した日の属する

第6章　債権保全と債権回収

年を除く）において貸倒引当金勘定に繰り入れた金額については，その金額の
うち，その年12月31日（年の中途で死亡した場合には，その死亡の時）におい
て計算した繰入限度額に達するまでの金額は，その者のその年分のこれらの所
得の金額の計算上，必要経費に算入する。ただし，死亡した場合で，相続人が
その事業を承継しなかったときは，この限りでない（所税52条1項）。

個別貸倒引当金繰入限度額は，次のそれぞれの金額とする（所税令144条）。

(i)　長期棚上げによる場合

法人と同様であるが，個別評価貸金の額のうち，その事由発生年の翌年1月
1日から5年以内に弁済される金額以外の金額（抵当権等による担保部分の金
額を除いた額が限度額）である。

(ii)　債務超過の継続等による場合

法人と同様である。

(iii)　形式基準による場合

法人と同様である。

(2)　一括評価の貸倒引当金

青色申告者で事業所得を生ずべき事業を営む居住者が，その事業の遂行上生
じた売掛金，貸付金その他これらに準ずる金銭債権（個別評価貸金等を除く。
以下「一括評価貸金」）の貸倒れによる損失の見込額として，各年において貸
倒引当金勘定に繰り入れた金額については，その金額のうち，その年12月31日
において計算した繰入限度額に達するまでの金額は，その者のその年分の事業
所得の金額の計算上，必要経費に算入する。ただし，死亡した場合で，相続人
がその事業を承継しなかったときその他一定の場合は，この限りでない（所税
52条2項）。

繰入限度額は，その年12月31日において有する一括評価貸金の帳簿価額（実
質的に債権とみられない部分の金額を除く）の合計額に5.5％（金融業の場合
は3.3％）を乗じて計算した金額とする（所税令145条）。

(3)　非居住者の場合の取扱い

非居住者の所得税における所得金額の計算は，該当する国内源泉所得に関し
て居住者の規定が準用される（所税165条）。ただし，貸倒引当金の対象となる
貸金等は，非居住者が国内で行う不動産所得，事業所得または山林所得を生ず
べき事業に係る売掛金，貸付金，前渡金その他これらに準ずる債権等に限られ
る（所税令292条7号）。

744

6 −13 税 務

6 −13− 6 債務免除益に対する税対策

❖法人の債務免除益に対する税対策

諸外国では，事業再生下の企業に対する債務免除益は，多くが課税対象外，もしくは繰延べの措置がとられており，その取扱いは法的整理，私的整理の別によらないとの調査結果がある（事業再生研究機構税務問題委員会2004年度「事業再生に関わる税制改正要望」）。

わが国の法人税法においては，債務免除を受ける場合，課税対象外や繰延べの措置はないため，資産の評価損や欠損金等を活用し税対策を十分に行う必要がある。

(1) 資産の評価損の活用

内国法人がその有する資産の評価換えをしてその帳簿価額を増額または減額した場合，増額部分の金額は益金不算入，減額部分の金額は損金不算入とされ，その事業年度以後の帳簿価額は増減額がなかったものとみなすのが原則であるが（法税25条1項・33条1項），以下の特例が設けられている。

(i) 災害や再生手続の開始決定があったこと等一定の場合の評価損の特例

内国法人の有する資産につき，災害による著しい損傷によりその資産の価額がその帳簿価額を下回ったこと，民事再生法開始決定があったこと等一定の場合，その資産の評価換えをして損金経理によりその帳簿価額を減額したときは，減額した部分の金額のうち，評価換えの直前の帳簿価額と事業年度終了の時におけるその資産の価額との差額に達するまでの金額は，その事業年度の損金の額に算入する（法税33条2項，法税令68条，法基通9−1−3の3）。

(ii) 更生手続に伴う財産評定損益

内国法人が有する資産につき会社更生法等に従って行う資産の評価換え等をして帳簿価額を増額または減額した場合，増額部分の金額を益金に算入，減額部分の金額を損金に算入する（法税25条2項，同法33条3項，法税令24条）。

(iii) 再生手続その他の債務整理手続に伴う資産評定損益の特例

内国法人について再生計画認可の決定またはそれに準ずる私的債務処理があった場合，その有する資産の価額につき所定の評定を行っているときは，その資産の評価損益の額として一定の金額は，その事業年度の益金または損金の額に算入する（法税25条3項・33条4項）。この規定は，確定申告書に評価益に関する明細の記載があり，かつ，評価損益に関する関係書類の添付がある場合

745

第6章　債権保全と債権回収

に限り適用する。ただし，税務署長がやむをえない事情があると認めるときはこの限りでない（同法25条5項・6項・33条7項・8項）。

この場合の再生計画認可の決定に準ずる私的債務処理の要件は，その債務処理に関する計画が次の①から③までおよび④または⑤に該当することである（法税令24条の2第1項）。あくまでも要件の充足が必要ではあるが，具体的には，整理回収機構（RCC），中小企業支援協議会，企業再生支援機構が関与する手続，私的整理ガイドライン，事業再生ADR，特定調停法に基づく手続等が挙げられる。

① 一般に公表された債務処理を行うための手続についての公正かつ適正と認められる準則であって，公正な価額による債務者の資産評定に関する事項および当該計画がその準則に従って策定され，かつ②および③に該当することにつき一定の確認をする手続ならびにその確認をする者に関する事項が定められているもの（政府関係金融機関等以外の特定の者がもっぱら利用するためのものを除く）に従って策定されていること。

② ①の公正な価額による資産評定の結果に基づいて債務者の貸借対照表が作成されていること。

③ ②の貸借対照表における資産・負債の価額，当該計画における損益の見込み等に基づいて債務者に対する債務免除等（債務免除または債務消滅益が生ずる債権の現物出資）の金額が定められていること。

④ 2以上の一定の金融機関等が債務免除等をすることが定められていること。

⑤ 一定の政府関係金融機関等が債務免除等をすることが定められていること。

ただし，評価損益の計上に適さないとされる資産，すなわち，評価損益が発生する事業年度開始の日前5年以内に特定の圧縮記帳の適用を受けた減価償却資産，短期売買商品，売買目的有価証券，償還有価証券および少額資産の一時償却または一括償却資産の3年均等償却の適用を受けた減価償却資産その他これに類する減価償却資産の評価損益は除かれる（法税25条3項・33条4項・法税令24条の2第4項・68条の2第3項）。従来は，一定区分ごとの評価損益が対象となる事実が生じた時の直前の法人の資本金等の額の2分の1と1,000万円（有利子負債が10億円未満の法人にあっては100万円）のいずれか少ない金額に満たない資産の評価損益も除かれていたが，実務家からの強い要望を受け，2013

年税制改正により，2013年4月1日以後に再生計画認可の決定があったことに準ずる一定の事実が生じた場合から廃止されている。

また，同年税制改正において，中小企業金融円滑化法の終了に伴う中小企業の再生の円滑化を図るための措置として，「2以上の金融機関等」が債権放棄を行った場合等だけでなく，一定の企業再生ファンド（特定投資事業有限責任組合）が行った債務免除等についても適用を認める特例が設けられた。

青色申告書を提出する中小企業者（資本金の額または出資金の額が1億円以下の法人のうち，同一の大規模法人〔資本金の額または出資金の額が1億円を超える法人，または資本もしくは出資を有しない法人のうち常時使用する従業員の数が1000人を超える法人をいい，中小企業投資育成株式会社を除く〕に発行済株式もしくは出資の総数もしくは総額の2分の1以上を所有されている法人，および2以上の大規模法人にその発行済株式もしくは出資の総数もしくは総額の3分の2以上を所有されている法人以外の法人をいい，資本もしくは出資を有しない法人の場合には，常時使用する従業員の数が1000人以下の法人をいう。）（旧税租特42条の4第8項6号・旧税租特令27条の4第12項）について，2013年4月1日から2019年3月31日までの間に再生計画認可の決定があったことに準ずる一定の事実が生じた場合で，2以上の金融機関等が有するその中小企業者に対する債権が債務処理に関する計画によって特定投資事業有限責任組合に係る組合財産となる場合において，その中小企業者が資産の価額につき一定の評定を行い，または債務処理に関する計画に従って債務免除等を受けたときは，資産の評価損益の計上，期限切れ欠損金の損金算入ができることとされた（旧税特租67条の5の2，旧税特租令39条の28の2）。

しかし，2019年税制改正で適用期限（2019年3月31日）の到来をもって制度が廃止された。

(iv) グループ法人税制における一定の資産の評価損の損金不算入

内国法人が，その内国法人との間に完全支配関係がある他の内国法人で次のものの株式または出資を有する場合におけるその株式または出資については，評価損の損金算入が認められない（法税33条5項，法税令68条の3）。この取扱いは，2011年税制改正により新設され，法人が2011年6月30日以後に行う評価換えおよび同日以後に生ずる再生計画認可の決定があったこと等の事実について適用されている（平成23年6月改法附12条）。

① 清算中の内国法人

第6章　債権保全と債権回収

② 解散（合併による解散を除く）をすることが見込まれる内国法人

③ 内国法人でその内国法人との間に完全支配関係がある他の内国法人との間で適格合併を行うことが見込まれるもの

(v) 債務免除益に対する税対策上の注意点

再生手続の場合は，再生手続の開始決定があった場合の評価損の特例（法税33条2項）と再生手続に伴う資産評定損益の特例（同法25条3項・33条4項）の選択適用が可能であると解される。前者は後者と比べ，損金経理要件が必要な点，評価損の会計慣行はないとして金銭債権が対象外との解釈がある点，青色欠損金および災害損失欠損金以外の欠損金額（以下「期限切れ欠損金」）の青色欠損金および災害欠損金に対する優先控除の適用がない点（後述する）で相違するので，実務上は適切な特例の選択をする必要がある。

(2) 欠損金の活用

法人税の課税所得の金額の計算は，事業年度ごとに独立して計算するという事業年度独立の原則に基づいている。しかし，企業資本維持，課税負担の公平性の見地から問題があるため欠損金の繰越控除による事業年度間の損益通算を認めている。

欠損金の控除の制度の詳細は後述するが，いくつかの類型があり，それぞれ控除の金額や順序が相違する点，再生手続開始の決定等の事実が生じた場合は資産評定損益の特例（法税25条3項・33条4項）の適用の有無が期限切れ欠損金の優先控除の有無につながる点等に注意が必要である。

(3) 債務免除益を受ける時期の検討

各手続の債務処理に関する計画により債務免除を受ける場合，その時期は具体的にはその計画が定めるところによる。一般的には計画の決定時が多いようであるが，将来の一定時点を免除の時期とする停止条件が付される場合もあり，税務上の債務免除益の益金算入時期も停止条件が成就し法的に債務が消滅した日の属する事業年度と解される。

そこで，不要な租税負担が生じないように債務免除を受ける時期を十分に検討する必要がある。たとえば，事業譲渡後に資産を換価処分し弁済する清算型の債務処理に関する計画では，税務上の加算留保項目が解消されるであろうこと，留保金課税を避けること等から，解散後，しかも最終弁済時など残余財産の確定時になるべく近い時期が望ましい。

債権者側においては，必ずしも法的に債権が消滅していなくても，個別評価

6 −13 税 務

の貸倒引当金の繰入れによる一定の回収不能見積額の損金算入，場合によって
は貸倒損失による損金算入が可能である点にも注意が必要である。

(4) 減資の検討

債務免除益が生じた場合，青色欠損金の控除により通常の法人税の課税はな
いのに，外形標準課税の法人事業税の付加価値割の課税や留保金課税（後述す
る）だけなされる場合も起こりうる点には注意が必要である。

そこで，更生計画，再生計画等により減資が可能であれば，外形標準課税の
法人事業税や留保金課税を避けるため，資本金の額を1億円以下にすべきで実
務上もよくみられる。

❖個人の債務免除益に対する税対策

所得税法には，前述の資力喪失の場合の非課税規定（所税44条の2）がある。
しかし，一方で，従前はなかった資産の評価損の規定が下記(1)のとおり創設
されたものの，対象資産が法人よりも限定され土地等には適用がなく，青色純
損失の控除も3年なので（所税70条），個人事業者の再生手続で自主再建型等
の場合，再生期間中の事業から生じる利益に対する所得税，住民税および事業
税の回避が法人と比べ難しいという点には注意する必要がある。

(1) 債務処理計画に基づく減価償却資産等の損失の必要経費算入の特例

青色申告を提出する個人が，その有する債務につき，債務処理に関する計画
で一般に公表された債務処理を行うための手続に関する準則に基づき作成され
ていることその他一定の要件を満たすもの（法人の再生手続その他の債務整理
手続に伴う資産評定損益の特例と同様の要件を満たすもので，以下「債務処理
計画」）に基づき免除を受けた場合において，当該準則に定められた方法によ
り減価償却資産および繰延資産等の評定を行っているときは，これらの資産の
評価損の額に相当する金額は，その免除を受けた日の属する年分の不動産所得
の金額，事業所得の金額または山林所得の金額の計算上，必要経費に算入され
る。ただし，当該必要経費に算入する金額は，この特例を適用しないで計算し
たその年分の不動産所得の金額，事業所得の金額または山林所得の金額が限度
とされる（税特措28条の2の2，税特措令18条の6）。

この取扱いは，2014年税制改正で創設され，個人が2014年4月1日以後に債
務処理計画に基づき債務の免除を受ける場合から適用されている（平成26年改
正法附則58条）。

749

第6章　債権保全と債権回収

6−13−7 欠損金

❖法人の青色欠損金の控除

(1) 青色欠損金の控除と損金算入限度額

確定申告書を提出する内国法人の各事業年度開始の日前10年（2015・2016年税制改正により延長されており，2008年4月1日以後終了事業年度から2018年4月1日前終了事業年度に生じた欠損金額については9年）以内に開始した事業年度において生じた欠損金額（この規定によりすでに損金の額に算入されたものおよび欠損金の繰戻し還付の計算の基礎となったものを除く）がある場合その欠損金額は，各事業年度の損金の額に算入する。

ただし，期末において中小法人等（期末資本金が1億円以下の普通法人〔資本または出資を有しないものを含み，資本金5億円以上の大法人や相互会社等の大法人または完全支配関係にある複数の大法人によって直接・間接にその全株を保有されているものならびに相互会社および法人課税信託の受託法人を除く〕，公益法人等，協同組合等および人格のない社団等をいう）に該当しない法人にあっては，この規定および次の①，②，③の規定の適用前の所得金額の50％（2015・2016年税制改正により段階的に引き下げられており，2015年4月1日から2016年3月31日間開始年度は65％，2016年4月1日から2017年3月31日間開始年度は60％，2017年4月1日から2018年3月31日間開始年度は55％）相当額がその損金算入額の限度となる（法税57条1項・11項，平成27年改正附則27条2項・30条2項）。

① 民事再生等による債務免除等があった場合（評価換えをした場合を除く）の欠損金の損金算入（法税59条2項1号・2号）

② 解散をして残余財産がないと見込まれる場合の欠損金の損金算入（法税59条3項）

③ 残余財産の確定年度に係る事業税の損金算入（法税62条の5第5項）

(2) 再建中の法人や新設法人等の特例

①更生手続開始の決定があったこと，再生手続開始の決定があったこと等の事実が生じた法人については，その決定等の日から更生計画認可の決定，再生計画認可の決定等の日以後7年を経過する日までの期間内の日の属する各事業年度については，控除限度額が所得の金額とされる。ただし，金融商品取引所への再上場等があった場合におけるその再上場された日等以後に終了する事業

年度は対象外とされる（法税57条11項2号）。

この措置は，確定申告書等に更生手続開始の決定があったこと，再生手続開始の決定があったこと等の一定の事実が生じたことを証する書類の添付がある場合に限り，適用される（法税57条12項）。なお，その書類の添付がなかった場合においても，その添付がなかったことについてやむを得ない事情があると認められるときは，この措置を適用することができる（同条13項）。

②法人（資本金の額等が5億円以上の法人等〔大法人〕の100％子法人および100％グループ内の複数の大法人に発行済株式等の全部を保有されている法人を除く）の設立（合併法人にあっては合併法人または被合併法人のうちその設立が最も早いものの設立等）の日から同日以後7年を経過する日までの期間内の日の属する各事業年度については，控除限度額を所得の金額とする。ただし，金融商品取引所に上場された場合等におけるその上場された日等以後に終了する事業年度は対象外とされる（法税57条11項3号・58条6項3号）。

③特定目的会社，投資法人，特定目的信託に係る受託法人および特定投資信託に係る受託法人で，支払配当等の損金算入制度の適用対象となるものについては，控除限度額を所得の金額とされる（税特租67条の14第2項・67条の15第2項・68条の3の2第2項・68条の3の3第2項）。

(3) 欠損金額・手続

欠損金額とは，各事業年度の所得の金額の計算上その事業年度の損金の額がその事業年度の益金の額を超える場合のその超える部分の金額をいう（法税2条19号）。

この規定は，欠損金額の生じた事業年度に青色申告書である確定申告書を提出し，かつ，その後に連続して確定申告書を提出している場合に限り適用する（法税57条10項）。

❖買収した欠損等法人の青色欠損金の控除の制限

青色欠損金を有した休眠会社の買収等による租税回避行為を防止するため，2006年税制改正で設けられた制度であり，M＆A等の実務上失念しないよう注意が必要である。

欠損等法人が，特定支配日直前に事業を営んでおらず，特定支配日以後5年経過した日の前日までに事業を開始する等の事由に該当する場合，該当日の属する事業年度前に生じた欠損金額については，上記の青色欠損金の控除の規定

第6章　債権保全と債権回収

は適用しない。

特定支配日とは，特定支配関係が生じた日をいい，欠損等法人とは，内国法人で他の者との間に当該他の者による特定支配関係が生じたもののうち，特定支配事業年度（その特定支配関係が生じた日の属する事業年度）において，その特定支配事業年度前の各事業年度に生じた欠損金額または評価損資産を有するものをいう。

特定支配関係とは，他の者がその内国法人の発行済株式等の50％超を保有する関係その他一定の関係をいう（法税57条の2第1項）。

❖法人の災害損失欠損金の控除

確定申告書を提出する内国法人の各事業年度開始の日前10年以内に開始した事業年度において生じた欠損金額（上記青色欠損金の控除または欠損金の繰戻し還付の適用があるものを除く）のうち，棚卸資産，固定資産または一定の繰延資産について災害により生じた損失に係るもの（以下「災害損失欠損金額」）があるときは，その災害損失欠損金額は，その各事業年度の損金の額に算入する。

ただし，前述の「法人の青色欠損金の控除」と同様の金額がその損金算入額の限度となる（法税58条1項・6項）。

この規定は，災害損失欠損金額の生じた事業年度についてその損失の額の計算に関する明細を記載した確定申告書を提出し，かつ，その後において連続して確定申告書を提出している場合に限り適用する（法税58条5項）。

❖法人の適格合併やグループ法人税制による青色欠損金または災害損失欠損金の引継ぎ

適格合併が行われた場合または内国法人との間に完全支配関係がある他の内国法人でその内国法人が発行済株式等の全部もしくは一部を有するものの残余財産が確定した場合には，被合併法人等の当該日前10年内事業年度において生じた未処理の青色欠損金額または災害損失欠損金額は，その内国法人において生じた欠損金額とみなす。ただし，次のいずれにも該当しない場合には，この限りでない（法税57条2項・3項・58条2項・4項）。

①　その適格合併が共同で事業を営むための合併として一定のものに該当する場合

752

6-13 税　務

② 　一定期間の支配関係がある場合

❖法人の債務整理による債務免除等があった場合の期限切れ欠損金（設立当初からの欠損金）の損金算入の特例

　「倒産」状態の内国法人に債務免除等があった場合は，青色欠損金または災害損失欠損金以外の欠損金である，いわゆる期限切れ欠損金の損金算入を認めないと，事業再生の妨げとなったり，債務超過で株主への残余財産がないのに課税されたりするおそれがあるため以下の特例がある。

　なお，本項における，「前事業年度以前の事業年度から繰り越された欠損金額の合計額」とは，法人税申告書別表五（一）の「利益積立金額及び資本金等の額の計算に関する明細書」に期首現在利益積立金額の合計額として記載されるべき金額が負（マイナス）である場合の当該金額によるが，法人税申告書別表七（一）の「欠損金又は災害損失金の損金算入に関する明細書」に控除未済欠損金額として記載されるべき金額に満たない場合には，当該控除未済欠損金額として記載されるべき金額による（法基通12-3-2）。

⑴　会社更生法等の更生手続開始の決定があった場合（法税59条1項）

　内国法人について更生手続開始の決定があった場合において，その内国法人が次の①〜③の場合に該当するときは，該当日の属する事業年度前の各事業年度に生じた欠損金額で，適用年度終了の時における前事業年度以前の事業年度から繰り越された欠損金額の合計額のうち，次の①〜③の場合に記載の金額の合計額に達するまでの金額は，その事業年度の損金の額に算入する（法税令116条の3）。

　　①　債権者から債務免除を受けた場合（債務免除以外の事由による債務の消滅を含む）　　債務免除を受けた金額（債務消滅益を含む）

　　②　その内国法人の役員等から金銭等の贈与を受けた場合　　贈与を受けた金銭の額および金銭以外の資産の価額

　　③　会社更生法等に従って資産の評価換えをした場合　　評価換えによる益金算入額（評価換えによる損金算入額を「控除」した金額）

　会社更生法等の更生手続開始の決定があった場合は，この規定の適用前の適用年度の所得金額を限度とする等の制限はないので，所得金額を損金算入限度額が超過する場合は超過部分が新たな欠損金を構成することと，債務免除益等，私財提供益および評価損益（マイナス値の場合ゼロとし計算）の合計額を限度

753

第6章　債権保全と債権回収

に，期限切れ欠損金を，青色欠損金および災害損失欠損金に優先して控除すること（法税57条5項，法税令112条12項），この規定の適用により利用されたものとされた青色欠損金および災害損失欠損金は，適用年度の青色欠損金および災害損失欠損金の繰越控除に利用できず，次年度以降にも繰り越せないこととなるので注意が必要である。

(2)　再生手続開始の決定等の事実が生じた場合（法税59条2項）

　内国法人について再生手続開始の決定，特別清算開始の命令，破産手続開始の決定，再生手続認可の決定に準ずる事実等，その他上記に準ずる事実が生じた場合において，その内国法人が次の①〜③の場合に該当するときは，該当日の属する事業年度前の各事業年度に生じた欠損金額で，適用年度終了の時における前事業年度以前の事業年度から繰り越された欠損金額の合計額（次の③に該当しない場合はその金額から適用年度で青色欠損金の繰越控除（同法57条1項）または災害欠損金の繰越控除（同法58条1項）の適用がある欠損金額を控除した金額）のうち，次の①〜③の場合に記載の金額の合計額に達するまでの金額は，その事業年度の損金の額に算入する。

　ただし，次の③に該当しない（評価損益を計上しない）場合の損金算入額はこの規定の適用前の適用年度の所得金額を限度とされ，次の③に該当する場合の損金算入額は青色欠損金の繰越控除（同法57条1項）および災害欠損金の繰越控除（同法58条1項）ならびにこの規定の適用前の適用年度の所得金額を限度とされる（法税令117条の2）。

　また，③に該当しない（評価損益を計上しない）場合で期末において中小法人等（前述の「法人の青色欠損金の控除」参照）以外の法人に該当する場合において，2013年4月1日以後に再生手続開始の決定等があった場合で2015年4月1日前に開始する事業年度には，青色欠損金の繰越控除および災害損失金の繰越控除ならびにこの規定の適用前の所得金額が①，②の合計額を超えるときは，この規定の適用前の所得金額からその超える部分の金額の20％相当額を控除した金額が限度とされる（平成25年改正法附則9条，平成27年改正附則21条）。

①　債権者から債務免除を受けた場合（債務免除以外の事由による債務の消滅を含む）　　債務免除を受けた金額（債務消滅益を含む）

②　その内国法人の役員等から金銭等の贈与を受けた場合　　贈与を受けた金銭の額および金銭以外の資産の価額

③　民事再生法等の場合における評価益の益金算入（法税25条3項）または

評価損の損金算入規定（同法33条4項）の適用を受ける場合　　評価換えによる益金算入額（評価換えによる損金算入額を「減算」した金額）

再生手続開始の決定等の事実が生じた場合は，この規定の適用前の適用年度の所得金額を限度とする制限があるので，この規定による損金算入額が新たな欠損金を構成しないこと，上記③に該当しない（評価損益を計上しない）場合は，青色欠損金および災害損失欠損金（適用年度における繰越控除に利用されていない部分）を期限切れ欠損金に優先して控除し，この規定の適用により利用されたものとされた青色欠損金および災害損失欠損金は，次年度以降に繰り越せないこと，上記③に該当する（評価損益を計上する）場合は，期限切れ欠損金を青色欠損金および災害損失欠損金に優先して控除し，この規定の適用により利用されたものとされた青色欠損金および災害損失欠損金は，適用年度の青色欠損金および災害損失欠損金の繰越控除に利用できず，次年度以降にも繰り越せないこととなるので注意が必要である（法税57条5項，法税令112条12項）。

(3)　解散をしたが，残余財産がないと見込まれる場合（法税59条3項）

内国法人が解散した場合において，残余財産がないと見込まれるときは，その清算中に終了する事業年度（以下「適用年度」）前の各事業年度において生じた欠損金額のうち適用年度終了の時における前事業年度以前の事業年度から繰り越された欠損金額の合計額から適用年度で青色欠損金の繰越控除（同法57条1項）または災害欠損金の繰越控除（同法58条1項）の適用がある欠損金額を控除した金額は，その適用年度の損金の額に算入する。

ただし，損金算入額はこの規定および残余財産が確定した事業税の損金算入規定（法税62条の5第5項）適用前の適用年度の所得金額を限度とする（法税令118条）。

また，清算中に終了する事業年度終了の時における資本金等の額が零以下である場合には，そのマイナスの資本金等の額を欠損金額と同様に損金算入の対象とされる（法税令118条）。この取扱いは，2011年税制改正により設けられ，法人の2011年4月1日以後に開始する事業年度の所得に対する法人税について適用されている（平成23年6月改正法附則10条）。

解散をしたが，残余財産がないと見込まれる場合は，青色欠損金および災害損失欠損金（適用年度における繰越控除に利用されていない部分）を期限切れ欠損金に優先して控除すること（法税56条5項，法税令112条12項），この規定の適用により利用されたものとされた青色欠損金および災害損失欠損金は，適用

第6章　債権保全と債権回収

年度の青色欠損金および災害損失欠損金の繰越控除に利用できず，次年度以降にも繰り越せないこととなるので注意が必要である。

(4)　手続

上記の規定は，確定申告書，修正申告書または更正請求書に損金算入額の計算に関する明細を記載した書類および一定書類の添付がある場合に限り適用するが，書類の添付については税務署長による宥恕がある（法税59条4項，5項）。

❖外形標準課税の法人事業税の付加価値割の欠損金の損金算入の特例

付加価値割の課税対象の一部である単年度損益は，原則として繰越欠損金控除前の法人税法上の所得である。しかし，上述の法人税法上の債務整理による債務免除等があった場合の期限切れ欠損金の損金算入の特例（法税59条）が適用される場合は，単年度損益の計算上，(1)については①と②の金額のうち，(2)，(3)については①から③までの金額のうち最も少ない額が損金の額に算入される（地税72条の18，地税令20条の2の13，法税令116条の3・117条の2・118条，地方税法の施行に関する取扱いについて（道府県税関係）第3章第4の5の3）。

(1)　会社更生法等の更生手続開始の決定があった場合（法税59条1項）

①　適用事業年度末の前事業年度以前から繰り越された欠損金額

②　債務免除益の金額＋私財提供益の金額＋評価益の金額（評価損「控除」後）

(2)　再生手続開始の決定等の事実が生じた場合（法税59条2項）

①　適用事業年度末の前事業年度以前から繰り越された欠損金額

②　債務免除益の金額＋私財提供益の金額＋評価益の金額（評価損「減算」後）

③　適用事業年度のこの特例適用前の単年度の所得金額

(3)　解散をしたが，残余財産がないと見込まれる場合（法税59条3項）

①　適用事業年度末の前事業年度以前から繰り越された欠損金額

②　債務免除益の金額＋私財提供益の金額

③　適用事業年度のこの特例適用前の単年度の所得金額

すなわち，法人税法上の控除の有無にかかわらず前事業年度以前から繰り越された欠損金（青色欠損金＋災害損失欠損金＋期限切れ欠損金）を単年度損益の計算上控除できるので，一定の債務整理による債務免除益課税対策等として効果がある。

6 -13 税　　務

❖外国法人の場合の欠損金の控除の取扱い

　外国法人の国内源泉所得の金額は，内国法人の所得の金額の計算を準用するが（法税142条～142条の10），グループ法人税制の取扱い（同法57条2項・58条2項）の適用はない。

　青色欠損金の控除（法税57条）および災害損失欠損金の控除（同法58条）の各事業年度開始の日前10年以内に開始した事業年度において生じた欠損金額は，外国法人の恒久的施設帰属所得に係る欠損金額に限るものとし，欠損金の繰戻還付（同法144条の13）により還付を受けるべき金額の計算の基礎となったものを除くものとされる。

　連続して確定申告書を提出している場合（税法57条10項・58条7項）は，外国法人の恒久的施設帰属所得に係る欠損金額の生じた事業年度後の各事業年度について連続して確定申告書を提出している場合とするものとされる。

　法人の債務整理による債務免除等があった場合の期限切れ欠損金（設立当初からの欠損金）の損金算入の特例（法税59条1項～3項）の各事業年度において生じた欠損金額は，外国法人の恒久的施設帰属所得に係る欠損金額に限るものとされる。

❖個人の純損失の控除

　確定申告書を提出する居住者のその年の前年以前3年内の各年において生じた純損失の金額（前年以前に控除されたもの，純損失の繰戻しによる還付を受けるべき金額の計算の基礎となったもの等を除く）がある場合には，次の区分に応じそれぞれの金額を，その申告書に係る年分の課税標準の計算上控除する（所税70条，税特措41条の5第8項・41条の5の2第8項）。

①　その純損失の金額が青色申告書を提出した年に生じたものである場合
　　その純損失の金額
②　その純損失の金額が①以外の年に生じたものである場合
　　その純損失の金額のうち変動所得の損失の金額および被災事業用資産の損失の金額

　純損失の金額とは，損益通算の対象となる損失の金額のうち，損益通算をしてもなお控除しきれない部分の金額をいう（所税2条1項25号）。

　この規定は，純損失の金額が生じた年分の所得税につき青色申告書または変動所得の損失の金額および被災事業用資産の損失の金額に関する事項を記載し

757

第6章　債権保全と債権回収

た確定申告書をその提出期限までに提出し（宥恕規定あり），かつ，それぞれ
その後において連続して確定申告書を提出している場合に限り適用する（所税
70条4項）。

❖非居住者の場合の青色純損失の控除の取扱い

　非居住者の所得税における所得金額の計算は，該当する国内源泉所得に関し
て居住者の規定が準用される（所税165条）。

| 6－13－8 |　欠損金の繰戻し還付

❖法人の欠損金の繰戻し還付

　内国法人の青色申告書である確定申告書を提出する事業年度において生じた
欠損金額がある場合には，その内国法人は，申告書の提出と同時に，納税地の
所轄税務署長に対し，次の法人税額の還付を請求することができる。

> 還付所得事業年度の法人税額×欠損事業年度の欠損金額／還付所得事業年度の
> 所得金額

　還付所得事業年度とは，欠損事業年度開始の日前1年以内に開始したいずれ
かの事業年度をいい，還付所得事業年度から欠損事業年度の前事業年度まで連
続して青色申告書である確定申告書を提出し，欠損事業年度の青色申告書であ
る確定申告書をその提出期限までに提出した場合に限り適用される（法税80条
1項・3項）。

　さらに，解散（適格合併による解散を除く），事業の全部の譲渡，更生手続
の開始，再生手続開始の決定等が生じた場合（当該事実が当該内国法人の連結
事業年度において生じた場合を除く）は，当該事実が生じた日の属する事業年
度だけでなく，同日前1年以内に終了したいずれかの事業年度において生じた
欠損金額があるときも，還付所得事業年度から欠損事業年度までの各事業年度
について連続して青色申告書である確定申告書を提出している場合に限られる
が，当該事実が生じた日以後1年以内に請求可能な特例がある（法税80条4項）。

　ただし，欠損金の繰戻し還付は，次の法人以外の法人の各事業年度に生じた
欠損金額については適用しないという，大規模法人に対する適用停止規定があ

758

るが，清算中に終了する事業年度および解散等の場合の特例はすべての法人に適用となるので注意が必要である（税特措66条の13第１項）。

① 普通法人のうち，期末資本金の額が１億円以下であるもの（期末に資本金の額が５億円以上である法人との間にその法人による完全支配関係があるものを除く）または普通法人のうち資本または出資を有しない法人。

② 公益法人等または協同組合等。

③ 法人税法以外の法律によって公益法人等とみなされている一定のもの。

④ 人格のない社団等。

なお，地方税（法人住民税および法人事業税，地方法人特別税）には，欠損金の繰戻し還付の規定がない点にも注意をする必要がある。欠損金の繰戻し還付と類似の効果のある手続として，不適切な経理が行われていた場合等の更正の請求等があるが（税通23条１項），そちらは地方税にも規定がある（地税20条の９の３）。

外国法人にも欠損金の繰戻し還付の規定は準用される（法税144条の13）。

❖法人の災害損失欠損金の繰戻しによる還付

2017年税制改正により，近年災害が頻発していることを踏まえ，従来は特別立法で対応していた措置が常設化された。

その概要は，内国法人のその災害のあった日から同日以後１年を経過する日までの間に終了する各事業年度またはその災害のあった日から同日以後６月を経過する日までの間に終了する中間期間において生じた欠損金額のうち，災害損失欠損金額がある場合には，その事業年度または中間期間開始の日前２年（白色申告である場合には１年）以内に開始した事業年度の法人税額のうちその災害損失欠損金額に対応する部分の金額の還付を受けることができるというものである（法税80条５項）。

災害損失欠損金額は，欠損金の繰戻し還付の大規模法人に対する適用停止規定の対象外とされており（税特措66条の13第１項ただし書），中小企業者以外の法人についても還付を受けることができる。

外国法人にも災害損失欠損金の繰戻し還付の規定は準用される（法税144条の13第11項）。

第6章　債権保全と債権回収

❖個人の純損失の繰戻し還付

　青色申告者は，その年において生じた純損失の金額がある場合には，一定の手続を要件に，これを前年に繰り戻して所得税の還付を請求することができる（所税140条）。

　なお，地方税（個人住民税および個人事業税）には，純損失の繰戻し還付の規定がない点に注意をする必要がある。純損失の繰戻し還付と類似の効果のある手続として，不適切な経理が行われていた場合等の更正の請求等があるが（税通23条1項），そちらは地方税にも規定がある（地税20条の9の3）。

　非居住者にも純損失の繰戻し還付の規定は準用される（所税166条）。

|6－13－9| 留保金課税

❖留保金課税の概要

　同族会社での不当な内部留保による租税回避を防止するため設けられた制度である。

　内国法人である特定同族会社の各事業年度の留保金額が留保控除額を超える場合には，その特定同族会社に対しては，通常の法人税の額に，その超える部分の留保金額を次の金額に区分してそれぞれの割合を乗じて計算した金額の合計額を加算した金額を課税する。

　①　年3,000万円以下の金額　　　　　　　　　　　10%
　②　年3,000万円を超え，年1億円以下の金額　　　15%
　③　年1億円を超える金額　　　　　　　　　　　　20%

　特定同族会社とは，被支配会社で，被支配会社であることの判定の基礎となった株主等のうちに被支配会社でない法人がある場合には，その法人をその判定の基礎となる株主等から除外して判定した場合においても被支配会社となるもの（資本金の額が1億円以下であるものは，期末に資本金の額が5億円以上である法人との間にその法人による完全支配関係があるものに限る）をいい，清算中のものを除く（法税67条1項）。

　被支配会社とは，会社の株主等（自己株式等を有する場合のそのその会社を除く）の1人ならびにこれと特殊の関係のある個人および法人が次の場合におけるその会社をいう（法税67条2項）。

　①　その会社の発行済株式等（自己の株式等を除く）の50%超を有する場合

760

② その会社の議決権の50％超を有する場合

③ 合名会社等の社員の過半数を占める場合

特定同族会社に該当するかどうかの判定は，その事業年度終了の時の現況による（法税67条8項）。

❖留保金額

留保金額とは，所得等の金額のうち留保した金額から，その事業年度の法人税の額および住民税の額の合計額を控除した金額をいう。

所得等の金額とは，次の金額の合計額をいう。

① その事業年度の所得の金額

② 受取配当等の益金不算入額

③ 外国子会社から受ける配当等の益金不算入額

④ 受贈益の益金不算入額

⑤ 還付金等の益金不算入額等 （法人税および住民税に係る部分の金額を除く）

⑥ 繰越欠損金等の損金算入額

⑦ 各種所得の特別控除額

留保金額の計算については，その特定同族会社による剰余金の配当等（その支払いに係る決議の日がその支払いに係る基準日の属する事業年度終了の日の翌日からその基準日の属する事業年度に係る決算確定の日までの期間内にあるものに限る）の額は，その基準日の属する事業年度に支払われたものとされる（法税67条3項・4項）。

❖留保控除額

次の金額のうち最も多い金額をいう（法税67条5項）。

① その事業年度の所得等の金額×40％

② 年2,000万円

③ 期末資本金の額×25％－期末利益積立金額（その事業年度の所得等の金額に係る部分を除く）

期末の利益積立金額が欠損金額（マイナス値）の場合は期末資本金の額×25％にその欠損金額を加算（法基通16－1－7）

第6章　債権保全と債権回収

❖外国法人の取扱い

留保金課税の適用はない。

参考文献

【書籍】
●武田昌輔編著『DHCコンメンタール法人税法・租税特別措置法〈加除式〉』（第一法規，1979年）
●武田昌輔監修『DHCコンメンタール相続税法〈加除式〉』（第一法規，1981年）
●武田昌輔監修『DHCコンメンタール所得税法〈加除式〉』（第一法規，1983年）
●森井英雄『実戦に学ぶ平常時の債権保全』（商事法務研究会，1988年）
●武田昌輔監修『DHCコンメンタール消費税法〈加除式〉』（第一法規，1989年）
●本田開『危ない会社の倒産信号はこう読め！　経営数字スーパー解読講座〈改訂版〉』（総合法令，1994年）
●藤永幸治編集代表『シリーズ捜査実務全書4　会社犯罪』（東京法令出版，1994年）
●岩田清『信用調査読本　審査の神様の与信ノウハウ〈新版〉』（東京布井出版，1994年）
●帝国データバンク情報部編『危ない会社の見分け方　ヒト・モノ・カネを診断する63の視点』（PHP研究所，2005年）
●住友銀行事業調査部編著『貸出審査の綜合判断　クレジットリスクマネジメント強化のために』（金融財政事情研究会，1998年）
●井端和男『与信限度の設定と信用調書の見方』（商事法務研究会，1998年）
●日本公認会計士協会東京会編『合併・分割・再建・倒産実務便覧』（霞出版社，1999年）
●森井英雄『実戦に学ぶ緊急時の債権回収〈新訂版〉』（商事法務研究会，1999年）
●森山満『債権管理・回収完全マニュアル』（中央経済社，1999年）
●本田開＝富川泰志『すぐに役立つ債権回収の書式・交渉マニュアル』（日本実業出版社，1999年）
●大森正嘉＝滝澤多佳子著＝王子信用金庫審査部『与信判断・自己査定のための税務申告書の見方と活用』（BSIエデュケーション，1999年）
●荒木新五＝阪本清＝河野玄逸『ケーススタディ　債権管理〈新訂版〉』（商事法務研究会，2000年）
●杉崎義人監修，三浦一夫＝融資審査研究会『渉外マンのための担保評価に強くなる本　担保調査の手順と担保評価手法の実践手続を解説〈新版〉』（金融ブックス，

参考文献

2001年）

● 園尾隆司監修・田井雅巳『破産の銀行実務』（BSIエデュケーション，2001年）

● 河野玄逸『実戦倒産回収法　債権者のための企業倒産入門〈改訂版〉』（商事法務研究会，2001年）

● 古曳正夫『条文にない債権回収のはなし』（商事法務，2003年）

● リーガル・アソシエイツ監修・高橋聡英＝野中英樹編著『登記簿はここを読め！取引先の危険度がズバリわかる』（日本実業出版社，2003年）

● 井端和男『いまさら人に聞けない「与信管理」の実務Q＆A〈改訂新版〉』（セルバ出版，2014年）

● 日本公認会計士協会京滋会ほか『会社更生・再生・清算の法律と会計・税務Q＆A〈改訂版〉』（清文社，2004年）

● 我妻榮＝有泉亨＝清水誠『コンメンタール担保物権法〈第3版〉』（日本評論社，2004年）

● 青山修『登記簿から危ない会社を見抜く　取引先の信用調査に役立てる』（かんき出版，2004年）

● 東京弁護士会編『入門新破産法　新しい破産手続の理論と実務（上・下）』（ぎょうせい，2004年）

● 東京地裁会社更生実務研究会編著『会社更生の実務（上・下）〈新版〉』（金融財政事情研究会，2014年）

● 右山昌一郎監修，国土工営編著『相続税・財産評価のための不動産調査マニュアル　特に税理士・会計士事務所のために〈平成20年改訂版〉』（大蔵財務協会，2008年）

● 須藤英章編著『民事再生の実務』（新日本法規出版，2005年）

● 東京弁護士会編『入門　新特別清算手続　新しい特別清算手続の理論と運用』（ぎょうせい，2006年）

● 内田貴『民法Ⅲ　債権総論・担保物権〈第3版〉』（東京大学出版会，2005年）

● 荒木新五監修『判例・実務債権管理』（商事法務，2006年）

● 荒木新五『ケース別内容証明の書き方全書〈改訂版〉』（日本法令，2007年）

● 園尾隆司＝小林秀之編『条解民事再生法〈第3版〉』（弘文堂，2013年）

● 高井英男『すぐに役立つ中小企業の「与信管理」実務Q＆A 』（セルバ出版，2007年）

● 竹下守夫編集代表『大コンメンタール破産法』（青林書院，2007年）

● 伊藤眞『破産法・民事再生法〈第4版〉』（有斐閣，2018年）

●深沢利一・園部厚補訂『民事執行の実務（中）〈補訂版〉』（新日本法規，2007年）

●東京地方裁判所民事執行センター実務研究会編著『民事執行の実務 債権執行編（上）〈第3版〉』（金融財政事情研究会，2012年）

●久保田政純編著『企業審査ハンドブック〈第4版〉』（日本経済新聞社，2008年）

●永石一郎＝大坪和敏『ここまで知っておきたい債権回収の実務 信用調査から税務問題まで〈第3版〉』（中央経済社，2008年）

●浜辺陽一郎『執行役員制度 導入のための理論と実務〈第4版〉』（東洋経済新報社，2008年）

●山口和男編『新会社法対応特別清算の理論と裁判実務』（新日本法規出版，2008年）

●高瀬博司『図説 不動産担保評価の実務〈新2版〉』（経済法令研究会，2010年）

●東京地裁破産再生実務研究会編著『破産・民事再生の実務〔破産編〕〔民事再生・個人再生編〕〈第3版〉』（金融財政事情研究会，2014年）

●民事再生実務合同研究会編『民事再生手続と監督委員』（商事法務，2008年）

●我妻榮＝有泉亨＝川井健『民法1 （総則・物権法）〈第3版〉』（勁草書房，2008年）

●リスクモンスターデータ工場『リスクはじきに目を覚ます 「内部統制」時代の与信管理〈第2版〉』（ダイヤモンド社，2014年）

●愛知県弁護士会弁護士業務総合推進センター企業プロジェクトチーム編『類型別契約審査手続マニュアル』（新日本法規出版，2008年）

●石田昌宏『「融資力」トレーニングブック「粉飾決算の見分け方」』（ビジネス教育出版社，2008年）

●仲谷栄一郎ほか『国際取引と海外進出の税務』（税務研究会出版局，2019年）

●吉井直昭編『公正証書・認証の法律相談〈第4版〉』（青林書院，2013年）

●井口秀昭『事例に学ぶ決算分析の勘所 融資担当者のための決算書読解・資金分析術』（金融財政事情研究会，2009年）

●石川英文『自社でできる取引先の信用調査』（商事法務，2009年）

●小野寺勇史郎『取引先の与信管理 売掛金の完全回収』（すばる舎リンケージ，2009年）

●中村慈美『不良債権処理と再生の税務 解説とQ＆Aによる〈平成24年版〉』（大蔵財務協会，2012年）

●三山裕三『会社再建・清算のノウハウ〈第4版〉』（レクシスネクシス・ジャパン，2009年）

●溝端浩人ほか編著『図解・業種別会社の税金実務必携〈平成30年版〉』（清文社，2018年）

参考文献

- ●木俣貴光『企業買収の実務プロセス〈第2版〉』(中央経済社, 2017年)
- ●稲見誠一＝佐藤信祐『ケース別にわかる企業再生の税務〈第2版〉』(中央経済社, 2010年)
- ●伊藤眞ほか編『債権・動産担保 新訂貸出管理回収手続双書』(金融財政事情研究会, 2010年)
- ●佐藤裕義編著『裁判上の各種目録記載例集』(新日本法規出版, 2010年)
- ●伊藤眞ほか『条解破産法〈第2版〉』(弘文堂, 2014年)
- ●近藤隆志編『所得税必要経費の税務〈平成29年版〉』(大蔵財務協会, 2017年)
- ●滝川宜信『取引基本契約書の作成と審査の実務〈第5版〉』(民事法研究会, 2014年)
- ●リスクモンスターデータ工場『日本を元気にするリスモン式与信管理力 会社格付とデータと女将』(ダイヤモンド社, 2010年)
- ●渡辺淑夫『法人税法〈平成30年度版〉』(中央経済社, 2018年)
- ●事業再生研究機構編『民事再生の実務と理論 事業再生研究叢書9』(商事法務, 2010年)
- ●我妻榮＝有泉亨＝清水誠＝田山輝明『我妻・有泉コンメンタール民法 総則・物権・債権〈第5版〉』(日本評論社, 2018年)
- ●大蔵財務協会編『改正税法のすべて〈平成23～30年版〉』(大蔵財務協会, 2011～2018年)
- ●江頭憲治郎『株式会社法〈第7版〉』(有斐閣, 2017年)
- ●事業再生研究機構税務問題委員会編『事業再生における税務・会計Q&A〈増補改訂版〉 事業再生研究叢書11』(商事法務, 2011年)
- ●TAC税理士講座編著『消費税法理論マスター〈2019年度版〉』(TAC出版事業部, 2018年)
- ●TAC税理士講座編著『所得税法理論マスター〈2019年度版〉』(TAC出版事業部, 2018年)
- ●中村慈美＝松岡章夫＝秋山友宏＝渡邉正則『税制改正早わかり〈平成27～31年度〉』(大蔵財務協会, 2015～2019年)
- ●中山孝雄＝金澤秀樹編『破産管財の手引〈第2版〉』(金融財政事情研究会, 2015年)
- ●TAC税理士講座編著『法人税法理論マスター〈2019年度版〉』(TAC出版事業部, 2018年)
- ●リスクモンスターデータ工場『取引先リスク管理Q&A』(商事法務, 2014年)

●中小企業庁編『中小企業白書〈2019年版〉』（2019年）
●一般財団法人日本M&Aアドバイザー協会編・大原達朗ほか『この１冊でわかる！
　M&A実務のプロセスとポイント　はじめてM&Aを担当することになったら読む
　本』（中央経済社，2014年）
●西村あさひ法律事務所編『M&A法大全（上・下）〈全訂版〉』（商事法務，2019年）

【雑誌】
●千葉和則「東京地方裁判所民事第21部（民事執行センター）における民事執行実
　務の現状と課題」事業再生と債権管理24巻３号（2010年）

索　引

あ　行

アウト・ソーシング・・・・・・・・・・・・・・18
青色欠損金・・・・・・・・・・・・・・・・・・・・・750
青色申告・・・・・・・・・・・・・・・・・・・・・・330
赤字体質・・・・・・・・・・・・・・・・・・・・・・・・5
粗利益・・・・・・・・・・・・・・・・・・・・・・・255
粗利益率・・・・・・・・・・・・・・・・・・・・・・310
粗利率・・・・・・・・・・・・・・・・ 270, 310
安全性分析・・・・・・・・・・・・・・ 88, 301
意向証明書・・・・・・・・・・・・・・・・・・・・59
異時廃止・・・・・・・・・・・・・・・・・・・・・696
意思表示擬制のための執行文・・・・・・632
委託加工取引・・・・・・・・・・・・・・・・・367
一族経営・・・・・・・・・・・・・・・・・・・・・343
一部事項証明書・・・・・・・・・・・・・・・193
逸失利益・・・・・・・・・・・・・・・・・・・・・416
一般の先取特権・・・・・・・・・・・・ 479, 510
インカム・アプローチ・・・・・・・・・・・・57
迂回取引・・・・・・・・・・・・・・・・・・・・・375
裏書譲渡手形・・・・・・・・・・・・・・ 281, 555
売上原価・・・・・・・・・・・・・・・・ 256, 259
売上総利益・・・・・・・・・・・・・・・・・・・255
売上総利益（粗利益）・・・・ 256, 259, 270
売上高・・・・・・・・・・・・・・・ 254, 259, 264
売上高総利益率（粗利率）・・・・・・・・・310
売上不振・・・・・・・・・・・・・・・・・・・・・・4
売掛債権回収残高一覧表・・ 133, 241, 342

か　行

売掛債権回転期間・・・・・・・ 280, 284, 296
売掛債権残高推移表・・・・・・・・・・・・・133
売戻し条件付在庫買上取引・・・・・・・・376
運転資金・・・・・・・・・・・・・ 291, 370, 371
営業外収益・・・・・・・・・・・・・・・・・・・259
営業外費用・・・・・・・・・・・・・・・・・・・259
営業活動によるキャッシュフロー・・・290
営業損益・・・・・・・・・・・・・・・・・・・・・271
営業部門における与信管理・・・・・・・・37
営業利益・・・・・・・・・・・・・ 255, 257, 259
営業利益率・・・・・・・・・・・・・・ 271, 311
曳行移築・・・・・・・・・・・・・・・・・・・・・521
遠隔地取引・・・・・・・・・・・・・・・・・・・377
オーナー経営者・・・・・・・・・・・・・・・346

か　行

海外取引先の情報収集・・・・・・・・・・・222
買掛債務回転期間・・・・・・・・・・ 285, 300
会社概要・・・・・・・・・・・・・・・・・・・・・173
会社分割・・・・・・・・・・・・・・・・・・・・・73
回収異常先一覧表・・・・・・・・・・・・・・134
回収サイト・・・・・・・・・・・・・・・・・・・101
解体移築・・・・・・・・・・・・・・・・・・・・・521
回転率分析・・・・・・・・・・・・・・・・・・・88
介入取引・・・・・・・・・・・・・・・・・・・・・373
外部情報・・・・・・・・・・・・・・・・・・・・・166
外部評価・・・・・・・・・・・・・・・・・・・・・89
家屋番号・・・・・・・・・・・・・・・・・・・・・212

768

家屋（補充）課税台帳	513	仮処分	599
架空計上	267	仮処分命令申立書	601
格付遷移分析	145	仮登記担保	496
格付分布分析	145	仮の地位を定める仮処分	600
確定日付	408, 538	為替換算調整勘定	322
貸倒れ	9	簡易再生	715
貸倒損失に関する課税	734, 738	簡易配当	680
貸倒損失に関する消費税の課税関係		関係会社	315
	739	関係人集会	677
貸倒引当金に関する課税関係	740, 743	観察減価法	527
過大投資	5	勘定科目明細書	181, 253
合算財務諸表	318	間接法によるキャッシュフロー計算書	
合算損益計算書	318		290
合算貸借対照表	319	監督委員	705
合併	74	カントリーリスク	13
——による労働条件の調整	79	元本確定期日	446
——の形態	75	管理部門における与信管理	38
——の目的	75	関連会社	315, 345
合併契約書	77	機関設計	204
合併合意書	77	企業概要データ	230
合併比率	80	企業価値算定	57
稼働状況	353	企業再生支援機構スキーム	667
「カネ」の情報	335	企業を取り巻くリスク	13
株式買取請求	77	期限の利益	410
株式市価基準法	81	——喪失通知（請求喪失）	543
株式譲渡	67	——喪失通知（当然喪失）	544
株式の保有割合	67	——の喪失条項	410
株主資本等変動計算書	252	季節資金	293
借入依存度	301	帰属清算型	484
借入金利率	275, 305	寄託	99
借入月商比	302	寄託取引	367
借入返済年数	303	機能的減価要因	526
仮差押命令申立書（債権）	593	規模分析	88
仮差押命令申立書（不動産）	590	基本合意	59
（仮）差押え	214, 589	基本合意契約書	60

記名・・・・・・・・・・・・・・・・・・・・403	クロージング・・・・・・・・・・・・・・・・・・66
脚注表示・・・・・・・・・・・・・・・・・・・283	経営改善努力・・・・・・・・・・・・・・・・・・2
キャッシュフロー計算書・・・・・ 253, 290	経営者能力の欠如・・・・・・・・・・・・・・5
吸収合併・・・・・・・・・・・・・・・・・・・75	経済的減価要因・・・・・・・・・・・・・・527
求償権・・・・・・・・・・・・・・・・・・・・435	経常運転資金・・・・・・・・・・・・・・・292
級数法・・・・・・・・・・・・・・・・・・・・274	経常外収支・・・・・・・・・・・・・・・・・288
休眠会社・・・・・・・・・・・・・・・・・・196	経常支出・・・・・・・・・・・・・ 288, 327
給与所得者等再生・・・・・・・・・・・・719	経常収支・・・・・・・・・・・・・・ 288, 326
教育・研修費・・・・・・・・・・・・・・・・41	経常収支比率・・・・・・・・・・・ 288, 308
共益債権・・・・・・・・・・・・・ 711, 723	経常損益・・・・・・・・・・・・・・・・・・271
競合先・・・・・・・・・・・・・・・・・・・・341	経常利益・・・・・・・・・ 255, 257, 259
強制管理・・・・・・・・・・・・・・・・・・639	経常利益率・・・・・・・・・・・・・・・・・311
強制競売申立書・・・・・・・・・・・・・635	係争物に関する仮処分・・・・・・・・・・599
強制執行・・・・・・・・・・・・・・・・・・629	継続審理主義・・・・・・・・・・・・・・・614
共生者・・・・・・・・・・・・・・・・・・・・382	継続的商品売買取引基本契約書・・・・425
行政処分情報・・・・・・・・・・・・・・・363	契約・・・・・・・・・・・・・・・・・・・・・398
業績データ・・・・・・・・・・・・・・・・・232	契約解除条項・・・・・・・・・・・・・・・412
協定・・・・・・・・・・・・・・・・・・・・・701	契約解除通知・・・・・・・・・・・・・・・553
共同担保・・・・・・・・・・・・・・・・・・504	契約自由の原則・・・・・・・・・・・・・398
極度額・・・・・・・・・・・・・・・・・・・・215	契約条件交渉・・・・・・・・・・・・・・・22
緊急避難段階・・・・・・・・・・・・・・・・4	契約締結権限者・・・・・・・・・・・・・404
金銭消費貸借契約書・・・・・・・・・・・431	契約締結権限（代理権）・・・・・・・・・407
金融支出・・・・・・・・・・・・・・・・・・327	月間取引額・・・・・・・・・・・・・・・・・371
金融収支・・・・・・・・・・・・・・・・・・327	決裁権限表・・・・・・・・・・・・・・・・・115
金融収入・・・・・・・・・・・・・・・・・・327	決裁者・・・・・・・・・・・・ 120, 127, 131
金融商品取引法・・・・・・・・・・・・・・32	決算公告・・・・・・・・・・・・・・・・・・184
近隣商業地域・・・・・・・・・・・・・・・515	決算資金・・・・・・・・・・・・・・・・・・294
偶発債務・・・・・・・・・・・・・・・・・・282	決算書・・・・・・・・・・・・・・ 181, 247
グッド・ブック（good book）・・・・・・35	決算書分析・・・・・・・・・・・・・・・・・247
区分所有権・・・・・・・・・・・・・・・・・211	決算調整・・・・・・・・・・・・・・・・・・329
区分所有建物・・・・・・・・・・・・・・・511	月次管理・・・・・・・・・・・・・・・・・・325
区分建物・・・・・・・・・・・・・・・・・・211	月次資金繰り表・・・・・・・・・・・・・327
グループ企業・・・・・・・・・・・・・・・315	月商1割法・・・・・・・・・・・・・・・・・97
グループ企業間取引の相殺消去・・・・319	欠損金・・・・・・・・・・・・・・・・・・・・748
グループ法人税制・・・・・・・・・・ 731, 737	――の繰戻し還付・・・・・・・・・・・・758

索　引

限界利益・・・・・・・・・・・・・・・277	——の悪用・・・・・・・・・・・・・269
限界利益率・・・・・・・・・・・・・277	——の救済・・・・・・・・・・・・・75
減価償却費・・・・・・・・・・ 271, 273	国際会計基準審議会（IASB）・・・35
原価法・・・・・・・・・・・・・・・525	国際財務報告基準（IFRS）・・・・・35
現金担保・・・・・・・・・・・・・・501	焦付き・・・・・・・・・・・・・・・・9
現在事項証明書・・・・・・・・・・・193	個人再生・・・・・・・・・・・・・・718
検索の抗弁権・・・・・・・・・ 421, 436	コスト・アプローチ・・・・・・・ 57, 525
減資・・・・・・・・・・・・・・・・235	固定資産・・・・・・・・・・・・・・261
建設業経営事項審査・・・・・・・・・183	固定資産税評価額・・・・・・・・・・516
限定根保証・・・・・・・・・・・・・437	固定長期適合率・・・・・・・・・・・307
限度額管理・・・・・・・・・・・・・23	固定費・・・・・・・・・・・・・・・276
限度額の定期見直し・・・・・・・・・23	固定比率・・・・・・・・・・・・・・306
現物出資・・・・・・・・・・・・・・201	固定費率・・・・・・・・・・・・・・314
権利移転型の担保・・・・・・・・・・483	固定負債・・・・・・・・・・・・・・262
権利質・・・・・・・・・・・・・・・467	個別契約・・・・・・・・・・・・・・428
権利部（乙区）・・・・・・・ 213, 215, 509	個別注記表・・・・・・・・・・・・・253
権利部（甲区）・・・・・・・・ 213, 508	個別保証・・・・・・・・・・・・・・437
合意管轄・・・・・・・・・・・・・・414	個別要因の比較・・・・・・・・・・・526
——条項・・・・・・・・・・・・・413	混合契約・・・・・・・・・・・・・・400
公開主義・・・・・・・・・・・・・・614	コンプライアンス・・・・・・・・・・33
工業専用地域・・・・・・・・・・・・515	
工業地域・・・・・・・・・・・・・・515	さ　行
公示価格・・・・・・・・・・・・・・517	再開取引・・・・・・・・・・・・・・377
工事立替金・・・・・・・・・・・・・292	債権回収・・・・・・・・・・・ 545, 576
公図・・・・・・・・・・・・・・・・511	再建型私的整理手続・・・・・・・・・667
更生計画・・・・・・・・・・・・・・725	債権管理・・・・・・・・・・・・・・23
更生債権・・・・・・・・・・・・・・722	債権差押命令申立書（売掛金）・・・・・642
公正証書・・・・・・・・・・ 409, 548	債権差押命令申立書（給料）・・・・・643
公正証書の取得・・・・・・・・・・・578	債権差押命令申立書（預金）・・・・・645
更生担保権・・・・・・・・・・・・・723	債権質・・・・・・・・・・・・・・・468
更生手続・・・・・・・・・・・・・・720	債権執行・・・・・・・・・・・・・・640
控訴・・・・・・・・・・・・・・・・617	債権者異議申述の公告・・・・・・・・78
口頭主義・・・・・・・・・・・・・・614	債権者異議申述の催告・・・・・・・・78
口頭弁論期日・・・・・・・・・・・・614	債権者集会・・・・・・・・・・・・・677
子会社・・・・・・・・・・・・ 315, 345	債権者説明会・・・・・・・・・・・・677

771

索　引

債権者保護手続・・・・・・・・・・・・・・・・・・・78	財務分析・・・・・・・・・・ 246, 264, 295, 334
債権者リスト・・・・・・・・・・・・・・・・・・360	債務名義（判決）・・・・・・・・・・・・・・・・631
債権譲渡・・・・・・・・・・・・・・・・・・・・・555	債務免除・・・・・・・・・・・・・・・・・・・・728
債権譲渡契約書・・・・・・・・・・・・・・・・・556	債務免除益・・・・・・・・・・・・・・・・・・・729
債権譲渡通知・・・・・・・・・・・・・・・・・・557	――に対する課税・・・・・・・・・・・・・730
債権譲渡登記事項概要ファイル・・・・・205	――に対する税対策・・・・・・・ 745, 749
債権担保権の実行・・・・・・・・・・・・・・・587	債務免除益に対する課税の原則・・・・732
債権調査・・・・・・・・・・・・・・・・・・・・675	詐害行為・・・・・・・・・・・・・・ 568, 663, 689
債権届出・・・・・・・・・・・・・・・・・・・・668	詐害行為取消権・・・・・・・・・・・・・・・・572
債権届出書（会社更生）・・・・・・・・・・674	詐害行為取消訴訟・・・・・・・・・・・・・・663
債権届出書（破産）・・・・・・・・・・・・・670	詐害行為否認・・・・・・・・・・・・・・・・・689
債権届出書（民事再生）・・・・・・・・・・672	先取特権・・・・・・・・・・・・・・・・・・・・479
債権に対する仮差押えの執行・・・・・・599	更地・・・・・・・・・・・・・・・・・・・・・・503
催告書（内容証明）・・・・・・・・・・・・・542	三角相殺・・・・・・・・・・・・・・・・・・・・500
催告の抗弁権・・・・・・・・・・・・・ 421, 436	残存リスクの評価・・・・・・・・・・・・・・・16
最後配当・・・・・・・・・・・・・・・・・・・・680	仕入限度額・・・・・・・・・・・・・・・・・・100
在庫融資取引・・・・・・・・・・・・・・・・・376	仕入先管理・・・・・・・・・・・・・・・・・・100
財産の混同・・・・・・・・・・・・・・・・・・566	仕入取引・・・・・・・・・・・・・・・・・・・368
財産評定・・・・・・・・・・・・・・ 712, 725	市街化区域・・・・・・・・・・・・・・・・・・514
最終契約・・・・・・・・・・・・・・・・・・・・66	市街化調整区域・・・・・・・・・・・・・・・514
再生型倒産手続・・・・・・・・・・・・・・・665	時価純資産法・・・・・・・・・・・・・・ 57, 81
再生計画・・・・・・・・・・・・・・・・・・・712	事業再生ADR・・・・・・・・・・・・・・ 7, 667
再生債権・・・・・・・・・・・・・・・・・・・710	事業譲渡・・・・・・・・・・・・・・・・・・・・68
財政状態・・・・・・・・・・・・・・・・・・・260	資金繰り・・・・・・・・・・・・・・・・・・・・11
再生手続・・・・・・・・・・・・・・・・・・・720	資金繰り表・・・・・・・・・・・・・・・・・・325
財団債権・・・・・・・・・・・・・・・・・・・695	資金繰り予定表・・・・・・・・・・・・・・・182
再調達原価・・・・・・・・・・・・・・・・・・525	時効・・・・・・・・・・・・・・・・・・・・・・654
財務活動によるキャッシュフロー・・・291	――の援用・・・・・・・・・・・・・・・・656
財務基盤の脆弱化・・・・・・・・・・・・・・・5	――の効力・・・・・・・・・・・・・・・・655
財務指標・・・・・・・・・・・・・・・・・・・295	自己株式・・・・・・・・・・・・・・・・・・・322
財務収支・・・・・・・・・・・・・・・・・・・288	事故先・・・・・・・・・・・・・・・・・・・・147
債務承認書・・・・・・・・・・・・・・・・・・658	事故先処理状況報告書・・・・・・・・・・147
債務引受契約書（重畳的）・・・・・・・・662	自己資本・・・・・・・・・・・・・・・・・・・261
債務引受契約書（免責的）・・・・・・・・662	自己資本比率・・・・・・・・・・・・・・・・305
債務不履行の具体化・・・・・・・・・・・・416	資産調査・・・・・・・・・・・・・・・・・・・537

索　引

資産の評価損・・・・・・・・・・・・・・・・・745
資産の部・・・・・・・・・・・・・・・・・・・260
市場価値・・・・・・・・・・・・・・・・・・・・81
市場株価法・・・・・・・・・・・・・・・・・・・57
システム経費・・・・・・・・・・・・・・・・・・41
事前相談・・・・・・・・・・・・・・・・・・・・98
質権・・・・・・・・・・・・・・・・・・・・・467
　　――の実行・・・・・・・・・・・・・・・587
　　――の実行手続・・・・・・・・・・・・・469
質権設定契約書（保険）・・・・・・・・・・・470
質権設定契約書（預金）・・・・・・・・・・・472
執行行為の否認・・・・・・・・・・・・・・・690
執行文・・・・・・・・・・・・・・・・・・・・630
実測面積・・・・・・・・・・・・・・・・・・・519
指定暴力団一覧表・・・・・・・・・・・・・・381
私的整理・・・・・・・・・・・・・2, 665, 666
私的整理ガイドライン・・・・・・・・・・・・667
自働債権・・・・・・・・・・・・・・499, 681
支配人・・・・・・・・・・・・・・・・・・・・406
支払（回収）日・・・・・・・・・・・・・・・370
支払督促・・・・・・・・・・・・・・578, 606
支払督促申立書・・・・・・・・・・・・・・・608
支払利息・・・・・・・・・・・・・・・・・・・274
支払利息割引料・・・・・・・・・・・・・・・274
事物管轄の問題・・・・・・・・・・・・・・・414
資本金・・・・・・・・・・・・・・・・・・・・201
事務管理経費・・・・・・・・・・・・・・・・・40
指名委員会等設置会社・・・・・・・・・・・405
締め日・・・・・・・・・・・・・・・・・・・・369
社会運動標ぼうゴロ・・・・・・・・・・・・・382
借地権・・・・・・・・・・・・・・・・・・・・505
社内格付・・・・・・・・・・・・・・84, 107
社内格付制度・・・・・・・・・・・・・・・・・84
収益還元価額・・・・・・・・・・・・・・・・・81
収益還元法・・・・・・・・・・・・・57, 81, 529

収益性分析・・・・・・・・・・・・・・88, 310
従業員・・・・・・・・・・・・・・・・・・・・350
　　――の引継ぎ・・・・・・・・・・・・・・70
集合研修・・・・・・・・・・・・・・・・・・・156
集合債権譲渡担保・・・・・・・・・・・・・・491
集合債権譲渡担保設定契約書・・・・・・・・492
集合動産譲渡担保・・・・・・・・・・・・・・486
集合動産譲渡担保設定契約書・・・・・・・・488
住宅資金特別条項・・・・・・・・・・・・・・719
集中管理先・・・・・・・・・・・・・・・・・136
重点管理先・・・・・・・・・・・・・・・・・325
出荷停止条項（不安の抗弁）・・・・・・・418
受働債権・・・・・・・・・・・・・・499, 682
取得時効・・・・・・・・・・・・・・・・・・・654
主要仕入先・・・・・・・・・・・・・・・・・237
主要販売先・・・・・・・・・・・・・・・・・237
主力銀行（メインバンク）・・・・・・・・356
順位番号・・・・・・・・・・・・・・・・・・・213
順位保全効・・・・・・・・・・・・・・・・・475
循環（環状）取引・・・・・・・・・・・・・374
準工業地域・・・・・・・・・・・・・・・・・515
純資産・・・・・・・・・・・・・・・262, 279
純資産価額・・・・・・・・・・・・・・・・・・81
純収益・・・・・・・・・・・・・・・・・・・・530
準住居地域・・・・・・・・・・・・・・・・・515
準暴力団・・・・・・・・・・・・・・・・・・・383
準備的口頭弁論・・・・・・・・・・・・・・・615
紹介取引・・・・・・・・・・・・・・・・・・・377
少額訴訟・・・・・・・・・・・・・・578, 617
少額取引ライン・・・・・・・・・・・・・・・115
償還原資・・・・・・・・・・・・・・・・・・・304
小規模個人再生・・・・・・・・・・・・・・・719
商業地域・・・・・・・・・・・・・・・・・・・515
商業登記簿・・・・・・・・・・・・・・・・・193
承継執行文・・・・・・・・・・・・・・・・・632

773

索　引

条件成就執行文・・・・・・・・・・・・・・・・・632
条件付決裁・・・・・・・・・・・・・・・・・・127
商号・・・・・・・・・・・・・・・・・・・・・196
上告・・・・・・・・・・・・・・・・・・・・・617
商事留置権・・・・・・・・・・・・・・・・・・477
少数株主損益・・・・・・・・・・・・・・・・・322
少数株主持分・・・・・・・・・・・・・・・・・322
譲渡担保・・・・・・・・・・・・・・・・・・・483
　　──の実行方法・・・・・・・・・・・・・484
譲渡担保権の実行・・・・・・・・・587, 588
消費寄託取引・・・・・・・・・・・・・・・・・367
商品譲渡担保付融資取引・・・・・・・・・・376
商品の引揚げ・・・・・・・・・・・・・・・・・554
情報収集・・・・・・・・・・・・・・・・・・・21
正味財産分割法・・・・・・・・・・・・・・・・97
消滅時効・・・・・・・・・・・・・・・・・・・654
消滅時効援用通知書・・・・・・・・・・・・・656
消滅時効を更新・・・・・・・・・・・・・・・539
賞与資金・・・・・・・・・・・・・・・・・・・294
商流・・・・・・・・・・・・・・・・・・・・・366
食品速報・・・・・・・・・・・・・・・・・・・221
処分禁止の仮処分・・・・・・・・588, 600, 601
処分清算型・・・・・・・・・・・・・・・・・・484
署名・・・・・・・・・・・・・・・・・・・・・403
所有権移転・・・・・・・・・・・・・・・・・・214
所有権移転請求権の仮登記・・・・・・・・509
所有権移転の仮登記・・・・・・・・・・・・509
所有権保存・・・・・・・・・・・・・・・・・・213
所有権留保・・・・・・・・・・・・418, 495
　　──の実行方法・・・・・・・・・・・・496
所有権留保条項・・・・・・・・・・・・・・・418
所要運転資金（経常運転資金）・・・・・292
審議部門・・・・・・・・・・・・・・・・・・・118
申告調整・・・・・・・・・・・・・・・・・・・329
新事業取引・・・・・・・・・・・・・・・・・・377

申請部門・・・・・・・・・・・・・・・・・・・118
新設合併・・・・・・・・・・・・・・・・・・・75
人的担保・・・・・・・・・・・・・・433, 435
信用交換所グループ・・・・・・・・・・・・221
信用調査・・・・・・・・・・・98, 119, 164
信用調査会社・・・・・・・・・・・・・・・・・218
信用調書・・・・・・・・・・・・・・・・・・・225
信用不安・・・・・・・・・・・・・・・・・・・5
信用不安情報・・・・・・・・・・・・238, 358
信用リスク・・・・・・・・・・・・・・・・・・25
信用リスク量（VALUE AT RISK
　〔VaR〕）・・・・・・・・・・・・・・・・112
信用力評価・・・・・・・・・・・・・・・・・・21
随伴性・・・・・・・・・・・・・・・・・・・・452
スコアリング・・・・・・・・・・・・・・・・・85
ステークホルダー・・・・・・・・・・・・・・32
請求喪失条項・・・・・・・・・・・・・・・・・411
清算型倒産手続・・・・・・・・・・・・・・・665
清算義務・・・・・・・・・・・・・・・・・・・485
生産高比例法・・・・・・・・・・・・・・・・・274
政治運動標ぼうゴロ・・・・・・・・・・・・382
製・商品のライフサイクル・・・・・・・355
製造原価報告書・・・・・・・・・・・・・・・248
税引前当期純利益・・・・・・・255, 258, 259
税務申告書・・・・・・・・・・・・・・・・・・253
整理解雇の４条件・・・・・・・・・・・・・・80
設備収支・・・・・・・・・・・・・・・・・・・288
専属的合意・・・・・・・・・・・・・・・・・・414
全部事項証明書・・・・・・・・・・・・・・・193
占有移転禁止の仮処分・・・・・・・600, 601
戦略的与信管理・・・・・・・・・・・・28, 30
総会屋・・・・・・・・・・・・・・・・・・・・382
増加運転資金・・・・・・・・・・・・・・・・・292
相殺・・・・・・・・・・・・・・・・・498, 562
　　──の担保的機能・・・・・・・・・・・498

774

索　引

相殺権･････････････････681
相殺通知書･･････････････563
相殺適状･･････････････････499
増資･･････････････201, 235
想定倒産確率･････････････111
底地･･････････････････506
訴訟･･････････････578, 611
訴状（売掛金請求）････････612
訴状（少額訴訟）･･････････618
訴状（手形訴訟）･･････････623
租税債権･･････････････････510
即決和解･･････････････････616
損益計算書･･･････248, 254, 264
損益分岐点･･･････････････277
損益分岐点売上高･････････277
損益分岐点図表･･･････････278
損益分岐点販売数量･･･････277
損益分岐点比率･･･････････278
損益分岐点分析･･･････････276
損害項目･････････････････417
損害賠償額の予定･････････416
損害賠償条項･････････････415

た　行

ターゲット企業の選定･･････53
第一種住居地域･･･････････515
第一種中高層住居専用地域･････515
第一種低層住居専用地域･･････515
対抗要件の否認･･･････････690
貸借対照表･･･････････248, 260
第二会社方式･･････････70, 76
第二種住居地域･･･････････515
第二種中高層住居専用地域･････515
第二種低層住居専用地域･･････515
代物弁済予約仮登記･･･････496

耐用年数･････････････････527
代理受領･･･････････497, 560
多角的経営･･･････････････355
多行取引･････････････････356
建物図面･････････････････512
建物賃貸借契約書･････････518
建物登記簿･･･････････････208
建物の表題部･････････････507
棚卸資産回転期間･･････281, 285, 298
段階的増枠法･･･････････････97
担保･････････････････････433
担保依存取引･････････････377
担保権･･･････････････････576
　──の実行･･･････････････578
担保権実行通知･･･････････579
担保提供義務条項･････････420
担保評価における掛目･････524
担保物･･･････････････････501
担保物権･････････････････509
担保物件調査･････････････537
担保不動産競売手続･･･････579
担保不動産収益執行･･･････583
担保保存義務免除特約･････448
地域要因の比較･･･････････526
遅延損害金･･･････････････415
地上権･･･････････････････508
地積･････････････････････213
地積測量図･･･････････････512
地目･････････････････････212
中間配当･････････････････680
中小企業再生支援協議会･･････7
中小企業再生支援協議会スキーム･･･667
中小企業方式･････････････309
調査チケット･････････････226
調停･････････････････････578

775

索　引

直接主義・・・・・・・・・・・・・・・・・・・・614
直接調査・・・・・・・・・・・・・・・・・・・・169
直接法によるキャッシュフロー計算書
・・・・・・・・・・・・・・・・・・・・・289
賃借権・・・・・・・・・・・・・・・・・・・・・216
賃貸物件の評価・・・・・・・・・・・・・・504
追加担保交渉・・・・・・・・・・・・・・・537
追加配当・・・・・・・・・・・・・・・・・・680
追従型取引・・・・・・・・・・・・・・・・・378
つなぎ資金・・・・・・・・・・・・・・・・・293
定額法・・・・・・・・・・・・・・・・・・・・273
帝国データバンク・・・・・・・・・・・220
定性分析・・・・・・・・・・・・・・・・・・333
抵当権・・・・・・・・・・・・215, 451, 467
　――の実行・・・・・・・・・・・・・・452
抵当権設定契約証書・・・・・・・・・453
定率法・・・・・・・・・・・・・・・・・・・・273
定量評価・・・・・・・・・・・・・・・85, 88
定量分析・・・・・・・・・・・・・・246, 334
データ維持・分析費・・・・・・・・・・40
データ・マックス・・・・・・・・・・・222
手形回収・・・・・・・・・・・・・・・・・・132
手形ジャンプ・・・・・・・・・・・・・・535
手形訴訟・・・・・・・・・・・・・578, 623
手形割止め・・・・・・・・・・・・・・・・362
適時開示・・・・・・・・・・・・・・・・・・191
適時開示情報・・・・・・・・・・・・・・168
デット・エクイティ・スワップ（DES）
・・・・・・・・・731, 734, 737, 740
デューデリジェンス・・・・・・・・・・63
典型契約・・・・・・・・・・・・・・・・・・399
典型担保物権・・・・・・・・・・・・・・433
電子内容証明・・・・・・・・・・・・・・539
転付命令・・・・・・・・・・・・・・・・・・641
同意再生・・・・・・・・・・・・・・・・・・717

同意配当・・・・・・・・・・・・・・・・・・680
登記義務者・・・・・・・・・・・・・・・・214
登記権利者・・・・・・・・・・・・・・・・214
登記事項概要証明書・・・・・・・・・206
登記事項証明書・・・・・・・・・・・・206
当期純損益・・・・・・・・・・・・・・・・272
当期純利益・・・・・・・・・・・255, 258
当期純利益率・・・・・・・・・272, 312
登記情報提供サービス・・・・・・176, 195
登記簿（公簿）の面積・・・・・・・519
登記簿抄本・・・・・・・・・・・・・・・・194
登記簿謄本・・・・・・・・・・・・・・・・194
同業企業比較法・・・・・・・・・・・・・97
東京経済・・・・・・・・・・・・・・・・・・221
東京商工リサーチ・・・・・・・・・・220
東京信用調査・・・・・・・・・・・・・・221
登記留保・・・・・・・・・・・・・・・・・・475
当座比率・・・・・・・・・・・・・・・・・・299
倒産・・・・・・・・・・・・・・・・・2, 659
倒産確率・・・・・・・・・・・・・・・・・・111
倒産件数・・・・・・・・・・・・・・・・・・・6
動産質・・・・・・・・・・・・・・・・・・・・467
動産執行・・・・・・・・・・・・・・・・・・649
動産執行申立書・・・・・・・・・・・・650
動産譲渡担保契約書・・・・・・・・・487
動産譲渡登記・・・・・・・・・・・・・・207
動産譲渡登記事項概要ファイル・・・・・205
動産担保権の実行・・・・・・・・・・587
動産に対する仮差押えの執行・・・・・・599
倒産の原因・・・・・・・・・・・・・・・・・4
動産の先取特権・・・・・・・・・・・・479
倒産のプロセス・・・・・・・・・・・・・2
動産売買契約書・・・・・・・・・・・・429
動産売買先取特権・・・・・・・・481, 564
　――の実行方法・・・・・・・・・・480

776

索　引

――の物上代位・・・・・・・・・・・・・480
投資活動によるキャッシュフロー・・・290
同時廃止・・・・・・・・・・・・・・・・・694
当然喪失条項・・・・・・・・・・・・・・411
特殊知能暴力集団等・・・・・・・・・・・382
督促異議・・・・・・・・・・・・・・・・・611
特定債務者・・・・・・・・・・・・・・・・628
特定調停・・・・・・・・・・・・・・・・・628
特別清算・・・・・・・・・・・・・・・・・699
特別清算人・・・・・・・・・・・・・・・・701
特別損失・・・・・・・・・・・・・・・・・257
特別の先取特権・・・・・・・・・・・・・・479
特別利益・・・・・・・・・・・・・・・・・257
都市計画区域・・・・・・・・・・・・・・・514
都市計画区域外・・・・・・・・・・・・・・514
都市計画図・・・・・・・・・・・・・・・・513
土地管轄の問題・・・・・・・・・・・・・・414
土地賃貸借契約書・・・・・・・・・・・・・517
土地登記簿・・・・・・・・・・・・・・・・208
土地の表題部・・・・・・・・・・・・・・・507
都道府県地価調査標準価格・・・・・・・・517
取込み詐欺・・・・・・・・・・・・・196, 378
取下書・・・・・・・・・・・・・・・・・・596
取締役会議事録・・・・・・・・・・・・・・445
取引基本契約・・・・・・・・・・・・・・・410
取引基本契約書・・・・・・・・・・・・・・422
取引先仕入売上高一覧表・・・・・・242, 342
取引先プロット図・・・・・・・・・・・・・108
取引シェア・・・・・・・・・・・・・・・・103
取引事例比較法・・・・・・・・・・・・・・528

な　行

内部情報・・・・・・・・・・・・・・168, 240
内部統制監査報告書・・・・・・・・・・・・32
内部統制システム・・・・・・・・・・・・・32

内部統制報告書・・・・・・・・・・・・・・32
内容証明郵便・・・・・・・・・・・・・・・538
二段の推定・・・・・・・・・・・・・・・・403
任意処分条項・・・・・・・・・・・・・・・420
根抵当権・・・・・・・・・・・・・215, 457
（根）抵当権解除証書・・・・・・・・・・・467
（根）抵当権順位変更合意証書・・・・・462
（根）抵当権順位変更承諾書・・・・・・・462
根抵当権譲渡契約書・・・・・・・・・・・・466
根抵当権設定契約証書・・・・・・・・・・・459
根抵当権の変更契約書（確定期日）・・465
根抵当権変更契約書（極度額増額）・・463
根抵当権変更契約書（被担保債権の
　範囲）・・・・・・・・・・・・・・・・・464
根保証・・・・・・・・・・・・・・437, 446

は　行

配当・・・・・・・・・・・・・・・・・・・679
売買取引・・・・・・・・・・・・・・・・・365
破産・・・・・・・・・・・・・・・・・・・692
　――の終結・・・・・・・・・・・・・・・696
　――申立て・・・・・・・・・・・・・・・693
破産管財人・・・・・・・・・・・・・・・・697
破産債権・・・・・・・・・・・・・・・・・695
破産手続開始決定・・・・・・・・・・・・・694
破産手続開始決定前の保全処分・・・・693
バッド・ブック（bad book）・・・・・・・35
反社会的勢力・・・・・・・・・・・・・・・380
販売費及び一般管理費・・・・・・・256, 259
販売力・・・・・・・・・・・・・・・・・・340
引渡断行の仮処分・・・・・・・・・・・・・600
ビジネス実務与信管理検定試験・・・・157
備蓄取引・・・・・・・・・・・・・・・・・376
非典型契約・・・・・・・・・・・・・・・・400
非典型担保・・・・・・・・・・・・・433, 497

777

索　引

非典型担保物権・・・・・・・・・・・・・・・・483	不動産に対する強制執行・・・・・・・・・634
「ヒト」の情報・・・・・・・・・・・・・・・335	不動産の先取特権・・・・・・・・・479, 510
否認権・・・・・・・・・・・・・・・・・・・・688	振込指定・・・・・・・・・・・・・・・・・・498
秘密保持契約・・・・・・・・・・・・・・・・53	不良債権の発生・・・・・・・・・・・・・・・5
ヒューマンスキル・・・・・・・・・・・・・50	不渡手形情報・・・・・・・・・・・・・・・364
表見支配人・・・・・・・・・・・・・・・・406	分社化・・・・・・・・・・・・・・・・・・・69
表見代表執行役・・・・・・・・・・・・・406	文書管理・・・・・・・・・・・・・・・・・138
表見代表取締役・・・・・・・・・・・・・405	粉飾・・・・・・・・・・・・・・・・・・・266
表見代理・・・・・・・・・・・・・・・・・336	粉飾決算・・・・・・・・・・・・・・4, 266
標準的建設費・・・・・・・・・・・・・・・526	分筆・・・・・・・・・・・・・・・・・・・520
費用の無計上・過少計上・・・・・・・・268	分別の利益・・・・・・・・・・・・・・・436
非予測損失額・・・・・・・・・・・・・・・110	閉鎖事項証明書・・・・・・・・・・・・・194
不安の抗弁権・・・・・・・・・・・・・・・419	別除権・・・・・・・・・・・・・・・・・・683
付加価値・・・・・・・・・・・・・・・・・309	別除権協定書・・・・・・・・・・・・・・685
付加的合意・・・・・・・・・・・・・・・・414	別表一・・・・・・・・・・・・・・・・・・330
不可分性・・・・・・・・・・・・・・・・・452	別表五（一）・・・・・・・・・・・・・・330
不況型以外の倒産・・・・・・・・・・・・・5	別表十六・・・・・・・・・・・・・・・・・331
不況型倒産・・・・・・・・・・・・・・・・・4	別表二・・・・・・・・・・・・・・・・・・331
負債・・・・・・・・・・・・・・・・・・・261	別表四・・・・・・・・・・・・・・・・・・329
負債総額・・・・・・・・・・・・・・・・・・6	変動費・・・・・・・・・・・・・・・・・・276
附従性・・・・・・・・・・・・・・・・・・452	変動費率・・・・・・・・・・・・・・・・・278
復権・・・・・・・・・・・・・・・・・・・696	偏頗行為・・・・・・・・・・・・・・・・・689
物件明細書・・・・・・・・・・・・・・・・638	偏頗行為否認・・・・・・・・・・・・・・689
物上代位性・・・・・・・・・・・・・・・・452	弁論準備手続・・・・・・・・・・・・・・615
物上保証人・・・・・・・・・・・・・・・・476	包括根保証・・・・・・・・・・・・・・・437
物的担保・・・・・・・・・・・・・433, 501	法人格の形骸化・・・・・・・・・・・・・566
物理的減価要因・・・・・・・・・・・・・526	法人格の濫用・・・・・・・・・・・・・・567
不動産強制競売・・・・・・・・・・・・・634	法人格否認の法理・・・・・・・・565, 661
不動産競売申立書・・・・・・・・・・・・581	法人税申告書・・・・・・・・・・182, 329
不動産質・・・・・・・・・・・・・・・・・467	法人税等・・・・・・・・・・・・・・・・・259
不動産質権・・・・・・・・・・・・・・・・510	法人番号・・・・・・・・・・・・・・・・・174
不動産収益執行申立書・・・・・・・・・584	法定解除権・・・・・・・・・・・・・・・412
不動産登記簿・・・・・・・・・・・・・・208	法定相殺・・・・・・・・・・・・・・・・・500
不動産登記簿謄本・・・・・・・・・・・・506	法定代位・・・・・・・・・・・・・・・・・435
不動産に対する仮差押えの執行・・・・598	法定担保物権・・・・・・・・・・・433, 477

778

法的整理	665	モニタリング	87
暴排条項	393	「モノ」の情報	335
暴力団	380	問題先	136, 147
暴力団関連企業	381	問題先報告書	147

や 行

暴力団準構成員	382	役員報酬	273
暴力団排除条例	385	約定担保物権	433, 451, 475
ポートフォリオ	107	有害的記載事項	379
簿価純資産法	81	有価証券報告書	186
保証	435	融通手形	362
保証意思確認書	444	優先的破産債権	695
保証意思の確認	442	優先弁済的効力	452
保証債務	282	床面積	213
——の附従性	435	用益権	216
保証人	421	用益的権利	522
保証人加入契約書	440	用益物権	509, 522
保証人脱退契約書	441	要警戒段階	4

ま 行

		要注意段階	2
マーケットアプローチ	57	用途地域	515
前渡金	99	用途的同一性	528
前渡取引	368	預金担保	501
マネジメントシステム管理機能	42	預借率	296
マネジメントレビュー	142	与信	16
丸抱え先	100	与信意思決定プロセス	119
未実現利益の控除	319	与信管理規程	26, 137, 151
未線引区域	514	与信管理教育	27, 148, 152
密接交際者	383	与信管理システム	26
民事調停	626	与信管理における問題点	25
民事保全手続	589	与信管理の手法	21
民事留置権	477	与信管理の目的	17, 37
無条件解除権	412	与信管理ルール	105, 107, 109, 142
滅失登記	519	与信金額	367, 371
免責	696	与信限度額	22, 27, 96
持分法	323	——の移転	125
持分法適用会社	316		

779

索 引

――の算出式・・・・・・・・・・・・・・・・・101
――の見直し・・・・・・・・・・・・・・・・・129
――未設定先・・・・・・・・・・・・・・・・・134
与信限度額管理台帳・・・・・・・・ 127, 135
与信限度額期限切れ先・・・・・・・・・134
与信限度額期限到来先リスト・・・・・・135
与信限度額申請書・・・・・・・・・・・ 121, 122
与信限度額超過・・・・・・・・・・・・・ 130, 132
与信限度額超過先・・・・・・・・・・・・・・・134
与信限度額超過先一覧表・・・・・・・・・・134
与信事後管理プロセス・・・・・ 21, 22, 129
与信集中指数・・・・・・・・・・・・・・・・・113
与信承認プロセス・・・・・・・・・・・・・・・21
与信取引・・・・・・・・・・・・・・・・・・ 11, 17
与信ポートフォリオ・・・・・・・・ 143, 150
与信リスク・・・・・・・・・・・ 14, 25, 113
――の算定・・・・・・・・・・・・・・・・・29
――の評価・・・・・・・・・・・・・・・・・29
予測損失額・・・・・・・・・・・・・・・・・・・110
予測損失変動額・・・・・・・・・・・・・・・・・112

ら 行

リスク対策・・・・・・・・・・・・・・・・・ 16, 30
リスク認知・・・・・・・・・・・・・・・・・・・34
リスクの移転・・・・・・・・・・・・・・・・・16
リスクの回避・・・・・・・・・・・・・・・・・16
リスクの算定・・・・・・・・・・・・・・・・・15
リスクの低減・・・・・・・・・・・・・・・・・16
リスクの特定・・・・・・・・・・・・・ 15, 29
リスクの評価・・・・・・・・・・・・・・・・・15
リスクマネジメント・・・・・・・・・・・・・14
――の手法・・・・・・・・・・・・・・・・・15
――のプロセス・・・・・・・・・・・・・・・15
リストラクチャリング・・・・・・・・・・・・・69
立地条件・・・・・・・・・・・・・・・・・・・352

留置権・・・・・・・・・・・・・・・・・・ 477, 565
――の実行方法・・・・・・・・・・・・・・478
留置的効力・・・・・・・・・・・・・・・・・・・468
流動資産・・・・・・・・・・・・・・・・・・・260
流動性分析・・・・・・・・・・・・・・・・・・・296
流動比率・・・・・・・・・・・・・・・・・・・299
流動負債・・・・・・・・・・・・・・・・・・・262
留保金課税・・・・・・・・・・・・・・・・・・・760
履歴事項証明書・・・・・・・・・・・・・・・・・193
履歴事項全部証明書・・・・・・・・・ 197, 199
類型的同一性・・・・・・・・・・・・・・・・・528
類似会社比準法・・・・・・・・・・・ 57, 59, 81
劣後的破産債権・・・・・・・・・・・・・・・・・695
連結・・・・・・・・・・・・・・・・・・・・・・321
連結子会社・・・・・・・・・・・・・・・・・・・316
連結財務諸表・・・・・・・・・・・・・・・・・320
連結損益計算書・・・・・・・・・・・・・・・・・323
連結貸借対照表・・・・・・・・・・・・・・・・・323
連結調整勘定・・・・・・・・・・・・・・・・・322
連結調整勘定当期償却額・・・・・・・・・322
連鎖倒産・・・・・・・・・・・・・・・・・・ 5, 11
連帯根保証契約書・・・・・・・・・・・・・・439
連帯保証・・・・・・・・・・・・・・・・・・・436
連帯保証契約書・・・・・・・・・・・・・・・・・437
連帯保証人・・・・・・・・・・・・・・・・・・・421
労働装備率・・・・・・・・・・・・・・・・・・・310
労働分配率・・・・・・・・・・・・・・・・・・・309
路線価・・・・・・・・・・・・・・・・・・・・・516

わ 行

和解・・・・・・・・・・・・・・・・・・ 547, 701
和解期日・・・・・・・・・・・・・・・・・・・616
和解契約書（公正証書）・・・・・・・・・・・551
割引・・・・・・・・・・・・・・・・・・・・・531
割引手形・・・・・・・・・・・・・・・・・・・281

780

ワンイヤールール・・・・・・・・・・・・・・・260

欧　文

AI（人工知能／Artifical Intelligence）
・・・・・・・・・・・・・・・・・・・・・・・・・・・・・20
CA・・・・・・・・・・・・・・・・・・・・・・・・・・・53
CVP分析 ・・・・・・・・・・・・・・・・・・・・276
DCF法 ・・・・・・・・・・・・・・・・・・・・・・58
EDINET ・・・・・・・・・・・・・・・・ 168, 186
eラーニング・・・・・・・・・・・・・・・・・・・157
IR情報 ・・・・・・・・・・・・・・・・・・・・・・174
LLP（有限責任事業組合）・・・・・・・・・336
LOI（Letter of intent）・・・・・・・・・・・59
M&A ・・・・・・・・・・・・・・・・・・・ 48, 53
MOU（Memorandum of
　understanding）・・・・・・・・・・・・・・・・59
NDA・・・・・・・・・・・・・・・・・・・・・・・・・53
off-JT ・・・・・・・・・・・・・・・・・・・・・・・156
OJT・・・・・・・・・・・・・・・・・・・・・・・・155
PDCAサイクル・・・・・・・・・・・・・・・・・29
PMI・・・・・・・・・・・・・・・・・・・・・・・・・66
RCC企業再生スキーム ・・・・・・・・・・・667
ROA（総資本利益率）・・・・・・・・・・・・313
ROE（株主資本利益率）・・・・・・・・・・313
RPA（ロボティック・プロセス・オー
　トメーション／Robotic Process
　Automation）の活用 ・・・・・・・・・・・・20

《監修者・執筆者紹介》

【松田綜合法律事務所】

弁護士・弁理士　松田　純一（まつだ　じゅんいち）　　　　　　　　（監修）

慶應義塾大学法学部卒業。東京弁護士会・日本弁理士会所属。1993年東京弁護士会登録，1996年7月オランダライデン大学研修，1996年9月米国加州州立バークレー校客員研究員，2002年4月～2005年7月跡見学園女子大学マネジメント学部非常勤講師「経営法務」担当，2002年8月松田純一法律事務所（現松田綜合法律事務所）開設，2005年4月千葉商科大学大学院修士課程特別講師，現在，松田綜合法律事務所代表。東証一部上場会社を含む多数の企業に法律アドバイスをしながら，会社の監査役として会社内部からも企業法務に取り組んでいる。

【著書】

『よくわかる会社更生法改正』（日本実業出版社），『新「会社法」要点のすべて』（日本実業出版社），『会社を経営するならこの一冊』（共著，自由国民社），『取締役の責任』（共著　新日本法規出版）「個別労働紛争解決手続マニュアル」（新日本法規出版），「労働時間・休日・休暇をめぐる紛争事例解説集」（新日本法規出版）など

弁護士・弁理士　大橋　君平（おおはし　くんぺい）　　　　　　　（第6章担当）

東京大学法学部卒業

松田綜合法律事務所弁護士

東京弁護士会所属

弁護士　近森　章宏（ちかもり　あきひろ）　　　　　　　　　　　（第6章担当）

慶應義塾大学法学部卒業

松田綜合法律事務所弁護士

東京弁護士会所属

弁護士　森田　岳人（もりた　たけと）　　　　　　　　　　　　　（第5章担当）

東京大学法学部卒業

松田綜合法律事務所弁護士

東京弁護士会所属

弁護士　岩月　泰頼（いわつき　やすより）　　　　　　　（第5章担当）

　早稲田大学理工学部応用物理学科卒業

　松田綜合法律事務所弁護士

　東京弁護士会所属

弁護士　兼定　尚幸（けんじょう　なおゆき）　　　　　（第6章担当）

　京都大学法学部卒業

　松田綜合法律事務所弁護士

　東京弁護士会所属

弁護士　菅原　清暁（すがわら　きよあき）　　　　　　（第6章担当）

　立教大学文学部卒業

　松田綜合法律事務所弁護士

　東京弁護士会所属

弁護士　佐藤　康之（さとう　やすゆき）　　　　　　　（第6章担当）

　東京大学工学部都市工学科卒業

　松田綜合法律事務所弁護士

　東京弁護士会所属

弁護士　岡本　明子（おかもと　めいこ）　　　　　　　（第5章担当）

　早稲田大学法学部卒業

　松田綜合法律事務所弁護士

　東京弁護士会所属

弁護士　神谷　美穂子（かみや　みほこ）　　　　　　　（第5章担当）

　慶應義塾大学法学部法律学科，東京大学法科大学院，各卒業

　松田綜合法律事務所弁護士（2008年〜2011年）

　カリフォルニア大学バークレー校ロースクール客員研究員（2012年〜）

弁護士　小幡　一行（おばた　かずゆき）　　　　　　　（第5章担当）

　早稲田大学法学部卒業，千葉大学法科大学院修了

　松田綜合法律事務所弁護士

東京弁護士会所属

【公認会計士・税理士　菅井会計事務所】

公認会計士・税理士　菅井　康二朗（すがい　こうじろう）　　　　　（第6章担当）

　　早稲田大学法学部卒業　会社更生法（現倒産法）加藤哲夫ゼミ出身

　　大東京火災海上保険株式会社（現あいおいニッセイ同和損害保険株式会社），株式会社ソニー・ミュージックエンタテインメントを経て，公認会計士・税理士菅井会計事務所（東京　八重洲）を開設

　　会社更生手続管財人補助者，民事再生手続監督委員補助者，再生ファンド投資委員他事業再生実務に数多く関与

　　事業再生研究機構会員

　　事業再生実務家協会会員

　　【著書】

　　『倒産処理法制の理論と実務』（共著，経済法令研究会）

【司法書士法人鈴木事務所】

司法書士・行政書士　鈴木　龍介（すずき　りゅうすけ）　　　　　　（監修）

　　早稲田大学大学院法学研究科修了

　　現在，司法書士法人鈴木事務所代表社員

　　日本司法書士会連合会　動産・債権譲渡登記推進委員会　委員長，同司法書士総合研究所（商業登記制度研究部会）　主任研究員，同学会推進委員会　委員

　　リスクモンスター株式会社（東証二部上場）社外取締役（監査等委員）

　　日本登記法学会　理事，全国司法書士法人連絡協議会　理事長

　　慶應義塾大学法科大学院　非常勤講師，立教大学大学院法学研究科　兼任講師，税務大学校　講師

　　事業再編・承継，企業再生，株主総会運営を中心とする企業法務案件に携わる傍ら，講演や執筆にも精力的に取り組んでいる。

　　【著書】

　　『株主総会ハンドブック（第3版）』（共著，商事法務），『議事録作成の実務と実践』（編著，第一法規），『動産・債権譲渡登記の実務（第2版）』（共著，金融財政事情研究会），『商業・法人登記360問』（編著，テイハン），『法人・組合と法定公告』（編著，全官報）など

【リスクモンスター株式会社】
《第3版》
代表取締役社長　藤本　太一（ふじもと　たいち）　　　　　　　　　（監修）

　　大阪大学工学部卒業。1995年4月日商岩井株式会社（現　双日株式会社）入社。
　　2000年9月リスクモンスター株式会社を設立し，取締役に就任。2011年4月同
　　社代表取締役。グループ6社の代表取締役として，グループを統括。
　　商社時代は，与信管理，債権回収，取り分け，会社更生法など事業再生に従事。
　　リスクモンスターのビジネスモデルや格付ロジック，与信限度額ロジックの考
　　案者。

執行役員　データ工場　工場長　川本　聖人（かわもと　まさと）　（監修／編集担当者）

　　中央大学商学部卒業。1999年4月中小企業金融公庫（現日本政策金融公庫）入庫。
　　融資審査および債権管理業務に従事。2007年独立系サービサー入社。債権回収
　　業務の傍ら旅館業や物販業を中心とした事業再生業務に従事。2009年認定事業
　　再生士を取得。2010年4月にリスクモンスター株式会社入社。現在，データ工
　　場の責任者として，格付データの分析・更新を中心に，与信管理コンサルティ
　　ング等を行う。

◆監修／編集担当者◆
斎藤寛司（さいとう　ひろし）
阿部哲也（あべ　てつや）

◆編集担当者◆
高師良広（たかし　よしひろ）
永藤潤（ながとう　じゅん）
石原孟（いしはら　たけし）
和泉学（いずみ　がく）
Staaleborg Rebecca（ストーレボリュ　レベッカ）

《第2版》
◆監修◆
藤本太一（ふじもと　たいち）

◆監修／編集担当者◆
川本聖人（かわもと　まさと）

◆編集担当者◆
田村麻里絵（たむら　まりえ）
高師良広（たかし　よしひろ）

《初版》
◆監修◆
藤本太一（ふじもと　たいち）

◆監修／執筆担当者◆
三木真志（みき　まさし）（第1章）
川本聖人（かわもと　まさと）（第4章，第5章）

◆執筆担当者◆
田村麻里絵（たむら　まりえ）（第2章）

《データ工場》
格付データの作成，分析を中心業務として行うことに加え，与信管理に関わるサービスの企画・開発や会員企業の与信管理支援コンサルティングサービスの提供を担当する，いわばリスクモンスターの"心臓部"。名前の由来は，優れたサービス・製品を生み出す工場のように，日々入ってくるさまざまな情報という原材料を加工，分析することで付加価値を高め格付や各種サービスを生産していくことによる。わかりやすく精度の高い情報を，お客様により早く提供することをモットーにしている。

【著書】
『事例にみる信用取引トラブル解決集』（データ工場著・商事法務），『リスクはじきに目を覚ます～「内部統制」時代の与信管理』（データ工場著・ダイヤモンド社），『日本を元気にするリスモン式与信管理力～会社格付とデータと女将』（データ工場著・ダイヤモンド社），『取引先リスク管理Q＆A』（データ工場著・商事法務）

〈編者紹介〉

リスクモンスター株式会社

2000年9月設立。同年12月よりインターネットを活用した与信管理のアウトソース，ASPクラウドサービス事業を展開。2005年3月大阪証券取引所ヘラクレス（現東京証券取引所JASDAQ）に上場。2016年9月東京証券取引所市場第二部に市場変更。グループの法人会員数は2019年3月末時点で1万2,000社を上回る。国内最大級の企業データベースと倒産企業モデルを比較分析することにより，企業の信用力を格付け。格付情報の提供や，取引先の信用力や経営内容の変化が生じた場合にメールで報告するサービスの提供などを行っている。グループウェア事業，BPO事業，教育支援サービス事業を展開し，サービスの拡充を図っている。

与信管理論〔第3版〕

2012年4月20日	初　版第1刷発行
2015年6月30日	第2版第1刷発行
2019年12月15日	第3版第1刷発行

編　　者　　リスクモンスター株式会社

発 行 者　　小　宮　慶　太

発 行 所　　株式会社　商 事 法 務

〒103-0025 東京都中央区日本橋茅場町3-9-10
TEL 03-5614-5643・FAX 03-3664-8844〔営業部〕
TEL 03-5614-5649〔書籍出版部〕
https://www.shojihomu.co.jp/

落丁・乱丁本はお取替えいたします。　印刷／三英グラフィック・アーツ㈱
© 2019 Riskmonster.com　　　　　　　　Printed in Japan
Shojihomu Co., Ltd.
ISBN978-4-7857-2743-7
＊定価はカバーに表示してあります。

JCOPY ＜出版者著作権管理機構 委託出版物＞
本書の無断複製は著作権法上での例外を除き禁じられています。
複製される場合は，そのつど事前に，出版者著作権管理機構
（電話03-5244-5088，FAX 03-5244-5089，e-mail: info@jcopy.or.jp）
の許諾を得てください。